ऋण वसूली के संबंध में हैंडबुक

INDIAN INSTITUTE OF BANKING & FINANCE

Taxmann®

Revised and updated by Dr. A.C. Chug, former Chairman, M G B Gramin Bank (sponsored by State Bank Group) and vetted by Dr. R. Bhaskaran, former CEO, IIBF and former CGM, NABARD

Edition : 2023

Price : ₹ 790

Published by :
Taxmann Publications (P.) Ltd.

Sales & Marketing :
59/32, New Rohtak Road, New Delhi-110 005 India
Phone : +91-11-45562222
Website : www.taxmann.com
E-mail : sales@taxmann.com

Mumbai
35, Bodke Building, Ground Floor M.G. Road,
Opp. Railway Station, Mulund (W), Mumbai - 400 080
Mob. +91-9322247686, 9619668669, 7045453844/45/51
E-mail : sales.mumbai@taxmann.com; nileshbhanushali@taxmann.com

Regd. Office :
21/35, West Punjabi Bagh, New Delhi-110 026 India

Printed at :
Tan Prints (India) Pvt. Ltd.
44 Km. Mile Stone, National Highway, Rohtak Road,
Village Rohad, Distt. Jhajjar (Haryana) India
E-mail : sales@tanprints.com

प्रस्तावना

ऋण वसूली एक जटिल और प्रायः चुनौतियों से भरी प्रक्रिया है जिसके लिए अत्यधिक कौशल और विशेषज्ञता की आवश्यकता होती है। ऋण वसूली एजेंट ऋणदाताओं की ओर से बकाया ऋण की वसूली का कार्य करते हैं। बैंकिंग और वित्तीय प्रणाली के कामकाज के सुचारू निष्पादन में ऋण वसूली एजेंटों के कार्य का महत्वपूर्ण स्थान होता है।

इस पुस्तक को ऋण वसूली एजेंटों और ऋण वसूली प्रक्रिया में उनकी महत्वपूर्ण भूमिका को ध्यान में रखते हुए एक व्यापक मार्गदर्शिका के रूप में तैयार किया गया है। पाठकों को ऋण वसूली प्रक्रिया के बारे में और ऋण वसूली एजेंटों द्वारा अपनाई जाने वाली विभिन्न रणनीतियों व पालन किए जाने वाले दिशानिर्देशों पर गहरी समझ प्रदान करने के लिए इसे विकसित किया गया है। यह पुस्तक संग्रहण/वसूली की कार्यविधि के बारे में जानकारी प्रदान करती है, जिसमें मूल्यवान युक्तियों, तकनीकों, वास्तविक दुनिया के उदाहरणों और इससे संबंधित सर्वोत्तम परिपाटियों/प्रथाओं सहित क्रेडिट संग्रहण की अंतर्निहित बुनियादी जानकारी और सिद्धांत, संग्रहण के कार्य में शामिल प्रक्रियाएं, वसूली एजेंटों द्वारा अपनाई जाने वाली संहिताएं आदि शामिल हैं। इस पुस्तक में बैंकिंग व बैंकिंग उत्पादों के साथ-साथ वसूली के कानूनी पहलुओं की जानकारी भी शामिल है। चूंकि बैंकिंग और वित्त परिदृश्य में गैर-बैंकिंग वित्तीय कंपनियों (एनबीएफसी) की भी महत्वपूर्ण भूमिका होती है, इसलिए एनबीएफसी पर एक नया खंड जोड़ा गया है। पुस्तक को अद्यतन करते समय नियामक द्वारा जारी दिशानिर्देशों को ध्यान में रखा गया है।

यह पुस्तक एक सफल ऋण वसूली एजेंट बनने के लिए आवश्यक व्यावहारिक कौशल (सॉफ्ट स्किल) और विशेषताओं के बारे में भी गहन जानकारी देती है। यह ऋण वसूली एजेंटों को देनदारों के साथ संवाद करने और संग्रह प्रक्रिया में सुधार करने के लिए आवश्यक तकनीकों और तरीकों पर अंतर्दृष्टि प्रदान करती है। यह पुस्तक ऋण वसूली एजेंटों के काम को नियंत्रित

करने वाले नैतिक विचारों और नियामक ढांचे पर भी प्रकाश डालती है। यह देनदारों के साथ सम्मान व गरिमामय व्यवहार करने के महत्व और अनैतिक या अवैध प्रथाओं को अपनाने पर होने वाले परिणामों की पड़ताल भी करती है। पाठ्यक्रम को संस्थान ने बैंकिंग और वित्तीय उद्योग के विशेषज्ञों की मदद से विकसित किया है। संस्थान उनके द्वारा प्रदान की गई बहुमूल्य सेवाओं के लिए आभार व्यक्त करता है।

यह पुस्तक सभी डीआरए के लिए एक आवश्यक मार्गदर्शिका के रूप में काम करेगी, भले ही वे अपनी वसूली की प्रक्रिया में बैंकों से जुड़े हों या एनबीएफसी से जुड़े हों। यह वसूली के संपूर्ण व्यवसाय पर व्यापक अवलोकन प्रदान करती है और ऋण वसूली एजेंटों की सेवाएं लेने के इच्छुक लोगों को व्यावहारिक अंतर्दृष्टि और सलाह प्रदान करती है।

पुस्तक में सुधार के लिए सुझावों का स्वागत है।

मुंबई

बिस्वा केतन दास

2023

मुख्य कार्यकारी अधिकारी

पाठ्यक्रम

मॉड्यूल A : बैंकिंग की बुनियादी बातें

बैंकिंग की विशेषताएं, भारतीय वित्त प्रणाली, भारतीय बैंकिंग प्रणाली की संरचना, बैंकों के कार्य, नवीनतम प्रवृत्तियाँ, विभिन्न प्रकार के ग्राहक, बैंकर-ग्राहक संबंध, बैंकरों के कर्तव्य और अधिकार, विभिन्न जमा योजनाएं और अन्य सेवाएं, खाता खोलने की प्रक्रिया और केवाईसी दिशानिर्देश, धन-शोधन निवारण, परक्राम्य लिखत अधिनियम, 1881 और चेक के भुगतान और वसूली संबंधी प्रावधान

मॉड्यूल B : विभिन्न उत्पादों और वसूली के कानूनी पहलुओं का संक्षिप्त विवरण

डेबिट व क्रेडिट कार्ड - प्रकार और विशेषताएं, उधार देने के सिद्धांत, क्रेडिट स्कोर, ऋण और अग्रिम के प्रकार, प्राथमिकता क्षेत्र के अग्रिम, मुद्रा योजना, सीजीटीएमएसई, प्रतिभूतियां - प्रकार और विशेषताएं, प्रभार का निर्माण, ऋण का दस्तावेजीकरण , ऋण दस्तावेजों के प्रकार, एनपीए -परिभाषा और आय की पहचान एवं परिसंपत्ति का वर्गीकरण, ऋण वसूली के कानूनी पहलू, सरफेसी अधिनियम, लोक अदालत के माध्यम से वसूली, मुकदमा दायर करना, डीआरटी, दिवाला और शोधन अक्षमता संहिता, 2016

मॉड्यूल C : ऋण वसूली में डीआरए (DRA) की भूमिका और व्यावहारिक कौशल

संग्रहण प्रक्रिया, ग्राहक से मिलने पर शिष्टाचार, क्रोध प्रबंधन, डीआरए-कानूनी और नियामक ढांचा, ऋण वसूली एजेंटों की भूमिकाएं और जिम्मेदारियां, ऋण चूककर्ता (डिफॉल्टर) के अधिकार,

एकीकृत बैंकिंग लोकपाल योजना, ऋण वसूली नीति, ऋण वसूली की क्रियाविधि, डीआरए के लिए आचार संहिता, वसूली के लिए व्यावहारिक कौशल, भावनात्मक बुद्धिमत्ता, वसूली की रणनीति, क्रेडिट परामर्श, वसूली एजेंटों के अधिकार और कर्तव्य, ऋणदाताओं के लिए उचित व्यवहार संहिता

मॉड्यूल D : एनबीएफसी पर अतिरिक्त अध्ययन

एनबीएफसी - प्रकार और ढांचा, एनबीएफसी द्वारा दिए जाने वाले ऋण के प्रकार, एनबीएफसी के लिए उचित व्यवहार संहिता

अनुशंसित पाठ

संस्थान ने शिक्षक की सहायता के बिना परीक्षा की तैयारी को सुगम बनाने के लिए अध्ययन किट के रूप में इस व्यापक पाठ्यक्रम को तैयार किया है। इसमें प्रत्येक मॉड्यूल/विषय के निर्धारित पाठ्यक्रम को पूरी तरह से शामिल करने का प्रयास किया गया है और विषयों की प्रस्तुति संभवतः हमेशा उसी क्रम में न हो जैसा कि पाठ्यक्रम में दिया गया है।

उम्मीदवारों से यह भी अपेक्षा की जाती है कि वे पाठ्यक्रम में शामिल विषयों से संबंधित नवीनतम विकास से अवगत रहने के लिए आर्थिक समाचार पत्रों, आर्थिक पत्रिकाओं, नवीनतम पुस्तकों और प्रकाशनों का संदर्भ लें।

विषय-सूची

पृष्ठ

बैंकिंग की बुनियादी बातें

अध्याय

1 बैंकिंग व वित्त का अवलोकन

1.1 उद्देश्य

1.2 परिचय

1.3 बैंकिंग की विशेषताएँ

1.4 भारत की वित्त प्रणाली

1.5 भारतीय बैंकिंग प्रणाली की संरचना

1.6 बैंकों के कार्य

1.7 बैंकिंग में नवीनतम प्रवृत्तियाँ

1.8 सारांश

1.9 प्रमुख शब्द

1.10 अपनी प्रगति जाँचें

1.11 अपनी प्रगति जाँचें के उत्तर

अध्याय

1 बैंकिंग व वित्त का अवलोकन

1.1 उद्देश्य

इस पाठ के माध्यम से पाठक बैंक, बैंक की कार्यप्रणाली, विभिन्न प्रकार के बैंक आदि के बारे में जान पाएंगे । संग्रहण पदाधिकारियों के लिए महत्वपूर्ण है कि वे संग्रहण कार्य के दौरान मिलने वाले ग्राहकों के बारे में जानें, खास तौर पर बैंकों एवं एनएफबीसी से उधार लेने वाले लोगों के बारे में:

- बैंकिंग व वित्त क्षेत्र की रूपरेखा
- भारत में बैंकों के विभिन्न प्रकार
- बैंकों की कार्यप्रणाली
- बैंकिंग में नवीनतम प्रवृत्ति

1.2 परिचय

लोगों को अपनी बचत, ऋण, निवेश, लेनदेन और अन्य वित्तीय आवश्यकताएँ पूरी करने के लिए बैंकों और वित्तीय संस्थानों की आवश्यकता होती है। हानि से बचने के लिए लोग बीमा करवाना पसंद करते हैं। व्यापारी बैंकों से कर्ज लेकर व्यापार के लिए पूँजी की व्यवस्था करना चाहते हैं। ये आवश्यकताएं बैंक, बीमा कंपनियाँ, वित्तीय संस्थान और भी अन्य संस्थान पूरी कर देते हैं।

बैंकिंग विनियमन अधिनियम, 1949 की धारा 5(b) के अनुसार, बैंकिंग से "उधार देने या विनिधान के प्रयोजन से जनता से धन के निक्षेप स्वीकार करना अभिप्रेत है जो कि मांग पर या अन्यथा प्रतिसंदेय हों तथा चेक, ड्राफ्ट या ऑर्डर द्वारा या अन्यथा निकाले जा सकें" । बैंकिंग विनियमन

अधिनियम, 1949 की धारा 5(c) में दी गई परिभाषा के अनुसार "बैंकिंग कंपनी एक ऐसी कंपनी है जो भारत में बैंकिंग का कारोबार करती है"।

बैंक जनता से जमा के रूप में धन स्वीकार करते हैं। जमा राशियों का सुरक्षित रहना और स्वीकृति की शर्तों के अनुसार या जमाकर्ता के मांगने पर लौटा दिया जाना आवश्यक है। बैंक पेशेवर और सुरक्षित तरीके से अपना व्यवसाय करके इसका आश्वासन देते हैं। वे जमा के रूप में स्वीकार किए हुए धन का उचित ध्यान रखते हैं। वे विभिन्न प्रयोजनों के लिए धन उधार देते हैं। बैंक अपने ग्राहकों और अन्य लोगों की ओर से लेनदेन का संचालन करने और पूरा करने का काम भी करते हैं। बैंकों के व्यवस्थित तरीके से कार्य करने और जमाकर्ताओं की सुरक्षा के लिए भारतीय रिजर्व बैंक बैंकिंग और वित्तीय संस्थानों को विनियमित करता है। आरबीआई विनियमन के अंतर्गत आने वाले संस्थान इस प्रकार हैं:

(a) वाणिज्यिक बैंक

(b) सहकारी बैंक

(c) अखिल भारतीय वित्तीय संस्थान

(d) गैर-बैंकिंग वित्त कंपनियाँ।

परंपरागत रूप से, बैंक केवल जमा और ऋण देने (ऋण व अग्रिम) की सुविधाएँ प्रदान करते थे। पिछले कुछ वर्षों में, बैंकों ने अपने उत्पादों की संख्या बढ़ाई है, जिनमें से कुछ हैं: -

(a) नकद प्रबंधन

(b) निवेश परामर्श

(c) वित्तीय नियोजन

(d) लेनदेन संसाधन

(e) उपकरण पट्टे पर देना

(f) विदेश व्यापार संबंधी सेवाएँ

(g) साख संवर्धन

(h) एस्क्रो सेवाएँ

हाल के वर्षों में, डिजिटलीकरण के कारण, बैंकों और वित्तीय संस्थानों द्वारा पेश किए जाने वाले उत्पादों और सुविधाओं का उपयोग कई गुना बढ़ गया है।

1.3 बैंकिंग की विशेषताएँ

बैंकिंग की बुनियादी विशेषताएं या अनिवार्य विशेषताएं निम्नप्रकार हैं:

- **धन का लेनदेन करना**: बैंक जनता से जमा के रूप में धन स्वीकार करते हैं और जरूरतमंद लोगों को ऋण के रूप में प्रदान करते हैं। बैंक विभिन्न वित्तीय साधनों में भी धन निवेश करते हैं।
- **जमा राशियाँ स्वीकार करना**: जमाराशियाँ चालू, बचत व मियादी/सावधि जमा खातों के रूप में हो सकती हैं। कुछ नियमों व शर्तों के अधीन विभिन्न अवधियों के लिए जमाराशियाँ स्वीकार की जाती हैं। बचत और चालू खाते लेनदेन वाले खाते हैं। खाताधारक/ग्राहक चालू और बचत खाते की जमा राशि को चेक, इलेक्ट्रॉनिक लेनदेन आदि के माध्यम से निकाल सकता है। इस उद्देश्य के लिए, बैंक चेक, एटीएम कार्ड या एटीएम सह डेबिट कार्ड जारी करते हैं और मोबाइल बैंकिंग के माध्यम से भी लेनदेन करने देते हैं। जमा राशि आमतौर पर मांग पर निकाली जा सकती है, यानी शाखा में चेक प्रस्तुत करके या लेनदेन करके।
- **ऋण व अग्रिमों को मंजूर व जारी करना**: बैंक विभिन्न कार्यों के लिए ऋण देते हैं। ऋणों के रूप हैं - नकद ऋण, ओवरड्राफ्ट, सावधि ऋण, बिल भुनाना (bills discounting), साख पत्र (letter of credit) आदि। उधारकर्ता ऋण के नियमों और शर्तों के अनुसार ऋण की अदायगी करते हैं। ऋण निर्दिष्ट अवधि के लिए होते हैं। बैंक ऋण पर ब्याज और अन्य शुल्क/प्रभार लेते हैं।
- **धन/ऋण सृजन**: बैंक से उधार लिए गए धन का उपयोग व्यवसाय में किया जाएगा और प्राप्तकर्ता बैंकिंग प्रणाली में जमा करेगा। इससे जमा और ऋण की एक नई श्रृंखला बनती है यानी यह नए ऋण का सृजन करता है। इस प्रकार, बैंक साख का सृजन कर सकते हैं अर्थात उधार देने के लिए अतिरिक्त धन का सृजन कर सकते हैं। यह बैंकिंग की एक अनूठी विशेषता है।

एजेंट का स्वभाव: जमाराशियाँ स्वीकार करने और ऋण के रूप में धन उधार देने के बुनियादी कार्य के अलावा, अपनी कई तरह की एजेंसी सेवाओं के कारण बैंक का चरित्र एक एजेंट जैसा होता है।

यद्यपि बैंक व्यवसाय की प्रकृति वाली कई सेवाएँ प्रदान करते हैं, लेकिन उनकी प्रकृति वाणिज्यिक हैं: वे 'लाभप्रद- उन्मुख' संगठन हैं। चूँकि सभी बैंकिंग कार्य ब्याज या शुल्क या कमीशन अर्थात लाभ कमाने के उद्देश्य से किये जाते हैं, इसलिए उन्हें वाणिज्यिक संस्थान माना जाता है।

नीचे बैंक के उत्पादों का चित्रात्मक निरूपण किया गया है:

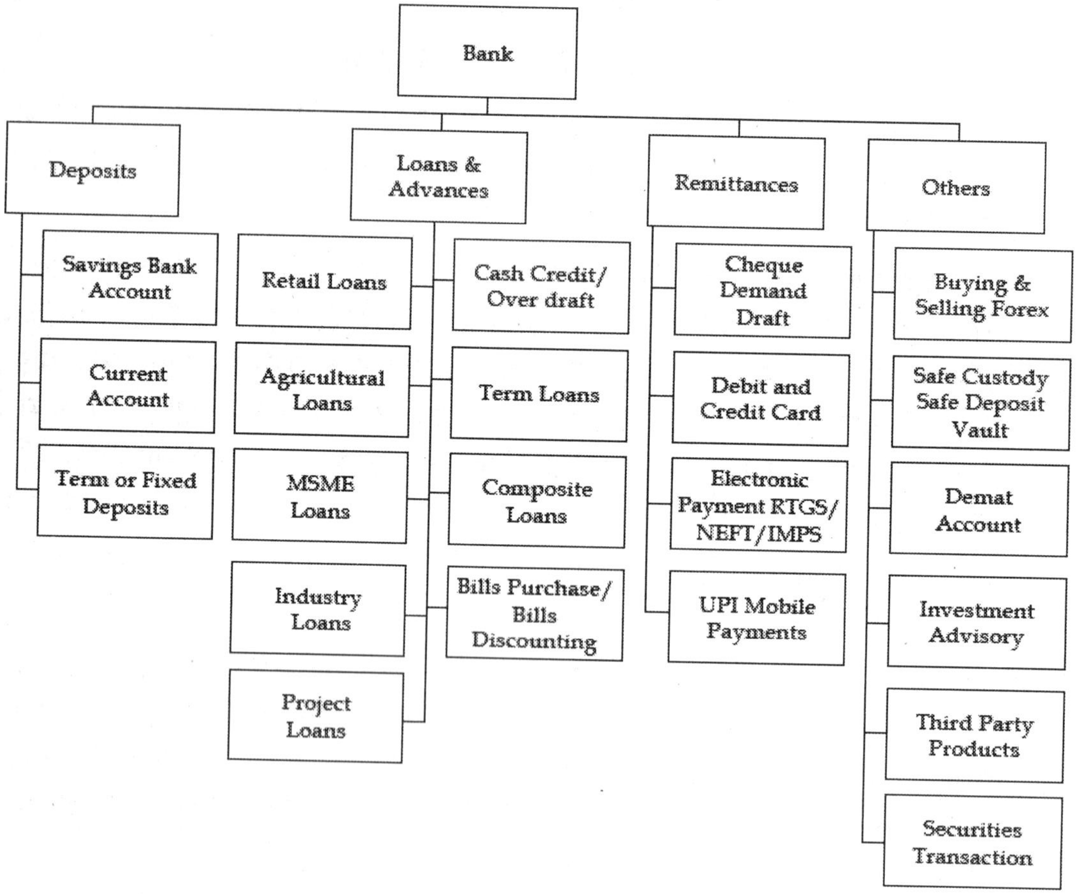

- Bank
  - Deposits
    - Savings Bank Account
    - Current Account
    - Term or Fixed Deposits
  - Loans & Advances
    - Retail Loans
    - Agricultural Loans
    - MSME Loans
    - Industry Loans
    - Project Loans
    - Cash Credit/ Over draft
    - Term Loans
    - Composite Loans
    - Bills Purchase/ Bills Discounting
  - Remittances
    - Cheque Demand Draft
    - Debit and Credit Card
    - Electronic Payment RTGS/ NEFT/IMPS
    - UPI Mobile Payments
  - Others
    - Buying & Selling Forex
    - Safe Custody Safe Deposit Vault
    - Demat Account
    - Investment Advisory
    - Third Party Products
    - Securities Transaction

चित्र 1.1 : बैंक उत्पादों का आरेखीय निरूपण

किसी अर्थव्यवस्था में जमाराशि, ऋण और धन-प्रेषण के संदर्भ में बैंकों की भूमिका को उपरोक्त चित्र के माध्यम से समझना आसान है। उपरोक्त के अंतर्गत, जमा और ऋण और अग्रिम बैंकों के प्रमुख कार्य हैं। आइए बैंकों के बारे में विस्तार से जानें।

कोई भी अर्थव्यवस्था पैसे बचाने वालों और पैसे का उपयोग करने वालों से मिलकर बनती है। बैंक बचतकर्ताओं से धन स्वीकार करता है और इस धन को उपयोगकर्ताओं को उधार देता है या उनके पास निवेश करता है। यह **बैंकों की सबसे महत्वपूर्ण भूमिका** है। धन के बचतकर्ताओं में व्यक्ति, बीमा पॉलिसी धारक, निवेशक (बांड आदि), फर्म, संगठन, व्यवसाय, उद्योग आदि हो सकते हैं। वे बैंकों व अन्य वित्तीय संस्थानों/उपकरणों में धन का निवेश करके रखते हैं। उपयोगकर्ता वे हैं जो अपनी व्यक्तिगत या कृषि अथवा विनिर्माण और/या व्यावसायिक आवश्यकताओं जैसी आर्थिक गतिविधि के लिए बैंकों और वित्तीय संस्थानों से पैसा उधार लेते हैं।

बैंक देश की वित्त प्रणाली का हिस्सा हैं। वित्त प्रणाली में बैंक, वित्तीय संस्थान, बीमा कंपनियां, म्यूचुअल फंड आदि सम्मिलित हैं।

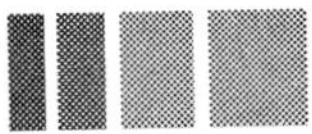

1.4 भारत की वित्त प्रणाली

हमारे देश के आर्थिक विकास के सबसे महत्वपूर्ण स्तंभों में से एक भारतीय वित्त प्रणाली है। बैंकों, बीमा कंपनियों, पेंशन, एनबीएफसी आदि सहित विभिन्न वित्तीय संस्थानों द्वारा प्रदान की जाने वाली वित्तीय सेवाएँ वित्तीय प्रणाली का निर्माण करती हैं।

भारतीय वित्तीय प्रणाली के चार मुख्य घटक हैं। इनमें शामिल हैं:

- वित्तीय संस्थान
- वित्तीय परिसंपत्तियाँ
- वित्तीय सेवाएँ
- वित्तीय बाजार

भारतीय रिज़र्व बैंक (आरबीआई) भारत का केंद्रीय बैंक प्राधिकरण और भारतीय बैंकिंग प्रणाली के विनियमन के लिए उत्तरदायी नियामक निकाय है। इसकी भूमिकाएँ निम्नानुसार हैं:

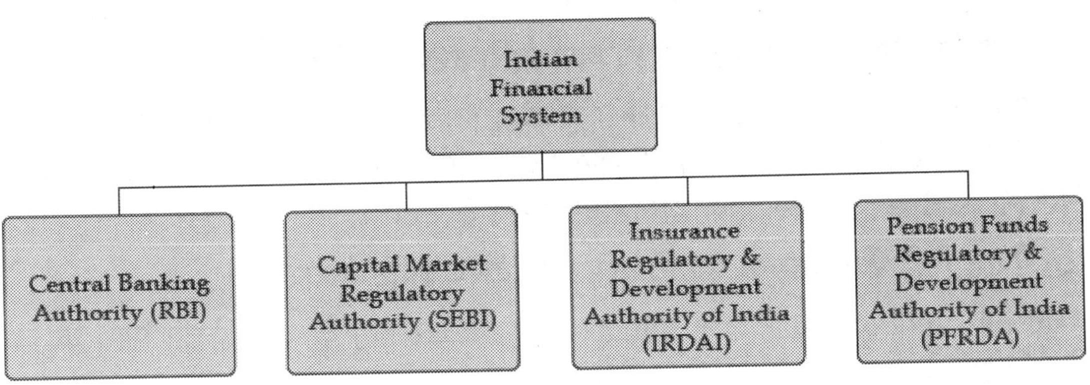

चित्र 1.2 : भारत के वित्तीय नियामक

(A) केन्द्रीय बैंकिंग प्राधिकरण

भारतीय रिज़र्व बैंक (आरबीआई) देश का केंद्रीय बैंकिंग प्राधिकरण है। इसके विभिन्न कार्य इस प्रकार हैं:

a. मौद्रिक नियंत्रण/मुद्रास्फीति पर नियंत्रण

b. वाणिज्यिक बैंकों, एनबीएफसी, प्राथमिक डीलरों, वित्तीय संस्थानों, सहकारी बैंकों, समाशोधन एवं निपटान प्रणाली का पर्यवेक्षण

c. सरकारी ऋण का प्रबंधन

d. सरकार का बैंकर

e. अंतिम कर्जदाता

f. मुद्रा बाज़ारों का विनियमन करना, आदि।

(B) पूँजी बाजार नियामक प्राधिकरण

भारतीय प्रतिभूति और विनिमय बोर्ड (सेबी) पूंजी बाजार नियामक प्राधिकरण है। इसके कार्यों में शामिल हैं:

a. इक्विटी बाज़ार और ऋण बाज़ार का पर्यवेक्षण व नियंत्रण;

b. निम्नलिखित का पर्यवेक्षण:

- स्टॉक एक्सचेंज
- दलाल (ब्रोकर)
- इक्विटी और ऋण जुटाने वालों का
- निवेश बैंकर (मर्चेंट बैंकर)
- विदेशी संस्थागत निवेशक, आदि।

(C) भारतीय बीमा विनियामक एवं विकास प्राधिकरण (आईआरडीएआई)

भारतीय बीमा विनियामक एवं विकास प्राधिकरण (आईआरडीएआई) बीमा व्यवसाय चलाने संबंधी नियमों व विनियमों, साधारण एवं जीवन बीमा दोनों व्यवसायों में सभी बीमा कंपनियों की निगरानी आदि सहित विनियामक ढांचा तैयार करने के काम में लगा हुआ है।

(D) पेंशन निधि विनियामक एवं विकास प्राधिकरण (पीएफआरडीए)

पेंशन निधि नियामक एवं विकास प्राधिकरण (पीएफआरडीए) के कार्य पेंशन निधि के लिए दिशानिर्देश तैयार करना, सभी पेंशन निधियों को विनियमित करना आदि हैं। यह उन पेंशन योजनाओं को भी विनियमित करता है जिन पर पीएफआरडीए अधिनियम लागू होता है, जैसे कि एनपीएस और अटल पेंशन योजना।

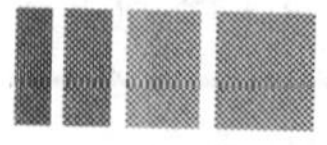

1.5 भारतीय बैंकिंग प्रणाली की संरचना

1. भारतीय रिजर्व बैंक

भारतीय रिज़र्व बैंक हमारे देश का बैंकिंग नियामक और केंद्रीय बैंक है। आरबीआई अधिनियम 1934 के तहत इसकी स्थापना 1 अप्रैल, 1935 को हुई थी। बैंकिंग संरचना में एक नियामक के

रूप में इसका स्थान सर्वोपरि है। आरबीआई बैंकों का बैंकर है और बैंकिंग, नियामक, विकास संबंधी और उन्नयन के कार्य करता है। इसे बैंकिंग के संबंध में नियम और दिशानिर्देश जारी करने की शक्तियाँ दी गईं हैं साथ ही बैंकिंग संरचना को लाइसेंस देने, पर्यवेक्षण करने एवं नियंत्रण रखने की शक्ति भी प्राप्त है। यह देश की मौद्रिक व बैंकिंग संरचना की धुरी है। भारतीय रिजर्व बैंक की तरह ही यू.एस.ए. का फेडरल रिजर्व बैंक, यू.के. का बैंक ऑफ इंग्लैंड संबंधित देशों के केंद्रीय बैंक हैं।

आरबीआई को मौद्रिक व ऋण नीतियां बनाने तथा लागू करने का अधिकार है। यह भारत सरकार के स्वामित्व वाली संस्था है और इसके पास नोट जारी करने का एकाधिकार है।

आरबीआई की कार्यप्रणाली निम्न प्रकार है:

i. मौद्रिक नीति की घोषणा एवं क्रियान्वयन – मौद्रिक नीति *किसी देश की समग्र धन आपूर्ति को नियंत्रित करने के लिए नीतियों और कार्यों का संग्रह होता है। इस नीति का उद्देश्य धन की आपूर्ति को नियंत्रित करना, मुद्रास्फीति का प्रबंधन करना और आर्थिक विकास प्राप्त करना है।*

ii. क्रेडिट रेटिंग और क्रेडिट सूचना कंपनियों सहित बैंकिंग और गैर-बैंकिंग वित्तीय संस्थानों का विनियमन और पर्यवेक्षण। विनियमों का लक्ष्य बैंकों की वित्तीय स्थिरता और उचित ढंग से काम करना सुनिश्चित करना है।

iii. धन, विदेशी मुद्रा और सरकारी प्रतिभूति बाजार आदि का विनियमन।

iv. सरकारी प्रतिभूतियों के मामलों का प्रबंधन करना। केंद्र व राज्य सरकारों के लिए ऋण और नकदी प्रबंधन करना।

v. विदेशी मुद्रा भंडार का प्रबंधन।

vi. बैंकों के लिए एक बैंकर के रूप में कार्य करना: जिन बैंकों को सहायता की आवश्यकता होती है उन्हें आरबीआई धन उधार दे सकता है।

vii. केंद्र और राज्य सरकारों के बैंकर: सरकारी व्यवसाय, भुगतान आदि का प्रबंधन करना।

viii. इलेक्ट्रॉनिक भुगतान प्रणालियों के विकास सहित भुगतान और निपटान प्रणालियों की निगरानी।

ix. मुद्रा प्रबंधन: मुद्रा जारी करना और प्रबंधन करना।

x. विकास में भूमिका: आरबीआई अद्वितीय है क्योंकि इसका कार्य विकास पर ध्यान देना है और यह आर्थिक विकास के लिए नीतियां विकसित करता है।

xi. बैंकिंग और वित्त पर रिपोर्ट और बैंकिंग और वित्त पर डेटा/सांख्यिकी भी प्रकाशित करता है।

चार्ट- भारतीय बैंकिंग और वित्तीय प्रणाली[1]

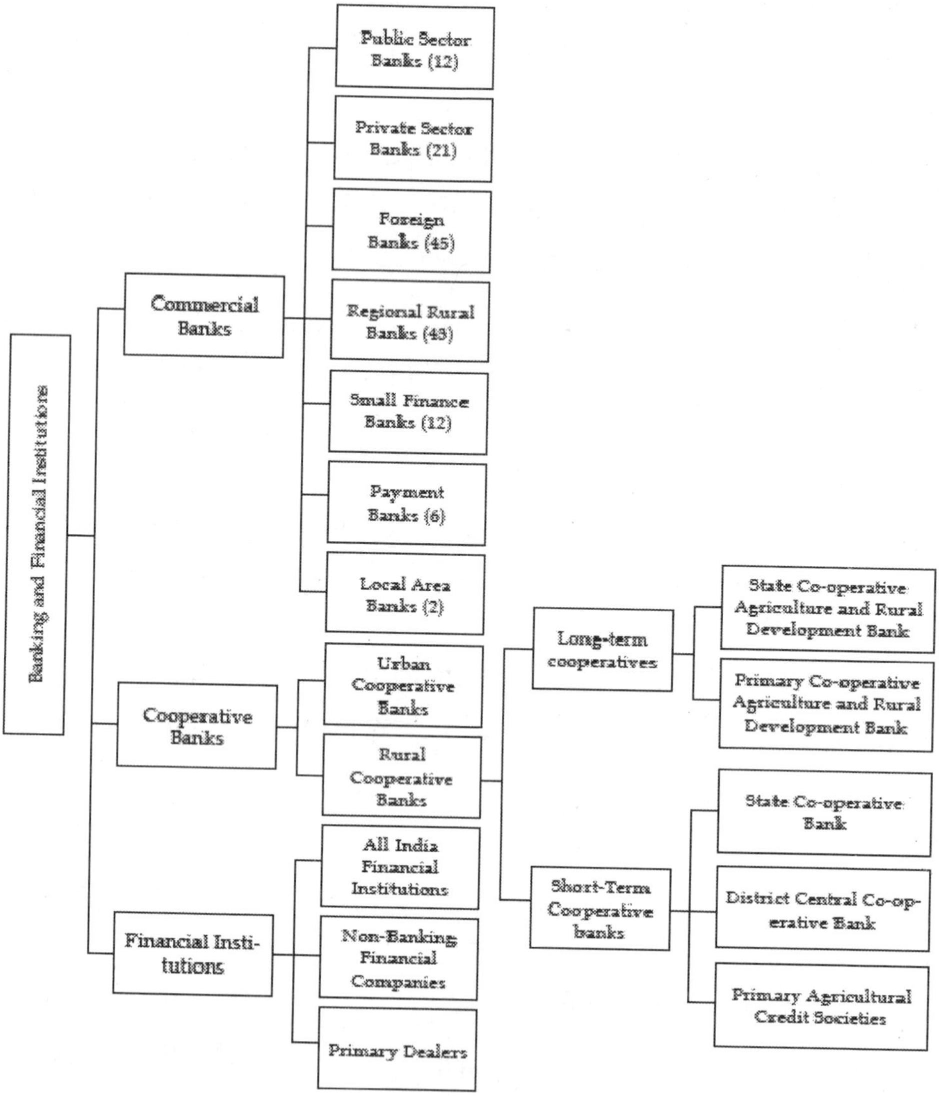

- Banking and Financial Institutions
  - Commercial Banks
    - Public Sector Banks (12)
    - Private Sector Banks (21)
    - Foreign Banks (45)
    - Regional Rural Banks (43)
    - Small Finance Banks (12)
    - Payment Banks (6)
    - Local Area Banks (2)
  - Cooperative Banks
    - Urban Cooperative Banks
    - Rural Cooperative Banks
      - Long-term cooperatives
        - State Co-operative Agriculture and Rural Development Bank
        - Primary Co-operative Agriculture and Rural Development Bank
      - Short-Term Cooperative banks
        - State Co-operative Bank
        - District Central Co-operative Bank
        - Primary Agricultural Credit Societies
  - Financial Institutions
    - All India Financial Institutions
    - Non-Banking Financial Companies
    - Primary Dealers

चित्र 1.3: बैंकिंग एवं वित्तीय प्रणाली

भारतीय बैंकिंग और वित्तीय प्रणाली विविध प्रकार के बड़े और छोटे संस्थानों से मिलकर बनी है और यह देश भर में बैंकिग सेवा प्रदान करती है। बैंकिंग और वित्तीय प्रणाली के घटकों का संक्षिप्त विवरण नीचे दिया गया है।

1. स्रोत आरबीआई, एससीएआरबी, पीसीएआरडीबी, पीएसीएस बैंक नहीं हैं बल्कि सिस्टम/ग्रिड का हिस्सा हैं।

2. वाणिज्यिक बैंक

वाणिज्यिक बैंकों का स्वरूप कंपनी जैसा होता है। जैसा कि पहले ही बताया गया है, ये संस्थान जमाराशि स्वीकार करते हैं, ऋण जारी करते हैं और व्यवसायियों व जनता को भुगतान एवं निपटान में सहायता करते हैं। भारत में विभिन्न प्रकार के वाणिज्यिक बैंक हैं। वे सभी शाखा बैंकिंग मॉडल को अपनाते हैं यानी ये बैंक भारत में विभिन्न स्थानों में स्थित अपनी शाखाओं के माध्यम से काम करते हैं। आजकल, बैंक की शाखाएँ और प्रधान कार्यालय कोर बैंकिंग प्रणाली के माध्यम से अच्छी तरह से जुड़े हुए हैं और इसलिए, बैंक का ग्राहक, कुछ शर्तों के अधीन, किसी भी शाखा से अपना खाता संचालित कर सकता है। आमतौर पर, प्रत्येक वाणिज्यिक बैंक का एक प्रधान कार्यालय, आंचलिक या क्षेत्रीय कार्यालय और कई शाखाएँ होती हैं। ये संस्थाएँ "लाभप्रद-उन्मुख " संस्थाएँ हैं।

भारत के वाणिज्य बैंकों को मोटे तौर पर सार्वजनिक क्षेत्र, निजी क्षेत्र, विदेशी बैंक, लघु वित्त बैंक, स्थानीय क्षेत्रीय बैंक, भुगतान बैंक और क्षेत्रीय ग्रामीण बैंक के रूप में वर्गीकृत किया गया है:

सार्वजनिक क्षेत्र के बैंक: इनमें भारत सरकार के स्वामित्व वाले (भारत सरकार की सबसे अधिक हिस्सेदारी) भारतीय स्टेट बैंक और 11 अन्य बैंक हैं जिनके शेयर भी बाजार में सूचीबद्ध हैं। जैसा कि पहले बताया गया था, 1969 और 1980 के बीच, आर्थिक विकास के प्रयोजनों में बैंकों के धन का उपयोग करने के उद्देश्य से लगभग 20 निजी बैंकों का राष्ट्रीयकरण किया गया था। इसके बाद, भारत सरकार ने अपनी हिस्सेदारी का एक भाग बाजार में बेच दिया और अधिकांश पीएसयू बैंकों के शेयर, शेयर बाजार में सूचीबद्ध हो गए। हाल ही में, वित्तीय स्थिरता मानदंडों को ध्यान में रखकर, इनमें से कुछ बैंकों का एकीकरण की प्रक्रिया के द्वारा विलय कर दिया गया है। इसे देखते हुए वर्तमान में 11 पीएसयू बैंक और एसबीआई हैं। एसबीआई देश का सबसे बड़ा बैंक है जिसकी बैलेंस शीट का आकार लगभग रु. 110 लाख करोड़ (मार्च 2023 तक) है।

निजी क्षेत्र के बैंक: निजी क्षेत्र के बैंक वे होते हैं जिनकी इक्विटी निजी शेयरधारकों के पास होती है और सरकार के पास कोई शेयर पूंजी नहीं होती या शायद कोई छोटा शेयर होता है। कुछ निजी बैंक 1990 के बाद अस्तित्व में आए हैं। भारत में 21 निजी क्षेत्र के बैंक हैं। एचडीएफसी बैंक निजी क्षेत्र का सबसे बड़ा बैंक है। ये बैंक बेहतर पूंजीकृत, प्रौद्योगिकी-संचालित, व्यवसाय के विकास के प्रति अति महत्वाकांक्षी हैं और भारत में कार्यरत विदेशी बैंकों की तुलना करने योग्य कार्यशैली अपनाते हैं। ये बैंक विभिन्न प्रकार के डिलीवरी चैनल अपना रहे हैं।

विदेशी बैंक: विदेशी बैंक विदेशों में पंजीकृत वाणिज्यिक बैंक हैं जो भारत में व्यापार करते हैं। हालाँकि भारत में कई विदेशी बैंक कार्यरत हैं, लेकिन उनका शाखा नेटवर्क छोटा है और उनमें से अधिकांश महानगरीय शहरों और राज्य की राजधानियों में संचालित हैं। उनका परिचालन

प्रौद्योगिकी आधारित है और उनके व्यवसाय का एक बड़ा हिस्सा कॉर्पोरेट बैंकिंग, विदेशी मुद्रा, निर्यात/आयात वित्त और व्यापारी बैंकिंग से मिलकर बना है।

लघु वित्त बैंक: आरबीआई द्वारा लाइसेंसिंग मानदंड जारी किए जाने के बाद 2015 से लघु वित्त बैंक (एसएफबी) अस्तित्व में आए हैं। एसएफबी से अपेक्षा की जाती है कि वे छोटी व्यावसायिक इकाइयों, छोटे और सीमांत किसानों, सूक्ष्म और लघु उद्योगों और असंगठित संस्थाओं सहित वंचित वर्गों को बुनियादी बैंकिंग गतिविधियों की पेशकश करके वित्तीय समावेशन प्राप्त करने के उद्देश्य से कार्य करेंगे। ये बैंक जमाराशि स्वीकार कर सकते हैं, ऋण और अग्रिम जारी कर सकते हैं और अपने ग्राहकों को अन्य सेवाएँ प्रदान कर सकते हैं। उनके द्वारा पेश किए जा सकने वाले उत्पादों और सेवाओं पर कुछ प्रतिबंध हैं। वे एक पूर्ण वाणिज्यिक बैंक की तरह सभी गतिविधियाँ नहीं कर सकते। आरबीआई के दिशानिर्देशों के अनुसार, उन्हें आरबीआई द्वारा प्राथमिकता क्षेत्र ऋण (पीएसएल) के रूप में वर्गीकरण के लिए पात्र क्षेत्रों को अपने समायोजित नेट बैंक क्रेडिट (एएनबीसी) का 75 प्रतिशत विस्तार करना आवश्यक है। इसके अलावा, यह सुनिश्चित करने के लिए कि बैंक मुख्य रूप से छोटे उधारकर्ताओं को ऋण प्रदान करता है, उसके ऋण पोर्टफोलियो का कम से कम 50 प्रतिशत हिस्सा 25 लाख रुपये तक के ऋण और अग्रिम का होना चाहिए।

भुगतान बैंक: भुगतान बैंक ऐसा बैंक है जिसके कार्य प्रतिबंधित या सीमित होते हैं। यह जमाराशि स्वीकार कर सकता है, लेनदेन (प्रेषण और भुगतान) कर सकता है व अन्य सेवाएं प्रदान कर सकता है लेकिन ऋण और अग्रिम नहीं दे सकता है या क्रेडिट का प्रबंध नहीं सकता है। जहाँ दूसरे बैंकों के लिए व्यक्तियों और अन्य लोगों से स्वीकार की जाने वाली जमाराशि की या जमाराशि के प्रकार की कोई सीमा नहीं है, भुगतान बैंक 2 लाख रुपये से अधिक की जमाराशि स्वीकार नहीं कर सकते हैं। उन्हें केवल मांग जमा (यानी चालू और बचत खाता) प्रदान करने की अनुमति है, सावधि जमा की नहीं। संक्षेप में, इन बैंकों का उद्देश्य भुगतान और निपटान पर ध्यान केंद्रित करना है। ये बैंक प्रेषण सेवाएं, मोबाइल भुगतान/ अंतरण /खरीदारी और एटीएम/ डेबिट कार्ड, नेट-बैंकिंग और तृतीय-पक्ष फंड अंतरण जैसी अन्य बैंकिंग सेवाएं प्रदान कर सकते हैं। वे क्रेडिट कार्ड जारी नहीं कर सकते।

भारत के भुगतान बैंकों की सूची इस प्रकार है:

1. एयरटेल पेमेंट्स बैंक लिमिटेड
2. इंडिया पोस्ट पेमेंट्स बैंक लिमिटेड
3. फिनो पेमेंट्स बैंक लिमिटेड
4. पेटीएम पेमेंट्स बैंक लिमिटेड

5. जियो पेमेंट्स बैंक लिमिटेड
6. एनएसडीएल पेमेंट्स बैंक लिमिटेड।

क्षेत्रीय ग्रामीण बैंक (आरआरबी): क्षेत्रीय ग्रामीण बैंक (आरआरबी) ग्रामीण और अर्ध-शहरी क्षेत्रों के लोगों, जैसे छोटे किसानों, कृषि मजदूरों, कारीगरों और एमएसएमई की बुनियादी बैंकिंग और ऋण की आवश्यकताएँ पूरी करते हैं। इन बैंकों का संयुक्त स्वामित्व भारत सरकार (50%), संबंधित राज्य सरकार (15%) और प्रायोजक वाणिज्यिक बैंक (35%) के पास होता है। कुछ समय पहले तक, 196 आरआरबी थे। पिछले कुछ वर्षों में, एकीकरण के कारण, आरआरबी की संख्या में कमी आई है। आरआरबी का मुख्य उद्देश्य ग्रामीण अर्थव्यवस्था का विकास करना है। उनके उधारकर्ता छोटे और सीमांत किसान, खेतिहर मजदूर, कारीगर आदि होते हैं। इन बैंकों के कुल ऋण और अग्रिम का लगभग 70 प्रतिशत कृषि ऋण होता है। 31 दिसंबर, 2022 तक की स्थिति के अनुसार भारत में 43 क्षेत्रीय आरआरबी हैं।

स्थानीय क्षेत्र बैंक: स्थानीय क्षेत्र बैंकों (एलएबी) को ग्रामीण बचत जुटाने और स्थानीय क्षेत्रों में संस्थागत ऋण तंत्र को मजबूत करने के उद्देश्य से लाइसेंस दिया गया था। इन बैंकों का संचालन तीन जिलों का छोटा सा क्षेत्र है। मार्च 2022 तक, देश में केवल दो एलएबी निम्नानुसार परिचालनशील थे:

- तटीय स्थानीय क्षेत्र बैंक (आंध्र प्रदेश में कार्यरत);
- कृष्णा भीम समृद्धि लोकल एरिया बैंक लिमिटेड (वर्तमान में तेलंगाना, आंध्र प्रदेश और कर्नाटक में परिचालनशील)।

3. सहकारी बैंक

भारत की वित्तीय समावेशन की सफलता में सहकारी बैंकों का प्रमुख योगदान है। सहकारी बैंक सहयोग और आपसी सहायता के सिद्धांत पर कार्य करते हैं। वाणिज्यिक बैंकों के विपरीत, ये कंपनियां नहीं हैं बल्कि सहकारी समिति अधिनियम के तहत पंजीकृत हैं। सहकारी समिति/बैंक के स्वामी उसके सदस्य होते हैं।

भारत में सहकारी नेटवर्क की संरचना को 2 व्यापक खंडों में विभाजित किया जा सकता है -

(a) **शहरी सहकारी बैंक**: शहरी सहकारी बैंकों को अनुसूचित और गैर-अनुसूचित में विभाजित किया जा सकता है। दोनों श्रेणियों को बहु-राज्यीय और एकल-राज्यीय में विभाजित किया गया है। इनमें से कई बैंक गैर-अनुसूचित और एकल-राज्यीय श्रेणी में आते हैं। शहरी सहकारी बैंकों की बैंकिंग गतिविधियों की निगरानी आरबीआई करता है। सहकारी समितियों का रजिस्ट्रार (आरसीएस) पंजीकरण और प्रबंधन गतिविधियों का प्रबंधन करता

है। एकल-राज्यीय में आरसीएस और बहु-राज्यीय में केंद्रीय आरसीएस (सीआरसीएस) संचालन करते हैं।

(b) **ग्रामीण सहकारी समितियाँ**: ग्रामीण सहकारी समितियों को अल्पकालिक और दीर्घकालिक संरचनाओं में विभाजित किया जा सकता है। अल्पावधि सहकारी बैंक आम तौर पर त्रि-स्तरीय होते हैं और विभिन्न राज्यों में संचालित होते हैं। ये हैं:

(i) राज्य सहकारी बैंक - ये राज्यों में शीर्ष स्तर पर कार्य करते हैं

(ii) जिला केंद्रीय सहकारी बैंक - ये जिला स्तर पर कार्य करते हैं

(iii) प्राथमिक कृषि ऋण समितियाँ - ये गाँव या जमीनी स्तर पर काम करती हैं।

इसी तरह, दीर्घकालिक संरचनाओं को भी विभाजित किया गया है - राज्य सहकारी कृषि और ग्रामीण विकास बैंक (एससीएआरडीबी) जो राज्य स्तर पर संचालित होते हैं और प्राथमिक सहकारी कृषि और ग्रामीण विकास बैंक (पीसीएआरडीबी) जो जिला/ब्लॉक स्तर पर संचालित होते हैं।

ग्रामीण बैंकिंग सहकारी समितियों के पास दोहरा नियंत्रण होने के कारण उनकी निगरानी संरचना जटिल है और इस कारण कई समस्याएं पैदा हुई हैं। इन संस्थानों को पेशेवर तर्ज पर चलाने और प्रबंधित करने के लिए विभिन्न सुधार किए गए हैं।

वर्तमान में, आरबीआई और नाबार्ड के बीच तैयार की गई साझा व्यवस्था सहकारी बैंकों की सभी बैंकिंग गतिविधियाँ विनियमित करती है। सभी प्रबंधन और पंजीकरण की गतिविधियाँ राज्य की सहकारी समितियों का प्रबंधन रजिस्ट्रार करता है।

1.6 बैंकों के कार्य

बैंक अपने ग्राहकों को कई वित्तीय सेवाएँ और उत्पाद प्रदान करता है। किसी बैंक को उसके द्वारा प्रदान की जाने वाली विभिन्न सेवाओं से समझना आसान है। बैंकों द्वारा आम तौर पर अपने ग्राहकों को दी जाने वाली सेवाओं की उदाहरणात्मक सूची निम्नलिखित है:

(i) बैंक जनता से बचत, चालू और/या सावधि जमा के रूप में जमा स्वीकार करता है।

(ii) ग्राहक इनके माध्यम से डिमांड ड्राफ्ट या मनी ट्रांसफर के रूप में धन या धनराशि को एक स्थान से दूसरे स्थान पर भेज पाता है। आजकल, बैंक एनईएफटी/आरटीजीएस/आईएमपीएस, यूपीआई, आदि जैसे इलेक्ट्रॉनिक चैनलों के माध्यम से भी धन भेजने की पेशकश करते हैं। ।

(iii) यह ग्राहक से निर्देश स्वीकार करता है और उनकी ओर से बिजली बिल, स्कूल फीस आदि जैसे उपयोगी कार्यों के लिए भुगतान करता है।

(iv) यह सरकार की ओर से कर का भुगतान स्वीकार करता है।

(v) यह व्यवसाय, कृषि, घर खरीदने, वाहन खरीदने आदि के लिए धन उधार देता है।

(vi) यह विदेशी मुद्रा में लेनदेन (विदेशी मुद्रा की खरीद और बिक्री) करता है और व्यवसायियों और अन्य लोगों को उनके निर्यात या आयात के लिए क्रमशः विदेशी मुद्रा प्राप्त करने या भुगतान करने में मदद करता है। यह ग्राहक की आवश्यकता के अनुसार विदेशी मुद्रा खरीदता और बेचता है।

(vii) यह ग्राहक के कीमती सामान को सुरक्षित रखने के लिए सेफ डिपॉजिट वॉल्ट की सुविधा प्रदान करता है।

(viii) यह इंटरनेट बैंकिंग, मोबाइल बैंकिंग, एटीएम मशीन, नकद जमा मशीन, चेक संग्रह मशीन आदि जैसी सुविधाएं प्रदान करता है जिनसे ग्राहक चौबीसों घंटे अपने खातों से लेनदेन कर पाता है।

(ix) यह ग्राहकों को उनकी खरीदारी के लिए भुगतान करने में मदद के लिए क्रेडिट/डेबिट कार्ड सुविधाएं प्रदान करता है। क्रेडिट कार्ड का उपयोग करके पैसे उधार लेना भी संभव है।

(x) बैंक म्यूचुअल फंड और बीमा उत्पाद भी बेचते हैं।

बैंकों के उपरोक्त कार्यों को मोटे तौर पर (a) मुख्य या पारंपरिक कार्यों और (b) अन्य कार्यों के रूप में वर्गीकृत किया जा सकता है।

1.6.1 प्रमुख या पारंपरिक

(a) जमाराशियों की स्वीकृति:

किसी बैंक की मुख्य गतिविधि जमाराशि स्वीकार करना और ऐसे जमा खातों का रखरखाव है। जैसा कि बैंकिंग विनियमन अधिनियम, 1949 में परिभाषित किया गया है, बैंकिंग से उधार देने या विनिधान के प्रयोजन से जनता से धन के निक्षेप स्वीकार करना अभिप्रेत है जो कि मांग पर या अन्यथा प्रतिसंदेय हों तथा चेक, ड्राफ्ट या ऑर्डर द्वारा या अन्यथा निकाले जा सकें। इस प्रकार, पर्याप्त जमा राशि जुटाना बैंक का प्रमुख संसाधन और मुख्य आधार बनता है।

विभिन्न जमा खातों को मोटे तौर पर (a) मांग जमाराशि और (b) सावधि जमाराशि में वर्गीकृत किया जा सकता है। मांग जमाराशियों का मतलब ऐसी जमा राशियाँ है जो मांग पर निकाली जा सकती है और वे मोटे तौर पर दो प्रकार की होती हैं - (a) बचत खाता और (b) चालू खाता। सावधि जमाराशि का अर्थ ऐसी जमाराशि जो बैंक एक निश्चित अवधि के लिए प्राप्त करता है और सामान्यतः निश्चित अवधि की समाप्ति के बाद निकाला जा सकता है। सावधि जमा को आम तौर

पर वर्गीकृत किया जा सकता है - (a) सावधि जमा और (b) आवर्ती जमा। सावधि जमा किसी बैंक के कोष का सबसे बड़ा हिस्सा होता है।

(b) ऋण और अग्रिम:

बैंकों को जमा राशि पर सहमत ब्याज दरों पर ब्याज देना होता है। इसके अलावा, उन्हें अपने परिचालन खर्चों को भी पूरा करना होता है। इसके लिए, बैंकों को धन का निवेश करना/उधार देना होगा और ब्याज अर्जित करना होगा। इस तरह, बैंक का एक महत्वपूर्ण पारंपरिक कार्य, विभिन्न प्रकार के ऋणों और अग्रिमों के माध्यम से धन उधार देना है। जमाराशि के रूप में जुटाए गए धन को बैंक द्वारा ब्याज स्प्रेड यानी ऋण और जमाराशि पर औसत ब्याज दरों के बीच का अंतर, के माध्यम से लाभ कमाने के लिए ऋण और अग्रिम के रूप में नियुक्त किया जाता है। ऋण और अग्रिमों के ब्याज से प्राप्त आय बैंक के परिचालन लाभ का एक प्रमुख स्रोत बनती है।

बैंक कैश क्रेडिट, ओवरड्राफ्ट, डिमांड लोन जैसे कार्यशील पूंजी के रूप में उधार देते हैं और पूंजीगत व्यय के लिए सावधि ऋण के रूप में उधार देते हैं। उधारकर्ता की प्रोफ़ाइल के आधार पर, ऋणों को कॉर्पोरेट ऋण, एसएमई अग्रिम, कृषि ऋण, खुदरा ऋण, विदेशी मुद्रा ऋण, शैक्षिक ऋण, वाहन ऋण आदि के रूप में वर्गीकृत किया जा सकता है। ऋणों को जमानत के आधार पर भी वर्गीकृत किया जाता है। ज़मानत को प्रतिभू (Surety), बैंक की जमा रसीदें गिरवी रखना, शेयर और डिबेंचर, जीवन बीमा पॉलिसियों का समनुदेशन (असाइनमेंट), अचल संपत्ति का बंधक, संयंत्र और मशीनरी का दृष्टिबंधन (हाइपोथिकेशन), कच्चा माल, आदि के रूप में लिया जा सकता है। जमानत वाले ऋण खाते को जमानती ऋण कहा जाता है जबकि बिना जमानत के ऋण को बेजमानती ऋण (बेजमानती अग्रिम) के रूप में जाना जाता है।

जमाकर्ताओं के मांग करने पर भुगतान करने और उधार ली गई धनराशि व जमा पर ब्याज का भुगतान करने के लिए, बैंक आशा करते हैं कि ऋण लेने वाले सभी उधारकर्ता ब्याज के भुगतान और मूल राशि के पुनर्भुगतान में तत्पर हों। हालाँकि, यह संभव है कि कई कारणों से, ब्याज और मूलधन के भुगतान में चूक हो जाए और अतिदेय हो जाए। जो ऋण और अग्रिम निर्धारित अवधि से अधिक समय तक बकाया रहते हैं, उन्हें 'गैर-निष्पादित परिसंपत्ति' (एनपीए) के रूप में जाना जाता है। एनपीए के कारण आय की हानि होती है (ब्याज का भुगतान या वसूली नहीं हो पाती है) और कुछ मामलों में मूलधन (उधार दी गई राशि) की हानि होती है। इसलिए, उधार देने के लिए अच्छा क्रेडिट मूल्यांकन आवश्यक होता है और ऋण को अतिदेय और अंततः एनपीए में बदलने से रोकने के लिए बैंक द्वारा पर्याप्त देखभाल, सावधानी और पर्यवेक्षण/निगरानी की आवश्यकता होती है। बैंकों की व्यवहार्यता को बनाए रखने के लिए बकाया/अतिदेय का संग्रहण या वसूली महत्वपूर्ण है जिसमें डीआरए की महत्वपूर्ण भूमिका होती है।

(c) धन-प्रेषण सेवाएँ:

ग्राहकों को खरीदारी का भुगतान व्यवसाय के स्थान पर या वेंडर/विक्रेता के व्यवसाय के स्थान पर करना होता है। इसके लिए एक स्थान से दूसरे स्थान तक धन की आवाजाही की आवश्यकता होती है। हो सकता है कि भुगतान करने के लिए एक स्थान से दूसरे स्थान पर जाना खरीदार के लिए संभव न हो। न ही बड़ी रकम को एक जगह से दूसरी जगह ले जाना आर्थिक रूप से व्यवहार्य हो। इसलिए, देश में व्यापार और वाणिज्य को सफल बनाने के लिए अच्छी भुगतान और निपटान प्रणाली होनी आवश्यक है। बैंक वित्तीय बाज़ार में भुगतान और निपटान का कार्य करते हैं। इसके लिए, बैंकों का शाखा नेटवर्क विभिन्न शहरों/क्षेत्रों/राज्यों में फैला हुआ है। कुछ बैंकों की विदेशों में भी शाखाएँ हैं और प्रतिनिधि (कॉरेस्पोन्डेंट) बैंक हैं। यह नेटवर्क बैंकों को जरूरत पड़ने पर अपने ग्राहकों की धनराशि को एक ही देश में या विदेश में एक स्थान से दूसरे स्थान पर मेल/टेलीग्राफिक/इलेक्ट्रॉनिक फंड ट्रांसफर या बैंक ड्राफ्ट जारी करके भेजने में सक्षम बनाता है। बैंक प्रदान की गई सेवा के लिए भेजने वाले व्यक्ति से उचित शुल्क लेते हैं। बैंकों के माध्यम से धन भेजना, धन अंतरण के अन्य तरीकों, जैसे डाकघर मनी ऑर्डर (जो आम तौर पर व्यक्तिगत उपयोग के लिए छोटी रकम के लिए होता है), धन का भौतिक अंतरण, आदि की तुलना में तेज, सुरक्षित, संरक्षित और सस्ता है।

1.6.2 अन्य कार्य

(a) विविध सेवाएं:

उपर्युक्त मुख्य कार्यों के अलावा, बैंक दूसरी सेवाएँ भी प्रदान करते हैं, जो ग्राहकों, व्यावसायिक फर्मों और समाज के सदस्यों के लिए उपयोगी हैं। इन सेवाओं में सुरक्षित जमा लॉकर, महत्वपूर्ण दस्तावेजों/मूल्यवान वस्तुओं की सुरक्षित अभिरक्षा और साख पत्र व गारंटी, बाहरी चेक/बिल/हुंडी का संग्रह, अपने ग्राहकों पर राय संबंधी रिपोर्ट प्रस्तुत करना, सरकारी व्यवसाय, प्रतिनिधि (कॉरेस्पोन्डेंट), ट्रस्टीशिप और निष्पादक के व्यवसाय के लिए एजेंसी सेवाएं जैसी व्यापार वित्त सेवाएं शामिल हैं। बैंक बीमा (जीवन और साधारण दोनों), म्यूचुअल फंड, डीमैट खाते और निवेश सलाहकार सेवाओं जैसे तीसरे पक्ष के उत्पादों की बिक्री में भी संलग्न हैं। बैंक ऐसी सेवाओं पर कमीशन या शुल्क लेते हैं, जो उन्हें उनके मुनाफे में जोड़कर गैर-ब्याज आय प्रदान करता है।

(b) इलेक्ट्रॉनिक बैंकिंग:

भारत के बैंकों में कंप्यूटर की शुरुआत और एटीएम के आगमन के साथ, सभी बैंकों में बैंकिंग सेवाएं प्रदान की जाने लगी हैं। जब ग्राहकों को टेलीबैंकिंग या रिमोट-बैंकिंग सुविधाएं मिलने लगती हैं, तो उन्हें बैंकिंग लेनदेन करने के लिए शाखा में जाने की आवश्यकता नहीं होती है।

इस प्रकार की बैंकिंग को इलेक्ट्रॉनिक बैंकिंग कहा जाता है, और यह बैंकिंग चैनल भारत में व्यक्तियों के साथ-साथ कॉर्पोरेट संस्थाओं के बीच भी लोकप्रिय हो रहा है।

इलेक्ट्रॉनिक बैंकिंग चैनलों में शामिल हैं:

(i) **स्वचालित टेलर मशीनें:** एटीएम इलेक्ट्रॉनिक बैंकिंग आउटलेट हैं, जिनसे ग्राहक किसी भी बैंक प्रतिनिधि या टेलर की सहायता के बिना प्राथमिक बैंकिंग लेनदेन करने में सक्षम हो जाते हैं। यह एक ऐसी मशीन है जिसे बैंक शाखा का छोटा रूप माना जा सकता है। ऐसी कई बैंकिंग गतिविधियाँ हैं जो एटीएम के माध्यम से की जा सकती हैं जैसे:

- नकदी की निकासी
- बैलेंस की पूछताछ
- संक्षिप्त विवरण (मिनी स्टेटमेंट) प्राप्त करना
- सावधि जमा खोलना
- फंड ट्रांसफर करना
- क्रेडिट कार्ड के बिलों का भुगतान करना
- चेक बुक के लिए अनुरोध करना
- मोबाइल नंबर/आधार नंबर अपडेट करना
- मोबाइल फोन रिचार्ज करना
- बीमा प्रीमियम का भुगतान करना
- उपयोगिता बिलों का भुगतान करना
- नकद जमा करना
- चेक जमा करना

(ii) **कार्ड:** भुगतान कार्ड आमतौर पर एक प्लास्टिक कार्ड होता है जो अपने उपयोगकर्ता को इलेक्ट्रॉनिक भुगतान करने में सक्षम बनाता है। सबसे सामान्य प्रकार के भुगतान कार्ड क्रेडिट कार्ड और डेबिट कार्ड हैं। सभी प्रकार के कार्ड अंततः किसी न किसी प्रकार के खाते से विशिष्ट रूप से जुड़े होते हैं। यह खाता कार्ड जारी करने वाली किसी बैंकिंग इकाई/गैर-बैंकिंग इकाई के पास हो सकता है। बाजार में बैंकों/गैर-बैंक संस्थाओं द्वारा जारी किए गए विभिन्न प्रकार के कार्ड प्रचलन में हैं।

(iii) **इंटरनेट बैंकिंग:** इंटरनेट और वर्ल्ड वाइड वेब (डब्ल्यूडब्ल्यूडब्ल्यू) तक आसान पहुंच के साथ, बैंक निर्देश प्राप्त करने और अपने उत्पादों व सेवाओं को अपने ग्राहकों तक पहुंचाने

वाले चैनल के रूप में इंटरनेट का उपयोग तेजी से कर रहे हैं। बैंकिंग के इस स्वरूप को इंटरनेट बैंकिंग के रूप में जाना जाता है, हालांकि विभिन्न बैंकों द्वारा पेश किए जाने वाले उत्पादों व सेवाओं की श्रृंखला उनकी सामग्री व विशेषज्ञता के अनुसार भिन्न होती है।

ग्राहक अपने पीसी/फोन से या किसी दूसरे के पीसी/मोबाइल से बैंक के पेज पर जा सकते हैं। वे शाखा के माध्यम से अपना खाता पंजीकृत और लिंक कर सकते हैं। इसके बाद शाखा इंटरनेट बैंकिंग सुविधा सक्षम कर देती है। लॉगइन के लिए बैंक आईडी और पासवर्ड प्रदान करता है। लॉगिन का प्रयास करने पर, इंटरनेट बैंकिंग सर्वर लॉगिन विवरण का अपने डेटाबेस का सत्यापन करता है, और फिर मिलान होने पर लॉगिन की अनुमति देता है। सॉफ्टवेयर ग्राहक को उसके सीबीएस खाते से जोड़ता है, और फिर वह वेबपेज में मेनू के अनुसार लेनदेन कर सकता है।

(iv) **मोबाइल बैंकिंग:** बैंकिंग सेवाओं के विस्तार के माध्यम के रूप में मोबाइल फोन अधिक महत्वपूर्ण बन गया है। मोबाइल फोन नेटवर्क के व्यापक कवरेज ने इस माध्यम को बैंकिंग सुविधा रहित क्षेत्र के साथ-साथ हर वर्ग तक बैंकिंग सेवाएं पहुंचाने वाला महत्वपूर्ण मंच बना दिया है। बैंकों को मोबाइल बैंकिंग सेवाएं (एसएमएस, यूएसएसडी या मोबाइल बैंकिंग एप्लिकेशन के माध्यम से) प्रदान करने की अनुमति है।

मोबाइल बैंकिंग के माध्यम से दी जाने वाली कुछ सामान्य सेवाएँ हैं:

खाता के बैलेंस की पूछताछ, खाता विवरण की पूछताछ, चेक की स्थिति की पूछताछ, चेक बुक अनुरोध, खातों के बीच फंड ट्रांसफर, आईएमपीएस/यूपीआई आदि के माध्यम से बैंकों में फंड ट्रांसफर, क्रेडिट/डेबिट अलर्ट, बिजली/पानी/मोबाइल जैसे उपयोगिता बिल का भुगतान, हालिया लेनदेन के इतिहास का अनुरोध, विभिन्न अन्य लेनदेन का अलर्ट, ट्रेन/बस/हवाई जहाज की बुकिंग, डीमैट पोर्टफोलियो का प्रबंधन, कर भुगतान, जीवन बीमा और साधारण बीमा की खरीद।

(v) **टेली बैंकिंग:** टेलीबैंकिंग सुविधा का उपयोग करके, ग्राहक बैंक के सर्वर से जुड़े निर्दिष्ट टेलीफोन नंबर को डायल कर सकते हैं। ग्राहक अपना पहचान नंबर डायल करके और एक सुरक्षित पिन का उपयोग करके कुछ बैंकिंग सेवाओं का लाभ उठा सकता है। टेलीबैंकिंग सॉफ्टवेयर ग्राहक के साथ इंटरैक्टिव होगा और उससे आवश्यक सेवा का कोड नंबर डायल करने के लिए कहा जाएगा फिर उसे उचित उत्तर देगा।

ग्राहक इस टेली (फोन) बैंकिंग के माध्यम से अपनी शेष राशि तक पहुंच सकता है और खातों के विवरण, चेक बुक और कुछ चयनित सेवाओं के लिए ऑर्डर दे सकता है। टेलीबैंकिंग सुविधा से प्राप्त की जा सकने वाली कुछ सेवाएँ हैं:

- बैलेंस की पूछताछ
- पिछले कुछ लेनदेन का विवरण
- चेक बुक के लिए ऑनलाइन अनुरोध
- किसी भी चेक का भुगतान रोकना
- स्वयं के खाते में निधि का अंतरण प्रारंभ करना
- एटीएम पिन जनरेट करना
- ब्याज प्रमाणपत्र प्राप्त करना
- जमा ब्याज प्रमाणपत्र प्राप्त करना
- मोबाइल जानकारी या मेल आईडी अपडेट करना

ग्राहकों को बैंकिंग सेवाओं का लाभ उठाने में मदद करने के लिए यह सुविधा अब आर्टिफिशियल इंटेलिजेंस का उपयोग करके वॉयस असिस्टेंट/बॉट्स के माध्यम से दी जा रही है।

(vi) **इलेक्ट्रॉनिक भुगतान प्रणाली:** सूचना और संचार प्रौद्योगिकी के कारण समाशोधन प्रणाली में बड़े पैमाने पर बदलाव आया है।

एमआईसीआर समाशोधन की शुरूआत स्वचालित निपटान की प्रक्रिया की दिशा में पहला कदम था। भारतीय रिज़र्व बैंक ने चेक क्लियरिंग चक्र की दक्षता में सुधार के लिए भारत में चेक ट्रंकेशन सिस्टम (सीटीएस) शुरू करने का निर्णय लिया। सीटीएस परिदृश्य में, कागजी लिखत को प्रस्तुतकर्ता बैंक के छोर पर (या तो शाखा स्तर पर या सेवा शाखा स्तर पर) छोटा (ट्रंकेट) कर दिया जाता है। प्रस्तुतकर्ता बैंक में एकत्र किए गए लिखतों की छवियां और डेटा उसी दिन प्रसंस्करण के लिए इलेक्ट्रॉनिक रूप से अदाकर्ता बैंक में भेजे जाएंगे। रिटर्न चक्र अगले दिन पूरा हो जाएगा और रिटर्न चक्र पूरा होने पर निपटान पूरा हो जाएगा। निपटान प्रक्रिया पूरी होने पर ग्राहक को धनराशि मिल जाएगी।

इलेक्ट्रॉनिक मीडिया का उपयोग एक सच्ची ईएफ़टी प्रणाली की आवश्यक शर्तों में से एक है। देश में विभिन्न ईएफटी प्रणालियों की शुरूआत के साथ अभूतपूर्व प्रगति हुई है।

राष्ट्रीय इलेक्ट्रॉनिक फंड ट्रांसफर (एनईएफटी) प्रणाली पूरे भारत के बैंकिंग क्षेत्र में धन स्थानांतरण और समाशोधन की एक कुशल, सुरक्षित, आर्थिक, विश्वसनीय और त्वरित प्रणाली की सुविधा प्रदान करती है, और मौजूदा कागज-आधारित धन अंतरण और समाशोधन प्रणाली के तनाव से राहत देती है। एनईएफटी बैंकों में 24×7 के आधार पर निधि अंतरण को सक्षम बनाता है और अंतरण विभिन्न डिलीवरी चैनलों के माध्यम से हो सकता है। रीयल-टाइम ग्रॉस सेटलमेंट

(आरटीजीएस) प्रणाली एक इलेक्ट्रॉनिक भुगतान प्रणाली है जिसमें भुगतान निर्देशों को 'निरंतर' तथा 'वास्तविक समय' के आधार पर संसाधित किया जाता है और क्रेडिट के विरुद्ध डेबिट को घटाए बिना सकल या व्यक्तिगत आधार पर निपटान किया जाता है। इस प्रकार किए गए भुगतान 'अंतिम' होते हैं और आरबीआई की बहियों में 'अपरिवर्तनीय' निपटान किया जाता है।

इलेक्ट्रॉनिक बैंकिंग पारंपरिक बैंकिंग की तुलना में काफी कम खर्चीली, कम त्रुटि संभावित और अधिक कुशल है। कहीं भी और कभी भी बैंकिंग ने ग्राहकों के लिए बैंकिंग को सुविधाजनक बना दिया है।

1.7 बैंकिंग में नवीनतम प्रवृत्तियाँ

बैंकिंग क्षेत्र अपने ग्राहकों को बेहतर सेवाएं प्रदान करने और अपने प्रौद्योगिकी बुनियादी ढांचे को उन्नत करने पर अधिक जोर दे रहा है, ताकि ग्राहकों के समग्र अनुभव को बढ़ाने के साथ-साथ बैंकों को प्रतिस्पर्धा में बढ़त मिल सके। बैंकिंग क्षेत्र में हालिया प्रवृत्तियों/रुझानों को संक्षेप में इस प्रकार प्रस्तुत किया जा सकता है:

(i) जोखिम प्रबंधन:

बैंकिंग क्षेत्र अर्थव्यवस्था को चलाता है और अधिकतम उत्पादकता प्राप्त करने के लिए प्रभावी ढंग से उपयोग करने में महत्वपूर्ण भूमिका निभाता है। इस प्रक्रिया में जोखिम होता है जिसे पहचानने और प्रबंधित करने की आवश्यकता होती है। जोखिम का तात्पर्य वित्त से जुड़ी किसी अवांछनीय या अनियोजित घटना से है जिसके परिणामस्वरूप निवेश विफल हो जाए या कमाई कम हो जाए। यह भी संभव है कि पूरे या आंशिक निवेश का नुकसान हो जाए।

जोखिम प्रबंधन में ऐतिहासिक रुझानों के आधार पर पूर्वानुमान, विश्लेषण और अनुमान लगाकर जोखिमों का प्रबंधन शामिल है। इसमें जोखिमों के प्रभाव को कम करने के लिए सुधारात्मक उपाय करना शामिल है। वित्तीय जोखिमों के उदाहरण उच्च मुद्रास्फीति, पूंजी बाजार में अस्थिरता, मंदी, अस्थिरता, दिवालियापन आदि हैं।

बैंकिंग उद्योग में जोखिम के प्रमुख प्रकार हैं:

चलनिधि **(तरलता) का जोखिम**: ऐसी स्थितियों में जहां कोई संस्था अपनी वित्तीय प्रतिबद्धताएँ पूरी करने में असमर्थ है या केवल बाहर से उधार लेकर ऐसा करने में समर्थ हो पाती है, तो इससे चलनिधि (तरलता) का जोखिम पैदा होता है। परिसंपत्तियों के एनपीए में बदलने के कारण ऐसा हो सकता है।

बाजार का जोखिम: यह जोखिम तब उत्पन्न होता है जब बाजार को नियंत्रित करने वाले कारकों में बदलाव के कारण निवेश का मूल्य घट सकता है। यह जोखिम अधिकतर बाजार को नियंत्रित करने वाले कारकों से संबंधित है जैसे कि मंदी जो पूरे बाजार को प्रभावित करती है और किसी एक उद्योग तक सीमित नहीं है।

क्रेडिट या डिफॉल्ट जोखिम: इस प्रकार का जोखिम तब उत्पन्न होता है जब उधारकर्ता हस्ताक्षरित अनुबंध के अनुसार अपने दायित्व पूरा करने में विफल रहता है। बैंकों की आय के प्रमुख स्रोत ऋण हैं और डिफ़ॉल्ट के मामले में, वे अधिकांश बैंकों के लिए ऋण या डिफ़ॉल्ट जोखिम के स्पष्ट स्रोत हैं। सभी प्रकार के जोखिमों में से, क्रेडिट जोखिम आमतौर पर भारतीय बैंकिंग क्षेत्र में सबसे महत्वपूर्ण जोखिम है जहां एनपीए का आकार काफी अधिक है।

परिचालन जोखिम: इस प्रकार का जोखिम आंतरिक प्रक्रियाओं, लोगों और प्रणालियों में खराबी या बाहरी घटनाओं के कारण पैदा होता है। बैंक सार्वजनिक धन के संरक्षक हैं और अधिक मात्रा में वैश्विक वित्तीय अंतर-सहबद्धताओं के एक्सपोजर में हैं, और इसमें बैंकिंग और वित्तीय सेवाएं प्रदान करने में उच्च स्तर का स्वचालन शामिल है।

(ii) ग्राहक सेवा:

बैंकिंग में ग्राहक सेवा एक महत्वपूर्ण पहलू है जो बैंक की प्रतिष्ठा, ग्राहक की निष्ठा और समग्र सफलता को उल्लेखनीय ढंग से प्रभावित करती है। बैंकिंग उद्योग अत्यधिक प्रतिस्पर्धी है जिसके कारण, मौजूदा ग्राहकों को रोक कर रखने और नए ग्राहकों को आकर्षित करने के लिए असाधारण ग्राहक सेवा प्रदान करना सर्वोपरि है। ग्राहक सेवा के महत्व को संक्षेप में इस प्रकार प्रस्तुत किया जा सकता है:

- **ग्राहक को अपने साथ बनाए रखना एवं निष्ठा:** असाधारण ग्राहक सेवा ग्राहक निष्ठा व विश्वास को बढ़ावा देती है, जिससे ग्राहकों को लंबे समय तक बैंक के साथ बने रहने के लिए प्रोत्साहित किया जाता है।
- **ब्रांड प्रतिष्ठा**: ग्राहकों द्वारा साझा किए गए सकारात्मक अनुभव बैंक की ब्रांड छवि को बढ़ा सकते हैं, नए ग्राहकों को आकर्षित कर सकते हैं और बाजार में संस्था की स्थिति मजबूत कर सकते हैं।
- **प्रतिस्पर्धागत लाभ:** आज के अत्यधिक प्रतिस्पर्धी बैंकिंग परिदृश्य में, उत्कृष्ट ग्राहक सेवा प्रदान करना किसी बैंक को उसके प्रतिद्वंद्वियों से अलग दर्शाता है और वित्तीय संस्थान का चयन करते समय ग्राहकों की पसंद को प्रभावित कर सकता है।

- **ग्राहक अधिग्रहण (Acquisition):** प्रसन्न ग्राहक क्रॉस-सेलिंग और अप-सेलिंग अवसरों में शामिल होने के लिए अधिक इच्छुक होते हैं, जिससे बैंक के राजस्व प्रवाह में वृद्धि होती है।
- **शिकायत समाधान**: ग्राहकों की शिकायतों का कुशल और सहानुभूतिपूर्ण प्रबंधन महत्वपूर्ण है। मुद्दों का तुरंत संबोधित और हल करना न केवल असंतुष्ट ग्राहकों को रोक कर रखता है बल्कि अनुभव को नकारात्मक से सकारात्मक में बदलने का अवसर भी प्रदान करता है, जिससे ग्राहक के साथ संबंध मजबूत होते हैं।
- **वैयक्तिकरण एवं अनुकूलन:** प्रभावी ग्राहक सेवा बैंकों को अपने ग्राहकों की जरूरतों और प्राथमिकताओं को बेहतर ढंग से समझने में सक्षम बनाती है। इस ज्ञान के साथ, बैंक वैयक्तिकृत समाधान और अनुकूलित उत्पाद पेश कर सकते हैं जो ग्राहक की व्यक्तिगत आवश्यकताओं को पूरा करते हैं।
- **प्रौद्योगिकी एकीकरण:** डिजिटल युग में, ग्राहक सेवा व्यक्तिगत बातचीत से परे फैली हुई है। सफल बैंक ऑनलाइन बैंकिंग, मोबाइल ऐप, चैटबॉट और सोशल मीडिया प्लेटफॉर्म जैसे विभिन्न चैनलों के माध्यम से ग्राहक सेवा बढ़ाने के लिए प्रौद्योगिकी को एकीकृत करते हैं।
- **अनुपालन एवं विश्वास:** मजबूत ग्राहक सेवा उद्योग के नियमों और नैतिक मानकों के अनुपालन को सुदृढ़ करती है। ग्राहकों की वित्तीय जानकारी की सुरक्षा और गोपनीयता बनाए रखने के लिए उनके साथ विश्वास बनाना आवश्यक है।

(iii) आय की पहचान और परिसंपत्ति का वर्गीकरण (आईआरएसी):

बैंक भी विशुद्ध आय की पहचान, परिसंपत्ति का वर्गीकरण और प्रावधान मानदंडों (आईआरएसी या एनपीए मानदंड) के अधीन हैं और ये नहीं कर सकते:

a. एनपीए वाली रकम पर ब्याज अर्जित करना या इकट्ठा करना और

b. डिफ़ॉल्ट की राशि के लिए प्रावधान करना।

इसे देखते हुए, पिछले देय (ओवरड्यू) यानी डिफ़ॉल्ट राशि वाले ऋणों की वसूली महत्वपूर्ण है। यह ऋण वसूली भी एक संवेदनशील कार्य है। ग्राहकों द्वारा समय पर ऋण न चुकाने और किस्तें न चुकाने के कारण वास्तविक भी हो सकते हैं या जान-बूझकर किए भी हो सकते हैं। ये सभी चूकें अंततः बैलेंस शीट और बैंक की वित्तीय स्थिति को प्रभावित करती हैं। इन सभी मुद्दों के परिणामस्वरूप संग्रह के प्रयास आक्रामक हो सकते हैं जिससे ग्राहकों को असुविधा हो सकती है। वास्तव में अस्थायी तौर पर कठिनाइयों का सामना कर रहे

ग्राहकों के साथ आक्रामक ढंग से वसूली के दौरान पेश आने से ग्राहक सेवा प्रभावित हो सकती है।

उपरोक्त को ध्यान में रखते हुए, आरबीआई उचित ग्राहक सेवा, बैंकों/एनबीएफसी द्वारा आचार संहिता के पालन की निगरानी करता है। इसके बदले में बैंक, संग्रहण एजेंटों की निगरानी करते हैं। हाल के वर्षों में यह निगरानी कड़ी कर दी गई है। बैंकों को उचित ग्राहक सेवा सुनिश्चित करनी चाहिए।

(iv) वित्तीय समावेशन:

"वित्तीय समावेशन किफायती लागत पर कमजोर वर्गों और कम आय वाले समूहों जैसे कि कमजोर समूहों द्वारा वित्तीय सेवाओं और समय पर और पर्याप्त ऋण तक पहुंच सुनिश्चित करने की प्रक्रिया है" (वित्तीय समावेशन समिति, अध्यक्ष: डॉ. सी. रंगराजन)। आरबीआई ने वर्ष 2008 में वित्तीय समावेशन को महत्वपूर्ण एजेंडे के रूप में घोषित किया।

इसका उद्देश्य ग्रामीण, अर्ध-शहरी, शहरी और महानगरीय परिवारों के प्रत्येक पात्र व्यक्ति, जिनके पास बैंक खाता नहीं है, को बचत खाता खोलने और बैंकिंग और वित्तीय सेवाओं का लाभ उठाने के लिए सक्षम बनाना है। इस प्रयोजन के लिए, बुनियादी बचत बैंक जमा खाता (बीएसबीडीए), जिसे लघु खाता भी कहा जाता है, शुरू किया गया है, जिसमें सरलीकृत केवाईसी की आवश्यकता होती है और जिसमें कोई न्यूनतम शेषराशि रखने की शर्त नहीं होती है।

वित्तीय समावेशन का उद्देश्य गरीब और निम्न आय तथा वंचित समूहों तक किफायती लागत पर बैंकिंग सेवाएँ पहुंचा कर उन्हें बैंकिंग के दायरे में लाना है।

प्रधानमंत्री जन धन योजना (पीएमजेडीवाई), प्रधानमंत्री जीवन ज्योति योजना, प्रधानमंत्री सुरक्षा बीमा योजना जैसी योजनाओं का उद्देश्य ऐसे सभी लोगों को वित्तीय उत्पाद प्रदान करना है जो अब तक बैंकिंग सुविधाओं से बाहर हैं।

वित्तीय समावेशन प्राप्त करने के लिए बैंकों को बिजनेस कॉरेस्पॉन्डेंट (बीसी) की सेवाओं का उपयोग करने की अनुमति है जो बैंकों की कोर बैंकिंग प्रणाली से जुड़े हुए हैं। बीसी की पहुँच पीओएस और मिनी-एटीएम तक है।

आईसीटी आधारित लेनदेन की उपलब्धता से वित्तीय समावेशन में मदद मिली है। दूरदराज के क्षेत्रों में बैंकिंग सेवाएं प्रदान करने के लिए बिजनेस कॉरेस्पॉन्डेंट और बिजनेस फैसिलिटेटर की सेवाओं का उपयोग करना सफल साबित हुआ है। वित्तीय समावेशन में क्रेडिट समावेशन भी शामिल है, जिसे बीएसबीडीए, केसीसी और जीसीसी में ओडी खातों के माध्यम से करने का प्रयास किया जाता है।

(v) प्रौद्योगिकी का बढ़ता उपयोग:

पिछले दशक में बैंकों ने अपनी सेवा बेहतर बनाने, उत्पादों में बदलाव लाने और लेनदेन में नकदी का उपयोग कम करने के लिए कई तकनीकें अपनाईं हैं। लेन-देन में बैंकों द्वारा भुगतान के डिजिटल चैनल, बैक-ऑफ़िस फ़ंक्शन, यूपीआई के लॉन्च आदि ने बैंकों के संचालन और कार्य करने के तरीके को काफी हद तक बदल दिया है। ग्राहकों को अपने लेन-देन के लिए शाखा में स्वयं जाने की ज़रूरत नहीं है, बल्कि वे अपना लेन-देन घर या नजदीकी व्यावसायिक प्रतिष्ठान या मोबाइल के माध्यम से 24×7 डिजिटल रूप से करते हैं, जो पहले बैंकिंग समयावधि तक ही सीमित था। प्रौद्योगिकी ने एटीएम, इंटरनेट बैंकिंग, मोबाइल बैंकिंग आदि के माध्यम से ऑफ-साइट बैंकिंग को समर्थ बनाया है। एक और महत्वपूर्ण बदलाव - कोविड के कारण लॉक डाउन के बाद - यह है कि खुदरा क्षेत्र का व्यवसाय धीरे-धीरे ऑर्डर और भुगतान के ऑनलाइन मोड में स्थानांतरित हो गया है। इन सभी ने ग्राहकों के बैंकिंग सेवाओं तक पहुंचने के तरीके को बदल दिया है।

(vi) बैंकों का एकीकरण:

एकीकरण के फलस्वरूप पीएसयू बैंकों की संख्या कम हो गई है। प्रवर्तक बैंकों ने भी अपने-अपने राज्यों में अपने आरआरबी का विलय कर दिया है, जिससे आरआरबी की संख्या भी घटकर 43 हो गई है। वित्तीय स्थिरता के पहलुओं को ध्यान में रखते हुए बैंकों का एकीकरण किया गया है। कुछ निजी बैंकों का भी बड़े बैंकों में विलय हो गया है। एकीकरण के द्वारा ही उच्च पूंजी आधार संभव हो सकता है, जिससे वे उधारकर्ताओं को अधिक उधार देने के योग्य हो जाएँगे। एकीकरण से अनुभव किए जाने वाले अन्य लाभ बढ़ी हुई दक्षता और लाभप्रदता हैं।

(vii) गैर-बैंकिंग वित्तीय कंपनियाँ:

छाया (शैडो) बैंकिंग शब्द का उपयोग बैंकिंग क्षेत्र के बाहर होने वाली बैंक जैसी गतिविधियों (मुख्य रूप से ऋण देने) का वर्णन करने के लिए किया जाता है। एनबीएफसी छाया (शैडो) बैंकिंग की भूमिका निभाते हैं जो आगे उधार देने के लिए वाणिज्यिक बैंकों से धन प्राप्त करते हैं। इस संबंध में, आरबीआई दिशानिर्देशों के अनुसार, एनबीएफसी वाणिज्यिक बैंकों के लिए ऋण उत्पन्न और वितरित कर सकते हैं और वाणिज्यिक बैंकों के साथ सह-उधार भी दे सकते हैं। इससे छोटे ऋणों, समूह ऋणों आदि की सुलभता में सुधार करने में मदद मिलेगी। इस उद्देश्य के लिए, वाणिज्यिक बैंकों और एनबीएफसी के लिए अधिकांश नियामक दिशानिर्देश एक समान बनाए गए हैं।

(viii) सेंट्रल बैंक डिजिटल करेंसी:

सेंट्रल बैंक डिजिटल करेंसी (सीबीडीसी) किसी देश के केंद्रीय बैंक द्वारा जारी और विनियमित राष्ट्रीय मुद्रा के डिजिटल रूप को इंगित करती है। सीबीडीसी अनिवार्य रूप से भौतिक नकदी का डिजिटल समकक्ष है और इसका उपयोग लेनदेन और भुगतान के लिए लीगल टेंडर के रूप में किया जाना है। भारत में, आरबीआई ने वित्त वर्ष 2022-23 में मार्गदर्शी (पायलट) आधार पर भारत की फिएट डिजिटल मुद्रा लॉन्च की है। सीबीडीसी को दो अलग-अलग प्रारूपों के माध्यम से लागू किया गया है:

- **खुदरा सीबीडीसी जो कि** आम जनता की सीधी पहुंच के योग्य है और इसका उपयोग दिन-प्रतिदिन के लेनदेन के लिए किया जा सकता है। व्यक्ति और व्यवसाय डिजिटल वॉलेट या मोबाइल ऐप के माध्यम से इस डिजिटल मुद्रा को रख सकते हैं और उपयोग कर सकते हैं, जिससे वे खरीदारी करने, बिलों का भुगतान करने और अन्य वित्तीय लेनदेन डिजिटल रूप से करने में सक्षम हो जाते हैं।
- **थोक सीबीडीसी:** इसे वित्तीय संस्थानों और बैंकों द्वारा अंतरबैंक लेनदेन और निपटान के उद्देश्यों के लिए उपयोग के लिए डिज़ाइन किया गया है। यह अधिक कुशल और तेज़ अंतरबैंक अंतरण की सुविधा प्रदान करता है और वित्तीय प्रणाली की स्थिरता के लिए लाभकारी होना संभव है।

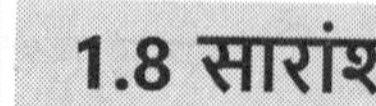

1.8 सारांश

बैंक आरबीआई से लाइसेंस प्राप्त वित्तीय संस्थान हैं। वे जमाराशि स्वीकार करते हैं. जनता को अपनी बचत और ऋण आवश्यकताओं के प्रबंधन के लिए बैंकों के विभिन्न उत्पादों और सेवाओं की आवश्यकता होती है। बैंक लोगों को पैसा स्वीकार करते हैं और उधार देते हैं। वे चालू, बचत और सावधि जमा की पेशकश करते हैं। चालू और बचत जमा की राशि चेक, एटीएम कार्ड, ड्राफ्ट आदि द्वारा निकाली जा सकती है। बैंक ऋण का भी कार्य करते हैं। वे ऋण, नकद ऋण, ओवरड्राफ्ट आदि के रूप में ऋण देते हैं। बैंक की प्रकृति वाणिज्यिक और लाभ कमाने वाले (लाभप्रद-उन्मुख) संगठन की है।

स्वामित्व एवं गतिविधियों के आधार पर हमारे देश में सार्वजनिक क्षेत्र के बैंक, निजी बैंक, विदेशी बैंक, लघु वित्त बैंक, सहकारी बैंक और आरआरबी जैसे विभिन्न प्रकार के बैंक कार्य कर रहे हैं। हमारे देश का केंद्रीय बैंक आबीआई बैंकों को विनियमित करता है। यह बैंकों को विनियमित करने, मुद्रा जारी करने, विदेशी मुद्रा भंडार का प्रबंधन करने जैसे कई कार्य करता है। इसके पास मौद्रिक नीति का भी उत्तरदायित्व है।

बैंक जमा स्वीकार करने और ऋण देने जैसे कुछ मुख्य कार्य करते हैं । बैंकों के अन्य कार्यों में शामिल हैं:

(a) चेक, एटीएम, आरटीजीएस, आईएमपीएस आदि के माध्यम से किये जा सकने वाले

(b) करों का भुगतान स्वीकार करना

(c) लॉकर, वॉल्ट सुविधाएं प्रदान करना

(d) बीमा, म्यूचुअल फंड आदि बेचना।

बैंक लंबे समय से उपभोक्ताओं के जीवन में महत्वपूर्ण भूमिका निभा रहे हैं। नए क्षेत्रों में ध्यान देते हुए हाल ही में कई विकास हुए हैं जैसे:

(a) वित्तीय स्थिरता (b) ग्राहक सेवा (c) आय की पहचान और संपत्ति का वर्गीकरण (d) वित्तीय समावेशन (e) प्रौद्योगिकी का बढ़ता उपयोग (f) बैंकों का एकीकरण (g) गैर-बैंकिंग वित्तीय कंपनियां (h) सेंट्रल बैंक डिजिटल करेंसी

1.9 प्रमुख शब्द

आरबीआई, बैंकिंग, जमाराशियाँ, ऋण, सार्वजनिक क्षेत्र, निजी क्षेत्र, विदेशी बैंक, सहकारी बैंक, वित्तीय समावेशन, बुनियादी बचत बैंक जमा खाता, वित्तीय स्थिरता, आरटीजीएस, आईएमपीएस, एनईएफटी, धन-प्रेषण, एनबीएफसी

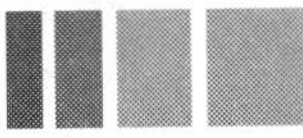

1.10 अपनी प्रगति जाँचें

1. बैंकों के प्रमुख कार्य हैं:
   (a) जमाराशियाँ स्वीकार करना
   (b) उधार देना एवं निवेश करना
   (c) गैर-निधि व्यवसाय और प्रेषण सेवाएँ
   (d) उपरोक्त सभी
2. आईडीबीआई है ---------
   (a) निजी बैंक
   (b) राष्ट्रीयकृत बैंक

(c) सार्वजनिक क्षेत्र का बैंक

(d) विकास बैंक

3. भुगतान बैंक ---------- जमाराशियाँ स्वीकार कर सकते हैं (वाक्य पूरा करें):

(a) किसी भी प्रकार की और बिना सीमा (सीलिंग) की

(b) केवल सावधि जमा

(c) केवल मांग जमाराशि लेकिन इसकी कोई ऊपरी सीमा नहीं

(d) मांग जमा राशि जिसमें शेष राशि प्रति ग्राहक 2 लाख रुपये से अधिक न हो।

4. लघु वित्त बैंकों के संदर्भ में निम्नलिखित में से कौन सा कथन सत्य है?

लघु वित्त बैंकों के लिए ______को वित्त देना आवश्यक है

(a) कुल ऋण का 75% प्रांथमिकता क्षेत्र को

(b) प्रति उधारकर्ता अधिकतम ऋण राशि 50 लाख रुपये तक स्वीकृत की जा सकती है।

(c) छोटे व्यवसायों, संगठित क्षेत्र और कम आय वाले परिवारों के लिए।

(d) निर्यात को छोड़कर सभी खंडों के लिए।

5. क्षेत्रीय ग्रामीण बैंक अपनी शाखाएँ खोल सकते हैं:

(a) राज्य में कहीं भी जहां इसका मुख्यालय है

(b) राज्य में कहीं भी लेकिन गैर-ग्राहक संबंधी कार्यालय देश में कहीं भी खोले जा सकेंगे

(c) देश में कहीं भी

(d) केवल सरकार द्वारा अधिसूचित क्षेत्र में (जिले)

1.11 अपनी प्रगति जाँचें के उत्तर

1.	(d)	2.	(a)	3.	(d)	4.	(a)	5.	(d)

अध्याय

2 बैंकर-ग्राहक संबंध

2.1 उद्देश्य
2.2 परिचय
2.3 ग्राहकों के विभिन्न प्रकार
2.4 विभिन्न प्रकार के बैंकर-ग्राहक संबंध
2.5 ऋणदाता/बैंक के कर्तव्य
2.6 ऋणदाता के अधिकार
2.7 गार्निशी आदेश
2.8 आयकर कुर्की आदेश
2.9 खाता बंद करना
2.10 सारांश
2.11 प्रमुख शब्द
2.12 अपनी प्रगति जाँचें
2.13 अपनी प्रगति जाँचें के उत्तर

अध्याय

2 बैंकर-ग्राहक संबंध

2.1 उद्देश्य

बकाया राशियों की वसूली के लिए संग्रहण एजेंटों को विभिन्न ग्राहकों से मिलना पड़ता है। इस संबंध में, ग्राहकों के प्रकार और उनकी सामान्य विशेषताओं को जानना महत्वपूर्ण है ताकि उनके साथ बातचीत अधिक प्रभावी और सहज हो। इस पाठ में पाठक निम्नलिखित सीखेंगे:

- ग्राहक से क्या आशय है?
- विभिन्न प्रकार के ग्राहक
- ऋणदाता-ग्राहक के मध्य विभिन्न प्रकार के संबंध
- बैंक के कर्तव्य
- गोपनीयता बनाए रखना: जानकारी उजागर करते समय अपनाई जाने वाली सावधानियाँ
- सूचना प्रस्तुतीकरण : महत्वपूर्ण पहलू

2.2 परिचय

ग्राहक "ऐसे व्यक्ति या संस्था को कहते हैं जिसके पास खाता होता है और/या बैंक से व्यावसायिक संबंध होते हैं"। यह परिभाषा एनबीएफसी जैसे वित्तीय संस्थानों के साथ-साथ दूसरे व्यवसायों पर भी लागू होती है। धन शोधन निवारण अधिनियम में, ग्राहक की परिभाषा एक ऐसे व्यक्ति के रूप में की गई है जो बैंक या एनबीएफसी या अन्य वित्तीय संस्थान आदि "किसी रिपोर्टिंग इकाई के साथ वित्तीय लेनदेन या गतिविधि में संलग्न है" ।

किसी व्यक्ति की अवस्था को एक ग्राहक के रूप में निर्धारित करने वाला महत्वपूर्ण विचारणीय बात, उसकी वित्तीय संस्थान अर्थात् बैंक या एनबीएफसी के साथ उसके लेनदेन की प्रकृति है।

उसकी सौदेबाजी या गतिविधियाँ बैंकिंग/एनबीएफसी के व्यवसाय से संबंधित होनी चाहिए, जैसे कि जमाराशि स्वीकार करना, पैसा उधार देना, पैसे का लेन-देन करना आदि।

इस प्रकार, एक ग्राहक बनने के लिए निम्नलिखित अनिवार्य आवश्यकताएँ पूरी की जानी चाहिए।

- बैंक खाता –बचत, चालू या सावधि जमा या ऋण खाता। एनबीएफसी ग्राहकों के पास एक बैंक खाता भी होना चाहिए क्योंकि ऋण की चुकौती चेक के माध्यम से या बैंक खाते से धन-प्रेषण के माध्यम से होती है।
- बैंकर और ग्राहक के बीच लेन-देन का व्यवहार बैंकिंग व्यवसाय की प्रकृति का होना चाहिए।

बैंक का ग्राहक : बैंक का ग्राहक कोई वास्तविक व्यक्ति अथवा कानूनी व्यक्ति अर्थात् फर्म, संयुक्त स्टॉक कंपनी, कोई सोसायटी या कोई अलग कानूनी इकाई हो सकते हैं।

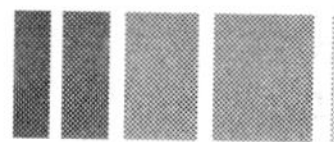

2.3 ग्राहकों के विभिन्न प्रकार

ग्राहकों को वित्तीय संस्थानों के साथ उनके संबंधों के आधार पर विभिन्न प्रकारों में वर्गीकृत किया जाता है।

2.3.1 व्यक्ति

एक व्यक्ति जिसकी आयु 18 वर्ष से अधिक है एवं स्वस्थचित्त है और किसी भी कानून के तहत अनुबंध करने के अयोग्य नहीं है, वह (भारतीय अनुबंध अधिनियम, 1872 की धारा 11) के अनुसार जमा खाता खोल सकता है। कोई व्यक्ति एनबीएफसी, जिसे आरबीआई ने जमा स्वीकार करने के लिए मंजूरी दी हुई है, से ऋण भी ले सकता है और एनबीएफसी की सावधि जमा में निवेश भी कर सकता है ।

18 वर्ष और उससे अधिक आयु के व्यक्ति बैंकों या एनबीएफसी से ऋण ले सकते हैं। 18 वर्ष से कम उम्र का व्यक्ति कानूनी रूप से बाध्यकारी समझौता नहीं कर सकता है।

2.3.2 संयुक्त खाते

जब एक से अधिक व्यक्ति एक खाता खोलते हैं तो इसे संयुक्त खाता कहा जाता है। आम तौर पर दो व्यक्ति संयुक्त खाते खोलते हैं, हालांकि दो से अधिक व्यक्तियों के खाता खोलने पर कोई रोक नहीं है। संयुक्त खातों के मामले में, स्पष्ट परिचालन निर्देश देना आवश्यक है कि खाते को कौन संचालित करेगा और खाता बंद होने पर खाते में शेष राशि का भुगतान कैसे किया जाएगा।

खाते को आसानी से चलाने के लिए खाताधारकों को बैंक को निर्देश देना होगा कि खाते का संचालन कौन करेगा। ऐसे खातों को खाताधारकों में से किसी एक के द्वारा या दो या अधिक खाताधारकों द्वारा संयुक्त रूप से संचालित किया जा सकता है। संयुक्त खाताधारकों के परिचालन निर्देश साफ, स्पष्ट होने चाहिए और तभी स्वीकार किए जाएंगे जब सभी मूल इच्छा की लिखित रूप में पुष्टि करेंगे। आम तौर पर, जमा खातों के मामले में परिचालन निर्देश के प्रकार हो सकते हैं:

(1) '**दोनों में से कोई एक या उत्तरजीवी**', ऐसे खाते को संयुक्त धारकों में से कोई भी संचालित कर सकता है और खाता बंद होने की स्थिति में, जमा राशि किसी को भी और संयुक्त धारकों में से एक की मृत्यु की स्थिति में उत्तरजीवी को चुकाई जा सकती है।

(2) '**पूर्ववर्ती व्यक्ति या उत्तरजीवी**', ऐसा खाता केवल पहला नामित जमाकर्ता संचालित करेगा और शेष राशि केवल पहले नामित जमाकर्ता को देय होगी या यदि पहले नामित जमाकर्ता की मृत्यु हो गई है, तो उत्तरजीवी, जैसा भी मामला हो, को देय होगा।

(3) **'दोनों संयुक्त रूप से या उत्तरजीवी',** ऐसे खाते संयुक्त रूप से संचालित किये जाएँगे और धन की वापसी दोनों को संयुक्त रूप से की जाएगी। यदि संयुक्त धारकों में से किसी एक की मृत्यु हो जाती है तो उत्तरजीवी को धन वापस किया जाएगा।

(4) '**संयुक्त रूप से कोई भी दो या अंतिम उत्तरजीवी**' ऐसे खाते जिनके खाताधारकों की संख्या दो से अधिक है और उनमें से कोई भी दो खाते का संचालन करेंगे। सभी खाताधारकों की मृत्यु पर, अंतिम उत्तरजीवी को धन वापस करना होगा

किसी व्यक्ति द्वारा लिए गए ऋण के मामले में – वही व्यक्ति ऋण का उपयोग करता है और पुनर्भुगतान के लिए जिम्मेदार होता है।

दो या दो से अधिक उधारकर्ताओं द्वारा अर्थात संयुक्त रूप से ऋण लेने के मामले में, दोनों या सभी उधारकर्ता व्यक्तिगत रूप से और अलग-अलग (संयुक्त रूप से) ऋण की पूरी राशि के लिए उत्तरदायी होते हैं। इस प्रकार, यदि कोई व्यक्ति भुगतान नहीं करता है, तो दूसरे(रों) को बकाया की पूरी राशि का भुगतान करना होगा। अतः संयुक्त उधारकर्ताओं के मामले में, बैंक/उधारदाता प्रत्येक उधारकर्ता के हिस्से का संकेत नहीं देते हैं। बैंक या एनबीएफसी ऐसे किसी भी व्यक्ति के बयान या शर्त पर सहमत नहीं होंगे जो यह दर्शाता हो कि प्रत्येक हस्ताक्षरकर्ता ऋण के लिए केवल आंशिक रूप से जिम्मेदार है।

2.3.3 निरक्षर व्यक्ति

हस्ताक्षर न कर पाने वाले निरक्षर व्यक्तियों को बचत खाता (चेक सुविधा के बिना) या सावधि जमा खाता खोलने की अनुमति है। ऐसे व्यक्तियों के लिए सामान्यतः चालू खाता नहीं खोला

जाता है। पासबुक दिखाने पर और अंगूठे के निशान के सत्यापन के बाद और खाताधारक की उचित पहचान के बाद आहरण पर्ची के माध्यम से खाते में से निकासी की अनुमति मिलती है। आजकल एटीएम कार्ड और मोबाइल बैंकिंग से भी निकासी की अनुमति है। निरक्षरता का मतलब डिजिटल लेनदेन को समझने या निष्पादित करने में असमर्थता से नहीं होता है। इसके अतिरिक्त, बैंक ऐसे व्यक्तियों के लिए वित्तीय साक्षरता कार्यक्रम चलाते हैं।

यदि किसी निरक्षर व्यक्ति को किसी वित्तीय संस्थान से ऋण लेना हो तो उसे गवाह की उपस्थिति में नियम एवं शर्तें समझाना तथा रिकार्ड करना आवश्यक होगा। कानून के अनुसार निरक्षर ग्राहकों को ऋण जारी करने पर कोई रोक नहीं है।

2.3.4 नाबालिग

एक व्यक्ति जिसने 18 वर्ष की आयु पूरी नहीं की है, उसे नाबालिग माना जाता है, भले ही न्यायालय ने इस व्यक्ति के 18 वर्ष पूरा होने से पहले उसका या उसकी संपत्ति का अभिभावक नियुक्त किया हुआ हो। भारतीय अनुबंध अधिनियम, 1872 के अनुसार, नाबालिग एक वैध अनुबंध में प्रवेश करने में सक्षम नहीं है और नाबालिग द्वारा किया गया अनुबंध शुरू से ही शून्य है (यानी शुरुआत से)।

इसलिए, किसी भी बैंकर को नाबालिग के साथ व्यवहार करते समय बहुत सतर्क रहना चाहिए और निम्नलिखित सावधानियां बरतनी चाहिए:

(i) बचत/सावधि/आवर्ती बैंक जमा खाता किसी भी उम्र का नाबालिग अपने प्राकृतिक या कानूनी रूप से नियुक्त अभिभावक के माध्यम से खोल सकता है।

(ii) 10 वर्ष से अधिक आयु के नाबालिगों को केवाईसी की औपचारिकताएं पूरी करने पर, यदि वे चाहें, तो उन्हें स्वतंत्र रूप से बचत बैंक खाते खोलने और संचालित करने की अनुमति दी जा सकती है।

(iii) वयस्क होने पर, पूर्व में नाबालिग रहे व्यक्ति को अपने खाते की शेष राशि की पुष्टि करनी चाहिए और यदि खाता प्राकृतिक अभिभावक/कानूनी अभिभावक संचालित करते थे, तो नए परिचालन निर्देश और पूर्व नाबालिग के नमूने के हस्ताक्षर प्राप्त किए जाने चाहिए और सभी परिचालन उद्देश्यों के लिए रिकॉर्ड किया जाना चाहिए।

(iv) बैंक इंटरनेट बैंकिंग, एटीएम/डेबिट कार्ड, चेक बुक सुविधा आदि जैसी अतिरिक्त बैंकिंग सुविधाएं देने के लिए स्वतंत्र हैं, बशर्ते कि नाबालिग खातों से शेष राशि से अधिक निकासी की अनुमति न हो और ये हमेशा क्रेडिट में रहें।

2.3.5 दृष्टि-बाधित व्यक्ति

दृष्टि-बाधित व्यक्ति अनुबंध करने में सक्षम हैं। वे किसी भी प्रकार के बैंक खाते खोल और रख सकते हैं। हालाँकि, ऐसे खाते खोलते और बनाए रखते समय निम्नलिखित सावधानियां बरती जानी चाहिए:

(i) खाते के संचालन के विभिन्न जोखिमों के बारे में खाताधारक को समझाया जाना चाहिए

(ii) नजदीकी रिश्तेदार के साथ संयुक्त खाता खोला जा सकता है

(iii) नकद रसीदें और भुगतान गवाह, विशेषकर बैंक ग्राहक, की उपस्थिति में किया जाना चाहिए

(iv) खाता खोलने के फॉर्म आदि पर "दृष्टि-बाधित व्यक्ति" की मोहर लगानी चाहिए।

(v) राशि की निकासी के लिए उसे व्यक्तिगत रूप से आना होगा।

2.3.6 स्वामित्व वाले प्रतिष्ठान (Proprietorship concerns)

कोई व्यक्ति अपने नाम से या अकेले जो व्यवसाय या उद्यम करता है उसे एकल स्वामित्व वाले व्यवसाय के रूप में जाना जाता है। यह व्यवसाय का सबसे पुराना और सबसे सामान्य रूप है। इस मामले में एक ही व्यक्ति व्यवसाय का स्वामी होता है, वही प्रबंधन और नियंत्रण करता है। बिजनेस फंड और व्यक्तिगत फंड अक्सर मिश्रित होते हैं।

एक मालिक अपने नाम पर उधार ले सकता है और अपने नाम या व्यवसाय के लिए दिए गए नाम से एक बैंक खाता खोल सकता है। वह व्यवसाय का मालिक होता है, और सारा लाभ उसे मिलता है। यदि वह ऋण लेता है, तो ऋण की अदायगी के लिए वह व्यक्तिगत रूप से जिम्मेदार होता है। भारत में अधिकांश बैंक ऋण और अधिकांश एनबीएफसी ऋण घरेलू क्षेत्र को दिए जाते हैं जिनमें मुख्य रूप से व्यक्ति और स्वामित्व (proprietorships) शामिल होते हैं। इसमें व्यवसाय, ख़ुदरा और व्यक्तिगत ऋण शामिल हैं।

2.3.7 भागीदारी फर्में

भागीदारी को भारतीय भागीदारी अधिनियम, 1932 की धारा 4 के तहत निम्नानुसार परिभाषित किया गया है: " उन व्यक्तियों के बीच का संबंध है, जिन्होंने किसी ऐसे कारोबार के लाभों में अंश पाने का करार कर लिया है जो उन सबके द्वारा या उनमें से ऐसे किन्हीं या किसी के द्वारा जो उन सबकी ओर से कार्य कर रहा है, चलाया जाता है। "

भागीदारी अधिनियम में किसी फर्म के अनिवार्य पंजीकरण का प्रावधान नहीं है। हालाँकि, ऋणदाताओं के दृष्टिकोण से पंजीकरण आवश्यक है क्योंकि एक अपंजीकृत फर्म, फर्म के व्यवसाय से संबंधित किसी भी कारण से दूसरों पर मुकदमा नहीं कर सकती है, जबकि इसके पंजीकरण होने या न होने के बावजूद बाहरी लोगों द्वारा मुकदमा दायर किया जा सकता है। अपंजीकृत फर्मों को ऋण देने में कठिनाई का सामना करना पड़ सकता है क्योंकि भागीदारी फर्में अपना बकाया वसूलने में सक्षम नहीं हो सकती हैं जिससे ऋण की गुणवत्ता प्रभावित हो सकती है।

एक भागीदारी फर्म में भागीदारों की न्यूनतम संख्या दो है। केंद्र सरकार द्वारा निर्धारित भागीदारों की अधिकतम संख्या 50 है और कंपनी अधिनियम की धारा 464 के अंतर्गत 100 है।

भागीदारी फर्म को ऋण देते समय और खाता खोलते समय ऋणदाताओं/बैंकरों द्वारा निम्नलिखित आवश्यकताओं का अनुपालन सुनिश्चित करना चाहिए:

(1) खाता फर्म के नाम पर खोला जाए और फॉर्म/दस्तावेजों पर फर्म के सभी भागीदारों के हस्ताक्षर लिए जाएँ।

(2) सभी भागीदारों (चाहे पंजीकृत हों या नहीं) द्वारा निष्पादित भागीदारी विलेख (पार्टनरशिप डीड) की एक प्रति प्राप्त की जाए और ऋणदाता के पास रखी जाए।

(3) उनकी कई और संयुक्त देनदारियों को सुनिश्चित करने के लिए सभी भागीदारों से हस्ताक्षरित भागीदारी पत्र प्राप्त किया जाए। यह पत्र खाते के संचालन को नियंत्रित करता है और उसी के अनुसार इसका सख्ती से पालन किया जाना चाहिए।

(4) खाते पर सभी अधिकृत भागीदारों द्वारा 'फर्म के लिए और उसकी ओर से' हस्ताक्षर किए जाने चाहिए, न कि किसी व्यक्तिगत नाम से।

(5) फर्म को देय चेक को किसी भागीदार द्वारा उसके नाम पर पृष्ठांकित नहीं किया जा सकता है और न ही उसके व्यक्तिगत खाते में जमा किया जा सकता है।

(6) यदि फर्म को बैंक को गारंटी देनी है, तो सभी भागीदारों को दस्तावेज़ पर हस्ताक्षर करना होगा।

(7) यदि एक भागीदार (जिसने फर्म को दिए गए ऋण के लिए जमानत के रूप में अपनी व्यक्तिगत संपत्ति दी है) की मृत्यु हो जाती है, तो खाते में और कोई उधार लेने की अनुमति नहीं दी जाएगी जब तक कि मृत भागीदार के विकल्प की व्यवस्था नहीं की जाती है, जैसा कि क्लेटन के मामले में नियम लागू होता है।

2.3.8 सीमित देयता भागीदारी

सीमित देयता भागीदारी (एलएलपी) एक कॉर्पोरेट निकाय और अपने भागीदारों से अलग एक कानूनी इकाई होती है। भारतीय भागीदारी अधिनियम, 1932 के प्रावधान एलएलपी पर लागू नहीं होंगे, क्योंकि एलएलपी एक कॉर्पोरेट निकाय के रूप में होती है। एक एलएलपी में न्यूनतम दो व्यक्ति सम्मिलित होने चाहिए । सीमित देयता भागीदारी जो दुनिया भर में उपलब्ध एक कानूनी रूप है की शुरुआत भारत में अप्रैल, 2009 से की गई थी। इसका नियंत्रण सीमित देयता भागीदारी अधिनियम, 2008 द्वारा किया जाता है।

मुख्य विशेषताएं:

- एलएलपी अपने भागीदारों से अलग एक कानूनी इकाई है और यह अपने नाम पर संपत्ति रख सकती है, मुकदमा कर सकती है और इस पर मुकदमा चलाया जा सकता है।
- इसमें सतत उत्तराधिकार होता है (सामान्य भागीदारी के विपरीत, साझेदार की मृत्यु एलएलपी को प्रभावित नहीं करती है)
- कॉर्पोरेट शेयरधारकों (जो व्यक्तिगत रूप से कंपनी का प्रबंधन नहीं कर सकते) के विपरीत, भागीदारों को व्यवसाय का सीधे प्रबंधन करने का अधिकार होता है।
- कुछ मामलों को छोड़कर एक भागीदार दूसरे भागीदार के कदाचार या लापरवाही के लिए जिम्मेदार या उत्तरदायी नहीं होता है।
- भागीदारों के दायित्व की सीमा एलएलपी में उनके योगदान की सीमा तक होता है। धोखाधड़ी के मामलों को छोड़कर, भागीदार की व्यक्तिगत संपत्ति को कोई जोखिम नहीं होता।
- एलएलपी में न्यूनतम 2 भागीदार होने चाहिए। दोनों व्यक्तियों में से कम से कम एक व्यक्ति भारत का निवासी होना चाहिए। भागीदारों की अधिकतम संख्या की कोई सीमा नहीं है।
- निवासी व्यक्ति, कंपनी या एलएलपी भागीदार हो सकते हैं।
- व्यावसाय का उद्देश्य लाभ के लिए होना चाहिए।
- एलएलपी में भागीदारों के अधिकार और कर्तव्य भागीदारों के बीच किए हुए समझौते द्वारा शासित होते हैं। भागीदारों को अपनी पसंद के अनुसार समझौता तैयार करने की छूट है।

- एलएलपी वार्षिक खाते बनाकर रखेगा। यदि योगदान रुपये 25 लाख से अधिक है या वार्षिक कारोबार रुपये 40 लाख से अधिक है तो खातों का ऑडिट आवश्यक है।
- कंपनी रजिस्ट्रार (आरओसी) के पास एलएलपी के निगमन पर अधिकार होगा

एलएलपी बैंकों और एनबीएफसी से ऋण लेने के लिए पात्र हैं। खाते और दस्तावेज़ीकरण की औपचारिकताएँ भागीदारी की तरह होती हैं।

2.3.9 लिमिटेड कंपनी

लिमिटेड कंपनियाँ कंपनी अधिनियम, 2013 द्वारा शासित होती हैं। कंपनी अधिनियम, 2013 के तहत कंपनी निगमित होती है और अपने सदस्यों से अलग इकाई होती है।

कंपनियाँ चार प्रकार की होती हैं:

(1) पब्लिक लिमिटेड कंपनी (2) प्राइवेट लिमिटेड कंपनी (3) सरकारी कंपनी (4) एक व्यक्ति कंपनी।

1. प्राइवेट लिमिटेड कंपनी:

प्राइवेट लिमिटेड कंपनी में निम्नलिखित विशेषताएं होती हैं:

(i) इसमें न्यूनतम दो सदस्य और अधिकतम 200 सदस्य होते हैं।

(ii) एक निजी कंपनी सदस्यों के अपने शेयर हस्तांतरित करने के अधिकारों को प्रतिबंधित करती है।

(iii) यह जनता को अपने शेयरों और डिबेंचर में अंशदान करने के किसी भी निमंत्रण पर रोक लगाती है।

(iv) आम जनता को कंपनी में जमा राशि निवेश करने के लिए आमंत्रित नहीं करती है

(v) किसी न्यूनतम चुकता पूंजी की आवश्यकता नहीं है।

(vi) यह व्यवसाय शुरू करने का कोई प्रमाण पत्र आदि प्राप्त किए बिना निगमन पर व्यवसाय शुरू कर सकती है।

निजी कंपनी, संगठन का आदर्श रूप है जिसे शेयरधारक समूहों की बड़ी संख्या शामिल किए बिना किसी व्यवसाय को बड़े पैमाने पर विस्तारित करना होता है।

2. सार्वजनिक कंपनी:

कंपनी अधिनियम के अनुसार, "सार्वजनिक लिमिटेड कंपनी" का अर्थ है:

(a) कोई निजी कंपनी नहीं है;

(b) किसी न्यूनतम चुकता पूंजी को बनाए रखने की आवश्यकता नहीं है

एक सार्वजनिक कंपनी के निम्नलिखित लक्षण होते हैं:

(i) इसके गठन में न्यूनतम सात सदस्य होते हैं।

(ii) यह आम जनता को अपने शेयरों में अंशदान के लिए आमंत्रित करती है।

(iii) सदस्यों की अधिकतम संख्या पर कोई प्रतिबंध नहीं होता है।

(iv) यह शेयरों के हस्तांतरण की अनुमति देती है।

(v) इसे प्रॉस्पेक्टस जारी होने के 120 दिनों के भीतर शेयर आवंटित करना होगा।

(vi) व्यवसाय आदि शुरू करने के लिए व्यवसाय शुरू करने का प्रमाण पत्र आवश्यक है।

3. सरकारी कंपनी:

"सरकारी कंपनी" का अर्थ है वह कोई भी कंपनी जिसमें भुगतान की गई शेयर पूंजी का कम से कम इक्यावन प्रतिशत केंद्र सरकार, या किसी राज्य सरकार या सरकारों, या आंशिक रूप से केंद्र सरकार और आंशिक रूप से किसी एक या अधिक राज्य सरकारों के पास हो, और इसमें सरकारी कंपनी की सहायक कंपनी शामिल है।

4. एक व्यक्ति कंपनी:

कंपनी अधिनियम, 2013 द्वारा शुरू की गई एक व्यक्ति कंपनी (ओपीसी) व्यवसाय की इकाई का नया रूप है। ओपीसी एकमात्र-स्वामित्व और व्यवसाय के कंपनी रूप का एक मिश्रण है, जो एकमात्र-स्वामियों को कॉर्पोरेट ढांचे में प्रवेश करने योग्य बनाता है।

ओपीसी की विशेषताएं:

एक व्यक्ति कंपनी (ओपीसी) की महत्वपूर्ण विशेषताएं निम्नलिखित हैं

- ओपीसी अपने मालिक से अलग एक प्रकार की कंपनी होती है।
- ओपीसी में सदस्य/शेयरधारक के रूप में केवल एक व्यक्ति होता है।
- ओपीसी के लिए प्रदत्त शेयर पूंजी की कोई न्यूनतम आवश्यकता नहीं होती है।
- कोई भी व्यक्ति, चाहे वह भारतीय हो या नहीं, ओपीसी बना सकता है जबकि पहले एनआरआई को ओपीसी निगमित करने की अनुमति नहीं थी। कंपनी की पूरी शेयरधारिता उनके पास रहेगी। एक व्यक्ति किसी भी समय केवल एक ओपीसी में शेयरधारक हो सकता है यानी उसके नाम पर दो अलग-अलग ओपीसी नहीं हो सकती हैं।

शेयरधारक को किसी दूसरे व्यक्ति को नामांकित करना होगा जो मूल शेयरधारक की मृत्यु/अक्षमता की स्थिति में शेयरधारक बन जाएगा। ऐसे नामांकित व्यक्ति को एकमात्र शेयरधारक के नामांकित व्यक्ति के रूप में नियुक्त होने के लिए सहमति देनी होगी। केवल एक सामान्य व्यक्ति, जो भारतीय नागरिक है और भारत का निवासी है, नामांकित व्यक्ति हो सकता है। यदि नामांकित व्यक्ति किसी ओपीसी का सदस्य बन जाता है या पहले से ही किसी अन्य ओपीसी का सदस्य है, तो उसे 6 महीने के भीतर यह निर्णय लेना होगा कि वह किस ओपीसी के साथ बने रहना जारी रखेगा। नॉमिनी को कभी भी बदला जा सकता है.

2.3.10 संयुक्त हिंदू परिवार या हिंदू अविभाजित परिवार (एचयूएफ)

हिंदू कानून के तहत, एचयूएफ एक परिवार (व्यावसायिक इकाई) है जिसमें सभी व्यक्ति एक ही पूर्वज के वंश के होते हैं और इसमें उनकी पत्नियां और अविवाहित बेटियां भी शामिल होती हैं। एक एचयूएफ किसी अनुबंध द्वारा नहीं बनाया जा सकता है। यह हिंदू परिवार में स्वतः ही निर्मित हो जाता है। कानून के अनुसार जब व्यवसाय छोड़ते हुए किसी हिंदू की मृत्यु हो जाती है, तो वह उत्तराधिकारियों को मिल जाता है और संपत्ति संयुक्त हिंदू परिवार की संपत्ति बन जाती है। सबसे बड़े सदस्य को 'कर्ता' कहा जाता है और परिवार के सदस्यों (पुरुष और महिला) को 'सहदायिक' कहा जाता है। एचयूएफ को किसी भागीदारी फर्म में भागीदार के रूप में शामिल नहीं किया जा सकता है।

हिंदू अविभाजित परिवार (एचयूएफ) को आयकर अधिनियम, 1961 की धारा 2(31) के तहत एक 'व्यक्ति' के रूप में माना जाता है और अधिनियम के तहत मूल्यांकन के उद्देश्य से एचयूएफ एक अलग इकाई है।

एचयूएफ अपने नाम पर एक खाता खोल सकता है और अपने नाम पर उधार ले सकता है। एचयूएफ ऋणों के पुनर्भुगतान के लिए जिम्मेदार होती है और यदि कोई ऋण बकाया है तो उसकी संपत्ति कुर्क की जा सकती है। एचयूएफ की संपत्ति सहदायिक के व्यक्तिगत नामों के स्वामित्व वाली संपत्ति से अलग होती है। कर्ता को पारिवारिक या पैतृक व्यवसाय के लिए धन उधार लेने का अधिकार होता है। कानून की नजर में, यदि एचयूएफ को ऋण दिया जाता है, तो सहदायिक की देनदारी संयुक्त संपत्ति में उनके हित के दायरे तक सीमित होती है। हिंदू उत्तराधिकार (संशोधन) अधिनियम, 2005 ने विरासत के मामलों में पुरुष और महिला को समान अधिकार दिया है। परिणामस्वरूप, एक बेटी को भी एचयूएफ में सहदायिक का दर्जा प्राप्त हो जाता है। इसे देखते हुए, किसी भी पुरुष सदस्य की अनुपस्थिति में या सभी पुरुष सदस्यों के नाबालिग होने की दशा में, एक हिंदू महिला सदस्य एचयूएफ की कर्ता/प्रबंधक बन सकती है।

ऐसे खातों से व्यवहार करते समय निम्नलिखित सावधानियां बरतनी चाहिए:

1. एचयूएफ पत्र पर कर्ता और सभी प्रमुख सहदायिकों के हस्ताक्षर होने चाहिए।
2. खाते को केवल 'कर्ता' द्वारा संचालित किया जाना है।
3. नाबालिग सहदायिकों के नाम रिकॉर्ड में रखे जाने चाहिए और उनके वयस्क होने पर सभी के द्वारा विधिवत हस्ताक्षरित एचयूएफ का एक नया पत्र प्राप्त किया जाना चाहिए।
4. सदस्यों की मृत्यु होना, पागल होना, दिवालिया होना खाते के संचालन को प्रभावित नहीं करता है।

2.3.11 ट्रस्ट, संघ, क्लब, समितियाँ

गैर-लाभकारी संस्थाएँ अर्थात ट्रस्ट, संघ, समितियाँ और क्लब (टीएएससी) को अपने खाते खोलने की अनुमति होती है। इन संस्थाओं को इस संबंध में संबंधित राज्य अधिनियमों के अनुसार पंजीकृत होने की आवश्यकता होती है। हालाँकि, गैर-पंजीकृत संस्थाओं के खाते खोले जाने के मामले में बैंकों को सावधानी बरतने की ज़रूरत है। पंजीकृत निकाय के नाम पर खाता खोलते समय, निम्नलिखित दस्तावेज प्राप्त किए जाने चाहिए:

(1) पंजीकरण प्रमाणपत्र की प्रति.

(2) ट्रस्ट डीड या उप नियम (बाइलॉज), नियमों और विनियमों की प्रति।

(3) ट्रस्टियों/प्रबंध समिति/शासी निकाय आदि के संकल्प की प्रति।

(4) ट्रस्ट/प्रबंध समिति के सदस्यों की सूची.

(5) अस्थायी ओवरड्राफ्ट (टीओडी) सहित किसी भी अग्रिम की अनुमति नहीं दी जानी चाहिए।

2.4 विभिन्न प्रकार के बैंकर-ग्राहक संबंध

जब कोई बैंक, एनबीएफसी या फिनटेक किसी उधारकर्ता को ऋण देता है, तो उनके बीच एक कानूनी संबंध स्थापित हो जाता है। निम्नलिखित अंतर्निहित संबंध उनके बीच स्थापित हो सकते हैं:-

ऋणदाता-ऋणी (लेनदार-देनदार): यह जमा खाता रखने वाले ग्राहक और बैंकर के बीच का संबंध है, जहां जमाकर्ता ऋणदाता है, और बैंकर ऋणी है। एनबीएफसी सावधि जमा के अलावा कोई जमाराशि स्वीकार नहीं कर सकते, वह भी केवल तभी जब आरबीआई द्वारा अनुमोदित हो। यदि एनबीएफसी जमाराशि स्वीकार करता है, तो ऋणदाता-ऋणी का संबंध स्थापित हो जाता है।

ऋणी-ऋणदाता (देनदार-लेनदार): जब ग्राहक ऋण या अग्रिम राशि लेता है तो ऋणदाता/बैंकर के साथ उसका रिश्ता देनदार-लेनदार का होता है। उधारकर्ता ऋणी है और ऋणदाता/बैंकर ऋणदाता है।

लाभार्थी-ट्रस्टी: यदि कोई ग्राहक कुछ कीमती सामान या प्रतिभूतियों को जमानत के लिए बैंक में रखता है या किसी विशिष्ट उद्देश्य के लिए एक निश्चित राशि जमा करता है, तो बैंकर, जमानतदार बनने के अलावा, एक ट्रस्टी भी होता है। इस प्रकार रखा गया धन या प्रतिभूतियाँ बैंक के निपटान अधिकार में नहीं होती हैं। बैंकर उन पैसों या प्रतिभूतियों का उपयोग अपनी मर्जी से नहीं कर सकता क्योंकि वह पैसा उसका नहीं है। उधारकर्ता द्वारा ऋण के लिए संपार्श्विक के रूप में ऋणदाता को दी गई जमानत इसी रिश्ते के अंतर्गत आती है।

मालिक (प्रिंसिपल)-एजेंट: बैंक चेक, बिल आदि का संग्रह जैसी सहायक सेवाएँ प्रदान करते हैं। वे स्थायी निर्देशों के अनुसार ग्राहक के बिजली बिल, फोन बिल, बीमा प्रीमियम आदि का नियमित भुगतान करने का भी वचन देते हैं। इन सहायक सेवाओं से बनने वाला संबंध ग्राहक और बैंक के बीच मालिक (प्रिंसिपल)-एजेंट का होता है।

यह ध्यान रखना महत्वपूर्ण है कि संग्रह के लिए भेजे गए चेक का धन, जो पारगमन में है, ग्राहक के खाते में जमा नहीं किया जाता है; जब तक कि यह ग्राहक के खाते में जमा नहीं हो जाता, तब तक (पारगमन के दौरान) वह धन ऋणदाता/बैंकर का नहीं होता है।

पट्टेदार-पट्टाकर्ता : बैंक ग्राहकों को पट्टे के आधार पर सुरक्षित जमा लॉकर प्रदान करते हैं जिसका किराया लेते हैं। इसलिए, यह रिश्ता पट्टेदार (ग्राहक) और पट्टाकर्ता (बैंक) का है। इसे लाइसेंसी और लाइसेंसकर्ता भी कहा जा सकता है। तकनीकी रूप से बैंक ग्राहकों के उपयोग के लिए लॉकर की जगह पट्टे पर देता है। लेन-देन के इस रूप में पट्टेदार को होने वाले किसी भी नुकसान के लिए बैंक जिम्मेदार नहीं है, सिवाय इसके कि बैंक की लापरवाही के कारण नुकसान हुआ हो ।

क्षतिपूरक -क्षतिपूरित: ग्राहक क्षतिपूरक है, और बैंक क्षतिपूरित है। वह अनुबंध जिसके द्वारा एक पक्ष दूसरे पक्ष को, स्वयं वादा करने वाले के आचरण या किसी अन्य व्यक्ति के आचरण से होने वाली हानि से बचाने का वादा करता है, क्षतिपूर्ति-संविदा कहलाता है।

बैंकिंग के मामले में, यह संबंध डुप्लीकेट डिमांड ड्राफ्ट, सावधि जमा रसीद आदि जारी करने के लेनदेन में होता है। इन मामलों का अंतर्निहित तथ्य यह है कि ग्राहक गलत/अतिरिक्त भुगतान से होने वाले किसी भी नुकसान की भरपाई बैंक को करेगा।

उपनिधाता तथा उपनिहिती (Bailer and Bailment) : उपनिधान का अर्थ जिम्मेदारी/विश्वास में माल को सौंपना है। बैंक अपने ग्राहक के कीमती सामान जैसे दस्तावेज़ और प्रतिभूतियों

को सुरक्षित अभिरक्षा के लिए स्वीकार कर सकता है। ऐसे मामले में ग्राहक उपनिधाता है और बैंक उपनिहिती है। भारतीय अनुबंध अधिनियम, 1872 की धारा 148 के अनुसार उपनिधान में एक व्यक्ति से दूसरे व्यक्ति को किसी प्रयोजन हेतु एक शर्त या संविदा के अंतर्गत माल प्रदान करना होता है कि उक्त प्रयोजन के पूरा होने पर वह माल प्रदान करने वाले व्यक्ति को वापस कर दिया जाएगा। ।

गिरवीकर्ता और गिरवीदार: जब कोई ग्राहक अग्रिम के लिए जमानत के रूप में माल और दस्तावेज़ गिरवी रखता है, तो वह गिरवीकर्ता बन जाता है, और ऋणदाता/बैंक गिरवीदार बन जाता है। यदि ऋणी ने अग्रिम का भुगतान कर दिया है तो गिरवी रखा गया माल ऋणी को यथावत या मूल स्थिति में लौटाया जाना है।

बंधकदाता और बंधकग्राही: बंधक (मॉगेज) विशिष्ट अचल संपत्ति में अधिकार का स्थानांतरण है जिसका उद्देश्य अग्रिम धन का भुगतान सुनिश्चित करना या ऋण के माध्यम से अग्रिम भुगतान करना है। जब कोई ग्राहक अग्रिम के लिए जमानत के रूप में ऋणदाता/बैंक के पास विशिष्ट अचल संपत्ति बंधक रखता है, तो ग्राहक बंधकदाता बन जाता है, और बैंक बंधकग्राही होता है। बंधक में गिरवी रखी गई वस्तु के कब्जे में परिवर्तन शामिल नहीं हो सकता है।

उपरोक्त प्रत्येक रिश्ते के कुछ कर्तव्य और जिम्मेदारियाँ होती हैं। रिश्तों को आरेखीय रूप से नीचे प्रस्तुत किया गया है:

लेनदेन	संबंध	
	बैंक	**ग्राहक**
बैंक में जमा खाता	देनदार	लेनदार
बैंक से ऋण लेना	लेनदार	देनदार
लॉकर	पट्टाकर्ता (Lessor)	पट्टेदार (Lessee)
सामान की सुरक्षित अभिरक्षा	उपनिहिती (Bailee)	उपनिधाता (Bailor)
बिलों/चेक का संग्रहण	एजेंट	मालिक (प्रिंसिपल)
डीडी/एमटी/टीटी की खरीद	देनदार	लेनदार
ड्राफ्ट का भुगतान	ट्रस्टी	लाभार्थी
माल गिरवी रखना	गिरवीदार	गिरवीकर्ता
बंधक रखना	बंधकग्राही	बंधकदाता
स्थायी निर्देश	एजेंट	मालिक (प्रिंसिपल)

लेनदेन	संबंध	
	बैंक	ग्राहक
बैंक द्वारा छोड़ी गई वस्तुएँ	ट्रस्टी	लाभार्थी
माल को दृष्टिबंधक रखना	हाइपोथीकेटी	हाइपोथीकेटर
प्रतिभूतियों का समनुदेशन (असाइनमेंट)	समनुदेशिती (असाइनी)	समनुदेशक (असाइनर)
क्षतिपूर्ति	क्षतिपूरक (Indemnifier)	क्षतिपूरित (Indemnified)

चित्र 2.1 : बैंक-ग्राहक का संबंध

2.5 ऋणदाता/बैंक के कर्तव्य

(1) ग्राहक के खाते की गोपनीयता बनाए रखने का कर्तव्य

(2) चेक के भुगतान करने का कर्तव्य

(3) लेन-देन का रिकॉर्ड बनाए रखने और पासबुक, खाते का विवरण आदि जारी करने का कर्तव्य,

(4) चेक, बिल आदि एकत्र करने और इलेक्ट्रॉनिक या डिजिटल मोड के माध्यम से भुगतान स्वीकार करने का कर्तव्य

2.5.1 ग्राहक के खातों की गोपनीयता बनाए रखना ऋणदाताओं/बैंक का कर्तव्य है

जब कोई व्यक्ति किसी बैंक में खाता खोलता है, तो उसे यह विश्वास होना चाहिए कि खाते से संबंधित जानकारी चाहे वह जमाराशि हो या ऋण, केवल ऋणदाता या बैंक और उधारकर्ता या खाताधारक के बीच ही बनी रहे। अतः वित्तीय संस्थान का एक प्रमुख कर्तव्य ग्राहक के खाते की पूर्ण गोपनीयता बनाए रखना है। गोपनीयता बनाए रखने की यह बाध्यता ग्राहक का खाता बंद होने के बाद भी जारी रहती है। यदि संस्थान अपने ग्राहक के खाते का अनुचित खुलासा किसी अन्य व्यक्ति, यहां तक कि ग्राहक के किसी करीबी रिश्तेदार को भी करता है, तो वह ग्राहक को मुआवजा देने के लिए उत्तरदायी होता है। हालाँकि, ग्राहक के खाते की गोपनीयता बनाए रखने का ऋणदाताओं/बैंक का दायित्व कुछ शर्तों के अधीन है और पूर्ण नहीं है। ऐसी कुछ परिस्थितियाँ होती हैं जिनमें ऋणदाता/बैंकर को किसी ग्राहक के खाते के बारे में खुलासा करने का अधिकार होता है या उनके लिए खुलासा करना आवश्यक होता है।

आइए उन शर्तों को समझें जिनके तहत एक बैंकर को खुलासा करना उचित है।

***i.* कानून द्वारा अनुमतिप्राप्त प्रकटीकरण:**

कानूनी तौर पर एक एनबीएफसी/ऋणदाता/बैंक को ग्राहक के खाते से संबंधित किसी भी जानकारी का खुलासा करना उचित है, जब ऐसा करना वैधानिक रूप से आवश्यक हो:

- आयकर अधिनियम, 1961
- कंपनी अधिनियम, 1956/2013
- बैंककार बही साक्ष्य अधिनियम (बैंकर्स बुक एविडेंस एक्ट), 1891
- भारतीय रिज़र्व बैंक अधिनियम, 1934. आरबीआई के लिए आवश्यक है कि उधारदाता/बैंक विशिष्ट ग्राहक जानकारी क्रेडिट ब्यूरो के साथ साझा करें। यह डिफॉल्ट खातों आदि का विवरण मांग सकता है।
- विदेशी मुद्रा प्रबंधन अधिनियम, 1999
- उपहार-कर अधिनियम, 1958
- सूचना का अधिकार अधिनियम, 2005.

***ii.* ग्राहक की व्यक्त या अंतर्निहित सहमति के तहत:**

जब किसी बैंक में खाता खोला जाता है, तो ग्राहक और बैंक के बीच एक अंतर्निहित अनुबंध होता है कि बैंक ग्राहक की सहमति के बिना ग्राहक के खाते से संबंधित किसी भी जानकारी का खुलासा नहीं करेगा। जहां कहीं भी ग्राहक अनुमति दे कि इस जानकारी का खुलासा किया जा सकता है, जानकारी का खुलासा करने से पहले ग्राहक की सहमति प्राप्त करना आवश्यक है। सहमति व्यक्त या निहित हो सकती है। उदाहरण के लिए, कोई ग्राहक किसी संभावित गारंटर या उसके व्यवसाय में उसके साथ काम करने वाले ग्राहक को अपने खाते से संबंधित जानकारी देने की अनुमति दे सकता है।

ऋण के मामले में, ग्राहक को इस बारे में जागरूक करना आवश्यक है कि ऋणदाता, उधार लेने वाले से संपर्क करने और राशि एकत्र करने के लिए संग्रह एजेंटों या कर्मचारियों को ऋण, बकाया, डिफ़ॉल्ट आदि के बारे में जानकारी साझा कर सकता है। बेहतर होगा कि इसे विशेष रूप से दर्शाया जाए और ग्राहक द्वारा स्वीकार किया जाए।

इसके अलावा, वसूली/वसूली के लिए कानूनी सहारा लेने का निर्णय लेने के बाद जानकारी को अधिवक्ताओं/वकीलों के साथ साझा किया जा सकता है।

***iii.* बैंक के हित में खुलासा:**

कोई बैंक या ऋण देने वाली संस्था कानूनी रूप से अपने हितों की रक्षा के लिए आवश्यक होने पर जानकारी का खुलासा कर सकती है। उदाहरण के लिए, यदि ग्राहक और ऋणदाता/बैंकर के बीच ग्राहक के खाते में शेष राशि या देय राशि के संबंध में कोई विवाद है या यदि ऋण की कोई चूक है, तो अदालत में कानूनी कार्यवाही शुरू करने के लिए गारंटर या वकील को जानकारी का खुलासा करना ऋणदाता/बैंक के लिए उचित होगा।

बैंक और डीआरए, व्यवसाय संवाददाता/सुविधाकर्ता के बीच जानकारी का आदान-प्रदान इसी मद के अंतर्गत आएगा। यह आवश्यक है कि एजेंट के साथ साझा की गई जानकारी विशिष्ट हो और इसका उपयोग अन्य प्रकार से न किया जाए।

***iv.* सार्वजनिक/राष्ट्रीय हित में प्रकटीकरण:**

बैंकर को राष्ट्र और जनता के व्यापक हित में खुलासा करने की आवश्यकता पड़ सकती है। तत्कालीन परिस्थितियों के अनुसार ही जनहित के बारे में विचार किया जा सकता है।

2.5.2 जानकारी का खुलासा करते समय अपनाई जाने वाली सावधानियां

संग्रहण की प्रक्रिया में संग्रह एजेंटों के साथ जानकारी साझा करना शामिल है और वे आगे चलकर इसे ग्राहक के साथ साझा करते हैं। यह महत्वपूर्ण बात है कि संग्रह एजेंट केवल ग्राहकों (उधारकर्ताओं) और उनके परिवार के साथ जानकारी साझा करें, वह भी केवल तभी जब उधारकर्ता ने इसके लिए सहमति दी हो। अन्य एजेंसियों या अन्य लोगों के साथ या किसी डिजिटल प्लेटफॉर्म पर महत्वपूर्ण जानकारी साझा करने से संग्रह दक्षता में कमजोरी का प्रदर्शन होता है और कर्तव्यों की समाप्ति हो सकती है। ऐसे कृत्यों से उधारकर्ता की प्रतिष्ठा को हानि पहुँच सकती है और बैंक/एनबीएफसी की छवि भी खराब हो सकती है।

एक बैंकर को अपने ग्राहकों की वित्तीय स्थिति की जानकारी का खुलासा करते समय उचित सावधानी बरतनी चाहिए। अनुचित या अप्रासंगिक जानकारी बैंक को मुआवजा देने के लिए उत्तरदायी बना सकती है। इसके अलावा तीसरे पक्ष द्वारा ऐसी जानकारी के इस्तेमाल से बैंक को नुकसान भी हो सकता है. इसलिए, जहां भी अनुमति दी गई हो, निम्नलिखित बातों पर ध्यान देना आवश्यक है:

i. **केवल डेटा या तथ्य ही प्रकट किए जाने चाहिए:** ग्राहक के खाते के केवल सुस्पष्ट तथ्य ही प्रकट किये जाने चाहिए। दूसरे शब्दों में, खुलासा सुनी-सुनाई बातों या अफवाहों पर आधारित नहीं होना चाहिए। ऋणदाता को अपनी व्याख्या या राय नहीं जोड़नी चाहिए।

ii. **विवरण सामान्य रूप का होना चाहिए:** बैंकर/ऋणदाता को ग्राहक की वित्तीय स्थिति के बारे में सामान्य ढंग की जानकारी देनी चाहिए। बैंकिंग उद्योग में आम तौर पर कहे और समझे जाने वाले शब्द जैसे 'सामान्य, 'निष्पक्ष', अच्छा', उत्कृष्ट, 'संतोषजनक, 'असंतोषजनक; 'व्यवसाय के सामान्य क्रम में' आदि का उपयोग किसी ग्राहक के साधनों, साख का वर्णन करने के लिए किया जा सकता है। आईबीए ने राय रिपोर्ट के लिए एक मानक प्रारूप पेश किया है। व्यक्ति/संस्था के मूल्य के आधार पर साधन या मूल्य को उच्च या मध्यम या निम्न के रूप में दर्शाया जा सकता है।

iii. **प्राप्तकर्ता को भी गोपनीयता बनाए रखनी चाहिए:** जानकारी देते समय बैंकर, प्राप्तकर्ता को स्पष्ट रूप से बताए कि वह दी गई जानकारी को पूरी तरह गोपनीय बनाए रखे।

iv. **जानकारी की गोपनीयता:** ऋणदाताओं/बैंकरों के बीच ग्राहकों के बारे में दूसरों, अन्य ऋणदाताओं या बैंकरों को जानकारी साझा करते समय यह बताने की प्रथा है कि जानकारी पूरी तरह से गोपनीय रखी जा रही है और इस तरह की जानकारी देने वाली संस्था जानकारी के लिए जिम्मेदार और उत्तरदायी नहीं है, जिससे यह और भी स्पष्ट हो जाता है कि प्राप्तकर्ता को भी इसे गोपनीय मानना चाहिए।

v. **प्रकरण से बाहर के व्यक्तियों और औचित्य निर्धारण के बिना जानकारी नहीं दी जानी चाहिए:** यदि कोई व्यक्ति जिसका ग्राहक से सीधा संबंध नहीं है, वह ग्राहक के खाते के बारे में जानकारी मांगता है, तो ऐसे व्यक्ति का अनुरोध प्रकरण से बाहर है और इसलिए बैंकर को इसका खुलासा नहीं करना चाहिए।

2.5.3 राय प्रस्तुत करना: महत्वपूर्ण पहलू

बैंक के महत्वपूर्ण कर्तव्यों में से एक साथी बैंकर द्वारा मांगे जाने पर अपने ग्राहक के बारे में राय संबंधी रिपोर्ट प्रस्तुत करना है। यदि ग्राहक पहले अन्य बैंकरों के साथ बैंकिंग कर रहा है तो ऋणदाता/बैंकर को क्रेडिट सुविधाओं के लिए आवेदन संसाधित करने से पहले अन्य बैंकरों से क्रेडिट रिपोर्ट या राय प्राप्त करना भी आवश्यक है। किसी तीसरे पक्ष जिसे बैंक जानता नहीं है, से गारंटी प्राप्त करते समय, या बिलों की खरीद/छूट/बही ऋण सुविधा आदि को मंजूरी देते समय, ऋणदाता अन्य बैंकों/एजेंसियों से राय संबंधी रिपोर्ट मांग सकता है।

2.6 ऋणदाता के अधिकार

एक ऋणदाता के पास मुख्य अधिकार निम्नलिखित हैं:

(i) ग्रहणाधिकार (Lien)

(ii) समंजन (Set-Off) का अधिकार

(iii) विनियोजन (Appropriation) का अधिकार, और

(iv) ग्राहकों द्वारा दिए गए आदेश के अनुसार कार्य करने का अधिकार

2.6.1 सामान्य ग्रहणाधिकार

ग्रहणाधिकार लेनदार का एक अधिकार है कि वह देनदार से संबंधित वस्तुओं और प्रतिभूतियों पर तब तक कब्ज़ा बनाए रखे जब तक कि लेनदार को देय ऋण का भुगतान नहीं कर दिया जाता है। यह अधिकार केवल वस्तुओं और प्रतिभूतियों पर उपलब्ध है, खातों में शेष राशि पर नहीं। एक ग्रहणाधिकार विशेष ग्रहणाधिकार या सामान्य ग्रहणाधिकार हो सकता है।

एक सामान्य ग्रहणाधिकार लेनदार को देनदार द्वारा भुगतान योग्य सभी देय राशियों के लिए उससे संबंधित सामान और प्रतिभूतियों को अपने पास रखने का अधिकार देता है। यह अधिकार केवल बैंकरों, कारकों और वकीलों को उपलब्ध है। बैंकर का ग्रहणाधिकार एक सामान्य ग्रहणाधिकार है। यह एक अंतर्निहित प्रतिज्ञा है क्योंकि बैंकर उधारकर्ता को उचित नोटिस देने के बाद उसके के सामान को बैंकों के कब्जे में रखने और बेचने का अधिकार देता है।

एक ऋणदाता (एनबीएफसी) ग्रहणाधिकार का उपयोग इन शर्तों के अधीन कर सकता है कि (a) सामान और/या प्रतिभूतियां और ऋण एक ही अधिकार और एक ही क्षमता में हैं (b) ऋण देय या अतिदेय और वैध है, और (c) ऋणदाता द्वारा देनदार को उचित नोटिस दिया गया है। यह ध्यान रखना महत्वपूर्ण है कि ग्रहणाधिकार केवल व्यवसाय के सामान्य क्रम में प्राप्त वस्तुओं और प्रतिभूतियों पर उपलब्ध है।

भारतीय संविदा अधिनियम, 1872 की धारा 171 ऋणदाता को सामान्य ग्रहणाधिकार देती है।

2.6.2 समंजन का अधिकार

समंजन का अधिकार डेबिट और क्रेडिट बैलेंस वाले दो या दो से अधिक खातों को मिलाने का अधिकार है। किसी अधिनियम द्वारा यह अधिकार नहीं दिया गया है। यह निहित अनुबंध के कारण उपलब्ध है। यह अधिकार तब पैदा होता है जब दो पक्ष एक-दूसरे के ऋणी होने के साथ-साथ लेनदार भी होते हैं, यानी एक खाता डेबिट में है और दूसरा खाता क्रेडिट में है। बैंक के लिए, यह अधिकार तब उत्पन्न होता है जब वह किसी उधारकर्ता से देय ऋण को उसके जमा खातों के साथ जोड़ना चाहता है। समंजन के अधिकार का प्रयोग करने के लिए निम्नलिखित शर्तों को पूरा किया जाना चाहिए:

i. दोनों खाते समान अधिकार और समान क्षमता के होने चाहिए। उदाहरण के लिए, संयुक्त नाम वाले सावधि जमा का उपयोग एकल नाम वाले खुदरा ऋण के विरुद्ध समायोजन के लिए नहीं किया जा सकता है।

ii. कर्ज बकाया होना चाहिए न कि इकट्ठा होकर बढ़ने वाला बकाया। इसका मतलब यह है कि भविष्य की देय राशि को समंजन प्रक्रिया के तहत वसूल नहीं किया जा सकता है। उदाहरण के लिए, किसी ग्राहक के जमा (एफडी) खाते में शेष राशि है और उसने खुदरा ऋण लिया है, जिसकी किस्तें भविष्य में देय होंगी। एफडी खाते की शेष राशि को भविष्य की देय किस्तों से समायोजित नहीं किया जा सकता है।

iii. समंजन करने से पहले जमाकर्ता को उचित नोटिस दिया या भेजा जाना चाहिए।

iv. यदि राशि को ट्रस्ट (सुरक्षित अभिरक्षा) में रखा जाता है, तो बैंक किसी अन्य खाते के डेबिट शेष के विरुद्ध इस अधिकार का प्रयोग नहीं कर सकता है।

v. एकमात्र मालिक (एक ट्रेडिंग फर्म का) का खाता और उसके व्यक्तिगत खाते को संयोजित नहीं किया जा सकता है।

vi. संयुक्त खाते के प्रति समंजन का कोई अधिकार उपलब्ध नहीं है।

2.6.3 विनियोजन का अधिकार

राशि जमा करने वाले ग्राहक को उस उद्देश्य और खाते को स्पष्ट रूप से बताने का अधिकार है जिसके लिए बैंकर द्वारा क्रेडिट दिया जाना है। इसका मतलब है कि लेनदेन की प्रकृति का उल्लेख करना ग्राहक का कर्तव्य है। यदि वह उद्देश्य का उल्लेख करने में विफल रहता है, तो बैंकर को किसी भी डेबिट/बकाया के विरुद्ध क्रेडिट को समायोजित करने का अधिकार है। इसे विनियोजन का अधिकार कहा जाता है।

बैंक के पास विनियोजन का अधिकार तब होता है जब किसी उधारकर्ता पर दो या दो से अधिक ऋण बकाया होते हैं और वह बैंक को भुगतान करता है। ऐसे मामलों में निम्नानुसार विनियोजन किया जाना चाहिए:-

(i) विशिष्ट सूचना या ऐसी परिस्थितियों में जिसका अर्थ यह हो कि भुगतान को किसी विशेष ऋण के निर्वहन के लिए लागू किया जाना है, भुगतान को तदनुसार विनियोजित किया जाना चाहिए।

(ii) जहां कोई सूचना नहीं है और उधारकर्ता ने उल्लेख छोड़ दिया है, तो ऋणदाता अपने विवेक से, देनदार से उसे वास्तव में देय और भुगतान योग्य किसी भी वैध ऋण को विनियोजित कर सकता है।

(iii) जहां कोई भी पक्ष कोई विनियोजन नहीं करता है, भुगतान समय के क्रम में ऋणों के निर्वहन में लागू किया जाएगा, चाहे वे मुकदमों की सीमा के संबंध में उस समय लागू कानून द्वारा वर्जित हों या नहीं।

(iv) प्रसिद्ध क्लेटन के मामले (1816) का अनुप्रयोग जिसमें यह फैसला सुनाया गया था कि चालू खातों के मामले में, ग्राहक द्वारा इसके विपरीत किसी भी स्पष्ट संकेत के अभाव में भुगतान को तारीख के क्रम में डेबिट आइटम में विनियोजित किया गया माना जाता है। इस प्रकार, तिथियों के क्रम में भुगतान के विनियोजन को "क्लेटन के मामले में नियम" के रूप में जाना जाता है।

क्लेटन के मामले में नियम

नियम [डेवेन्स बनाम नोबल (1816) 35ईआर 767, 781; (1816) आई मेर. 529, 572] में निर्धारित किया गया था। यह नकद क्रेडिट और ओवरड्राफ्ट जैसे ऋणों के मामले में लागू होता है जिसमें ग्राहक बार-बार खाते से पैसे जमा करता है और निकालता है। इस नियम के अनुसार, जिस अनुक्रम में क्रेडिट प्रविष्टि डेबिट प्रविष्टि को सेट-ऑफ कर देगी वह कालानुक्रमिक है। इसका मतलब यह है कि डेबिट साइड का पहला आइटम क्रेडिट साइड के बाद के आइटम द्वारा डिस्चार्ज या कम किया जाने वाला आइटम होगा।

यह नियम निम्नलिखित स्थितियों में लागू होता है:

- उधारकर्ता(ओं) की मृत्यु होने या दिवालिया होने या पागल होने पर,
- मृत्यु होने, दिवालिया होने, पागल होने, साथी की सेवानिवृत्ति पर,
- जमानतदार के दिवालिया होने या ऋण खाते में जमानतदार के जमानत का निरसन करने पर,

यदि बाद में ऋण की अनुमति दी जाती है तो उधार लेने वाले के बकाया मौजूदा ऋण को समायोजित किया जाता है। यदि नए डेबिट की अनुमति दी जाती है, तो इसे नया ऋण माना जाता है, और बैंक मृत, सेवानिवृत्त या दिवालिया साझेदार की संपत्ति से ऐसे ऋण की वसूली नहीं कर सकता है, और यदि शेष साझेदारों से ऋण की वसूली नहीं की जा सकती है तो अंततः नुकसान उठाना पड़ सकता है।

उदाहरण: फर्म के एक साझेदार की मृत्यु की सूचना प्राप्त होने के समय उस फर्म के ऋण खाते में रुपए 3 लाख का डेबिट शेष दिखा रहा है।. बैंक, हालाँकि, जीवित साझेदारों को परिचालन की अनुमति देता है। खाते से रुपये 1 लाख निकाले जाते हैं और रुपये 0.50 लाख जमा किए जाते हैं। अब डेबिट शेष रु. 3.50 लाख है। कानूनी उत्तराधिकारी रु. 2.50 लाख के लिए उत्तरदायी हैं (3 लाख में से 0.50 लाख घटा कर)।

क्लेटन के नियम का संचालन कैसे रोकें: नियम के संचालन से बचने के लिए, बैंक को खाते का परिचालन बंद कर देना चाहिए और खाता तोड़ देना चाहिए। इस प्रकार, मृत या दिवालिया साझेदार की मृत्यु, सेवानिवृत्ति या दिवालियापन के समय उसका दायित्व निर्धारित/क्रिस्टलीकृत हो जाता है और उसकी संपत्ति उत्तरदायी हो सकती है।

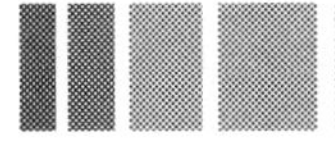

2.7 गार्निशी आदेश

गार्निशी आदेश से संबंधित प्रावधान सिविल प्रक्रिया संहिता, 1908 की धारा 60 के अंतर्गत हैं। यह प्रक्रिया सिविल प्रक्रिया संहिता की अनुसूची के आदेश XXI के नियम 46 में वर्णित है।

''गार्निशी आदेश' एक लेनदार के अनुरोध पर उसके बैंक के पास उपलब्ध निर्णीत देनदार के धन की कुर्की के लिए अदालत द्वारा जारी किया गया एक आदेश है। लेनदार को निर्णीत लेनदार कहा जाता है। देनदार को निर्णीत देनदार कहा जाता है और बैंक (निर्णीत देनदार का देनदार) जिस पर आदेश तामील किया जाता है, गार्निशी कहलाता है।

गार्निशी आदेश प्राप्त होने के समय खाते में शेष राशि आदेश की राशि से कम होने पर बैंकर और ग्राहक के बीच का संबंध अस्थायी रूप से निलंबित हो जाता है। जमाकर्ता द्वारा जारी किए गए चेक का भुगतान करने के लिए बैंक का कोई दायित्व नहीं होता है।

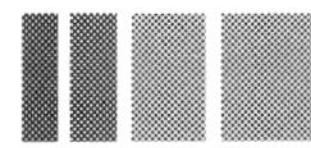

2.8 आयकर कुर्की आदेश

आयकर अधिकारी सरकारी बकाया, राजस्व, या कर आदि की वसूली के लिए कुर्की आदेश जारी कर सकते हैं। । यह आदेश मिलने पर, बैंकर/ऋणदाता के लिए आयकर अधिकारियों को वांछित राशि भेजना आवश्यक है। आदेश में राशि का उल्लेख न होने पर वह आदेश वैध नहीं है।

कुर्की आदेश गार्निशी आदेश से निम्नलिखित मामलों में भिन्न होता है:

(i) कुर्की आदेश, आदेश प्राप्त होने के बाद खाते में जमा किए गए पैसे पर भी तब तक लागू होता है, जब तक कि पूरी तरह संतुष्ट न हो जाए, जबकि गार्निशी आदेश, आदेश प्राप्ति के बाद में की गई जमा राशि पर लागू नहीं होता है।

(ii) एकल नाम से जारी कुर्की आदेश संयुक्त खातों पर भी आनुपातिक रूप से लागू होता है जब तक कि विपरीत दशा साबित न हो जाए जबकि एकल नाम से जारी गार्निशी आदेश संयुक्त खातों पर लागू नहीं होता है।

(iii) आदेश लागू करने से पहले, हालाँकि, बैंक के पास समंजन का अधिकार रहता है।

(iv) यदि बैंक कुर्की आदेश का अनुपालन करने में विफल रहते हैं, तो यह आदेश के तहत उत्तरदायी होगा और डिफ़ॉल्ट का निर्धारिती माना जाएगा।

(v) जब गार्निशी ऑर्डर और कुर्की आदेश दोनों एक साथ प्राप्त होते हैं, तो कुर्की आदेश को प्राथमिकता दी जानी चाहिए।

2.9 खाता बंद करना

जब कोई खाता बंद हो जाता है, तो ऋणदाता/बैंक को ग्राहक के वे दस्तावेज़ लौटाने होंगे जो उसने ऋण या खाते के प्रयोजन से दिए थे। ये दस्तावेज़ अच्छी स्थिति में वापस दिये जाने चाहिए। इसके अलावा यदि ग्राहक ने कुछ कीमती सामान गिरवी या संपत्ति बंधक रखी है तो ऋणदाता को एक निर्दिष्ट समय के अंदर उसे वापस करने का प्रयास करना होगा।

खाता बंद करने से संविदात्मक संबंध समाप्त हो जाता है।

2.10 सारांश

व्यक्ति से लेकर कंपनियों तक कई प्रकार के ग्राहक, बैंक में खाता खोल सकते हैं या किसी संस्थान से ऋण ले सकते हैं। ग्राहकों को बैंक के साथ उनकी पारस्परिक क्रिया के आधार पर निम्नप्रकार से वर्गीकृत किया जा सकता है:

(a) व्यक्ति - 18 वर्ष और उससे अधिक उम्र के व्यक्ति बैंक में खाता खोल सकते हैं।

(b) संयुक्त खाता - जब एक से अधिक व्यक्ति एक ही खाता खोलते हैं तो इसे संयुक्त खाता कहा जाता है।

(c) निरक्षर व्यक्ति का खाता - जो व्यक्ति पढ़-लिख नहीं सकते, वे भी बैंक में खाता खोल सकते हैं और दस्तावेज़ीकरण के लिए अपने अंगूठे का निशान लगाकर ऋण ले सकते हैं।

(d) स्वामित्व वाले प्रतिष्ठान - कोई व्यक्ति अपने नाम से व्यवसाय करता है तो वह एकल स्वामित्व वाला व्यवसाय कहलाता है।

(e) भागीदारी फर्म – ऐसी फर्म जिसके सदस्य व्यवसाय के मुनाफे को साझा करने के लिए सहमत होते हैं।

(f) सीमित देयता भागीदारी - वह भागीदारी जिसमें कुछ या अधिक भागीदारों के उत्तरदायित्व सीमित होते हैं।

(g) प्राइवेट लिमिटेड कंपनी - ऐसी निजी कंपनी जिसका स्वामित्व न्यूनतम 2 और अधिकतम 200 सदस्यों के पास होता है।

(h) संयुक्त हिंदू परिवार - इसमें एक पारिवारिक व्यवसाय होता है जिसे उसी परिवार के वंशज चला सकते हैं।

(i) क्लब/एसोसिएशन – ऐसे क्लबों की सदस्यता केवल सदस्यों को दी जाती है।

इस प्रकार के ग्राहकों के आधार पर, ऋणदाता-ग्राहक के संबंध कई प्रकार के होते हैं जैसे लेनदार-देनदार; देनदार-लेनदार; लाभार्थी-ट्रस्टी इत्यादि। एक ऋणदाता के रूप में, बैंकों को भी कई कर्तव्य पूरे करने होते हैं। बैंकों के कुछ महत्वपूर्ण कर्तव्य इस प्रकार हैं:

1. ग्राहक के खाते के बारे में गोपनीयता बनाए रखने का कर्तव्य।
2. चेक, बिल आदि संग्रहण करने का कर्तव्य।
3. लेन-देन का रिकार्ड बनाए रखने का कर्तव्य।

ग्राहक के खातों की गोपनीयता बनाए रखना ऋणदाता/बैंक का कर्तव्य है: जब कोई व्यक्ति किसी बैंक में खाता खोलता है, तो बैंक और उधार लेने वाले के लिए आवश्यक है कि ग्राहक की जानकारी को पूर्ण गोपनीय बनाए रखे। बैंकों को अक्सर कुछ स्थितियों के आधार पर प्राधिकारियों के समक्ष जानकारी का प्रकटीकरण करना चाहिए और ये स्थितियाँ नीचे सूचीबद्ध हैं:

(a) कानून द्वारा प्रकटीकरण की अनुमति: कभी-कभी बैंकों को कानून के विभिन्न अधिनियमों के आधार पर जानकारी को उचित ठहराने की आवश्यकता होती है।

(b) ग्राहक की सहमति से: बैंक ग्राहकों से सहमति प्राप्त करके जानकारी प्रकट कर सकते हैं।

(c) बैंकरों के बीच आपस में: कभी-कभी अन्य बैंकों के साथ संदर्भ के प्रयोजनों के लिए डेटा साझा किया जाता है।

(d) बैंकों एवं राष्ट्रीय हित में प्रकटीकरण: बैंक के हित या राष्ट्रीय प्रतिष्ठा की सुरक्षा के लिए अक्सर डेटा साझा किया जाता है।

जानकारी को प्रकट करते समय अपनाई जाने वाली कुछ सावधानियां नीचे दी गई हैं:

1. केवल डेटा या तथ्य ही सामने लाने चाहिए।
2. कथन सामान्य ढंग के होने चाहिए।
3. प्राप्तकर्ता को गोपनीयता बनाए रखना चाहिए।
4. जानकारी की गोपनीयता।

बैंकों को एक जिम्मेदारी यह भी दी गई है कि वे वास्तविक और प्रामाणिक तरीके से राय रिपोर्ट प्रस्तुत करें।

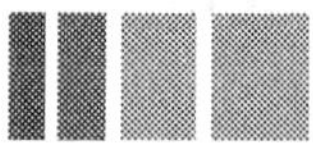

2.11 प्रमुख शब्द

विभिन्न प्रकार के ग्राहक, ऋणदाता ग्राहक, बंधक (मॉर्गेज), क्षतिपूरक (indemnifier) , उपनिधाता-उपनिहिती (Bailor-Bailee), स्वत्वधारिता (प्रोपराइटरशिप), भागीदारी, गार्निशी, कुर्की आदेश, समंजन का अधिकार, विनियोजन का अधिकार

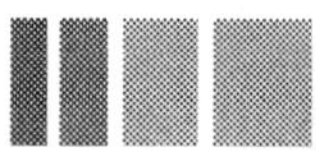

2.12 अपनी प्रगति जाँचें

1. ग्राहक शब्द की परिभाषा इसमें दी गई है:
   (a) परक्राम्य लिखत अधिनियम (निगोशियेबल इन्स्ट्रूमेंट एक्ट)
   (b) आरबीआई अधिनियम
   (c) बैंकिंग विनियमन अधिनियम
   (d) पीएमएलए 2005
2. जब कोई बैंकर अपने ग्राहक को ओवरड्राफ्ट की अनुमति देता है, तो उसके ग्राहक और उसके बीच का संबंध होता है:
   (a) उपनिधाता-उपनिहिती (Bailor-Bailee)
   (b) पट्टाकर्ता-पट्टेदार (Lessor-Lessee)
   (c) देनदार और लेनदार
   (d) लेनदार और देनदार
3. जब कोई ग्राहक बैंक में लॉकर लेता है तो बैंक और ग्राहक के बीच क्या संबंध होता है?
   (a) पट्टाकर्ता-पट्टेदार (Lessor-Lessee)
   (b) मालिक (प्रिंसिपल) और एजेंट
   (c) ट्रस्टी-लाभार्थी
   (d) उपरोक्त में से कोई नहीं

4. बैंकर-ग्राहक के बीच संबंध कब समाप्त हो जाता है?
   (a) ग्राहक की मृत्यु पर
   (b) ग्राहक के पागल हो जाने पर
   (c) ग्राहक के दिवालिया घोषित हो जाने पर
   (d) उपरोक्त सभी
5. जमा खातों में बैंक और ग्राहक के बीच मुख्य संबंध होता है:
   (a) लेनदार-बैंक, देनदार-ग्राहक
   (b) देनदार-बैंक, लेनदार-ग्राहक
   (c) मालिक (एजेंट)-प्रिंसिपल
   (d) दोनों (a)और (b)
6. उपनिधाता-उपनिहिती (Bailor-Bailee) संबंध लागू होता है:
   (a) ग्राहक द्वारा कैशियर के पास जमा की गई नकदी
   (b) सुरक्षित जमा लॉकर
   (c) बैंक द्वारा जारी किया गया डिमांड ड्राफ्ट
   (d) वस्तुओं को बैंक में सुरक्षित रखना
7. जब बैंक समाशोधन (क्लियरिंग) में चेक लेता है तो क्या संबंध बनता है?
   (a) समाशोधन सदस्य और मालिक
   (b) एजेंट और मालिक
   (c) संग्रहण बैंक और धारक
   (d) उपरोक्त में से कोई नहीं
8. बैंक खातों की कुर्की आदेश इनमें से कौन जारी करता है?
   (a) आरबीआई
   (b) लोकपाल
   (c) आईबीए
   (d) कर प्राधिकारी

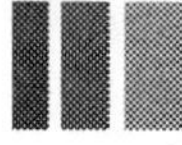

2.13 अपनी प्रगति जाँचें के उत्तर

1.	(d)	2.	(c)	3.	(a)	4.	(d)	5.	(b)	6.	(d)	7.	(b)
8.	(d)												

अध्याय

3 विभिन्न जमा योजनाएँ एवं अन्य सेवाएँ

अध्याय 3

विभिन्न जमा योजनाएँ एवं अन्य सेवाएँ

3.1 उद्देश्य

ऋण वसूली एजेंट बैंक की विस्तारित भुजाएँ हैं और उन्हें बैंक के महत्वपूर्ण जमा उत्पादों की बुनियादी समझ होना महत्वपूर्ण है। इस अध्याय को पढ़ने के बाद पाठक निम्न बातें समझ पाएंगे:

- जमा के प्रकार
- धन-प्रेषण
- सुरक्षित जमा लॉकर और वस्तुओं की सुरक्षित अभिरक्षा

3.2 परिचय

बैंक अपने ग्राहकों को कई तरह की सेवाएँ प्रदान करते हैं. जमा स्वीकार करना इसके महत्वपूर्ण कार्यों में से एक है। बैंकों ने हर ग्राहक की आवश्यकता पूरी करने के लिए कई जमा योजनाएं विकसित की हैं। अलग-अलग बैंक इन जमा योजनाओं को अलग-अलग नाम दे सकते हैं लेकिन मोटे तौर पर जमा दो प्रकार की होती हैं। एक है मांग जमा और दूसरी है सावधि जमा। बैंक अन्य सेवाएँ जैसे प्रेषण, चेक और बिलों का संग्रह, सुरक्षित जमा लॉकर और वस्तुओं की सुरक्षित अभिरक्षा आदि भी प्रदान करता है जिनका इसके ग्राहक व्यापक रूप से उपयोग करते हैं और इसलिए, इन सेवाओं के बारे में जानना भी महत्वपूर्ण है।

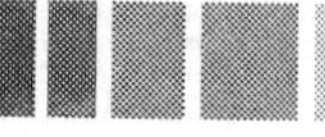

3.3 जमा के प्रकार

बैंकों की जमाराशियों को मोटे तौर पर तीन श्रेणियों में वर्गीकृत किया गया है:

(i) मांग जमा जिन्हें ग्राहकों के मांग करने पर चुकाना पड़ता है। इनमें शामिल हैं:

- चालू खाता जमा
- बचत बैंक जमा

(ii) सावधि जमा जिन्हें ग्राहकों और बैंकर के बीच सहमति के अनुसार परिपक्वता तिथि पर चुकाया जाता है। इन जमाओं में शामिल हैं:

- मियादी जमा
- आवर्ती/संचयी जमा

(iii) हाइब्रिड जमा या फ्लेक्सी जमा जिनमें मांग और सावधि, दोनों जमाओं की विशेषताएँ शामिल होती हैं। इन जमाओं को कुछ बैंकों ने ग्राहकों की वित्तीय आवश्यकताओं और सुविधाओं को पूरा करने के लिए शुरू किया है और ये अलग-अलग बैंकों में अलग-अलग नामों से जानी जाती हैं।

3.4 मांग जमा

(i) *चालू खाते* : चालू खाता कई बार जमा करने और निकासी करने की सुविधा वाला मांग जमा का एक रूप है। चालू खाते में, खाते की शेष राशि के आधार पर या किसी विशेष सहमत राशि तक कितनी भी बार निकासी करने की अनुमति होती है और इसमें अन्य जमा खाते भी शामिल माने जाएंगे जो न तो बचत जमा हैं और न ही सावधि जमा हैं। चूंकि ऐसी जमा राशि मांग करने पर चुकाने योग्य होती है, इसलिए वे बैंक की मांग देनदारियां बनती हैं।

चालू खाते, विशेष रूप से व्यवसाय, व्यापार, लिमिटेड कंपनियों, संस्थानों, सार्वजनिक प्राधिकरणों और सार्वजनिक निगमों आदि की आवश्यकताओं के अनुरूप होते हैं, जिनके प्रत्येक कार्य दिवस पर असंख्य बैंकिंग लेनदेन होते हैं।

चालू खाते की मुख्य विशेषताएं हैं:

- निकासी/जमा की संख्या एवं राशि पर कोई प्रतिबंध नहीं है। इसलिए, यह खाता व्यावसायिक गतिविधि के उद्देश्य से रखा जाता है।

- प्रत्येक चालू खाताधारक को चेक बुक की सुविधा प्रदान की जाती है। चेक से निकासी की अनुमति होती है। एक दिन में लेनदेन करने के लिए उपयोग किए जाने वाले चेकों की संख्या पर कोई प्रतिबंध नहीं होता है।
- चालू खातों की शेष राशि पर कोई ब्याज नहीं मिलता है। बैंकों को चालू खाताधारकों को किसी भी रूप में ब्याज या ब्रोकरेज का भुगतान करने की अनुमति नहीं है।
- बैंक खाताधारक को उसके सत्यापन और रिकॉर्ड के लिए खातों का आवधिक विवरण देता है जिसमें लेनदेन का विवरण दर्शाया जाता है। खाते के विवरण में प्रत्येक तिथि का संपूर्ण डेबिट और क्रेडिट लेनदेन और शेष राशि दिखाया जाएगा, जैसा कि ग्राहक के बैंक के खाता बही में दर्ज किया गया है।

(ii) *बचत बैंक खाते* : बचत बैंक जमा (बचत बैंक खाते के रूप में नामित) का अर्थ जमा खाते के ऐसे रूप से है जो मुख्य रूप से जनता में बचत की आदत डालने के लिए है। खाते की शेष राशि पर नाममात्र ब्याज पाने के अलावा, निकासी की संख्या पर कुछ प्रतिबंधों के अधीन, जमाकर्ता जमा राशि को जब चाहे निकालने के लिए स्वतंत्र है। बैंक और जमाकर्ता के बीच का संबंध अनिवार्य रूप से क्रमशः "देनदार और लेनदार" का है। बचत बैंक खातों को, ऐसे खातों को संचालित करने के लिए बनाए बैंक के नियमों के अनुसार और समय-समय पर आरबीआई द्वारा जारी निर्देशों के अनुरूप रखरखाव किया जाना चाहिए।

बचत खाते व्यक्तियों, अभिभावकों (अपने नाबालिग बच्चों/वार्डों की ओर से), 10 वर्ष से अधिक उम्र के नाबालिगों, ट्रस्टों, एचयूएफ आदि द्वारा खोले जा सकते हैं।

बचत बैंक खाते दो प्रकार के होते हैं:

(a) चेक बुक सुविधा वाले खाते जिनमें स्वयं या अन्य पार्टियों के पक्ष में आहरित चेक से निकासी की अनुमति होती है। चेक का भुगतान पाने वाला (पेयी) अदाकर्ता बैंक शाखा में या अपने बैंक खाते के माध्यम से समाशोधन (क्लियरिंग) या संग्रह (कलेक्शन) के माध्यम से नकद भुगतान प्राप्त कर सकता है। खाताधारक निकासी फॉर्म भरकर या एटीएम से भी नकदी निकाल सकता है।

(b) बिना चेक बुक वाले खाते, जिनमें से खाताधारकों को केवल अदाकर्ता बैंक शाखा से खाता पासबुक के साथ निकासी फॉर्म या पत्र भरकर निकासी करने की अनुमति होती है। ऐसे खातों से, तीसरे पक्ष भुगतान प्राप्त नहीं कर सकते हैं।

बचत बैंक खातों की मुख्य विशेषताएं इस प्रकार हैं:

- खाताधारक के मांग करने पर चेक या निकासी फॉर्म/पत्र प्रस्तुत करके निकासी करने की अनुमति होती है। हालाँकि, प्रति दिन के लेनदेन के लिए निर्दिष्ट राशि से अधिक नकद निकासी (निर्दिष्ट राशि अलग-अलग बैंकों में अलग-अलग होती है) करने के लिए अदाकर्ता बैंक शाखा को पूर्व सूचना देना आवश्यक होता है। बैंक प्रति माह/तिमाही निकासी की संख्या, प्रति दिन निकासी की राशि, सभी दिनों में खाते में बनाए रखा जाने वाला न्यूनतम शेष आदि पर कुछ प्रतिबंध निर्धारित करते हैं, और इन नियमों के उल्लंघन के लिए शुल्क/जुर्माना लगाते हैं। ये नियम अलग-अलग बैंकों के लिए अलग-अलग होते हैं। इन प्रतिबंधों का तर्क यह होता है कि बचत बैंक खाते का उपयोग चालू खाते की तरह नहीं किया जाना चाहिए, क्योंकि इसका मुख्य उद्देश्य बचत और संचय करना है।
- खाते में रखे गए दैनिक बैलेंस पर बैंक निर्धारित दर से ब्याज देते हैं। बचत बैंक खाते पर ब्याज दर तय करने के लिए बैंकों को स्वतंत्रता होती है। वर्तमान में अधिकांश बैंक इन खातों पर दैनिक शेष के आधार पर 2.5% से 4% प्रति वर्ष के बीच ब्याज दे रहे हैं। बैंक निर्धारित नीति के अनुसार मासिक/तिमाही/छमाही/वार्षिक अंतराल पर ब्याज का भुगतान कर सकता है।
- बचत बैंक खाते में कोई ओवरड्राफ्ट (क्रेडिट शेष से अधिक भुगतान) की अनुमति नहीं होती है, क्योंकि बचत खाते में कोई डेबिट शेष नहीं हो सकता है।
- अधिकांश बैंक प्रत्येक बचत बैंक खाताधारक को एक पासबुक प्रदान करते हैं जिसमें ग्राहक के संबंध में बैंक द्वारा रखरखाव किए जाने वाले खाता बही के अनुसार तिथि-वार डेबिट/क्रेडिट लेनदेन और क्रेडिट शेष दिखाया जाता है। आजकल, बैंक खाताधारक की सुविधा के अनुसार खाते का कंप्यूटर जनित विवरण प्रदान करते हैं।

  इलेक्ट्रॉनिक बैंकिंग के तहत, ग्राहक बैंक से मिले ग्राहक आईडी नंबर और पासवर्ड का उपयोग करके इंटरनेट के माध्यम से अपने खाते को देख सकता है। इलेक्ट्रॉनिक बैंकिंग से ग्राहक अपने खाते से दूसरे के खाते में धनराशि स्थानांतरित करने, खाते में लेनदेन को सत्यापित करने आदि के लिए योग्य बन गया है। आजकल ग्राहक अपने खाते का विवरण ई-मेल के माध्यम से भी प्राप्त कर सकते हैं। ग्राहक अपनी मोबाइल इंटरनेट सेवा का उपयोग करके संबंधित बैंक के मोबाइल ऐप के माध्यम से अपने खाते से लेनदेन कर सकता है।

बुनियादी बचत बैंक जमा खाता (बीएसबीडीए)

बुनियादी बचत बैंक जमा खाता (बीएसबीडीए), जिसे लघु खाता भी कहते हैं, को बचत खाते के रूप में डिजाइन किया गया है जो बेहतर ग्राहक सेवा का हिस्सा होने के नाते ऐसे खातों के

धारकों को कुछ न्यूनतम सुविधाएं मुफ्त प्रदान करता है। बैंक अपने सभी ग्राहकों को निम्नलिखित न्यूनतम सामान्य सुविधाओं वाला 'बुनियादी बचत बैंक जमा खाता' प्रदान करते हैं:

i. 'बुनियादी बचत बैंक जमा खाता' सभी के लिए उपलब्ध एक सामान्य बैंकिंग सेवा है।

ii. इस खाते में किसी भी न्यूनतम शेष राशि की आवश्यकता नहीं होती है।

iii. खाते में उपलब्ध सेवाओं में, बैंक शाखा में नकदी जमा करने व निकालने के साथ-साथ एटीएम में नकदी जमा करना व निकालना और इलेक्ट्रॉनिक भुगतान चैनलों के माध्यम से या केंद्र/राज्य सरकार की एजेंसियों और विभागों के आहरित चेकों के जमा/संग्रह के माध्यम से धन की प्राप्ति/क्रेडिट शामिल है।

iv. हालांकि एक महीने में जमाओं की संख्या और राशि के मूल्य की कोई सीमा नहीं है लेकिन खाताधारक एटीएम से निकासी सहित एक महीने में अधिकतम चार बार निकासी कर सकेंगे।

v. एटीएम कार्ड या एटीएम-सह-डेबिट कार्ड की सुविधा।

vi. उपरोक्त सुविधाएं बिना किसी शुल्क के प्रदान की जाती हैं। इसके अलावा, निष्क्रिय 'बुनियादी बचत बैंक जमा खाते' के गैर-संचालन/पुनः चालू करने के लिए कोई शुल्क नहीं लगाया जाएगा।

vii. बैंक निर्धारित बुनियादी न्यूनतम सेवाओं के साथ-साथ मूल्य वर्धित सेवाओं के लिए मूल्य निर्धारण सहित अन्य आवश्यकताओं का विकस करने और उचित और पारदर्शी आधार पर, बिना-भेदभाव के तरीके से लागू करने के लिए स्वतंत्र हैं।

viii. बुनियादी बचत बैंक जमा खाते ' खोलना, अपने ग्राहक को जानिए (केवाईसी)/एंटी-मनी लॉन्ड्रिंग (एएमएल) पर आरबीआई के समय-समय पर जारी निर्देशों के अधीन है। यदि ऐसा खाता सरलीकृत केवाईसी मानदंडों के आधार पर खोला जाता है, तो खाते को अतिरिक्त रूप से 'लघु खाता' माना जाएगा और यह ऐसे (लघु) खातों के लिए निर्धारित शर्तों के अधीन होगा।

ix. बुनियादी बचत बैंक जमा खाता ' के धारक उस बैंक में कोई अन्य बचत बैंक जमा खाता खोलने के लिए पात्र नहीं हैं। यदि किसी ग्राहक के पास उस बैंक में कोई अन्य बचत बैंक जमा खाता मौजूद है, तो उसे 'बुनियादी बचत बैंक जमा खाता' खोलने की तारीख से 30 दिनों के भीतर उस खाते को बंद करना होगा।

3.5 सावधि जमा

3.5.1 मियादी जमा

"सावधि जमा या मियादी जमा" में एक निश्चित अवधि के लिए राशि को जमा किया जाता है और उस निश्चित अवधि की समाप्ति के बाद ही निकाला जा सकता है। इसमें नोटिस पर निकाली जाने वाली जमा राशि शामिल नहीं है। सावधि जमा में निर्धारित परिपक्वता तिथि पर उस अवधि के लिए सहमत ब्याज दर पर ब्याज के साथ मूलधन का वापिसी भुगतान किया जाता है। चालू खातों और बचत खातों के विपरीत, सावधि जमा खाते में ग्राहक को किसी तरह के संचालन की अनुमति नहीं होती है।

सावधि जमा की मुख्य विशेषताएं इस प्रकार हैं:

- खाता खोलने के समय जमाकर्ता और बैंकर के बीच आपसी सहमति के अनुसार निर्दिष्ट ब्याज दरों पर निर्दिष्ट अवधि के लिए सावधि जमा स्वीकार किए जाते हैं। चूंकि, जमा पर ब्याज दर जमा की तिथि पर किए समझौते के अनुसार होती है, इसलिए इसमें बदलाव नहीं किया जा सकता है, भले ही जमा की अवधि के दौरान ब्याज दर में ऊपर या नीचे की ओर बदलाव हो।
- बैंक अलग-अलग परिपक्वता अवधि के लिए अपनी एएलसीओ समिति द्वारा तय की गईं अलग-अलग ब्याज दरें प्रदान करते हैं। किसी बैंक में परिपक्वता-वार ब्याज दरें सभी ग्राहकों के लिए एक समान होंगी, हालाँकि, दो अपवादों में - निश्चित कट-ऑफ मूल्य से ऊपर उच्च मूल्य की जमा राशि को और वरिष्ठ नागरिकों (सामान्य रूप से निर्दिष्ट आयु 60 वर्ष से अधिक) की जमा राशि को अधिक ब्याज दर की पेशकश की जा सकती है।
- सावधि जमा की न्यूनतम अवधि 7 दिन है और अधिकतम अवधि वर्तमान में 10 वर्ष है जिसके लिए कोई भी बैंक जमा स्वीकार कर सकता है। वे सावधि जमा जो 6 महीने या उससे कम अवधि के लिए रखे जाते हैं, अल्पावधि जमा या लघु जमा कहलाते हैं।
- सावधि जमा स्वीकार करने वाली बैंक शाखा एक जमा रसीद जारी करती है जिसमें जमाकर्ता का नाम, मूल राशि, परिपक्वता अवधि व ब्याज दर, जमा की तारीखें और परिपक्वता आदि का उल्लेख होता है। जमा रसीद एक परक्राम्य लिखत (निगोशियेबल इंस्ट्रूमेंट) नहीं है और न ही यह चेक की तरह हस्तांतरणीय है।
- जमाकर्ताओं के आकस्मिक खर्चों को पूरा करने के अनुरोध को उचित मानते हुए, बैंक आम तौर पर अपने विवेक से जमा राशि को समय से पहले बंद करने के ग्राहक के

अनुरोध पर सहमत हो जाते हैं। ऐसे मामलों में, ब्याज का भुगतान उस अवधि के लिए किया जाता है जिस अवधि तक जमा राशि वास्तव में बैंक के पास थी (जमा की तारीख और समय से पहले बंद होने की तारीख के बीच की अवधि)। समय से पहले बंद होने वाले ऐसे मामलों में देय ब्याज दर कम होगी क्योंकि बैंक आमतौर पर समय से पहले जमा राशि की निकासी के लिए जुर्माना लगाते हैं।

- ग्राहकों की आकस्मिक धन की आवश्यकताओं को पूरा करने के लिए बैंक उनकी सावधि जमा की जमानत पर ओवरड्राफ्ट/ऋण भी दे सकते हैं। ऐसे ओवरड्राफ्ट/ऋण पर ब्याज उस सावधि जमा पर दी जाने वाली ब्याज दर से 1% से 2% अधिक होगा, जिस पर ऋण लिया गया है।
- बैंकों को तिमाही आधार पर जमा पर देय ब्याज की गणना और क्रेडिट करना आवश्यक है। हालाँकि, जमाकर्ताओं की सुविधा के अनुसार, बैंक अलग-अलग इच्छित अंतरालों जैसे मासिक, त्रैमासिक, अर्धवार्षिक या वार्षिक पर ब्याज देते हैं। ग्राहक के ब्याज को फिर से निवेश करने का विकल्प चुनने पर, बैंक कभी कभी तीन महीने से भी कम समय में देय ब्याज को चक्रवृद्धि कर सकते हैं, इस स्थिति में, परिपक्वता पर अंतिम भुगतान ब्याज की चक्रवृद्धि दर पर होता है। बैंक ऐसी जमाओं को अलग-अलग नाम देते हैं जिससे बैंक और जमाकर्ता दोनों आसानी से पहचान सकें।

3.5.2 आवर्ती जमा

"आवर्ती जमा" या "संचयी जमा" वे जमा हैं, जहां इनपुट समान मासिक किस्तों में होते हैं और परिपक्वता पर आउटपुट एकमुश्त होता है। इन जमाओं की मुख्य विशेषताएं हैं:

- ग्राहक एक निर्दिष्ट अवधि (12 महीने से 120 महीने) के लिए पहले से निर्धारित आवृत्ति (आमतौर पर मासिक/त्रैमासिक) के अनुसार एक निश्चित राशि जमा करता है। कुछ बैंकों ने लचीले आवर्ती जमा खाते शुरु किये है, जिसमें ग्राहक राशि की अधिकतम सीमा की कुछ शर्तों के साथ मासिक आधार पर पूर्व-निर्धारित राशि से अधिक जमा कर सकते हैं।
- आवर्ती जमा पर देय ब्याज दर पूर्व-निर्धारित होती है और ब्याज दर उस अवधि के लिए सावधि जमा में देय ब्याज दर के समान होगी जिस अवधि के लिए आवर्ती जमा किया जाता है।
- जमा की गई कुल राशि परिपक्वता तिथि पर ब्याज सहित चुका दी जाती है। आकस्मिक खर्चों को पूरा करने के लिए जमाकर्ता जमा राशि के बदले ऋण या अग्रिम राशि ले सकता है या परिपक्वता से पहले जमा राशि का भुगतान करा सकता है। बाद के मामले में, बैंक द्वारा देय ब्याज दर सहमत दर से कम होगी और कुछ जुर्माना भी लगाया जाएगा।

3.6 निक्षेप बीमा और प्रत्यय गारंटी निगम (डीआईसीजीसी) द्वारा बैंक जमा का बीमा

बैंक के प्रत्येक जमाकर्ता का, जमाकर्ता के रूप में उसकी क्षमता और अधिकार में, उसके मूलधन और ब्याज राशि दोनों के लिए अधिकतम रु. 5,00,000 (पांच लाख रुपये) तक का बीमा किया जाता है। इस प्रयोजन के लिए ग्राहक से कोई प्रीमियम नहीं लिया जाता है। अलग-अलग बैंक जो डीआईसीजीसी के साथ पंजीकृत हैं, बीमा प्रीमियम की लागत का भार उठाते हैं।

डीआईसीजीसी निम्न प्रकार की जमाओं को छोड़कर सभी जमाओं जैसे बचत, सावधि, चालू, आवर्ती आदि जमाओं का बीमा करता है:

- विदेशी सरकारों की जमाराशियाँ;
- केंद्र/राज्य सरकारों की जमाराशियाँ;
- अंतर-बैंक जमा;
- राज्य भूमि विकास बैंकों की राज्य सहकारी बैंक में जमा राशि;
- भारत के बाहर से प्राप्त जमा राशि के कारण देय कोई भी राशि;
- कोई भी राशि, जिसके लिए भारतीय रिजर्व बैंक की पिछली मंजूरी के साथ निगम ने विशेष रूप से छूट दी है।

3.7 वित्तप्रेषण (REMITTANCE)

निधि वित्तप्रेषण का अर्थ है, एक पार्टी से दूसरी पार्टी को देश के अंदर (अंतर्देशीय) या विदेश में धन को भेजना। बैंकिंग में, पारंपरिक और इलेक्ट्रॉनिक दोनों माध्यमों के बहुत से प्रेषण उत्पाद प्रचलन में हैं।

बैंकिंग लेनदेन में, ग्राहक और जनता अक्सर डिमांड ड्राफ्ट (या, बैंकर्स ड्राफ्ट) और ट्रैवलर्स चेक जैसे साधनों का उपयोग करते रहते हैं। इन सभी को बैंक जारी करते हैं और परक्राम्य लिखत अधिनियम, 1881 (निगोशिएबल इंस्ट्रूमेंट्स एक्ट, 1981) में परिभाषित परक्राम्य लिखतों (जैसे, चेक, या विनिमय बिल, या वचन पत्र) के समान हैं। इन अन्य साधनों (इंस्ट्रूमेंट्स) की विशेषताएं इस प्रकार हैं:

3.7.1 बैंकर्स ड्राफ्ट

बैंकर्स ड्राफ्ट (या डिमांड ड्राफ्ट) एक भुगतान आदेश है जिसे बैंक की एक शाखा दूसरी शाखा को जारी करती है। इसमें अदाकर्ता शाखा को निर्दिष्ट व्यक्ति को निर्दिष्ट राशि का भुगतान करने का निर्देश दिया जाता है। डिमांड ड्राफ्ट को हमेशा " आदेश पर देय" तैयार किया जाता है। डिमांड ड्राफ्ट विनिमय बिल के समान होता है, अंतर केवल इतना है कि डिमांड ड्राफ्ट में, आहर्ता (बैंक) और अदाकर्ता (बैंक) एक ही होते हैं। एनआई अधिनियम में विनिमय बिल की परिभाषा में स्पष्ट नहीं है कि आहरणकर्ता (बैंक) और भुगतानकर्ता (बैंक) अलग-अलग होने चाहिए। इसमें केवल इतना कहा गया है कि विनिमय के बिल पर तैयार करने वाले के हस्ताक्षर होने चाहिए और भुगतानकर्ता एक 'निश्चित व्यक्ति' होना चाहिए। इसलिए एक बैंक ड्राफ्ट को विनिमय बिल और चेक का रूप भी माना जा सकता है क्योंकि यह मांग पर देय होता है और बैंकर के पक्ष में तैयार किया जाता है।

विभिन्न केंद्रों पर एक खाते से दूसरे खाते में धन स्थानांतरण का ही एक और तरीका डिमांड ड्राफ्ट है। डिमांड ड्राफ्ट एक परक्राम्य लिखत (निगोशिएबल इंस्ट्रूमेंट्स) है जो किसी निश्चित व्यक्ति या उसके आदेश पर देय होता है। उसे बैंक की एक शाखा उसी बैंक की दूसरी शाखा में भुगतान के लिए, या किसी अन्य विशिष्ट बैंक की विशिष्ट शाखा में भुगतान के लिए तैयार करती है, जिसके साथ आहरणकर्ता बैंक की ड्राफ्ट-आहरण एजेंसी की व्यवस्था होती है। बैंक ड्राफ्ट में आहर्ता बैंक, अदाकर्ता बैंक और लाभार्थी तीन पक्ष होते हैं। लाभार्थी को देय राशि निश्चित और सुनिश्चित होती है क्योंकि अदाकर्ता एक बैंक है जिससे ड्राफ्ट की प्रस्तुति पर अपने दायित्व का सम्मान करने की उम्मीद की जाती है।

आवेदक से ड्राफ्ट की राशि से संबंधित विनिमय या शुल्क सहित ड्राफ्ट की पूरी राशि वसूलने के बाद आहर्ता शाखा ड्राफ्ट जारी करती है। ड्राफ्ट बैंक (आहरणकर्ता और अदाकर्ता) को फ्लोट फंड प्रदान करते हैं क्योंकि अदाकर्ता शाखाओं में भुगतान के लिए ड्राफ्ट जारी करने और प्रस्तुत करने के बीच हमेशा समय का अंतराल होता है।

रु. 50,000 और उससे अधिक मूल्य की निधियों का प्रेषण:

बैंकों को यह सुनिश्चित करना चाहिए कि रुपये. 50,000 और उससे अधिक निधियां, डिमांड ड्राफ्ट/मेल ट्रांसफर/टेलीग्राफिक ट्रांसफर या किसी अन्य माध्यम से और ट्रेवेलर चेक जारी करके, प्रेषित करने के लिए राशि को केवल ग्राहक के खाते से डेबिट किया जाता है या खरीदार द्वारा दिए गए चेक या अन्य उपकरणों के द्वारा लिया जाता है, न कि नकद भुगतान प्राप्त कर।

3.7.2 इलेक्ट्रॉनिक फंड ट्रांसफर

परंपरागत रूप से, बैंक मेल ट्रांसफर और टेलीग्राफिक ट्रांसफर द्वारा एक पार्टी से दूसरी पार्टी को धन अंतरित करते थे, बाद वाला पहले वाले की तुलना में तेज़ होता था। बैंक दोनों प्रकार के स्थानांतरण में डाक और तार विभाग की सेवाओं का उपयोग करते थे और संदेशों के प्रसारण में गोपनीयता व सुरक्षा सुनिश्चित करने के लिए कुछ कोड का उपयोग करते थे।

अब, संचार की इलेक्ट्रॉनिक प्रणाली में, प्रसारण और अधिक तेज़ एवं सुरक्षित है। लगभग सभी बैंकों ने फंड ट्रांसफर के लिए निम्नलिखित प्रणालियाँ शुरू कर दीं हैं:

(i) **स्विफ्ट:** सोसाइटी ऑफ वर्ल्डवाइड इंटर-बैंक फाइनेंशियल टेलीकम्युनिकेशन दुनिया भर के सदस्य बैंकों के बीच अंतरराष्ट्रीय इलेक्ट्रॉनिक फंड ट्रांसफर को सक्षम करने वाली एक अंतरराष्ट्रीय सोसायटी है। भारत के अधिकांश वाणिज्यिक बैंक इसी सोसायटी के सदस्य हैं। सदस्य बैंक एक उच्च गति वाले क्लोज्ड-यूजर ग्रुप संचार प्रणाली के माध्यम से जुड़े हुए हैं। प्रेषक बैंक लाभार्थी के खाते में धनराशि जमा करने के लिए प्राप्तकर्ता बैंक को स्ट्रक्चर्ड एवं कोडीफाइड संदेश भेजते हैं। खाते का अंतर-बैंक निपटान सह-संबंधी बैंकों के माध्यम से किया जाता है। यह फंड ट्रांसफर प्रणाली तेज़, सुरक्षित और प्रभावकारी है।

(ii) **आरटीजीएस के माध्यम से वित्तप्रेषण:**

आरटीजीएस एक अंतर-बैंक फंड ट्रांसफर प्रणाली है, जहां लेनदेन ट्रिगर करते ही (यानी वास्तविक समय) फंड ट्रांसफर हो जाता है। संक्षिप्त नाम 'आरटीजीएस' का अर्थ 'रियल टाइम ग्रॉस सेटलमेंट' है। आरटीजीएस प्रणाली एक धन अंतरण तंत्र है जिसमें एक बैंक से दूसरे बैंक में धन का अंतरण 'वास्तविक समय' और 'सकल' आधार पर होता है। 'वास्तविक समय' का अर्थ है निर्देशों के प्राप्त होने के समय ही उनका प्रसंस्करण; 'सकल निपटान' का अर्थ है कि धन अंतरण निर्देशों का निपटान अलग-अलग ढंग से (इंडीविजुअली) होता है। यह फंड ट्रांसफर के लिए एक सुरक्षित प्रणाली है। आरटीजीएस के माध्यम से भेजी जाने वाली न्यूनतम राशि रु. 2 लाख है और राशि की कोई ऊपरी सीमा नहीं है।

आरटीजीएस वित्तप्रेषण को पूरा करने के लिए प्रेषण करने वाले ग्राहक को बैंक को निम्नलिखित जानकारी प्रस्तुत करनी होगी:

1. राशि जिसे भेजा जाना है
2. अपना खाता संख्या जिससे डेबिट होना है
3. लाभार्थी बैंक का नाम
4. लाभार्थी ग्राहक का नाम

5. लाभार्थी ग्राहक का खाता संख्या
6. प्रेषक से प्राप्तकर्ता तक की जानकारी, यदि कोई हो
7. प्राप्तकर्ता शाखा का आईएफएससी नंबर।

लाभार्थी ग्राहक अपनी शाखा से भारतीय वित्तीय प्रणाली कोड (आईएफएससी) प्राप्त कर सकता है। आईएफएससी चेक के पन्ने पर भी उपलब्ध होता है। लाभार्थी यह कोड नंबर और बैंक शाखा का विवरण भेजने वाले ग्राहक को सूचित कर सकता है। वर्तमान में, भारत की सभी बैंक शाखाएँ आरटीजीएस सक्षम नहीं हैं।

(iii) एनईएफटी के माध्यम से वित्तप्रेषण:

नेशनल इलेक्ट्रॉनिक फंड ट्रांसफर (एनईएफटी) भारतीय रिजर्व बैंक (आरबीआई) के स्वामित्व वाली और उसके द्वारा संचालित एक राष्ट्रव्यापी केंद्रीकृत भुगतान प्रणाली है। एनईएफटी सेवा बिना किसी देरी या प्रक्रियात्मक परेशानी के एक शाखा से दूसरी शाखा में धन के निर्बाध अंतरण में मदद करती है। आरटीजीएस के समान, आरबीआई ने एनईएफटी (नेशनल इलेक्ट्रॉनिक फंड ट्रांसफर) नामक एक अन्य प्रकार की फंड ट्रांसफर प्रणाली शुरू की है। सिस्टम का संचालन और कार्यविधि आरटीजीएस के समान हैं।

एनईएफटी के लाभ:

- वर्ष के सभी दिनों में चौबीसों घंटे उपलब्ध रहती है।
- लगभग वास्तविक समय में धनराशि लाभार्थी के खाते में स्थानांतरित की जाती है व सुरक्षित ढंग से निपटान किया जाता है।
- सभी प्रकार के बैंकों की शाखाओं के बड़े नेटवर्क के माध्यम से अखिल भारतीय कवरेज।
- लाभार्थी के खाते में क्रेडिट की एसएमएस/ई-मेल द्वारा प्रेषक को सकारात्मक पुष्टि।
- लेन-देन के क्रेडिट में देरी या वापसी के लिए दंडात्मक ब्याज का प्रावधान।
- ऑनलाइन एनईएफटी लेनदेन के लिए बचत बैंक खाता ग्राहकों से कोई शुल्क नहीं।
- फंड ट्रांसफर के अलावा, एनईएफटी प्रणाली का उपयोग विभिन्न प्रकार के लेनदेन के लिए किया जा सकता है, जिसमें कार्ड जारी करने वाले बैंकों को क्रेडिट कार्ड की बकाया राशि का भुगतान, ऋण की ईएमआई का भुगतान, आवक विदेशी मुद्रा प्रेषण आदि शामिल हैं।

- भारत से नेपाल तक, खाताधारकों के लिए रुपये 2 लाख की सीमा तक तथा गैर-खाताधारकों के लिए रुपये 50,000 की सीमा तक का एकतरफ़ा फंड ट्रांसफर उपलब्ध है।
- एनईएफटी प्रणाली के माध्यम से फंड ट्रांसफर के लिए आरबीआई ने कोई सीमा निर्धारित नहीं की है। हालाँकि, बैंक अपने बोर्ड के अनुमोदन से अपनी जोखिम धारणा के आधार पर राशि की सीमाएँ निर्धारित कर सकते हैं।

इस सुविधा का लाभ केवल बैंक के खाताधारक ही उठा सकते हैं क्योंकि एनईएफटी आवेदन पत्र में लाभार्थी और आवेदक दोनों के खाता नंबरों का अनिवार्य रूप से उल्लेख होना चाहिए। एनईएफटी प्रणाली पूरे वर्ष चौबीसों घंटे यानी 24x7x365 आधार पर उपलब्ध है। वर्तमान में एनईएफटी पूरे दिन में आधे-घंटे के अंतराल पर बैच में काम करता है। किसी भी कारण से एनईएफटी की अनुपलब्धता के मामले में, आरबीआई सभी सिस्टम प्रतिभागियों को उचित संदेश प्रसारित करेगा। एनईएफटी बैच निपटान से अधिकतम दो घंटे की समयसीमा के भीतर लाभार्थी के खाते में पैसा जमा किया जाना चाहिए।

(iv) मोबाइल फोन के साथ-साथ इंटरनेट बैंकिंग और एटीएम के माध्यम से प्रेषण:

(a) तत्काल भुगतान सेवा (आईएमपीएस):

तत्काल भुगतान सेवा (आईएमपीएस) एनपीसीआई ने 22 नवंबर, 2010 को शुरू की थी। यह मोबाइल फोन के साथ-साथ इंटरनेट बैंकिंग और एटीएम के माध्यम से तत्काल, 24×7, इंटरबैंक इलेक्ट्रॉनिक फंड ट्रांसफर सेवा प्रदान करता है। सभी बैंकों के बीच प्रेषण की प्रक्रिया में चार हितधारक होते हैं यानी (i) प्रेषक (भेजने वाला), (ii) लाभार्थी (प्राप्तकर्ता), (iii) बैंक और (iv) राष्ट्रीय वित्तीय स्विच - एनपीसीआई।

आईएमपीएस के माध्यम से धन भेजने के लिए, प्रेषक को मोबाइल बैंकिंग या इंटरनेट बैंकिंग का उपयोग करना चाहिए। प्राप्तकर्ता का मोबाइल नंबर उसके बैंक में पंजीकृत होना चाहिए और पैसा तुरंत प्राप्तकर्ता के खाते में जमा हो जाएगा।

पंजीकरण के लिए प्रेषक को मोबाइल बैंकिंग के लिए पंजीकरण करना होगा और लेनदेन शुरू करने के लिए मोबाइल मनी आइडेंटिफ़ायर (एमएमआईडी) और मोबाइल बैंकिंग पिन (एमपिन) प्राप्त करना होगा। एमएमआईडी 7 अंकों की एक संख्या है, जिसे बैंक पंजीकरण कराने पर ग्राहक को जारी करता है और लाभार्थी को अपना मोबाइल नंबर बैंक खाते के साथ पंजीकृत करना होगा तथा एमएमआईडी प्राप्त करना होगा। कोई प्रेषक अपने बैंक को लाभार्थी का मोबाइल नंबर, लाभार्थी की एमएमआईडी और राशि टाइप करके एक एसएमएस भेजकर आईएमपीएस लेनदेन शुरू कर सकता है। प्राप्तकर्ता को उसके खाते में पैसे जमा

होने की पुष्टि हेतु एक एसएमएस प्राप्त होगा। नेशनल पेमेंट्स कॉरपोरेशन ऑफ इंडिया (एनपीसीआई), इंटरबैंक मोबाइल पेमेंट सर्विस (आईएमपीएस) की सुविधा दे रहा है।

(b) नेशनल यूनीफाइड यूएसएसडी प्लेटफार्म (एनयूयूपी):

जनता तक बैंकिंग सुविधाओं की पहुंच बढ़ाने के लिए मोबाइल बैंकिंग सबसे शक्तिशाली तरीकों में से एक है। आज, भारत में लगभग 900 मिलियन मोबाइल फोन कनेक्शन के साथ मोबाइल फोन एक आम घरेलू उपकरण बन गया है। मोबाइल बैंकिंग सेवा एसएमएस का उपयोग करके शुरू की जा सकती है – जो एक अनएन्क्रिप्टेड सेवा है, और जिसे असुरक्षित माना जाता है - अथवा मोबाइल बैंकिंग ऐप का उपयोग करके। मोबाइल बैंकिंग, हालांकि, बहुत इंटरैक्टिव सेवा है, इसके साथ बड़ी समस्या यह है कि इसका उपयोग केवल स्मार्ट फोन पर ही किया जा सकता है। 40% से कम भारतीय उपयोगकर्ताओं के पास कंपेटिबिल स्मार्टफोन हैंडसेट और मोबाइल फोन में जीपीआरएस कनेक्शन है, जैसा कि इस प्रणाली के लिए आवश्यक है।

बुनियादी फीचर फोन पर बैंकिंग सुविधा प्रदान करने के लिए यूएसएसडी प्लेटफॉर्म पर एक वैकल्पिक समाधान उपलब्ध है। ग्राहक जीएसएम नेटवर्क पर किसी भी मोबाइल फोन के माध्यम से यूएसएसडी समाधान का लाभ उठा सकते हैं, भले ही फोन का मेक और मॉडल कुछ भी हो। इसके लिए ग्राहक के मोबाइल फोन पर किसी एप्लिकेशन को डाउनलोड करने और जीपीआरएस कनेक्टिविटी की आवश्यकता नहीं है। यूएसएसडी उपयोगकर्ता अनुकूल (यूजर फ्रेंडली) है इसलिए ग्राहकों से संवाद करना और उन्हें शिक्षित करना भी आसान है। यूएसएसडी में एप्लिकेशन डाउनलोड की आवश्यकता नहीं होती है और एसएमएस चैनल की तुलना में अधिक सुरक्षित है।

बैंकिंग ग्राहक अपने मोबाइल पर "सभी दूरसंचार सेवा प्रदाताओं (टीएसपी) के लिए कॉमन नंबर" *99# डायल करके इस सेवा का उपयोग कर सकते हैं और मोबाइल स्क्रीन पर दिखने वाले एक इंटरैक्टिव मेनू के माध्यम से लेनदेन कर सकते हैं। *99# का उपयोग करके, ग्राहक अपनी सुविधानुसार फंड ट्रांसफर जैसी वित्तीय और साथ ही बैंक खाते की बैलेंस पूछताछ और मिनी-स्टेटमेंट जैसी गैर-वित्तीय सेवाओं का लाभ उठा सकेगा।

एनयूयूपी द्वारा दी जाने वाली प्रमुख सेवाओं में इंटरबैंक खाता से खाता फंड ट्रांसफर, बैलेंस पूछताछ, संक्षिप्त विवरण के अलावा कई अन्य सेवाएं शामिल हैं।

एनयूयूपी सेवा में एक उल्लेखनीय समावेश के रूप में आधार मैपर (क्यूएसएएम) पर क्वेरी सेवा को जोड़ा गया है। इस सुविधा के तहत एक उपयोगकर्ता बैंकों के साथ अपने आधार सीडिंग की स्थिति के बारे में जान सकता है, एक ऐसी सेवा जो सरकार के प्रत्यक्ष सब्सिडी वितरण कार्यक्रम के लिए जबरदस्त उपयोगिता प्रदान करेगी।

(c) आधार सक्षम भुगतान प्रणाली (एईपीएस):

एईपीएस एक बैंकिंग उत्पाद है जो आधार प्रमाणीकरण का उपयोग करके किसी भी बैंक के बिजनेस कॉरेस्पोंडेंट के माध्यम से पीओएस (माइक्रो-एटीएम) या कियोस्क बैंकिंग पर ऑनलाइन इंटरऑपरेबल वित्तीय समावेशन लेनदेन की अनुमति देता है।

वर्तमान में, आधार सक्षम चार बुनियादी प्रकार के बैंकिंग लेनदेन उपलब्ध हैं यानी (i) पूछताछ, (ii) नकद निकासी, (iii) नकद जमा और (iv) आधार से आधार फंड ट्रांसफर। ग्राहक द्वारा एईपीएस लेनदेन करने के लिए, दो इनपुट यानी आईआईएन (उस बैंक की पहचान करने वाली छह अंकों की संख्या जिससे ग्राहक जुड़ा हुआ है) और आधार नंबर की आवश्यकता होती है।

(d) आधार पेमेंट ब्रिज सिस्टम (एपीबीएस):

आधार भुगतान ब्रिज प्रणाली सरकार और सरकारी संस्थानों से बैंकों व डाकघरों के लाभार्थियों के आधार-सक्षम खातों में भुगतान के स्थानांतरण को सक्षम बनाती है।

प्रत्येक सरकारी विभाग या संस्थान जो व्यक्तियों को ईबीटी और डीबीटी/डीबीटीएल भुगतान भेजता है, उसे बस आधार संख्या और राशि वाली एक फाइल तैयार करनी होगी और इसे अपने अधिकृत बैंक में जमा करना होगा। फिर अधिकृत बैंक एक इंटरऑपरेबल आधार पेमेंट ब्रिज के माध्यम से फ़ाइल को संसाधित करता है और धनराशि लाभार्थियों के खातों में जमा की जाती है। आने वाली धनराशि प्राप्त होने पर, लाभार्थी का बैंक उसे एसएमएस या बैंक और ग्राहक के बीच स्थापित किसी अन्य संचार चैनल के माध्यम से सूचित करेगा।

(e) यूनीफाइड पेमेंट इंटरफ़ेस (यूपीआई)

यूनिफाइड पेमेंट इंटरफेस (यूपीआई) एक भुगतान तंत्र है जो उपयोगकर्ताओं को एक ही स्मार्टफोन ऐप (किसी भी भाग लेने वाले बैंक की) में एक से अधिक बैंक खातों को लिंक करने, कई बैंकिंग सुविधाओं, निर्बाध फंड रूटिंग और मर्चेंट

भुगतान को एक छत के नीचे लाने और बिना आईएफएससी कोड या खाता संख्या प्रदान किए निर्बाध रूप से फंड ट्रांसफर करने की अनुमति देता है।

यह एक वास्तविक समय भुगतान प्रणाली है जहां धनराशि वास्तविक समय के आधार पर तुरंत जमा की जाती है।

यूपीआई कैसे काम करता है:

उपयोगकर्ता को किसी भी लेनदेन को करने के लिए केवल वर्चुअल एड्रेस का उपयोग करना होगा, जिसे वर्चुअल पेमेंट एड्रेस (वीपीए) या व्यक्तिगत क्यूआर कोड के रूप में जाना जाता है। यूपीआई को नेशनल पेमेंट्स कॉरपोरेशन ऑफ इंडिया (एनसीपीआई) ने विकसित किया है और इसे भारतीय रिजर्व बैंक (आरबीआई) विनियमित करता है।

यूपीआई के माध्यम से फंड ट्रांसफर करने के लिए नीचे दी गई चीजें आवश्यक हैं:

- एक स्मार्टफोन
- एक सक्रिय बैंक खाता
- मोबाइल नंबर सक्रिय होना चाहिए और बैंक खाते से जुड़ा होना चाहिए
- इंटरनेट कनेक्शन।

यूपीआई धीरे-धीरे डिजिटल भुगतान का सबसे पसंदीदा रूप बनता जा रहा है। यूपीआई इंटरफ़ेस अधिकांश बैंकों के साथ कंपेटिबिल है और कई डिजिटल वॉलेट और भुगतान एप्लिकेशन यूपीआई को अपना रहे हैं। कुछ सबसे लोकप्रिय ऐप्स में गूगल पे, पेटीएम, फोनपे, भीम यूपीआई आदि शामिल हैं।

यूपीआई के भागीदार:

- भुगतान कर्ता (Payer) पीएसपी
- आदाता (Payee) पीएसपी
- प्रेषक बैंक
- लाभार्थी बैंक
- एनपीसीआई
- बैंक खाताधारक
- व्यापारी (मर्चेंट्स)

(f) यूपीआई 123:

जैसा कि ऊपर बताया गया है, यूपीआई दुनिया में सबसे तेजी से बढ़ते भुगतान प्लेटफार्मों में से एक के रूप में उभरा है। एनपीसीआई ने बगैर इंटरनेट कनेक्शन फीचर फोन उपयोग करने वालों को यूपीआई से लेनदेन की सुविधा देने के लिए यूपीआई 123पे का विकास किया है। इस उत्पाद को भारतीय रिजर्व बैंक के गवर्नर श्री शक्तिकांत दास ने 8 मार्च 2022 को लॉन्च किया था।

यूपीआई 123पे फीचर फोन उपयोग करने वालों के लिए एक त्वरित भुगतान प्रणाली है जिससे वे यूनिफाइड पेमेंट इंटरफेस (यूपीआई) भुगतान सेवा का सुरक्षित और संरक्षित तरीके से उपयोग कर सकते हैं। यूपीआई 123पे के माध्यम से, फीचर फोन उपयोगकर्ता अब चार तकनीकी विकल्पों के आधार पर कई लेनदेन करने में सक्षम होंगे। इनमें आईवीआर (इंटरएक्टिव वॉयस रिस्पांस) नंबर पर कॉल करना, फीचर फोन में ऐप की कार्यक्षमता, मिस्ड कॉल आधारित एप्रोच और नजदीकी ध्वनि-आधारित (एनएफसी) भुगतान भी शामिल हैं।

(i) पूर्व-निर्धारित आईवीआर नंबर के माध्यम से यूपीआई भुगतान:

इंटरनेट कनेक्शन के बिना वित्तीय लेनदेन करने में सक्षम होने के लिए ग्राहकों (उपयोगकर्ताओं) को अपने पंजीकृत फीचर फोन से एक पूर्व-निर्धारित (प्री-डिफाइंड) आईवीआर नंबर पर एक सुरक्षित कॉल करने और यूपीआई ऑन-बोर्डिंग औपचारिकताओं को पूरा करने की आवश्यकता होती है। आईवीआर कई भाषाओं के विकल्प प्रदान करता है, उपयोगकर्ता अपनी पसंदीदा भाषा में इस सेवा का लाभ उठा सकते हैं।

(ii) मिस्ड कॉल के माध्यम से भुगतान:

मिस्ड कॉल-आधारित दृष्टिकोण, फीचर फोन का उपयोग करने वालों को अपने बैंक खातों तक पहुंचने और व्यापारी के स्थान पर प्रदर्शित नंबर पर मिस्ड कॉल देकर धन हस्तांतरित करने वर प्राप्त करने, नियमित खरीदारी, बिल भुगतान आदि जैसे लेनदेन करने की अनुमति देगा। बिलिंग के समय, व्यापारी ग्राहक के मोबाइल नंबर और उसकी खरीदारी की बिल राशि के साथ एक टोकन बनाएगा। इसके बाद ग्राहक को व्यापारी द्वारा निर्धारित नंबर पर एक मिस्ड कॉल देनी होगी और तुरंत, ग्राहक को 08071800800 से एक इनकमिंग कॉल प्राप्त होगी जिसमें यूपीआई पिन दर्ज करके लेनदेन को प्रमाणित करने के लिए कहा जाएगा। इस उत्पाद में आसान आईवीआर आधारित प्रीएम्पटिव ऑन-बोर्डिंग है जो दो मिनट के भीतर पूरी हो जाती है। पहली बार उपयोग करने वाले को भाषा चुनने के लिए आईवीआर पर कॉल करना होगा और क्षेत्र का पिनकोड दर्ज करना होगा। आईवीआर यूजर का नाम पूछेगा, फिर सत्यापन के लिए पहली बार ओटीपी का इस्तेमाल किया जाएगा। ओटीपी सत्यापन के बाद, यूजर को सत्यापन के लिए डेबिट कार्ड के अंतिम छह अंक, समाप्ति तिथि और डेबिट कार्ड का पिन आदि प्रदान करना होगा। सत्यापन

के बाद, यूजर को अपनी पसंद का यूपीआई पिन सेट करने के लिए कहा जाएगा। व्यक्ति-से-व्यक्ति (पी2पी) भुगतान करने वाले यूजर को एक पूर्व निर्धारित नंबर पर कॉल करना होगा और भुगतान के लिए विकल्प चुनना होगा।

(iii) फ़ीचर फ़ोन जहां भुगतान की कार्यक्षमता ओईएम द्वारा कार्यान्वित की जाती है:

कुछ पेमेंट बैंकों ने फिनटेक कंपनियों के साथ मिलकर फीचर फोन पर यूपीआई ऐप विकसित की है। एप के इस प्रकार में, समाधान प्रदाताओं को एम्बेडेड सी भाषा (या समर्थित) में विकसित एक देशी भुगतान ऐप को सक्षम करने के लिए, फीचर फोन मोबाइल निर्माताओं (ओईएम) के साथ साझेदारी करने की आवश्यकता होगी। इस ऐप का लुक और अनुभव स्मार्ट फोन आधारित ऐप जैसा ही है, लेकिन फीचर फोन की कुछ सीमाएं हैं। ऑन-बोर्डिंग लगभग स्मार्ट फोन के समान है क्योंकि सभी विकल्प ऐप में ही उपलब्ध कराए जाते हैं।

3.7.3 भीम यूपीआई

भारत इंटरफेस फॉर मनी (भीम) एक भुगतान ऐप है जो आपको यूनिफाइड पेमेंट इंटरफेस (यूपीआई) का उपयोग करके सरल, आसान और त्वरित लेनदेन करने की सुविधा देता है। आप यूपीआई पर किसी भी व्यक्ति को उसकी यूपीआई आईडी का उपयोग करके या भीम ऐप से उसके क्यूआर को स्कैन करके सीधे बैंक भुगतान कर सकते हैं। आप ऐप के जरिए यूपीआई आईडी से पैसे का अनुरोध भी कर सकते हैं।

भारत के माननीय प्रधानमंत्री नरेंद्र मोदी की कल्पना के अनुसार नेशनल पेमेंट्स कॉरपोरेशन ऑफ इंडिया (एनपीसीआई) द्वारा विकसित और संचालित, भीम को माननीय प्रधानमंत्री ने 30 दिसंबर, 2016 को लॉन्च किया जिससे देश में वित्तीय समावेशन लाया जा सके और समाज को डिजिटल रूप से सशक्त बनाया जा सके।

भीम यूपीआई की विभिन्न विशेषताएं इस प्रकार हैं:

- **धन भेजना**: यह सुविधा उपयोगकर्ता को वर्चुअल भुगतान के पते (वीपीए) या खाता संख्या और आईएफएससी के संयोजन से या क्यूआर कोड को स्कैन करके भी पैसे भेजने में सक्षम बनाती है।
- **धन का अनुरोध करें**: यह सुविधा उपयोगकर्ता को वर्चुअल भुगतान का पता (वीपीए) दर्ज करके संग्रह का अनुरोध शुरू करने में सक्षम बनाती है। इसके अतिरिक्त, भीम ऐप के माध्यम से, कोई भी व्यक्ति मोबाइल का उपयोग करके पैसे ट्रांसफर कर सकता है यदि वह भीम या *99# के साथ पंजीकृत है। साथ ही, यह भी अनिवार्य है कि ग्राहक का मोबाइल नंबर बैंक खाते से जुड़ा हो।

- **स्कैन करें और भुगतान करें**: ग्राहक 'स्कैन और भुगतान' के माध्यम से क्यूआर कोड को स्कैन करके भुगतान कर सकते हैं और भुगतान पाने के लिए ऐप में क्यूआर कोड पैदा कर सकते हैं।
- **लेनदेन:** यह विकल्प उपयोगकर्ता को लेनदेन का इतिहास देखने की अनुमति देता है। यह लंबित यूपीआई संग्रह (कलेक्शन) अनुरोधों (यदि कोई हो) पर भी प्रकाश डालता है ताकि उपयोगकर्ता भुगतान अनुरोधों को स्वीकार या अस्वीकार कर सके। यदि कोई ग्राहक लेनदेन से संबंधित कोई शिकायत करना चाहता है तो इसके लिए एक 'समस्या रिपोर्ट करें' टैब है।
- **प्रोफ़ाइल:** प्रोफ़ाइल का विकल्प उपयोग करने वाले को, बनाए गए स्थिर क्यूआर कोड और भुगतान के पते को देखने में मदद करता है। क्यूआर कोड डाउनलोड करने योग्य है और इसे व्हाट्सएप, ईमेल आदि जैसे विभिन्न मैसेंजर एप्लिकेशन के माध्यम से दूसरों को भेजा जा सकता है।
- **बैंक खाता:** इस विकल्प का उपयोग करके, ग्राहक पिन के स्टेटस के साथ भीम ऐप से जुड़े बैंक खाते की जांच कर सकता है। ग्राहक मेनू में दिए गए 'खाता बदलें' टैब पर क्लिक करके भीम ऐप से जुड़े यूपीआई पिन, बैंक खाते को सेट/बदल सकता है। यह सुविधा उपयोगकर्ता को अपने खाते का बैलेंस चेक करने में भी मदद करती है।

3.7.4 भारत क्यूआर

डिजिटल लेनदेन के विभिन्न माध्यमों में एक और अतिरिक्त जोड़ी गई सुविधा भारत क्यूआर है जो एक क्यूआर आधारित भुगतान का समाधान है और इसका उपयोग पी2एम (व्यक्ति से व्यापारी को) डिजिटल भुगतान करने के लिए किया जा सकता है। इसका मतलब यह है कि कोई भी व्यक्ति किसी भी भारत क्यूआर सक्षम मोबाइल एप्लिकेशन का उपयोग करके व्यापारी या विक्रेता के स्थान पर मौजूद भारत क्यूआर कोड को सीधे स्कैन कर सकता है। भारत क्यूआर मोबाइल फोन से भुगतान करने का एक नया परिवर्तनकारी तरीका है और इसमें नकदी साथ रखने की कोई जरूरत नहीं होती है।

भारत क्यूआर की विशेषताएं और लाभ इस प्रकार हैं:

सुरक्षित: यह यूपीआई के माध्यम से भुगतान करने जितना ही सुरक्षित है क्योंकि कार्ड विवरण या बैंक विवरण किसी तीसरे पक्ष के सामने उजागर नहीं होते हैं।

इंटर-ऑपरेबल: यह भारत क्यूआर को सपोर्ट करने वाले किसी भी ऐप के उपयोग की अनुमति देता है और सभी प्रकार के कार्ड (वीज़ा, मास्टरकार्ड, एमेक्स या रुपे के माध्यम से) या भीम-यूपीआई का उपयोग करके भुगतान करता है।

कोई अतिरिक्त शुल्क नहीं: भारत क्यूआर का उपयोग करके भुगतान करने के लिए ग्राहक पर कोई अतिरिक्त शुल्क लागू नहीं होता है।

संक्षेप में, भारत क्यूआर भुगतान का ऐसा वैकल्पिक चैनल है जिसे किसी भी क्यूआर सक्षम मोबाइल बैंकिंग ऐप से डाउनलोड किया जा सकता है। इस कोड को दुकान पर किसी भी भुगतान ऐप का उपयोग करके स्कैन किया जा सकता है और भुगतान का तरीका चुनकर उसके अनुसार भुगतान की प्रक्रिया पूरी की जा सकती है। भुगतान सफल हो जाने पर, प्रेषक और व्यापारी दोनों को सफल लेनदेन का नोटीफिकेशन प्राप्त होगा।

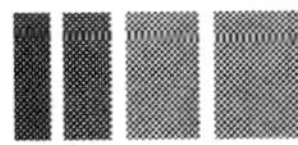

3.8 सुरक्षित जमा लॉकर

बैंक चयनित शाखाओं में जनता को सुरक्षित जमा लॉकर की सुविधा प्रदान करते हैं। इस प्रयोजन के लिए, बैंक सुरक्षित जमा लॉकर से सुसज्जित स्ट्रॉन्ग रूम, विशेष रूप से भूतल या भूमिगत पर, की व्यवस्था करते हैं। ये लॉकर अलग-अलग आकार के होते हैं और जनता को किराए पर दिए जाते हैं, जो मेट्रो, शहरी, अर्ध-शहरी और ग्रामीण केंद्रों में अलग-अलग होता है। किराया समय-समय पर संशोधित किया जाता है।

3.9 क़ीमती सामान और दस्तावेज़ों की सुरक्षित अभिरक्षा

क़ीमती सामान और महत्वपूर्ण दस्तावेज़ों की सुरक्षित अभिरक्षा शुल्क के आधार पर बैंकों द्वारा प्रदान की जाने वाली पारंपरिक सेवा रही है। ग्राहकों को बैंकों के पास रखे कीमती सामानों की सुरक्षा, संरक्षा और गोपनीयता को लेकर अपने बैंकों पर भरोसा होता है। चूँकि ये आवश्यकताएँ अन्यत्र शायद ही पूरी की जाती हैं, बैंक ग्राहकों की क़ीमती वस्तुओं का मुख्य भंडार रहे हैं। बैंकर के सामान्य ग्रहणाधिकार के विपरीत एक अनुबंध अस्तित्व में आता है और बैंकर को उपनिहिती (Bailee) की स्थिति में रखा जाता है। इस संबंध में बैंकर द्वारा आमतौर पर अपनाई जाने वाली प्रक्रिया इस प्रकार है:

(a) सुरक्षित अभिरक्षा के लिए वस्तुएं बैंकर को खुले तौर पर या सीलबंद लिफाफे या बॉक्स में सौंपी जा सकती हैं। यदि सामग्री के बारे में बैंकर को बताया जाता है, तो उसे सुरक्षित अभिरक्षा रजिस्टर में दर्ज किया जाना चाहिए। बैंकर सुरक्षित अभिरक्षा के लिए अपने पास जमा किए गए कीमती सामान की रसीद जारी करता है और काउंटरफ़ॉइल या डुप्लिकेट कॉपी पर ग्राहक के हस्ताक्षर प्राप्त किए जाते हैं।

(b) कीमती सामान की निकासी के समय, बैंक द्वारा ग्राहक को जारी की गई रसीद को विधिवत रूप से बैंक को सौंप दिया जाना चाहिए। यदि ग्राहक द्वारा रसीद खो जाती है।

उससे क्षतिपूर्ति पत्र प्राप्त करना होता है और डुप्लिकेट रसीद पर ग्राहक की अदायगी प्राप्त की जाती है।

(c) यदि ग्राहक ने सुरक्षित अभिरक्षा के लिए बैंकर को सौंपे गए बॉक्स की सामग्री की घोषणा नहीं की है, तो बैंकर को बॉक्स के रजिस्टर में बॉक्स आदि का विवरण दर्ज करना होगा।

(d) ग्राहक को कीमती वस्तुओं का बैंकर को विशेष अधिकार देना आवश्यक है और बैंकर का उन पर एकमात्र अधिकार होना चाहिए

3.10 लघु बचत योजना

नागरिकों को नियमित रूप से बचत करने के अवसर प्रदान करने के लिए केंद्र सरकार द्वारा लघु बचत साधनों को बढ़ावा दिया जाता है और प्रबंधित किया जाता है। उत्पाद डाकघरों और सार्वजनिक और निजी क्षेत्र के बैंकों की चयनित शाखाओं में आसानी से उपलब्ध कराए जाते हैं। वे आम तौर पर रिटर्न प्रदान करते हैं जो आमतौर पर बैंक की सावधि जमा से अधिक होता है और संप्रभु गारंटी और कर लाभ के साथ भी आते हैं।

कुछ लोकप्रिय लघु बचत योजनाएँ इस प्रकार हैं:

3.10.1 सार्वजनिक भविष्य निधि (पीपीएफ)

सार्वजनिक भविष्य निधि (पीपीएफ) योजना देश में उपलब्ध सबसे लोकप्रिय और सुरक्षित निवेश विकल्पों में से एक है। योजना में किया गया योगदान आईटी अधिनियम की धारा 80C के तहत कर मुक्त भी है।

पीपीएफ खाता डाकघरों और सार्वजनिक क्षेत्र और निजी क्षेत्र के बैंकों की चयनित शाखाओं में खोला जा सकता है और योजना की अवधि 15 वर्ष है। व्यक्तियों को योजना की अवधि 5 वर्ष तक बढ़ाने की अनुमति है। ब्याज दर हर साल केंद्र सरकार द्वारा घोषित की जाती है और ब्याज वार्षिक आधार पर जोड़ा जाता है। योजना में सालाना आधार पर न्यूनतम योगदान रु. 500 और अधिकतम योगदान रु. 1.5 लाख है।

3.10.2 सुकन्या समृद्धि योजना (एसएसवाई)

सुकन्या समृद्धि योजना दस वर्ष या उससे कम उम्र की बालिकाओं को लाभ पहुंचाने के लिए एक सरकारी बचत योजना है। एक माता-पिता या अभिभावक अधिकतम 2 खाते खोल सकते हैं। मूल राशि कटौती के योग्य है, और ब्याज कर-मुक्त है। खाता निवेश के 21 साल बाद या लड़की की शादी की स्थिति में परिपक्व होता है।

3.10.3 अटल पेंशन योजना

अटल पेंशन योजना (एपीवाई) एक सरकारी पेंशन योजना है और मुख्य रूप से किसी भी सामाजिक सुरक्षा योजना के तहत कवरेज न पाने वाले असंगठित श्रमिकों को वृद्धावस्था में सुरक्षा प्रदान करने पर केंद्रित है। यह योजना अंशदाताओं को नामांकन के समय उनके द्वारा चुनी गई राशि के आधार पर रुपये 1000 से रुपए 5000 के बीच एक निश्चित पेंशन प्रदान करती है। एपीवाई ग्राहक 18 वर्ष से 40 वर्ष की आयु के बीच योजना में नामांकन कर सकते हैं। योगदान का स्तर शर्तों के अनुसार अलग-अलग होता है। यदि ग्राहक योजना में जल्दी शामिल होता है तो योगदान कम होता है और देर से शामिल होने पर योगदान बढ़ सकता है। ग्राहक की आयु 60 वर्ष होने के बाद मृत्यु तक पेंशन राशि का भुगतान किया जाता है। ग्राहक की मृत्यु के बाद, पति या पत्नी पेंशन द्वारा प्रदान किए गए समान लाभों का लाभ उठाने के लिए पात्र हैं। पति-पत्नी दोनों की मृत्यु के बाद बची हुई धनराशि नामांकित व्यक्तियों को वापस कर दी जाएगी।

3.10.4. वरिष्ठ नागरिक बचत योजना (एससीएसएस)

एससीएसएस को केंद्र सरकार द्वारा 60 वर्ष और उससे अधिक उम्र के व्यक्तियों की मदद करने के उद्देश्य से शुरू किया गया था। ऐसे व्यक्ति जिनकी आयु 55 वर्ष से 60 वर्ष के बीच है और जिन्होंने स्वैच्छिक सेवानिवृत्ति योजना (वीआरएस) को चुना है, वे भी डाकघर और सार्वजनिक और निजी क्षेत्र के बैंकों की चयनित शाखाओं में एससीएसएस खाता खोल सकते हैं।

एससीएसएस की अवधि 5 वर्ष है और योजना के तहत ब्याज दर सरकार द्वारा घोषित की जाती है। योजना में न्यूनतम निवेश रु. 1,000 और अधिकतम रु. 15 लाख है। आयकर अधिनियम की धारा 80 सी के तहत, योजना में किए गए निवेश पर कर कटौती उपलब्ध है।

3.11 पेमेंट एग्रीगेटर और पेमेंट गेटवे

पेमेंट एग्रीगेटर्स (पीए) और पेमेंट गेटवे (पीजी) मध्यस्थ हैं जो ऑनलाइन क्षेत्र में भुगतान की सुविधा प्रदान करने में महत्वपूर्ण भूमिका निभाते हैं। आरबीआई दिशानिर्देशों के अनुसार, पेमेंट एग्रीगेटर ऐसी संस्थाएं हैं जो ई-कॉमर्स साइटों और व्यापारियों को अपने भुगतान दायित्वों को पूरा करने के लिए ग्राहकों से विभिन्न भुगतान उपकरण स्वीकार करने की सुविधा प्रदान करती हैं, बिना व्यापारियों को अपनी अलग भुगतान एकीकरण प्रणाली बनाने की आवश्यकता के। पेमेंट एग्रीगेटर्स (पीए) व्यापारियों को अधिग्रहणकर्ताओं से जुड़ने की सुविधा प्रदान करते हैं। इस प्रक्रिया में, वे ग्राहकों से भुगतान प्राप्त करते हैं, एक समय अवधि के बाद उन्हें एकत्रित करते हैं और व्यापारियों को हस्तांतरित करते हैं। दूसरी ओर, पेमेंट गेटवे ऐसी संस्थाएं हैं जो धन के प्रबंधन में

किसी भी भागीदारी के बिना ऑनलाइन भुगतान के लेनदेन को रूट करने और प्रसंस्करण की सुविधा प्रदान करने के लिए प्रौद्योगिकी बुनियादी ढांचा प्रदान करती हैं।

भुगतान एग्रीगेटर की सेवाओं का उपयोग करके, ग्राहक भुगतान स्वीकृति के सभी रूपों यानी क्रेडिट/डेबिट कार्ड, क्यूआर कोड, यूपीआई, आधार पे, नेट बैंकिंग, ई-वॉलेट, बैंक ट्रांसफर, एसएमएस भुगतान, साथ ही नकद और चेक एक इंटरफ़ेस के अंतर्गत प्राप्त कर सकता है। हालाँकि, पेमेंट गेटवे एक सॉफ्टवेयर सेवा है जो ई-कॉमर्स व्यवसायों को भुगतान तंत्र यानी क्रेडिट/डेबिट कार्ड, नेट-बैंकिंग, ई-वॉलेट और यूपीआई के माध्यम से अपनी वेबसाइट/ऐप पर लेनदेन संसाधित करने की अनुमति देती है।

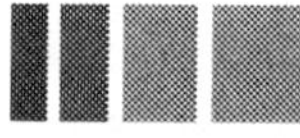

3.12 सारांश

ग्राहकों से जमा स्वीकार करना बैंकों का एक मुख्य कार्य है। सभी बैंकों के लगभग एक ही प्रकार के जमा उत्पाद होते हैं, लेकिन अलग-अलग नामों से। मूल रूप से, जमा दो प्रकार के होते हैं- एक मांग जमा (डिमांड डिपॉजिट) और दूसरा सावधि जमा (टर्म डिपॉजिट)। चालू और बचत बैंक खातों में शेष राशि मांग जमा का हिस्सा है और इसी तरह, सावधि जमा और आवर्ती/संचयी जमा मियादी जमा का हिस्सा हैं। बैंकों की सहायक सेवाओं में प्रेषण/धन हस्तांतरण, सुरक्षित जमा लॉकर, वस्तुओं की सुरक्षित अभिरक्षा और चेक और बिलों का संग्रह शामिल हैं। इलेक्ट्रॉनिक बैंकिंग ने प्रेषण प्रणाली की गति, सटीकता और विश्वसनीयता को बढ़ा दिया है। फंड ट्रांसफर के लिए मोबाइल बैंकिंग बहुत लोकप्रिय हो गई है। एटीएम के जरिए भी फंड ट्रांसफर किया जा सकता है। नागरिकों को नियमित रूप से बचत करने के अवसर प्रदान करने के लिए पीपीएफ, एससीएसएस, सुकन्या समृद्धि, एपीवाई जैसे लघु बचत साधन केंद्र सरकार द्वारा प्रबंधित किए जाते हैं।

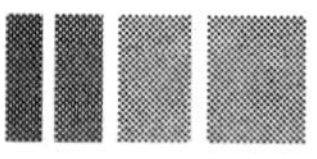

3.13 अपनी प्रगति जाँचें

1. बचत खातों में .... के संबंध में कुछ प्रतिबंध हैं
   (a) प्रति तिमाही निकासी की संख्या
   (b) एटीएम में प्रति लेनदेन निकासी की राशि
   (c) प्रति तिमाही खाते में जमा की संख्या
   (d) उपरोक्त (a) और (b) दोनों

2. आमतौर पर बैंक .... में ओवरड्राफ्ट की अनुमति देते हैं
   - (a) बचत खाता
   - (b) सावधि जमा खाते
   - (c) चालू खाते
   - (d) आवर्ती जमा खाते
3. बैंक की सावधि जमा की विशेषता है..................
   - (a) जमा के समय ग्राहक के साथ सहमति के अनुसार ब्याज दर
   - (b) जमा की निश्चित अवधि
   - (c) ब्याज का आवधिक भुगतान
   - (d) उपरोक्त सभी
4. सावधि जमा को निम्न में से क्या नहीं किया जा सकता है?
   - (a) परिपक्वता तिथि पर आगे की अवधि के लिए नवीनीकृत करना
   - (b) तीसरे पक्ष को अंतरित करना
   - (c) परिपक्वता तिथि से पहले पूर्व-भुगतान करना
   - (d) जमानत के रूप में बैंक के पास गिरवी नहीं रखना
5. आवर्ती जमा खाते की दृष्टि से ग्राहक के लिए आवश्यक है..................
   - (a) एक निश्चित अवधि के लिए निर्दिष्ट अंतराल पर कोई भी राशि जमा करना
   - (b) एक निश्चित अवधि के लिए इच्छानुसार एक निश्चित राशि जमा करना
   - (c) किसी भी अवधि के लिए निर्दिष्ट अंतराल पर एक निश्चित राशि जमा करना
   - (d) एक निश्चित अवधि के लिए निर्दिष्ट अंतराल पर एक निश्चित राशि जमा करना
6. बचत बैंक पर ब्याज का भुगतान किया जा सकता है:
   - (a) बैंक की अपनी अनुमोदित नीति के अनुसार किसी भी अंतराल पर
   - (b) केवल अर्धवार्षिक अंतराल पर
   - (c) केवल वार्षिक अंतराल पर
   - (d) केवल त्रैमासिक अंतराल पर

7. मांग जमा (डिमांड डिपॉजिट) वे हैं जिन्हें निकाला जा सकता है:
   (a) अनुरोध पर
   (b) प्रबंधक की मंजूरी पर
   (c) मांग करने पर
   (d) अनुनय पर
8. चालू खाता जमा __________ के हकदार नहीं हैं
   (a) 100 पन्नों से अधिक की चेक बुक
   (b) मासिक विवरण
   (c) नकद भुगतान
   (d) ब्याज
9. बचत खाता जमा में, खाते की __________ शेष राशि पर ब्याज का भुगतान किया जाता है:
   (a) अधिकतम
   (b) औसत
   (c) दैनिक
   (d) माह के अंत में अंतिम शेष

3.14 अपनी प्रगति जाँचें का उत्तर

1.	(d)	2.	(c)	3.	(d)	4.	(b)	5.	(d)	6.	(a)	7.	(c)
8.	(d)	9.	(c)										

अध्याय

4 खाता खोलना एवं खातों का परिचालन

4

4.1 उद्देश्य

4.2 परिचय

4.3 खाता खोलने की प्रक्रिया

4.4 जमाकर्ताओं की फ़ोटो

4.5 नमूना हस्ताक्षर (Specimen Signature)

4.6 मुख्तारनामा (Power of Attorney)

4.7 नामांकन

4.8 धन-शोधन निवारण (Prevention of money laundering)

4.9 खातों के परिचालन के संबंध में आरबीआई (RBI) के दिशा-निर्देश

4.10 ब्याज दरों से जुड़ी कुछ महत्वपूर्ण बातें

4.11 मार्जिनल कॉस्ट ऑफ फंड बेस्ड लेंडिंग रेट

4.12 सारांश

4.13 प्रमुख शब्द

4.14 अपनी प्रगति जाँचें

4.15 अपनी प्रगति जाँचे का उत्तर

अध्याय

4 खाता खोलना एवं खातों का परिचालन

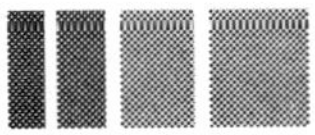

4.1 उद्देश्य

इस अध्याय को पढ़ने के बाद पाठक निम्न बातें समझ सकेंगे -:

- खाता खोलने की प्रक्रिया
- खातों का परिचालन
- धन-शोधन (मनी लॉन्ड्रिंग) रोकने संबंधी दिशा-निर्देश
- "ब्याज" से जुड़ीं महत्वपूर्ण बातें

4.2 परिचय

जो भी व्यक्ति बैंक में खाता खोलना चाहता है, उसे अपनी पहचान और आवास/कार्यालय का पता प्रमाणित करने के लिए कुछ कागज़ात जमा करने होते हैं। सामान्य शब्दों में कहें, तो बैंकिंग भाषा में इस प्रक्रिया को "अपने ग्राहक को जानें" [Know Your Customer (KYC)] कहा जाता है। आरबीआई (RBI) ने तमाम तरह के ग्राहकों के लिए "आधिकारिक रूप से वैध दस्तावेज़" [Officially Valid Document (OVD)] का निर्धारण किया है। इन दिशा-निर्देशों का उद्देश्य धन-शोधन (Money Laundering) पर रोक लगाना है, जो कि एक अवांछनीय प्रक्रिया है और जिसमें अवैध तरीकों (ब्लड डायमंड, आतंकवाद, नशीले पदार्थों की तस्करी, अवैध हथियारों का व्यापार, भ्रष्टाचार, जबरन वसूली, इत्यादि) से अर्जित धन के स्रोत को छिपाया जाता है। धन-शोधन (मनी लॉन्ड्रिंग) का उद्देश्य अवैध तरीकों से अर्जित धन को विभिन्न देशों की बैंकिंग प्रणाली के जरिए विभिन्न संस्थाओं में अंतरित करना है, ताकि उस धन कावैध गतिविधियों में निवेश किया

जा सके। बैंकिंग प्रणाली के जरिए इसे रूट करने से, यह क्लीन/सफेद हो जाता है (यानी शोधन हो जाता है)। अवैध धन अर्जित करने और उसे कानूनी चैनलों में डालने का मामला नया नहीं है, पर यह ज्यादातर उन अर्थव्यवस्थाओं तक ही सीमित था जहां ऐसा धन अर्जित किया जाता था। हालांकि, हाल ही में आतंकवादियों को आतंकी गतिविधियों के लिए धन उपलब्ध कराने के लिए इस चैनल का उपयोग करने के कारण यह मानवता के लिए एक गंभीर खतरा बन गया है। बैंकिंग लेन-देन में उन्नत सूचना प्रौद्योगिकी (IT) के उपयोग से, जहां आमने-सामने का संपर्क गायब हो चुका है, वहाँ धन-शोधन (मनी लॉन्ड्रिंग) की पहचान करना काफी कठिन हो गया है। इस तरह, धन-शोधन (मनी लॉन्ड्रिंग) की गतिविधि न केवल दुनिया की अर्थव्यवस्थाओं के लिए, बल्कि मानवता की सुरक्षा व शांति के लिए भी एक खतरा बन गई है।

4.3 खाता खोलने की प्रक्रिया

4.3.1 खाता खोलने का फ़ॉर्म और अन्य निर्धारित दस्तावेज़ जमा करना

जो व्यक्ति बैंक में खाता खोलना चाहता है, उसे खाता खोलने का निर्धारित फ़ॉर्म कागजी रूप में (physically) या ऑनलाइन भरकर बैंक में जमा करके बैंक के साथ अनुबंध करना होता है। वहीं बैंकों को "अपने ग्राहक को जानें " (KYC) नीति और आरबीआई के दिशा-निर्देशों के अनुसार नए ग्राहक से उसकी पहचान तथा निवास के प्रमाण के रूप में उसकी नवीनतम फ़ोटो समेत कुछ दतसावेज प्राप्त करने होते हैं। खाता खोलने का फ़ॉर्म नए ग्राहक का एक प्रस्ताव होता है, जिसे कुछ शर्तों को पूरा करने पर ही बैंक स्वीकार करेगा।

4.3.2 'अपने ग्राहक को जानें' (KYC) संबंधी आरबीआई के दिशा-निर्देश

केवाईसी (KYC) में निर्दिष्ट दस्तावेजी साक्ष्यों द्वारा ग्राहकों की पहचान तथा उनके आवासीय पता का निर्धारण होता है। केवाईसी (KYC) प्रक्रिया का एक मुख्य उद्देश्य धन-शोधन और आतंकी गतिविधियों के लिए धन उपलब्ध कराने वाली बैंकिंग प्रणाली के संभावित दुरुपयोग पर अंकुश लगाना है। आरबीआई ने तय किया है कि बैंकों को 'केवाईसी' ('KYC') दिशा-निर्देशों का सख्ती से पालन करना चाहिए और निर्धारित मानदंडों (निर्दिष्ट धनराशि से ऊपर) के आधार पर नकद लेनदेन पर निगरानी रखनी चाहिए। आरबीआई द्वारा जारी 'केवाईसी' ('KYC') दिशा-निर्देश बैंकों की मौजूदा ग्राहक पहचान पद्धति को मजबूत बनाते हैं । बैंकों को अपने उन सभी ग्राहकों से जुड़े केवाईसी (KYC) दिशा-निर्देशों का अनिवार्य रूप से पालन करना होगा, जो उन बैंकों के पास घरेलू या अनिवासी रुपया या विदेशी मुद्रा खाते रखते हैं। इससे बैंकिंग प्रणाली में अवैध और/या अवांछित स्रोतों से आने वाले धन को रोका जा सकेगा। व्यक्तियों, उनके समूह, कंपनियों, फर्मों,

धार्मिक ट्रस्ट और गैर-धार्मिक ट्रस्ट आदि द्वारा खोले गए खातों को केवाईसी (KYC) प्रक्रिया के अधीन लाना चाहिए।

प्राप्त किए जाने वालेदस्तावेज़:

(A) व्यक्तियों के खाते:

आरबीआई के दिशा-निर्देशों के अनुसार, "आधिकारिक रूप से वैध दस्तावेज़" (ओवीडी) में निम्न शामिल हैं: (i) पासपोर्ट, (ii) ड्राइविंग लाइसेंस, (iii) भारत के चुनाव आयोग द्वारा जारी मतदाता पहचान पत्र, (iv) नरेगा द्वारा जारी जॉब कार्ड जो राज्य सरकार के किसी अधिकारी द्वारा विधिवत रूप से हस्ताक्षरित हो, (v) भारतीय विशिष्ट पहचान प्राधिकरण द्वारा जारी पत्र जिसमें नाम, पता और आधार संख्या का विवरण हो और राष्ट्रीय जनसंख्या रजिस्टर द्वारा जारी पत्र जिसमें नाम और पते का विवरण हो। ग्राहक अपनी सुविधा के अनुसार पहचान और पते के प्रमाण हेतु छह ओवीडी में से कोई एक जमा कर सकते हैं।

ऐसी स्थिति में, जहां ग्राहक द्वारा प्रस्तुत ओवीडी (OVD) में पता अद्यतित न हो, वहां नीचे बताए दस्तावेजों या उसके समकक्ष ई-दस्तावेज़ को पते के प्रमाण के सीमित उद्देश्य के लिए ओवीडी (OVD) माना जाएगा:

- किसी भी सेवा प्रदाता (बिजली, टेलीफ़ोन, पोस्ट-पेड मोबाइल फ़ोन, पाइप्ड गैस, पानी बिल) का उपयोगिता बिल (Utility Bill), जो 2 महीने से अधिक पुराना न हो
- संपत्ति या नगरपालिका टैक्स रसीद
- सरकारी विभागों या सार्वजनिक क्षेत्र के उपक्रमों द्वारा सेवानिवृत्त कर्मचारियों को जारी किए गए पेंशन या पारिवारिक पेंशन भुगतान आदेश (पीपीओ), बशर्ते कि उनमें पता मौजूद हो
- राज्य सरकार या केंद्र सरकार के विभागों, वैधानिक या नियामक निकायों, सार्वजनिक क्षेत्र के उपक्रमों, अनुसूचित वाणिज्यिक बैंकों, वित्तीय संस्थानों तथा सूचीबद्ध कंपनियों द्वारा जारी नियोक्ता आवास आवंटन का पत्र और आधिकारिक आवास आवंटित करने वाले ऐसे नियोक्ताओं के साथ अवकाश और लाइसेंस अनुबंध।

  ऐसी स्थितियों में, जहां खाता ऊपर बताए अनुसार सीमित केवाईसी के साथ खोला गया हो, ग्राहक को ऊपर बताए दस्तावेज जमा करने के तीन महीने के भीतर अपने वर्तमान पते के साथ ओवीडी जमा करना होगा।
- भारतीय विशिष्ट पहचान प्राधिकरण (UIDAI) की ई-केवाईसी (e-KYC) सेवा को पीएमएल नियमों के तहत केवाईसी (KYC) सत्यापन के लिए एक मान्य प्रक्रिया के रूप में स्वीकार

किया जाएगा, क्योंकि जनसांख्यिकीय विवरण और फ़ोटोग्राफ़ वाली सूचना यूआईडीएआई (UIDAI) की ओर से उपलब्ध कराई जाएगी। इस कारण, ई-केवाईसी (e-KYC) प्रक्रिया को 'आधिकारिक रूप से वैध दस्तावेज़' के रूप में माना जाता है, और यूआईडीएआई (UIDAI) से बैंक को इलेक्ट्रॉनिक रूप से केवाईसी (KYC) डेटा काअंतरण, केवाईसी (KYC) के सत्यापन हेतु वैध प्रक्रिया के रूप में स्वीकार किया जाता है।

- एक नवीनतम फ़ोटोग्राफ़; और
- विनियमित निकाय (RE) की केवाईसी (KYC) नीति में वर्णित व्यवसाय की प्रकृति या वित्तीय स्थिति से संबंधित अन्य दस्तावेज़ भी मांगे जाएंगे।
- आरबीआई (RBI) ने वीडियो आधारित ग्राहक पहचान प्रक्रिया (V-CIP) को लेकर भी दिशा-निर्देश जारी किए हैं, जो चेहरे की पहचान के साथ और बैंक या वित्तीय संस्थान के किसी अधिकृत अधिकारी द्वारा ग्राहक की सम्यक जाँच-पड़ताल (customer due diligence) के साथ उसकी पहचान की एक वैकल्पिक विधि है जिसमें सीडीडी (CDD) उद्देश्य हेतु आवश्यक पहचान संबंधी जानकारी प्राप्त करने के लिए ग्राहक के साथ सुगम, सुरक्षित, लाइव, सूचित सहमति आधारित ऑडियो-वीडियो बातचीत (इंटरैक्शन) की जाती है या स्वतंत्र पुष्टिकरण के जरिए तथा प्रक्रिया के ऑडिट ट्रेल (Audit Trail) को बनाए रखकर ग्राहक द्वारा दी गई सूचना की सत्यता की जांच की जाती है। निर्धारित मानकों व प्रक्रियाओं का अनुपालन करने वाली ऐसी प्रक्रियाओं को आरबीआई (RBI) के मास्टर निर्देशों के अनुसार आमने-सामने के सीआईपी (CIP) के समतुल्य माना जाएगा।

लघु खाते

भारतीय रिज़र्व बैंक (RBI) ने यह स्पष्ट किया है कि वे व्यक्ति जिनके पास कोई भी 'आधिकारिक रूप से वैध दस्तावेज़' न हो, वे बैंकों में लघु खाते खोल सकते हैं। बैंक के अधिकारियों की मौजूदगी में, स्वयं सत्यापित फ़ोटो और अपने हस्ताक्षर या अंगूठे के निशान के आधार पर "लघु खाता" खोला जा सकता है। ऐसे खातों में कुल क्रेडिट की सीमाएँ (एक वर्ष में एक लाख रुपए से अधिक नहीं), निकासी (एक महीने में दस हजार रुपए से अधिक नहीं) और खातों में बैलेंस (किसी भी समय पचास हजार रुपए से अधिक नहीं) होती हैं। ये लघु खाते प्रायः बारह महीने की अवधि के लिए मान्य होंगे। इसके बाद, ऐसे खातों को अगले बारह महीनों की अवधि के लिए जारी रखने की अनुमति दी जा सकती है, बशर्ते कि खाताधारक कोई ऐसा दस्तावेज़ प्रस्तुत करे कि उसने लघु खाता खोलने के 12 महीनों के भीतर आधिकारिक रूप से वैध दस्तावेज़ के लिए आवेदन कर दिया है। लघु खातों की संचालन अवधि केंद्र सरकार द्वारा जारी अधिसूचना के अनुरूप होगी।

(B) कंपनियों के खाते:

इसके लिए निम्नांकित विवरण प्राप्त किए जाने चाहिए:

(*i*) कंपनी का नाम

(*ii*) व्यवसाय का मुख्य स्थान

(*iii*) कंपनी का डाक पता

(*iv*) टेलीफ़ोन/फैक्स नंबर

(*v*) व्यवसाय का प्रकार

(*vi*) संपर्क विवरण (संपर्क नंबर/मेल आईडी)

(*vii*) हस्ताक्षरकर्ता के विवरण

प्राप्त किए जाने वाले दस्तावेज़:

(*i*) निगमन का प्रमाण पत्र और संस्था के बहिर्नियम एवं अंतर्नियम (*ii*) खाता खोलने के लिए निदेशक मंडल का संकल्प और उन लोगों की पहचान (KYC) जिनके पास खाता के संचालन का अधिकार हो (*iii*) उसके प्रबंधकों, अधिकारियों या कर्मचारियों को उसकी ओर से व्यवसाय करने के लिए दिया गया मुख्तारनामा (Power of Attorney) (*iv*) कंपनी का स्थायी लेखा संख्या (*v*) कंपनी के पते का प्रमाण (*vi*) कंपनी की ओर से लेनदेन करने के लिए अधिकृत हितकारी स्वामी, प्रबंधकों, अधिकारियों या कर्मचारियों, जैसा भी मामला हो, से संबंधित केवाईसी उद्देश्य के लिए आरबीआई द्वारा निर्दिष्ट दस्तावेज ।

(C) भागीदार फ़र्मों के खाते:

(*i*) कानूनी नाम

(*ii*) पता

(*iii*) सभी भागीदारों के नाम और उनके पते

(*iv*) फ़र्म और भागीदारों के टेलीफ़ोन नंबर

(*v*) व्यवसाय का प्रकार

(*vi*) संचालन की विधि

प्राप्त किए जाने वालेदस्तावेज़ :

(*i*) निबंधन प्रमाण पत्र(यदि लागू हो) (*ii*) भागीदारी विलेख (Partnership Deed) (*iii*) फर्म के किसी साझेदार या कर्मचारी को फ़र्म की ओर से व्यापार करने के लिए प्रदत्त मुख्तारनामा (Power of Attorney) (यदि लागू हो) (*iv*) साझेदारों और मुख्तारनामा रखने वाले व्यक्तियों और उनके पते

की पहचान करने वाला कोई आधिकारिक रूप से वैध दस्तावेज (*v*) पता संबंधी प्रमाण (*vi*)फर्म की ओर से लेनदेन करने के लिए अधिकृत हितकारी स्वामी, प्रबंधकों, अधिकारियों या कर्मचारियों, जैसा भी मामला हो, से संबंधित केवाईसी उद्देश्य के लिए आरबीआई द्वारा निर्दिष्ट दस्तावेज।

(D) ट्रस्टों और फाउंडेशनों के खाते:

(*i*) ट्रस्टियों, सेटलर्स (settlers), लाभार्थियों और हस्ताक्षरकर्ताओं के नाम

(*ii*) संस्थापक, प्रबंधकों/निदेशकों और लाभार्थियों के नाम व उनके पते

(*iii*) टेलीफ़ोन नंबर/मेल आईडी

प्राप्त किए जाने वाले कागज़ात:

(*i*) निबंधन प्रमाणपत्र के साथ ट्रस्ट विलेख की प्रति (*ii*) उसकी ओर से व्यापार करने के लिए दिया गया मुख्तारनामा (Power of Attorney) (*iii*) ट्रस्टियों, सेटलर्स (settlers), लाभार्थियों और मुख्तारनामा रखने वालों, संस्थापकों/प्रबंधकों/निदेशकों और उनके पते की पहचान करने के लिए कोई भी आधिकारिक वैध दस्तावेज (*iv*) फाउंडेशन/एसोसिएशन के प्रबंध निकाय का संकल्प (*v*) ट्रस्ट का पता प्रमाण (*vi*) ट्रस्ट का स्थायी लेखा संख्या या फ़ॉर्म नंबर 60 (*vii*) केवाईसी (KYC) उद्देश्य के लिए आरबीआई (RBI) द्वारा निर्दिष्ट किया गया दस्तावेज़, जो लाभार्थी मालिक, प्रबंधकों, अधिकारियों या कर्मचारियों से संबंधित हो, जैसा भी मामला हो, जो फर्म की ओर से लेनदेन करने के लिए अधिकृत हो।

(E) स्वामित्व वाले प्रतिष्ठानों (Proprietorship Concerns) के खाते:

प्रतिष्ठान का नाम, पता तथा गतिविधि के प्रमाण के लिए:

निम्नांकित में से कोई भी दो दस्तावेज़ या इकाई के प्रमाण पर्याप्त होंगे। ये दस्तावेज़ स्वामित्व प्रतिष्ठान (proprietary concern) के नाम पर होने चाहिए। कुछ मामलों में बैंकों को एकमात्र स्वामित्व वाले प्रतिष्ठानों (sole proprietary firms) के खाते खोलते समय दो दस्तावेजों में से केवल एक को गतिविधि प्रमाण के रूप में स्वीकार करने का विवेकाधिकार है, जहां बैंक संतुष्ट हो कि गतिविधि प्रमाण के रूप में निर्धारित दस्तावेजों में से कोई भी दो दस्तावेज प्रस्तुत करना संभव नहीं है। हालांकि, ऐसे मामलों में, बैंकों को संपर्क स्थान का सत्यापन करना होगा, ऐसी जानकारी एकत्र करनी होगी जो ऐसे प्रतिष्ठान की मौजूदगी को स्थापित करने के लिए जरूरी होगी, साथ ही खुद को यह पुष्टि, स्पष्टीकरण और संतुष्ट करना होगा कि व्यावसायिक गतिविधि को स्वामित्व प्रतिष्ठान (proprietary concern) के पते से सत्यापित क़िया गया है।

आधिकारिक रूप से वैध दस्तावेज़ (OVD):

- निबंधन प्रमाणपत्र

- दुकान और प्रतिष्ठानअधिनियम के तहत नगरपालिका अधिकारियों द्वारा जारी प्रमाणपत्र /लाइसेंस, या नगरपालिका अधिकारियों द्वारा जारी ट्रेड लाइसेंस
- बिक्री व आयकर रिटर्न
- जीएसटी (GST) प्रमाणपत्र
- बिक्री कर /सेवा कर/ व्यावसायिक कर अधिकारियों द्वारा जारी प्रमाणपत्र/निबंधन दस्तावेज़।
- निबंधनकर्ता प्राधिकारी द्वारा जारी लाइसेंस जैसे कि इंस्टीट्यूट ऑफ़ चार्टर्ड अकाउंटेंट्स ऑफ़ इंडिया, इंस्टीट्यूट ऑफ़ कॉस्ट अकाउंटेंट्स ऑफ़ इंडिया, इंस्टीट्यूट ऑफ़ कंपनी सेक्रेटरीज ऑफ़ इंडिया, इंडियन मेडिकल काउंसिल, फूड एंड ड्रग कंट्रोल अथॉरिटीज द्वारा दिया गया प्रैक्टिस सर्टिफिकेट, केंद्र सरकार या राज्य सरकार प्राधिकरण/विभाग आदि द्वारा स्वामित्व संस्था के नाम पर जारी निबंधन /लाइसेंसिंग दस्तावेज़ इत्यादि। बैंक खाता खोलने के लिए पहचान दस्तावेज़ के रूप में बैंक डीजीएफटी (DGFT) के कार्यालय द्वारा स्वामित्व संस्था (proprietary concern) को जारी आईईसी (IEC) (इंपोर्टर एक्सपोर्टर कोड) को भी स्वीकार कर सकते हैं।
- स्वामित्व संस्था (proprietary concern) के नाम पर यूटिलिटी बिल जैसे बिजली, पानी और लैंडलाइन टेलीफ़ोन बिल।

निबंधनकर्ता प्राधिकारियों की सूची केवल उदाहरणात्मक हैं और इसलिए इसमें किसी क़ानून के तहत निगमित किसी पेशेवर निकाय द्वारा स्वामित्व संस्था (proprietary concern) के नाम पर जारी लाइसेंस/प्रैक्टिस सर्टिफ़िकेट शामिल है, जो स्वामित्व संस्था (proprietary concern) की गतिविधि को सिद्ध करने वाले दस्तावेज़ों में से एक है।

4.3.3 इलेक्ट्रॉनिक अपने ग्राहक को जानें (e-KYC)

वर्ष 2013 में, आरबीआई (RBI) ने धन-शोधन निवारण (अभिलेखों का रखरखाव) नियम, 2005 [Prevention of Money Laundering (Maintenance of Records) Rules, 2005] के तहत केवाईसी (KYC) सत्यापन के लिए वैध प्रक्रिया के रूप में ई-केवाईसी (e-KYC) की अनुमति दी। पहचान की धोखाधड़ी, दस्तावेज़ की जालसाजी के जोखिम को कम करने और कागज रहित केवाईसी (KYC) के सत्यापन के लिए, यूआईडीएआई ने अपनी ई-केवाईसी (e-KYC) सेवाएं शुरू की हैं। ई-केवाईसी (e-KYC) प्रक्रिया के तहत, ग्राहक की स्पष्ट सहमति से और यूआईडीएआई (UIDAI) के डेटा बेस से उसके बायो-मीट्रिक सत्यापन (biometric authentication) के पश्चात, नाम, उम्र, लिंग और फोटोग्राफ वाले व्यक्तिगत बुनियादी डेटा को बैंकों जैसे अधिकृत उपयोगकर्ताओं के साथ इलेक्ट्रॉनिक रूप से साझा किया जा सकता है, जो केवाईसी (KYC) की

एक मान्य प्रक्रिया है। उपरोक्त प्रक्रिया कागज-रहित है और इससे आधार संख्या वाले ग्राहकों के लिए खाता खोलना बहुत सरल हो गया है। लगभग सभी बैंकों ने या तो इस प्रक्रिया को अपना लिया है या इस प्रणाली को लागू करने के उन्नत चरण में हैं। भविष्य में खाता खोलने के लिए ई-केवाईसी (e-KYC) प्रक्रिया का बड़े पैमाने पर इस्तेमाल किया जाएगा।

बैंकों को कम से कम छह महीने के लिए नए खातों में होने वाले लेनदेन की निगरानी करने और किसी भी संदिग्ध लेनदेन की सूचना भारत सरकार को देनी होगी। यहां तक कि दूसरे खातों की स्थितियों में भी, बैंकों के लिए लेनदेन की निगरानी करना अनिवार्य होगा। यदि किसी खाते के धन-शोधन गतिविधि के लिए इस्तेमाल किए जाने को लेकर कोई संदेह हो, तो ग्राहक को आगाह किए बगैर उचित चैनल के माध्यम से भारत सरकार को इसकी सूचना दी जानी चाहिए। किसी भी स्थिति में, 10 लाख रुपए से अधिक के नकद लेनदेन की सूचना आरबीआई (एफआईयू-आईएनडी) [RBI (FIU–IND) को पाक्षिक आधार पर देनी होती है।

4.3.4 डिजिटल लॉकर (Digital Locker)

डिजिटल लॉकर ((Digi-Locker) डिजिटल इंडिया कॉरपोरेशन (DIC) के अंतर्गत इलेक्ट्रॉनिक्स और सूचना प्रौद्योगिकी मंत्रालय (MeitY) की एक पहल है। यह प्रामाणिक वर्चुअल दस्तावेज़ों तक पहुंच प्रदान करता है। यह एक डिजिटल दस्तावेज़ वॉलेट है, जहां व्यक्ति अपने दस्तावेज़ जैसे ड्राइविंग लाइसेंस, पैन कार्ड, वोटर आईडी, पॉलिसी दस्तावेज़ इत्यादि रख सकता है। जब वह डिजिलॉकर खाते के लिए साइन अप करता है, तो वह दस्तावेज़ अपलोड कर सकता है और इन्हें सुरक्षित रख सकता है। उसे एक ख़ास क्लाउड स्टोरेज स्पेस (cloud storage space) मिलता है, जो उसके आधार संख्या से जुड़ा होता है। डिजिटल लॉकर वास्तविक दस्तावेज़ों (physical documents) के उपयोग को समाप्त करने में मदद करता है और दस्तावेज़ों की "प्रामाणिकता (authenticity)" को ऑनलाइन सत्यापित करने हेतु एक प्रणाली के माध्यम से सरकारी एजेंसियों के बीच ई-दस्तावेज़ (e-documents) को साझा करने में सक्षम बनाता है।

ऑनलाइन डिजी-लॉकर खोलने के लिए नीचे चार आसान चरण दिए जा रहे हैं:

चरण 1: डिजी-लॉकर की वेबसाइट पर जाएं। डिजिलॉकर को आप digilocker.gov.in पर एक्सेस कर सकते हैं। आप एप्लिकेशन को अपने मोबाइल फ़ोन पर प्ले/ऐप स्टोर से भी डाउनलोड कर सकते हैं। इसके बाद, आप डिजी-लॉकर वेबसाइट पर जाकर डिजिटल लॉकर खाता बनाने के लिए आधार संख्या का इस्तेमाल कर सकते हैं। इस बात का ध्यान रखें कि आपका वर्तमान फ़ोन नंबर आधार संख्या के साथ पंजीकृत हो।

चरण 2: 'साइन अप' पर क्लिक करें। अपना पूरा नाम, जन्म तिथि, मोबाइल नंबर (आधार के साथपंजीकृत) दर्ज करें। एक सुरक्षा पिन बनाएं और ईमेल आईडी दर्ज करें।

चरण 3: अपनी आधार संख्या दर्ज करें। जब आप अपना 12-अंकों वाली अद्वितीय आधार संख्या दर्ज करते हैं तो आपको दो विकल्प मिलेंगे - वन टाइम पासवर्ड (OTP) या फिंगरप्रिंट - आप आगे बढ़ने के लिए इनमें से किसी भी विकल्प का इस्तेमाल कर सकते हैं।

4.3.5 केवाईसी (KYC) का समय-समय पर अपडेशन

(a) बैंकों को हर ग्राहक के साथ व्यावसायिक संबंध स्थापित करते समय निरंतर आधार पर सम्यक जाँच-पड़ताल करनी चाहिए और लेनदेन की बारीकी से जांच करनी चाहिए ताकि यह तय हो सके कि वेअपने ग्राहक, उसके व्यवसाय और जोखिम प्रोफ़ाइल और, जहां भी आवश्यक हो, धन के स्रोत के बारे में अवगत रहें। जोखिम अवधारणा के मापदंडों को व्यावसायिक गतिविधि की प्रकृति, ग्राहक और उसके क्लाइंट के स्थान, भुगतान के तरीके, टर्नओवर की मात्रा, सामाजिक व वित्तीय स्थिति इत्यादि के संबंध में स्पष्ट रूप से परिभाषित किया जाता है, ताकि ग्राहकों को निम्न, मध्यम और उच्च जोखिम में वर्गीकृत किया जा सके।

(b) उच्च जोखिम वाले व्यक्तियों और संस्थाओं के लिए पूर्ण केवाईसी (KYC) प्रक्रिया को कम से कम हर दो साल में संपन्न किया जाना चाहिए।

(c) पूर्ण केवाईसी (KYC) प्रक्रिया को न्यून जोखिम वाले ग्राहकों के मामले में कम से कम हर दस साल में और मध्यम जोखिम वाले व्यक्तियों और संस्थाओं के लिए खाता खोलने/अंतिम केवाईसी (KYC) अपडेट के बाद से कम से कम हर आठ साल में संपन्न किया जाना चाहिए।

(d) पुष्टिकरण (ई-मेल/पत्र/टेलीफ़ोनिक बातचीत/फ़ॉर्म/इंटरव्यू/विजिट इत्यादि के जरिए केवाईसी से संबंधित अपडेट हासिल करना), मध्यम जोखिम के लिए कम से कम हर दो साल में पूरा किया जाना चाहिए और न्यून जोखिम वाले व्यक्तियों और संस्थाओं के लिए कम से कम हर दस साल में पूरा किया जाना चाहिए।

(e) नाबालिग ग्राहकों के बालिग होने पर उनसे नई फ़ोटो और पूर्ण केवाईसी (KYC) हासिल की जानी चाहिए।

ग्राहकों की पहचान और पते के संबंध में स्थिति में कोई बदलाव न होने की सूरत में 'निम्न जोखिम' के रूप में वर्गीकृत ग्राहकों से आवधिक अपडेशन के समय बैंकों को पहचान और पते के नए प्रमाण हासिल करने की जरूरत नहीं होती है। ऐसे मामलों में ग्राहकों द्वारा इस आशय का स्व-प्रमाणन (self-certification) ही पर्याप्त होता है। ऐसे 'निम्न जोखिम' वाले ग्राहकों के पते में बदलाव की स्थिति में, वे केवल दस्तावेजों की प्रमाणित प्रति (पते का प्रमाण) मेल/डाक आदि

के जरिए भेज सकते हैं। आवधिक अपडेशन के वक्त बैंकों को ऐसे कम जोखिम वाले ग्राहकों की वास्तविक मौजूदगी पर जोर नहीं देना चाहिए।

4.4 जमाकर्ताओं की फ़ोटो

बैंकों को नीचे बताए स्पष्टीकरण के अधीन जमाकर्ताओं/खाताधारकों द्वारा खोले गए खातों के संबंध में सभी जमाकर्ताओं/खाताधारकों की फ़ोटो लेनी चाहिए और उन्हें रिकॉर्ड में रखना चाहिए:

(*i*) ये निर्देश सावधि, आवर्ती, संचयी आदि समेत सभी प्रकार के जमाओं पर लागू होते हैं।

(*ii*) चाहे निवासी हों या अनिवासी, वे जमाकर्ताओं की सभी वर्गों पर लागू होते हैं।

(*iii*) बैंकों को बगैर किसी अपवाद के बचत बैंक और चालू खातों आदि को संचालित करने के लिए अधिकृत सभी व्यक्तियों की फ़ोटो लेनी चाहिए।

(*iv*) बैंकों को 'पर्दानशीं' औरतों की भी फ़ोटो लेनी चाहिए।

(*v*) बैंक फ़ोटो की दो कॉपी हासिल कर सकते हैं और फ़ोटो की जगह पर फ़ोटो वाले ड्राइविंग लाइसेंस/पासपोर्ट की फ़ोटोकॉपी लेना पर्याप्त नहीं होगा।

(*vi*) आमतौर पर बैंकों को 'सेल्फ़' या 'बियरर' चेक के मामले में नकद निकासी के लिए खाताधारक की उपस्थिति पर जोर नहीं देना चाहिए, बशर्ते कि उसके लिए उचित परिस्थितियां हों। बैंकों को सामान्य सावधानी बरतते हुए 'सेल्फ़' या 'बियरर' चेक का भुगतान करना चाहिए।

(*vii*) फ़ोटोग्राफ़ नमूना (specimen) हस्ताक्षर का विकल्प नहीं हो सकतीं।

(*viii*) फ़ोटोग्राफ़ का केवल एक सेट हासिल करने की जरूरत होती है और जमा की हरेक श्रेणी के लिए अलग-अलग फ़ोटो नहीं मांगी जानी चाहिए। विभिन्न प्रकार के जमा खातों के आवेदनों का सही तरह से संदर्भ दिया जाना चाहिए।

(*ix*) जब खाताधारक कोई अतिरिक्त खाता खोलना चाहता है तो नई फ़ोटो लेने की जरूरत नहीं होती है।

(*x*) संचालनशील खातों के मामले में, यानी बचत और चालू खाते की स्थिति में, उन्हें संचालित करने वाले अधिकृत व्यक्तियों की फ़ोटो हासिल की जानी चाहिए। अन्य जमाओं, अर्थात सावधि, आवर्ती, संचयी, इत्यादि की स्थिति में, उन सभी जमाकर्ताओं जिनके नाम पर जमा रसीद है, की फ़ोटो प्राप्त की जा सकती हैं, नाबालिगों के नाम पर जमा के मामले में अभिभावकों की फ़ोटो मांगी जाएगी।

4.5 नमूना हस्ताक्षर (SPECIMEN SIGNATURE)

खाता खोलने वाले फ़ॉर्म पर बैंक कर्मचारियों की मौजूदगी में ग्राहक के हस्ताक्षर का नमूना लिया जाता है और इसे फ़ॉर्म में ही अधिकृत बैंक अधिकारी द्वारा सत्यापित किया जाता है। ग्राहक को मुख्य रूप से चेक/वाउचर पर उसके हस्ताक्षर से पहचाना जाता है और ग्राहक के हस्ताक्षर की सत्यता की पुष्टि के लिए रिकॉर्ड पर नमूना हस्ताक्षर के साथ इनका मिलान किया जाता है। क्रेडिट/डेबिट कार्ड और एटीएम कार्ड की स्थिति में, ग्राहकों को बैंकों द्वारा ख़ास पिन नंबर दिए जाते हैं। ग्राहकों से उम्मीद की जाती है कि वे इस शुरुआती पिन का इस्तेमाल करें और फिर अपना नया पिन बना लें। ग्राहकों के पैसे की सुरक्षा सुनिश्चित करने के लिए नमूना हस्ताक्षर और पिन जरूरी होते हैं।

निरक्षर ग्राहकों के मामले में, बैंक पहचान के लिए अंगूठे की छाप लेते हैं।

4.6 मुख्तारनामा (POWER OF ATTORNEY)

कभी-कभी, कोई ग्राहक/जमाकर्ता किसी दूसरे व्यक्ति के जरिए अपना व्यवसाय करना चाहता है। बैंक इस व्यवस्था को स्वीकार करते हैं जिसके लिए मुख्तारनामा (Power of attorney) या अधिदेश (mandate) जरूरी होता है। मुख्तारनामा (PoA) एक ऐसा दस्तावेज है, जिस पर भारतीय स्टांप अधिनियम के अनुरूप विधिवत स्टाम्प लगाई गई होती है, और जिसके माध्यम से ग्राहक अपने वकील या उसमें वर्णित एजेंट को खाता परिचालित करने हेतु अधिकृत करते हुए बैंकर को देता है। मुख्तारनामा सामान्य या विशेष हो सकती है। कुछ बैंक पीओए के स्थान पर अधिदेश घोषणा (मैंडेट डिक्लेरेशन) हासिल करने की प्रक्रिया का भी पालन करते हैं।

4.7 नामांकन

एक ही नाम से खाता खोलते समय, बैंक ग्राहक को सुझाव देते हैं कि वह उस नामांकित व्यक्ति का नाम बताएं जिसे जमाकर्ता/ओं की मृत्यु की स्थिति में राशि का भुगतान किया जाएगा। वैध नामांकन का यह फ़ायदा होता है कि एकल जमाकर्ता या सभी जमाकर्ताओं की मृत्यु की स्थिति में, खाते में पड़ी धन-राशि बिना किसी कानूनी प्रक्रिया के नामांकित व्यक्ति को वापस लौटा दी जाएगी। नामांकन की प्रक्रिया इस प्रकार होती है:

(1) एकल जमाकर्ता, तय तरीके से, एक व्यक्ति को नामांकित कर सकता है, जिसे जमाकर्ता की मृत्यु की स्थिति में, उसके खाते में जमा राशि का भुगतान बैंकिंग कंपनी द्वारा किया जा सकता है।

(2) संयुक्त खाते की स्थिति में, सभी जमाकर्ता मिलकर एक व्यक्ति को नामांकित कर सकते हैं, जिसे सभी संयुक्त जमाकर्ताओं की मृत्यु की स्थिति में, उनके खाते में जमा राशि का भुगतान बैंकिंग कंपनी द्वारा किया जा सकता है। इस प्रकार, नामांकित व्यक्ति का जमा राशि प्राप्त करने का अधिकार सभी जमाकर्ताओं की मृत्यु के बाद ही हासिल होता है। संयुक्त खाते के संदर्भ में एक से अधिक नामांकित व्यक्ति नहीं हो सकते।

(3) नामांकन केवल किसी व्यक्ति के पक्ष में किया जा सकता है, न कि संघ (एसोसिएशन), सोसायटी, ट्रस्ट या किसी संगठन या उनके अधिकारियों के पक्ष में।

(4) यह सुविधा सभी प्रकार के जमा खातों के लिए उपलब्ध होती है, जिसमें पेंशन जमा करने के लिए खोले गए खाते भी सम्मिलित हैं।

(5) नामांकन होने से नामांकित व्यक्ति को बैंकिंग कंपनी से जमा राशि प्राप्त करने का अधिकार मिलता है। जमाकर्ता /सभी संयुक्त जमाकर्ताओं की मृत्यु पर, नामित व्यक्ति के पास अन्य सभी व्यक्तियों को छोड़कर, ऐसी जमा राशि के सभी अधिकार आ जाएंगे।

(6) यदि नामांकित व्यक्ति नाबालिग है, तो जमाकर्ता/कई जमाकर्ता नामांकित व्यक्ति के नाबालिग रहने के दौरान मृत्यु होने की स्थिति में जमा राशि प्राप्त करने के लिए किसी व्यक्ति को भी नियुक्त कर सकते हैं।

(7) जमाकर्ता द्वारा निर्धारित तरीके से नामांकन में बदलाव किया जा सकता है या उसे निरस्त किया जा सकता है। संयुक्त खाते में बदलाव या मौजूदा नामांकन को निरस्त करने पर सभी जीवित जमाकर्ताओं द्वारा एक साथ काम किया जा सकता है।

(8) इस धारा के प्रावधानों के तहत भुगतान करने पर, बैंकिंग कंपनी जमा-राशि से जुड़ी अपनी देनदारी से पूरी तरह मुक्त हो जाएगी।

(9) नामांकित व्यक्ति के खिलाफ़ जिसे इस धारा के तहत कोई भुगतान किया जाता है, किसी अन्य व्यक्ति का अधिकार या दावा, ऐसे भुगतान से प्रभावित नहीं होगा।

(10) कोई भी अन्य व्यक्ति ऐसी जमा राशि पर बैंकिंग कंपनी को अपने दावे की सूचना नहीं दे सकेगा। भले ही बैंकिंग कंपनी को ऐसी सूचना स्पष्ट रूप से दी जाती हो, पर बैंकिंग कंपनी ऐसे नोटिस से बाध्य नहीं होगी ।

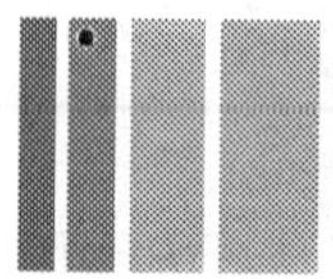

4.8 धन-शोधन निवारण (PREVENTION OF MONEY LAUNDERING)

धन-शोधन (मनी लॉन्ड्रिंग) और कुछ नहीं बल्कि आपराधिक गतिविधि, जैसे कि नशीले पदार्थों की तस्करी या आतंकवादी फंडिंग से आने वाले धन की बड़ी मात्रा को किसी वैध स्रोत से हासिल

के रूप में दिखाने की गैर-कानूनी प्रक्रिया है। आपराधिक गतिविधि से आए धन को काला धन माना जाता है, और इसे साफ-सुथरा दिखाने के लिए यह प्रक्रिया इसका "शोधन (launders)" कर डालती है। इसलिए धन-शोधन पर अंकुश लगाने की जरूरत होती है। अंतरराष्ट्रीय वित्तीय व्यवस्था के सदस्य के रूप में हमारा देश भी इस पर अंकुश लगाने को लेकर गंभीर व प्रतिबद्ध है। इसके अलावा, उन देशों में अंतर्राष्ट्रीय निवेश का प्रवाह नहीं होता है, जिन्होंने धन-शोधन की रोकथाम के उपायों को नहीं अपनाया होता है। वर्ष 2002 में भारत सरकार ने धन-शोधन निवारण अधिनियम (PMLA) को लागू किया है। इसके तहत, कोई भी व्यक्ति जो प्रत्यक्ष या अप्रत्यक्ष रूप से इससे जुड़ने की कोशिश करता है या जानबूझकर इसमें मदद करता है या अनजाने में इसका एक पक्ष बनता है या वास्तव में अपराध की आय से जुड़ी किसी भी प्रक्रिया या गतिविधि में लिप्त होता है और इसे साफ-सुथरी संपत्ति के रूप में पेश करता है, तो वह काले धन को सफेद बनाने के अपराध का दोषी होगा।।

भारत में धन-शोधन से निपटने के लिए, पीएमएलए 2002 के नीचे बताए तीन मुख्य उद्देश्य हैं:

- धन-शोधन को रोकना और उसे नियंत्रित करना;
- शोधित धन से मिली संपत्ति की बरामदगी और उसकी जब्ती; तथा
- धन-शोधन से जुड़े किसी अन्य मामले से निपटना।

धन-शोधन निवारण अधिनियम, 2002 के प्रावधान बैंकों के लिए निम्न दृष्टि से जरूरी हैं:

- ग्राहकों और उनके वित्तीय लेन-देन को बेहतर ढंग से जानना और समझना, जिससे बैंक को खतरों को विवेकपूर्ण तरीके से प्रबंधित करने में मदद मिलेगी।
- स्वीकृत कानूनों व निर्धारित प्रक्रियाओं के अनुसार संदिग्ध गतिविधियों का पता लगाने और उसे रिपोर्ट करने के लिए उचित नियंत्रण उपायों को अपनाने में।
- लागू कानूनों व नियामक दिशा-निर्देशों का अनुपालन करने में ।
- यह सुनिश्चित करने में कि बैंक के कर्मचारी ऊपर बताई आवश्यक प्रक्रियाओं में पर्याप्त रूप से प्रशिक्षित हैं

4.8.1 धन-शोधन - चरण और प्रकार (Money Laundering - Stages and Types)

धन-शोधन की प्रक्रिया में सामान्यतः तीन चरण मौजूद रहते हैं: प्लेसमेंट, लेयरिंग तथा एकीकरण:

- **प्लेसमेंट** – यह छिपे रूप से वैध वित्तीय प्रणाली में "काला धन" डालता है।
- **लेयरिंग** – यह लेनदेन और बहीखाता में तमाम तरह की चालबाजियों के जरिए धन के स्रोत को छुपाता है।

- अंतिम चरण, **एकीकरण** में, वैध खाते से अब 'शोधित (laundered)' किया गया पैसा निकाल लिया जाता है, जिसका इस्तेमाल अपराधियों के किसी भी उद्देश्य के लिए किया जाता है।

4.8.2 बैंकों की भूमिका

एक कहावत है- 'रोकथाम इलाज से बेहतर है', जिसके अनुसार बैंकों को पहले चरण में ही धन-शोधन पर लगाम लगाने के लिए कदम उठाने होते हैं, जिसका अर्थ है 'ऐसे धन को स्वीकार न करें जिनके स्रोतों को संतोषजनक तरीके से समझाया न जाता हो।' ऐसा तभी किया जा सकता है जब बैंकों को ग्राहक के वित्तीय विवरणों की जानकारी हो। बैंकों को ग्राहक के रूप में स्वीकार करने से पहले उसकी असली पहचान, उसकी वित्तीय पृष्ठभूमि व खाते में लेनदेन की संभावित मात्रा का पता लगाना जरूरी होता है ताकि लेनदेन की निगरानी से यह सत्यापित किया जा सके कि बैंक खाते का इस्तेमाल अवैध लेनदेन के लिए नहीं किया गया है। केवाईसी (KYC) प्रक्रिया धन जमा करने और ऋण लेनदेन दोनों के लिए अहम होती है।

4.9 खातों के परिचालन के संबंध में आरबीआई (RBI) के दिशा-निर्देश

4.9.1 बचत बैंक खाते

(a) बचत बैंक नियम:

चूंकि कई बैंक अब पासबुक के स्थान पर खातों का विवरण जारी कर रहे हैं, बचत बैंक नियमों को खाता खोलने के फ़ॉर्म के साथ अलग हिस्से के रूप में संलग्न किया जाना चाहिए ताकि खाताधारक उस हिस्से को अलग करके नियमों को अपने पास रख सके।

(b) बचत बैंक खाते में न्यूनतम शेष राशि:

खाता खोलते समय, बैंकों को अपने ग्राहकों को न्यूनतम शेष राशि बनाए रखने की आवश्यकता और न्यूनतम बैलेंस राशि न बनाए रखने पर लगने वाले शुल्क आदि के बारे में स्पष्ट रूप से सूचित करना चाहिए। बाद में लगाए गए किसी भी शुल्क के बारे में सभी जमाकर्ताओं को एक महीने के नोटिस के साथ स्पष्ट सूचित करना चाहिए। बैंकों को कम से कम एक महीने पहले वर्तमान खाताधारकों को निर्धारित न्यूनतम शेष राशि में किसी भी बदलाव और निर्धारित न्यूनतम शेष राशि बनाए न रखने पर लगाए जाने वाले शुल्क

के बारे में जानकारी देनी चाहिए। बैंकों को किसी भी निष्क्रिय खाते में न्यूनतम शेष राशि बनाए न रखने पर दंडात्मक शुल्क लगाने की अनुमति नहीं होती है।

(c) बचत बैंक खाताधारकों (व्यक्तियों) को पासबुक जारी करना:

पासबुक लेन-देन की आसान विवरण पुस्तिका होती है और यह सुविधाजनक एवं छोटी होती है और इस प्रकार, खाते के विवरण की तुलना में छोटे ग्राहकों के लिए कहीं अधिक सुविधाजनक होती है। बैंक ग्राहक की पसंद के अनुसार या तो पासबुक की सुविधा या बैंक विवरण प्रदान कर सकते हैं।

(d) खातों का मासिक विवरण प्रदान करना:

(*i*) बैंकों को खातों का विवरण भेजते समय निर्धारित आवधिकता (periodicity) सुनिश्चित करनी चाहिए।

(*ii*) चालू खाताधारकों के खातों के विवरण जमाकर्ताओं को हर माह एक निर्धारित तिथि तक भेजने के बजाय क्रमबद्ध ढंग (staggered manner) से भेजे जा सकते हैं। ग्राहकों को इन विवरणों को तैयार करने की प्रक्रिया के बारे में सूचना दी जा सकती है।

(e) चेक बुक जारी करना:

यदि कोई ग्राहक चेकबुक की मांग करता है, तो बैंक ज्यादा पन्नों (20/25) वाली चेक बुक प्रदान कर सकते हैं। बैंक को बिना कोई अतिरिक्त शुल्क लिए सभी योग्य ग्राहकों को केवल "सममूल्य पर देय"/"मल्टी-सिटी" सीटीएस 2010 मानक चेक जारी करना चाहिए। बैंक अपने बचत खाता वाले ग्राहकों से पहली बार सीटीएस -2010 मानक चेक जारी करने पर शुल्क नहीं ले सकते।

4.9.2 सावधि जमा खाता (Term Deposit Account)

(a) सावधि जमा रसीद जारी करना:

बैंक को सावधि जमा की रसीद जारी करनी चाहिए, जिसमें पूर्ण विवरण मौजूद हो, जैसे कि रसीद जारी करने की तिथि, जमा की अवधि, देय तिथि, लागू होने वाली ब्याज दर इत्यादि। कई बैंकों ने टीडीआर को ऑनलाइन जारी करने की सुविधा आरंभ की है और ऐसे मामलों में ग्राहक बचत/चालू खाते में रखी शेष राशि को खुद सावधि जमा में बदल सकता है। वह अपने रिकॉर्ड के लिए ई-रसीद का प्रिंट भी ले सकता है। सावधि जमा एक शाखा से अन्य शाखा में निर्बाध अंतरण- योग्य होनी चाहिए।

परिपक्वता पर जमा-राशियों के निपटान के लिए जमाकर्ताओं से अग्रिम में निर्देश आवेदन पत्र में ही हासिल किए जा सकते हैं। जहां कहीं इस तरह के निर्देश प्राप्त नहीं होते हैं, वहां बैंकों को नियम के रूप में अपने जमाकर्ताओं को परिपक्वता की देय तिथि की जानकारी पहले ही भेजने का ध्यान रखना चाहिए।

जमा-राशियों पर ब्याज दर में कोई भी बदलाव शाखा के नोटिस बोर्ड के साथ-साथ इसकी आधिकारिक वेबसाइट पर भी दिखाया जाना चाहिए।

(b) ब्याज की गणना का तरीका:

ब्याज की चक्रवृद्धि के प्रयोजन से बैंक ब्याज के भुगतान की आवधिकता तय करने के लिए स्वतंत्र हैं। इसके अलावा, तीन महीने से कम वक्त में चुकाने योग्य जमा-राशि पर या जहां अंतिम तिमाही अधूरी हो, ब्याज का भुगतान वर्ष की वास्तविक संख्या 365 दिनों के अनुपात में किया जाना चाहिए। कुछ बैंक लीप वर्ष में 366 दिन और अन्य वर्षों में 365 दिन वर्ष की गणना करने की विधि का इस्तेमाल कर रहे हैं।

(c) सावधि जमा की समय से पूर्व निकासी:

जमाकर्ता के अनुरोध पर, बैंक को जमा करते समय सहमत जमा की अवधि पूरी होने से पहले सावधि जमा (term deposit) को निकालने की अनुमति देनी चाहिए। बैंकों को सावधि जमा (term deposit) को समय से पूर्व निकाले जाने पर जुर्माना ब्याज दर निर्धारित करने की स्वतंत्रता है। किसी जमा राशि को समय से पहले बंद करते समय, जमा पर ब्याज का भुगतान अनुबंधित दर की बजाय उस अवधि के लिए लागू दर पर किया जाएगा, जितनी अवधि के लिए जमा राशि बैंक के पास रही थी। जहां न्यूनतम तय अवधि पूरी होने से पहले जमा राशि की समय से पहले निकासी की जाती है, वहां कोई ब्याज नहीं लगता है।

बैंकों के पास व्यक्तियों और एचयूएफ की जमाराशियों सहित सभी जमाकर्ताओं के करोड़ और उससे अधिक रुपए की थोक जमा के संबंध में सावधि जमा की समय से पूर्व निकासी की अनुमति न देने का विवेकाधिकार है। बैंकों के पास इस आधार पर अलग-अलग ब्याज दरों को ऑफ़र करने का विवेकाधिकार होता है कि सावधि जमा (term deposits) समय-पूर्व निकासी सुविधा के साथ है या नहीं। (आरबीआई ने बैंकों के लिए थोक जमा राशि 1 करोड़ रुपए से बढ़ाकर से 2 करोड़ रुपए कर दिया है ताकि ऋणदाताओं को धन जुटाने के लिए अधिक परिचालन स्वतंत्रता प्रदान की जा सके)

(d) फ़ॉर्म 15जी/15एच जमा करते समय बैंकों द्वारा पावती देना:

बैंकों को आयकर नियम, 1962 के तहत फ़ॉर्म 15जी/15एच में घोषणा जमा करने वाले जमाकर्ताओं से टीडीएस (TDS) नहीं काटना है। हालांकि, ग्राहक द्वारा फ़ॉर्म 15जी/15एच

जमा करने के बावजूद उनके खाते से टीडीएस काटने के मामले देखे गए हैं, अतः बैंकों को फ़ॉर्म 15जी/15एच की प्राप्ति के समय पावती प्रदान करनी चाहिए।

4.9.3 काउंटर पर नकदी की स्वीकृति

कुछ बैंकों ने कुछ ऐसे उत्पाद पेश किए हैं जिनके तहत ग्राहकों को काउंटरों पर नकद जमा करने की अनुमति नहीं है और उन्होंने नियम व शर्तों में एक खंड भी शामिल किया है कि यदि कोई नकद जमा हो, तो एटीएम के जरिए ही किया जाए।

परिभाषा के अनुसार, बैंकिंग का अर्थ उधार देने और निवेश करने के उद्देश्य से जनता से जमा राशि जमा स्वीकार करना है। इस प्रकार, बैंक कोई भी ऐसा उत्पाद तैयार नहीं कर सकते, जो बैंकिंग के मूल सिद्धांतों के अनुरूप न हो। इसके अलावा, नियम व शर्तों में ऐसे खंड शामिल करना जो काउंटरों पर नकद जमा करने पर प्रतिबंध लगाता है, एक गलत पद्धति है।

अतः, बैंकों को यह ध्यान रखना चाहिए कि उनकी शाखाएं काउंटर पर कैश जमा करने के इच्छुक सभी ग्राहकों से काउंटर पर ही नकद स्वीकार करें। इसके अतिरिक्त, उन्हें नियमों व शर्तों में ऐसे उपबंध शामिल नहीं करने चाहिए जो काउंटरों पर नकद जमा करने पर रोक लगाते हों।

4.9.4 बैंकों द्वारा सेवा शुल्क तय करना

विभिन्न प्रकार की सेवाओं जैसे चेक वसूली प्रभार आदि के लिए सेवा शुल्क तय करते समय, बैंकों को यह ध्यान रखना चाहिए कि वे शुल्क उचित हों और इन सेवाओं को उपलब्ध कराने की औसत लागत से ज्यादा न हों। बैंकों को यह भी ध्यान रखना चाहिए कि बैंकिंग गतिविधि करने वाले ग्राहकों को दंडित न किया जाए। यदि कोई विशेष सेवा मूल शाखा (होम ब्रांच) में निःशुल्क दी जाती है, तो वही सेवा नॉन-होम शाखाओं में भी निःशुल्क मुहैय्या कराई जानी चाहिए। मूल शाखा में ग्राहकों द्वारा किए गए लेनदेन और नॉन-होम शाखाओं में किए गए लेनदेन के बीच इंटरसोल (intersol) प्रभार को लेकर कोई भेदभाव नहीं होना चाहिए।

बैंक ग्राहकों को एसएमएस (SMS) अलर्ट भेजने के लिए शुल्क लगा सकते हैं, पर ऐसे शुल्क वास्तविक इस्तेमाल के आधार पर होने चाहिए।

4.9.5 बैंक शाखाओं के बैंकिंग घंटे/कार्य दिवस

बैंकों को हरेक शाखा में व्यवसाय घंटे (ग्राहकों द्वारा लेनदेन के उद्देश्य से) प्रदर्शित करने चाहिए। नकदी के अलावा दूसरे बैंकिंग लेनदेन के लिएकामकाजी घंटे, सामान्य कामकाजी घंटे खत्म होने से एक घंटे पहले तक हो सकता है।

कानून में विशेष बैंकिंग घंटे निर्धारित नहीं किए गए हैं और बैंक अपने ग्राहकों को उचित सूचना देने के बाद, जो भी व्यवसाय घंटे उसके लिए सुविधाजनक हो, उसे तय कर सकता है यानी, डबल शिफ्ट में काम करना, किसी दिन साप्ताहिक अवकाश रखना, रविवार के अलावा अन्य दिन या सामान्य कार्य दिवसों के अलावा रविवार को भी कार्य करना, जो सार्वजनिक लेनदेन के लिए सामान्य कामकाजी घंटों का पालन करते हों। दुकान एवं प्रतिष्ठान अधिनियम आदि जैसे किसी अन्य प्रासंगिक स्थानीय कानून का उल्लंघन नहीं होना चाहिए।

इसके अलावा, औद्योगिक अधिनिर्णय/समझौता के तहत कर्मचारियों के प्रति बैंकों के दायित्वों के संबंध में प्रावधान, यदि कोई हों, तो उनका अनुपालन किया जाना चाहिए। इस संबंध में उस स्थान के क्लीयरिंग हाउस अथॉरिटी से भी परामर्श किया जाना चाहिए।

ग्रामीण क्षेत्रों में बैंकों की शाखाएं उन इलाकों की जरूरतों के अनुरूप व्यवसाय घंटे (यानी घंटों की संख्या, साथ ही समयावधि) और साप्ताहिक छुट्टियां निर्धारित कर सकती हैं। गैर-नकद लेनदेन की सूची नीचे दी गई है:

नॉन-वाउचर जनरेटिंग लेनदेन:

i. पासबुक/खातों का विवरण जारी करना;
ii. चेक बुक जारी करना;
iii. सावधि जमा (term deposit) रसीदों/ड्राफ्टों की डिलीवरी;
iv. शेयर आवेदन फ़ॉर्मों को स्वीकार करना;
v. क्लीयरिंग चेक स्वीकार करना;
vi. वसूली हेतु बिलों को स्वीकार करना।

वाउचर जनरेटिंग लेनदेन:

i. सावधि जमा (term deposit) रसीद जारी करना:
ii. लॉकर किराये के भुगतान के लिए चेक स्वीकार करना;
iii. ट्रैवलर्स चेक जारी करना;
iv. गिफ़्ट चेक जारी करना;
v. ट्रांसफर क्रेडिट के लिए व्यक्तिगत चेक स्वीकार करना।

4.9.6 शिकायत/सुझाव पेटी

बैंक के हरेक कार्यालय में शिकायत/सुझाव पेटी मुहैय्या की जानी चाहिए। इसके अलावा, यदि शिकायतों का समाधान नहीं हो पाता हो तो, बैंक के हरेक कार्यालय में ग्राहक शिकायतों के

संबंध में शाखा प्रबंधक से मुलाकात करने का अनुरोध करने वाला एक नोटिस प्रदर्शित किया जा सकता है।

प्रत्येक सेट में छिद्रित पृष्ठों वाली शिकायत पुस्तिका ग्राहकों को उपलब्ध कराई जा सकती है, ताकि ग्राहकों को तुरंत पावती दी जा सके और नियंत्रण कार्यालय को सूचना प्रदान की जा सके।

4.9.7 सामग्री को तीन भाषाओं में छापना

बैंकों को खाता खोलने के फ़ॉर्म, जमा पर्ची (पे-इन-स्लिप), पासबुक इत्यादि समेत खुदरा कस्टमरों द्वारा इस्तेमाल की जाने वाली सभी मुद्रित सामग्री को तीन भाषाओं यानी, अंग्रेजी, हिंदी और वहां की क्षेत्रीय भाषा में उपलब्ध कराना अनिवार्य होता है।

4.10 ब्याज दरों से जुड़ी कुछ महत्वपूर्ण बातें

ब्याज वह मूल्य है, जो बैंकों द्वारा जमाकर्ता को जमा राशि रखने के लिए भुगतान किया जाता है या जिसे उधारकर्ता बैंक से लिए गए ऋण और अग्रिम के लिए बैंक को भुगतान करता है। प्रत्येक प्रकार के जमा या ऋण के लिए लागू ब्याज दर प्रतिशत के रूप में बताई जाती है। हालांकि ऋण की कीमत आमतौर पर ब्याज दर के रूप में बताई जाती है, जमा पर अर्जित ब्याज या ऋण पर देय ब्याज की राशि कई अन्य बातों पर निर्भर करती है, जिसमें ब्याज की गणना करने के लिए इस्तेमाल की जाने वाली विधि भी शामिल है।

4.10.1 ब्याज क्या होता है?

ब्याज वह कीमत है, जो कोई व्यक्ति किसी अन्य के धन के अस्थायी इस्तेमाल के लिए चुकाता है। ब्याज को ऐसा मुआवज़ा भी कहा जा सकता है जो किसी को अस्थायी रूप से पैसा खर्च करने की क्षमता छोड़ने पर हासिल होता है। ब्याज के बिना, ऋणदाता कर्ज़ देने के लिए तैयार नहीं होंगे या अस्थायी रूप से खर्च करने की क्षमता नहीं छोड़ेंगे, और बचतकर्ता खर्च को टालने के लिए कम इच्छुक होंगे। ऋण चुकाने के लिए, उधारकर्ता को ब्याज के साथ-साथ उधार में ली गई मूलधन राशि का भुगतान करना पड़ता है।

जब कोई बैंक अग्रिम के रूप में पैसा देता है, तो उधारकर्ता प्रायः बैंक को ऋण के मूल्य का भुगतान तब तक करता है, जब तक कि वह (बैंक को) पूरी तरह से चुका नहीं देता। इसी मूल्य को 'ब्याज' कहा जाता है। इसी प्रकार, कोई बैंक स्वीकार की गई जमा राशि पर तय दरों पर ब्याज देता है।

4.10.2 समान मासिक किस्त (EMI)

आजकल ऋण चुकाने के लिए आमतौर पर अपनाया जाने वाला तरीका ईएमआई है, जहां मूलधन और ब्याज का भुगतान ऋण की निश्चित अवधि के दौरान मासिक किस्त के जरिए किया जाता है। यह ऋण की राशि, ब्याज दर और ऋण की अवधि के आधार पर तय किया जाता है।

ऋण की राशि, ऋण की अवधि और ब्याज के आधार पर ईएमआई की गणना का सूत्र इस प्रकार है:

$EMI = P \times r \times (1 + r)^n = P \times r \times (1 + r)^{n/}\{(1 + r)^{(n-1)}$

जहां:

P = मूलधन (ऋण की राशि),

r = मासिक ब्याज दर

(जैसे कि यदि वार्षिक ब्याज दर 10% है तो 10/(12×100))

n = किस्तों की संख्या

ऊपर बताए सूत्र का इस्तेमाल कर ईएमआई की गणना की जाती है।

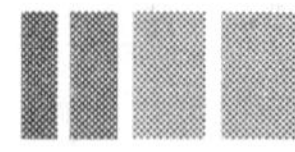

4.11 मार्जिनल कॉस्ट ऑफ फंड बेस्ड लेंडिंग रेट

मौजूदा दिशा-निर्देशों के अनुसार, 1 अप्रैल 2016 से स्वीकृत किए गए सभी रुपी ऋण और नवीनीकृत की गई ऋण सीमाओं का मार्जिनल कॉस्ट ऑफ फंड बेस्ड लेंडिंग रेट (एमसीएलआर) के संदर्भ में मूल्य निर्धारण किया जाएगा। तब से एमसीएलआर (MCLR) बैंकों के लिए आंतरिक बेंचमार्क दर रही है। एमसीएलआर (MCLR) को वर्ष में कम से कम एक बार रीसेट क्लॉज के साथ टेनर-लिंक्ड रेट होना चाहिए। ग्राहक के लिए, ऋण स्वीकृत होने के दिन प्रचलित एमसीएलआर अगले रीसेट तक लागू रहेगी, भले ही बेंचमार्क दर बदल ही क्यों न जाए। एमसीएलआर (MCLR) की गणना करते समय, आरबीआई ने यह स्पष्ट किया है कि, बैंकों को निधि की वृद्धिशील (incremental) लागत को ध्यान में रखना होगा, न कि औसत लागत को।

एमसीएलआर (**MCLR)** में शामिल होंगे:

a. निधि की सीमांत लागत(Marginal cost);

b. सीआरआर (CRR) का निगेटिव कैरी-ऑन खाता (Negative carry-on account);

c. परिचालन (Operating) लागत;

d. टेनर प्रीमियम (Tenor premium)।

निधियों की सीमांत लागत (Marginal Cost of funds)

निधियों की सीमांत लागत में उधारों की सीमांत लागत तथा नेट-वर्थ पर रिटर्न शामिल होगा।

सीआरआर (CRR) पर निगेटिव कैरी

अनिवार्य सीआरआर (CRR) पर निगेटिव प्रभाव, जो सीआरआर बैलेंस पर रिटर्न शून्य होने के कारण पैदा होता है, उसकी गणना नीचे बताए अनुसार की जाएगी:

आवश्यक सीआरआर x (सीमांत लागत)/(1- सीआरआर)

प्राप्त धनराशि की सीमांत लागत का इस्तेमाल सीआरआर पर निगेटिव कैरी निकालने के लिए किया जाएगा।

परिचालन लागत (Operating Costs)

धन जुटाने की लागत समेत ऋण उत्पाद मुहैय्या कराने से जुड़ी सभी परिचालन लागतें इस मद के अंतर्गत शामिल की जाएंगी। यह ध्यान रखा जाना चाहिए कि उन सेवाओं को प्रदान करने की लागत जो सेवा शुल्क के जरिए से अलग से वसूल की जाती है, इस घटक का हिस्सा नहीं बनती हैं।

टेनर प्रीमियम (Tenor premium)

ये लागतें लंबी अवधि की ऋण प्रतिबद्धताओं से पैदा होती हैं। टेनर प्रीमियम में बदलाव उधारकर्ता के लिए विशिष्ट या ऋण श्रेणी के लिए विशिष्ट नहीं होना चाहिए। दूसरे शब्दों में कहें, तो किसी दी गई शेष अवधि के लिए सभी प्रकार के ऋणों के लिए टेनर प्रीमियम एक समान होगा।

चूंकि एमसीएलआर (MCLR) एक अवधि से जुड़ा बेंचमार्क होगा, इसलिए बैंक निधि की सीमांत लागत, सीआरआर के खाते पर निगेटिव कैरी और परिचालन लागत के योगफल में संबंधित टेनर प्रीमियम जोड़कर एक विशेष परिपक्वता का एमसीएलआर (MCLR) हासिल करेंगे।

उसी के अनुसार, बैंक निम्नांकित परिपक्वताओं के लिए आंतरिक बेंचमार्क प्रकाशित करेंगे:

a. ओवरनाइट एमसीएलआर (MCLR),

b. एक महीने का एमसीएलआर (MCLR),

c. तीन महीने का एमसीएलआर (MCLR),

d. छह महीने का एमसीएलआर (MCLR),

e. एक साल का एमसीएलआर (MCLR)।

उपरोक्त के अलावा, बैंकों के पास किसी अन्य दीर्घकालिक परिपक्वता अवधि के एमसीएलआर को प्रकाशित करने का विकल्प होता है।

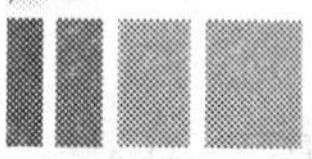

4.12 सारांश

जो कोई भी व्यक्ति बैंक में खाता खोलना चाहता है, उसे अपनी पहचान और आवासीय/कार्यालय पता प्रमाणित करने के लिए बैंक में कुछ निर्धारित कागज़ात जमा करने होते हैं। इस प्रक्रिया का उद्देश्य धन-शोधन पर रोक लगाना है, जो एक अवांछनीय प्रक्रिया है जिसमें अवैध तरीकों से उत्पन्न धन के मूल स्रोत को छुपाया जाता है, जिसे बाद में विभिन्न देशों की बैंकिंग प्रणालियों से गुजारकर पुनः प्राप्त कर लिया जाता है और विभिन्न संस्थाओं को अंतरित कर दिया जाता है, ताकि उस धन को वैध गतिविधियों में निवेश किया जा सके। आरबीआई (RBI) ने खातों के परिचालन तथा उत्तम ग्राहक सेवा प्रदान करने के संबंध में कुछ दिशा-निर्देश निर्धारित किए हैं। बैंकों को इन दिशानिर्देशों का पालन करना होता है। यदि सही हो, तो यह बैंकों का कर्तव्य है कि वे अपने ग्राहकों के जारी चेक का नकदीकरण करें। बैंक अपने ग्राहकों के खातों में धोखाधड़ी वाले डेबिट के लिए उत्तरदायी है।

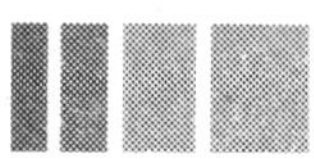

4.13 प्रमुख शब्द

धन-शोधन रोधी (एंटी-मनी लॉन्ड्रिंग (एएमएल)), अपने ग्राहक को जानें, प्लेसमेंट, लेयरिंग, एकीकरण, जोखिम प्रबंधन, मार्जिनल कॉस्ट ऑफ फंड बेस्ड लेंडिंग रेट (एमसीएलआर)।

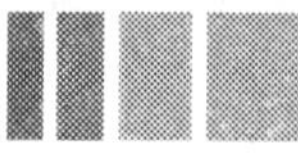

4.14 अपनी प्रगति जाँचें

1. धन-शोधन (Money Laundering) का अर्थ है:
   (a) परिसंपत्ति का नकदी में रूपांतरण
   (b) अवैध रूप से प्राप्त धन का रूपांतरण
   (c) नकदी का सोने में रूपांतरण
   (d) परिसंपत्ति का नकदी में रूपांतरण
2. धन-शोधन (Money Laundering) का एक महत्वपूर्ण चरण है:
   (a) प्लेसमेंट और लेयरिंग।
   (b) व्यवस्थापन एवं नियंत्रण
   (c) धन जमा करना और निकालना
   (d) बैकवर्ड और फॉरवर्ड इंटीग्रेशन

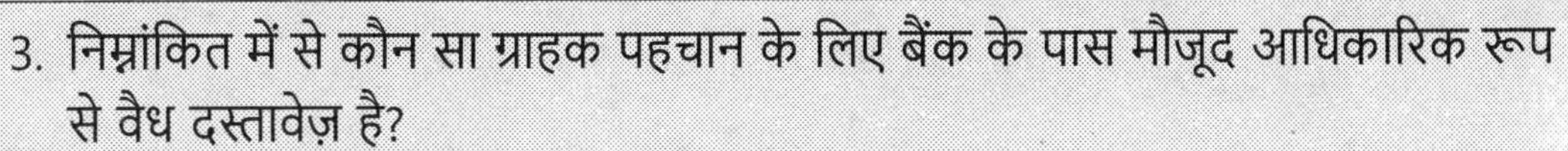

3. निम्नांकित में से कौन सा ग्राहक पहचान के लिए बैंक के पास मौजूद आधिकारिक रूप से वैध दस्तावेज़ है?
   (a) चुनाव पहचान पत्र
   (b) राशन कार्ड
   (c) फ़ोटोग्राफ
   (d) बैंक खाता विवरण
4. केवाईसी (KYC) का उद्देश्य क्या है?
   (a) उचित ग्राहक पहचान सुनिश्चित करना
   (b) संदेहास्पद प्रकृति के लेनदेन की निगरानी करना
   (c) यदि ऋण दिया गया तो वह एनपीए (NPA) नहीं होगा
   (d) ग्राहकों का डेटाबेस बनाना
5. दो व्यक्तियों द्वारा संयुक्त रूप से लीज पर लिए गए सुरक्षित डिपॉजिट लॉकर के मामले में, जिसका परिचालन भी संयुक्त रूप से किया जाना है:
   (a) केवल एक नामांकन स्वीकार किया जाएगा
   (b) वे दो व्यक्तियों को अलग-अलग नामांकित कर सकते हैं
   (c) नामांकन की अनुमति नहीं होती
   (d) नामांकित व्यक्ति नाबालिग नहीं हो सकता

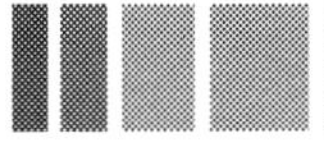

4.15 अपनी प्रगति जाँचे का उत्तर

1.	(b)	2.	(a)	3.	(a)	4.	(a)	5.	(b)

अध्याय

चेक के भुगतान और वसूली हेतु एनआई अधिनियम के प्रावधान

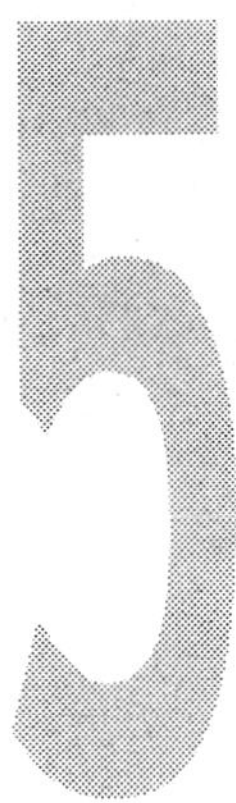

5.1 उद्देश्य

5.2 परिचय

5.3 चेक (Cheques)

5.4 चेक ट्रंकेशन (सीटीएस)

5.5 चेकों को क्रॉस करना

5.6 पृष्ठांकन (Endorsements)

5.7 अदायगी हेतु चेक स्वीकार करते समय बरती जाने वाली सावधानी

5.8 यदि कोई चेक बाउंस हो जाता है तो ग्राहक की देनदारियां

5.9 चेक का नकदीकरण (Honour) करने के लिए बैंकर का दायित्व

5.10 धोखाधड़ी या अन्य लेनदेन से पैदा होने वाले त्रुटिपूर्ण डेबिट को लेकर बैंकों को सतर्क रहना चाहिए

5.11 ग्राहक को मुआवज़ा देना (Compensating the customer)

5.12 एनआई अधिनियम की धारा 138 से 148 तक

5.13 सारांश

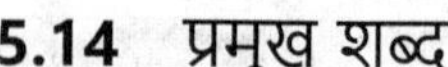

5.14 प्रमुख शब्द

5.15 अपनी प्रगति जाँचें

5.16 अपनी प्रगति जाँचें का उत्तर

अध्याय

5 चेक के भुगतान और वसूली हेतु एनआई अधिनियम के प्रावधान

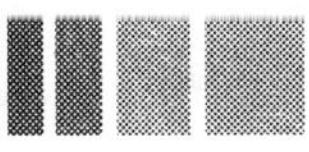

5.1 उद्देश्य

इस अध्याय को पढ़ने के बाद, आप निम्न बातें समझ पाएंगे:

- चेक और विनिमय बिल (bills of exchange) का अर्थ
- चेक/विनिमय बिलों (bills of exchange) के वसूली के कानूनी पहलू
- चेक भुगतान के कानूनी पक्ष
- चेक के भुगतान और वसूली के संबंध में आरबीआई के निर्देश

5.2 परिचय

परक्राम्य लिखत अधिनियम (Negotiable Instruments Act), 1881 में बैंकर के द्वारा ग्राहक के चेक के भुगतान और बैंकर को मिलने वाली सुरक्षा से जुड़े कानून उल्लिखित हैं। बैंकर और ग्राहक के बीच देनदार-लेनदार का रिश्ता होने के कारण, बैंकर अपने ग्राहक द्वारा जारी किए गए चेक का भुगतान करने के लिए कानूनी रूप से बाध्य होता है।

अपने ग्राहकों के अधिदेश (मैंडेट) का सम्मान करने के लिए बैंकर का यह कर्तव्य परक्राम्य लिखत अधिनियग की धारा 31 गें वर्णित है। किसी ग्राहक की ओर से चेक, विनिमग बिल तशा अन्य लिखतों (instruments) की वसूली करना, बैंक की अपने ग्राहक को प्रदान की जाने वाली एक अहम सेवा है। धारा 131 कुछ शर्तों को पूरा करने पर वसूलीकर्ता बैंकरों को सुरक्षा प्रदान करती है।

5.3 चेक (CHEQUES)

बचत व चालू खाताधारकों को चेक बुक जारी की जाती है। हरेक चेक बुक में चेक पृष्ठों की एक निर्दिष्ट (10/25/50/100) संख्या होती है। कोई ग्राहक बैंक को अपने खाते से भुगतान करने का निर्देश देने के लिए चेक बुक का इस्तेमाल कर सकता है।

परिभाषा के अनुसार, चेक एक निर्दिष्ट बैंकर पर आहरित विनिमय बिल (bill of exchange) है और यह मांग के अलावा अन्य किसी प्रकार से भुगतान के योग्य नहीं होता है। इसका अर्थ यह है कि चेक एक ऐसा लिखत है, जो बैंकिंग प्रणाली के लिए खास है और किसी अन्य संस्थान को चेकबुक प्रणाली संचालित करने का अधिकार नहीं है।

चेक में तीन पक्षकार होते हैं:

- आहरणकर्ता (drawer) ही चेक पर हस्ताक्षर करने वाला खाताधारक होता है;
- अदाकर्ता (drawee) सदैव वह बैंक शाखा होती है (जिसमें खाताधारक अपना खाता बनाए रखता है); तथा
- प्राप्तकर्ता (payee) वह लाभार्थी होता है, जिसे चेक में उल्लिखित राशि प्राप्त होगी। स्वयं को देय (payable to self) चेक के मामले में आहरणकर्ता ही प्राप्तकर्ता होगा।

चेक की अन्य विशेषताओं का वर्णन इस प्रकार किया जा सकता है:

5.3.1 चेक लिखित रूप में होने चाहिए

चेक लिखित रूप में होना चाहिए (इंक पेन या बॉलपॉइंट पेन से लिखा हुआ हो या प्रिंटेड हो मगर पेंसिल से नहीं लिखा होना चाहिए, क्योंकि पेंसिल की लिखावट को आसानी से मिटाया या बदला जा सकता है)। चेक किसी अन्य व्यक्ति द्वारा लिखा जा सकता है, और जरूरी नहीं कि जारीकर्ता ही चेक लिखे। इसमें निम्नलिखित शामिल होने चाहिए:

(a) आहरणकर्ता का हस्ताक्षर: बैंक शाखा के रिकॉर्ड में मौजूद नमूना हस्ताक्षर के समान ही खाताधारक को चेक पर इंक से हस्ताक्षर करना चाहिए। यदि चेक आहरणकर्ता के हस्ताक्षर में काफी अंतर पाया जाता है, तो ग्राहक के हितों को संभावित जालसाजी से बचाने के लिए, बैंकर चेक को वापस कर सकता है।

(b) चेक की तिथि: चेक पर तिथि अंकित होनी चाहिए, क्योंकि तिथि चेक का एक अहम घटक होती है। बिना तिथि वाले चेक का धारक भुगतान के लिए जमा करते समय उसमें तिथि भर सकता है। बाद की तिथि वाले (उत्तर-दिनांकित) चेक का भुगतान नियत तिथि से

पहले नहीं किया जा सकता है। भारत में बैंकिंग अभ्यासों के अनुरूप, चेक जारी करने की तिथि से 3 महीने की समाप्ति के बाद प्रस्तुत किया गया चेक (जिसे गतावधि चेक (stale cheque) कहा जाता है) का भुगतान तब तक नहीं किया जा सकता, जब तक कि आहरणकर्ता अपने हस्ताक्षर से इसे फिर से मान्य न कर दे।

(c) चेक की राशि: सभी बैंकों के मुद्रित चेक प्रपत्र में चेक की राशि लिखने के लिए दो जगहें होती हैं - एक अंकों में और दूसरी शब्दों में। यद्यपि इन दोनों आवश्यकताओं को कानूनी रूप से निर्धारित नहीं किया गया है, लेकिन केवल अंकों में लिखे गए चेक का भुगतान न करना बैंकिंग में प्रथा-सी बन गई है, क्योंकि केवल अंकों में लिखी राशि में धारक या कोई अन्य व्यक्ति आसानी से फेरबदल कर सकता है। हालांकि, बैंकर केवल शब्दों में लिखे गए चेक का भुगतान कर सकता है या जहां शब्दों और अंकों में लिखी राशि आपस में अलग-अलग होती है, वहां आहरणकर्ता से सलाह करने के बाद भुगतान किया जा सकता है, जो बाद में उस खामी को दूर कर सकता है।

(d) किसी भी भाषा में चेक लिखना: सभी चेक प्रपत्र हिंदी और अंग्रेजी में मुद्रित होते हैं। हालांकि, ग्राहक हिंदी, अंग्रेजी या संबंधित क्षेत्रीय भाषा में चेक लिख सकता है।

(e) भुगतान के लिए राष्ट्रीय कैलेंडर (शक संवत) के अनुरूप तिथि वाले चेक की स्वीकृति: भारत सरकार ने 22 मार्च, 1957 से शक संवत को राष्ट्रीय कैलेंडर के रूप में स्वीकार कर लिया है और सभी सरकारी सांविधिक आदेशों, अधिसूचनाओं, संसद के अधिनियमों आदि में शक संवत के साथ-साथ ग्रेगोरियन कैलेंडर की तिथियां मौजूद रहती हैं। शक संवत के अनुरूप तिथि अंकित करने वाला हिंदी में लिखा प्रपत्र वैध प्रपत्र माना जाता है। इसलिए, राष्ट्रीय कैलेंडर (शक संवत) के अनुसार हिंदी में तिथि लिखे हुए चेक को भुगतान के लिए बैंकों द्वारा स्वीकार किया जाना चाहिए, बशर्ते कि वह अन्य प्रकार से सही हो। गतावधि चेक (stale cheque) के भुगतान से बचने के लिए बैंक राष्ट्रीय शक कैलेंडर के अनुरूप ग्रेगोरियन कैलेंडर की तिथि का आकलन (ascertain) कर सकते हैं।

5.3.2 जांच किए जाने हेतु अन्य बिंदु

a. *चेक वसूली के लिए चेक "ड्रॉप बॉक्स " की सुविधा :* ड्रॉप बॉक्स सुविधा और नियमित वसूली काउंटरों पर चेक की पावती की सुविधा, दोनों सुविधाएं ग्राहकों को उपलब्ध कराई जानी चाहिए। यदि ग्राहक काउंटरों पर चेक जमा करता है तो किसी भी शाखा को पावती देने से मना नहीं करना चाहिए। बैंकों को यह ध्यान रखना चाहिए कि ग्राहकों को ड्रॉप-बॉक्स में चेक डालने के लिए मजबूर नहीं किया जाए।

b. *केवल सीटीएस-2010 मानक वाले चेक जारी करना :* आरबीआई ने सभी बैंकों को सलाह दी है कि वे केवल सीटीएस-2010 मानकों का अनुपालन करने वाली नई चेकबुक जारी करें ताकि चेक के इलेक्ट्रॉनिक संसाधन या वसूली में सुविधा हो।

c. स्थानीय चेक के लिए, जमा (क्रेडिट) और नामे (डेबिट) उसी दिन या क्लीयरिंग (clearing) के लिए उसे डाले जाने के अधिकतम अगले दिन किए जाएंगे। आदर्श रूप से, स्थानीय क्लीयरिंग (local clearing) के संबंध में, बैंक सापेक्ष रिटर्न क्लीयरिंग (relative return clearing) बंद होने के तुरंत बाद ग्राहक खातों को दिए गए आभासी जमा (shadow credit) के इस्तेमाल की अनुमति दी जाएगी, और किसी भी मामले में, सामान्य सुरक्षा के उपायों को ध्यान में रखते हुए उसी दिन या अगले कार्य दिवस की शुरुआत के ज्यादा से ज्यादा एक घंटे के भीतर पैसे निकालने की अनुमति दी जाएगी।

d. राज्य की राजधानियों/प्रमुख शहरों/अन्य स्थानों पर आहरित चेक की वसूली की समय-सीमा क्रमशः 7/10/14 दिन होगी। यदि वसूली में इस अवधि से अधिक कोई देरी होती है, तो बैंक की चेक वसूली नीति (CCP) में निर्दिष्ट दर पर ब्याज का भुगतान किया जाएगा। यदि सीसीपी (CCP) में दर वर्णित न हो, तो संबंधित परिपक्वता के लिए सावधि जमा (Fixed Deposits) की ब्याज दर ही लागू दर होगी।

e. बैंक अपने ग्राहकों के वसूली के लिए जमा किए गए बाहरी चेकों को स्वीकार करने से मना नहीं करेंगे।

f. आजकल, लगभग सभी बैंक सीबीएस प्लेटफ़ॉर्म पर हैं: बैंक अपने ग्राहकों को चेक प्रदान कर रहे हैं, जो बैंक की सभी शाखाओं में "सममूल्य पर (at par)" देय होते हैं। इसलिए, बाहरी चेकों की वसूली की मात्रा में काफी सीमा तक कमी आई है।

g. आदाता खाता (Account Payee) चेक की वसूली: किसी तीसरे पक्ष खाते में प्राप्तियां जमा करने पर प्रतिबंध: आरबीआई (RBI) ने बैंकों को निर्देश दिया है कि वे 'आदाता खाता' चेक को उसमें नामित प्राप्तकर्ता के अलावा किसी अन्य व्यक्ति को क्रेडिट न करें। तदनुसार, बैंकों को प्राप्तकर्ता (payee) ग्राहक के अलावा किसी अन्य व्यक्ति के लिए आदाता खाता चेक की वसूली नहीं करनी चाहिए।

h. चेक की समय-सीमा: बैंकों को उस तिथि या किसी अगली तिथि वाले चेक/ड्राफ्ट/भुगतान आदेश (पे ऑर्डर)/बैंकर्स चेक का भुगतान नहीं करना चाहिए, यदि उन्हें ऐसे लिखत की तिथि से तीन महीने की अवधि के बाद प्रस्तुत किया जाता है।

i. पारगमन/क्लीयरिंग प्रक्रिया में/भुगतानकर्ता बैंक की शाखा में खो गए चेक/लिखत: पारगमन (transit) में खोए चेक के संबंध में बैंकों को नीचे बताए दिशानिर्देशों का पालन करना चाहिए:

a. पारगमन या क्लीयरिंग प्रक्रिया में या भुगतानकर्ता बैंक की शाखा में खो गए चेक के संबंध में, बैंक को तुरंत इसकी सूचना खाताधारक को देनी चाहिए, ताकि भुगतान रोको (stop payment) को रिकॉर्ड करने के लिए आहर्ता (drawer) को खाताधारक सूचित कर सके और यह भी ध्यान रख सके कि खोए हुए चेक/लिखत की राशि जमा न होने के कारण उसके द्वारा जारी किए गए दूसरे चेक नकदीकरण से नकारे न जाएं।

b. ऐसे नुकसान की जिम्मेदारी वसूलीकर्ता बैंकर की होती है, न कि खाताधारक की।

c. बैंकों को डुप्लिकेट लिखत हासिल करने के खाताधारक-संबंधी खर्चों और इसे प्राप्त करने में हुई उचित देरी के लिए ब्याज की भरपाई करनी चाहिए।

d. यदि चेक/लिखत भुगतानकर्ता बैंक की शाखा में खो गया हो, तो वसूलीकर्ता बैंकर को भुगतानकर्ता बैंकर से चेक/लिखत के नुकसान के लिए ग्राहक को भरपाई की जाने वाली राशि वसूलने का अधिकार होना चाहिए।

5.4 चेक ट्रंकेशन (सीटीएस)

चेक ट्रंकेशन इलेक्ट्रॉनिक छवियों के आधार पर चेक के क्लीयरिंग और निपटान के बीच की एक प्रणाली है। क्लीयरिंग के इस रूप में लिखतों का वास्तविक आदान-प्रदान (physical exchange of instruments) शामिल नहीं है। बैंक के ग्राहकों को उनके चेक का भुगतान शीघ्रता से होगा क्योंकि स्थानीय चेक का भुगतान लगभग उसी दिन हो जाता है जिस दिन चेक को समाशोधन गृह (क्लीयरिंग हाउस) में प्रस्तुत किया जाता है, वहीं इंटरसिटी क्लीयरिंग अगले दिन होती है। चेक के तीव्र क्लीयरिंग (समाशोधन) के अलावा, बैंकों को रिकंसिलिएशन और क्लीयरिंग से जुड़ी धोखाधड़ी में कमी होने का अतिरिक्त फ़ायदा भी मिलता है। इस चेक ट्रंकेशन प्रणाली में, क्लीयरिंग साइकल में एक बिंदु पर वास्तविक लिखतों (physical instruments) के संचलन (movement) को कम कर दिया जाता है, जिसके बाद प्रक्रिया पूरी हो जाती है, जो पूरी तरह से केवल इलेक्ट्रॉनिक डेटा और चेक की छवियों पर आधारित होती है।

चेक ट्रंकेशन के फ़ायदे:

- चेक की वसूली में तेजी लाना
- ग्राहक के अनुभव/सेवा को बढ़ाना,
- क्लीयरिंग से जुड़ी धोखाधड़ी को दूर करने की गुंजाइश,
- चेक वसूली की लागत को कम करना,
- रिकंसिलिएशन (मिलान) कार्य को कम करना।

नकदीकरण से नकारे गए चेक (dishonoured cheques) को लौटाना:

किसी भी स्थिति में, बैंकों को बिना किसी देरी के, 24 घंटे के भीतर ग्राहक को नकारे गए लिखत (dishonoured instruments) वापस करना/ भेज देना चाहिए।

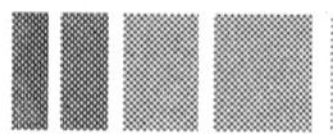

5.5 चेकों को क्रॉस करना

चेक को क्रॉस करने का मतलब यह होता है कि चेक नकद में नहीं, बल्कि बैंक के माध्यम से प्राप्तकर्ता के खाते में जमा किया जाएगा:

(*a*) सामान्य रेखन (जनरल क्रॉसिंग): किसी चेक को प्राप्तकर्ता/जारीकर्ता और धारक द्वारा उसके सामने वाले पृष्ठ पर दो समानांतर अनुप्रस्थ रेखाएं खींचकर, या तो 'अपरक्राम्य (not negotiable)' या 'एवं कंपनी (and company)' या 'आदाता खाता (account payee)' शब्द लिखकर या बिना लिखे क्रॉस किया जा सकता है। ये "सामान्य रेखन" के उदाहरण हैं और ऐसे मामलों में, अदाकर्ता बैंकर को बैंकर के अलावा किसी दूसरे तरीके से इसका भुगतान नहीं करना चाहिए।

(*b*) विशेष रेखन (स्पेशल क्रॉसिंग): विशेष रेखन में बैंक का नाम डाला जाता है जो चेक के सामने दो समानांतर अनुप्रस्थ रेखाओं (parallel transverse lines) के साथ या इसके बिना भी हो सकता है। इस तरह के रेखन (क्रॉसिंग) का यह अर्थ है कि अदाकर्ता बैंक चेक का भुगतान उस बैंक को या उसके वसूली एजेंट के अलावा किसी अन्य को नहीं करेगा, जिसके लिए यह क्रॉस किया गया है। इसका अर्थ यह है कि विशेष रूप से क्रॉस किए चेक को नामित बैंक के खाते के माध्यम से भेजा जाना चाहिए।

5.6 पृष्ठांकन (ENDORSEMENTS)

किसी चेक को वाहक (bearer) या प्राप्तकर्ता (payee) के आदेश पर देय बनाया जा सकता है। बियरर चेक को प्राप्तकर्ता या चेक धारक द्वारा भुनाया जा सकता है। ऑर्डर चेक का भुगतान निर्दिष्ट प्राप्तकर्ता या उसके पृष्ठांकित व्यक्ति (endorsee) को किया जाना चाहिए। ऐसी स्थितियों में, प्राप्तकर्ता की पहचान और पृष्ठांकन (endorsement) की वैधता जरूरी होती है।

ऑर्डर हेतु देग चेक पर केवल पृष्ठांकन और डिलिवरी द्वारा निगोशिएट किया जा सकता है। यदि लिखत पर पर्याप्त जगह न हो, तो पृष्ठांकन (endorsement) लिखत के पीछे या कागज की एक पर्ची (परांकन पर्ची (allonge)) संलग्न करके किया जाता है। पृष्ठांकन के लिए निम्नांकित मुख्य आवश्यकताएं होती हैं:

(*i*) किसी भी शब्द को जोड़े बिना पृष्ठांकनकर्ता (endorser) का हस्ताक्षर पृष्ठांकन के लिए पर्याप्त होता है।

(*ii*) प्राप्तकर्ता (payee) द्वारा या सभी प्राप्तकर्ताओं (payees) द्वारा संयुक्त रूप से पृष्ठांकन किया जाना चाहिए।

(*iii*) कोई अजनबी किसी लिखत का पृष्ठांकन तब तक नहीं कर सकता जब तक कि वह कालानुक्रम (due course) में धारक न हो।

(*iv*) एक पृष्ठांकन लिखत की राशि के केवल एक हिस्से के रूप में आंशिक (partial) नहीं हो सकता है।

5.7 अदायगी हेतु चेक स्वीकार करते समय बरती जाने वाली सावधानी

चेक स्वीकार करते समय जांच की जाने योग्य बातें:

1. प्राप्तकर्ता का पूरा नाम
2. मान्य तिथि
3. दर्ज की गई चेक राशि अंकों और शब्दों दोनों में हो
4. हस्ताक्षर की जांच करें

इस बात का ध्यान दिया जाना चाहिए कि यदि एक से अधिक प्राप्तकर्ता हों - जैसे, "पे टु द ऑर्डर ऑफ़ एबीसी एंड XYZ एक्सवाईज़ेड" - सभी प्राप्तकर्ताओं को चेक को पृष्ठांकित (endorse) करना होगा।

किसी चेक को संयुक्त खाते में जमा किया जा सकता है, जिसमें संयुक्त मालिकों में से केवल एक ही चेक पर हस्ताक्षर करता है।

चेक के पृष्ठांकित हो जाते ही, जब तक कि कोई लिखित प्रतिबंध न हो, चेक "बियरर" लिखत बन जाता है, ताकि कोई भी इसे भुना सके।

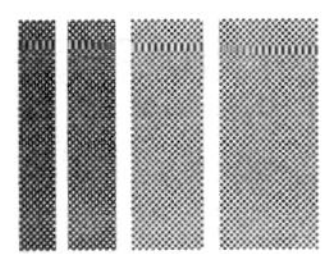

5.8 यदि कोई चेक बाउंस हो जाता है तो ग्राहक की देनदारियां

परिभाषा: कोई चेक अस्वीकृत या अनादरित श्रेणी में तब आता है जब प्राप्तकर्ता अदाकर्ता के चेक को सफलतापूर्वक भुना नहीं पाता है। आहरणकर्ता/अदाकर्ता वह होता है जो प्राप्तकर्ता

के नाम पर चेक जारी करता है। प्राप्तकर्ता इस चेक को बैंक में जमा करता है। यदि बैंक चेक पर वर्णित राशि का भुगतान करने से इंकार कर देता है, तो चेक अस्वीकृत या अनादरित (dishonoured) हो जाता है।

प्राप्तकर्ता (payee) को बाउंस हुए चेक के बारे में अदाकर्ता (payor) को सूचित करना चाहिए और उससे इसका कारण पता लगाने के लिए कहना चाहिए। यदि अदाकर्ता को यकीन हो कि चेक का दूसरी बार भुगतान किया जाएगा, तो इसे उस पर दी गई तिथि से तीन महीने के भीतर फिर से जमा किया जा सकता है। हालांकि, यदि चेक दोबारा बाउंस हो जाता है, तो अदाकर्ता को कानूनी कार्रवाई का सामना करना पड़ सकता है।

चेक कई कारणों से अस्वीकृत हो सकते हैं:

i. अपर्याप्त धनराशि होने पर

ii. बेमेल हस्ताक्षर होने पर

iii. चेक पर दी गई तिथि के कारण

iv. चेक के क्षतिग्रस्त होने पर

v. ओवरराइटिंग।

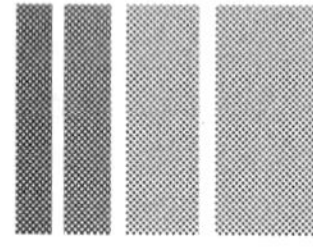

5.9 चेक का नकदीकरण (HONOUR) करने के लिए बैंकर का दायित्व

किसी बैंकर द्वारा स्वीकार की गई जमा उसकी मांग पर या अन्यथा चुकाने योग्य देनदारियां हैं। इसलिए, सामान्य प्रक्रिया में बैंकर ग्राहक के चेक का भुगतान करने के लिए वैधानिक दायित्व के अधीन होता है। 1881 के परक्राम्य लिखत अधिनियम की धारा 31 में जिक्र किया गया है कि:

- जिस चेक के अदाकर्ता (drawee) के पास चेक जारीकर्ता की पर्याप्त धनराशि हो, और वह भुगतान के लिए उचित रूप से लागू हो, ऐसे डिफ़ॉल्ट के कारण धन निकालने वाले (drawer) को होने वाली हानि या क्षति के लिए चेक जारीकर्ता को मुआवजा देना होगा।
- हालांकि बैंकर और उसके ग्राहक के बीच मुख्य संबंध देनदार और लेनदार का होता है या इसके विपरीत, ऊपर बताए इस संबंध की ख़ास विशेषताओं के कारण बैंकर को निम्नलिखित अतिरिक्त दायित्वों का पालन करना होता है:

  इस प्रकार, बैंकर अपने ग्राहक के चेक का नकदीकरण करने के लिए बाध्य है, बशर्ते कि नीचे बताई शर्तें पूरी हो रही हों:

a. अदाकर्ता (drawee) के हाथ में निकालने वाले (drawer) की पर्याप्त धनराशि होनी चाहिए
b. चेक के भुगतान के लिए धनराशि का समुचित इस्तेमाल किया जाना चाहिए
c. बैंकर के लिए विधिवत भुगतान करना आवश्यक होना चाहिए।

कोई बैंकर किसी चेक का भुगतान करने के लिए तभी बाध्य है जब उसे भुगतान करना आवश्यक हो। इसका मतलब यह है कि चेक, पूर्ण एवं व्यवस्थित (complete and in order) हो और उसे तीन महीने के भीतर भुगतान के लिए प्रस्तुत किया गया हो। इस अवधि के खत्म होने पर, चेक को गतावधि (stale) माना जाता है और बैंकर चेक को अस्वीकार कर देता है। इसी प्रकार, उत्तर-दिनांकित (पोस्ट डेटेड) चेक भी बैंकर द्वारा नकार (dishonour) दिया जाता है क्योंकि चेक जारीकर्ता का निर्देश केवल चेक में दी गई तिथि पर ही प्रभावी होता है।

5.10 धोखाधड़ी या अन्य लेनदेन से पैदा होने वाले त्रुटिपूर्ण डेबिट को लेकर बैंकों को सतर्क रहना चाहिए

बैंकों को परिचालन किए जाने वाले जमा खाता खोलने संबंधी दिशा-निर्देशों और प्रक्रियाओं का पालन करना जरूरी होता है, ताकि जालसाज व्यक्तियों को खातों तक पहुंचने से रोका जा सके, जो मुख्यतः भुगतान लिखतों को धोखाधड़ी से भुनाने के रूप में इस्तेमाल करते हैं।

हालांकि, जालसाज लोगों द्वारा पहले से स्थापित संस्थाओं के नाम से मिलते-जुलते नाम के जमा खाते खोलकर धोखाधड़ीपूर्ण नकदीकरण करने की निरंतर शिकायतें मिल रही हैं, जिसके कारण आहरणकर्ताओं के खातों से गलत और अनुचित डेबिट हो रहा है, बैंकों को ऐसी गलती से बचने के लिए सतर्क रहना चाहिए और शाखाओं/कर्मचारियों को जरूरी निर्देश जारी करना चाहिए।

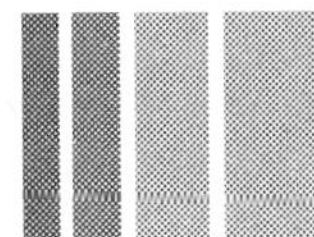

5.11 ग्राहक को मुआवज़ा देना (COMPENSATING THE CUSTOMER)

a. किसी भी धोखाधड़ी के मामले में, यदि शाखा को भरोसा हो जाता है कि उसके कर्मचारियों ने किसी बात में अनियमितता बरती/धोखाधड़ी की है, तो शाखा तुरंत अपनी जिम्मेदारी स्वीकार करती है और उचित दावे की भरपाई करती है।
b. उन मामलों में जहां गलती बैंकों की हो, बैंकों को बगैर किसी आपत्ति के ग्राहकों को इसकी भरपाई करनी चाहिए।

c. ऐसे मामलों में जहां न तो बैंक की गलती थी और न ही ग्राहक की गलती थी, बल्कि गलती कहीं सिस्टम में हुई थी, तब भी बैंकों को ग्राहकों को (एक सीमा तक) बोर्ड द्वारा अनुमोदित मुआवजा नीति के अंग के रूप में देना चाहिए ।

5.12 एनआई अधिनियम की धारा 138 से 148 तक

खाते में पर्याप्त धनराशि न होने के कारण चेक का नकदीकरण से नकारना (Dishonour of cheque) : अपराधिक कृत्य।

जहां कोई व्यक्ति किसी बैंकर में रखे खाते से किसी अन्य व्यक्ति को किसी भी ऋण के समूचे अथवा आंशिक भुगतान के लिए किसी भी राशि का चेक आहरित (draw) करता है जिसे बैंक बगैर भुगतान के वापस कर देता है, जिसका कारण या तो उस खाते में उसके नकदीकरण हेतु पर्याप्त जमा राशि का न होना अथवा उस बैंक के साथ किए गए समझौते के अनुसार उस खाते से भुगतान की जाने वाली राशि से अधिक होना था, तो ऐसे व्यक्ति को अपराधी माना जाएगा और इसके किसी भी अन्य प्रावधान पर प्रतिकूल प्रभाव डाले बगैर उसे दो वर्ष तक की कैद की सजा और चेक की राशि के दोगुने तक जुर्माना लगाया जाएगा या दोनों तरीके से दंडित किया जा सकता है।

अगर निम्नांकित शर्तें पूरी हो जाती हों, तो एनआई अधिनियम के तहत अपराध किया हुआ माना जाएगा (धारा 138):

- कानूनी रूप से लागू करने योग्य ऋण के आंशिक या पूर्ण भुगतान के लिए चेक अदाकर्ता द्वारा प्राप्तकर्ता के बैंक खाते के नाम से काटा गया होना चाहिए
- चेक को बैंकर द्वारा प्राप्तकर्ता को या उचित समय पर नीचे दिए कारणों से लौटा दिया जाना चाहिए:
  - (*a*) अदाकर्ता के खाते में अपर्याप्त बैलेंस राशि होना या
  - (*b*) यह राशि बैंक के साथ हुए करार से अधिक है।

प्रावधान के लिए निम्नांकित अतिरिक्त शर्तों को पूरा करना जरूरी होता है:

- चेक को उसकी वैधता अवधि के भीतर सौंपा जाना चाहिए।
- नामे सूचना (डेबिट ऐडवाइस) नोटिस प्राप्त होने की तिथि से 30 दिनों के भीतर चेक के भुगतान की मांग करते हुए लिखित नोटिस देना चाहिए। ऐसा लिखित नोटिस बैंक से नकार ज्ञापन की सूचना मिलने की तिथि से 30 दिनों के भीतर जारी किया जाना चाहिए, और

- नोटिस मिलने की तारीख से 15 दिनों के भीतर चेक जारी करने वाला (Drawer) अनादरित चेक की राशि का भुगतान नहीं कर पाता है।

इन स्थितियों में, कार्रवाई का कारण तब पैदा होता है जब नोटिस अवधि के भीतर और नोटिस अवधि की समाप्ति पर चेक जारीकर्ता द्वारा मांगी गई राशि का भुगतान न किया जाए।

शिकायत दर्ज़ करने की प्रक्रिया: कार्रवाई का कारण पैदा होने की तिथि से 30 दिनों के भीतर शिकायत दर्ज की जानी चाहिए यानी, न तो नोटिस अवधि की समाप्ति से पहले और न ही कार्रवाई के कारण पैदा होने की तिथि से 30 दिनों के बाद। सर्वोच्च न्यायालय ने मेसर्स लेदर्स बनाम पलन्नियप्पन के मामले में,सदानंदन भद्रन बनाम माधवन सुनील कुमार के अपने फ़ैसले को पलट दिया और यह माना कि चेक प्राप्तकर्ता या चेक धारक अब हर बार चेक बाउंरा होने पर चेक जारी करने वाले को एक वैधानिक नोटिस जारी कर सकता है और अगली प्रस्तुति और साथ ही दूसरे या लगातार वैधानिक नोटिस के आधार पर कार्यवाही शुरू कर सकता है।

इस प्रकार, सर्वोच्च न्यायालय के नवीनतम फैसलों में चेक बाउंस के मामलों से संबद्ध कानून की विवेचना शिकायतकर्ता के पक्ष में ज्यादा करने का रुझान देखा गया है। इसी प्रकार, अन्य नवीनतम निर्णयों ने यह विचार प्रकट किया कि कड़ी विवेचना से चेक के बदनीयत भुगतानकर्ताओं को राहत नहीं मिलनी चाहिए।

सर्वोच्च न्यायालय ने चेक बाउंस होने के मामलों में कंपनियों के निदेशकों और फर्मों के पार्टनरों पर कड़ी जिम्मेदारी डाली है। इसने फैसला सुनाया कि कंपनी को चेक बाउंस होने का नोटिस पर्याप्त है और निदेशकों को पृथक रूप नोटिस देने की कोई जरूरत नहीं है।

जब कंपनी को नोटिस मिलता है, तो निदेशकों को अनादरण (डिसऑनर) के बारे में पता चल जाता है। यह पता लगाने के लिए पर्याप्त समय होता है, कि गलती के लिए कौन से निदेशक जिम्मेदार हैं, यह समय लगभग 75 दिन का होता है, और इसलिए, हर निदेशक या पार्टनर को नोटिस भेजकर प्रक्रिया को लम्बा खींचने की कोई जरूरत नहीं है।

अपराध का संज्ञान (**Cognizance of offence**):

अधिनियम की धारा 142 "आपराधिक प्रक्रिया संहिता, 1973 में निहित किसी भी तथ्य के बावजूद" से शुरू होती है और यह निर्देश देती है कि कोई भी अदालत तब तक अपराध का संज्ञान नहीं लेगी जब तक कि प्राप्तकर्ता या धारक (holder) सही समय पर लिखित शिकायत नहीं करता है और ऐसी शिकायत कार्रवाई की तिथि से एक महीने के भीतर की गई हो।

इस नॉन-ऑबस्टेंटे (*non-obstante*) खंड का प्रभाव यह है कि एनआई अधिनियम सीपीसी (CPC) के प्रावधानों को एनआई अधिनियम में बताई गई सीमा तक अधिलेखित कर देता है। यह धारा

तय अवधि के बाद विलंब से दर्ज कराई जाने वाली शिकायतों को भी अनुमति देती है, बशर्ते कि शिकायतकर्ता देर से शिकायत दर्ज़ कराने के पर्याप्त आधार से अदालत को संतुष्ट कर देता हो।

समरी ट्रायल (Summary Trial):

धारा 143 समरी ट्रायल की अनुमति देती है और यह "के होते हुए भी (*non obstante* clause)" खंड से शुरू होती है।

विषय-वस्तु को संक्षेप में इस प्रकार प्रस्तुत किया जा सकता है:

- यह प्रथम श्रेणी जुडीशियल मजिस्ट्रेट या मेट्रोपॉलिटन मजिस्ट्रेट को 138 मामलों की समरी ट्रायल करने का अधिकार देता है।
- यह स्पष्ट रूप से बताता है कि जहां तक संभव हो, समरी ट्रायल्स पर सीआरपीसी (CrPC) की धारा 262-265 के प्रावधान लागू होंगे। दूसरे शब्दों में कहें, तो मामले के तथ्यों के अनुरूप सीआरपीसी (CrPC) के प्रावधानों को लागू करने या न करने का अधिकार मजिस्ट्रेट को प्रदान किया गया है। हालांकि, व्यवहार में इसे अपनाया नहीं जाता है।
- ट्रायल के समापन तक रोजाना सुनवाई की जाएगी, जब तक कि अदालत को सुनवाई को अगले दिन के बाद स्थगित करने के लिए उचित कारण न मिल जाए। अदालतों को बाद की तिथि के लिए स्थगित करने के कारणों को लिखित रूप में दस्तावेजीकरण करना होगा। इसके अलावा अदालतें छह महीने के भीतर मुकदमे को पूरा करने की कोशिश करेगी।

सम्मन तामील करने का तरीका (Mode of service of summons):

धारा 144 अभियुक्तों को सम्मन भेजने के तरीके से संबंधित है। यह स्पष्ट रूप से बताता है कि:

- सम्मन उस स्थान पर भेजा जा सकता है जहां आमतौर पर आरोपी या गवाह निवास करता है या अपना व्यवसाय करता है या व्यक्तिगत रूप से लाभ के लिए काम करता है।
- सम्मन स्पीड पोस्ट, या सेशन अदालत द्वारा अधिकृत कूरियर सेवा द्वारा भेजा जा सकता है और किसी भी अधिकृत व्यक्ति (authorized person) के इंकार करने/प्राप्त करने पर, अदालत घोषित कर सकती है कि यह विधिवत तामील (duly serve) कर दिया गया है।

शपथपत्र के जरिए साक्ष्य (Evidence on affidavit):

धारा 145 में प्रावधान है कि शिकायतकर्ता शपथ पत्र पर साक्ष्य दे सकता है। भले ही एनआई अधिनियम में ख़ास तौर से इसके लिए प्रावधान है, कुछ मजिस्ट्रेट भौतिक रूप से (mechanically) सीआरपीसी (CrPC) की धारा 261-265 के प्रावधानों का सख्ती से पालन करते हैं। ट्रायल पूरा

होने में बहुत ज्यादा विलंब होने का यह एक मुख्य कारण है। शिकायतकर्ता को प्रतिपरीक्षा (cross examination) या पुनः परीक्षण (re-examination) के लिए सम्मन-पूर्व चरण और सम्मन के बाद के चरण में दो बार हाजिर होने के लिए कहा जाता है, जो वास्तव में धारा 138 के तहत आने वाले मामलों में कोई सार्थक उद्देश्य पूरा नहीं करता है, मगर ट्रायल के पूरा होने में विलम्ब करता है। ऐसी प्रक्रियागत देरी से अभियुक्त ही ज्यादा फ़ायदा उठाता है।

5.13 सारांश

बचत व चालू खाता धारकों को चेक बुक जारी की जाती है। चेक बैंकर को संबोधित बिना शर्त के आदेश वाला एक लिखत होता है, । इस पर बैंक में नकदी जमा करने वाले व्यक्ति के हस्ताक्षर होते हैं ।

चेक का भुगतान धारक (bearer)को या प्राप्तकर्ता (payee) के आदेश पर किया जा सकता है। बियरर चेक का नकदीकरण प्राप्तकर्ता या चेक धारक कर सकता है। चेक को क्रॉस करने का अर्थ, भुगतान करने वाले बैंकर को किसी विशेष व्यक्ति को राशि का भुगतान करने का निर्देश देना है। चेक को क्रॉस करने से बैंकर द्वारा भुगतान करना सुरक्षित हो जाता है।

बैंकर अपने ग्राहक के चेक का नकदीकरण करने के लिए बाध्य होता है, बशर्ते कि चेक जारी करने वाले के खाते में चेक का भुगतान करने के लिए पर्याप्त धनराशि हो ।

किसी भी धोखाधड़ी के मामले में, यदि बैंक को भरोसा हो जाता है कि उसके कर्मचारियों ने किसी ग्राहक के प्रति अनियमितता बरती है या धोखाधड़ी की है, तो शाखा को तुरंत अपनी जिम्मेदारी स्वीकार करनी चाहिए और उचित दावे की भरपाई करनी चाहिए।

बैंकर और ग्राहक के बीच संबंध, देनदार-लेनदार का रिश्ता होने के कारण, बैंकर अपने ग्राहक द्वारा जारी किए गए चेक का भुगतान करने के लिए कानूनी रूप से बाध्य होता है। जहां कोई व्यक्ति किसी बैंकर में रखे खाते से किसी अन्य व्यक्ति को किसी भी ऋण के समूचे अथवा या आंशिक भुगतान के लिए किसी भी राशि का चेक आहरित करता है जिसे बैंक बगैर भुगतान के वापस कर देता है, जिसका कारण या तो उस खाते में उसके नकदीकरण हेतु पर्याप्त जमा राशि का न होना अथवा वह उस बैंक के साथ किए गए समझौते के अनुसार उस खाते से भुगतान की जाने वाली राशि से अधिक होना था, तो ऐसे व्यक्ति को अपराधी माना जाएगा और इसके किसी भी अन्य प्रावधान पर प्रतिकूल प्रभाव डाले बगैर उसे दो वर्ष तक की कैद की सजा और चेक की राशि के दोगुने तक जुर्माना लगाया जाएगा या दोनों तरीके से दंडित किया जा सकता है।

5.14 प्रमुख शब्द

चेक, रेखन (क्रॉसिंग), चेक का नकदीकरण, चेक ट्रांसक्शन, चेक का रेखन (क्रॉसिंग), परक्राम्य लिखत (एन.आई.) अधिनियम, नकारा गया चेक, अनुमोदन।

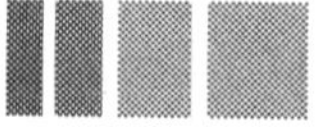

5.15 अपनी प्रगति जाँचें

1. चेक/ड्राफ्ट की वैधता होती है:
   (a) छह महीने
   (b) तीन महीने
   (c) नौ महीने
   (d) बारह महीने
2. एक "अकाउंट पेई" क्रॉस्ड चेक हो सकता है:
   (a) काउंटर पर नकद भुगतान वाला।
   (b) अनुमोदनकर्ता के खाते में जमा किया जाने वाला।
   (c) केवल प्राप्तकर्ता के खाते में जमा किया जाने वाला।
   (d) इसकी अनदेखी कर दी गई, क्योंकि इसका कोई कानूनी संज्ञान नहीं है।
3. चेक के "विशेष रेखन (स्पेशल क्रॉसिंग)" का अर्थ है:
   (a) जब यह दो तिरछी रेखाओं के बीच एक बैंक का नाम रखता है।
   (b) कि चेक केवल प्राप्तकर्ता के खाते में जमा किया जाना होता है।
   (c) इसकी कुछ शर्तें हैं जिन्हें भुगतान/वसूली के लिए डालने से पहले पूरा किया जाना होता है।
   (d) कि इसका भुगतान काउंटर पर नकद के रूप में किया जा सकता है।
4. परक्राम्य लिखत अधिनियम की धारा 131ए निम्नांकित दशा में एक बैंकर को दी गई सुरक्षा का विस्तार करती है:
   (a) चेक और ड्राफ्ट का भुगतान प्राप्त करते समय।
   (b) चेक और ड्राफ्ट का भुगतान करते समय।

(c) चेक और ड्राफ्ट के भुगतान का अनुमोदन करते समय।

(d) उपरोक्त में कोई नहीं

5. सुरक्षा का दावा करने के लिए वसूलीकर्ता बैंक के कर्तव्य निम्नलिखित के अंतर्गत तय किए गए हैं:

(a) भारतीय अनुबंध अधिनियम

(b) बैंकिंग विनियमन अधिनियम

(c) परक्राम्य लिखत अधिनियम

(d) बैंकिंग कंपनी नियम

6. यदि कोई बैंक ऐसे चेक का भुगतान करता है जिसमें ग्राहक का नकली हस्ताक्षर होता, तो बैंक को:

(a) जिम्मेदार नहीं ठहराया जाएगा

(b) अगर हस्ताक्षरों में जालसाजी नहीं दिखाई नहीं पड़ती है तो जिम्मेदार नहीं ठहराया जाएगा

(c) जिम्मेदार ठहराया जाएगा

(d) हस्ताक्षर करने वाले से संपर्क करना होगा और उसे रिकॉर्ड पर हस्ताक्षर बदलने के लिए कहना होगा ताकि भविष्य में ऐसी घटना न हो।

5.16 अपनी प्रगति जाँचें का उत्तर

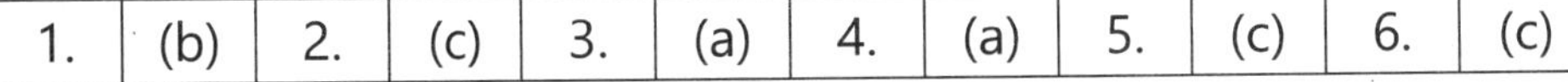

1.	(b)	2.	(c)	3.	(a)	4.	(a)	5.	(c)	6.	(c)

B

विभिन्न उत्पादों और वसूली के कानूनी पहलुओं का संक्षिप्त विवरण

अध्याय

6 क्रेडिट कार्ड्स और डेबिट कार्ड्स

अध्याय

6 क्रेडिट कार्ड्स और डेबिट कार्ड्स

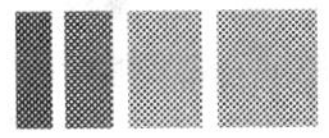

6.1 उद्देश्य

इस अध्याय को पढ़ने के बाद पाठक इन बातों को समझ पाएंगे-

- भारतीय बाजार में उपलब्ध विभिन्न प्रकार के कार्ड्स
- क्रेडिट कार्ड्स और डेबिट कार्ड्स की विशेषताएं
- एटीएम और माइक्रो-एटीएम

6.2 परिचय

खरीदारियों के लिए नकद, चेक या कार्ड से भुगतान किया जा सकता है। बड़ी मात्रा में नकदी को साथ ले जाना असुविधाजनक होने के कारण बड़े भुगतान नकद में नहीं किए जा सकते। चेक अक्सर स्वीकार नहीं किए जाते क्योंकि चेक जारी करने वाले व्यक्ति की ऋण स्थिति (क्रेडिट स्टैंडिंग) स्पष्ट नहीं होती। ऐसी परिस्थितियों में क्रेडिट कार्ड काम आते हैं और दैनिक खरीदारी और खर्चों के भुगतान में इस्तेमाल किए जाते हैं।

आजकल, क्रेडिट कार्ड के रूप में प्लास्टिक मनी भुगतान करने का एक पसंदीदा तरीका बन गया है और लोगों के बीच इसकी व्यापक स्वीकार्यता है। क्रेडिट कार्ड के बढ़ते उपयोग के साथ, वित्तीय प्रणाली(financial system) नकदी-रहित (cashless) लेनदेन की ओर अधिक बढ़ रही है।

हाल के वर्षों में हमारे देश में कार्ड के उपयोग में भारी वृद्धि देखी गई है। हालांकि, वर्तमान में कार्ड में क्रेडिट सुविधा का उपयोग अधिक नहीं हुआ है क्योंकि क्रेडिट कार्ड का उपयोग छोटे मूल्य और ज्यादातर व्यक्तिगत लेनदेन तक ही सीमित है। अंतर्राष्ट्रीय क्रेडिट कार्ड जायंट जैसे,

वीजा इंटरनेशनल, मास्टर कार्ड इंटरनेशनल और एमेक्स (Amex) पहले से ही भारत में मौजूद हैं और बैंक उनके सहयोग से कार्ड जारी करते हैं।

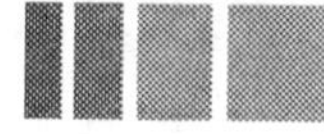

6.3 कार्ड

कार्ड 8.5 सेमी x 5.4 सेमी आकार का छोटा प्लास्टिक का कार्ड होता है जिसे बैंक तीन कार्ड कंपनियों में से एक या अधिक के सहयोग से जारी करता है या एनपीसीआई के सहयोग से रूपे कार्ड जारी करता है। कार्ड धारक का नाम, कार्ड नंबर और वैधता अवधि कार्ड के ऊपर लिखी होती है। इसके अलावा प्रत्येक कार्ड पर कार्ड धारक का नाम, खाता संख्या और वह अंतिम महीना लिखा होता है जब तक कार्ड वैध है। इसके अलावा, कार्ड के पीछे तीन-अंकों की सुरक्षा संख्या (सिक्योरिटी-नंबर) होती है जिसे गोपनीय रखा जाता है और यह जानने के एक तरीके के रूप में उपयोग किया जाता है कि लेनदेन करते समय उपयोगकर्ता के पास कार्ड मौजूद है। कार्ड जारीकर्ता को आम तौर पर क्रेडिट कार्ड देने से पहले कार्ड धारक से अपनी उपस्थिति में नमूना हस्ताक्षर फलक (specimen signature panel) पर हस्ताक्षर करवाना चाहिए। कार्डधारक एक महीने में जिस सीमा तक खरीदारी कर सकता है, उसे कार्ड लिमिट कहा जाता है, इसकी जानकारी भी कार्डधारक को दी जाती है। इस लिमिट के एक हिस्से का उपयोग आपातकाल में नकदी निकालने के लिए किया जा सकता है और ऐसी निकासी पर सेवा शुल्क लगाया जाता है। कई बैंकों के क्रेडिट कार्ड भी होते हैं, जो एटीएम कार्ड की तरह भी काम करते हैं।

कार्ड विभिन्न प्रकार के होते हैं जिनमें से कुछ के बारे में नीचे बताया गया है:

1. चार्ज कार्ड
2. डेबिट कार्ड
3. क्रेडिट कार्ड
4. स्मार्ट कार्ड या चिप कार्ड
5. रेस्ट्रिक्टेड कार्ड/मेम्बर कार्ड
6. एटीएम कार्ड

6.3.1 चार्ज कार्ड (Charge Card)

चार्ज कार्ड एक विशेष प्रकार का क्रेडिट कार्ड है। इन कार्ड्स में, कार्ड धारक द्वारा किए गए लेनदेनों को आमतौर पर एक महीने में इकट्ठा (accumulate) किया जाता है, और कुल राशि चार्ज की जाती है अर्थात कार्ड धारक के खाते से डेबिट की जाती है। डेबिट होते समय उसके

खाते में अपर्याप्त निधि होने पर कार्ड धारक को अपने खाते में क्रेडिट करने के लिए लगभग 20 से 50 दिनों का समय दिया जाता है।

चूंकि लेनदेन केवल तभी इकट्ठा (accumulate) होता है और चार्ज किया जाता है जब धारक से राशि का भुगतान करने की अपेक्षा की जाती है, इसलिए ऐसे कार्डों को चार्ज कार्ड कहा जाता है।

6.3.2 क्रेडिट कार्ड (Credit Card)

यह एक चार्ज कार्ड की तरह है जहां महीने में एक बार कार्ड धारक के खाते से डेबिट किए गए लेनदेन के कुल मूल्य के साथ लेनदेन का शुल्क खाते से लिया जाता है। क्रेडिट और चार्ज कार्ड के बीच यह अंतर है कि क्रेडिट कार्ड के मामले में, खाते से डेबिट होने पर राशि तुरंत देय हो जाती है। क्रेडिट कार्ड के मामले में, कार्डधारक को देय राशि का एक बिल भेजा जाता है और बिल प्राप्त होते ही उसके पास नियत तिथि पर पूरी राशि का भुगतान करने का विकल्प होता है या वह बिल की राशि का केवल कुछ प्रतिशत भुगतान करने का विकल्प चुन सकता है; ऐसी स्थिति में कार्ड धारक को शेष राशि की लिमिट का ऋण मिल जाता है, अर्थात वह इसे बाद में मासिक किस्तों में भुगतान कर सकता है। यदि बिल की पूरी राशि का भुगतान एक निश्चित नियत तिथि के भीतर किया जाता है, तो कोई शुल्क नहीं लगता है, लेकिन आस्थगित (डिफर्ड) भुगतान की राशि पर सेवा शुल्क लगाया जाता है। जहाँ चार्ज कार्ड संबंधित बैंक में खाता बनाए रखना न्यायसंगत (warrant) बताएगा, क्रेडिट कार्ड पर बकाया राशि का भुगतान किसी भी चेक द्वारा किया जा सकता है। क्रेडिट कार्ड धारक को कार्ड जारीकर्ता बैंक में खाता रखने की आवश्यकता नहीं होती।

कार्डधारक से इस बात की अपेक्षा की जाती है कि वह निर्धारित देय तिथि के भीतर बिल की राशि का भुगतान कर दे या कार्ड कंपनी से किस्त में भुगतान करने की सुविधा प्राप्त कर ले। आमतौर पर, कार्ड कंपनियां बिल में किस्तों की सुविधा देने के लिए देय न्यूनतम राशि दिखाएंगी। यदि कार्ड धारक किस्तों में भुगतान करना चाहता है तो बिल में देय ब्याज दर या शुल्क भी दिखाया जाएगा।

क्रेडिट कार्ड उपभोक्ताओं को पूर्व-निर्धारित उधार की सीमा (credit line) तक पहुंच प्रदान करता है। उपभोक्ता अपने कार्ड का उपयोग करके भुगतान करते हैं और बिलिंग चक्र के अंत में बिल प्राप्त करते हैं। कार्ड जारीकर्ता आमतौर पर बकाया राशि के लिए न्यूनतम भुगतान पाना चाहता है, लेकिन, इसके अलावा, ग्राहक चुन सकता है कि वह बिल का कितना भाग चुकाना चाहता है। जारीकर्ता की निर्दिष्ट ब्याज-मुक्त अवधि के भीतर भुगतान न करने पर शेषराशि पर कार्ड जारीकर्ता निर्धारित दर पर ब्याज लगाएगा।

अन्य ऋणों और अग्रिमों की तरह ही क्रेडिट कार्ड का बकाया भी डिफॉल्ट हो सकता है। इस प्रकार, क्रेडिट कार्ड बैंकों के लिए ऋण जोखिम का कारण बन सकते हैं। क्रेडिट कार्ड धारक बड़े भौगोलिक क्षेत्र में फैले हुए हो सकते हैं जहां हो सकता है कि कार्ड जारीकर्ता बैंक की पहुंच न हो और कुछ कार्ड धारकों के बैंक खाते न हों, इस बात को ध्यान में रखते हुए कार्ड जारीकर्ता बैंकों को पूरी तरह से मूल्यांकन के बाद कार्ड के ग्राहकों का चयन करना होगा।

कार्ड की बकाया राशि की वसूली भी सावधानीपूर्वक एवं व्यवस्थित ढंग से की जानी चाहिए। बैंक, बैंकों की क्रेडिट कार्ड सहायक कंपनियां और कार्ड कंपनियां कार्ड बकाया के प्रबंधन में कॉल केंद्र और संग्रह/वसूली एजेंटों का उपयोग करती हैं।

क्रेडिट कार्ड व्यवसाय में कई पक्ष शामिल होते हैं। वे हैं:

(*i*) कार्ड धारक (Card Holder): वह व्यक्ति जिसके नाम पर कार्ड जारी किया गया है

(*ii*) कार्ड जारीकर्ता बैंक (Card Issuing Bank): यह वह बैंक होता है जो ग्राहक की पहचान करता है और कार्ड जारी करता है। यह बैंक सहमत बिलिंग अनुसूची के अनुसार ग्राहक को बिल जारी करेगा।

(*iii*) मर्चेंट (Merchant): वह व्यक्ति होता है जो प्रदान की गई सेवाओं या बेची गई वस्तुओं के लिए क्रेडिट कार्ड के माध्यम से भुगतान लेता है।

(*iv*) मर्चेंट बैंक या एक्वायरिंग बैंक (Merchant Bank or Acquiring Bank): दुकान में कार्ड स्वाइप करने के बाद, मर्चेंट अपने बैंक से क्रेडिट मांगेगा। जो बैंक मर्चेंट को प्रतिपूर्ति करता है उसे मर्चेंट बैंक कहा जाता है।

(*v*) मर्चेंट बैंक कार्ड जारी करने वाले बैंक से भुगतान की मांग करेगा। इसे संग्राहक बैंक कहा जाता है।

(*vi*) वीजा या मास्टर कार्ड या रुपे कार्ड (एनपीसीआई) वो कंपनियां हैं जो क्रेडिट कार्ड का संचालन करती हैं और वे सभी लेनदेनों पर पकड़ बनाए रखती हैं और विभिन्न मध्यस्थों के बीच बकाए का निपटान करती हैं।

क्रेडिट कार्ड की मुख्य विशेषताएं:

- वीजा, मास्टर कार्ड इत्यादि से संबद्धता के जरिए क्रेडिट कार्ड विश्व स्तर पर स्वीकार किए जाते हैं।
- क्रेडिट कार्ड उपयोग की लिमिट के साथ जारी किए जाते हैं जिन्हें "कार्ड लिमिट" कहा जाता है जो ऊपरी लिमिट तय करती है जिस लिमिट तक कार्ड का उपयोग किया जा सकता है। कुल लिमिट के भीतर, एटीएम के जरिए नकदी निकालने की लिमिट तय की गई है जो कुल कार्ड लिमिट के बराबर या उससे कम होगी। जबकि कुल लिमिट का

उपयोग किसी भी समय बिना किसी शुल्क के किया जा सकता है, लेकिन नकदी निकालने के लिए, निकासी की बारंबारता के आधार पर वित्त शुल्क लिया जाता है।

- क्रेडिट कार्ड में एक नियमित बिलिंग चक्र और बिलिंग तिथि होती है और भुगतान की देय तिथि बिलिंग तिथि के अनुसार तय की जाती है। बिलिंग तिथि के बाद भुगतान की निर्धारित अवधि को क्रेडिट-मुक्त (फ्री क्रेडिट) अवधि कहा जाता है और यह आमतौर पर **20 दिनों से 50 दिनों के बीच होती** है और अलग-अलग बैंकों की अलग-अलग होती है।
- कार्ड के उपयोग को प्रोत्साहित करने के लिए, राशि और उपयोग के प्रकार के आधार पर रिवार्ड प्वॉइंट दिए जाते हैं। सिल्वर, गोल्ड, प्लेटिनम, टाइटेनियम इत्यादि जैसी विभिन्न श्रेणियों के लिए रिवॉर्ड पॉइंट अलग-अलग होते हैं।
- क्रेडिट कार्ड के उपयोग के लिए एक और प्रोमोशनल अवधारणा अब प्रचलित है। उपयोग को प्रोत्साहित करके अधिक उपयोग को बढ़ावा देने के लिए क्रेडिट कार्ड में "कैशबैक ऑफर" दिया जा रहा है।
- क्रेडिट अवधि के बाद और तय तिथि पर कार्ड के उपयोग का भुगतान अलग-अलग तरीकों से किया जा सकता है जैसे कि तय तिथि पर या उससे पहले पूरा या किश्तों में, इत्यादि।
- ऐड ऑन फीचर के रूप में कार्ड्स फोटो के साथ भी जारी किए जाते हैं
- कुछ बैंक कार्ड धारकों को निःशुल्क व्यक्तिगत दुर्घटना बीमा कवर प्रदान करते हैं जो कार्ड के प्रकार इत्यादि के आधार पर 1 लाख रु. से लेकर 10 लाख रु. तक हो सकते हैं।
- आरबीआई ने जून 2022 में घोषणा की है कि वह क्रेडिट कार्ड को यूनिफाइड पेमेंट इंटरफेस (यूपीआई) से जोड़ने की अनुमति देगा। इसकी शुरुआत आरबीआई-प्रायोजित (RBI-promoted) नेशनल पेमेंट्स कॉरपोरेशन ऑफ इंडिया (NPCI) द्वारा जारी किए गए रुपे (RuPay) क्रेडिट कार्ड से होगी। क्रेडिट कार्ड को यूपीआई से जोड़ने का मूल उद्देश्य ग्राहकों को भुगतान के अधिक विकल्प प्रदान करना है।

क्रेडिट की अवधि - एक उदाहरण:

मिस्टर X के पास एक क्रेडिट कार्ड है और उन्होंने 3 सितंबर को एक लेनदेन किया। उन्हें 2 अक्टूबर को अपना क्रेडिट कार्ड विवरण मिला। उन्हें विवरण की तिथि से 22 दिनों के भीतर क्रेडिट कार्ड के बकाया का भुगतान करना होगा। इस मामले में उन्हें कितने दिनों का क्रेडिट मिलेगा?

(*a*) 20 दिन

(*b*) 22 दिन

(*c*) 50 दिन *

(*d*) 30 दिन।

(उत्तर: 2 अक्टूबर के विवरण में पिछले महीने अर्थात 3 सितंबर से 2 अक्टूबर तक क्रेडिट कार्ड के उपयोग का ब्यौरा है। जो 28 + 2 = 30 दिन के बराबर है। अक्टूबर अर्थात 3 अक्टूबर से 22 अक्टूबर के बीच उपलब्ध क्रेडिट = 20 दिन। इसलिए उपलब्ध क्रेडिट की कुल अवधि 50 दिन है अर्थात, क्रेडिट कार्ड योजना में उपलब्ध अधिकतम क्रेडिट अवधि)

क्रेडिट कार्ड के फायदे

विभिन्न संबंधित पक्षों के लिए क्रेडिट कार्ड सिस्टम के फायदे इस प्रकार हैं:

कार्ड धारक के लिए:

- कार्ड धारक के लिए अपने वॉलेट में क्रेडिट कार्ड रखना और यात्रा करने या खरीदारी करने के लिए भुगतान करना सुविधाजनक होता है। यह कार्ड धारक को नकदी निकालने की भी सुविधा देता है।
- यह उनमें वित्तीय अनुशासन की भावना पैदा करता है।
- विक्रेताओं इत्यादि के साथ विवाद के मामले में यह कार्ड धारकों की स्थिति को मजबूत करने के लिए बैंकिंग चैनलों के माध्यम से की गई खरीदारी का प्रमाण प्रदान करता है।
- यह ऐड-ऑन सदस्यों को खर्च करने की शक्ति भी प्रदान करता है।
- यह बीमा कवर/छूट इत्यादि जैसी अतिरिक्त सुविधाएं भी प्रदान करता है।

व्यापारिक प्रतिष्ठान(Merchant establishments) *को होने वाले फायदे:*

- कार्डधारक को उपलब्ध क्रेडिट से उसकी क्रय शक्ति में वृद्धि के कारण बिक्री में वृद्धि होती है।
- कार्ड धारक कार्ड स्वीकार न करने वालों की तुलना में कार्ड स्वीकार करने वालों को प्राथमिकता देते हैं।
- व्यापारिक प्रतिष्ठान (Merchant establishments) ग्राहकों को सीधे ऋण देने के प्रावधान से बच सकते हैं।
- व्यवस्थित अकाउंटिंग होती है क्योंकि बिक्री की रसीदें बैंकिंग चैनलों के माध्यम से भेजी जाती हैं।

- राष्ट्रीय स्तर पर विज्ञापन और प्रोमोशनल सपोर्ट।
- प्रतिष्ठित ग्राहक आधार में वृद्धि।
- आश्वासन और तत्काल निपटान/भुगतान।
- कैश हैंडल करने में शामिल सभी लागतों और सुरक्षा समस्याओं से बचाव।

बैंकों को होने वाले फायदे:

- व्यापारियों के टर्नओवर से अर्जित शेयर से बेहतर लाभप्रदता की गुंजाइश और संभावना।
- नए ग्राहकों के साथ बैंकिंग संबंध बनाने में मदद करता है।
- यह मौजूदा ग्राहकों को अतिरिक्त ग्राहक सेवा भी प्रदान करता है।
- कार्डधारकों के बेहतर नेटवर्क प्रसार और उनके बढ़ते उपयोग का मतलब है बैंकों के लिए उच्च लोकप्रियता और बेहतर छवि।
- कैश रखने/स्टेशनरी प्रिंटिंग और समाशोधन लेनदेन का संचालन करने के लिए कामगार पर खर्च की बचत।

6.3.3 डेबिट कार्ड (Debit Cards)

डेबिट कार्ड क्रेडिट कार्ड की तरह होते हैं। इस कार्ड में एकमात्र अंतर यह है कि कार्डधारक के प्रत्येक लेनदेन की देय राशि के बारे में जारीकर्ता को सूचना मिलते ही लेनदेन की राशि कार्डधारक के खाते से डेबिट कर दी जाती है ।

डेबिट कार्ड कार्डधारक को अपने बैंक खाते में उपलब्ध निधि तक पहुंच प्रदान करता है। इसका उपयोग खरीदारी करने और एटीएम से नकदी निकालने के लिए किया जा सकता है। डेबिट कार्ड उपभोक्ताओं को अपनी मौजूदा निधि से भुगतान करने की सुविधा प्रदान करते हैं, जो खाते में उपलब्ध शेष राशि के अनुसार होता है, साथ ही प्लास्टिक कार्ड के साथ मिलने वाली सभी सुरक्षा और सुविधा प्रदान करते हैं।

डेबिट कार्ड की विशेषताएं क्रेडिट कार्ड से काफी अलग होती हैं। जैसा कि पहले ही बताया गया है, क्रेडिट कार्ड "अभी खरीदें, बाद में भुगतान करें" की अवधारणा पर आधारित है जबकि डेबिट कार्ड "अभी खरीदें और अभी भुगतान करें" की अवधारणा पर आधारित है। डेबिट कार्ड की महत्वपूर्ण बात यह है कि खरीदारी के समय ही भुगतान सीधे उनके खाते की शेष राशि से होता है।

रुपे (RuPay) डेबिट कार्ड:

रुपे (RuPay) एक घरेलू, ओपन-लूप (open-loop), बहुपक्षीय (multilateral system) प्रणाली की पेशकश करने के लिए नेशनल पेमेंट्स कॉरपोरेशन ऑफ़ इंडिया (NPCI) द्वारा शुरू की गई एक नई कार्ड भुगतान योजना है, जो भारत में सभी भारतीय बैंकों और वित्तीय संस्थानों को इलेक्ट्रॉनिक भुगतान में भाग लेने की अनुमति देगी। "रुपे" शब्द में ही राष्ट्रीयता का भाव झलकता है। "रुपे" दो शब्दों रुपया और पेमेंट से मिलकर बना है। रुपे कार्ड भारतीय उपभोक्ताओं, मर्चेंटों और बैंकों की जरूरतों को पूरा करते हैं। उत्पाद प्लैटफ़ॉर्म का लचीलापन, उच्च स्तर की स्वीकृति और रुपे ब्रांड की ताकत रुपे डेबिट कार्ड के फ़ायदे हैं- जहां ये सभी उत्पाद के एहसास को बढ़ाने में मदद करेंगे।

इसकी प्रमुख विशेषताएं इस प्रकार हैं:

- कम लागत और वहनीयता (अफॉर्डेबिलिटी)
- अनुकूलित उत्पाद पेशकश (कस्टमाइज्ड प्रॉडक्ट ऑफरिंग)
- भारतीय उपभोक्ताओं से संबंधित जानकारी की सुरक्षा
- अप्रयुक्त/अनएक्सप्लोर्ड उपभोक्ता वर्ग को इलेक्ट्रॉनिक उत्पाद विकल्प प्रदान करता है

6.3.4 कॉन्टैक्टलेस डेबिट और क्रेडिट कार्ड (Contactless Debit and Credit Cards)

कॉन्टैक्टलेस कार्ड 5000/- (1-1-21 से 2,000/- से बढ़कर 5,000/- किया गया) रुपये से कम की खरीदारी के लिए प्रतिभागी स्टोरों पर क्रेडिट या डेबिट कार्ड से भुगतान करने की एक तेज विधि है। बिलिंग काउंटर पर कार्ड डिप करने (या स्वाइप करने) के बजाय, बस कॉन्टैक्टलेस टर्मिनल पर कार्ड दिखाएं या टैप करें और (5000/- रुपये से कम राशि के लिए) बिना पिन एंटर किए भुगतान करें । इसका मुख्य लाभ यह है कि यह कार्ड मौजूदा क्रेडिट कार्ड द्वारा लिए जाने वाले समय के दसवें हिस्से में लेनदेन पूरा करना सुनिश्चित कर सकता है।

ये कैसे काम करते हैं?

ये कार्ड नियर-फील्ड कम्युनिकेशन (एनएफसी) की तकनीक पर काम करते हैं, जो टर्मिनल के पास कार्ड को टैप किए जाने या दिखाए जाने पर संपर्क के लिए रेडियो ट्रांसमिशन का उपयोग करते हैं। ये ग्राहकों को कार्ड स्वाइप करने के बजाय उन्हें दिखाकर या टैप करके भुगतान करने में सक्षम बनाते हैं। इसके बाद, लेनदेन को पूरा करने के लिए अपना पिन एंटर करना होता है। जरूरत पड़ने पर इन कार्डों का उपयोग पारंपरिक तरीके से भी किया जा सकता है - स्वाइप

करके या डिप करके। भारतीय रिजर्व बैंक (RBI) के दिशानिर्देश 5000/- रुपये से कम के कॉन्टैक्टलेस लेनदेन को बिना पिन के प्रोसेस करने की अनुमति देते हैं।

इसके क्या लाभ हैं?

इससे लेनदेन अधिक आसान और सुविधाजनक हो जाता है। इसके अलावा, जिस गति से लेनदेन किया जा सकता है वह पारंपरिक कार्डों की तुलना में लगभग दोगुनी है।

क्या ये सुरक्षित होते हैं?

ऐसा दावा किया जाता है कि ये कार्ड बहुत सुरक्षित हैं क्योंकि अब उपयोग में आने वाले कार्डों के विपरीत, इन्हें व्यापारी के हाथों में नहीं देना पड़ता है और इसलिए ये हमेशा धारक के पास रहते हैं।

हालांकि, कुछ देशों में जहां इनकी शुरुआत की गई थी, इन कार्डों पर स्किमिंग हमले हुए हैं। कुछ मामलों में, जालसाज मोबाइल एप्लिकेशन का उपयोग करके डेटा चुराने में सक्षम हुए हैं। लेकिन फिर भी, विशेषज्ञों का कहना है कि ये खतरे सामान्य कार्डों में भी होते हैं।

6.3.5 स्मार्ट कार्ड (Smart Cards)

स्मार्ट कार्ड क्रेडिट कार्ड के आकार का एक इलेक्ट्रॉनिक उपकरण है, जिसमें इलेक्ट्रॉनिक मेमोरी और संभवतः एक एम्बेडेड इंटीग्रेटेड सर्किट (आईसी) होता है। यह डेटा आमतौर पर या तो मूल्य या जानकारी, या दोनों से जुड़ा होता है और कार्ड की चिप के भीतर स्टोर और प्रोसेस होता है। आईसी में मेमोरी होती है, इसमें एक प्रोसेसर हो सकता है, और कार्ड की सतह पर कॉन्टैक्ट के जरिए बाहरी दुनिया के साथ कम्युनिकेट करता है। स्मार्ट कार्ड अनेक गुणों वाला भुगतान उपकरण है जो कार्डधारक को बहुत अहमियत प्रदान कर सकता है। यह भुगतान कार्डों को उच्चतम स्तर की सुरक्षा प्रदान करता है। संपर्क का आकार, स्थिति और उपयोगिता एक अंतरराष्ट्रीय मानक (आईएसओ 7816) द्वारा निर्धारित की जाती है, ताकि कार्ड का उपयोग विभिन्न उपकरणों के साथ किया जा सके। कुछ कार्डों पर कार्ड धारक की एक फ़ोटो लगी होती है जो जरूरत पड़ने पर पहचान के उद्देश्य से भी काम आती है।

6.3.6 मेम्बर कार्ड (Member Card)

इसका उपयोग विशेष रूप से किसी क्लब या होटल चेन के सदस्यों द्वारा किया जाता है। उदाहरण के लिए, ताज कार्ड, ताज ग्रुप ऑफ होटल्स के प्रबंधन द्वारा जारी किया गया एक कार्ड है जिसका उपयोग उनके होटलों के संरक्षकों द्वारा किया जाता है। कार्ड केवल उनके होटलों में उपयोग के लिए होते हैं। इसी प्रकार, कई अन्य प्रकार के कार्ड भी हैं जिनका उपयोग केवल किसी समूह या प्रतिष्ठान के सदस्यों के लिए ही होता है।

6.3.7 एटीएम कार्ड (ATM Card)

एटीएम एक कम्प्यूटरीकृत मशीन है जो बैंकों के ग्राहकों को बैंक की शाखा में गए बिना नकदी निकालने और अन्य वित्तीय और गैर-वित्तीय लेनदेन करने के लिए अपने खाते तक पहुंचने की सुविधा प्रदान करती है। ये बचत खाताधारकों को एटीएम मशीनों से नकदी निकालने के लिए जारी किए गए कार्ड हैं जिन्हें शाखा में या साइट से बाहर रखा जा सकता है। कुछ डेबिट/क्रेडिट कार्ड का उपयोग एटीएम कार्ड के रूप में भी किया जाता है। एटीएम 24 घंटे नकदी की उपलब्धता सुनिश्चित करते हैं और ग्राहक को छोटे लेनदेन के लिए शाखा में जाने की आवश्यकता नहीं होती है।

एक पूर्ण एटीएम (ई-लॉबी) निम्नलिखित कार्य करने के लिए बना होता है:

- जमा/निकासी, पर्सनल आइडेंटिफिकेशन नंबर (पिन) बदलाव, चेक बुक के लिए अनुरोध करना, खाता विवरण, शेष राशि पूछताछ (बैलेंस इंक्वायरी), बैंक के भीतर एक ही ग्राहक या बैंक के विभिन्न ग्राहकों के खाते के बीच एक ही केंद्र या देश के विभिन्न केंद्रों पर अंतर-खाता अंतरण (इंटर अकाउंट ट्रांसफर), अंतर-बैंक निधि अंतरण (इंटर बैंक फंड ट्रांसफर), बैंक के ग्राहकों और अन्य बैंकों के ग्राहकों के बीच निधि अंतरण (फंड ट्रांसफर), बैंक को लिखित संचार (कम्युनिकेशन) भेजने के लिए मेल सुविधा, बिजली बिल, टेलीफोन बिल इत्यादि जैसे युटिलिटी भुगतान, रेलवे टिकट और उत्पाद जानकारी जारी करना।

एटीएम विफल होने पर लेनदेन का समाधान:

a. ग्राहकों की शिकायतों के समाधान के लिए निर्धारित समय-सीमा ग्राहक की शिकायत प्राप्त होने की तिथि से 5 कार्य दिवस है। यदि कोई बैंक शिकायत प्राप्त होने के 5 कार्य दिवसों के भीतर ग्राहक के खाते में वापस क्रेडिट करने में विफल रहता है, तो उसे ग्राहक को 100 रु. प्रतिदिन की दर से मुआवजे का भुगतान करना होगा। यह मुआवजा ग्राहक के खाते में बिना किसी दावे के स्वचालित रूप से उसी दिन जमा कर दिया जाएगा, जिस दिन बैंक विफल हुए एटीएम लेनदेन को ग्राहक के खाते में क्रेडिट करेगा।

b. कोई भी ग्राहक देरी के लिए इस तरह का मुआवजा पाने का हकदार है, अगर लेनदेन की तिथि के 30 दिनों के भीतर जारीकर्ता बैंक के पास दावा दायर किया जाता है।

c. बचत बैंक खाताधारकों को अन्य बैंक एटीएम पर प्रति माह दी जाने वाली मुफ़्त लेनदेन की संख्या में वित्तीय या गैर-वित्तीय सभी प्रकार के लेनदेन शामिल हैं।

d. एटीएम विफल लेनदेन से संबंधित सभी विवादों का निपटारा जारीकर्ता बैंक और अधिग्रहणकर्ता बैंक द्वारा केवल एटीएम सिस्टम प्रदाता के माध्यम से किया जाएगा।

6.3.8 माइक्रो-एटीएम (Micro-ATMs)

माइक्रो एटीएम एक ऐसा उपकरण है जिसका उपयोग बिजनेस कॉरेस्पॉन्डेंट्स (बीसी) द्वारा बुनियादी बैंकिंग सेवाएं प्रदान करने के लिए किया जाता है। यह प्लेटफॉर्म बिजनेस कॉरेस्पॉन्डेंट्स को तत्काल नकदी लेनदेन (कैश ट्रांजैक्शन) करने की सुविधा प्रदान करता है। माइक्रो-एटीएम बायोमेट्रिक ऑथेंटिकेशन एनैबल्ड (biometric authentication enabled) हैंड-हेल्ड डिवाइस होते हैं। ग्रामीण/अर्ध-शहरी केंद्रों पर एटीएम को व्यावहारिक बनाने के लिए, प्रत्येक बैंक मित्र स्थान पर कम लागत वाले माइक्रो-एटीएम लगाए जाते हैं। इससे किसी व्यक्ति को किसी ख़ास बैंक मित्र/ बिजनेस कॉरेस्पोंडेंट से जुड़े बैंक पर ध्यान दिए बगैर तुरंत धनराशि जमा करने या निकालने में सक्षम बनाता है।

- यह डिवाइस मोबाइल फ़ोन कनेक्शन पर आधारित होगा और प्रत्येक बैंक मित्र/बिजनेस कॉरेस्पोंडेंट को दिया जाएगा। ग्राहकों को अपने बैंक खातों से पैसे निकालने या उसमें डालने के लिए अपनी पहचान प्रमाणित करानी होगी । यह पैसा बैंक मित्र/बिजनेस कॉरेस्पोंडेंट के कैश ड्रॉअर से आएगा।
- बैंक मित्र के लिए बैंक के रूप में कार्य करेगा और उन्हें केवल ग्राहक की यूआईडी (UID) का इस्तेमाल कर ग्राहक की प्रामाणिकता को सत्यापित करना होगा। माइक्रो-एटीएम द्वारा समर्थित बुनियादी लेनदेन में- जमा, निकासी, निधि अंतरण और शेषराशि पूछताछ शामिल होती है। माइक्रो-एटीएम बैंक की सुविधा से वंचित आबादी को वित्तीय सेवाएं प्रदान करने के लिए सबसे कारगर विकल्प प्रदान करता है। माइक्रो एटीएम में ऑथेंटिकेशन के कई विकल्प होंगे जैसे बायोमेट्रिक, पिन आधारित आदि और इसका इस्तेमाल मोबाइल एटीएम के रूप में भी किया जाएगा, ताकि ग्राहकों के घर पर ही लेनदेन को पूरा किया जा सके। माइक्रो एटीएम देश के सभी नागरिकों को एक ऑनलाइन इंटरऑपरेबल, कम खर्चे वाला भुगतान प्लैटफ़ॉर्म उपलब्ध कराते हैं।

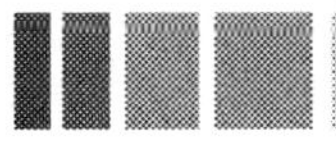

6.4 सारांश

क्रेडिट कार्ड ग्राहक के क्रेडिट स्कोर के आधार पर पूर्व-निर्धारित लिमिट वाला प्लास्टिक मनी है और इसका उपयोग व्यापारिक प्रतिष्ठानों में खरीदारी का भुगतान करने के लिए और एटीएम से नकदी निकालने के लिए किया जा सकता है। क्रेडिट कार्ड की परिचालन प्रक्रिया कार्ड जारी करने से शुरू होती है, कार्ड के उपयोग के साथ आगे बढ़ती है और क्रेडिट कार्ड के बकाया के भुगतान के साथ समाप्त होती है। क्रेडिट कार्ड योजना में उपलब्ध क्रेडिट अवधि उपयोग के आधार पर 20-50 दिन है। बैंकिंग सेवाओं का डिलिवरी चैनल होने के अलावा, बैंकों द्वारा जारी

किए गए क्रेडिट कार्ड ऋण वितरण का भी एक अच्छा स्रोत हैं। प्रौद्योगिकी में होने वाली प्रगति और कार्ड उपयोगकर्ताओं के लिए ऋण तक आसान पहुंच के कारण, उनकी आज बाजार में लोकप्रियता और व्यापक स्वीकृति है। इस बात में कोई संदेह नहीं है कि यह बैंक का ग्राहकों को मूल्य वर्धित सेवाएं प्रदान करने का एक नया तरीका है। यदि विवेकपूर्वक इस्तेमाल किया जाए, तो ये कार्ड उपयोगकर्ताओं को ढेर सारे फायदे प्रदान करते हैं। ग्राहकों को कर्ज के जाल में फंसने और इसके कारण कार्ड जारीकर्ताओं के वसूली एजेंटों से उत्पीड़न से बचाने के लिए, भारतीय रिजर्व बैंक ने बैंकों के लिए "उचित व्यवहार संहिता" नामक सुप्रलेखित नीति दिशानिर्देश जारी किए हैं। डेबिट कार्ड की विशेषताएं क्रेडिट कार्ड से काफी अलग होती हैं। जैसा कि पहले ही बताया गया है, क्रेडिट कार्ड "अभी खरीदें, बाद में भुगतान करें" की अवधारणा पर आधारित है जबकि डेबिट कार्ड "अभी खरीदें और अभी भुगतान करें" की अवधारणा पर आधारित है। कार्ड अलग-अलग प्रकार के होते हैं जैसे क्रेडिट कार्ड, डेबिट कार्ड, चार्ज कार्ड इत्यादि। क्रेडिट कार्ड के बढ़ते उपयोग के साथ, समाज नकदी-रहित लेनदेन या प्लास्टिक मनी की ओर बढ़ रहा है।

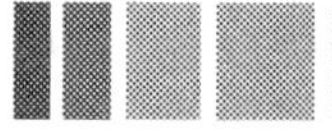

6.5 प्रमुख शब्द

डेबिट कार्ड, चार्ज कार्ड, क्रेडिट कार्ड, स्मार्ट कार्ड, एटीएम कार्ड, रुपे कार्ड, कॉन्टैक्टलेस/कार्ड

6.6 अपनी प्रगति जाँचें

1. क्रेडिट और डेबिट कार्ड के बीच अंतर इस प्रकार है:
   (a) क्रेडिट कार्ड का उपयोग करने पर आपके खाते से धनराशि तुरंत डेबिट हो जाती है
   (b) डेबिट कार्ड का उपयोग करने पर आपके खाते से धनराशि तुरंत डेबिट हो जाती है
   (c) डेबिट कार्ड का उपयोग करने पर आपके खाते से धनराशि तुरंत डेबिट नहीं होती है
   (d) उपरोक्त में कोई नहीं
2. बैंक के लिए ऋण जोखिम (क्रेडिट रिस्क) निम्नलिखित कारणों से अधिक होता है:
   (a) क्रेडिट कार्ड धारक
   (b) डेबिट कार्ड धारक

(c) उपरोक्त दोनों

(d) उपरोक्त में कोई नहीं

3. वह बैंक जो व्यापारी को लेनदेन के लिए भुगतान करता है, उसे कहा जाता है:

(a) जारीकर्ता बैंक

(b) क्लियरेंस बैंक

(c) एक्वायरिंग बैंक

(d) उपरोक्त में कोई नहीं

4. क्रेडिट कार्ड धारकों को होने वाले नुकसान:

(a) ज्यादा खर्च जिसके कारण ऋण में फंसना

(b) कार्ड्स के खो जाने या चोरी हो जाने पर धोखाधड़ी

(c) नकली हस्ताक्षर

(d) उपरोक्त सभी

5. क्रेडिट कार्ड के संबंध में निम्नलिखित में से एक कथन सत्य नहीं है:

(a) कार्ड जारी करने वाले बैंक केवाईसी (KYC) आवश्यकताओं को पूरा करने के लिए जिम्मेदार नहीं होंगे, जहां एजेंट व्यवसाय का अनुरोध करते हैं।

(b) कार्ड जारी करते समय, क्रेडिट कार्ड जारी करने और उपयोग करने के नियम और शर्तों का स्पष्ट और सरल भाषा में उल्लेख किया जाना चाहिए।

(c) कार्ड जारीकर्ताओं को कार्ड उत्पादों पर वार्षिक प्रतिशत दरें (एपीआर) कोट करनी चाहिए।

(d) कार्ड जारी करने वाला बैंक/एनबीएफसी एकतरफा क्रेडिट कार्ड को अपग्रेड कर सकता है और उधारकर्ता को पूर्व सूचना दिए बिना क्रेडिट लिमिट बढ़ा सकता है।

6.7 अपनी प्रगति जाँचें के उत्तर

1.	(b)	2.	(a)	3.	(c)	4.	(a)	5.	(d)

अध्याय

7 ऋण और अग्रिमों के विभिन्न प्रकार

7.1 उद्देश्य

7.2 परिचय

7.3 उधार देने के अनिवार्य सिद्धांत

7.4 क्रेडिट के 5 "सी"

7.5 सिबिल (CIBIL) और समान क्रेडिट स्कोरिंग (similar credit scoring) प्रणाली का महत्व

7.6 ऋण और अग्रिमों के प्रकार

7.7 खुदरा ऋण (रिटेल लोन)

7.8 कृषि वित्त

7.9 MSME को दिए जाने वाले अग्रिम

7.10 प्रधानमंत्री मुद्रा योजना

7.11 प्राथमिकता क्षेत्र के अग्रिम

7.12 सारांश

7.13 प्रमुख शब्द

7.14 अपनी प्रगति जाँचें

7.15 अपनी प्रगति जाँचें का उत्तर

7 ऋण और अग्रिमों के विभिन्न प्रकार

7.1 उद्देश्य

अध्याय के अंत में, छात्र निम्नलिखित की विशेषताओं के बारे में जानेंगे:

- उधार देने के अनिवार्य सिद्धांत
- साख का अंक निर्धारण (क्रेडिट स्कोरिंग)
- अग्रिमों के विभिन्न प्रकार:
    - a. आवास ऋण (Housing loans)
    - b. वाहन ऋण (Vehicle loans)
    - c. टिकाऊ उपभोक्ता वस्तुओं (consumer durables) की खरीद के लिए ऋण
    - d. व्यक्तिगत ऋण (Personal loans)
    - e. शिक्षा ऋण (Education loans)
    - f. कृषि ऋण (Agricultural loans)
    - g. सूक्ष्म, लघु एवं मध्यम उद्यमों (MSMEs) के लिए ऋण

7.2 परिचय

वाणिज्यिक बैंक जमा लेते हैं और साथ ही उन लोगों को धन उधार देते हैं जिन्हें विभिन्न प्रयोजनों के लिए इसकी जरूरत होती है। बैंक व्यावसायिक उद्देश्यों, खेती करने और संबद्ध गतिविधियों के साथ-साथ आवास, शिक्षा और टिकाऊ उपभोक्ता वस्तुओं की खरीद इत्यादि के लिए धन उधार देते हैं। बैंकों द्वारा प्राप्त जमा राशि (डिपॉजिट) का बड़ा हिस्सा उधार दिया जाता है, और

ऐसे उधार पर मिलने वाले ब्याज से उनकी आय का एक बड़ा हिस्सा अर्जित होता है। वाणिज्यिक बैंक जमा राशि पर जो ब्याज दर देते हैं, और ऋण व अग्रिम जिस पर देते हैं, उसके बीच काफी अंतर होता है। यही अंतर बैंक की कमाई का मुख्य स्रोत होता है। खुदरा बैंकिंग उत्पादों को मोटे तौर पर खुदरा देयता उत्पादों, खुदरा परिसंपत्ति उत्पादों और अन्य उत्पादों/सेवाओं में वर्गीकृत किया जा सकता है। देयता उत्पाद मूल रूप से बचत खाते, चालू खाते और सावधि जमा (टर्म डिपॉजिट) खाते हैं। खुदरा संपत्ति उत्पाद आवास ऋण, वाहन ऋण, शिक्षा ऋण, व्यक्तिगत ऋण, क्रेडिट कार्ड प्राप्तियां (Receivables) और अन्य खुदरा ऋण जैसे ऋण होते हैं। अन्य उत्पाद/सेवाओं में मोटे तौर पर उत्पादों और सेवाओं से जुड़ी उत्पाद से आगे की सुविधाएं शामिल होती हैं, जैसे डेबिट कार्ड, एटीएम कार्ड, इंटरनेट बैंकिंग, मोबाइल बैंकिंग, तृतीय पक्ष उत्पाद जैसे बीमा, म्यूचुअल फंड, डीमैट सेवाएं इत्यादि।

इस इकाई में, हम महत्वपूर्ण खुदरा ऋण उत्पादों की मुख्य विशेषताओं का संक्षेप में वर्णन करेंगे जैसे आवास ऋण, वाहन ऋण, टिकाऊ उपभोक्ता वस्तुओं की खरीद के लिए ऋण, व्यक्तिगत (उपभोग) ऋण, ओवरड्राफ्ट (overdrafts), ऋण इत्यादि। इस पाठ में, आप ऋण देने के प्रमुख सिद्धांतों, क्रेडिट स्कोरिंग (credit scoring) और बैंकों से विभिन्न उद्देश्यों के लिए ऋण और अग्रिम प्राप्त करने की प्रक्रिया के बारे में भी जानेंगे।

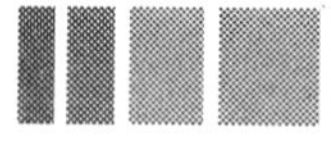

7.3 उधार देने के अनिवार्य सिद्धांत

ऋण देने के व्यवसाय के अपने खतरे भी होते हैं, खासकर जब ऋण देने वाले बैंक बहुत हद तक कर्ज़ लिए गए फंड पर निर्भर होते हैं। इसलिए उधार देने के अनिवार्य सिद्धांतों में ये बातें शामिल रहती हैं:

(*a*) सुरक्षा

(*b*) तरलता (लिक्विडिटी)

(*c*) लाभदेयता

(*d*) प्रयोजन

(*e*) जोखिमों की विविधता

(*f*) प्रतिभूति या जमानत

(*a*) सुरक्षा (Safety):

अच्छा ऋण देने का सबसे महत्वपूर्ण सिद्धांत है, सुरक्षा पहले। जब कोई बैंकर कुछ धन उधार देता है, तो उसे इस बात का ध्यान रखना होता है कि अग्रिम सुरक्षित हो और कर्ज़ में दिया गया

धन वापस आ जाएगा। हालांकि इसमें कोई शक नहीं कि बैंक पैसे के ही कारोबारी होते हैं; और उधार दिया गया धन उनका नहीं, बल्कि जनता का अर्थात, जमाकर्ताओं का होता है। बैंकर जनता के धन का संरक्षक होता है और उस धन से उधार देता है, जिसे जमाकर्ता देखभाल के लिए सौंपते हैं, और जिसे जमा की अवधि के अनुसार वापस चुकाया जाना होता है। ऋणों को चुकाना उधारकर्ता की (i) भुगतान करने की क्षमता, (ii) भुगतान करने की इच्छा, (iii) आय सृजन पर निर्भर करता है। इसलिए, बैंकर को यह तय करने में काफी सावधानी बरतनी चाहिए कि जिस उद्यम या व्यवसाय के लिए ऋण मांगा गया है, वह ठीक-ठाक हो और उधारकर्ता उसको सही तरीके से चलाने में समर्थ हो।

(*b*) तरलता (Liquidity):

यहां यह देखना होता है कि उधार दिया गया धन लंबे समय के लिए फंसा न रह जाए। पुनर्भुगतान योजना के अनुसार पैसा बैंक में वापस आ जाना चाहिए। बैंकों के पास परिसंपत्ति देयता प्रबंधन होता है जिसके द्वारा वे जमाकर्ताओं से प्राप्त निधि की तरलता का प्रबंधन कर सकते हैं और उसी के अनुसार उधार दे सकते हैं।

(*c*) लाभप्रदता (Profitability):

बैंकों द्वारा ऋण देने के मामले में भी निवेश पर उचित रिटर्न मिलना जरूरी होता है। बैंक वाणिज्यिक संगठन होते हैं और हितधारकों को पर्याप्त लाभांश का भुगतान करने के लिए लाभ अर्जित करना बैंकों का उद्देश्य होता है। अपने प्रशासनिक खर्चों को पूरा करने के लिए ऋण देने और उधार लेने के बीच तीन से चार प्रतिशत का ब्याज मार्जिन आवश्यक है। लाभकारिता पर विचार करते समय, किसी बैंकर के लिए यह समझदारी की बात है कि वह व्यवसाय के प्रत्येक घटक या अलग से पेश की गई सेवा के लिए लाभकारिता जांच लागू करने के बजाय ग्राहक के लिए किए गए सभी व्यवसायों से समग्र लाभकारिता पर ध्यान दे। ऐसा संभव हो सकता है कि कोई बैंकर किसी ग्राहक के लिए शुरू की गई किसी विशेष सेवा में मनोनुकूल रिटर्न नहीं ले पा रहा है, जबकि, उसी ग्राहक के लिए दी गई किसी अन्य सेवा या व्यवसाय के लिहाज से, उसे ज्यादा आमदनी मिल सकता है। इसलिए, जब बैंकर किसी ग्राहक को एक से अधिक सेवा या व्यवसाय प्रदान करता है तो उसे ग्राहक लाभकारिता विश्लेषण (Customer Profitability Analysis (CPA)) कराने की सलाह दी जाती है, यह न केवल ग्राहक के मद्देनजर संचालन/व्यवसाय की लाभप्रदता का आकलन करने के लिए और भी आवश्यक है, बल्कि एक बैंकर को यह निर्णय लेने में भी सक्षम बनाता है कि वह लाभ के एक हिस्से को किस हद तक अलग कर सकता है और ग्राहकों को प्रतिस्पर्धी दर प्रदान कर सकता है। भले ही ग्राहक को ऋण देना हो या सेवा प्रदान करना हो, इस प्रकार का विश्लेषण बैंकर के लिए उसके उत्पाद का मूल्य निर्धारण करने में बेहद कारगर होगा।

ऋण एवं सेवाओं के मूल्य निर्धारण के मामले में एक बैंकर को स्वतंत्रता की उपलब्धता के वर्तमान संदर्भ में, लाभ का वांछनीय स्तर बनाने के दोहरे लक्ष्यों के बीच उचित संतुलन बनाने के लिए उसकी ओर से बहुत सतर्क और सावधानीपूर्वक काम करने आवश्यकता है और साथ-साथ प्रस्तावित उत्पाद/सेवा के लिए प्रतिस्पर्धी मूल्य की पेशकश करना होगी। मौजूदा ग्राहकों को साथ रखते हुए नए ग्राहकों को अपने साथ जोड़ने के लिए किसी बैंकर को इस तरह का दृष्टिकोण अपनाना पड़ता है। इस प्रकार, बैंकर द्वारा दिए जाने वाले ऋण या प्रदान की जाने वाली सेवा के लाभ और मूल्य निर्धारण के बीच सीधा संबंध होता है।

(*d*) प्रयोजन (Purpose):

अवांछनीय और सट्टेबाजी के प्रयोजन के लिए ऋण नहीं दिया जा सकता। हालांकि ऐसी व्यावसायिक गतिविधियों पर कमाई अधिक हो सकती है, फिर भी कोई बैंक ऐसा ऋण नहीं दे सकता।

(*e*) जोखिमों का विविधीकरण (Diversification of Risks):

इसका अर्थ यह होता है कि बैंकर को केवल कुछ व्यापारिक घरानों, उपक्रमों, शहरों, उद्योगों या क्षेत्रों को अग्रिम नहीं देना चाहिए। इस बात का ध्यान रखा जाना चाहिए कि अग्रिम को ग्राहकों की अच्छी संख्या तक पहुंचाया जाए।

(*f*) प्रतिभूति या जमानत (Security):

ऋणों के एवज में दी जाने वाली प्रतिभूति में कई प्रकार की वस्तुएं शामिल हो सकती हैं। यह भूखंड या जमीन, भवन, फ्लैट, दुकान, आभूषण, बीमा पॉलिसी, शेयर, डिबेंचर, बांड इत्यादि हो सकते हैं। ऐसे मामले भी हो सकते हैं जहां व्यक्तिगत प्रतिभूति के अलावा दूसरी कोई प्रतिभूति न हो। बैंकर को यह पता होना चाहिए कि जरूरत पड़ने पर यह केवल एक सहारा है। किसी ऋण की उपयुक्तता का निर्णय करने के लिए केवल प्रतिभूति और उसकी पर्याप्तता को ही एकमात्र आधार नहीं बनाया जाना चाहिए। जाहिर तौर पर, यदि प्रतिभूति स्वीकार की जाती है, तो वह पर्याप्त और आसानी से मार्केटेबल, हैंडल करने में आसान और बाधाओं से मुक्त होनी चाहिए।

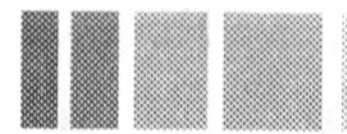

7.4 क्रेडिट के 5 "सी"

किसी ग्राहक को ऋण देना एक निश्चित स्तर का जोखिम लेने का काम है। ऐसा कोई गुप्त सूत्र या गणितीय समीकरण नहीं है जो यह सुनिश्चित करता हो कि आप सही निर्णय ले रहे हैं। लेकिन क्रेडिट के 5 सी को लागू करके, आप कम से कम एक भरोसे वाला क्रेडिट तो बना ही सकते हैं।

A. लक्षण/विशेषता (Character):

आप ग्राहक के बारे में क्या जानते हैं? क्या उसने पिछले बिजनेस डील में ईमानदारी दिखाई है? क्या वह अपनी बात पर कायम रहता है? संदिग्ध ईमानदारी वाले लोगों से निपटने का एक तरीका

है संदर्भ लेना। दूसरे बिजनेस कॉन्टैक्ट उसके बारे में क्या कह रहे हैं? महत्वपूर्ण बात यह है कि, किसी व्यक्ति के पास भुगतान करने की क्षमता हो सकती है, लेकिन अगर वह अपनी बात पर कायम नहीं रहता है या किसी तरह से विश्वास के लायक नहीं है, तो यह एक ऐसा जोखिम है जिसे आप नहीं लेना चाहेंगे। यह स्पष्ट बात है कि जो लोग विश्वासघात करते हैं वे विस्तारित ऋण पाने के लिए अच्छे उम्मीदवार नहीं होते।

B. संपार्श्विक (Collateral):

ग्रहणाधिकार (लिएन) लेकर, आप अपने ग्राहक की परिसंपत्तियों पर दावा कर रहे हैं। उस स्थिति में, आप उनके सुरक्षित ऋणदाता बन जाते हैं। यह कहने की आवश्यकता नहीं है कि यदि ग्राहक अपना ऋण वापस नहीं चुकाता है तो आप अपने द्वारा बेचे गए उत्पादों पर दोबारा दावा नहीं करना चाहेंगे। लेकिन प्रतिभूति समझौते और वित्तीय विवरण का उपयोग करके, आप बिल्कुल यही कर सकते हैं।

C. क्षमता (Capacity):

क्षमता नकदी प्रवाह के बारे में होती है। अधिकांश व्यवसायों को देश के आर्थिक स्वास्थ्य (या इसकी कमी) के साथ-साथ नकदी प्रवाह के उतार-चढ़ावों को झेलना पड़ता है। यहां तक कि सबसे जिम्मेदार और कर्तव्यनिष्ठ ग्राहक भी ऐसी घटनाओं का अनुभव कर सकता है जो काम में बाधा डालती है। लेकिन मूल बात यह है कि क्या आपका ग्राहक तब भी आपको चुका सकता है, जब उसके नकदी प्रवाह में कोई अस्थायी व्यवधान आया हो?

D. पूंजी (Capital):

आपके ग्राहक की कुल संपत्ति कितनी है? कई सारे वित्तीय विवरणों की तुलना करके, आप ऊपर या नीचे की ओर किसी भी रुझान को देख पाएंगे। यदि निवल मूल्य (networth) हर साल बढ़ रहा है, तो कंपनी में पूंजी लगाई जा रही है।

E. स्थितियां (Conditions):

अर्थव्यवस्था और बाजार की स्थितियां व्यवसाय के हर चीज में भूमिका निभाती हैं। कुछ ग्राहकों के लिए, कठिन आर्थिक समय विशेष रूप से चुनौतीपूर्ण हो सकता है। जब स्थितियां अच्छी होती हैं, तो ऑर्डर आते हैं और पैसे का प्रवाह बनता है। जब ऑर्डर नहीं होते हैं, तो ग्राहक इस स्थिति के लिए तैयार नहीं होता है और कुछ बिलों को कम कर सकता है। जब ऐसा होता है, तो आपको अपनी नीतियों को सख्त करना होता है।

यह जानने के लिए कि आपके ग्राहकों में से कौन सा आपके लिए बड़ा जोखिम है, क्रेडिट के 5 सी को ध्यान में रखकर शुरुआत करें। इससे पहले कि आप कोई भी क्रेडिट संबंधी निर्णय लें, यह एक बेहतरीन शुरुआत है।

7.5 सिबिल (CIBIL) और समान क्रेडिट स्कोरिंग (SIMILAR CREDIT SCORING) प्रणाली का महत्व

प्रत्येक औपचारिक ऋण प्रदाता को आवेदक की ऋण पात्रता पता करना होता है। इसमें सिबिल (CIBIL) जैसी कुछ क्रेडिट सूचना कंपनियों द्वारा सहायता की जा सकती है जिन्हें आरबीआई (RBI) द्वारा लाइसेंस प्राप्त है। ट्रांस यूनियन सिबिल लिमिटेड, जिसे पहले क्रेडिट इंफॉर्मेशन ब्यूरो लिमिटेड के नाम से जाना जाता था, भारत की अग्रणी क्रेडिट सूचना कंपनियों में से एक है। वर्ष 2000 में स्थापित, इसे सिबिल (CIBIL) क्रेडिट ब्यूरो के नाम से जाना जाता है। ब्यूरो द्वारा ऋण और क्रेडिट कार्ड जैसे क्रेडिट उत्पादों से संबंधित आपके भुगतानों का रिकॉर्ड इकट्ठा किया जाता है और उसे बनाए रखा जाता है। ऋणदाता, बैंक जैसे वित्तीय संस्थान और गैर-बैंकिंग वित्त कंपनियां हर महीने आपके क्रेडिट रिकॉर्ड सिबिल (CIBIL) के पास जमा करती हैं। क्रेडिट ब्यूरो इस जानकारी का उपयोग करता है और आपके सिबिल (CIBIL) स्कोर की गणना करता है और एक विस्तृत क्रेडिट रिपोर्ट तैयार करता है। ऋणदाता आपकी साख का मूल्यांकन करने और यह आकलन करने के लिए इस रिपोर्ट और स्कोर का उपयोग करते हैं कि आप उधार ली गई राशि को चुका सकते हैं या नहीं।

यह ब्यूरो भारतीय रिजर्व बैंक (RBI) द्वारा लाइसेंस प्राप्त है और क्रेडिट सूचना कंपनी (विनियमन) अधिनियम 2005 द्वारा इसकी निगरानी की जाती है। इसमें 2,400 से अधिक सदस्य हैं जिनमें बैंक, वित्तीय संस्थान, गैर-बैंकिंग वित्तीय कंपनियां और आवास वित्त कंपनियां शामिल हैं। क्रेडिट ब्यूरो 550 मिलियन से अधिक उपभोक्ताओं और व्यवसायों के क्रेडिट रिकॉर्ड रखता है।

सिबिल (CIBIL) स्कोर क्या है?

सिबिल (CIBIL) स्कोर एक 3-अकों की संख्या है जो किसी व्यक्ति की साख को दर्शाता है। यह 300-900 के बीच होता है। जिसका स्कोर 900 के जितना करीब होगा, उसे ऋण या क्रेडिट कार्ड स्वीकृत होने की संभावना उतनी ही अधिक होगी। उच्च स्कोर यह दर्शाता है वह एक जिम्मेदार उधारकर्ता है और उसका क्रेडिट इतिहास अच्छा है। सामान्य मानकों के अनुसार, 750 और उससे अधिक का स्कोर उसे ऋण और क्रेडिट कार्ड तक त्वरित पहुंच प्रदान करता है।

सिबिल स्कोर कैसे बनता है?

स्कोर बनाने वाले चार मुख्य कारक हैं:

भुगतान का इतिहास	30%
क्रेडिट जोखिम	25%
क्रेडिट प्रकार और अवधि	25%
अन्य कारक	20%

वे कौन से कारक हैं जो मेरे सिबिल स्कोर को प्रभावित करते हैं?

(a) भुगतान का इतिहास (Payment History):

किसी के सिबिल (CIBIL) स्कोर को प्रभावित करने वाले सबसे बड़े कारकों में से एक है भुगतान का इतिहास। उन्हें अपने क्रेडिट कार्ड बिल के साथ-साथ ऋण ईएमआई को समय पर चुकाने की प्राथमिकता बनानी चाहिए। किसी भी समय बिलों को देर से चुकाने से बचें क्योंकि इससे उसका स्कोर कम हो जाएगा। हाल के सिबिल विश्लेषण के अनुसार, 30 दिन की चूक से उसका सिबिल स्कोर 100 अंक तक कम हो सकता है।

(b) ऋण की कुल राशि (Total Amount of Debt):

एक निश्चित समय पर किसी व्यक्ति पर कितना कर्ज है, इस बात का उसके सिबिल स्कोर पर बड़ा प्रभाव पड़ता है। क्रेडिट यूटिलाइजेशन रेशियो (Credit utilisation ratio) उसकी संयुक्त क्रेडिट लिमिट के अनुपात में उसके द्वारा उपयोग किए गए क्रेडिट की मात्रा है। उच्च अंक प्राप्त करने के लिए उसे हर समय कम क्रेडिट यूटिलाइजेशन रेशियो बनाए रखना चाहिए। विशेषज्ञों के अनुसार, आपकी कुल क्रेडिट लिमिट का केवल 30% तक ही उपयोग करने की सलाह दी जाती है।

(c) क्रेडिट की अवधि (Length of the Credit):

एक लंबा क्रेडिट इतिहास किसी के स्कोर को बेहतर बनाने में मदद करता है। इससे पता चलता है कि उन्हें क्रेडिट संभालने का अच्छा अनुभव है। ऋण प्रदाता ऐसे लोगों को ऋण देना पसंद करते हैं जिनका इतिहास समृद्ध हो क्योंकि इससे एक उधारकर्ता के रूप में उनका मूल्यांकन करना आसान हो जाता है। इसलिए, पुराने कार्डों को बंद करने से बचने की सलाह दी जाती है क्योंकि वह लंबे क्रेडिट इतिहास और इसके साथ जुड़े अच्छे चुकौती व्यवहार को खो देगा।

(d) क्रेडिट का प्रकार और अवधि (Type of Credit and Duration):

एक अच्छा क्रेडिट मिक्स होना महत्वपूर्ण होता है। सुरक्षित और असुरक्षित क्रेडिट का एक स्वस्थ संतुलन बनाए रखने से उसके सिबिल स्कोर को बढ़ाने में मदद मिलती है। उसे यह सुनिश्चित करना होता है कि उसका उच्च सुरक्षित क्रेडिट या असुरक्षित क्रेडिट न हो और इसके बजाय दोनों का एक अच्छा संतुलन बनाए रखने का प्रयास करें।

(e) कुल क्रेडिट इंक्वायरी (Total Credit Inquiries):

उन्हें कम समय में कई क्रेडिट इंक्वायरी करने से बचना चाहिए। जब वह किसी बैंक या वित्तीय संस्थान से ऋण या क्रेडिट कार्ड के बारे में इंक्वायरी करता है, तो ऋणदाता उसकी सिबिल रिपोर्ट निकाल लेता है। ऐसी इंक्वायरी को "हार्ड इंक्वायरी" कहा जाता है और इसका उसके स्कोर पर नकारात्मक प्रभाव पड़ता है। एक से अधिक क्रेडिट इंक्वायरी से उसका स्कोर नीचे आ सकता

है। इसलिए, इस बात की सलाह दी जाती है कि क्रेडिट के लिए तभी इंक्वायरी करे जब उसे वास्तव में इसकी आवश्यकता हो। इस बीच, जब वह अपना स्कोर या रिपोर्ट की स्वयं जांच करता है, तो इसे "सॉफ्ट इंक्वायरी" कहते हैं। वह अपनी रिपोर्ट की कई बार जांच कर सकता है और इससे उसके सिबिल स्कोर पर कोई प्रभाव नहीं पड़ेगा क्योंकि उसकी रिपोर्ट पर सॉफ्ट इंक्वायरी दर्ज नहीं की जाती है।

सिबिल स्कोर को कैसे सुधारें?

किसी के सिबिल (CIBIL) स्कोर को बेहतर बनाने के लिए, उसे बिलों को समय पर चुकाना होगा और एक जिम्मेदार उधारकर्ता बनना होगा। यहां कुछ ऐसे तरीके दिए गए हैं जो किसी के स्कोर को बेहतर बनाने में मदद करेंगे।

- **क्रेडिट लाइन (Credit Lines) का इस्तेमाल जिम्मेदार तरीके से करें:**

  कुल मिलाकर, क्रेडिट लाइन से कोई भी पैसा उधार लिया गया पैसा होता है। उसे अपने ऋण प्रदाता को क्रेडिट लाइन के प्रकार और उसके चुकौती व्यवहार के आधार पर ब्याज के साथ या बिना ब्याज के इसे चुकाना होगा। इसलिए, उसे अपने क्रेडिट कार्ड, उधार ली गई राशि या किसी अन्य प्रकार की उधारी का उपयोग सोच-समझकर करना चाहिए। साथ ही, उसे चुकाने की क्षमता से अधिक का उपयोग नहीं करना चाहिए या उधार नहीं लेना चाहिए। इससे वह कर्ज के जाल में फंस सकता है।

- **बाद में चुकाने या भूल जाने से बचें:**

  उसके देर से भुगतान करने पर विलंब शुल्क वसूले जाने के अलावा, इस चुकौती व्यवहार की रिपोर्ट क्रेडिट ब्यूरो को भी दी जाएगी, जिससे साख प्रभावित होगी। यदि उसे कई क्रेडिट कार्ड भुगतान और ऋण की ईएमआई देनी है, तो उसे अधिक व्यवस्थित होने के लिए भुगतान अनुस्मारक (पेमेंट रिमाइंडर) या नियत तिथि अलर्ट सेट करने की सलाह दी जाती है। इस तरह वह अपना भुगतान करना कभी नहीं भूलते। वह अपने ऋण प्रदाता के साथ डायरेक्ट डेबिट व्यवस्था भी बना सकता है, जहां नियत तिथि पर उसका भुगतान स्वचालित रूप से उसके बचत/चालू खाते से काट लिया जाता है। इस तरह, उसे कभी भी देय तिथियों को याद रखने, या देर से या चूके हुए भुगतान के बारे में चिंता करने की जरूरत नहीं होगी।

- **निम्न क्रेडिट यूटिलाइजेशन रेशियो बनाए रखना:**

  जैसा कि पहले बताया गया है, उसे आदर्श रूप से अपनी कुल क्रेडिट कार्ड लिमिट का 30% से अधिक इस्तेमाल नहीं करना चाहिए। यह विशेष रूप से महत्वपूर्ण है यदि वह भविष्य में होम लोन के लिए आवेदन करता है। जब वह होम लोन के लिए आवेदन करता

है, तो बैंक उसके डेट-टु-इनकम (डीटीआई) अनुपात का आकलन करेंगे। यह अनुपात उसकी कुल आय के संबंध में उसके कुल ऋण का मूल्यांकन करता है। यदि उसका कर्ज उसकी आय का 50% से अधिक है, तो बैंकों द्वारा उसके आवेदन को अस्वीकार किए जाने की अधिक संभावना है। एक दूसरा कारण जिसके लिए उसे कम क्रेडिट यूटिलाइजेशन रेशियो बनाए रखना चाहिए, वह है क्रेडिट का भूखा न दिखना। यदि उसके अधिकांश खर्चों के लिए उसकी क्रेडिट लाइनों का इस्तेमाल किया जा रहा है, तो वह एक उधारकर्ता के रूप में दिखाई देगा जो अपने खर्चों को स्वयं प्रबंधित करने में असमर्थ है।

- **सेटल करने की बजाए खाता बंद करने पर ध्यान दें:**

  यदि उसने पहले के समय में किसी भी भुगतान में चूक की है, तो यह उसके क्रेडिट इतिहास में दिखाई देगा और उसका सिबिल स्कोर नीचे लाएगा। उसे निपटान का विकल्प चुनने के बजाय अभुक्त राशि का भुगतान करना और खाता बंद करना सुनिश्चित करना चाहिए। उसे यह सुनिश्चित करना चाहिए कि खाता 'बंद' हो जाए। साथ ही, खाते के लिए ऋण प्रदाता से औपचारिक क्लोजर सर्टिफ़िकेट प्राप्त करना सबसे अच्छा है।

- **अपने क्रेडिट रिपोर्ट की समीक्षा करें:**

  उन्हें अपने क्रेडिट हेल्थ को समझने के लिए समय-समय पर अपनी क्रेडिट रिपोर्ट की जांच करनी चाहिए। यह सुनिश्चित करने के लिए ऐसा किया जाना चाहिए कि उसकी क्रेडिट रिपोर्ट में उसके क्रेडिट खाते से संबंधित कोई भी त्रुटि न हो। यह महत्वपूर्ण है क्योंकि उसकी रिपोर्ट में दर्ज की गई कोई भी गलत जानकारी उसके स्कोर को कम कर सकती है क्योंकि इसमें उसकी अपनी कोई गलती नहीं होती। ऐसी त्रुटियों को जल्द से जल्द पहचानना और सुधारना महत्वपूर्ण है।

7.6 ऋण और अग्रिमों के प्रकार

क्रेडिट सुविधाओं को मोटे तौर पर दो प्रकारों में वर्गीकृत किया गया है:

1. निधि आधारित क्रेडिट सुविधाएं
2. गैर-निधि आधारित क्रेडिट सुविधाएं

7.6.1 निधि आधारित क्रेडिट सुविधाएं

निधि आधारित क्रेडिट सुविधाओं में बैंकों से निधि का बहिर्वाह (आउटफ़्लो) होता है जिसका अर्थ है कि बैंक का पैसा ग्राहक को उधार दिया जाता है। वे आम तौर पर निम्नलिखित प्रकार के हो सकते हैं:

1. ऋण:
    - (a) डिमांड/शॉर्ट-टर्म लोन (Demand/Short-Term Loans)
    - (b) मीडियम एवं लॉन्ग-टर्म लोन (Medium and Long-Term Loans)
    - (c) ब्रिज लोन (Bridge Loans)
2. अग्रिम:
    - (a) कैश क्रेडिट (Cash Credit)
    - (b) ओवरड्राफ्ट (Overdrafts)
    - (c) बिल्स फाइनेंस (Bills finance)
        - (i) बिल्स पर्चेज (Bills Purchase)
        - (ii) बिल्स डिस्काउंटिंग (Bills Discounting)
    - (d) एक्सपोर्ट फाइनेंस (Export Finance)
        - (i) प्री-शिपमेंट क्रेडिट (Pre-shipment Credit)
        - (ii) पोस्ट-शिपमेंट क्रेडिट (Post-shipment Credit)

7.6.2 गैर-निधि आधारित क्रेडिट सुविधाएं

उधार देने के व्यवसाय में, बैंकर गैर-निधि आधारित सुविधाएं भी प्रदान करता है। गैर-निधि आधारित सुविधाओं में धन का तत्काल बहिर्वाह (आउटफ्लो) नहीं होता है। बैंकर आकस्मिक स्थिति होने पर राशि देने का जोखिम उठाता है। गैर-निधि आधारित सुविधाएं निम्न प्रकार की हो सकती हैं:

- (a) बैंक गारंटी (Bank Guarantees)
- (b) साख पत्र (Letter of Credit)
- (c) को-एक्सेप्टेंस (सह-स्वीकृति) (Co-acceptances)
- (d) अंडरराइटिंग और क्रेडिट गारंटी (Underwriting and credit guarantee)

प्रत्येक मामले में नियम और शर्तें, उधारकर्ता और बैंकर के अधिकार और विशेषाधिकार अलग-अलग होते हैं।

7.6.3 कार्यशील पूंजी और सावधि ऋण (Term Loans)

यह उधारकर्ता की आवश्यकता पर निर्भर करेगा कि उसे किस प्रकार के ऋण की आवश्यकता है, अर्थात क्या निधि की आवश्यकता दिन-प्रतिदिन के खर्चों को पूरा करने के लिए है या संयंत्र और मशीनरी इत्यादि में निवेश करने के लिए है। दिन-प्रतिदिन के व्यवसाय को पूरा करने के लिए ऋण/ ट्रेडिंग/विनिर्माण गतिविधियों को कार्यशील पूंजी वित्त कहा जाता है। ये ऋण कैश क्रेडिट या ओवरड्राफ्ट के रूप में होते हैं। निवेश ऋण टर्म लोन के रूप में दिए जाते हैं।

(a) कैश क्रेडिट सिस्टम (Cash Credit System):

सिस्टम के तहत, बैंकर प्रत्येक ग्राहक के लिए एक सीमा निर्दिष्ट करता है, जिसे कैश क्रेडिट लिमिट कहा जाता है, जिस लिमिट तक ग्राहक को मूर्त संपत्ति की प्रतिभूति या गारंटी के एवज में उधार लेने की अनुमति होती है। ग्राहक को जब भी फंड की आवश्यकता होती है तो वह अपने कैश क्रेडिट खाते से पैसे निकाल लेता है और किसी भी दिन अपने पास जितनी भी धनराशि अधिशेष होती है उसे जमा कर देता है। इस प्रकार कैश क्रेडिट खाता एक सक्रिय और चालू खाता है जिसमें जमा और निकासी अक्सर प्रभावित हो सकती है।

(i) बैंकर उधार लेने वाली संस्था के कामकाज की कई विशेषताओं जैसे उत्पादन, बिक्री, इन्वेंट्री स्तर, ऐसे लिमिट का पिछला उपयोग इत्यादि को ध्यान में रखने के बाद नकद क्रेडिट लिमिट तय करता है। इस प्रकार बैंक इस लिमिट को उनके ग्राहकों द्वारा दी जाने वाली प्रतिभूति के अनुरूप रखना चाहते हैं।

(ii) कैश क्रेडिट व्यवस्था के तहत स्वीकृत एडवांस तकनीकी रूप से मांग पर चुकाए जाते हैं और चुकाने की कोई नियत तिथि नहीं होती है।

(b) सावधि ऋण (Term Loans):

(i) सावधि ऋण सुविधा के तहत दिया जाने वाला क्रेडिट एक निश्चित उद्देश्य और पूर्व निर्धारित अवधि के लिए दिया जाता है। आम तौर पर, ये ऋण किश्तों में चुकाए जाते हैं। एकल गैर-पुनरावृत्त (non-repetitive) लेनदेनों के लिए धनराशि की आवश्यकता होती है और केवल एक बार ही निकाली जाती है।

(ii) सावधि ऋण का उपयोग अचल संपत्तियों को प्राप्त करके किसी विनिर्माण इकाई के विस्तार या आधुनिकीकरण के लिए किया जाता है।

(c) कैश क्रेडिट सिस्टम और सावधि ऋण के बीच अंतर:

सावधि ऋण और कार्यशील पूंजी वित्त के बीच मुख्य अंतर वित्त के उद्देश्य, इससे बनाई गई संपत्ति के प्रकार और बैंक द्वारा अग्रिम भुगतान के रूप में निहित है। अन्य अंतर इस प्रकार हैं:

(i) सावधि ऋण का उपयोग अचल संपत्तियों के अधिग्रहण के माध्यम से खेती और सेवा उद्यम की स्थापना, विस्तार या आधुनिकीकरण के लिए किया जाता है, जबकि कार्यशील पूंजी वित्त का उपयोग संवर्धन और परिचालन उद्देश्यों के लिए किया जाता है जिसके परिणामस्वरूप उत्पादन और अंतिम उत्पादन या तैयार माल की बिक्री के लिए मौजूदा परिसंपत्तियों का निर्माण होता है।

(ii) सावधि ऋण आमतौर पर मध्यम या दीर्घकालिक अवधि के लिए होते हैं और एक सहमत अवधि में मासिक, त्रैमासिक या अर्धवार्षिक किस्तों में चुकाए जाते हैं। इसके विपरीत, कार्यशील पूंजी वित्त आम तौर पर किसी कृषि उद्यम में फसल की खेती के लिए या उत्पादन या सेवा उद्यम में कैश क्रेडिट (हाइपोथिकेशन) खाते में लिया जाता है, जिसमें निर्धारित समय अवधि के भीतर लगातार निकासी और चुकौती होता है और मांगने पर दुबारा दिया जाता है।

(iii) सावधि ऋण संयंत्र और मशीनरी इत्यादि के मॉर्गेज (Mortgage) या हाइपोथिकेशन (Hypothecation) द्वारा प्रतिभूत किए जाते हैं, जबकि कार्यशील पूंजी ऋण कच्चे माल/स्टॉक या सूची, खड़ी फसल इत्यादि के हाइपोथिकेशन द्वारा प्रतिभूत किए जाते हैं।

7.7 खुदरा ऋण (रिटेल लोन)

विशेषकर पिछले पांच वर्षों में खुदरा ऋणों की संख्या और राशि दोनों में तेजी से वृद्धि हुई है। ऐसी वृद्धि के मुख्य कारण/विशेषताएं इस प्रकार हैं:

(i) देश में मध्यम आय वर्ग की तेजी से बढ़ती जनसंख्या, साथ ही मध्यम और उच्च वर्गों की तेजी से बढ़ती आय स्तर। इन जनसंख्या समूहों में मुख्य रूप से वेतनभोगी कर्मचारी, स्व-रोज़गार पेशेवर, व्यापारी और एसएमई (लघु एवं मध्यम उद्योग) करने वाले व्यवसायी शामिल हैं।

(ii) अन्य जनसांख्यिकीय कारक जैसे श्रमिकों का शहरों/महानगरों की ओर पलायन करना और उद्यमियों, स्व-रोज़गार पेशेवरों, महिला श्रमिकों की बढ़ती आबादी के कारण खुदरा ऋण महानगरों और दूसरे स्तर के शहरों में केंद्रित हो गए हैं।

(iii) खराब सार्वजनिक परिवहन व्यवस्था और मध्यम वर्ग की तेजी से बढ़ती आबादी जैसे मुद्दों के कारण देश भर में वाहनों (बाइक, तिपहिया और कारों), घरों, उपभोक्ता टिकाऊ वस्तुओं और अन्य उपभोग की जरूरतों के लिए ऋण की संख्या में भारी वृद्धि हुई है।

(iv) क्रेडिट कार्ड के उपयोग में तेजी से वृद्धि होने और इसके परिणामस्वरूप अनेक स्थानों में बड़ी संख्या में ग्राहकों से अतिदेय प्राप्तियाँ (over-due receivables) हैं।

भारतीय खुदरा-बैंकिंग क्षेत्र में पेश किए जाने वाले विशिष्ट उत्पाद आवास ऋण, उपभोक्ता टिकाऊ वस्तुओं की खरीद के लिए ऋण, वाहन ऋण, व्यक्तिगत ऋण, क्रेडिट कार्ड और शिक्षा ऋण हैं। विभिन्न बैंकों द्वारा पेश किए गए उत्पादों को विभेदित करने के लिए आकर्षक ब्रांड नामों के तहत ऋणों का विपणन (Marketing) किया जाता है। ऋण आमतौर पर पांच से सात वर्ष की ऋण अदायगी अवधि के साथ दिए जाते हैं, जबकि आवास ऋण 20 वर्ष की लंबी अवधि के लिए होते हैं।

खुदरा ऋण के सेगमेंट और लक्ष्य समूह

खुदरा ऋण में मुख्य रूप से निम्नांकित उप-खंड शामिल होते हैं और उनके लक्षित ग्राहक समूह इस प्रकार हैं:

(i) वेतनभोगी और स्व-रोजगार प्राप्त पेशेवरों के लिए आवास ऋण। कुल खुदरा ऋण में आवास ऋण का हिस्सा लगभग आधा है।

(ii) वेतनभोगी और स्व-रोजगार प्राप्त पेशेवरों को वाहन ऋण (कार और दोपहिया वाहन)। यह उप-खंड कुल खुदरा ऋण का लगभग एक तिहाई हिस्सा निर्मित करता है।

(iii) हाई नेट-वर्थ इंडीविजुअल (HNIs), व्यवसायियों और व्यापारियों को शेयरों के बदले ऋण/अग्रिम।

(iv) वेतनभोगी, स्व-रोजगार प्राप्त पेशेवरों और व्यापारियों/व्यवसायियों को व्यक्तिगत ऋण। ये ऋण उपभोग जरूरतों के लिए होते हैं और ये अनसिक्योर्ड (यानी बगैर किसी मूर्त सिक्योरिटी के बगैर) होते हैं; इन्हें ऋण लेने वाले व्यक्तियों के आय प्रवाह या नेट मूल्य के आधार पर स्वीकृत किया जाता है।

(v) वेतनभोगी, स्व-रोजगार प्राप्त पेशेवरों और व्यापारियों/व्यवसायियों से क्रेडिट कार्ड रिसिवेबल्स।

7.7.1 आवास ऋण (Housing Loans)

बैंकों और आवास वित्त कंपनियों द्वारा फ्लैट खरीदने, जमीन खरीदने और घर बनाने और मौजूदा घरों के आधुनिकीकरण या नवीनीकरण इत्यादि के लिए दिए गए ऋण को आवास वित्त /ऋण के रूप में वर्गीकृत किया जाता है।

घर हर परिवार की बुनियादी जरूरत है और देश की अधिकांश आबादी के पास अभी भी घर नहीं है। लगभग हर व्यक्ति को अपना घर चाहिए होता है। कंपनियों को अपने कर्मचारियों को घर आवंटित करने के लिए हाउसिंग कॉलोनी खरीदने में भी निधि की जरूरत पड़ती है। इस कारण से आवास ऋण की अच्छी-खासी मांग रही है। बैंकों के कुल खुदरा ऋण में आवास ऋण

का हिस्सा लगभग आधा है। पिछले 7 वर्षों के दौरान बैंकों द्वारा दिए गए लोनों और उनके ऊपर बकाया राशि में काफी तेजी से वृद्धि हुई है।

हाल के वर्षों में नौकरी करने वाले युवाओं के वेतन पैकेज में बढ़ोतरी हुई है। इसके कारण स्कोर कार्ड के आधार पर आवास ऋण मूल्यांकन को हैंडल करने के लिए एक आईटी पैकेज की उपलब्धता और बड़ी संख्या में उधारकर्ताओं को हैंडल की क्षमता के साथ मिलकर आवास ऋण पोर्टफोलियो तेजी से बढ़ा है। प्रतिभूतिकरण की संभावना ने खुदरा और आवास ऋण पोर्टफोलियो के लिए बैंकों की इच्छा भी बढ़ा दी है।

आवास ऋण में वृद्धि होने की गुंजाइश बहुत बड़ी है। आवास ऋण की मुख्य विशेषताएं इस प्रकार हैं:

(i) **उद्देश्य:** घरों की खरीद/निर्माण/अपग्रेडेशन/ऐक्सटेंशन इत्यादि।

(ii) **ऋण की राशि**: इसमें भूमि और निर्माण की लागत या फ्लैट और आंतरिक सजावट की कीमत को शामिल किया जाएगा।

(iii) **उधारकर्ता का प्रकार**: सिंगल या जॉइंट या कॉर्पोरेट।

(iv) **ऋण की अवधि/**टर्म: मध्यम (3-5 वर्ष) से लेकर बहुत लंबी अवधि (15-20 वर्ष), नकदी प्रवाह और उधारकर्ता की पसंद पर निर्भर करता है।

(iv) **ब्याज दर**: फिक्स्ड/फ्लोटिंग रेट। वर्तमान में सभी खुदरा उत्पादों में सबसे कम ब्याज दर पर आवास ऋण दिया जाता है।

(vi) **प्रतिभूति** (**Security**): उधारकर्ता द्वारा बैंक के पक्ष में भूमि/घर या अन्य अचल संपत्ति (खरीदा जा रहा/निर्मित किया जा रहा या पहले से निर्मित) का फ़र्स्ट मॉर्गेज (इक्विटेबल या रजिस्टर्ड)।

(vii) **पंजीकरण** (**Registration**) ऐफ़्लिएट रजिस्ट्रेशन मॉर्गेज चार्ज प्रॉपर्टीज के रजिस्ट्रार के पास रजिस्टर्ड होता है।

(viii) **गारंटी (Guarantee)**: ऐसे मामलों में ली जाती है जहां मार्जिन कम हो या मूल्यांकन के अनुसार उधारकर्ताओं की निवल संपत्ति अपर्याप्त हो।

(ix) **दस्तावेज** (**Documents**): टर्म लोन अग्रीमेंट, व्यक्तिगत गारंटी के मामले में गारंटी लेटर और संबंधित बैंकों द्वारा निर्दिष्ट अन्य सभी दस्तावेज।

(x) **अदायगी** (**Repayment**): ऋण की अदायगी आमतौर पर ऋण की अवधि के लिए (समान मासिक किस्तों (EMI) के रूप में की जाती है। ईएमआई में ब्याज और मूलधन दोनों शामिल रहते हैं। ईएमआई उधारकर्ता के नकदी प्रवाह के आधार पर तय की जाती है, जिसका विश्लेषण लोन मंजूर करते समय किया जाता है। उन फ्लैटों के संबंध में जहां

उनके निर्माण में समय लगता है, बैंक यह निर्धारित कर सकते हैं कि उधारकर्ता को घर का निर्माण होने और उन्हें मिलने तक निर्धारित अवधि पर ब्याज का भुगतान करना होगा। एक बार उनका अधिकार हो जाने के बाद या पूर्ण ऋण जारी होने के बाद एक निश्चित अवधि बीत जाने के बाद, जो भी पहले हो, बैंक ईएमआई के माध्यम से भुगतान तय कर सकते हैं।

(xi) **स्टेप अप रीपेमेंट (Step up Repayment):** ऐसा देखा गया है कि कुछ बैंक शुरुआती वर्षों में कम ईएमआई और बाद के वर्षों में जब नकदी प्रवाह बढ़ने की उम्मीद होती है, अधिक ईएमआई की पेशकश करते हैं, । इसे स्टेप-अप लोन कहा जाता है।

फोरक्लोजर चार्जेज /प्री-पेमेंट जुर्माना लगाना (**Levy of foreclosure charges/pre-payment penalty**):

बैंक फ्लोटिंग ब्याज दर के आधार पर आवास ऋण पर फोरक्लोजर चार्जेज/प्री-पेमेंट जुर्माना नहीं लगा सकते हैं।

मौजूदा मानदंडों के अनुसार, नियत दर ऋण वह होता है, जहां ऋण की पूरी अवधि के लिए दर तय होती है। इसलिए, बैकों द्वारा स्वीकृत दोहरी दर/विशेष दर आवास ऋण को नियत दर ऋण (fixed rate loans) के रूप में नहीं माना जा सकता है।

बैंकों को व्यक्तिगत उधारकर्ताओं के ऊपर स्वीकृत फ्लोटिंग रेट वाले सभी सावधि ऋण पर फोरक्लोजर चार्ज/प्री-पेमेंट पेनल्टी लगाने की भी अनुमति नहीं होती है। सार्वजनिक/निजी क्षेत्र के कुछ बैंकों में आवास ऋण किसी अन्य बैंक/आवास वित्त कंपनियों द्वारा ले लिए जाने की स्थिति में प्री-पेमेंट/फोरक्लोजर शुल्क लगाया जाता है।

7.7.2 वाहन ऋण (Vehicle Loans)

वाहन ऋण या ऑटो लोन (कार, दो/तिपहिया वाहन) देश में कुल खुदरा ऋण का लगभग एक तिहाई है। वाहन ऋण के बकाया ऋण की राशि हाउसिंग सेक्टर के बाद दूसरे स्थान पर आती है। हाल के वर्षों में यह पोर्टफोलियो भी काफी तेजी से बढ़ा है। कार और टूव्हीलर लोन की मांग प्रोफेशनल और स्व-रोज़गार प्राप्त लोगों की ओर से आती है। सार्वजनिक परिवहन व्यवस्था पर्याप्त न होने से ज्यादातर शहरों में ऑटो-रिक्शा और कार-टैक्सी के लिए लोन की मांग भी बढ़ रही है। वाहन ऋण की मुख्य विशेषताएं इस प्रकार हैं:

(i) **प्रयोजन:** व्यक्तिगत उपयोग के लिए वाहनों (2/3/4 पहिया वाहन) की खरीद या छोटे ड्यूटी वाहनों के लिए टैक्सी लोन के रूप में जो लघु सड़क परिवहन परिचालन योजना के तहत जारी किए जाते हैं।

(*ii*) **लोन की अवधि/**टर्म: नए 4 पहिया वाहनों के मामले में ऋण की अधिकतम अवधि 7 वर्ष है और नए 2 दोपहिया वाहनों के लिए यह अवधि 5 वर्ष है। सेकेंड हैंड वाहनों के लिए, चुकौती अवधि अनुमानित आय/नकदी प्रवाह और वाहन की प्रकृति/लागत पर निर्भर करती है, लेकिन आम तौर पर ऐसे मामलों में ऋण की अधिकतम अवधि 3 वर्ष से अधिक नहीं होती।

(*iii*) **ब्याज दर**: आम तौर पर लोन पर फ्लोटिंग-रेट (floating-rate) लगाया जाता है और यह दर आवास ऋण से अधिक होती है।

(*iv*) **प्रतिभूति** (**Security**): बैंक फाइनेंस पर खरीदे गए वाहन पर बैंक के पक्ष में हाइपोथिकेशन शुल्क।

(*v*) **पंजीकरण** (**Registration**): हाइपोथिकेशन (Hypothecation) शुल्क सड़क परिवहन आयुक्त के कार्यालय में पंजीकृत किया जाता है।

(*vi*) **गारंटी (Guarantee)**: विभिन्न बैंकों की योजना के अनुसार टैक्सियों के लिए ऋण के मामले में या अन्य मामलों में भी जमानत या व्यक्तिगत गारंटी निर्धारित की जाती है।

(*vii*) **कर्ज अदायगी** (**Repayments**): ईएमआई की चुकौती बार-बार हो सकती है। कुछ क्षेत्रों के लिए लंबी अवधि (कम ईएमआई) बढ़ा दी गई है। ऑटो रिक्शा लोन के मामले में पाक्षिक भुगतान स्वीकार किए जाते हैं।

7.7.3 टिकाऊ उपभोक्ता वस्तुओं (Consumer Durables) की खरीद के लिए ऋण

मोबाइल, रेफ्रिजरेटर, वॉशिंग मशीन, टीवी, म्यूजिक सिस्टम, माइक्रो वेव/इलेक्ट्रिक ओवन, अन्य रसोई उपकरण इत्यादि जैसी भारी उपभोक्ता टिकाऊ वस्तुओं की खरीद के लिए बैंकों (टर्म लोन) और वित्त कंपनियों (आमतौर पर, एनबीएफसी) द्वारा दिए जाने वाले ऋण को इस वर्ग में रखा गया है। आम तौर पर, ऋण 4 वर्ष से कम अवधि के लिए होते हैं। इन ऋणों पर आवास ऋण की तुलना में ब्याज दर अधिक होती है।

हायर पर्चेज़ फ़ाइनेंस फ़ाइनेंस के मामले में, खरीददार को आखिरी किस्त के भुगतान पर ही अमुक माल का स्वामित्व हासिल होता है। सावधि ऋण के मामले में, यह कीमत के भुगतान के बाद से खरीददार के पास निहित होता है और इसलिए, अमुक माल ऋणदाता के पक्ष में हाइपोथिकेट रखा जाता है।

किस्तों का भुगतान न कर पाने के मामले में, हायर पर्चेज़ ट्रांजैक्शन, विक्रेता को फिर से कब्ज़ा कर लेने का अधिकार देता है, क्योंकि स्वामित्व अभी भी विक्रेता के पास ही होता है। इसके

विपरीत, लोन या ऋण के मामले में, जो एक हाइपोथिकेशन द्वारा समर्थित होता है, माल को अपने अधिकार में लेने से पूर्व ऋणदाता बैंक को उचित कानूनी प्रक्रिया का पालन करना होता है। यह भी बताया जाना चाहिए कि एचपी विक्रेता को भी कुछ कानूनी औपचारिकताओं का पालन करना पड़ता है जैसे कि अधिकार करने के इरादे के बारे में नोटिस जारी करना इत्यादि।

उपभोक्ता टिकाऊ वस्तु ऋण की मुख्य विशेषताएं इस प्रकार हैं:

(i) **प्रयोजन:** भारी उपभोक्ता टिकाऊ वस्तुओं की खरीदारी।

(ii) **ऋण अदायगी अवधि**: 18-48 महीने, उत्पाद की लागत/प्रकृति और उधारकर्ता की आय/नकदी प्रवाह के आधार पर

(iii) **पुनर्भुगतान** (**Repayments**): ईएमआई

(iv) **ब्याज दर**: फ्लोटिंग (परिवर्तनशील)। यह दर आवास /वाहन ऋण से अधिक होता है

(v) **प्रतिभूति** (**Security**): खरीदी गई परिसंपत्तियों का हाइपोथिकेशन

(vi) **गारंटी (Guarantee)**: आमतौर पर इसकी जरूरत नहीं पड़ती, बशर्ते कि उधारकर्ता की आय/नकदी प्रवाह पर्याप्त हो।

7.7.4 उपभोग (व्यक्तिगत) ऋण [Consumption (Personal) Loans]

व्यक्तिगत ऋण मूल रूप से असुरक्षित प्रकृति के होते हैं और केवल व्यक्तिगत गारंटी द्वारा समर्थित होते हैं। ये ऋण उन उद्देश्यों के लिए दिए जाते हैं, जिनका अंतिम उपयोग विशेष नहीं होता है। आमतौर पर, इसके प्रयोजन में वस्तुओं/संपत्ति की खरीद शामिल नहीं होती है, जैसा कि फोरगोइंग लोन (foregoing loans) के मामले में होता है। आमतौर पर बिना किसी मूर्त प्रतिभूति के बंधन रहित ऋण होने के कारण, यह अच्छे नेट मूल्य (net worth) वाले व्यक्तियों/व्यवसायियों को प्रदान किया जाता है। व्यक्तिगत की मुख्य विशेषताएं इस प्रकार हैं:

(i) **प्रयोजन:** यात्रा, विवाह या अन्य समारोह/कार्यक्रम जिसमें बड़े खर्च की आवश्यकता होती है

(ii) **ऋण अवधि**: शॉर्ट-टर्म लोन या डिमांड लोन या ओवरड्राफ्ट।

(iii) **चुकौती (Repayment):** ईएमआई या सहमति के मुताबिक।

(iv) **ब्याज दर**: फ्लोटिंग रेट(Floating rate)। रिटेल सेग्मेंट के अन्य ऋणों की तुलना में यह दर अधिक है।

(v) **प्रतिभूति** (**Security**): कोई ठोस प्रतिभूति नहीं। ऐसे मामलों में जहां नेट मूल्य (net worth) या आय/नकद प्रवाह पर्याप्त नहीं होता है, बैंक मूर्त प्रतिभूति (tangible security) की मांग कर सकते हैं।

(*vi*) **गारंटी (Guarantee)**: यदि नेट मूल्य/नकदी प्रवाह पर्याप्त नहीं है और मूर्त प्रतिभूति उपलब्ध नहीं है, तो इसकी जरूरत पड़ती है।

(*vii*) **अन्य:** यह ज्यादातर वेतनभोगी, स्व-रोजगार प्राप्त पेशेवरों और व्यापारियों में उच्च आय वर्ग के लोगों को दिया जाता है। फाइनेंस की राशि व्यक्तिगत प्रस्तावक की मासिक/वार्षिक आय से जुड़ी होती है।

7.7.5 ओवरड्राफ्ट (Overdrafts)

चालू खातों में ओवरड्राफ्ट की सुविधा देते हैं, जिससे ग्राहक अपनी नकदी आवश्यकताओं के अनुरूप स्वीकृत सीमा तक ओवर-ड्राफ्ट (यानी, क्रेडिट बैलेंस से अधिक) कर सकते हैं। यह चालू खाता है और ब्याज केवल दैनिक उत्पाद के आधार पर आमतौर पर डेबिट बैलेंस पर ही लगाया जाता है। रिटेल लोन सेगमेंट (retail loans segment) में ब्याज दर सबसे ज्यादा है। ओवरड्राफ्ट की मुख्य विशेषताएं इस प्रकार हैं:

(*i*) **प्रयोजन:** आकस्मिकताओं और अनौपचारिक (*ad hoc*) कैश की आवश्यकता को पूरा करने के लिए बहुप्रयोजनीय या सामान्यउद्देश्य

(*ii*) **ऋण अवधि**: बैंक के मांगने पर देय

(*iii*) **ब्याज दर**: फ्लोटिंग रेट - व्यक्तिगत (या खुदरा) सेगमेंट में उच्चतम दर।

(*iv*) **प्रतिभूति (Security):** आम तौर पर असुरक्षित। लेकिन बड़ी राशि और/या लंबी अवधि की आवश्यकताओं के मामलों में लिक्विड (चल) प्रतिभूति (उदाहरण के लिए, सावधि जमा पावतियां, आरबीआई/एफआईआई/डाकघरों द्वारा जारी बांड/प्रमाणपत्र) मांगी जाती है।

(*v*) **गारंटी (Guarantee)**: यदि उपरोक्त प्रतिभूति अपेक्षाएं पूरी हो जाती हैं तो आम तौर पर इसकी आवश्यकता नहीं होती है।

(*vi*) **अन्य**: वर्तमान खाता-धारकों के लिए प्रलेखन बेहद आसान और तुरंत पूरा हो जाता है।

7.7.6 क्रेडिट कार्ड बकाया

कई बैंक डेबिट कार्ड और क्रेडिट कार्ड दोनों प्रत्यक्ष रूप से या अपनी अनुषंगी कंपनियों/ऐफ़िलएट्स के जरिए जारी करते हैं। ये दोनों कार्ड वस्तुओं और सेवाओं की नकदी-रहित खरीदारी की सुविधा प्रदान करते हैं, जो सुविधाजनक और सुरक्षित होते हैं और शहरों और महानगरों में उनके बढ़ते उपयोग का यही प्रमुख कारण है। जहां क्रेडिट कार्ड कुछ क्रेडिट-मुक्त अवधि की अनुमति देता है, डेबिट कार्ड के मामले में, खरीद ट्रांजेक्शन तुरंत कार्ड धारकों के खाते से डेबिट हो जाती है। बिल की तिथि और देय तिथि के बीच प्रारंभिक निःशुल्क क्रेडिट अवधि के

बाद, कार्ड कंपनियां कार्ड धारकों को किस्तों में भुगतान करने के लिए क्रेडिट/समय की भी सुविधा प्रदान करती हैं। यदि ग्राहक भुगतान करने में नि:शुल्क अवधि या बिल की देय तिथि से अधिक देरी करता है तो बैंक बकाया राशि पर ब्याज वसूल करेगा। हाल के वर्षों में क्रेडिट कार्ड पर बकाया राशि काफी बढ़ गई है। चूंकि देनदार बड़ी संख्या में हैं और दूर-दूर स्थित हैं, इसलिए कई कार्ड जारीकर्ताओं द्वारा वसूली का काम आउट-सोर्स कर दिया जाता है। क्रेडिट कार्ड बकाए की मुख्य विशेषताएं इस प्रकार हैं:

(i) **क्रेडिट-मुक्त अवधि**: खरीदारी की तारीख से 20-50 दिनों तक (बिलिंग चक्र के आधार पर)।

(ii) **विवरण की तिथि:** मासिक विवरण की तिथि निश्चित होती है। इसमें पिछली मासिक अवधि के दौरान क्रेडिट कार्ड से की गई सभी खरीदारी, किए गए भुगतान और बकाया शेष राशि का विवरण होता है।

(iii) **भुगतान देय तिथि**: प्रत्येक माह की भुगतान की तिथि निश्चित होती है।

(iv) **अतिदेय (Over-dues):** यदि देय राशि को भुगतान करने की नियत तारीख के भीतर नहीं दिया जाता है, तो इसे अतिदेय कहा जाता है। अतिदेय पर ब्याज दर 20% से 42% प्रति वर्ष (बैंक से बैंक में भिन्न) के बीच लगाई जाती है और कर लगाए जाते हैं। कुछ क्रेडिट कार्ड कंपनियां क्रेडिट कार्ड का बकाया चुकाने के लिए कार्ड धारकों को अप्रतिभूत ऋण देती हैं, जिसे निर्धारित ब्याज दर पर 6-10 ईएमआई में चुकाया जाता है (आमतौर पर स्वच्छ ओवरड्राफ्ट दर से अधिक, लेकिन क्रेडिट कार्ड अतिदेय दर से कम)। इस तरह के ऋण का यह लाभ होता है कि यह क्रेडिट कार्ड की बकाया राशि को कुछ किश्तों में चुकाने योग्य अल्पकालिक ऋण में बदल देता है। इस प्रकार, जब तक ऋण की किश्तों का भुगतान समय पर किया जाता है, तब तक अतिदेय नहीं होगा।

7.8 कृषि वित्त

किसी किसान की ऋण जरूरतों को अग्रिम की विस्तृत श्रेणियों अर्थात, प्रत्यक्ष वित्त एवं अप्रत्यक्ष वित्त के जरिए पूरा किया जाता है। ऋण अवधि के आधार पर, प्रत्यक्ष वित्त को अल्पकालिक ऋण और मध्यम/दीर्घकालिक ऋण के रूप में वर्गीकृत किया जाता है।

7.8.1 अल्पावधि ऋण

18 महीने तक चुकाए जाने वाले ऋण को अल्पावधि ऋण कहा जाता है। इसमें शामिल हैं: फसल ऋण और फसल उगाने के लिए किसान क्रेडिट कार्ड योजना के माध्यम से स्वीकृत सीमा, कृषि उद्देश्यों के लिए सोने के आभूषणों के बदले ऋण।

7.8.2 मध्यम/दीर्घकालिक ऋण

इस श्रेणी के अंतर्गत आने वाले ऋण की अवधि आम तौर पर छत्तीस महीने और उससे अधिक होती है। इसमें लघु सिंचाई, खेत/भूमि विकास, कृषि मशीनीकरण, वृक्षारोपण और बागवानी, डेयरी खेती, भेड़/बकरी पालन, सुअर पालन और खरगोश पालन, मुर्गी पालन, मछली पालन, रेशम उत्पादन, मधुमक्खी पालन, मशरूम की खेती, बायो-गैस संयंत्र जैसी संबद्ध गतिविधियों के लिए ऋण इत्यादि शामिल है। अप्रत्यक्ष वित्त में उर्वरकों, कीटनाशकों के वितरण के वित्तपोषण के लिए ऋण, ग्रामीण विद्‌तीकरण निगम (आरईसी) योजना के तहत पंप सेटों को सक्रिय करने के लिए बिजली बोर्डों को दिया जाने वाला ऋण, निर्माण और भंडारण सुविधाओं को चलाने के लिए मिलने वाले फाइनेंस, उत्पादक क्षेत्र, छिड़काव कार्य करने वाले व्यक्तियों, संस्थानों या संगठनों को ऋण, कमजोर वर्ग को आगे उधार देने के लिए राज्य निगमों को दिए जाने वाले एडवांस इत्यादि शामिल हैं।

कुछ महत्वपूर्ण प्रकार के कृषि ऋण के बारे में नीचे बताया गया है।

7.8.3 फसल ऋण

फसल ऋण का उद्देश्य है किसानों को मौसमी गतिविधियों को करने की सुविधा प्रदान करना, अर्थात बीज, उर्वरक और कीटनाशकों की लागत, सिंचाई शुल्क, मजदूरी शुल्क इत्यादि सहित मौसमी फसलों को उगाने के खर्चों को पूरा करना है। किसान, किरायेदार किसान और बटाईदार जो वास्तव में भूमि पर खेती करते हैं, किसान - छोटे/सीमांत (SF/MF) और अन्य इस ऋण के लिए पात्र हैं। किसान के लिए ऋण की राशि खेती की लागत के आधार पर तय की जाती है। आम तौर पर खेती की लागत की पूरी राशि या उपज मूल्य का लगभग 40% वित्तपोषित किया जाता है। बैंक उस क्षेत्र में फसल की खेती के लिए आवश्यक विभिन्न इनपुट्स को ध्यान में रखते हुए जिला स्तरीय तकनीकी समितियों द्वारा निर्धारित वित्त के पैमाने का उपयोग करके आवश्यक ऋण का अनुमान लगाते हैं। फसल ऋण में डायरेक्ट मार्जिन नहीं होता है, लेकिन उम्मीद की जाती है कि श्रम और अन्य इनपुट किसानों द्वारा पूरे किए जाएं।

एक फसल के लिए फसल ऋण को मांग ऋण (डिमांड लोन) के माध्यम से बढ़ाया जा सकता है, जिसे फसल की कटाई और बिक्री के समय चुकाया जा सकता है। वैसे तो ऋण की सामान्य अवधि एक वर्ष से अधिक नहीं हो सकती। लंबी अवधि को देखते हुए गन्ना फसल ऋण 18 महीने का होता है।

7.8.4 कृषि सावधि ऋण

प्रयोजन (Purpose) : कृषि सावधि ऋण कृषि, बागवानी, वृक्षारोपण, रेशम उत्पादन के अंतर्गत ग्रामीण गतिविधियों से जुड़ी परिसंपत्तियों (कृषि मशीनरी, बैल, भेड़ इत्यादि) की खरीद, परिसंपत्तियों के निर्माण (बगीचे का निर्माण, मुर्गीपालन, डेयरी विकास इत्यादि), पशुपालन, मत्स्य पालन, इत्यादि के लिए प्रदान किए जाते हैं जहां ऋण राशि तीन वर्ष से अधिक की अवधि में चुकानी होती है।

पात्रता (Eligibility): सभी श्रेणी के किसान और खेतिहर मजदूर सावधि ऋण के लिए पात्र होते हैं।

कुछ प्रकार के कृषि सावधि ऋण नीचे दिए गए हैं:

7.8.4.1 जमीन तैयार करना

बेहतर उत्पादकता हेतु भूमि विकास परियोजनाओं के लिए कृषकों को वित्त के रूप में ऋण दिया जाता है। इस मद के अंतर्गत दिए जाने वाले ऋणों में विभिन्न गतिविधियां शामिल होती हैं जैसे भूमि निकासी (झाड़ियों, पेड़ों इत्यादि को हटाना), भूमि को समतल करना और आकार देना, पहाड़ी क्षेत्रों के लिए बेंच टेरेसिंग (bench terracing), कंटूर स्टोन वॉल्स (contour stone walls), स्टैगर्ड कंटूर ट्रेंचेज (staggered contour trenches), डिस्पोजल ड्रेंस (disposal drains), नमकीन/क्षारीय मिट्टी का सुधार करना और बाड़ लगाना इत्यादि।

7.8.4.2 छोटी सिंचाई (Minor Irrigation)

भूमिगत/सतह जल स्रोतों से सिंचाई सुविधाओं के निर्माण के लिए ऋण लघु सिंचाई योजना के अंतर्गत आते हैं। प्रस्तावित सुविधा से जुड़ी सभी संरचनाओं और उपकरणों को भी वित्तपोषित किया जाता है। ऋणों में वैसी विभिन्न गतिविधियां को शामिल हैं जैसे नए कुओं की खुदाई (खुला/बोर कुआं), मौजूदा कुओं को गहरा करना (पारंपरिक/बोर), कुओं को चालू करना (तेल इंजन/विद्त पंप सेट), पाइप लाइनें बिछाना, ड्रिप/स्प्रिंकलर सिंचाई प्रणाली स्थापित करना और लिफ्ट सिंचाई प्रणाली तैयार करना।

7.8.4.3 फार्म मेकेनाइजेशन (Farm Mechanization)

खेती के कामों के लिए कृषि उपकरण और मशीनरी की खरीद के लिए ऋण। इस योजना में ट्रैक्टर और सहायक उपकरण, ट्रेलर, पावर टिलर, कंबाइन हार्वेस्टर, पावर स्प्रेयर, डस्टर, थ्रेशर इत्यादि की खरीद से लेकर अन्य गतिविधियां शामिल हैं।

अन्य कृषि उपकरणों की खरीद की पात्रता उधारकर्ता द्वारा की गई कृषि गतिविधि से उत्पन्न आय पर निर्भर है। यदि किसान के पास निर्धारित एकड़ से कम जमीन है, तो यह सुनिश्चित किया जाना चाहिए कि प्रस्ताव को आर्थिक रूप से व्यवहार्य बनाने के लिए ट्रैक्टर को एक वर्ष में न्यूनतम 1000 घंटों के लिए काम में लाया जा सकता है या उपयोग किया जा सकता है।

7.8.4.4 हॉर्टिकल्चर फाइनेंस

आम, चीकू, अमरूद, अंगूर, अनार, सेब, लीची इत्यादि जैसे फलों के बगीचों के साथ-साथ अल्पकालिक फलों की खेती (केला, अनानास, इत्यादि), ओपन और ग्रीनहाउस फूलों (गुलाब, कारनेशन) के निर्माण के लिए ऋण , गुलदाउदी, चमेली, इत्यादि) और सब्जी फसलों (आलू, टमाटर, बैंगन, लौकी, मटर, इत्यादि) के लिए ऋण दिया जाता है।

7.8.4.5 जमीन की खरीद छोटे और सीमांत किसानों/भूमिहीन मजदूरों को कृषि भूमि खरीदने के लिए ऋण दिया जाता है। बैंक के ऋण से खरीदी गई भूमि को प्रतिभूति के रूप में बंधक रखा जाएगा। किसी अन्य प्रतिभूति पर विचार नहीं किया जाएगा।

चुकौती: सावधि ऋणों के संबंध में, आम तौर पर ऋण की चुकौती मासिक/अर्धवार्षिक/वार्षिक किस्तों में होगी, जो फसल की कटाई, उसके मार्केटिंग और दस वर्षों की अवधि में की गई कृषि गतिविधि द्वारा बनाई गई तरलता (लिक्विडिटी) पर निर्भर करेगी। लघु सिंचाई संरचना के निर्माण, भूमि तैयार करने इत्यादि जैसी गतिविधियों के लिए पर्याप्त उत्पादन-पूर्व अवधि की अनुमति है।

7.8.5 किसान क्रेडिट कार्ड योजना

किसान क्रेडिट कार्ड योजना का उद्देश्य है किसानों को उनकी खेती और अन्य जरूरतों के लिए एक सिंगल विंडो के अंतर्गत बैंकिंग प्रणाली से पर्याप्त और समय पर ऋण सहायता प्रदान करना, जैसा कि नीचे बताया गया है:

a. फसलों की खेती के लिए अल्पकालिक ऋण आवश्यकताओं को पूरा करना

b. फसल कटाई के बाद का खर्च

c. उत्पादन मार्केटिंग ऋण

d. किसान परिवार की उपभोग आवश्यकताएं

e. कृषि परिसंपत्तियों और कृषि से संबद्ध गतिविधियों जैसे डेयरी पशु, इनलैंड फ़िशरी इत्यादि के रखरखाव के लिए कार्यशील पूंजी।

f. कृषि और संबद्ध गतिविधियों जैसे पंप सेट, स्प्रेयर, डेयरी पशु इत्यादि के लिए निवेश ऋण की आवश्यकता।

नोट : उपरोक्त घटकों "(a) से (e)" का योग अल्पकालिक क्रेडिट सीमा का भाग बनाएगा और "(f)ए के अंतर्गत घटकों का योग दीर्घकालिक क्रेडिट सीमा का भाग बनाएगा।

पात्रता:

i. सभी किसान - व्यक्ति/संयुक्त उधारकर्ता जो मालिक किसान हैं

ii. किरायेदार किसान, मौखिक पट्टेदार और बटाईदार किसान

iii. एसएचजी (स्वयं सहायता समूह) या किसानों के संयुक्त देयता समूह जिनमें किरायेदार किसान, बटाईदार इत्यादि शामिल हैं।

7.9 MSME को दिए जाने वाले अग्रिम

MSME का अर्थ है सूक्ष्म, लघु एवं मध्यम उद्यम। 2006 में सूक्ष्म, लघु और मध्यम उद्यम विकास (MSMED) अधिनियम के अनुसार, संयंत्र और मशीनरी में निवेश और उद्यम की प्रत्येक श्रेणी के तहत वार्षिक कारोबार के आधार पर सूक्ष्म, लघु और मध्यम उद्यमों के वर्गीकरण के लिए निर्धारित मानदंड इस प्रकार हैं:

उद्यम का प्रकार	प्लांट और मशीनरी में निवेश	वार्षिक टर्नओवर
सूक्ष्म	रु. 1 करोड़	रु. 5 करोड़
लघु	रु. 10 करोड़	रु. 50 करोड़
मध्यम	रु. 50 करोड़	रु. 250 करोड़

मूल रूप से, व्यावसायिक गतिविधियां तीन प्रकार की होती हैं:

(a) सेवा क्षेत्र

(b) खुदरा व्यापारी

(c) विनिर्माण गतिविधि

सभी वाणिज्यिक बैंक एमएसएमई क्षेत्र के लिए ऋण सुविधाओं के विस्तार को नियंत्रित करने वाली ऋण नीतियां लागू कर रहे हैं। बैंक उधारकर्ताओं के बिजनेस साइकल और अल्पकालिक ऋण आवश्यकता को ध्यान में रखते हुए उनकी वास्तविक कार्यशील पूंजी आवश्यकताओं के उचित मूल्यांकन के बाद ऋण सीमा को मंजूरी देते हैं। नायक समिति की रिपोर्ट के अनुसार, एसएसआई इकाइयों के लिए कार्यशील पूंजी सीमा की गणना उनके अनुमानित टर्नओवर के न्यूनतम 20% के आधार पर 5 करोड़ रुपये की क्रेडिट सीमा तक की जाती है।

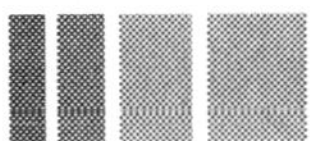

7.10 प्रधानमंत्री मुद्रा योजना

माइक्रो यूनिट्स डेवलपमेंट एंड रिफाइनेंस एजेंसी लि. (MUDRA) भारत सरकार द्वारा अति-लघु व लघु उद्यमों की जिनकी ऋण आवश्यकताएं 10 लाख रुपए से कम हैं, उनकी गैर-कॉर्पोरेट, गैर-कृषि क्षेत्र में आय निर्माण गतिविधियों को वित्त मुहैय्या कराने के लिए स्थापित एक नई संस्था है।

मुद्रा ऋण (MUDRA लोन) निम्नलिखित तीन श्रेणियों के अंतर्गत दिए जाते हैं:

a. 50,000 रु. तक का शिशु-लोन

b. 50,001 रु. से लेकर 5 लाख रु. तक का किशोर लोन

c. 5,00,001/- से लेकर 10 लाख रु. तक का तरुण-लोन

शिशु पर अधिक फोकस किया जाएगा। इसी अनुसार, 8 अप्रैल, 2015 को या उसके बाद उपरोक्त श्रेणी के अंतर्गत दिए गए सभी अग्रिम को पीएमएमवाई के तहत मुद्रा ऋण के रूप में वर्गीकृत किया गया है।

सभी गैर-कॉर्पोरेट लघु बिजनेस खंड (NCSBS) में छोटी विनिर्माण इकाइयों, सेवा क्षेत्र इकाइयों, दुकानदारों, फल/सब्जी वेंडरों, ट्रक ऑपरेटरों, खाद्य-सेवा इकाइयों, मरम्मत की दुकानों, मशीन ऑपरेटरों, छोटे उद्योगों के ग्रामीण और शहरी क्षेत्रों में खाद्य प्रोसेसर रूप में चलने वाली स्वामित्व या साझेदारी फर्म सम्मिलित होती हैं, मुद्रा के तहत सहायता के लिए पात्र होते हैं।

बैंकों की शाखाएं ग्राहकों की आवश्यकताओं के अनुरूप मुद्रा योजना के तहत ऋण मुहैय्या कराएंगी। इस योजना के तहत दिए जाने वाले ऋण संपार्श्विक से मुक्त ऋण होते हैं।

निम्नलिखित के लिए मुद्रा ऋण का लाभ उठाया जा सकता है:

वेहिकल लोन: व्यावसायिक उद्देश्य के लिए वाणिज्यिक वेहिकल लोन, कार ऋण और दोपहिया वाहन ऋण

बिजनेस इंस्टॉलमेंट लोन (बीआईएल): कार्यशील पूंजी की आवश्यकता, संयंत्र और मशीनरी खरीदने, कार्यालयों के नवीनीकरण इत्यादि के लिए ऋण।

बिजनेस लोन ग्रुप लोन (बीएलजी) और रूरल बिजनेस क्रेडिट (आरबीसी)

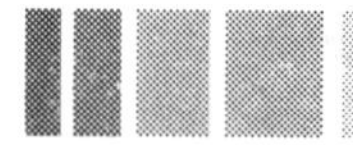

7.11 प्राथमिकता क्षेत्र के अग्रिम

प्राथमिकता क्षेत्र के अग्रिम का अर्थ है उन क्षेत्रों को ऋण देना जिन्हें भारत सरकार और **भारतीय रिज़र्व बैंक देश की बुनियादी जरूरतों के विकास के लिए महत्वपूर्ण मानते हैं और उन्हें अन्य क्षेत्रों की तुलना में प्राथमिकता दी जानी है।** बैंकों को पर्याप्त और समय पर ऋण देने के साथ-साथ ऐसे क्षेत्रों के विकास को प्रोत्साहित करने का दायित्व दिया गया है।

प्राथमिकता क्षेत्र के अंतर्गत श्रेणियां इस प्रकार हैं:

i. कृषि

ii. सूक्ष्म, लघु एवं मध्यम उद्यम

iii. एक्सपोर्ट क्रेडिट

iv. शिक्षा

v. हाउसिंग

vi. सामाजिक आधारभूत संरचना

vii. अक्षय ऊर्जा

viii. अन्य

प्राथमिकता क्षेत्र के ऋण के अंतर्गत निर्धारित लक्ष्य और उप-लक्ष्य, एडजस्टेड नेट नैकिंग (एएनबीसी)/ऑफ-बैलेंस शीट एक्सपोजर (सीईओबीई) के क्रेडिट समतुल्य के आधार पर गणना की जाएगी, जैसा कि पिछले वर्ष की इसी तारीख को लागू है जो निम्न प्रकार हैं:

वाणिज्यिक बैंक:

- कुल प्राथमिकता क्षेत्र – एएनबीसी या सीईओबीई का 40 प्रतिशत जो भी अधिक हो।
- कृषि – एएनबीसी या सीईओबीई का 18 प्रतिशत जो भी अधिक हो जिसमें से लघु एवं सीमांत किसानों एसएमएफ) के लिए 10 प्रतिशत का लक्ष्यनिर्धारित है।
- सूक्ष्म उद्यम एएनबीसी या सीईओबीई का 7.5 प्रतिशत, जो भी अधिक हो।
- कमजोर वर्गों को अग्रिमएएनबीसी या सीईओबीई का 12 प्रतिशत, जो भी अधिक हो,

20 से कम शाखाओं वाले विदेशी बैंक:

- कुल प्राथमिकता क्षेत्र अग्रिम: एएनबीसी या सीईओबीई का 40 प्रतिशत, जो भी अधिक हो; जिसमें से 32% तक निर्यात के लिए ऋण के रूप में हो सकता है और 8% से कम किसी अन्य प्राथमिकता वाले क्षेत्र के लिए नहीं हो सकता है।
- कृषि, सूक्ष्म उद्यमों और कमजोर वर्गों को अग्रिम के लिए कोई लक्ष्य नहीं।

क्षेत्रीय ग्रामीण बैंक:

- कुल प्राथमिकता क्षेत्रअग्रिम: एएनबीसी या सीईओबीई का 75 प्रतिशत, जो भी अधिक हो;
- कृषिअग्रिम: 18 प्रतिशत एएनबीसी या सीईओबीई, जो भी अधिक हो; जिसमें से एसएमएफ के लिए 10 प्रतिशत का लक्ष्य निर्धारित है
- सूक्ष्म उद्यम एएनबीसी या सीईओबीई का 7.5 प्रतिशत, जो भी अधिक हो।
- कमजोर वर्गों को अग्रिमएएनबीसी या सीईओबीई का 12 प्रतिशत, जो भी अधिक हो,

लघु वित्त बैंक:

- कुल प्राथमिकता क्षेत्र अग्रिम: एएनबीसी या सीईओबीई का 75 प्रतिशत, जो भी अधिक हो;
- कृषि अग्रिम: 18 प्रतिशत एएनबीसी या सीईओबीई, जो भी अधिक हो; जिसमें से एसएमएफ के लिए 10 प्रतिशत का लक्ष्य निर्धारित है
- सूक्ष्म उद्योग एएनबीसी या सीईओबीई का 7.5 प्रतिशत, जो भी अधिक हो
- कमजोर वर्गों के लिए अग्रिम : एएनबीसी या सीईओबीई का 12 प्रतिशत, जो भी अधिक हो

निम्नलिखित ऋणों को भी प्राथमिकता क्षेत्र अग्रिममें शामिल किया जाना है:

- जैसा कि ऊपर बताया गया है, खादी और ग्रामोद्योग क्षेत्र की इकाइयों को दिए जाने वाले सभी ऋण प्राथमिकता क्षेत्र के तहत सूक्ष्म उद्यमों के लिए निर्धारित 7.5 प्रतिशत के उप-लक्ष्य के तहत वर्गीकरण के लिए पात्र हैं।
- व्यावसायिक पाठ्यक्रमों सहित शैक्षिक उद्देश्यों के लिए व्यक्तियों को दिए जाने वाले 20 लाख रुपये से अधिक के ऋण को प्राथमिकता क्षेत्र वर्गीकरण के लिए पात्र नहीं माना जाएगा। वर्तमान में प्राथमिकता क्षेत्र के रूप में वर्गीकृत ऋण परिपक्वता तक जारी रहेंगे।
- महानगरीय केंद्रों में 35 लाख (दस लाख और उससे अधिक की आबादी के साथ) और प्रति परिवार एक आवास इकाई की खरीद/निर्माण के लिए अन्य केंद्रों में रु. 25 लाख रुपये, बशर्ते कि महानगरीय केंद्र और अन्य केंद्रों में आवास इकाई की कुल लागत क्रमश: 45 लाख और 30 लाख रुपये।
- वाणिज्य और उद्योग मंत्रालय आवास इकाई की कुल लागत के अनुरूप क्षतिग्रस्त आवास इकाइयों की मरम्मत के लिए महानगरीय केंद्रों में 10 लाख रुपये तक और अन्य केंद्रों में 6 लाख रुपये तक का ऋण
- आवासीय इकाइयों के निर्माण के लिए या झुग्गियों को हटाने और झुग्गीवासियों के पुनर्वास के लिए किसी भी सरकारी एजेंसी को बैंक ऋण, बशर्ते कि 60 वर्ग मीटर से अधिक के कार्पेट एरिया वाली आवासीय इकाइयां न हों।
- 60 वर्ग मीटर से अधिक के कार्पेट एरिया वाली आवास इकाइयों के लिए एफएआर/एफएसआई के कम से कम 50% का उपयोग करके किफायती आवास परियोजनाओं के लिए बैंक ऋण।

- एचएफसी को बैंक ऋण (उनके पुनर्वित्त के लिए एनएचबी द्वारा अनुमोदित), व्यक्तिगत उधारकर्ताओं के लिए 20 लाख रुपये तक, व्यक्तिगत आवास इकाइयों की खरीद/निर्माण/पुनर्निर्माण के लिए या झुग्गी-झोपड़ी हटाने और झुग्गीवासियों के पुनर्वास के लिए।
- सोलर आधारित बिजली जनरेटर बायोमास-आधारित बिजली जेनरेटर, पवन चक्कियों, माइक्रो-हाइड्रल संयंत्रों और गैर-पारंपरिक ऊर्जा आधारित सार्वजनिक उपयोगिताओं जैसे स्ट्रीट लाइटिंग सिस्टम और सुदूर गांव विद्तीकरण जैसे उद्देश्यों के लिए उधारकर्ताओं को बैंक 30 करोड़ रुपये की सीमा तक ऋण देता है वे प्राथमिकता क्षेत्र वर्गीकरण के लिए पात्र होंगे। व्यक्तिगत परिवारों के लिए ऋण सीमा प्रति उधारकर्ता 10 लाख रु. है।
- बेंकों द्वारा व्यक्तियों और एसएचजी/जेएलजी के व्यक्तिगत सदस्यों को प्रति उधारकर्ता 1.00 लाख रुपये से अधिक का ऋण सीधे प्रदान नहीं किया जाता है, बशर्ते कि ग्रामीण क्षेत्रों में व्यक्तिगत उधारकर्ता की घरेलू वार्षिक आय 1.00 लाख रुपये से अधिक न हो और गैर-ग्रामीण क्षेत्रों के लिए यह आमदनी 1.60 लाख रुपये से अधिक न हो, और कृषि या एमएसएमई के अलावा अन्य गतिविधियों के लिए एसएचजी/जेएलजी को बैंकों द्वारा सीधे 2.00 लाख रुपये से अधिक का ऋण नहीं दिया जाता है, जैसे सामाजिक जरूरतों को पूरा करने, घर के निर्माण या मरम्मत, शौचालयों के निर्माण या किसी भी एसएचजी द्वारा व्यवहार्य सामान्य गतिविधि के लिए।
- आपदाग्रस्त व्यक्तियों को दिया जाने वाला ऋण [गैर संस्थागत ऋणदाताओं के ऋणी संकटग्रस्त किसानों को छोड़कर] गैर-संस्थागत उधारदाताओं को अपना ऋण पूर्व भुगतान करने के लिए प्रति उधारकर्ता 1.00 लाख रु. रुपये से अधिक नहीं होगा।
- वाणिज्य और उद्योग मंत्रालय सरकार की परिभाषा के अनुसार, स्टार्ट-अप को 50 करोड़ रुपये तक का ऋण दिया जाएगा जो उन लोगों के लिए है जो भारत के कृषि या एमएसएमई के अलावा अन्य गतिविधियों में लगे हुए हैं।

प्राथमिकता क्षेत्र ऋण के लिए सामान्य दिशानिर्देश:

बैंकों को प्राथगिकता क्षेत्र के तहत सभी श्रेणियों के अग्रिम के लिए निम्नलिखित सामान्य दिशानिर्देशों का पालन करना चाहिए।

ब्याज की दर: बैंक ऋण पर ब्याज दरें समय-समय पर आरबीआई के डिपार्टमेंट ऑफ रेग्युलेशन (DoR) द्वारा जारी निर्देशों के अनुसार होंगी।

सेवा शुल्क: 25,000/- रुपये तक के प्राथमिकता क्षेत्र के ऋण पर कोई ऋण संबंधी और तदर्थ सेवा शुल्क/निरीक्षण शुल्क नहीं लगाया जाना चाहिए। एसएचजी/जेएलजी को पात्र प्राथमिकता क्षेत्र ऋण के मामले में, यह सीमा प्रति सदस्य लागू होगी, न कि पूरे समूह पर।

रसीद, मंजूरी/अस्वीकृति/संवितरण रजिस्टर: बैंक द्वारा एक रजिस्टर/इलेक्ट्रॉनिक रिकॉर्ड रखा जाना चाहिए जिसमें रसीद, मंजूरी/अस्वीकृति/वितरण की तिथि और उसके कारण इत्यादि दर्ज किए जाने चाहिए। सभी निरीक्षण एजेंसियों को रजिस्टर/इलेक्ट्रॉनिक रिकॉर्ड उपलब्ध कराया जाना चाहिए।

ऋण आवेदनों की पावती जारी करना: बैंकों को प्राथमिकता क्षेत्र ऋण के तहत प्राप्त ऋण आवेदनों की पावती प्रदान करनी चाहिए। बैंक बोर्डों को एक समय सीमा निर्धारित करनी चाहिए जिसके भीतर बैंक आवेदकों को लिखित रूप में अपना निर्णय सूचित करेगा।

7.11.1 सूक्ष्म और लघु उद्यमों के लिए क्रेडिट गारंटी फंड ट्रस्ट (CGTMSE)

CGTMSE भारत सरकार की सूक्ष्म, लघु एवं मध्यम उद्यम मंत्रालय (MSME) और भारतीय लघु उद्योग विकास बैंक (SIDBI) के सहयोग से 30 अगस्त, 2000 को शुरू की गई एक पहल है। यह एक ट्रस्ट है जो वित्तीय संस्थानों को एसएमई और एमएसएमई को ऋण प्रदान करने के लिए क्रेडिट गारंटी प्रदान करता है।

CGTMSE का मूल उद्देश्य है फर्स्ट-टाइम उद्यमियों को पात्र वित्तीय संस्थानों से संपार्श्विक-मुक्त ऋण प्राप्त करके SMEs और एमएसएमई स्थापित करने के लिए प्रोत्साहित करना, जिन्हें भारतीय अर्थव्यवस्था का गढ़ माना जाता है। गारंटी उधारकर्ता द्वारा एडवांस भुगतान करने में होने वाली चूक को कवर करती है। इस प्रकार, CGTMSE योजना मुख्य रूप से पहली पीढ़ी के उद्यमियों को ऋण के प्रावधान की परिकल्पना करती है ताकि वे प्रतिभूति या तीसरे पक्ष की गारंटी के बोझ के बिना प्रतिस्पर्धी माहौल में फल-फूल सकें। इसके बदले, वित्तीय संस्थानों को एक निश्चित सीमा तक छोटे भारतीय व्यापारियों द्वारा प्रचारित एसएमई और एमएसएमई को वित्तपोषित करने के लिए प्रतिभूति के अभाव के लिए कवर प्रदान किया जाता है।

क्रेडिट गारंटी योजना की विशेषताएं:

CGTMSE कवरेज के प्रमुख उद्देश्यों में से एक है मजबूत क्रेडिट राहत प्रणाली के निर्माण पर ध्यान केंद्रित करना जो एसएमई और एमएसएमई क्षेत्र को बेहतर क्रेडिट प्रवाह को बढ़ावा देता है। CGTMSE योजना की विशिष्ट विशेषताएं इस प्रकार हैं:

- सूक्ष्म उद्यमों के मामले में 50 लाख रुपये तक की डिफॉल्ट मूल ऋण राशि के लिए कुछ मामलों में 75% या 85% की गारंटीकृत पुनर्भुगतान।
- 50 लाख रुपये से अधिक लेकिन 1 करोड़ रुपये से कम की ऋण राशि के लिए अधिकतम गारंटी 75% है।
- सूक्ष्म उद्यमों को 5 लाख रुपये तक के ऋण के लिए 85% पुनर्भुगतान प्रदान करता है।

- यदि एमएसएमई इकाई उत्तर पूर्व क्षेत्र (सिक्किम, केंद्र शासित प्रदेश जम्मू-कश्मीर और केंद्र शासित प्रदेश लद्दाख सहित) में है तो पुनर्भुगतान के लिए गारंटी राशि ऋण राशि का 80% है।
- आकांक्षी जिले में स्थित महिला उद्यमियों एससी/एसटी उद्यमियों/एमएसई जेडईडी प्रमाणित एमएसई/विकलांग व्यक्तियों (पीडब्ल्यूडी /अग्निवीर द्वारा प्रवर्तित एमएसई के मामले में गारंटी राशि 85% तक होती है।
- चुकौती प्रक्रिया या **CGTMSE ऋण वसूली** 3 महीने की अवधि के लिए ब्याज घटक सहित संपूर्ण ऋण राशि और/या मुकदमा दायर करने की तिथि या जिस दिन ऋण एनपीए, जो भी कम होता है उस दिन से अर्जित ब्याज के साथ संपूर्ण बकाया ऋण राशि को कवर करती है।
- व्यावसायिक इकाइयों का पुनर्वास, यदि विफलता प्रबंधन के नियंत्रण से परे है, तो उद्यम को पुनर्जीवित करने में सहायता प्रदान करने के लिए ऋणदाता को 1 करोड़ रुपये की सहायता दी जाएगी।
- **अधिकतम गारंटी कवर:**

<table>
<tr><th rowspan="3">श्रेणी (ट्रेडिंग गतिविधि सहित)</th><th colspan="3">गारंटी कवरेज की अधिकतम सीमा</th></tr>
<tr><th colspan="3">जहां क्रेडिट सुविधा</th></tr>
<tr><th>5 लाख रु तक</th><th>5 लाख से 50 लाख रु. तक</th><th>50 लाख से ऊपर और 200 लाख रु. तक</th></tr>
<tr><td>सूक्ष्म उद्यम</td><td>0.85</td><td>0.75</td><td rowspan="2">0.75</td></tr>
<tr><td>उत्तर पूर्व क्षेत्र में स्थित एमएसई (सिक्किम, जम्मू और कश्मीर केंद्र शासित प्रदेश और लद्दाख केंद्र शासित प्रदेश सहित)</td><td colspan="2">0.8</td></tr>
<tr><td>महिला उद्यमी/एससी/एसटी उद्यमी/आकांक्षी जिले में स्थित एमएसई/जेडईडी प्रमाणित एमएसई/विकलांग व्यक्ति (पीडब्ल्यूडी)/अग्निवीर द्वारा प्रचारित एगएसई</td><td colspan="3">0.85</td></tr>
<tr><td>उधारकर्ताओं की अन्य सभी श्रेणियां</td><td colspan="3">0.75</td></tr>
</table>

CGTMSE योजना पात्रता मानदंड:

CGTMSE दिशानिर्देशों के अनुसार, क्रेडिट गारंटी को संपार्श्विक और तीसरे पक्ष की गारंटी मुक्त अग्रिम के साथ उधारकर्ता का समर्थन माना जाता है। योजना के तहत, सदस्य ऋण देने वाली

संस्था जो एनबीएफसी भी हो सकती है, जो एसएमई और एमएसएमई क्षेत्र को ऋण देती है, अधिकतम 2 करोड़ रु. की क्रेडिट सीमा के लिए पात्र हैं, जो किसी भी मामले में ऋण राशि के एक बड़े हिस्से को कवर करने के लिए है। क्रेडिट प्रदाताओं और उधारकर्ताओं दोनों के लिए निर्धारित पात्रता मानदंड इस प्रकार हैं:

- **ऋण प्रदाता संस्थान:** इसमें अनुसूचित वाणिज्यिक बैंकों, विशिष्ट क्षेत्रीय ग्रामीण बैंकों, सिडबी, NSIC, NEDFi, एसएफबी और एनबीएफसी के पूरे दायरे को शामिल किया गया है, जो विशिष्ट क्षेत्र को ऋण देते हैं और इस उद्देश्य से CGTMSE या ट्रस्ट के साथ एक समझौता किया है।

7.12 सारांश

खुदरा बैंकिंग की परिभाषा निजी ग्राहकों के साथ बैंकिंग व्यवसाय करने के रूप में दी जाती है। नब्बे के दशक के आरंभ में आए उदारीकरण के साथ, भारतीय अर्थव्यवस्था ने तेजी से आगे बढ़ना शुरु किया। भारत में विदेशी निवेश के बड़े प्रवाह से इसमें मदद मिली, बैंकिंग प्रणाली की तरलता में सुधार हुआ। वहीं दूसरी ओर, उदारीकरण से लोगों की आय और क्रय शक्ति में इजाफा हुआ, साथ ही लोगों में बेहतर जीवन शैली अपनाने की इच्छा भी बढ़ गई है। एक शाखा के रूप में, हाल में बैंकों के रिटेल ऋण में तेज वृद्धि हुई है। आज के खुदरा बैंकिंग सेक्टर के तीन बुनियादी पहलू हैं अर्थात एकाधिक उत्पाद, एकाधिक चैनल एवं एकाधिक ग्राहक समूह।

बैंकों द्वारा दिए जाने वाले खुदरा ऋणों में आवास ऋण और उपभोक्ता ऋण का बड़ा हिस्सा है। रोजगार एवं प्रति व्यक्ति आय व बचत में इजाफा के साथ, आवास की मांग में वृद्धि हुई है। संबंधित सहायक सेवाओं में क्रेडिट कार्ड, विप्रेषण (remittances), म्यूचुअल फंड और बीमा उत्पादों की बिक्री और डिपॉजिटरी सेवाएं सम्मिलित हैं।

वेतनभोगी कर्मचारी के लिए घर खरीदने का एक परेशानी मुक्त तरीका बैंकों या आवास वित्त कंपनियों से आवास ऋण लेना है। इस इकाई में आवास ऋण जुटाने की संबंधित प्रक्रियाओं और ऐसे ऋण स्वीकृत करते समय बैंकों द्वारा अपनाई जाने वाली प्रथाओं के बारे में बताया गया है। आवास ऋण के बाद, लोगों के जीवन स्तर में वृद्धि के अनुरूप उपभोक्ता ऋण लेने की मांग भी बढ़ रही है। व्यक्तिगत ऋण और क्रेडिट कार्ड की मांग के मामले में भी यही स्थिति है। इस इकाई में व्यक्तिगत और उपभोक्ता ऋणों का विवरण भी दिया गया है। किसी उद्यम की कार्यशील पूंजी की आवश्यकता का आकलन करने के विभिन्न तरीके हैं।

किसी किसान की ऋण जरूरतों को अग्रिम की विस्तृत श्रेणियों *यानी,* प्रत्यक्ष वित्त एवं अप्रत्यक्ष वित्त के जरिए पूरा किया जाता है। ऋण अवधि के आधार पर, प्रत्यक्ष वित्त को अल्पकालिक

ऋण और मध्यम/दीर्घकालिक ऋण के रूप में वर्गीकृत किया जाता है। कृषि के लिए प्रत्यक्ष वित्त किसानों को फसलों की खेती जैसे अल्पकालिक उद्देश्यों के लिए या अन्य मध्यम/दीर्घकालिक उद्देश्यों जैसे, भूमि विकास या जल संसाधनों को बढ़ाने के लिए प्रदान किया जाता है। किसानों को उनकी खेती की जरूरतों और उपभोग जरूरतों सहित अन्य गैर-कृषि आवश्यकताओं को समय पर और बैंकों द्वारा बिना किसी प्रक्रियात्मक देरी के पूरा करने के लिए बैंकों द्वारा एक अनूठी पेशकश है किसान क्रेडिट कार्ड। इन कार्डों की मदद से, किसान जरूरत पड़ने पर बैंकों से पूर्व-निर्धारित सीमा तक राशि निकाल सकते हैं या अपनी सुविधा के अनुसार आपूर्तिकर्ताओं से आवश्यक इनपुट खरीद सकते हैं। डेयरी विकास, मुर्गी पालन, मधुमक्खी पालन, रेशम उत्पादन, सूअर पालन, मछली पालन, भेड़/बकरी पालन इत्यादि जैसी संबद्ध गतिविधियों के लिए बैंकों द्वारा वित्त भी प्रदान किया जाता है। कृषि के लिए अप्रत्यक्ष वित्त में कृषि कार्यों में शामिल किसानों द्वारा उपयोग किए जाने वाले उर्वरकों और अन्य इनपुट के वितरण के लिए ऋण शामिल है। उत्पादक क्षेत्रों में गोदाम की सुविधाओं के निर्माण और संचालन के लिए वित्त और गांवों में कुओं को चालू करने के लिए राज्य बिजली बोर्डों और कमजोर वर्गों को आगे उधार देने के लिए राज्य निगमों को दी जाने वाली अग्रिम राशि भी इस श्रेणी में आती है।

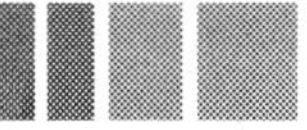

7.13 प्रमुख शब्द

हायर पर्चेज, देय तिथि, सावधि ऋण, उपभोग ऋण, क्रेडिट कार्ड, कार्यशील पूंजी, अधिकतम अनुमेय बैंक वित्त, टर्न-ओवर विधि, व्यवसाय चक्र।

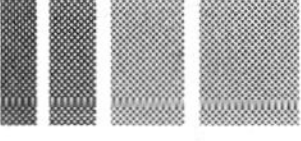

7.14 अपनी प्रगति जाँचें

1. आवास ऋण इनमें से किसकी सुरक्षा (सिक्योरिटी) पर प्रदान किया जाता है?
   (a) वित्तपोषित घर के बंधक पर
   (b) वित्तपोषित घर के दृष्टिबंधन (Hypothecation) पर
   (c) वित्तपोषित घर के मॉर्गेज पर
   (d) वित्तपोषित घर के ग्रहणाधिकार (Lien) पर
2. आवास ऋण या वाहन ऋण में 'EMI' का हिसाब इसके आधार पर लगाया जाता है:
   (a) ऋण का मूलधन
   (b) ऋण पर मूलधन व ब्याज

(c) ऋण पर ब्याज

(d) ऋण पर मूलधन व प्रक्रिया शुल्क

3. आवास ऋण निम्नलिखित के लिए दिए जाते हैं:

(a) अल्प-कालिक लक्ष्य

(b) मध्यम अवधि

(c) दीर्घावधि

(d) या तो (b) या (c)

4. वाहन ऋण इसकी सुरक्षा (सिक्योरिटी) पर प्रदान किया जाता है:

(a) वित्तपोषित वाहन के बंधक पर

(b) वित्तपोषित वाहन के दृष्टिबंधन (Hypothecation) पर

(c) वित्तपोषित वाहन के मॉर्गेज पर

(d) उधारकर्ता की सभी परिसंपत्तियों के हाइपोथिकेशन पर

5. रेफ्रिजरेटर के लिए ऋण इसकी सुरक्षा (सिक्योरिटी) पर प्रदान किया जाता है:

(a) वित्तपोषित वस्तु के बंधक पर

(b) वित्तपोषित वस्तु के दृष्टिबंधन (Hypothecation) पर

(c) वित्तपोषित वस्तु के मॉर्गेज पर

(d) उधारकर्ता की सभी परिसंपत्तियों के मॉर्गेज पर

6. सीमांत किसान के लिए किसान क्रेडिट कार्ड योजना के अंतर्गत अधिकतम क्रेडिट लिमिट है:

(a) रु. 1,00,000

(b) रु. 50,000

(c) रु. 40,000

(d) रु. 20,000

7. सूक्ष्म उद्यमों को इसे अपनाकर 5 करोड़ रु. तक का अग्रिम दिया जा सकता है:

(a) व्यवसाय चक्र विधि

(b) ड्रॉइंग पॉवर विधि

(c) टर्न-ओवर विधि

(d) नकद बजट विधि

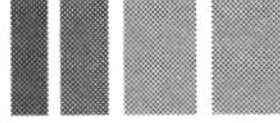

7.15 अपनी प्रगति जाँचें का उत्तर

1.	(c)	2.	(b)	3.	(d)	4.	(b)	5.	(b)	6.	(b)	7.	(c)

अध्याय

8 प्रतिभूतियां (Securities) और प्रतिभूतियों को पंजीकृत करने या रिकॉर्ड करने की विधियां

- **8.1** उद्देश्य
- **8.2** परिचय
- **8.3** प्रतिभूति का प्रभार तैयार करना
- **8.4** समनुदेशन (Assignment)
- **8.5** बंधक (Mortgage)
- **8.6** समंजन का अधिकार (Right Of Set Off)
- **8.7** विनियोजन (Appropriation) का अधिकार
- **8.8** प्रतिभूतियों के प्रकार (Types of Securities)
- **8.9** जीवन बीमा पॉलिसियों के एवज में अग्रिम (Advances Against Life Insurance Policies)
- **8.10** मियादी जमा (Term Deposits) पर ऋण
- **8.11** स्वर्ण आभूषणों पर ऋण (Loan Against Gold Ornaments)
- **8.12** शेयरों और बॉन्डों के बदले ऋण (Loan against shares and bonds)

8.13 सारांश

8.14 प्रमुख शब्द

8.15 अपनी प्रगति जाँचें

8.16 अपनी प्रगति जाँचें का उत्तर

अध्याय

प्रतिभूतियां (Securities) और प्रतिभूतियों को पंजीकृत करने या रिकॉर्ड करने की विधियां

8.1 उद्देश्य

इस इकाई का अध्ययन करने के बाद उम्मीदवार इन बातों को जान सकेंगे-:

- विभिन्न प्रकार की वे प्रतिभूतियां (Securities) जिन्हें प्रायः बैंकर उधार देने के बदले में लेते हैं
- इन प्रतिभूतियों की विशेषताएं, और
- इस बात की जानकारी प्राप्त करेंगे कि बैंक विभिन्न प्रतिभूतियों से अपने शुल्क की भरपाई कैसे करते हैं।

8.2 परिचय

बैंक वित्तीय मध्यस्थ होते हैं, जो सार्वजनिक संसाधनों को जमा और उधार के रूप में जुटाते हैं और उनका उधार देने व निवेश करने में इस्तेमाल करते हैं। बैंकर इस बात का काफी ख्याल रखते हैं कि विभिन्न प्रकार के ग्राहकों को उधार दिया गया पैसा उन्हें अदायगी (Repayment) अनुसूची के अनुसार ब्याज सहित वापस मिल जाए। अग्रिम (advance) को सुरक्षित करने के लिए, बैंकर प्रायः प्रतिभूतियां (securities) लेते हैं, जो ग्राहकों के चूक (डिफ़ॉल्ट) करने की स्थिति में उनसे बकाया राशि वसूल करने में सक्षम बनाती हैं।

ग्राहक बैंकों को विभिन्न प्रकार की प्रतिभूतियां प्रदान कर सकते हैं। इन्हें अचल प्रतिभूति (immovable security) और चल प्रतिभूति (movable security) के रूप में वर्गीकृत किया जा सकता है:

i. भूमि व भवन जिसमें कृषि भूमि, संयंत्र तथा धरती पर लगी मशीनरी इत्यादि शामिल होते हैं, अचल प्रतिभूतियों/संपत्तियों की श्रेणी में रखे जाते हैं।

ii. जबकि, तैयार माल/कच्चा माल, कृषि उपज (खेत में खड़ी फसल सहित), ट्रैक्टर, पॉवर टिलर, कंबाइन हार्वेस्टर, वाहन, कृषि उपकरण जैसी कृषि मशीनरी, स्वर्ण आभूषण, जीवन बीमा पॉलिसी इत्यादि चल प्रतिभूतियों की श्रेणी में रखे जाते हैं।

iii. प्राप्य खाते (Accounts receivables), जिसे बही ऋण (**book debts**) के रूप में जाना जाता है और अन्य व्यापार प्राप्य को भी प्रतिभूति के रूप में लिया जा सकता है।

दृष्टिबंधित (hypothecated) तैयार माल व कच्चे माल के मामले में, , बैंक कैश क्रेडिट (Cash Credit) और ओवरड्राफ्ट खातों (Overdraft Accounts) की आहरण सीमा निर्धारित करने के लिए उनके मूल्य के एक प्रतिशत का इस्तेमाल करते हैं। प्रतिभूतियों को निम्न प्रकार से वर्गीकृत किया जा सकता है:

- **व्यक्तिगत** (**Personal**)
- **मूर्त (Tangible)**
- **प्राथमिक** (**Primary**)
- **संपार्श्विक (Collateral)**

(i) **व्यक्तिगत प्रतिभूति** ग्राहक या जमानतदार/गारंटर की व्यक्तिगत देनदारी का संकेत करती है। ऐसे मामले में, बैंकों के पास दृष्टिबंधित या गिरवी रखी गई संपत्तियों के अलावा ग्राहक (जायदाद व अन्य संपत्ति) का सहारा होता है। तीसरे पक्ष की ज़मानत एक व्यक्तिगत प्रतिभूति होती है। व्यक्तिगत प्रतिभूति की स्थिति में, अन्य संपार्श्विक की तरह, बैंक के लिए संपार्श्विक से भुगतान मांगने से पहले अन्य प्रतिभूतियों को समाप्त करना जरूरी नहीं होता है। बैंक पहले उस प्रतिभूति का इस्तेमाल करना चाहेंगे जिसकी वसूली की ज्यादा संभावना हो और जिसे लागू करना कम महंगा हो और कम समय लगने वाला हो।

(ii) **मूर्त प्रतिभूति** (**Tangible security**) एक ऐसी चीज़ है जिसे बिक्री या हस्तांतरण से हासिल किया जा सकता है जैसे, भूमि, वस्तुएं, स्टॉक, फसल इत्यादि। भूमि और भवन के मामले में पंजीकरण की प्रक्रियाएं मौजूद होती हैं और यह साबित करना होता है कि ग्राहक द्वारा चूक (डिफ़ॉल्ट) करने या खाता वापस लेने की स्थिति में इस्तेमाल हेतु प्रतिभूति सचमुच बैंक को दी गई है। जब बैंक मूर्त प्रतिभूति को इस्तेमाल करने का फ़ैसला ले लेता है, तो उसे अच्छी स्थिति में बनाए रखना जरूरी हो जाता है।

(iii) **प्राथमिक प्रतिभूति (Primary security)** वह सुरक्षा होती है, जिसे अग्रिम देने के लिए मुख्य सुरक्षा कवर माना जाता है और आम तौर पर वे ऐसी परिसंपत्तियां होती है जो ऋण या क्रेडिट से बनाई जाती है। उदाहरण के लिए, फसल ऋण के मामले में खेत में लगी फसलें; कार्यशील पूंजी वित्त के मामले में कैश क्रेडिट के लिए स्टॉक। आवास ऋण के मामले में घर को बंधक रखना, हालांकि इसे संपार्श्विक (कोलैटरल) कहा जाता है, पर यह एक प्राथमिक प्रतिभूति है। यहां यह ध्यान रखना चाहिए कि वित्तीय संस्थानों में बंधक रखी हुई प्रतिभूति (security) की उपलब्धता को प्रायः संपार्श्विक के रूप में जाना जाता है।

(iv) **संपार्श्विक प्रतिभूति** (**Collateral security**) ग्राहक या किसी तीसरे पक्ष द्वारा बैंक में दर्ज की गई प्राथमिक प्रतिभूति के अलावा अन्य प्रतिभूति है।

प्रतिभूतियों की प्रकृति चाहे कुछ भी हो, बैंकर को प्रतिभूतियां स्वीकार करते समय नीचे बताई बातों को सुनिश्चित करना होगा कि:

(i) ग्राहकों के चूक करने के मामले में, जब भी जरूरत पड़े, प्रतिभूतियां बिक्री योग्य हों।

(ii) आहरण सीमा, बिक्री योग्य मूल्य आदि निर्धारित करने के लिए प्रतिभूतियों का मूल्य किसी भी समय विश्वसनीय स्रोतों से पता लगाया जा सकता है।

(iii) प्रतिभूति के मूल्य में भारी उतार-चढ़ाव न होता हो, क्योंकि ऐसी दशा में बैंकों को मार्जिन का ऊंचा प्रतिशत तय करना होगा।

(iv) प्रतिभूतियों का मालिकाना हक ग्राहक के पास हो और जहां तक संभव हो, यह लंबी कानूनी औपचारिकताओं के बगैर आसानी से हस्तांतरित किए जाने होग्य हो।

8.3 प्रतिभूति का प्रभार तैयार करना

ऋण प्रदान करने के लिए बैंक को औपचारिक व उचित रूप से प्रतिभूति को अपने अधिकार में लेना चाहिए। यह प्रलेखन व पंजीकरण के जरिए हासिल किया जाता है। प्रभार निर्मित करने के उद्देश्य से बैंकर की ओर से आमतौर पर नीचे बताई विधियों का सहारा लिया जाता है। इन विधियों मे से चुनाव करना प्रस्तावित प्रतिभूतियों की प्रकृति ५र भी निर्भर करता है:

(i) गिरवी (Pledge)

(ii) दृष्टि बंधक (Hypothecation)

(iii) ग्रहणाधिकार (Lien)

(iv) समनुदेशन (Assignment)

(v) बंधक (Mortgage)

किसी प्रतिभूति का प्रभार तैयार करने की विधि उस प्रतिभूति की प्रकृति और प्रभार की प्रकृति पर निर्भर करती है। उदाहरण के लिए, जब कोई बैंक स्वर्ण आभूषणों की सुरक्षा पर ऋण देता है, तो वह गिरवी रखे गए आभूषणों को अपने कब्जे में ले लेता है, जबकि किसी वाहन की सुरक्षा पर अग्रिम जारी करने के लिए यह दृष्टि बंधक (hypothecation) होगा और आवास ऋण के मामले में घर को गिरवी (mortgaged) रखा जाता है। प्रभार तैयार करने की विधियां नीचे बताई गई हैं।

8.3.1 गिरवी (Pledge)

जब कोई ग्राहक अपनी प्रतिभूति का नियंत्रण बैंकर को सौंप देता है तो यह गिरवी रखना होता है। **संविदा अधिनियम की धारा 172** गिरवी को इस रूप में परिभाषित करती है- "किसी ऋण के भुगतान या किसी वचन के प्रदर्शन हेतु सिक्योरिटी या प्रतिभूति के रूप में वस्तु की ज़मानत को गिरवी (pledge) कहा जाता है।" इस मामले में ज़मानत देने वाले को 'गिरवीकर्ता' (pawnor) कहा जाता है और जमानत लेने वाले को 'गिरवीदार' (pawnee) कहा जाता है।

किसी गिरवी की मुख्य विशेषताएं:

गिरवी देनदार (कर्ज़ लेने वाले) द्वारा ऋण की सुरक्षा के रूप में उस पर प्रभार बनाने की मंशा से ऋणदाता को माल की जमानत है। गिरवी को वैध बनाने के लिए अनुपालन की जाने वाली जरूरी शर्तें इस प्रकार होती हैं:

- माल की ज़मानत होनी चाहिए जिसका अर्थ है कि वह माल ऋण लेने वाले/ग्राहक (गिरवी देने वाले) द्वारा ऋणदाता/लेनदार (गिरवी लेने वाले) को **सुपुर्द** की जानी चाहिए। सुपुर्दगी या तो वास्तविक भौतिक सुपुर्दगी या रचनात्मक सुपुर्दगी हो सकती है, जैसा माल के स्वामित्व के दस्तावेजों के मामले में होता है।
- ज़मानत पर देनदार या देनदार की ओर से किसी अधिकृत व्यक्ति द्वारा हस्ताक्षर करवाया जाना चाहिए।
- माल की सुपुर्दगी, पक्षों के ऋण हेतु प्रतिभूति निर्मित करने या किसी वचन को पूरा करने की मंशा से होनी चाहिए।

गिरवी में, माल का स्वामित्व ग्राहक के पास रहता है, जबकि इन माल पर वास्तविक नियंत्रण बैंक का होगा। कर्ज चुकाने के बाद ग्राहक को वह माल वापस पाने का अधिकार होता है।

ग्राहक की ओर से चूक करने के मामले में, बैंक भारतीय संविदा अधिनियम की धारा 176 के तहत जरूरी, बिक्री की उचित सूचना देने के बाद उस माल को बेच सकता है। भेजे जाने वाले नोटिस में ऋणदाता/गिरवी रखने वाले के प्रतिभूति बेचने के इरादे को खुल कर बताया जाना चाहिए। बिक्री को अमलीजामा पहनाने से पहले नोटिस देना अनिवार्य होता है। यदि ऐसी बिक्री

से बैंक को अपने बकाया से अधिक राशि मिलती है, तो मिलने वाली अतिरिक्त राशि ग्राहक को दे दी जाएगी। हालांकि, यदि यह कम पड़ जाती है, यानी वसूली गई राशि ग्राहक द्वारा बकाया चुकाने के लिए पर्याप्त न हो, तो, बैंक वसूली के लिए ग्राहक के विरुद्ध ऐसी कमी या संतुलन के लिए अदालत का दरवाजा खटखटा सकता है।

बैंक में गिरवी रखे गए माल की कभी-कभी किसी प्रयोजन या छोटी प्रक्रिया के लिए ग्राहक को जरूरत पड़ सकती है। गिरवी खाते (pledge account) में बैंक के पास जमा किए गए माल के स्वामित्व के कागजात यानी ढुलाई रसीद की पोर्ट/रेलवे आदि से सुपुर्दगी पाने के लिए आवश्यकता पड़ सकती है। ऐसी स्थितियों में बैंक 'ट्रस्ट रसीद' पर हस्ताक्षर करने वाले ग्राहक को अस्थायी रूप से प्रतिभूति सौंप सकता है। ऐसे मामलों में, गिरवी रखी गई प्रतिभूति का अधिकार कानूनी तौर पर बैंक के पास रहता है और ग्राहक उस अस्थायी अवधि के दौरान उन प्रतिभूति को बैंक के 'विश्वास में' रखता है। यह सुविधा कभी-कभी बैंक द्वारा परिचालन सुविधा के लिए गिरवी खाते की उप-सीमा के रूप में दी जाती है।

8.3.2 दृष्टि बंधक (Hypothecation)

गिरवी का अर्थ ग्राहक से उसके माल पर से नियंत्रण छिन लेना है, जो व्यावहारिक नहीं हो सकता है क्योंकि ग्राहक को अपनी विनिर्माण और/या व्यापारिक गतिविधियों को जारी रखने के लिए कुछ माल को अपने नियंत्रण में रखना पड़ सकता है। गिरवी में गिरवी रखी गई वस्तुओं तक बार-बार पहुंच हासिल की जाती है। जैसे कि गोदाम में गिरवी रखी गई कपास की गांठों पर विचार कीजिए। जब भी ग्राहक को सूत बनाने या कपड़े के निर्माण के लिए कपास की जरूरत होगी, तो बैंक को कपास जारी करना होगा और उस सीमा तक कैश क्रेडिट खाते में निकासी सीमा को कम कर देना होगा।

इसके स्थान पर, यदि माल बैंक द्वारा दृष्टि बंधित (hypothecated) रखा जाता है (*a*) तो माल को बार-बार जारी करने की जरूरत नहीं होगी और (*b*) ग्राहक द्वारा प्रस्तुत स्टॉक विवरण के आधार पर निकासी की सीमा निर्धारित की जा सकती है। इसके लिए यह जरूरी होता है कि माल के कब्जे को हटाए बगैर उस माल के ऊपर बैंक के पक्ष में एक न्यायसंगत प्रभार निर्मित किया जाए। किसी संपत्ति पर ऋण लेने के लिए बनाया गया प्रभार जिसमें न ही स्वामित्व और न ही कब्ज़ा ऋण दाता को दिया जाता है, दृष्टि बंधक प्रभार (hypothecation charge)' के रूप में जाना जाता है। बैंकों द्वारा हासिल दृष्टि बंधक समझौते (Hypothecation agreements) में प्रायः एक खंड (Clause) होता है, जिसके तहत दृष्टि बंधक को बाद की तिथि में गिरवी में बदला जा सकता है।

सरफेसी (SARFAESI) अधिनियम के अंतर्गत दृष्टि बंधक को "किसी मौजूदा या भविष्य की चल संपत्ति पर या उस पर एक प्रभार के रूप में परिभाषित किया गया है, जो किसी उधार लेने वाले पक्ष द्वारा एक सुरक्षित ऋणदाता के पक्ष में वित्तीय सहायता हेतु प्रतिभूति के रूप में निर्मित किया जाता है, जो ऐसे ऋणदाता को चल संपत्ति के कब्जे की सुपुर्दगी के बगैर निर्मित किया जाता है और इसमें चल संपत्ति पर फ्लोटिंग चार्ज का फिक्स्ड चार्ज में क्रिस्टलीकरण (क्रमशः परिवर्तन) शामिल रहता है"।

प्रभार का यह रूप ग्राहक के लिहाज से सबसे अच्छा होता है, क्योंकि प्रतिभूति के रूप में बैंक को दिए जाने वाले माल पर हमेशा उसका नियंत्रण बना रहता है। ग्राहक द्वारा चूक (डिफ़ॉल्ट) की दशा में, बैंक उस माल को अपने कब्जे में ले सकता है और तब वह इसे गिरवी के रूप में बदल सकता है - जिसके लिए ग्राहक को उचित नोटिस देना होगा - इस आशय के किसी भी खंड (clause) को दृष्टि बंधक समझौते में शामिल नहीं किए जाने के बावजूद। यदि ग्राहक सहमत नहीं होता है, तो बैंक को माल के ऊपर वास्तविक कब्ज़ा लेने या ऐसा करने से पहले उसकी कुर्की करवाने के लिए अदालत के पास जाना होगा।

दृष्टि बंधक समझौते के अनुसार ग्राहक के पास मौजूद पूरा माल व चल संपत्तियों पर दृष्टिबंधन (हाइपोथिकेशन) प्रभार लागू होता है और ग्राहक द्वारा समय-समय पर प्रायः हर महीने प्रस्तुत किए गए स्टॉक के विवरण के आधार पर इन खातों में संचालन की अनुमति दी जाती है। हालांकि, दृष्टिबंधन (हाइपोथिकेशन) किसी विशेष मशीनरी/वाहन आदि पर एक निश्चित प्रभार के रूप में भी निर्मित किया जा सकता है।

8.3.3 ग्रहणाधिकार (Lien)

ग्रहणाधिकार (lien) का मतलब होता है, देनदार की वस्तु या प्रतिभूतियों को तब तक अपने कब्जे में रखने का ऋणदाता का अधिकार, जब तक कि देनदार देय ऋण को चुका न दे। इस अधिकार का समर्थन करने के लिए किसी ख़ास समझौते की जरूरत नहीं होती है। ग्रहणाधिकार (lien) (*a*) सामान्य ग्रहणाधिकार हो सकता है जो खाते की सामान्य शेषराशि के लिए किसी भी माल को अपने पास रखने का अधिकार प्रदान करता है या (*b*) ऐसा ग्रहणाधिकार जहां माल को ऋणदाता केवल किसी विशेष ऋण के लिए अपने पास रख सकता है। सामान्य ग्रहणाधिकार का इस्तेमाल करने वाले व्यक्ति को केवल बकाया चुकाए जाने तक वस्तु को अपने पास रखने का अधिकार होता है और वह उन वस्तुओं को बेच नहीं पाएगा।

8.3.3.1 ग्रहणाधिकार (lien) के प्रकार

विशेष ग्रहणाधिकार (Particular Lien): किसी विशेष ग्रहणाधिकार की स्थिति में कर्ज़दाता को केवल उन वस्तुओं या प्रतिभूतियों के ऊपर कब्ज़ा बनाए रखने का अधिकार मिलता है, जिनके

लिए बकाया निर्मित हुआ है, न कि दूसरे बकाया के लिए। उदाहरण के लिए, एक घड़ीसाज घड़ी की सुपुर्दगी तब तक रोक सकता है, जब तक कि उसे घड़ी की मरम्मत का शुल्क न चुका दिया जाता है।

सामान्य ग्रहणाधिकार (General lien): सामान्य ग्रहणाधिकार ऋणदाता/लेनदार को किसी कथित वस्तु के ऊपर तबतक कब्ज़ा बनाए रखने का अधिकार देता है, जब तक कि देनदार की ओर से देय पूरी राशि का भुगतान नहीं कर दिया जाता है। यह ऋणदाताओं (lenders), बैंकरों, घटकों (factors), घाटपालों (wharfingers), उच्च न्यायालय के अधिवक्ताओं और बीमा पॉलिसी एजेंटों के लिए उपलब्ध है।

नकारात्मक ग्रहणाधिकार या शून्य ग्रहणाधिकार (Negative Lien or No Lien): कुछ मामलों में, ग्राहकों के पास अचल या अन्य संपत्तियां हो सकती हैं, जिन्हें वे किसी न किसी कारण से अपने ऋण को सुरक्षित करने के लिए संपार्श्विक प्रतिभूति (कोलैटरल सिक्योरिटी) के रूप में प्रस्तुत नहीं करते हैं। मगर जब ग्राहक बैंकों को यह वचन देते हैं कि (*a*) वे एक विशेष परिसंपत्ति (asset) के मालिक हैं, जो प्रभार से मुक्त है और (*b*) कि वे बैंक की सहमति के बिना परिसंपत्ति का निपटान नहीं करेंगे या परिसंपत्ति पर कोई प्रभार नहीं लगाएगा, तो ऐसे वचन को शून्य-ग्रहणाधिकार या नकारात्मक ग्रहणाधिकार के रूप में जाना जाता है। इस प्रकार के ग्रहणाधिकार का कोई कानूनी प्रभाव नहीं होता है। जैसे कि यदि ग्राहक द्वारा बैंक को बताए बगैर परिसंपत्तियों का निपटान किया जाता है - तो ऋणदाता/बैंक न्यायालय में किसी भी उपचार (remedy) का दावा नहीं कर सकता है।

ऋणदाता/बैंकर का ग्रहणाधिकार का अधिकार: बैंकर को अपने ग्राहकों के खिलाफ़ सामान्य ग्रहणाधिकार का अधिकार होता है। बैंक सभी ऋणों की भरपाई करने के लिए विभिन्न ऋणों में उपलब्ध प्रतिभूतियों को अपने पास रख सकता/बेच सकता है। ऋणदाता/बैंकर के सामान्य ग्रहणाधिकार की ख़ासियत:

i. **निहित बंधक और बिक्री का अधिकार (**Implied pledge and right of sale**):** सामान्य ग्रहणाधिकार निर्मित करने के लिए किसी ख़ास अनुबंध की जरूरत नहीं होती है। तब तक यह सदैव निहित रहता है, जब तक कि इसके विपरीत कोई अनुबंध न हो। बेचने का अधिकार बैंक के ग्रहणाधिकार के अधिकार के तहत भी उपलब्ध होता है, क्योंकि किसी बैंकर का सामान्य ग्रहणाधिकार एक निहित गिरवी के समान होता है।

ii. **सीमाएं (Limitation):** ग्रहणाधिकार के अधिकार की सीमा कानून द्वारा प्रतिबंधित या निषिद्ध नहीं है। हालांकि इसके मद्देनज़र, ऐसे मामलों (कालातीत) में कोई कानूनी सहारा नहीं होता है, बैंक कालातीत ऋणों की भी वसूली कर सकता है।

iii. **स्वामित्व एवं कब्ज़ा (Ownership & possession):** भले ही कब्ज़ा बैंक के पास होता है, मगर जब कोई बैंकर इस अधिकार का इस्तेमाल करता है, तो स्वामित्व मालिक के पास ही रहता है।

iv. **ग्रहणाधिकार में रूपांतरण (Conversion to lien):** यदि किसी समझौते के जरिए या अन्यथा यह संकेत दिया जाता है कि एक विशेष प्रतिभूति केवल एक विशेष ऋण के लिए हासिल की गई थी, तो सामान्य ग्रहणाधिकार (general lien) ग्रहणाधिकार (lien) में बदल जाता है।

v. **आपराधिक कार्रवाई (Criminal action):** जब बैंकर सामान्य ग्रहणाधिकार के अपने अधिकार का इस्तेमाल करता है, तो कोई आपराधिक कार्रवाई लागू नहीं होती है, क्योंकि इसके पीछे उसकी कोई आपराधिक मंशा नहीं होती है।

हालांकि, ऋणदाता या बैंकर का ग्रहणाधिकार नीचे वर्णित मदों तक विस्तारित नहीं होता है:

(i) ग्राहकों को किराए पर दिए गए लॉकर में पड़ी प्रतिभूतियां या कीमती वस्तु।

(ii) किसी ट्रस्ट विशेष में जमा की गई प्रतिभूतियां।

(iii) किसी विशिष्ट ऋण को सुरक्षित करने के लिए जमा की गई प्रतिभूतियां।

(iv) अग्रिम चुकाने/समायोजित करने के बाद बैंकों के पास बची हुई प्रतिभूतियां।

(v) प्रतिभूतियां, जो अनजाने में बैंक के पास रह गईं हो।

ग्रहणाधिकार समझौते का कोई विशिष्ट पत्र जरूरी नहीं होता है, क्योंकि बैंकों को संविदा अधिनियम के तहत ग्रहणाधिकार का अधिकार प्राप्त होता है। हालांकि, कुछ मामलों में बैंक एक विशिष्ट ग्रहणाधिकार पत्र हासिल कर सकता है ताकि ग्राहक बाद में यह दावा न कर सके कि प्रतिभूतियां उसके द्वारा ग्रहणाधिकार के असंगत एक विशिष्ट उद्देश्य के लिए जमा की गई थीं।

8.4 समनुदेशन (ASSIGNMENT)

समनुदेशन का अर्थ किसी परिसंपत्ति, संपत्ति, अनुबंध इत्यादि से जुड़े कुछ या सभी संपत्ति अधिकारों और दायित्वों को एक लिखित समझौते के जरिए किसी अन्य निकाय को हस्तांतरित करना है। ग्राहकों द्वारा 'कार्रवाई योग्य दावे' बैंक को सौंपे जा सकते हैं। संपत्ति हस्तांतरण अधिनियम, 1882 की धारा 130, किसी जज, लीगल प्रैक्टिशनर, या अदालत के किसी अधिकारी को छोड़कर किसी को भी इस तरह के समनुदेशन की अनुमति देती है। इस अधिनियम की धारा 3 दावे के रूप में एक 'कार्रवाई योग्य दावा' को इस प्रकार परिभाषित करती है, जो (a) अचल संपत्ति के बंधक द्वारा सुरक्षित ऋण या (b) चल संपत्ति के दृष्टि बंधक या गिरवी द्वारा, या कोई (c) चल

संपत्ति में लाभकारी हित के लिए, जो दावेदार के वास्तविक या रचनात्मक कब्जे में न हो, जिसे दीवानी अदालतें राहत के लिए उचित आधार के रूप में पहचानती हों। ऊपर बताई बातों को ध्यान में रखते हुए, ग्राहक ऋण सुरक्षित करने के लिए बैंकर को निम्नांकित चीजें सौंप सकता है:

- बही ऋण (book debts) या प्राप्य खाता,
- सरकारी विभाग या अर्ध-सरकारी संगठन की ओर से बकाया धन, तथा
- जीवन बीमा पॉलिसियां।

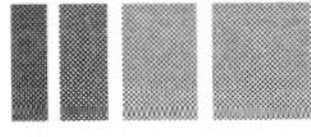

8.5 बंधक (MORTGAGE)

बंधक (MORTGAGE) अचल संपत्ति से संबंधित प्रभार का एक तरीका है। अचल संपत्ति में भूमि, भूमि से मिलने वाले फ़ायदे और धरती से जुड़ी हुई वस्तुएं या धरती से जुड़ी किसी चीज से स्थायी रूप से संबद्ध चीजें शामिल होंगी। अचल संपत्ति में खड़े इमारती पेड़, लगी हुई फसल या घास शामिल नहीं है। यह "धरती से जुड़े" शब्द की व्याख्या भी करता है, जिसका अर्थ है:

(i) धरती में जड पकडे हों, जैसे पेड़ों और झाड़ियों के मामले में,

(ii) धरती में समाया हुआ, जैसे दीवारों या इमारतों के मामले में, या

(iii) वह जिससे जुड़ा हुआ है, वह उसके स्थायी आनंद के लिए उससे जुड़ा हुआ हो।

अचल संपत्ति की एक ऐसी ही परिभाषा पंजीकरण अधिनियम, 1908 की धारा 2(6) द्वारा इस प्रकार दी गई है:

> 'अचल संपत्ति में भूमि, इमारत, वंशानुगत भत्ते, पथ के अधिकार, रोशनी, घाट, मछली पालन या भूमि से पैदा होने वाला कोई अन्य लाभ और धरती से जुड़ी चीजें या स्थायी रूप से किसी ऐसी चीज से जुड़ी हुई चीजें सम्मिलित हैं, जो धरती से जुड़ी हैं, हालांकि खड़ी इमारती लकड़ी, खड़ी फसलें और घास इसमें शामिल नहीं होते'

मशीनरी को लेकर कोई मुद्दा पैदा हो सकता है। जो मशीनरी स्थायी रूप से धरती से जुड़ी नहीं हो और अन्य स्थान पर शिफ़्ट की जा सकती है, उसे अचल संपत्ति नहीं गाना जाएगा। मगर यदि मशीनरी स्थायी रूप से जमीन से इस प्रकार जुड़ी हुई हो कि उसे वहां से हटाया नहीं जा सकता है, तो इसे अचल संपत्ति माना जाएगा।

संपत्ति हस्तांतरण अधिनियम, 1882 की धारा 58 मौजूदा या भविष्य के ऋण को सुरक्षित करने के उद्देश्य से एक विशिष्ट अचल संपत्ति में हित के हस्तांतरण के रूप में बंधक (mortgage) को परिभाषित करती है। हित हस्तांतरित करने वाले व्यक्ति को 'बंधकदाता' (mortgagor) के रूप में जाना जाता है और जिस व्यक्ति को हित हस्तांतरित किया जाता है उसे 'बंधकदार'

(mortgagee)के रूप में जाना जाता है। भारतीय कानून निम्नांकित छह अलग-अलग प्रकार के बंधकों (मॉर्गेज) को मान्यता देता है:

(i) साधारण बंधक (Simple Mortgage)

(ii) साम्यिक बंधक (Equitable Mortgage)

(iii) सशर्त बिक्री द्वारा बंधक (Mortgage by Conditional Sale)

(iv) भोगाधिकारी (Usufructuary)

(v) इंग्लिश

(vi) असंगत (Anomalous)

ऊपर वर्णित बातों में से बंधक के दो सबसे स्वीकार्य रूप यानी साधारण बंधक और स्वत्व विलेख जमा द्वारा बंधक (साम्यिक बंधक) पर यहां नीचे चर्चा की गई है। ये दो बंधक हैं, जिन्हें आमतौर पर बैंक पसंद करते हैं।

8.5.1 स्वत्व विलेख जमा द्वारा बंधक या साम्यिक बंधक

संपत्ति हस्तांतरण अधिनियम की धारा 58(f) मौजूदा या भविष्य के ऋण को सुरक्षित करने के लिए अचल संपत्ति के स्वत्व विलेख को सौंपकर तैयार बंधक के रूप में साम्यिक बंधक को परिभाषित करती है। वैध साम्यिक बंधक निर्मित करने की तीन मूलभूत शर्तें होती हैं:

(i) बंधक रखने वाले द्वारा बैंक को स्वत्व विलेख (मूल) की सुपुर्दगी।

(ii) मौजूदा या भविष्य के किसी ऋण का होना।

(iii) ऋण को सुरक्षित करने के लिए उस संपत्ति पर बंधक निर्मित करने के लिए बंधक रखने वाले की मंशा।

यदि ऊपर बताई तीन शर्तों में से किसी का भी अनुपालन नहीं किया जाता है, तो कोई भी साम्यिक बंधक (equitable mortgage) निर्मित नहीं किया जा सकता है। बंधक का यह रूप काफी लोकप्रिय है, क्योंकि इसमें किसी भी बंधक विलेख (mortgage deed) को अंतिम रूप देने और उसके बाद पंजीकरण की जरूरत नहीं होती है, जिसके लिए काफी ज्यादा स्टांप शुल्क का भुगतान करना होता है। बंधक केवल प्रतिभूति बनाने के उद्देश्य से बैंक के पास स्वत्व विलेख रखकर बनाया जाता है और किसी अन्य समझौते आदि की बहुत जरूरत नहीं होती है। हालांकि, साम्यिक बंधक (equitable mortgage) केवल उन स्थानों पर ही बनाया जा सकता है, जैसा इस संबंध में सरकार द्वारा अधिसूचना दी गई हो। कुछ राज्यों में साम्यिक बंधक (equitable mortgage) के लिए भी स्टांप शुल्क लगाया जाता है।

8.5.2 साधारण बंधक (Simple Mortgage)

संपत्ति हस्तांतरण अधिनियम, 1882 की धारा 58(b) साधारण बंधक से जुड़ी है, जिसमें बंधक रखने वाला व्यक्तिगत रूप से ऋण चुकाने के लिए बाध्य होता है और इस बात से सहमत होता है कि उसके द्वारा ऋण न चुकाने की स्थिति में, बंधक लेने वाला बंधक रखी गई संपत्ति को बेच सकता है और उसकी बिक्री से हुई आय का इस्तेमाल ऋण चुकाने में किया जा सकता है। हालांकि, बंधक रखी गई संपत्ति पर कब्ज़ा बंधक रखने वाले के पास ही बना रहता है। चूक (डिफ़ॉल्ट) की स्थिति में बंधक लेने वाले के पास संपत्ति को बेचने का पूर्ण अधिकार नहीं होता है, बल्कि उसे अदालत से हस्तक्षेप की मांग करनी होती है।

एक साधारण बंधक निर्मित करने के लिए औपचारिक बंधक विलेख (Mortgage Deed) बनाया जाएगा। आवश्यक स्टांप शुल्क के भुगतान के बाद इसे भूमि व संपत्तियों के पंजीयक के यहां पंजीकृत किया जाना चाहिए; यह शुल्क ग्राहक को वहन करना होगा।

सभी प्रकार के बंधक में, बंधक रखने वाले को ऋण देय होने के बाद उसके भुगतान करने पर छुड़ाने (redemption) का अधिकार होता है। बंधक रखने वाले को वस्तु के स्वत्व विलेख की जांच करने और बैंक के पास रखे स्वत्व विलेख की प्रतियां बनाने या उनसे उद्धरण (extracts) लेने का भी अधिकार है।

अचल संपत्ति के बदले दिए गए अग्रिम को चुकाने में ग्राहक के चूक करने की स्थिति में, ऋणदाता इसे बिक्री के लिए इस्तेमाल कर सकता है। हालांकि, यह उचित कानूनी प्रक्रिया के जरिए ही किया जा सकता है। आम तौर पर, यदि ऋण खाते में बकाया धनराशि 20 लाख रुपये से कम हो, तो वसूली के लिए ऋणदाता/बैंकों को दीवानी अदालत में मुकदमा दायर करना होगा और यदि देय राशि 20 लाख रु. से ज्यादा हो, तो ऋण वसूली ट्रिब्युनल (DRT) के पास मुकदमा दायर करना होता है। हालांकि, वित्तीय संपत्तियों के प्रतिभूतिकरण (Securitization) और पुनर्रचना (Reconstruction) और सुरक्षा हित का प्रवर्तन (SARFAESI) अधिनियम, 2002 के प्रावधानों के तहत, अधिनियम में वर्णित कुछ औपचारिकताओं का पालन करने के बाद, अदालत के हस्तक्षेप के बगैर, बैंक बंधक के तहत ली गई अचल संपत्ति को बेच सकते हैं। अदालत के हस्तक्षेप के बगैर बिक्री के इस अधिकार के कारण, इस प्रकार की प्रतिभूति को अब महत्व मिल रहा है और बैंकों द्वारा इसे सही नजरिए से देखा जाता है।

8.6 समंजन का अधिकार (RIGHT OF SET OFF)

समंजन (सेट-ऑफ़) किसी देनदार और लेनदार के बीच खातों के संयोजन का अधिकार है, जिससे एक या दूसरे को देय नेट बैलेंस राशि हासिल की जा सके। बैंक के संदर्भ में समंजन

का मतलब है, ग्राहक के खाते के क्रेडिट बैलेंस को ग्राहक के दूसरे खाते के डेबिट बैलेंस के परिसमापन (Liquidation) हेतु लागू करने का उसका अधिकार, बशर्ते कि दोनों खाते उसके द्वारा एक ही क्षमता में अनुरक्षित किए जाते हों। इस अधिकार को संपूर्ण नहीं माना जा सकता है, और बैंक को समंजन करने के अधिकार का इस्तेमाल करने के लिए नोटिस देने की जरूरत पड़ सकती है। बैंक द्वारा समंजन का अधिकार तभी इस्तेमाल किया जा सकता है जब निम्नांकित शर्तें पूरी होती हों:

(a) ग्राहक का दायित्व एक निश्चित राशि के लिए हो,

(b) ऋण की अदायगी देय हो, और

(c) दोनों खाते ग्राहक द्वारा समान क्षमता में अनुरक्षित किए जाते हों।

हालांकि, समंजन के अधिकार का इस्तेमाल मनमाने तरीके से नहीं किया जाना चाहिए और खातों को संयोजित (Combine) करने के लिए बैंक द्वारा ग्राहक को हमेशा एक नोटिस दी जानी चाहिए।

8.7 विनियोजन (APPROPRIATION) का अधिकार

भारतीय संविदा अधिनियम, 1872 की धारा 59 से 61 में कुछ मामलों में भुगतान के विनियोजन (Appropriation) के अधिकार से जुड़े प्रावधान सम्मिलित हैं। विनियोजन का अधिकार देनदार के पास निहित है, जो अपने उस लेनदार को भुगतान करता है, जिस पर उसके कई ऋण बकाया हों। वह नीचे बताए तरीकों से भुगतान को उपयुक्त बना सकता है:

(a) एक स्पष्ट सूचना देकर या

(b) ऐसी परिस्थितियों में जिसका मतलब यह हो कि भुगतान को कुछ ऋण के निर्वहन हेतु इस्तेमाल किया जाना है।

यदि लेनदार ऐसे भुगतान को स्वीकार करता है, तो इसे उसी के अनुरूप लागू किया जाना चाहिए। उदाहरण के लिए, ए पर बी के कई उधार बकाया है, जिसमें रु. 1,000 का एक वचन पत्र (promissory note) भी शामिल है, जो 1 दिसंबर 1986 को देय है। उसका बी की उस राशि का कोई अन्य ऋण बकाया नहीं है। 1-12-2020 को 'ए' 'बी'को 1000 रु. का भुगतान करता है। उस भुगतान को वचन पत्र के निर्वहन हेतु लागू किया जाना है।

यदि देनदार सूचना नहीं देता है या कोई अन्य संकेत या जानकारी नहीं देता हो कि किस ऋण के लिए भुगतान लागू किया जाना है, तो विनियोजन का अधिकार लेनदार के पास निहित होता है। वह इसे देनदार की ओर से देय किसी भी वैध ऋण के लिए अपने विवेक के तौर पर लागू कर सकता है (धारा 60)। इसके अलावा, जहां कोई भी पक्ष कोई विनियोजन नहीं करता है, वहां भुगतान आनुपातिक रूप से प्रत्येक के निर्वहन में लागू किया जाएगा (धारा 61)।

8.8 प्रतिभूतियों के प्रकार (TYPES OF SECURITIES)

प्रतिभूति की प्रक्रियाओं पर चर्चा करते समय बंधक रखी जाने वाली या दूसरे तरीके से सुरक्षित की जाने वाली कई अंतर्निहित वस्तुओं पर चर्चा की जा चुकी है। निम्नांकित शीर्षकों के तहत कुछ बातों पर संक्षेप में चर्चा की जा रही है।

8.8.1 भूमि (कृषि भूमि समेत) और भवन

भूमि और भवन जैसी अचल संपत्तियों को बैंकों द्वारा दिए गए अग्रिमों की सुरक्षा या प्रतिभूति के रूप में लेते समय निर्मित प्रभार की प्रकृति को बंधक (Mortgage) के रूप में जाना जाता है। ऋण देने वाले बैंकों द्वारा अचल संपत्तियों को प्राथमिक (Primary) और संपार्श्विक (Collateral) दोनों प्रतिभूतियों के रूप में स्वीकार किया जाता है। बंधक के अहम पहलू नीचे दिए गए हैं।

8.8.1.1 संपत्ति के स्वामित्व की जांच (Examination of Title to the property)

किसी अचल संपत्ति को सुरक्षा या प्रतिभूति के रूप में स्वीकार करने से पूर्व, उक्त संपत्ति पर ग्राहक के स्वामित्व या स्वत्व की ऋणदाता/बैंक के वकील द्वारा जांच की जानी चाहिए, ताकि यह तय किया जा सके कि जिस व्यक्ति के नाम पर संपत्ति है, उसके पास संपत्ति का उत्तम, वैध, अस्तित्व में रहने वाला और विपणन योग्य स्वामित्व हो। यह भी ध्यान रखना होगा कि संपत्ति किसी भी अवरोध से रहित हो (अर्थात, यह किसी और के पास बंधक न हो) और किसी भी अदालत या वैधानिक प्राधिकारों द्वारा किसी मुकदमे या कुर्की की स्थिति में न हो। ऋणदाता/बैंक को यह सुझाव दिया जाता है कि वह प्रस्तावकर्ता/ग्राहक द्वारा दिए गए विवरण की सत्यता तय करने के लिए प्रतिभूति के रूप में दी गई संपत्ति की जांच कर लें। संपत्ति पर ग्राहक के स्वामित्व को संतुष्ट करने के लिए ऋणदाता/बैंकर स्वतंत्र स्रोतों के जरिए भी खोजबीन कर सकता है।

8.8.1.2 बंधककर्ता (Mortgagor) से लिए जाने वाले दस्तावेज़

(a) स्वामित्व के सभी अहम दस्तावेज़ (material documents), जैसे बिक्री विलेख (सेल डीड)/ उपहार विलेख (गिफ़्ट डीड)/ वसीयतनामा/ विभाजन विलेख (पार्टिशन डीड), जो स्वामित्व को उसके पक्ष में दिखाते हों।

(b) स्वामित्व के प्रवाह को बनाए रखने के लिए निर्धारित अवधि के लिए मूल दस्तावेज़। कुछ ऋणदाता/बैंक तीस वर्षों के लिए मूल दस्तावेज़ों की मांग करते हैं।

(c) प्रायः तेरह वर्षों के लिए, ऋणभार प्रमाणपत्र (Encumbrance certificate), यह पता लगाने के लिए कि कहीं संपत्ति के ऊपर कोई ऋणभार तो मौजूद नहीं है। संभावित

हेराफेरी से बचने के लिए बैंक के अधिवक्ता के जरिए संपत्ति के लिए ऋणभार प्रमाणपत्र (Encumbrance certificate) पाने के लिए आवेदन करने की सलाह दी जाती है।

(d) प्रस्तावित बंधक द्वारा संपत्ति के कब्जे के सबूत के तौर पर संपत्ति के टैक्स की रसीदें।

(e) यदि प्रस्तावित संपत्ति किसी नाबालिग के नाम पर हो, तो संपत्ति पर कब्ज़ा करने के लिए उचित अदालत की अनुमति की आवश्यकता होगी।

(f) यदि अचल संपत्ति किसी कंपनी की है, तो यह पता लगाने के लिए रिपोर्ट की तलाश करें कि संपत्ति के ऊपर कोई प्रभार तो नहीं चल रहा है।

(g) सामान्यतः, ऋणदाता/बैंक संपत्ति पर प्रस्तावित बंधक के स्पष्ट, अच्छे और विपणन योग्य स्वामित्व (title) के बारे में अपने पैनल अधिवक्ता से राय-परामर्श लेते हैं। अधिवक्ता को यह देखना चाहिए कि प्रस्तुत किए गए दस्तावेज़ असली हैं और ये जाली/हेराफेरी वाले न हों। इस प्रकार दी गई राय स्पष्ट और बिना शर्त होनी चाहिए और यह साबित करे कि प्रस्तावित बंधककर्ता द्वारा संपत्ति पर एक वैध प्रयोज्य बंधक निर्मित जा सकता है।

(h) स्वामित्व के सत्यापन (Title verification) की रिपोर्ट में बंधक के निर्माण के समय बैंक द्वारा लिए जाने वाले दस्तावेजों की सूची का भी जिक्र होना चाहिए।

8.8.1.3 संपत्ति का मूल्यांकन (Valuation of property)

जब किसी अचल संपत्ति की प्रतिभूति के विरुद्ध ऋण या अग्रिम की अनुमति दी जाती है, तो इसका मूल्यांकन एक अनुमोदित मूल्यांकनकर्ता (valuer) द्वारा कराना जरूरी होता है। यह मूल्यांकन सतर्क, यथार्थवादी और जबरन बिक्री के आधार पर होना चाहिए। संपत्ति का मूल्यांकन करते समय, निम्नांकित बातों को ध्यान में रखा जा सकता है:

(a) भूमि की अवस्थिति (Location) और चारों सीमाओं से घिरे स्थान का मूल्य।

(b) भवन की आयु तथा इसकी वर्तमान मजबूती

(c) इसके निर्माण की प्रकृति

(d) चुकाया गया कर

(e) भूमि व भवन क्षेत्र का फैलाव (एकड़ आदि में क्षेत्रफल)

(f) भवन निर्माण पर आई लागत।

8.8.1.4 पट्टे वाली संपत्तियां (Leasehold Properties)

यदि जमीन पट्टे वाली है, तो यह तय करना जरूरी होता है कि क्या पट्टे की शर्तें ग्राहक को जमीन के पट्टे के अधिकार को बंधक के माध्यम से सौंपने या हस्तांतरित करने की अनुमति देती हैं। यह देखना चाहिए कि ग्राहक की ऋण की अदायगी पट्टे की अवधि से आगे न बढ़े।

8.8.2 कच्चा माल, कृषि उपज इत्यादि (Raw material, Agricultural Produce etc.)

नियमित रूप से बैंक कच्चे माल, जारी काम और साथ ही कृषि उपज/वस्तुओं, उर्वरकों , कीटनाशकों आदि जैसे कृषि इनपुट इत्यादि की प्रतिभूति (दृष्टिबंधन) के आधार पर ऋण प्रदान करते हैं। विनिर्माण कंपनी के मामले में, बैंक द्वारा दी जाने वाली सहायता से ऋण का आकार, मुख्य कैश क्रेडिट/गिरवी (उत्पाद गिरवी के मामले में) या खुला कैश क्रेडिट का आकार तय होता है। जब माल पर कब्ज़ा बैंकर के पास होता है, तो बनाए गए प्रभार गिरवी वाली प्रकृति का होते हैं। गिरवी की मुख्य और सबसे जरूरी बातों में से एक गिरवीदार (इस मामले में बैंकर) को गिरवी रखी गई वस्तु की वास्तविक या रचनात्मक आपूर्ति ('constructive delivery) है। 'रचनात्मक सुपुर्दगी' ('constructive delivery) शब्द का मतलब है कि गिरवीकर्ता के कब्जे से गिरवीदार तक वस्तुओं के भौतिक हस्तांतरण की कोई जरूरत नहीं होती है। गिरवी का समझौता लेन-देन की प्रकृति या मामले की परिस्थितियों से तय हो सकता है।

जब माल के ऊपर कब्ज़ा बैंकर के पास होता है, तो निर्मित प्रभार दृष्टिबंधक (Hypotecation) वाली प्रकृति का होता है।

दृष्टि बंधन (Hypothecation) दो मामलों में बंधक (Mortgage) से अलग होता है:

i. पहला, बंधक (Mortgage) अचल संपत्ति से संबंधित होता है, जबकि दृष्टिबंधन (Hypothecation) चल संपत्ति के लिए किया जाता है।
ii. दूसरा, बंधक में, संपत्ति में हित का हस्तांतरण लेनदार को होता है, मगर दृष्टि बंधन में केवल पैसा चुकाने की बाध्यता होती है और हित का कोई हस्तांतरण नहीं होता है। स्वामित्व और कब्ज़ा ग्राहक के पास रहता है।
iii. बंधक और दृष्टिबंधन के मामले में, माल का स्वामित्व बैंक को हस्तांतरित नहीं किया जाता है।

माल के विरुद्ध अग्रिम के लिए सावधानियां (PRECAUTIONS FOR ADVANCE AGAINST GOODS):

(a) सट्टेबाजी या जमाखोरी के लिए कोई अग्रिम नहीं दिया जाना चाहिए।
(b) बैंक को दिए गए माल का पूरा भुगतान किया होना चाहिए। यह अदत्त विक्रेता (Unpaid Sellar) के अधिकारों के कारण संपत्ति पर प्रभार के नुकसान से बचने के लिए होता है।
(c) स्टॉक की उचित आयु होनी चाहिए। अन्यथा, स्टॉक बाजार में बिक्री के लायक नहीं रह जाता है।

(d) मूल भुगतान किए गए बीजक (इनवॉइस) को सत्यापित कर माल का मालिकाना हक सुनिश्चित किया जाना चाहिए।

(e) चूंकि गिरवी रखे गए माल/कच्चे सामान की कीमत समय-समय पर अलग-अलग हो सकती है, इसलिए बैंक को हमेशा सही मार्जिन तय करना चाहिए और उसे बनाए रखना चाहिए।

(f) यदि ग्राहक के पास गिरवी रखी गई वस्तुओं के अलावा अपना माल है, तो गोदाम में भंडारण करते समय उस माल को अलग कर देना चाहिए।

(g) उस माल का पर्याप्त बीमा होना चाहिए।

(h) दृष्टि बंधन के तहत स्टॉक का मूल्यांकन लागत मूल्य या बाजार मूल्य, जो भी कम हो, उसके ऊपर आधारित होगा।

8.9 जीवन बीमा पॉलिसियों के एवज में अग्रिम (ADVANCES AGAINST LIFE INSURANCE POLICIES)

जीवन बीमा पॉलिसियां किसी अग्रिम के लिए प्राथमिक या संपार्श्विक प्रतिभूति के रूप में स्वीकार्य हैं। जीवन बीमा पॉलिसियों के एवज में अग्रिम देने की कार्रवाई करते समय निम्नांकित बातों पर विचार किया जाना चाहिए:

i. पॉलिसी प्रभावी होनी चाहिए और प्रीमियम का भुगतान अद्यतन होना चाहिए। ऋणदाता/बैंक को नवीनतम प्रीमियम रसीद को रिकॉर्ड में रखना चाहिए।

ii. मूल पॉलिसी ऋणदाता/बैंक के पास होनी चाहिए। यह देखना चाहिए कि क्या इस पर जारीकर्ता प्राधिकारी द्वारा विधिवत मुहर लगाई गई है और हस्ताक्षर किए गए हैं या नहीं।

iii. पॉलिसी प्रतिबंधात्मक/कठिन प्रावधानों से रहित होनी चाहिए।

iv. बीमा कंपनी को बीमित व्यक्ति की उम्र स्वीकार करनी चाहिए।

सामान्यतः निम्नांकित जीवन बीमा पॉलिसियां प्रतिभूति के रूप में स्वीकार नहीं की जाती हैं।

(a) बंदोबस्ती बीमा (endowment) पॉलिसी

(b) संगत्ति शुल्क जैसे उद्देश्यों के लिए ख़ासतौर से निकाली गई पॉलिसी

(c) बच्चों की आस्थगित पॉलिसी (deferred policy)

(d) विवाहित महिला संपत्ति अधिनियम की धारा 6 के अंतर्गत नामांकन वाली पॉलिसी।

बैंक वर्तमान अभ्यर्पण मूल्य (Surrender Value) के आधार पर जीवन बीमा पॉलिसियों पर ऋण देते हैं। अभ्यर्पण मूल्य वह राशि होती है, जो बीमा कंपनी पॉलिसी की परिपक्वता से पूर्व किसी भी दिन पॉलिसी अभ्यर्पित (सरेंडर) करने पर भुगतान करती है।

8.9.1 पॉलिसी का समनुदेशन (ASSIGNMENT OF POLICY)

समनुदेशन (Assignment) ऐसी प्रक्रिया है, जिसमें जीवन-बीमा पॉलिसी ऋणदाता या बैंक को सौंप दी जाती है, जो बाद में ग्राहक के चूक (Default) करने के मामले में अभ्यर्पण मूल्य (surrender Value) का दावा करने का अधिकार देती है। समनुदेशन को उस आशय के शब्दों का संकेत कर हासिल किया जाना चाहिए। समनुदेशन का गवाह एक व्यक्ति होना चाहिए। पॉलिरी के तहत नामांकित व्यक्ति को पॉलिसी असाइन करने की जरूरत नहीं होती है, क्योंकि पॉलिसी के समुदेशन की स्थिति में पॉलिसी के तहत नामांकन अपने आप से रद्द हो जाता है। समुदेशन बीमा कंपनी के विरुद्ध तब तक प्रभावी नहीं होगा, जब तक कि समुदेशन की लिखित सूचना बीमा कंपनी को समुदेश करने वाले या समनुदेशिती (असाइनी) द्वारा नहीं दी जाती है।

बीमित व्यक्ति की मृत्यु के मामले में, समनुदेशिती (assignee) पॉलिसी राशि पाने का हकदार हो जाता है। जब अग्रिम चुका दिया जाता है, तो पॉलिसी को पॉलिसीधारक के पक्ष में फिर सौंप दिया जाना चाहिए।

8.10 मियादी जमा (TERM DEPOSITS) पर ऋण

बैंक प्रायः अपनी मियादी जमाओं (Term Deposits), जैसे सावधि जमा (Fixed Deposits), संचयी जमा (Cumulative Deposits), आवर्ती जमा (Recurring Deposits) इत्यादि के एवज में ऋण देते हैं। मियादी जमा की प्रतिभूति के एवज दी गई सुविधा की प्रकृति या तो ऋण या ओवरड्राफ्ट हो सकती है। इस प्रकार की सुविधा देते समय बनाए गए प्रभार की प्रकृति गिरवी (Pledge) वाली होती है।

आमतौर पर बैंक अपने पास रखी जमा राशि/संचित मूल्य के नब्बे प्रतिशत तक के मूल्य का ऋण देते हैं।

ऋण पर लागू होने वाली ब्याज दर जमा पर दी जाने वाली ब्याज दर से एक प्रतिशत या दो प्रतिशत ज्यादा होगी।

ग्राहक परिपक्वता से पहले किसी भी तिथि को अपने स्रोतों से ऋण चुका सकता है। यदि जमा राशि की परिपक्वता से पूर्व पूर्ण अदायगी नहीं की जाती है, तो पक्ष को केवल ऋण राशि और उस पर देय ब्याज को छोड़ कर शेष राशि का भुगतान किया जाएगा। यदि ऋण अदायगी

प्रतिबद्धता को पूरा करने में जमा की परिपक्वता से प्राप्त आय में कोई कमी हो, तो पक्ष इस कमी का भुगतान बैंक को करेगा।

आमतौर पर, नाबालिग के नाम पर जमा रसीद की प्रतिभूति पर कोई ऋण नहीं दिया जा सकता है। हालांकि, यदि अभिभावक द्वारा नाबालिग जमाकर्ता की आवश्यकता के लिए ऋण मांगा जाता है, तो बैंक अभिभावक से इस आशय का एक वचन पत्र हासिल करने पर विचार कर सकता है कि ऋण की आय (proceeds) का इस्तेमाल केवल नाबालिग जमाकर्ता की जरूरतों के लिए किया जाएगा।

सुविधा उपलब्ध कराते समय, बैंक जमा धारक से विधिवत जमा रसीद प्राप्त करते हैं। एक से ज्यादा जमा धारकों के मामले में, उन सभी को जमा रसीद का निर्वहन (discharge) करना चाहिए। जमाकर्ताओं को जरूरी ऋण दस्तावेज भी निष्पादित करने चाहिए। एक से ज्यादा जमाकर्ताओं के मामले में, उन सभी को दस्तावेजों को निष्पादित करना चाहिए या उनमें से किसी एक को उन जमाकर्ताओं द्वारा दिए गए प्राधिकार पत्र के आधार पर निष्पादित करना चाहिए जो ऋण दस्तावेजों को निष्पादित /नहीं कर रहे हैं।

स्वामित्व (प्रोपराइटरी) संस्था के नाम पर जमा राशि के एवज में एकमात्र स्वामी (सोल प्रोपराइटर) को दिया गया तृतीय पक्ष ऋण के रूप में नहीं माना जाता है, जबकि फर्म के नाम पर जमा राशि के एवज में किसी भागीदार को दिया गया ऋण तृतीय पक्ष ऋण के रूप में वर्गीकृत किया जाता है। बाद वाले मामले में ब्याज की दर जमाराशि के ब्याज दर से एक या दो प्रतिशत अधिक नहीं बल्कि व्यापारिक दरों पर वसूली जाएगी।

जमा राशि (जिस पर ऋण दिया गया है) के समय से पहले बंद होने की स्थिति में, ब्याज समय से पहले बंद जमाराशि पर लागू ब्याज की वास्तविक दर से 1-2% अधिक होना चाहिए।

उसी बैंक की अन्य शाखाओं की जमा रसीद पर ऋण दिया जा सकता है। हालांकि, ऋण देने से पहले जमाराशि शाखा के रिकॉर्ड में ग्रहणाधिकार (lien) का उल्लेख किया जाना चाहिए। अन्य बैंकों के टीडीआर (TDRs) की प्रतिभूति पर कोई ऋण नहीं दिया जाना चाहिए

जब कंपनी द्वारा अपनी जमा राशि के बदले ऋण मांगा जाता हो, तो कंपनी को ऋण जुटाने के लिए अधिकृत करने वाले बोर्ड का संकल्प हासिल करना चाहिए। कंपनी के अन्य ऋणों के विपरीत, जमाराशि के एवज में ऋण के मामले में, आरओसी (ROC) के साथ प्रभार पंजीकृत करने की कोई जरूरत नहीं होती है।

8.11 स्वर्ण आभूषणों पर ऋण (LOAN AGAINST GOLD ORNAMENTS)

एनबीएफसी (NBFCs)/बैंक व्यक्तियों, एमएसएमई (MSME) इत्यादि की निजी या व्यावसायिक जरूरतों के लिए स्वर्ण आभूषणों के बदले ऋण देते हैं। किसानों को गैर-कृषि कार्यों के लिए स्वर्ण ऋण दिया जाता है। इस प्रकार का ऋण देते समय निर्मित प्रभार की प्रकृति एक गिरवी (Pledge) वाली होती है। कुछ बैंक स्वर्ण आभूषणों, स्वर्ण बॉण्ड की प्रतिभूति पर भी ओवरड्राफ्ट की अनुमति देते हैं:

(a) आभूषणों पर ऋण की राशि बाजार मूल्य और सोने की शुद्धता पर निर्भर करती है। आमतौर पर ऋणदाता बैंक आभूषणों के बाजार मूल्य पर तकरीबन तीस प्रतिशत का मार्जिन रखते हैं। मूल्य की तुलना में उधार दी गई राशि का निर्धारण ऋण और मूल्य के अनुपात द्वारा किया जाता है। एलटीवी (LTV) पर कुछ नियामक सुझाव हैं जो समय-समय पर अलग-अलग हो सकते हैं।

(b) ब्याज दर ऋण के प्रयोजन के आधार पर बदलती रहती है।

(c) ऋण बंद होने पर, गिरवी रखने वाले या उसके अधिकृत प्रतिनिधि को आभूषण वापस कर दिए जाने चाहिए।

(d) किसी ऋण के बंद होने के बाद भी, ऋणदाता/बैंकर, सामान्य ग्रहणाधिकार के अधिकार का इस्तेमाल कर, आभूषणों का कब्ज़ा बनाए रख सकता है, बशर्ते कि ग्राहक के नाम पर कोई दूसरा ऋण बकाया/अतिदेय हो। ग्राहक को उचित सूचना अवश्य दी जानी चाहिए।

(e) प्रायः ऋणदाता/बैंक स्वर्ण आभूषणों की शुद्धता का मूल्यांकन करने के उद्देश्य से मूल्यांककों (appraisers)/मूल्यांकनकर्ताओं (valuers) को नियुक्त करते हैं।

(f) इस श्रेणी के तहत दिया गया ऋण भी एनपीए (NPA) मानकों के अधीन रहता है।

8.12 शेयरों और बॉन्डों के बदले ऋण (LOAN AGAINST SHARES AND BONDS)

बैंक निम्नांकित शर्तों के अधीन व्यक्तियों को शेयर, डिबेंचर या बॉन्ड की सुरक्षा पर अग्रिम मंजूर करते हैं:

(i) **ऋण का प्रयोजन:** व्यक्तियों की आकस्मिक जरूरतों और व्यक्तिगत जरूरतों को पूरा करने के लिए या शेयर/डिबेंचर/बॉण्ड के नए या राइट्स इश्यू सब्सक्राइब करने के लिए

या सेकंडरी मार्केट में खरीद के लिए, शेयरों/डिबेंचर/बॉण्ड की सिक्योरिटी के बदले में शेयरों, व्यक्ति द्वारा होल्ड किए डिबेंचर और बॉन्ड के एवज में ऋण दिया जाना चाहिए।(i)

(ii) **अग्रिम राशि:** शेयरों, डिबेंचर और बॉण्ड की प्रतिभूति के एवज में ऋण न्यूनतम एक लाख रुपए होना चाहिए और यदि प्रतिभूतियां भौतिक रूप में रखी गई हैं, तो प्रति व्यक्ति दस लाख रुपए की सीमा से अधिक नहीं होनी चाहिए और यदि प्रतिभूतियां डीमैट रूप में रखी गई हैं तो प्रति व्यक्ति बीस लाख रुपए की सीमा से अधिक नहीं होनी चाहिए। इस किस्म के ऋण योग्य व्यक्तिगत निवेशकों के लिए होते हैं, और बैंकों को एक ही कॉर्पोरेट या उनकी अंतर-संयोजित (इंटर-कनेक्टेड) संस्थाओं से संबंधित व्यक्तियों के एक बड़े समूह द्वारा संबंधित फर्मों की स्टॉक-ब्रोकिंग गतिविधियों को सपोर्ट करने के लिए कई ऋण लेने के लिए कपटपूर्ण कामों का समर्थन नहीं करना चाहिए। ऐसे वित्त को पूंजी बाजार में एक्सपोजर के रूप में देखा जाना चाहिए।

(iii) **मार्जिन:** बैंकों को भौतिक रूप में रखे गए इक्विटी शेयरों/कंवर्टिबल डिबेंचर के बाजार मूल्य का न्यूनतम मार्जिन 50 प्रतिशत बनाए रखना चाहिए। डीमैट के रूप में रखे गए शेयरों/कंवर्टिबल डिबेंचर के मामले में, कम से कम 25 प्रतिशत का मार्जिन बनाए रखा जाना चाहिए। ये न्यूनतम मार्जिन शर्तें हैं और बैंक शेयरों के लिए ऊंचे मार्जिन निर्धारित कर सकते हैं, चाहे वे भौतिक रूप या डीमैट रूप में हों। अधिमान शेयरों (preference shares)/गैर-परिवर्तनीय डिबेंचर (non-convertible debentures) और बांडों के एवज में अग्रिमों के लिए मार्जिन आवश्यकताओं को बोर्ड द्वारा स्वीकृत नीति के अनुसार बैंकों द्वारा निर्धारित किया जा सकता है।

शेयर व स्टॉक ब्रोकरों/कमोडिटी ब्रोकरों को अग्रिम:

(i) बैंक तथा उनकी सहायक कंपनियां 'बदला' लेनदेन के लिए वित्त प्रदान नहीं करती हैं।

(ii) शेयर तथा स्टॉक ब्रोकरों/कमोडिटी ब्रोकरों को स्टॉक-इन-ट्रेड के रूप में उनके द्वारा रखे गए शेयरों व डिबेंचर के एवज में आवश्यकता-आधारित ओवरड्राफ्ट सुविधाएं/क्रेडिट की सुविधा उपलब्ध कराई जाती है। ऐसे वित्त के लिए आवश्यकता-आधारित जरूरतों का सतर्कता के साथ मूल्यांकन उधारकर्ता की वित्तीय दशा, उसके खुद के खाते पर और ग्राहकों की ओर से संचालन, अर्जित आय, स्टॉक और शेयरों की औसत टर्नओवर अवधि और किस सीमा तक किया जाता है, को ध्यान में रखकर किया जाता है और यह ब्रोकर के धन को उसके व्यवसाय संचालन में शामिल करने के लिए आवश्यक सीमा तक किया जाता है। बैंक फ़ाइनेस के साथ स्टॉक व शेयर ब्रोकरों द्वारा अपने खाते पर शेयरों व

डिबेंचर में बड़े पैमाने पर निवेश को प्रोत्साहित नहीं किया जाता है। संपार्श्विक (कोलैटरल) के रूप में दर्ज प्रतिभूतियां आसानी से विपणन योग्य होनी चाहिए।

(iii) व्यक्तियों को शेयरों/डिबेंचर के एवज में अग्रिमों के लिए 10 लाख रुपए/20 लाख रुपए की सीमा शेयर व स्टॉक ब्रोकरों/कमोडिटी ब्रोकरों के मामलों में लागू नहीं होगी और अग्रिम आवश्यकता के आधार पर दिए जाएंगे।

8.13 सारांश

बैंकर अपने अग्रिमों की सुरक्षा के लिए कई प्रकार की प्रतिभूतियां लेते हैं। प्रत्येक प्रकार की प्रतिभूति की अपनी विशेषताएं होती हैं। वित्तीय ऋण देने वाली संस्थाओं के पास ऋण के बदले प्रतिभूतियां गिरवी रखी जाती हैं। प्रतिभूतियां कई प्रकार की होती हैं जैसे (*a*) अचल - भूमि, संयंत्र मशीनरी, इत्यादि। (*b*) चल - माल, कच्चा माल, कृषि उपज, (*c*) बही ऋण - खाता प्राप्य (*d*) व्यक्तिगत प्रतिभूतियां - ग्राहक की व्यक्तिगत देयता (e) मूर्त प्रतिभूतियां - कोई भी प्रतिभूति जिसे भौतिक रूप से बिक्री या हस्तांतरण द्वारा हासिल किया जा सकता है (*f*) प्राथमिक- अग्रिम के लिए मुख्य सुरक्षा कवर और (*g*) प्राथमिक प्रतिभूति (primary security) के अलावा संपार्श्विक प्रतिभूति (Collateral-security)।

इन प्रतिभूतियों पर प्रभार तैयार करने की विधि उसके प्रकार के अनुसार अलग-अलग होती है। इसमें गिरवी (Pledge) और दृष्टि बंधन (Hypothecation) का प्रभार चल संपत्तियों पर लागू होता है। गिरवी के मामले में, संपत्ति का कब्जा हस्तांतरित कर दिया जाता है, और दृष्टि बंधन के मामले में ऐसा नहीं होता है। इन दोनों मामलों में, मालिकाना अधिकार नहीं बदलता है। विभिन्न बंधकों (Mortgages) में से, स्वत्व विलेखों (Title Deeds) की जमा राशि द्वारा बंधक व साधारण बंधक आमतौर पर बैंकों द्वारा लिए जाते हैं। बीमा पॉलिसियों पर बैंकों का प्रभार समनुदेशन (Assignment) के जरिए तैयार किया जाता है। हालांकि बैंक आमतौर पर अपनी जमा राशि पर ऋण देते हैं, लेकिन नाबालिग की जमा राशि पर कोई ऋण नहीं दिया जाता है, जब तक कि अभिभावक यह न कहे कि ऋण नाबालिग की ज़रूरतों के लिए है।

8.14 प्रमुख शब्द

अचल संपत्ति, वस्तुएं, वस्तुओं का निरीक्षण, निजी गारंटी, समनुदेशन (Assignment), रचनात्मक सुपुर्दगी, साधारण बंधक, स्वत्व विलेख जमा करके बंधक, अधिसूचित केंद्र

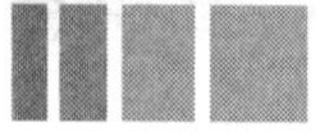

8.15 अपनी प्रगति जाँचें

1. एलआईसी (LIC) पॉलिसी के एवज में अग्रिम देते समय निर्मित प्रभार की प्रकृति होती है:
   (a) समनुदेशन (Assignment)
   (b) ग्रहणाधिकार (Lien)
   (c) गिरवी (Pledge)
   (d) समंजन (Set off)
2. नाबालिग की मियादी जमा (term deposit) के एवज में ऋण:
   (a) दस्तावेजों पर हस्ताक्षर होने पर प्रदान किया जा सकता है, यदि नाबालिग ने 14 वर्ष की आयु पूरी कर ली है
   (b) किसी भी दशा में प्रदान नहीं किया जा सकता क्योंकि नाबालिग के पास अनुबंधात्मक क्षमता नहीं होती है
   (c) नाबालिग के अभिभावक को दिया जा सकता है, यदि यह नाबालिग की जरूरतों के लिए है
   (d) केवल अदालत की अनुमति से ही प्रदान किया जा सकता है।
3. सही या गलत बताएं:
   (a) अग्रिम की प्रतिभूति के रूप में एलआईसी पॉलिसी के समनुदेशन के मामले में, समनुद्शन तब तक पूरा नहीं होता है जब तक कि बीमा कंपनी को समनुदेशन की सूचना नहीं दी जाती है।
   (b) समनुदेशन की उपरोक्त जानकारी या तो समनुदेशक (assignor) या समनुदेशिती (assignee) द्वारा दी जा सकती है।
   (c) जब किसी कंपनी द्वारा बनाया गया दृष्टिबंधन प्रभार (हाइपोथिकेशन चार्ज) आरओसी के पास पंजीकृत होता है तो बैंक के लिए जोखिम कम होता है।
   (d) गिरवी की आवश्यक जरूरतों में से एक गिरवीकर्ता द्वारा गिरवीदार को गिरवी रखी गई वस्तु की वास्तविक या रचनात्मक सुपुर्दगी है।
   (e) अचल संपत्ति की बिक्री के लिए मुकदमा दायर करने की परिसीमा अवधि बंधक ऋण देय होने की तिथि से तीस वर्ष होती है।

8.16 अपनी प्रगति जाँचें का उत्तर

1.	(a)	2.	(c)	3.	(a) सही (b) सही (c) सही (d) सही (e) गलत

अध्याय

9 ऋण का दस्तावेजीकरण

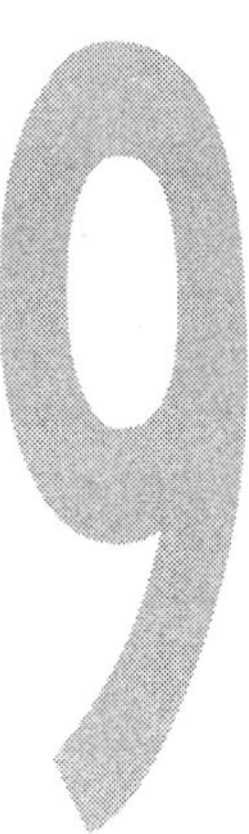

अध्याय

ऋण का दस्तावेजीकरण

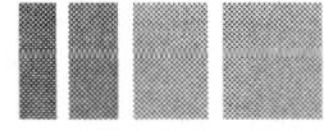

9.1 उद्देश्य

इस इकाई का अध्ययन करने के बाद आप निम्नलिखित के बारे में जान पाएंगे:

- ऋण के दस्तावेजीकरण का महत्व
- बैंक द्वारा दिए गए अग्रिमों को सुरक्षित बनाने के लिए उपयुक्त और त्रुटि रहित दस्तावेज प्राप्त करने की प्रक्रिया
- दस्तावेजों का निष्पादन

9.2 परिचय

दस्तावेजीकरण किसी बैंक के क्रेडिट पोर्टफोलियो के महत्वपूर्ण क्षेत्रों में से एक है। दस्तावेज लेने का उद्देश्य होता है- बैंकरों और उधारकर्ताओं के बीच नियम और शर्तें को तय करना, उधारकर्ताओं की पहचान करना, प्रतिभूतियों की पहचान करना, परिसीमा की अवधि की गणना करना, आवश्यकता पड़ने पर कानूनी तरीकों का सहारा लेने में सक्षम बनाना, इत्यादि। भारतीय संविदा अधिनियम, भागीदारी अधिनियम, कंपनी अधिनियम, भारतीय पंजीकरण अधिनियम, परिसीमा अधिनियम, भारतीय स्टैम्प अधिनियम इत्यादि कुछ ऐसे अधिनियम हैं, जो सीधे बैंकरों के ऋण दस्तावेजीकरण को प्रभावित करते हैं। क्रेडिट सुविधा प्रदान करने के लिए दस्तावेज लेते समय इन अधिनियमों के प्रावधानों को ध्यान में रखा जाना चाहिए। इनमें से किसी भी अधिनियम के प्रावधानों का अनुपालन न करने से दस्तावेजों की वैधता पर असर पड़ सकता है। उदाहरण के लिए, यदि किसी नाबालिग को उसकी आवश्यकताओं के अलावा अन्य बातों के लिए ऋण

दिया जाता है, तो निष्पादित दस्तावेज कानून की नजर में मान्य नहीं है, क्योंकि भारतीय संविदा अधिनियम के प्रावधानों के अनुसार नाबालिग के साथ अनुबंध आरंभ से ही अमान्य (*ab initio void*) माना जाएगा।

क्रेडिट के उचित मूल्यांकन के बाद ऋण मंजूर करने का सबसे महत्वपूर्ण पहलू है- उचित दस्तावेजीकरण, अर्थात ऋण को संवितरित (disburse) करने से पहले ऋण को सुरक्षित बनाने के लिए विभिन्न समझौतों पर हस्ताक्षर करना। दस्तावेजीकरण के बारे में महत्वपूर्ण बिंदु नीचे दिए गए हैं:

(i) दस्तावेजों को पूरा करने के बाद ही संवितरण किया जा सकता है। सावधि ऋण और नए कार्यशील पूंजी ऋण के लिए संवितरण कई चरणों में हो सकता है जबकि कार्यशील पूंजी की परिसीमा में वृद्धि चरणों में या संयुक्त उद्यम समझौते के अन्य सदस्यों के अनुरूप जारी की जा सकती है यदि इसे कंसोर्टियम (सहायता संघ) व्यवस्था के तहत उधार दिया जाता है।

(ii) यदि ऋण को ऋणदाता के अधिकृत प्रतिनिधि की उपस्थिति में तीसरे पक्ष की गारंटी द्वारा सुरक्षित किया जाता है, तो दस्तावेजों पर ग्राहक या ग्राहक के अधिकृत प्रतिनिधियों और गारंटर द्वारा हस्ताक्षर किए जाने चाहिए।

(iii) दस्तावेज के निष्पादन के 30 दिनों के भीतर कंपनी रजिस्ट्रार (ROC) के पास प्रभार दाखिल करने के लिए लिमिटेड कंपनियों के मामले में प्रभार तैयार करने के लिए आवश्यक दस्तावेज भी लिए जाते हैं।

(iv) इसी प्रकार संपार्श्विक सुरक्षा (collateral security) के लिए आवश्यक दस्तावेज लिए जाने चाहिए और यदि किसी तीसरे पक्ष द्वारा संपार्श्विक (collaterals) दी जाती है, तो तीसरे पक्ष की गारंटी सुनिश्चित की जानी चाहिए।

(v) निष्पादन स्थल ही पर दस्तावेजों पर स्टैम्प अधिनियम के अनुसार उचित स्टैम्प लगाए जाने चाहिए।

(vi) दस्तावेजों के निष्पादन की तिथि दस्तावेजों पर स्टैम्प लगाने की तिथि से पहले की तिथि कभी नहीं होनी चाहिए।

(vii) निष्पादन के स्थल का उचित ढंग से उल्लेख किया जाना चाहिए और इसे ऋणदाता के अधिकृत हस्ताक्षरकर्ता द्वारा उसकी उपस्थिति में दस्तावेजों पर हस्ताक्षर किए जाने के साक्ष्य के रूप में माना जाना चाहिए।

(viii) हस्ताक्षर करने से पहले अनुबंध/दस्तावेज भरे जाने चाहिए। एक नियम की तरह, ग्राहक/गारंटर द्वारा किसी भी खाली/आंशिक रूप से भरे दस्तावेज पर हस्ताक्षर नहीं किए जाने

चाहिए। दस्तावेजों पर दबाव में हस्ताक्षर नहीं किए जाने चाहिए और इस बात पर ध्यान दिया जाना चाहिए कि दस्तावेज पर हस्ताक्षर करने वाले व्यक्ति ने अपनी स्वतंत्र इच्छा से उस पर हस्ताक्षर किए हों।

(ix) उप-रजिस्ट्रार के पास पंजीकृत होने वाले सभी समझौते/दस्तावेज निर्धारित समय सीमा के भीतर किए जाने चाहिए।

(x) साझेदारों को साझेदारी की आधिकारिक स्टैम्प लगाकर साझेदार की क्षमता में दस्तावेजों पर हस्ताक्षर करना चाहिए।

(xi) यह बेहतर है कि मानक अनुबंध दस्तावेजों का एक हिस्सा हो और परियोजना ऋणों के मामले में पूर्व-संवितरण शर्तें आवश्यक रूप से दस्तावेजों का एक हिस्सा होनी चाहिए।

(xii) जहां भी ऋण मंजूर करते समय ऋणदाता द्वारा एक शर्त के रूप में तृतीय-पक्ष की गारंटी दी जाती है, वहां गारंटर द्वारा उचित समझौते/दस्तावेजों पर हस्ताक्षर किए जाने चाहिए। चूक (डिफॉल्ट) के मामले में ऋणदाता द्वारा उचित कानूनी नोटिस देने के बाद; बकाया की वसूली के लिए गारंटर के खिलाफ कानूनी कार्रवाई शुरू की जा सकती है क्योंकि ग्राहक (मुख्य देनदार) और गारंटर की देनदारी समान रूप से लागू होती है। यदि वसूली केवल गारंटर के खिलाफ कानूनी कार्रवाई शुरू करके की जाती है, तो गारंटर ऋणदाता की भूमिका निभा सकता है और ग्राहक के खिलाफ कानूनी कार्रवाई शुरू करके ग्राहक से बकाया वसूल सकता है।

(xiii) लिमिटेड कंपनियों और अन्य कानूनी संस्थाओं के मामले में, ऋण को सुरक्षित करने के लिए प्रवर्तकों (प्रमोटरों)/निदेशकों या ट्रस्टियों की व्यक्तिगत गारंटी पर जोर दिया जाता है। आमतौर पर शेयर का बड़ा भाग रखने वाले प्रवर्तक (प्रमोटर)/निदेशकों की व्यक्तिगत गारंटी के लिए जोर दिया जाता है और चूक (डिफॉल्ट) होने की स्थिति में कंपनी के चूक के संबंध मेंचूककर्ता (डिफॉल्ट र के रूप में उनके नाम आरबीआई और सीआईबीआईएल को प्रस्तावित किए जाते हैं। गारंटर के रूप में प्रतिनिधित्व करने के लिए कंपनी द्वारा अपने निदेशकों को कोई कमीशन या शुल्क का भुगतान नहीं किया जाना चाहिए और इसे ग्राहक द्वारा निष्पादित किए जाने वाले दस्तावेजों में एक शर्त के रूप में तय किया जाना चाहिए।

(xiv) एकाधिक बैंकिंग व्यवस्था (multiple banking arrangement) के मामले में, प्रत्येक ऋणदाता के पास दस्तावेजों का मानक सेट हो सकता है जो ऋणदाता से लिया जा सकता है।

(xv) बैंक/एनबीसी के पास बंधक (mortgaged) रखी गई किसी भी संपत्ति के लिए, सीईआरएसएआई (CERSAI) के साथ उनकी केंद्रीय रजिस्ट्री में संपत्ति का पंजीकरण

सुनिश्चित किया जाना चाहिए। यह नियम आवास ऋण (housing loans), बंधक ऋण (mortgage loans) इत्यादि पर लागू होता है।

(xvi) वाहन ऋण (vehicle loans/two-wheeler loans) के लिए, वाहन/दुपहिया वाहन के बंधक (mortgage) दस्तावेजों के अलावा, स्थानीय क्षेत्रीय परिवहन प्राधिकरण (आरटीए) के साथ प्रभार पंजीकृत होना जरूरी है।

(xvii) जीवन बीमा पॉलिसियों पर दिए जाने वाले ऋण के मामले में, ग्राहक को ऋणदाताओं के पक्ष में पॉलिसियों को समनुदेशित (assign)करना चाहिए और ऋणदाताओं के पक्ष में पॉलिसियों को समनुदेशित (assign) करने के लिए ग्राहक से उपयुक्त दस्तावेज लिए जाने चाहिए। ऋण देने से पहले समनुदेशन को संबंधित बीमा कंपनी में पंजीकृत किया जाना चाहिए।

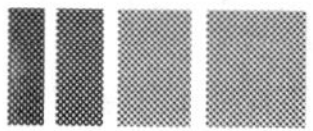

9.3 विभिन्न प्रकार के ऋण दस्तावेज

ऋण प्रदान करने के लिए बैंकर द्वारा लिए जाने वाले दस्तावेज हो सकते हैं:

(a) मांग वचन पत्र (Demand Promisory Notes (DPN))

(b) समझौता (Agreements)

(c) प्रपत्र (Forms)

9.3.1 मांग वचन पत्र (Demand Promisory Notes (DPN))

जहां ऋण की चुकौती के लिए एक निश्चित अवधि का कोई विनिर्देश नहीं दिया गया हो, बैंकर मांग वचन पत्र (डिमांड प्रॉमिसरी नोट (डीपीएन)) लेते हैं। डीपीएन में, उधारकर्ता बैंकर के मांग करने पर सहमत ब्याज दर के साथ ऋण राशि चुकाने का वचन देता है। डीपीएन का प्रारूप परक्राम्य लिखत अधिनियम (निगोशिएबल इंस्ट्रूमेंट्स ऐक्ट), 1881 की धारा 4 के अनुरूप होना चाहिए । आम तौर पर डीपीएन का प्रारूप स्थिति के अनुसार अलग-अलग होता है जैसे कि ब्याज की निश्चित दर, फ्लोटिंग ब्याज दर, एकल उधारकर्ता, संयुक्त उधारकर्ता, संयुक्त और कई उधारकर्ता, सार्वजनिक/निजी लिमिटेड कंपनियां इत्यादि। डीपीएन पर भारतीय स्टैम्प शुल्क अधिनियम के अनुसार स्टैम्प शुल्क लगता है। डीपीएन पर स्टैम्प शुल्क की दर पूरे भारत में एक समान है। भारतीय स्टैम्प अधिनियम की धारा 35 के अनुसार, यदि किसी डीपीएन पर स्टैम्प नहीं हैं या स्टैम्प कम है, तो बाद की तिथि में जुर्माना देकर भी कमी को दूर नहीं किया जा सकता है। ऐसा डीपीएन अदालती साक्ष्य के रूप में स्वीकार्य नहीं हो सकता। यह सुनिश्चित

किया जाना चाहिए कि उधारकर्ता द्वारा हस्ताक्षर करने से पहले डीपीएन को विधिवत भरा जाए और उस पर स्टैम्प लगाया जाए।

9.3.2 समझौते (Agreements)

समझौते का प्रारूप भारतीय संविदा अधिनियम के अनुरूप होना चाहिए। समझौते में नियम और शर्तें निर्धारित की जाती हैं। समझौते में ऋण की राशि, ब्याज की दर, दंडात्मक ब्याज की दर, मार्जिन का प्रतिशत, चुकौती अवधि, ऋण के डिफॉल्ट की स्थिति में बैंकरों के अधिकार, ली गई सुरक्षा/प्रतिभूतियों का विवरण शामिल होता है। भारतीय स्टैम्प अधिनियम के अनुसार समझौतों पर स्टैम्प शुल्क लगता है। समझौतों पर स्टैम्प शुल्क की दर अलग-अलग राज्यों में अलग-अलग होती है। बैंकर समझौते के विभिन्न प्रारूपों का उपयोग करते हैं जैसे गिरवी समझौता, दृष्टिबंधन (हाइपोथिकेशन) समझौता, मियादी ऋण (term loan) समझौता, स्वच्छ ऋण समझौता, गारंटी समझौता, इत्यादि। अलग-अलग प्रकार के समझौतों के लिए स्टैम्प शुल्क अलग-अलग होता है। विधिवत भरे और स्टैम्प लगे हुए समझौते को पक्ष (party) द्वारा हस्ताक्षर करने से पहले जांचा जाता है। बैंक यह सुनिश्चित करने का प्रयास करते हैं कि उधारकर्ता ऋण की शर्तों और समझौते की शर्तों को स्पष्ट रूप से और बिना किसी संदेह के समझता हो ताकि बाद की तारीख में पक्षों के बीच समझौते पर कोई विवाद न हो।

9.3.3 प्रपत्र (Forms)

प्रपत्रों की प्रकृति वादे या समझौते की नहीं होती है। इन्हें उधारकर्ता के इरादे को स्पष्ट रूप से बताने के लिए प्राप्त किया जाता है। जैसे, जब संयुक्त नाम वाली सावधि जमा की प्रतिभूति पर ऋण दिया जाता है, तो एक जमाकर्ता दूसरे जमाकर्ता को जमा राशि पर ऋण जुटाने का अधिकार देता है। ऐसी अनुमति को प्रिंटेड प्रपत्र में लिया जाता है। इसी प्रकार, जब माल के आपूर्तिकर्ता को ऋण की आय से (loan proceeds) भुगतान किया जाना होता है, तो उधारकर्ता से ड्राफ्ट या बैंकर्स चेक के माध्यम से आय (proceeds) का भुगतान करने के लिए एक प्रपत्र के जरिए बैंक को अधिकृत करने वाला पत्र (लेटर) लिया जाता है। प्रपत्र का एक और उदाहरण किसी नाबालिग के अभिभावक का एक पत्र होगा जिसमें कहा गया हो कि नाबालिग की जमा राशि पर लिए ऋण का उपयोग केवल नाबालिग की जरूरतों के लिए किया जाएगा। इस तथ्य को ध्यान में रखते हुए ऐसा किया जाता है कि किसी नाबालिग की जमा राशि पर कोई ऋण नहीं दिया जा सकता है, क्योंकि नाबालिग के पास अनुबंध करने का कोई अधिकार नहीं है।

ऐसे प्रपत्र का उपयोग उधारकर्ताओं के इरादे को साबित करने के लिए दस्तावेजीकरण के हिस्से के रूप में किया जाता है। इन्हें वचन (अंडरटेकिंग) या अधिकार-पत्र भी कहा जाता है।

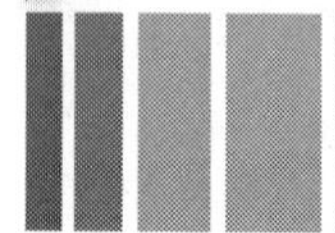

9.4 दस्तावेजीकरण की प्रक्रिया (DOCUMENTATION PROCEDURE)

किसी दस्तावेज में कोई त्रुटि न हो और इसे उपयुक्त बनाने के लिए, निम्नलिखित चरणों का पालन किया जाना चाहिए:

9.4.1 दस्तावेजों के सही सेट का चयन

सुविधा (facility) की प्रकृति और व्यक्ति के प्रकार के आधार पर प्राप्त किए जाने वाले दस्तावेज और प्रक्रिया अलग-अलग तरह के होते हैं। नकद ऋण सुविधा के लिए निर्धारित दस्तावेज का उपयोग सावधि ऋण सुविधा के लिए नहीं किया जा सकता है। इसी तरह, किसी व्यक्तिगत उधारकर्ता के लिए बने दस्तावेज का उपयोग किसी कंपनी या साझेदारी उधारकर्ता के लिए नहीं किया जा सकता है। चूंकि बैंकरों के पास दस्तावेजों के पहले से प्रिंटेड फॉर्म होते हैं, इसलिए यह सुनिश्चित किया जाना चाहिए कि दस्तावेजों का सही सेट का उपयोग किया जाए जो विशेष सुविधा (particular facility) और उधारकर्ता के लिए प्रासंगिक हो। बेहतर तरीके से समझने के लिए अच्छा हो कि दस्तावेज स्थानीय स्थानीय भाषा में प्रिंट किए जाएं।

9.4.2 स्टैम्पिंग (Stamping)

दस्तावेजीकरण का अगला पहलू है- स्टैम्पिंग। किसी दस्तावेज पर संबंधित राज्य सरकारों द्वारा संशोधित भारतीय स्टैम्प अधिनियम के अनुसार स्टैम्प लगाया जाएगा। भारतीय स्टैम्प अधिनियम में भारत और भारत से बाहर निष्पादित लिखत (इंस्ट्रूमेंट) के लिए स्टैम्प लगाने के समय के संबंध में प्रावधान दिए गए हैं। भारत में निष्पादित होने वाले दस्तावेज पर निष्पादन से पहले या समय पर स्टैम्प लगाया जाएगा। भारतीय स्टैम्प अधिनियम की धारा 12 में चिपकने वाले स्टैम्प को अमान्य माना गया है ताकि उसका दोबारा उपयोग न किया जा सके। कोई भी उपकरण जिस पर चिपकने वाला स्टैम्प लगा हो जिसे निरस्त नहीं किया गया हो ताकि उसका दोबारा उपयोग न किया जा सके, उसे बिना स्टैम्प वाला माना जाएगा।

9.4.3 दस्तावेज लिखना या भरना (Writing or Filling the document)

दस्तावेजीकरण प्रक्रिया का अगला पहलू है- भरना। चूंकि बैंकर आम तौर पर उचित स्थानों पर रिक्त स्थान वाले दस्तावेजों के पहले से प्रिंटेड फॉर्मेट का उपयोग कर रहे हैं, इसलिए निष्पादन से पहले क्रेडिट सुविधा की मंजूरी की शर्तों के अनुसार इन रिक्त स्थानों को भरना जरूरी है।

दस्तावेज निष्पादित हो जाने पर, यह एक पूर्ण अनुबंध बन जाता है और निष्पादकों की सहमति के बिना बैंक द्वारा बाद में भरा गया कोई भी अनुबंध अमान्य होगा। दस्तावेज को बिना किसी बदलाव, ओवरराइटिंग या कांट-छांट के भरा जाना चाहिए और पूरा किया जाना चाहिए। पूरा दस्तावेज एक ही स्याही से, एक ही लिखावट में और एक ही व्यक्ति द्वारा एक ही बैठक में भरा जाएगा। अन्यथा, इससे यह संदेह पैदा हो सकता है कि दस्तावेज को निष्पादन के बाद भरा गया है।

9.4.4 निष्पादन (Execution)

भरने के बाद, दस्तावेजीकरण की प्रक्रिया में अगला चरण है- दस्तावेज का निष्पादन करना या उस पर हस्ताक्षर करना है। यदि पक्ष का बैंक में कोई जमा खाता हो तो यह सुनिश्चित किया जाना चाहिए कि दस्तावेज में हस्ताक्षर ऋण के लिए आवेदन में दिखाए गए हस्ताक्षर और नमूना हस्ताक्षर के साथ मेल खाते हों। एकल स्वामित्व या भागीदार या निदेशक या एजेंट या ट्रस्टी या निष्पादक इत्यादि की प्रतिनिधि क्षमता में निष्पादन की स्थिति में, तथ्य का स्पष्ट रूप से उल्लेख किया जाना चाहिए। इसी प्रकार, यदि किसी नाबालिग उधारकर्ता की आवश्यकता के लिएऋण की स्वीकृति के लिए दस्तावेज लिया जाता है; तो अभिभावक के हस्ताक्षर स्वयं के लिए तथा नाबालिग उधारकर्ता के अभिभावक के रूप में लिए जाते हैं। आम तौर पर, बैंकर दस्तावेजों के सभी पृष्ठों पर निष्पादकों के हस्ताक्षर लेते हैं, ताकि बाद में वे यह दलील न दें कि उन पृष्ठों की सामग्री ज्ञात नहीं थी। यदि दस्तावेज में कोई परिवर्तन, ओवरराइटिंग या कटिंग है, तो इसे निष्पादकों के पूर्ण हस्ताक्षर के साथ प्रमाणित किया जाना चाहिए। दस्तावेजों को बैंक अधिकारियों की उपस्थिति में निष्पादित किया जाएगा और निष्पादन की तिथि और समय के साथ दस्तावेजों के निष्पादन के तथ्य, निष्पादित दस्तावेजों का विवरण, दस्तावेजों की सामग्री को निष्पादकों की समझने वाली भाषा में समझाने का तथ्य दो बैंक अधिकारियों के हस्ताक्षर के साथ एक रजिस्टर में दर्ज किया जाएगा ताकि दस्तावेजों के निष्पादन के संबंध में किसी भी विवाद की स्थिति में, इस रजिस्टर को बाद की तिथि में अदालत में विवाद के मामले में उपयुक्त प्राधिकारी के समक्ष प्रमाण के रूप में पेश किया जा सके।

9.4.5 कानूनी औपचारिकताएं (Legal Formalities)

कुछ मामलों में, दस्तावेज के निष्पादन के बाद, कुछ कानूनी औपचारिकताओं से गुजरना पड़ता है। उदाहरण के लिए, लिमिटेड कंपनियों को अपनी परिसंपत्तियों के बदले दिए जाने वाले एडवांस के मामले में, निष्पादन की तिथि से 30 दिनों की अवधि के भीतर कंपनी रजिस्ट्रार (आरओसी) को आवश्यक फॉर्म दिया जाना होता है। हालांकि, धारा 77 (कंपनी अधिनियम, 2013) के तहत कंपनी के आवेदन पर आरओसी अतिरिक्त शुल्क के साथ 300 दिनों (30 दिन + 270 दिनों की

अतिरिक्त अवधि) के भीतर प्रभार के पंजीकरण की अनुमति दे सकता है। इसी प्रकार, पंजीकृत बंधक (registered mortgage) तैयार करने की स्थिति में, बंधक विलेख (mortgage deed) के निष्पादन की तिथि से चार महीने के भीतर रजिस्ट्रार ऑफ एश्योरेंस के समक्ष पंजीकरण के लिए प्रस्तुत किया जाता है। यदि इन औपचारिकताओं का पालन नहीं किया जाता है, तो बैंक को प्रतिभूति पर प्राथमिकता (priority) खोनी पड़ सकती है।ये दस्तावेज सक्षम प्राधिकारी के समक्ष साक्ष्य के रूप में स्वीकार्य नहीं हो सकते हैं। इस प्रक्रिया को प्रभार निर्माण का पंजीकरण कहा जाता है।

9.4.6 दस्तावेजों को वैध बनाए रखना

ऋण सुविधा प्रदान करने के लिए बैंकों द्वारा लिए गए दस्तावेजों की अवधि स्थायी नहीं होती। उन पर परिसीमा अधिनियम के प्रावधान लागू होते हैं। परिसीमा अधिनियम विभिन्न प्रकार के दस्तावेजों/प्रभारों के लिए परिसीमा अवधि निर्धारित करता है। उदाहरण के लिए, डीपीएन के लिए परिसीमा अवधि निष्पादन की तिथि से तीन वर्ष तक है। यदि किसी ऋण को परिसीमा अवधि के भीतर नहीं चुकाया जाता है, तो बैंक को परिसीमा अधिनियम के प्रावधानों के अनुसार परिसीमा अवधि बढ़ाने के लिए नए दस्तावेज या पुन:प्रवर्तन पत्र (रिवाइवल लेटर) प्राप्त करना होगा। अधिनियम की धारा 18 के अनुसार, जब उधारकर्ता परिसीमा अवधि की समाप्ति से पहले ऋण (debt) स्वीकार (acknowledge) करता है, तो दस्तावेज की अवधि ऐसी स्वीकृति (acknowledgement) की तिथि से एक और अवधि के लिए बढ़ा दी जाती है। अधिनियम की धारा 19 के अनुसार, यदि उधारकर्ता या उसका विधिवत अधिकृत एजेंट परिसीमा अवधि समाप्त होने से पहले ऋण का कोई आंशिक भुगतान करता है, तो परिसीमा अवधि ऐसे आंशिक भुगतान की तिथि से एक और अवधि के लिए बढ़ा दी जाती है।

परिसीमा अधिनियम की धारा 3 के अनुसार, कालातीत दस्तावेज (time barred document) के आधार पर वसूली के लिए मुकदमा दायर नहीं किया जा सकता है। यहां तक कि अधिनियम की धारा 5 के अनुसार उचित कानूनी कार्रवाई करने में देरी को माफ करने के प्रावधान भी ऋण की वसूली के लिए मुकदमा दायर करने के लिए लागू नहीं होते हैं। इसलिए, यदि दस्तावेज कालातीत हैं, तो वसूली के लिए बैंक का कानूनी उपाय करने का अधिकार समाप्त हो जाता है।

महत्वपूर्ण बिंदु:

1. सभी प्रकार के ऋण और अग्रिम जो मांग करने पर भुगतान के योग्य हैं, जैसे कैश क्रेडिट, ओवरड्राफ्ट, डिमांड लोन (चाहे बंधक द्वारा सुरक्षित हो या नहीं), उनकी परिसीमा अवधि दस्तावेज की तिथि से 3 वर्ष है (उधारकर्ता की व्यक्तिगत देयता के संबंध में)। यदि दस्तावेज

की तिथि पहले डेबिट की तिथि नहीं है, तो परिसीमा अवधि दस्तावेज की तिथि या पहले डेबिट की तिथि से 3 साल बाद, जो भी पहले हो, समाप्त हो जाती है।

2. सावधि ऋण के दस्तावेजों के संबंध में (चाहे बंधक द्वारा सुरक्षित हो या नहीं) व्यक्तिगत देनदारियों के संबंध में परिसीमा अवधि किस्त के डिफॉल्ट होने की तिथि से 3 वर्ष है। जैसे, 48 महीने के किस्तों में चुकाने योग्य दस्तावेज की तिथि 1-3-2013 है। । पहली किस्त 1-3-2014 से शुरू होती है और 28-2-2017 को समाप्त होती है। यदि उधारकर्ता उपरोक्त अवधि के भीतर डिफॉल्ट होता है, तो परिसीमा अवधि पहली डिफॉल्ट की तिथि से 3 वर्ष होगी।

3. बैंकों को दस्तावेजों के निष्पादन की तिथि से या धन निर्गत करने की तिथि से तीन साल के भीतर, जो भी पहले हो, पुन:प्रवर्तन पत्र (रिवाइवल लेटर) लेना जरूरी है, ताकि सभी आकस्मिकताओं से बचाव किया जा सके। बैंकों को तीन वर्ष के बाद की अवधि समाप्त होने से पहले पुन:प्रवर्तन पत्र प्राप्त करना चाहिए। तीन वर्ष की अवधि समाप्त होने के बाद प्राप्त/हस्ताक्षरित पुन:प्रवर्तन पत्र दस्तावेजों को पुन:प्रवर्तित (revive) नहीं करेंगे और प्रवर्तनीय (enforceable) नहीं होंगे।

4. अचल संपत्तियों को गिरवी रखकर सुरक्षित किए गए ऋणों के मामले में, परिसीमा अवधि 12 वर्ष होती है गिरवी रखी गई प्रतिभूति के संबंध में मुकदमा करने पर धन देय हो जाता है। लेकिन उधारकर्ता की व्यक्तिगत देनदारी को बरकरार रखने के लिए (जिस स्थिति में परिसीमा अवधि केवल 3 वर्ष होती है) शाखाओं को 3 वर्षों में एक बार उधारकर्ताओं से पुन:प्रवर्तन पत्र (revival letters) लेना चाहिए।

5. गिरवी रखकर लिए ऋण (mortgage loans) के मामले में, उधारकर्ता से अपने व्यक्तिगत दायित्व को पुन:प्रवर्तित (revive) करने के लिए 3 साल के भीतर पुन:प्रवर्तन पत्र (revival letters) नहीं लेने का प्रभाव यह होता है कि आगे की तिथि को उसके डिफॉल्ट करने के मामले में, बैंक केवल गिरवी रखी प्रतिभूति के खिलाफ कार्रवाई कर सकता है, लेकिन उधारकर्ता की व्यक्तिगत क्षमता में उस पर मुकदमा नहीं कर सकता है, और उधारकर्ता की अन्य व्यक्तिगत संपत्तियों से बैंक की बकाया राशि की वसूली कर सकता है।

6. गिरवी ऋण (pledge loans) के मामले में, डीपी नोट की एक्सपायरी (3 वर्ष के बाद) (नोटिस देने और अन्य औपचारिकताओं का पालन करने के बाद) गिरवी रखी गई वस्तुओं को निपटाने और(3 वर्ष के बाद भी) अपना बकाया वसूलने के बैंकर के अधिकार का उल्लंघन नहीं करता है। हालांकि, ऐसे मामलों में, बैंक, कमी होने पर (गिरवी वस्तुओं की बिक्री से प्राप्त राशि बकाया राशि से कम होने पर), अदालत में उधारकर्ता के ऊपर अपना दावा लागू नहीं कर सकता है।

7. दस्तावेजों के संबंध में, जहां ब्याज की राशि किस्त के भुगतान की तिथि के अलावा किसी अन्य तिथि पर देय होती है, परिसीमा अवधि की गणना की तिथि मूलधन की किस्त की राशि या ब्याज की राशि के भुगतान की विफलता की तिथि से शुरू होती है, जो भी पहले हो।

8. परिसीमा अवधि की गणना के उद्देश्य से विभिन्न दस्तावेजों पर सबसे शुरुआती तिथि को लिया जाना चाहिए।

9. उधारकर्ता/उधारकर्ताओं और गारंटर/गारंटरों दोनों की परिसीमा बढ़ाने के लिए, पुन:प्रवर्तन पत्र (Revival letters) उधारकर्ता/उधारकर्ताओं और गारंटर/गारंटरों दोनों से लिया जाना चाहिए। जहां गारंटर एक से अधिक होते हैं, उनमें से प्रत्येक की परिसीमा बढ़ाने के लिए सभी गारंटरों से पुन:प्रवर्तन पत्र (Revival letters) लिया जाना चाहिए। पुन:प्रवर्तन पत्रों (Revival letters) पर उधारकर्ताओं और गारंटरों द्वारा अलग-अलग तिथियों पर, परिसीमा अवधि के भीतर ही हस्ताक्षर किए जा सकते हैं/निष्पादित किए जा सकते हैं। ऐसे मामलों में, परिसीमा की अगली अवधि क्रमशः उन तिथियों से शुरू होती है, जिस दिन उधारकर्ताओं और गारंटरों ने पुन:प्रवर्तन पत्रों पर हस्ताक्षर किए हैं। ऋण लेने वाले और गारंटी देने वाले दोनों के विरुद्ध परिसीमा को बचाने के लिए, इनमें से जल्द से जल्द पुन:प्रवर्तन पत्रों पर विचार करते हुए कार्रवाई की जानी चाहिए।

10. संयुक्त उधारकर्ताओं के मामले में, सभी संयुक्त उधारकर्ताओं से पुन:प्रवर्तन पत्र (Revival letters) लेना आवश्यक है, ताकि उनमें से प्रत्येक के लिए परिसीमा का विस्तार किया जा सके।

11. ऐसे मामलों में जहां उधारकर्ता ने पुन:प्रवर्तन पत्र (Revival letters) पर हस्ताक्षर करने से इनकार कर दिया हो या किसी न किसी कारण से उसके हस्ताक्षर प्राप्त नहीं किए जा सके हों, लेकिन गारंटर ने पुन:प्रवर्तन पत्र पर हस्ताक्षर किए हैं (परिसीमा अवधि की समाप्ति से पहले), उधारकर्ता का दायित्व परिसीमा से बाधित (barred) होने पर भी गारंटर का दायित्व जारी रहेगा। इसकी उल्टी स्थिति भी वैसी ही होगी।

12. ऐसे मामलों में जहां दस्तावेज पहले से ही परिसीमा द्वारा बाधित (barred) हैं, डी.पी. नोट जैसे नए दस्तावेज इत्यादि लिए जाने चाहिए। डी.पी. नोट उस तिथि पर लागू ब्याज दर पर ब्याज सहित बकाया राशि के लिए होना चाहिए (अर्थात नए दस्तावेज लेते की तिथि पर लेकिन मूल ऋण राशि के लिए नहीं)। नया डी.पी. नोट दस्तावेजों के पुराने सेट की परिसीमा की तिथि के बाद किसी भी तिथि पर लिया जा सकता है। यदि ऋण गारंटीकृत है, तो यदि संभव हो तो पुराने गारंटर से या नए गारंटर से एक नया गारंटी डीड लिया

जाना चाहिए। इन मामलों में, एक लिंक दस्तावेज (link document) भी प्राप्त किया जाना चाहिए।

13. उधारकर्ता या उसके अधिकृत एजेंट द्वारा हस्ताक्षरित क्रेडिट वाउचर (टाई-अप व्यवस्था के मामले में, बैंक को सीधे राशि भेजने के लिए कर्जदार द्वारा धनप्रेषक को उसके एजेंट के रूप में काम करने के लिए अधिकृत किया जाता है), उधारकर्ता के विरुद्ध परिसीमा को बढ़ाने का प्रभाव डालता है, बशर्ते कि ऐसी क्रेडिट परिसीमा अवधि की समाप्ति से पहले किए गए हों।

14. गारंटी लागू होने के बाद, लेकिन परिसीमा की अवधि के अंदर, उधारकर्ता के खाते में राशि जमा करने हेतु गारंटर द्वारा हस्ताक्षरित पे-इन-स्लिप्स (क्रेडिट वाउचर), गारंटर के लिए परिसीमा को बढ़ाने का प्रभाव डाल सकते हैं। जब उधारकर्ता के खाते में जमा करने के चेक के साथ, उसके द्वारा विधिवत हस्ताक्षरित पे-इन-स्लिप या एक ड्राफ्ट अटैच करते हुए, उसके द्वारा विधिवत हस्ताक्षरित कवरिंग लेटर प्राप्त होते हैं, तो हम देनदारी को चेक या ड्राफ्ट के भुगतान की तिथि से पुनःप्रवर्तनीय (revived) मान सकते हैं। तीन साल पूरा होने के बाद (अर्थात परिसीमा अवधि समाप्त होने के बाद) उधारकर्ता के खातों में उसके द्वारा विधिवत हस्ताक्षरित जमा पर्ची (पे-इन-स्लिप) के जरिए प्राप्त राशि, उसकी देनदारी को पुनःप्रवर्तित नहीं करेगी।

15. उधारकर्ता से प्राप्त बैलेंस कंफर्मेशन लेटर, प्राप्ति/निष्पादन की तिथि से तीन साल की अवधि के लिए परिसीमा बढ़ा देगा।

16. यदि पुनःप्रवर्तन पत्र उपलब्ध न हो, तो बैंक द्वारा किसी नोटिस/कम्युनिकेशन के उत्तर में बैंक को संबोधित करते हुए उधारकर्ता का एक साधारण पत्र या अन्यथा देनदारी का जिक्र करना और राशि चुकाने की पेशकश, परिसीमा के प्रयोजन के लिए ऋण की पर्याप्त अभिस्वीकृति होगी।

17. यदि ऋण लेने वाले की या गारंटर की मृत्यु हो जाती है, तो परिसीमा अवधि में, दस्तावेजों को मान्य बनाए रखने के लिए मृतक के कानूनी उत्तराधिकारियों के साथ-साथ गारंटरों, यदि कोई हो, उचित स्टैम्प पेपर पर उनसे समझौता/स्वीकृति ली जानी चाहिए।

18. समय पर पुनःप्रवर्तन पत्र पाने के लिए, समझौतों/दस्तावेजों की नियत तिथियों को डायरी में नोट करना सबसे महत्वपूर्ण है। इस संबंध में कोई भी ढिलाई बैंक के हितों को खतरे में डाल देगी।

परिसीमा अवधि की गणना (Computation of period of limitation):

(a) जब परिसीमा की अवधि उस दिन खत्म होती है जब अदालत बंद होती है, तो मुकदमा, अपील या आवेदन को उस दिन आरंभ किया जा सकता है, दायर किया जा सकता है या उस दिन किया जा सकता है जब अदालत फिर से खुलती है।

(b) निष्पादन याचिकाओं के अलावा किसी भी अपील या किसी भी आवेदन को निर्धारित अवधि के बाद स्वीकार किया जा सकता है, यदि अपीलकर्ता या आवेदक परिसीमा अवधि में अपील करने या आवेदन को प्रस्तुत नहींकर पाने का पर्याप्त कारण बताता हो।

(c) परिसीमा की अवधि की गणना करते समय, जिस दिन से ऐसी अवधि की गणना की जानी है, उसे गणना से बाहर रखा जाएगा।

(d) डिक्री के निष्पादन के आवेदन के लिए, वह अवधि जिसके दौरान प्रारंभ या निष्पादन को निषेधाज्ञा या आदेश द्वारा रोक दिया गया हो, वह दिन जब आदेश जारी किया गया था या बनाया गया था और जिस दिन इसे वापस लिया गया था, उसे बाहर रखा जाएगा।

(e) किसी भी वाद (suit) की परिसीमा की अवधि की गणना करते समय, उस समय को, जिसके दौरान प्रतिवादी भारत से और केंद्र सरकार के प्रशासन के तहत भारत के बाहर के क्षेत्रों से अनुपस्थित रहा है, बाहर रखा जाएगा।

9.4.7 दस्तावेजों का नवीनीकरण (Renewal of Documents)

नवीनीकरण के समय या यदि बैंक द्वारा मूल रूप से स्वीकृत परिसीमा या राशि में भिन्नता हो, तो दस्तावेजों का एक नया सेट लेना जरूरी होता है या यदि आवश्यक हो तो पूरक/अतिरिक्त समझौते द्वारा विधिवत समर्थित दस्तावेजों के मौजूदा सेट को जारी रखना आवश्यक है। दस्तावेजों के मौजूदा सेट को निरस्त करने से क्रेडिट सुविधा की प्रतिभूति पर बैंक के प्रभार की निरंतरता को समाप्त कर देगी।

क्रेडिट सुविधा के नवीनीकरण के लिए दस्तावेजों के नए सेट प्राप्त करना अनिवार्य नहीं है। उधारकर्ता को उसके अनुरोध करने पर बैंक द्वारा एक वर्ष की अतिरिक्त अवधि के लिए ऋण सुविधा जारी रखने की सहमति को दर्शाते हुए एक औपचारिक पत्र पर्याप्त होगा। नवीनीकरण के समय ऋण की पावती, जिसमें मूल प्रतिभूति दस्तावेज के विवरण शामिल होते हैं, प्राप्त की जाती है जिस पर उधारकर्ता द्वारा विधिवत हस्ताक्षर किए जाते हैं और इसे दस्तावेजों के मूल सेट के हिस्से के रूप में अटैच किया जाता है।

9.4.8 दस्तावेजों की सुरक्षा एवं संरक्षण (Safekeeping and preservation of documents)

आजकल, बैंक लंबी अवधि के लिए ऋण देते हैं, जैसे कि बीस वर्ष या पच्चीस वर्ष के लिए। जब तक संपूर्ण बकाया राशि की वसूली नहीं हो जाती, तब तक दस्तावेजों को अच्छी स्थिति में सुरक्षित रखा जाना चाहिए।

9.5 निष्पादित दस्तावेजों का पंजीकरण (REGISTRATION OF DOCUMENTS EXECUTED)

(a) चल संपत्तियों पर प्रभार का पंजीकरण: चल वस्तुओं के मॉर्गेज से संबंधित डीड (अर्थात गिरवी, दृष्टिबंधन इत्यादि सहित चल वस्तुओं पर प्रभार) के लिए पंजीकरण की जरूरत नहीं होती है। स्टैंडिंग कोर (standing corps) को दृष्टिबंधित (हाइपोथिकेट) करने वाले दस्तावेज को भी पंजीकरण की आवश्यकता नहीं होती है क्योंकि यह चल संपत्ति से संबंधित है।

(b) मुख्तारनामा (POA)/सामान्य मुख्तारनामा (GPA) का पंजीकरण: यदि मुख्तारनामा धारक केवल अपने प्रिंसिपल का विधिवत अधिकृत एजेंट है और पीओए इसके धारक के पक्ष में प्रिंसिपल की अचल संपत्तियों में अधिकार, स्वामित्व या हित नहीं बनाता है, तो पीओए के पंजीकरण की आवश्यकता नहीं होती है। हालांकि, यदि पीओए धारक को गिरवी ऋण (mortgage debt), किराया या धारक के स्वयं के लाभ के लिए अचल संपत्ति से अर्जित लाभ की वसूली के लिए अधिकृत करता है, तो पीओए का पंजीकरण कराना होगा।

(c) गवाह की जरूरत: दस्तावेज को निष्पादित करने वाले व्यक्तियों की पहचान करने के लिए पंजीकरण औपचारिकताओं को पूरा करते समय दो गवाहों की आवश्यकता होती है। हालांकि, यदि दस्तावेज के पक्षों पहचान के लिए पर्याप्त दस्तावेज (जैसे पासपोर्ट इत्यादि) प्रस्तुत किए जाते हैं, तो दस्तावेज के पंजीकरण के लिए गवाह की उपस्थिति की आवश्यकता नहीं है।

(d) बंधक (mortgage)अचल संपत्तियों का पंजीकरण: यह ऋणदाता की दृष्टि से प्रासंगिक मामला है। हम पहले अध्याय में ही चर्चा कर चुके हैं कि साम्यिक बंधक (equitable mortgage) से संबंधित प्रावधान, संपत्ति हस्तांतरण अधिनियम की धारा 58 के तहत संचालित होते हैं। जबकि एक न्यायोचित गिरवी को पंजीकृत करने की कोई कानूनी बाध्यता नहीं है, यदि इंस्ट्रूमेंट ऑफ मॉर्गेज (बंधक विलेख) गिरवी रखने वाले द्वारा विधिवत हस्ताक्षरित है, पंजीकृत है और कम से कम दो गवाहों द्वारा प्रमाणित है तो अन्य सभी

बंधक (mortgages) प्रभावी हो जाते है। अब अधिकांश राज्यों में साम्यिक बंधक को पंजीकृत करना होता है और इस संबंध में प्रावधानों को निर्धारित करने की जरूरत होती है। किसी भी द्वितीयक/पूरक बंधक को भी पंजीकरण अधिनियम के अनुसार पंजीकरण की आवश्यकता होती है।

(e) कंपनी अधिनियम, 2013 (धारा 77) में 'प्रभार' का अर्थ दिया गया है और इसमें भारत के भीतर या बाहर कंपनी की किसी भी या सभी संपत्तियों पर बंधक/प्रभार (mortgage/charge) शामिल है।

(f) धारा 77(1) के अनुसार कंपनी की संपत्तियों पर निर्मित प्रभार को तैयार करने के तीस दिनों के भीतर कंपनी रजिस्ट्रार के पास पंजीकृत किया जाएगा।

क्रेडिट अधिकारियों को इस बात से सावधान रहने की जरूरत है कि स्वत्व विलेख जमा करके साम्यिक बंधक बनाते समय, ऐसा कोई ज्ञापन या पत्र प्राप्त नहीं किया जाता है जिसमें कहा गया हो कि मॉर्गेज तैयार किया जा रहा है। इन संलग्न किए हुए दस्तावेजों को गिरवीकर्ता (mortgagor) और गिरवीदार (mortgagee) के बीच मोलभाव के दस्तावेजों के रूप में माना जाता है और पंजीकृत कराना पड़ता है। मोलभाव के दस्तावेज माने जाने वाले दस्तावेजों के कुछ उदाहरण इस प्रकार हैं:

- उधारकर्ता/गारंटर उन अचल संपत्तियों की प्रतिभूति के एवज में ऋण की प्राप्ति स्वीकार करता है जिनके संबंध में टाइटल (स्वामित्व) पहले ही जमा किया जा चुका है। इस उद्देश्य के लिए निष्पादित एक समझौते में इसकी स्वीकृति दी गई है। वे इस बात पर भी सहमत हैं कि जब भी बैंक को आवश्यकता होगी, वे अपने खर्च पर रेगुलर मॉर्गेज बनाएंगे। इस स्थिति में समझौता मोलभाव का एक दस्तावेज बनता है और इसके लिए पंजीकरण कराने की जरूरत होती है।
- गिरवीकर्ता स्वत्व विलेख को एक पत्र के साथ बैंक को सौंपता है जिसमें लिखा होता है कि बंधक बनाने के लिए स्वत्व विलेख दिए जा रहे हैं और इस पर विचार करते हुए, स्वत्व विलेख की प्रतिभूति एक दस्तावेज/डीपी नोट निष्पादित करके ऋण राशि प्रदान की जा रही है। बाद वाला सौदेबाजी का दस्तावेज है।
- दस्तावेज निष्पादित किया जाता है जो दूसरे/बाद के गिरवीदार को पूर्व गिरवीदार के स्वामित्व वाले बकाया को समाप्त करने, बाद वाले से बकाया की वसूली करने और अतिरिक्त प्रतिभूति के रूप में स्वत्व विलेख (टाइटल डीड) बनाए रखने के लिए अधिकृत करता है। ऐसा दस्तावेज जिसमें इस तरह के समझौते की शर्तें शामिल होती हैं, उसे पिछले ऋणदाता के पास गिरवी रखी गई अचल संपत्तियों की प्रतिभूति के विरुद्ध अन्य बैंकों/संस्थानों से ऋण लेने जैसी स्थितियों में निष्पादित किया जा सकता है।

इस बात का ध्यान रखना महत्वपूर्ण है कि यदि किसी विशेष दस्तावेज को पंजीकरण अधिनियम की धारा 17 के तहत पंजीकृत कराना आवश्यक है और पंजीकृत नहीं है, तो इसकी अपनी कानूनी वैधता खत्म हो जाती है। ऐसा दस्तावेज निष्क्रिय (inoperative) और अप्रवर्तनीय (unenforceable) हो जाता है क्योंकि इसे प्रमाण के रूप में स्वीकार नहीं किया जाता। पंजीकरण प्रक्रियाओं का अनुपालन करने से, खदीदार/हस्तांतरिती (purchaser/transferee) को एक उचित कानूनी स्वामित्व मिल जाता है और दस्तावेज साक्ष्य के रूप में भी स्वीकार्य हो जाता है। आसान शब्दों में कहें तो दस्तावेज का पंजीकरण नहीं कराने पर संपत्ति का मालिकाना हक दोषपूर्ण हो जाता है। इसके अलावा, यदि दस्तावेज पंजीकृत है, तो मूल के खो जाने या गुम हो जाने की स्थिति में रजिस्ट्रार कार्यालय से ऐसे दस्तावेज की प्रमाणित प्रति लेना संभव है।

9.6 सारांश

दस्तावेज लेने के विभिन्न उद्देश्यों में से प्रमुख उद्देश्य है- आवश्यकता पड़ने पर कानूनी उपायों का सहारा ले पाना। दस्तावेजों के सही सेट का चयन, सही समय पर स्टैम्प लगाना, उचित तरीके से भरना, कानूनी औपचारिकताओं का पालन करते हुए उनका निष्पादन करना, दस्तावेजों को मान्य बनाए रखना और संपूर्ण बकाया वसूल होने तक दस्तावेजों को संभाल कर रखना जैसे विभिन्न प्रयास किए जाने के बारे में रिपोर्ट किया जाना चाहिए ताकि त्रुटिरहित दस्तावेजीकरण हो सके। ऋण दस्तावेजों का पंजीकरण, जहां भी कानूनी रूप से आवश्यक हो, निर्धारित अवधि के भीतर किया जाना चाहिए।

9.7 प्रमुख शब्द

दस्तावेजीकरण, मांग वचन पत्र (डिमांड प्रॉमिसरी नोट), प्रपत्र (फॉर्म), समझौता, स्टैम्पिंग, निष्पादन, पुन:प्रवर्तन, पंजीकरण

9.8 अपनी प्रगति जाँचें

1. स्टैम्प अधिनियम के अनुसार, भारत में निष्पादित दस्तावेज पर स्टैम्प __________ लगाए जाते हैं:
   (a) केवल निष्पादन से पहले
   (b) किसी भी समय, लेकिन वाद दायर करने से पहले

(c) निष्पादन के 30 दिनों के भीतर

(d) निष्पादन से पहले या निष्पादन के समय

2. निम्नलिखित में से एक कथन सत्य नहीं है:

(a) यदि दस्तावेज कालातीत है तो न्यायालय वाद दायर करने में देरी को माफ नहीं कर सकता।

(b) यदि भारत में निष्पादन करने से पहले या निष्पादन के समय मांग वचन पत्र पर स्टैम्प नहीं लगाया जाता है, तो जुर्माना देकर दोष को ठीक किया जा सकता है।

(c) जब उधारकर्ता परिसीमा अवधि की समाप्ति से पहले ऋण स्वीकार करता है, तो परिसीमा की अवधि एक और अवधि के लिए बढ़ा दी जाती है।

(d) यदि उधारकर्ता परिसीमा अवधि की समाप्ति से पहले ऋण खाते में आंशिक भुगतान करता है, तो परिसीमा की अवधि एक और अवधि के लिए बढ़ा दी जाती है।

3. कंपनी अधिनियम, 2013 के तहत प्रभार में शामिल हैं:

(a) बंधक (मॉर्गेज)

(b) वचन पत्र (प्रॉमिसरी नोट)

(c) विनिमय बिल (बिल ऑफ एक्सचेंज)

(d) साख पत्र (लेटर ऑफ क्रेडिट)

4. प्रभार सृजन की तारीख से ------ दिनों के भीतर पंजीकृत किया जाएगा:

(a) 60

(b) 30

(c) 15

(d) बैंक के विवेकाधिकार पर

5. प्रभार का अर्थ है *(i)* प्रतिभूति *(ii)* ऋण *(iii)* जमा का कोई भी रूप:

(a) *(i)*

(b) *(i)* और *(ii)*

(c) *(ii)* और *(iii)*

(d) *(i)*, *(ii)* और *(iii)*

9.9 अपनी प्रगति जाँचें का उत्तर

1.	(d)	2.	(b)	3.	(a)	4.	(b)	5.	(a)

अध्याय

10 आय की पहचान एवं परिसंपत्ति का वर्गीकरण

10.1 उद्देश्य

10.2 परिचय

10.3 एनपीए की परिभाषा (Definition of NPA)

10.4 आय की पहचान (Income Recognition)

10.5 आय का व्युत्क्रमण (Reversal of Income)

10.6 परिसंपत्ति का वर्गीकरण (Asset Classification)

10.7 अवमानक परिसंपत्तियां (Sub-Standard Assets)

10.8 संदिग्ध परिसंपत्ति (Doubtful Assets)

10.9 हानिप्रद परिसंपत्तियां (Loss Assets)

10.10 एनपीए खाते के बारे में महत्वपूर्ण बिंदु (Important Points about Npa Accounts)

10.11 संग्रहण का प्रकार्य (Collection function)

10.12 प्रमुख शब्द

10.13 अपनी प्रगति जाँचें

10.14 अपनी प्रगति जाँचें का उत्तर

अध्याय

आय की पहचान एवं परिसंपत्ति का वर्गीकरण

10.1 उद्देश्य

अध्याय के अंत में छात्र निम्नलिखित बातों को समझने योग्य हो जाएँगे:

- गैर-निष्पादित परिसंपत्तियों (एनपीए) की परिभाषा (Definition of Non-Performing Assets (NPA))
- मानक परिसंपत्तियां (Standard assets)
- अवमानक परिसंपत्तियां (Sub-standard assets)
- संदिग्ध परिसंपत्तियां (Doubtful assets)
- हानिप्रद परिसंपत्तियां (Loss assets)

10.2 परिचय

बैंकों के ऋणों व अग्रिमों को तुलन पत्र (Balance Sheet) के परिसंपत्ति पक्ष (asset side) में दर्शाया जाता है और परिसंपत्ति के रूप में वर्गीकृत किया जाता है। बैंकों को आशा होती है कि वे अपने ऋणों और अग्रिमों पर ब्याज की वसूली कर लेंगे और ऋण की मंजूरी के समय निर्धारित मूलधन (Principal) की राशि भी वापस प्राप्त कर लेंगे। ब्याज के पुनर्भुगतान (Repayment) में यदि विलंब होता है या चूक होती है और मूलधन अथवा किश्तों के पुनर्भुगतान में विलंब होता है तो खाते को अतिदेय (Overdue) कहा जाता है। यदि निर्धारित समय के बाद भी खाते अतिदेय (Overdue) या बकाया (Past-due) रहते हैं तो ऐसे खाते गैर-निष्पादित परिसंपत्ति (NPA) के रूप में वर्गीकृत किए जाते हैं।

यह ध्यान में रखना महत्वपूर्ण है कि बैंक एनपीए खातों के मामले में आय को मान्यता नहीं दे सकते हैं। साथ ही, यदि परिसंपत्ति कुछ समय के लिए एनपीए हो जाती है तो बैंकों को ऋण घाटे (loan losses) का प्रावधान रखना होगा। इस संदर्भ में बैंकों को भारतीय रिजर्व बैंक (इसके बाद संक्षिप्त रूप आरबीआई का उल्लेख किया जाएगा) द्वारा समय-समय पर जारी नियामक निर्देशों के अनुसार अपनी ऋण परिसंपत्तियों को वर्गीकृत करना होता है, यानी मानक परिसंपत्ति, अवमानक परिसंपत्ति, संदिग्ध परिसंपत्ति और हानिप्रद परिसंपत्ति। इन शब्दावलियों की परिभाषा और गैर-निष्पादित परिसंपत्तियों (इसके बाद संक्षिप्त रूप एनपीए का उल्लेख किया जाएगा) की परिभाषा आरबीआई के परिपत्रों के अनुसार दी जाएगी।

10.3 एनपीए की परिभाषा (DEFINITION OF NPA)

नीचे दी गई एनपीए की परिभाषा स्वतः स्पष्ट है। आरबीआई के दिशानिर्देशों के अनुसार - आय की पहचान, परिसंपत्ति का वर्गीकरण और अग्रिमों से जुड़े प्रावधानों को लेकर विवेकपूर्ण मानदंड इस प्रकार हैं:

पट्टे पर दी गई परिसंपत्ति सहित कोई भी परिसंपत्ति तब गैर-निष्पादित (Non-performing) हो जाती है जब वह बैंक के लिए आय का सृजन करना बंद कर देती है। गैर-निष्पादित परिसंपत्ति (NPA) एक ऋण या अग्रिम है जहां:

(i) मियादी ऋण (term loan) के संदर्भ में ब्याज और/अथवा मूलधन की किस्त 90 दिनों से अधिक की अवधि के लिए अतिदेय (अभुक्त/न चुकाई हुई) रहती है,

(ii) ओवरड्राफ्ट(Overdraft)/नकद ऋण (Cash Credit) के संबंध में खाता 90 दिनों से अधिक की अवधि के लिए 'चालू नहीं' (Out of Order) * रहता है (बकाया, शेष नामे (डेबिट) में या स्वीकृत सीमा से अधिक है),

(iii) खरीदे गए (Purchased) और बट्टा काटे हुए(Discounted) बिलों के मामले में बिल 90 दिनों से अधिक की अवधि के लिए अतिदेय (अभुक्त) रहते हैं,

(iv) कृषि वित्त (agriculture finance) के मामले में कम समय में तैयार होने वाली फसलों के लिए मूलधन या उस पर ब्याज की किस्त फसल की दो ऋतुओं (Crop Seasons) के लिए अतिदेय (Overdue) हो जाती है,

(v) लंबे समय में तैयार होने वाली फसलों के लिए मूलधन या उस पर ब्याज की किस्त फसल के एक मौसम (crop season) के लिए अतिदेय हो जाती है,

किसी तिमाही में लिया जाने वाला ब्याज यदि तिमाही के अंत से 90 दिनों के भीतर पूरी तरह से चुकाया नहीं जाता है, तो बैंकों को उस खाते को एनपीए के रूप में वर्गीकृत करना चाहिए।

*(यदि बकाया राशि लगातार स्वीकृत सीमा(sanctioned limit)/आहरण शक्ति(drawing power) से अधिक बनी रहती है तो खाते को 'आउट ऑफ ऑर्डर' (Out of Order) माना जाना चाहिए। उन स्थितियों में जहां मूल परिचालन खाते (principal operating account) में बकाया राशि स्वीकृत सीमा/आहरण शक्ति से कम है, लेकिन तुलन पत्र (Balance Sheet) की तारीख को 90 दिनों तक लगातार कोई राशि जमा नहीं की गई है, या उसी अवधि के दौरान नामे (डेबिट) किए गए ब्याज को कवर करने के लिए जमा (क्रेडिट) पर्याप्त नहीं है तो, इन खातों को 'आउट ऑफ ऑर्डर' (Out of Order) माना जाना चाहिए)।

10.4 आय की पहचान (INCOME RECOGNITION)

बैंक/एनबीएफसी प्रायः संग्रहण के आधार पर आय की पहचान करते हैं। इस प्रकार आरोपित किंतु वसूल नहीं किया गया ब्याज प्राप्य ब्याज (interest receivable) के रूप में दिखाया जाता है। एनपीए के मामले में, आय की पहचान बैंक के नकदी आधार(cash basis) को छोड़कर नहीं कर सकते हैं, यानी, एनपीए खाते के संबंध में बैंक को देय राशि के आधार पर ब्याज प्रोद्‌त(accrue) नहीं होगा और अतीत में प्रोद्‌त (accrued) और बकाया यानी अभुक्त(not paid) ब्याज को भी व्युत्क्रमित(reverse) कर देंगे।

आय की पहचान वस्तुनिष्ठ(objective) होनी चाहिए और वसूली के रिकॉर्ड पर आधारित होनी चाहिए। अतः, बैंक/एनबीएफसी को किसी भी एनपीए पर ब्याज नहीं लगाना चाहिए और उसे आय के खाते में नहीं लेना चाहिए। यह सरकारी गारंटी वाले खातों पर भी लागू होगा। इस संदर्भ में:-

i. मियादी जमा (Term Deposit), राष्ट्रीय बचत प्रमाणपत्र (एनएससी), किसान विकास पत्र (केवीपी) और जीवन बीमा पॉलिसियों पर लिए गए अग्रिमों का ब्याज नियत तारीख पर आय के खाते में लिया जा सकता है, बशर्ते खातों में पर्याप्त लाभ सीमा(margin) हो।

ii. बकाया ऋणों का पुनः परक्रामण (renegotiations) या पुनर्निर्धारण (rescheduling) के कारण बैंकों द्वारा अर्जित शुल्क और कमीशन को ऋण की पुनः परक्रामण या पुनर्निर्धारित विरतार द्वारा कवर की गई अवधि के दौरान संचय(accrual) के आधार पर मान्यता दी जानी चाहिए।

iii. ऐसे ऋणों के संबंध में जहां ब्याज चुकाने के लिए स्थगन (moratorium) दिया गया है, आय को उन खातों के लिए संचय के आधार पर मान्यता दी जा सकती है जिन्हें 'मानक' के रूप में वर्गीकृत किया जाता है।

10.5 आय का व्युत्क्रमण (REVERSAL OF INCOME)

i. खरीदे गए और छूट दिए गए बिलों सहित किसी भी अग्रिम राशि के एनपीए हो जाने की स्थिति में मान्यता प्राप्त संपूर्ण आय को उलट दिया जाना चाहिए। सरकारी गारंटी वाले खातों पर भी यह लागू होगा।

ii. एनपीए खातों के मामले में, फीस, कमीशन और इसी तरह की जो आय उपचित(accrue) की गई है, उसको वर्तमान अवधि में उपचित (accrue) करना बंद कर देना चाहिए। यदि कोई पिछला शुल्क हो तो वसूल न किए जाने पर उसे उलट (reverse) देना चाहिए।

iii. एनपीए पर प्राप्त ब्याज को आय के खाते में लिया जा सकता है, बशर्ते कि खातों में ब्याज के रूप में जमाराशि संबंधित ग्राहक को मंजूर की गई नई/अतिरिक्त क्रेडिट सुविधाओं की न हो।

iv. एनपीए में वसूली के विनियोग (appropriation) (अर्थात मूलधन या देय ब्याज के लिए) के उद्देश्य से बैंक और ग्राहक के बीच स्पष्ट समझौता मौजूद न होने पर बैंकों को एक समान और सुसंगत तरीके से वसूली के विनियोजन (appropriation) के अधिकार प्रयोग करना चाहिए।

v. किसी खाते के एनपीए हो जाने पर बैंकों को लाभ और हानि खाते(Profit and Loss account) को नामे (डेबिट) करके पहले से प्रभारित किंतु संग्रहीत नहीं किए गए ब्याज को उलट देना चाहिए और आगे ब्याज की गणना करना रोक देना चाहिए। यद्यपि, बैंक ऐसे अर्जित ब्याज को अपनी बहियों के मेमोरेंडम खाते में दर्ज कर सकते हैं। कुल अग्रिमों की गणना करते समय मेमोरेंडम खाते के ब्याज पर विचार नहीं किया जाना चाहिए।

10.6 परिसंपत्ति का वर्गीकरण (ASSET CLASSIFICATION)

आरबीआई के दिशानिर्देशों के अनुसार बैंकों को परिसंपत्ति या ऋण को चार श्रेणियों में वर्गीकृत करना होगा:

- मानक परिसंपत्तियां (Standard Assets)
- अवमानक परिसंपत्तियां (Sub-standard Assets)
- संदिग्ध परिसंपत्तियां (Doubtful Assets)
- हानिप्रद परिसंपत्तियां (Loss Assets)

परिसंपत्ति या तो एनपीए होती है अथवा गैर-एनपीए। मानक परिसंपत्तियां निष्पादन परिसंपत्तियां होती हैं न कि एनपीए। इसलिए, एनपीए खातों को शेष तीन श्रेणियों के समूह में रखा गया है और इन्हें आगे तीन उप-श्रेणियों में वर्गीकृत किया जा सकता है: उप-मानक, संदिग्ध और हानिप्रद परिसंपत्ति।

मानक परिसंपत्तियां वे होती हैं जो समय पर अपने ब्याज और मूलधन की किस्तें चुकाती हैं। जैसा कि बाद में परिभाषित किया गया है, एनपीए की विशेषता होती है शर्त के अनुसार ब्याज और मूलधन का भुगतान न करना। मानक परिसंपत्तियों को निष्पादन परिसंपत्तियां कहा जाता है क्योंकि वे बैंक को नियमित ब्याज देते हैं और देय मूलधन वापस करते हैं, इस तरह उन्हें लाभ अर्जित करने और ऋण के चुकाए गए हिस्से का पुनर्चक्रण करते हुए आगे ऋण देने के लिए सक्षम बनाते हैं।

निष्पादन ऋणों (performing loans) के तहत खुदरा ऋण देनदार आम तौर पर मासिक किस्तों (EMI) का भुगतान नियमित रूप से और समय पर करते हैं। यह देखा जाता है कि यदि कुछ अस्थायी देरी होती है तो खाते की 3 ईएमआई लगातार बिना भुगतान के नहीं रहेंगी, अन्यथा ऋण एनपीए (90 दिनों से अधिक के लिए अतिदेय) की श्रेणी में आ जाएगा, जिसमें लेवी, उच्च ब्याज दर और प्रोविजनिंग सहित प्रतिकूल परिणाम होंगे।

यद्यपि, देनदारों की निम्नलिखित तीन एनपीए श्रेणियों को, उनकी वित्तीय कठिनाई या भुगतान करने की अनिच्छा या इसी तरह के अन्य कारणों के कारण, अतिदेय राशि के भुगतान में विलंब/नजरअंदाज / प्रतिरोध के रूप में माना जाएगा।

10.7 अवमानक परिसंपत्तियां (SUB-STANDARD ASSETS)

मौजूदा दिशानिर्देशों के अनुसार, एक अवमानक परिसंपत्ति वह होगी, जो 12 महीने या उससे कम अवधि के लिए एनपीए बनी हुई है। ऐसी परिसंपत्ति में सुपरिभाषित क्रेडिट दुर्बलताएं होंगी जो ऋण के परिसमापन (liquidation) को खतरे में डालती हैं और इस बात की स्पष्ट संभावना होती है कि यदि खामियों को सुधारा नहीं गया तो बैंकों को कुछ नुकसान होगा। उदाहरणस्वरूप, यदि किसी ऋण की 3 ईएमआई का भुगतान 90 दिनों से अधिक लेकिन 12 महीने से कम में नहीं किया जाता है, तो खाते को एक अवमानक परिसंपत्ति माना जाएगा।

अवमानक परिसंपत्तियों का संग्रहण उत्तरोत्तर कठिन होता जाएगा। उदाहरण के लिए, यदि डिफॉल्ट की अवधि 91 दिन है, तो उस खाते की तुलना में अतिदेय राशि संग्रहीत करना कम कठिन हो सकता है जो लंबी अवधि से डिफॉल्ट बनी हुई है। यदि डिफॉल्ट की अवधि बढ़कर 6 महीने हो जाती है, तो 6 महीने की ईएमआई (पहले 3 महीने की तुलना में) के कारण अतिदेय राशि बढ़ जाएगी और अतिदेय राशि के साथ अतिरिक्त ब्याज भी जुड़ जाएगा।

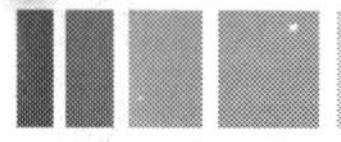

10.8 संदिग्ध परिसंपत्ति (DOUBTFUL ASSETS)

यदि कोई परिसंपत्ति *12 महीने की अवधि तक अवमानक श्रेणी में बनी रहती है* तो उसे संदिग्ध के रूप में वर्गीकृत किया जाएगा।

संदिग्ध परिसंपत्तियां चिंता का कारण होती हैं क्योंकि यह अवमानक परिसंपत्ति की स्थिति को खराब करती है क्योंकि अवमानक परिसंपत्ति के रूप में उनका वर्गीकरण किए जाने के बाद से कम से कम 12 महीनों तक अभुक्त (unpaid) बनी रहती हैं। संदिग्ध परिसंपत्तियों में अतिदेय राशि का संग्रहण करना ज्यादा मुश्किल होगा, क्योंकि अतिदेय राशि अतिरिक्त ब्याज सहित अतिरिक्त 12 महीने (या अधिक) से संबंधित होती है।

इन मामलों में, यह स्पष्ट है कि देनदार की वित्तीय स्थिति अथवा तरलता की स्थिति साफ तौर पर बिगड़ गई है, जैसा कि उसके खाते को अवमानक परिसंपत्ति के रूप में वर्गीकृत किए जाने के 12 महीने बीत जाने के बावजूद देनदार द्वारा अतिदेय राशि का भुगतान करने में लगातार असमर्थता से परिलक्षित होता है। ऐसी परिसंपत्तियों को सही रूप से संदिग्ध कहा जाता है, क्योंकि वर्तमान में ज्ञात तथ्यों, स्थिति और ऋण के लिए प्रतिभूति के मूल्यों के आधार पर उनकी वसूली असंभव और अत्यधिक संदिग्ध लगती है।

(यदि एनपीए के रूप में वर्गीकृत ऋण खातों के मामले में उधारकर्ता ब्याज और मूलधन के बकाया (arrears) का भुगतान कर देता है, तो खाते को अब गैर-निष्पादित नहीं मानना चाहिए और इसे 'मानक' खातों की श्रेणी में रखा जा सकता है)।

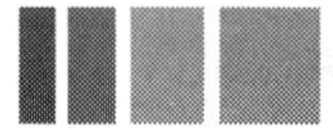

10.9 हानिप्रद परिसंपत्तियां (LOSS ASSETS)

हानिप्रद परिसंपत्ति वह है जहां बैंक द्वारा या उसके आंतरिक या बाह्य लेखापरीक्षकों द्वारा अथवा आरबीआई द्वारा निरीक्षण कर हानि की पहचान की गई है, लेकिन राशि को पूरी तरह से बट्टे खाते (written off) में नहीं डाला गया है। हानिप्रद परिसंपत्तियों को संग्रहण किए जा सकने योग्य नहीं माना जाता है। उनका वसूली योग्य मूल्य इतना कम है कि बैंक-योग्य परिसंपत्ति (bankable assets) के रूप में उनका बने रहने की गारंटी नहीं होती है। यद्यपि, कुछ मामलों में लंबी अवधि में उनका हानि की कुछ भरपाई (salvage) वाला मूल्य हो सकता है।

परिसंपत्ति के वर्गीकरण का समापन हम यह कहकर कर सकते हैं कि चार श्रेणियों के अंतर्गत ऋणों के पुनर्भुगतान की संभावना आम तौर पर इस प्रकार होगी:

- मानक परिसंपत्तियों के अंतर्गत उच्च
- अवमानक परिसंपत्तियों के अंतर्गत अच्छा या बढ़िया

- संदिग्ध परिसंपत्तियों के अंतर्गत संदिग्ध अथवा सवालिया, और
- हानिप्रद परिसंपत्तियों के अंतर्गत असंभाव्य अथवा नगण्य

ऋण राशि के एनपीए में रूपांतरित होने से पहले:

बैंकों को विशेष उल्लेख खाता या स्पेशल मेंशन अकाउंट (SMA) श्रेणी के तहत तीन उप-श्रेणियां बनाकर, किसी ऋण खाते को एनपीए में बदलने से पहले खाते में आरंभी तनाव (इनसीपिएंट स्ट्रेस) की पहचान करना भी जरूरी होता है, जैसा कि नीचे दी गई तालिका में दिया गया है:

मियादी ऋणों के लिए:

एसएमए उप-श्रेणियां	ऋणों के लिए - वर्गीकरण का आधार
एसएमए-0	मूलधन या ब्याज का भुगतान 30 दिनों से अधिक तक अतिदेय नहीं है, लेकिन खाते में आरंभी तनाव (इनसीपिएंट स्ट्रेस) के लक्षण दिखाई दे रहे हैं
एसएमए-1	31-60 दिनों के बीच मूलधन अथवा ब्याज का भुगतान अतिदेय
एसएमए-2	61-90 दिनों के बीच मूलधन अथवा ब्याज का भुगतान अतिदेय

नकदी ऋण(Cash Credit)/ओडी(Overdraft) खातों के लिए:

एसएमए-0	वर्गीकरण का आधार (नकदी ऋण(cash credit)/चक्रण ऋण(revolving credit) के लिए) बकाया राशि 0 से 30 दिनों की अवधि तक लगातार स्वीकृत सीमा या आहरण शक्ति, जो भी कम हो, से अधिक बनी रहती है,
एसएमए- 1	31 – 60 दिन
एसएमए- 2	61 – 90 दिन

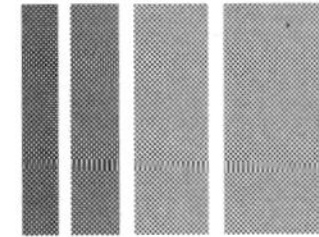

10.10 एनपीए खाते के बारे में महत्वपूर्ण बिंदु (IMPORTANT POINTS ABOUT NPA ACCOUNTS)

आरबीआई ने आय की पहचान, परिसंपत्ति वर्गीकरण और अग्रिमों से संबंधित प्रावधान के बारे में विवेकपूर्ण मानदंडों का एक मास्टर परिपत्र जारी किया है जिसमें विस्तृत दिशानिर्देश दिए गए हैं। इन दिशानिर्देशों का पालन बैंकों और अन्य सभी वित्तीय संस्थानों द्वारा आय की पहचान, परिसंपत्तियों के वर्गीकरण और प्रावधान (प्रोविजनिंग) की नीति के संबंध में किया जाएगा जो उस अवधि के आधार पर परिसंपत्तियों के वर्गीकरण के आधार पर किया जाना चाहिए जिसके लिए परिसंपत्ति गैर-निष्पादित रही है और सुरक्षा की उपलब्धता और उसके वसूली योग्य मूल्य हों।

संक्षेप में कुछ महत्वपूर्ण बिंदु इस प्रकार हैं:

i. अस्थायी कमियों वाले खाते: किसी परिसंपत्ति का एनपीए के रूप में वर्गीकरण वसूली के रिकॉर्ड पर आधारित होना चाहिए। केवल कुछ कमियां होने के कारण बैंक/एनबीएफसी को अस्थायी प्रकृति के अग्रिम खाते को एनपीए के रूप में वर्गीकृत नहीं करना चाहिए जैसे कि नवीनतम उपलब्ध स्टॉक विवरण के आधार पर पर्याप्त निकासी शक्ति का न होना, अस्थायी रूप से सीमा से अधिक बकाया होना, गैर- स्टॉक विवरण जमा करना और निर्धारित तिथि पर सीमा का नवीकरण न करना आदि।

ii. एनपीए के रूप में वर्गीकृत ऋण खातों का उन्नयन: एनपीए के रूप में वर्गीकृत ऋण खाते को 'मानक (Standard)' परिसंपत्ति के रूप में तभी उन्नयन किया जा सकता है, जब ग्राहक ब्याज और मूलधन की संपूर्ण बकाया राशि का भुगतान कर देता है। जिन ग्राहकों के पास बैंक/एनबीएफसी की एक से अधिक क्रेडिट सुविधाएं होती हैं, ऋण खातों को सभी क्रेडिट सुविधाओं से संबंधित ब्याज और मूलधन के संपूर्ण बकाया का पुनर्भुगतान किए जाने पर ही एनपीए से मानक परिसंपत्ति श्रेणी में उन्नयन किया जाएगा।

iii. तुलन पत्र (Balance Sheet) की तारीख के आस-पास विनियमित किए गए खाते: ऋण खातों के परिसंपत्ति वर्गीकरण को, जहां तुलन पत्र की तारीख से पूर्व एकल अथवा कुछ जमा (क्रेडिट) दर्ज किए जाते हैं, सावधानी के साथ और व्यक्तिनिष्ठता(subjectivity) के बिना संचालित किया जाना चाहिए। जहां उपलब्ध आंकड़ों के आधार पर खाता अंतर्निहित खामियों या दुर्बलता का संकेत देता है, खाते को एनपीए माना जाना चाहिए। दूसरे उचित (genuine) मामलों में, बैंक/एनबीएफसी को अपने निष्पादन की स्थिति पर संदेह को खत्म करने के लिए खाते को नियमित करने के तरीके के बारे में वैधानिक लेखा परीक्षकों/ निरीक्षण अधिकारियों को संतोषजनक साक्ष्य देना होगा।

iv. परिसंपत्ति वर्गीकरण ग्राहक के आधार पर होना चाहिए न कि सुविधा के अनुसार: ऐसी स्थिति की कल्पना करना कठिन है जब किसी ग्राहक को केवल एक सुविधा/ग्राहक द्वारा जारी प्रतिभूतियों में से किसी में एक निवेश समस्या वाली साख/निवेश बन जाए अन्य नहीं। अतः, किसी बैंक/एनबीएफसी द्वारा ग्राहक को प्रदत्त सभी सुविधाएं और ग्राहक द्वारा जारी सभी प्रतिभूतियों में निवेश को एनपीए/एनपीआई माना जाएगा, न कि उस विशेष सुविधा/ निवेश या उसके हिस्से को ऐसा माना जाएगा जो अनियमित हो गया है।

v. ऐसे खाते जिनमें ग्राहकों द्वारा धोखाधड़ी की गई है/ प्रतिभूति के मूल्य में कमी आई है: उन खातों के संबंध में जिनकी प्रतिभूति के मूल्य में गिरावट (क्षरण 50% या अधिक) होने से या प्रतिभूति की अनुपलब्धता और ग्राहकों द्वारा की गई धोखाधड़ी जैसे अन्य कारकों के होने की वजह से वसूली पर संभावित खतरे होते हैं, यह विवेकपूर्ण नहीं होगा कि ऐसे

खातों को परिसंपत्ति वर्गीकरण के विभिन्न चरणों से गुजारा जाए। साख हानि के ऐसे गंभीर मामलों में, जैसा उचित हो, परिसंपत्ति को सीधे संदिग्ध (Doubtful) या हानिप्रद (Loss) परिसंपत्ति के रूप में वर्गीकृत किया जाना चाहिए। साथ ही, यदि प्रतिभूति का वसूली योग्य मूल्य, ऋण खातों में बकाया राशि के 10 प्रतिशत से कम है, तो मूल्य को नजरअंदाज किया जाना चाहिए, और परिसंपत्ति को सीधे हानिप्रद परिसंपत्ति के रूप में वर्गीकृत कर दिया जाना चाहिए।

vi. धोखाधड़ी के सभी मामलों में प्रावधान मानदंड: बैंकों/एनबीएफसी को आम तौर पर किसी धोखाधड़ी का पता चलने पर उन्हें देय संपूर्ण राशि या जिसके लिए बैंक/एनबीएफसी उत्तरदायी हे (जमा खातों के मामले सहित) प्रदान करनी चाहिए। यद्यपि, त्रैमासिक लाभ और हानि पर इस तरह के प्रावधान का असर सुचारू रखने के लिए, संस्थानों के पास उस अवधि से आरंभ होने वाली चार तिमाहियों से उस अधिक अवधि में प्रावधान का विकल्प होता है, जिसमें जालसाजी का पता चला।

vii. मियादी जमा, एनएससी, किसान विकास पत्र, आदि के आधार पर अग्रिम: यदि खातों में पर्याप्त मार्जिन मौजूद हो तो मियादी जमा, सरेंडर के लिए पात्र एनएससी, केवीपी और जीवन बीमा पॉलिसियों के बदले अग्रिम को एनपीए के मानना जरूरी नहीं है। स्वर्ण आभूषणों, सरकारी प्रतिभूतियों और अन्य सभी प्रतिभूतियों पर अग्रिम इस छूट के दायरे में नहीं आते।

viii. बैंकों के कृषि अग्रिम: यदि मूलधन या उस पर लगने वाले ब्याज की किस्त फसल की दो ऋतुओं के लिए अतिदेय हो जाए तो छोटी अवधि की फसलों के लिए प्रदत्त ऋण एनपीए रूप में माना जाएगा। यदि मूलधन या उस पर ब्याज की किस्त फसल के एक सीजन के लिए अतिदेय हो लंबी अवधि की फसलों के लिए प्रदत्त ऋण एनपीए माना जाएगा।

ix. सरकार द्वारा गारंटीशुदा अग्रिम: केंद्र सरकार की गारंटी से समर्थित ऋण सुविधाएं अतिदेय होने के बावजूद एनपीए के रूप में तभी मानी जा सकती हैं जब आह्वान (invoke) करने पर सरकार इसकी गारंटी को अस्वीकार कर देती है। सरकारी गारंटी वाले अग्रिम को एनपीए के रूप में वर्गीकृत होने से दी गई यह छूट, आय की पहचान के उद्देश्य से नहीं होती। राज्य सरकार की गारंटी वाले एक्सपोजर के संबंध में परिसंपत्ति के वर्गीकरण और प्रावधान की आवश्यकताओं को तय करने के लिए गारंटी दिए जाने की अनिवार्यता को अलग कर दिया गया है। बैंक का ब्याज और/अथवा मूलधन या कोई अन्य राशि 90 दिनों से अधिक समय तक बकाया रहने पर 31 मार्च, 2006 को समाप्त होने वाले वर्ष से, राज्य सरकार की गारंटी वाले अग्रिम और राज्य सरकार की गारंटी वाली प्रतिभूतियों में किए गए निवेश पर परिसंपत्ति वर्गीकरण और प्रावधान मानदंड लागू होंगे।

x. क्रेडिट कार्ड खाते: यदि विवरण में उल्लिखित भुगतान की देय तिथि से 90 दिनों के भीतर विवरण में उल्लिखित न्यूनतम देय राशि पूरी तरह से भुगतान नहीं की जाती तो क्रेडिट कार्ड खाता गैर-निष्पादित परिसंपत्ति माना जाएगा। बैंक क्रेडिट सूचना कंपनियों (सीआईसी) को क्रेडिट कार्ड खाते को 'पास्ट ड्यू' (पिछली देयता) के रूप में रिपोर्ट करेंगे या दंडात्मक शुल्क लगाएंगे जैसे कि- कोई विलंबित भुगतान शुल्क, वह भी केवल तभी जब कोई क्रेडिट कार्ड खाता तीन दिनों से अधिक समय के लिए 'बकाया' हो। यद्यपि, 'बकाया दिनों' की संख्या और देर से भुगतान शुल्क की गणना क्रेडिट कार्ड विवरण में उल्लिखित भुगतान की देय तिथि से की जाएगी।

10.11 संग्रहण का प्रकार्य (COLLECTION FUNCTION)

डीआरए की भूमिका या भागीदारी तब आरंभ होती है जब किस्त की राशि का भुगतान सही तिथि पर नहीं किया जाता है और खाता पिछला बकाया (पास्ट ड्यू) हो जाता है। डिफॉल्ट के दिनों की संख्या के आधार पर ये खाते बकेट में वर्गीकृत किए गए हैं:

i. पहला बकेट: पहले दिन से 30 दिन तक ऋण पास्ट ड्यू

ii. दूसरा बकेट: 31 दिन से 60 दिन तक ऋण पास्ट ड्यू

iii. तीसरा बकेट: 61 दिन से 90 दिन तक ऋण पास्ट ड्यू।

iv. एनपीए

नियमतः, सभी ग्राहकों को देय राशि और देय तिथि के बारे में एसएमएस द्वारा और देय तिथि के करीब आने पर वित्तीय संस्थानों के कॉल सेंटरों द्वारा याद दिलाया जाता है। किसी खाते के पहले बकेट में आने से पहले, कुछ तकनीकी मापदंडों के आधार पर, पहले बकेट में जाने की संभावना वाले ग्राहकों के मामले में कॉल सेंटर द्वारा क्लोज फॉलो-अप किया जाता है। ज्यादातर ग्राहकों पर इसका बढ़िया प्रभाव पड़ता है।

राशि का भुगतान देय तिथि पर नहीं होने से डीआरए को संग्रह के कार्य में शामिल किया जाता है। बकेट के आधार पर ऋण पास्ट ड्यू (LPD) वाले ग्राहकों को डीआरए आवंटित किए जाते हैं। आम तौर पर, पहले बकेट में संग्रह कार्य करने वाले डीआरए को दूसरे या तीसरे बकेट में आवंटित नहीं किया जाता है। यह सुनिश्चित किया जाता है कि डीआरए खातों को एक बकेट से दूसरे में नहीं जाने दें क्योंकि एलपीडी की आयु बढ़ने से शुल्क और कमीशन भिन्न हो सकते हैं। ऋणदाता का प्रयास होता है किसी खाते के एनपीए में जाने से पहले बकाया वसूल करना।

10.12 प्रमुख शब्द

बकाए, पिछले बकाए (पास्ट ड्यू), एनपीए, मानक परिसंपत्ति, अवमानक परिसंपत्ति, संदिग्ध संपत्ति, हानिप्रद संपत्ति, आय की पहचान, बकेट।

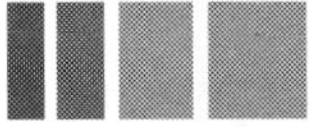

10.13 अपनी प्रगति जाँचें

1. बैंकों के ऋण और अग्रिम उनके तुलन पत्रों के किस तरफ दिखाई पड़ते हैं:
   (a) देयता
   (b) परिसंपत्ति
   (c) आय
   (d) व्यय
2. बैंक का ऋण या अग्रिम, जब निम्नलिखित अवधि के लिए अतिदेय या निष्क्रिय रहता है तो 'गैर-निष्पादित परिसंपत्ति' (एनपीए) के रूप में परिभाषित किया जाता है:
   (a) 90 दिन
   (b) 90 दिनों से कम
   (c) 90 दिनों से अधिक
   (d) 180 दिनों से अधिक
3. बैंक के ऋण या अग्रिम को 'संदिग्ध' रूप में परिभाषित किया जाता है जब वह कम से कम निम्नलिखित अवधि के लिए अवमानक की श्रेणी में हो:
   (a) 6 महीने
   (b) 12 महीने
   (c) 3 महीने
   (d) 18 महीने
4. बैंक की 'मानक परिसंपत्ति' को ऐसी परिसंपत्ति के रूप में परिभाषित किया जाता है जो:
   (a) गैर-निष्पादित परिसंपत्तियां (NPA) नहीं होती है
   (b) संदिग्ध परिसंपत्ति

(c) हानि परिसंपत्ति

(d) उपरोक्त में कोई नहीं

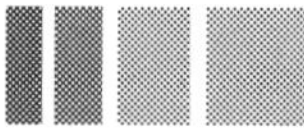

10.14 अपनी प्रगति जाँचें का उत्तर

1.	(a)	2.	(c)	3.	(b)	4.	(a)

अध्याय

11 ऋण की वसूली के कानूनी पहलू

- **11.1** उद्देश्य
- **11.2** परिचय
- **11.3** वसूली के महत्वपूर्ण पहलू
- **11.4** सरफेसी (Sarfaesi) अधिनियम के तहत ऋण की वसूली
- **11.5** लोक अदालत के जरिए वसूली
- **11.6** स्थानीय वसूली अधिनियमों के जरिए वसूली
- **11.7** समझौता निपटान के जरिए अग्रिम की वसूली
- **11.8** मुकदमा दायर कर ऋण की वसूली
- **11.9** ऋण वसूली न्यायाधिकरण के जरिए वसूली
- **11.10** गारंटर से ऋण की वसूली
- **11.11** ऋणशोधन क्षमता एवं दिवालियापन संहिता, 2016 के माध्यम से वसूली
- **11.12** सारांश
- **11.13** अपनी प्रगति जाँचें
- **11.14** अपनी प्रगति जाँचें का उत्तर

अध्याय

11 ऋण की वसूली के कानूनी पहलू

11.1 उद्देश्य

इस अध्याय को पढ़ने के बाद, आप निम्नांकित बातें समझने में सक्षम हो जाएंगे:

- वसूली के महत्वपूर्ण पहलू
- सरफेसी (SARFAESI) अधिनियम के तहत ऋण की वसूली
- लोक अदालत के जरिए ऋण की वसूली
- आपसी सुलह के जरिए ऋण की वसूली
- ऋण वसूली न्यायाधिकरण के जरिए ऋण वसूली

11.2 परिचय

कोई भी ऋण देने का सबसे अहम सिद्धांत सहज रूप से ऋण की वापसी का चरित्र होना है। ऋण का आशय उसकी अदायगी से है। ऋण देने वाली संस्थाओं की लाभप्रदता और व्यवहार्यता के लिए यह बेहद अहम होता है कि उधार दी गई निधि वापस प्राप्त करके पुनः उधार दी जाए। ऋणों की पर्याप्त वसूली न होने से न केवल निधियों की रीसाइकल क्षमता बाधित होती है, बल्कि दूसरे जरूरतमंद लोग भी उधार के फायदों से वंचित रह जाते हैं। ऋणों की बेहतर वसूली से बैंकिंग प्रणाली के शक्तिशाली स्थिति में होने को लेकर आम जनता का भरोसा हासिल करने में मदद मिलती है। आय की पहचान (Income Recognition) और गैर-निष्पादित आस्तियों (NPA) की अवधारणा से जुड़े आरबीआई के मौजूदा दिशा-निर्देशों के साथ बैंकों की वित्तीय मजबूती का आकलन करने में ऋणों की वसूली को सबसे ज्यादा महत्व मिल गया है।

ऋण वसूली एजेंट कानूनी रूप से धन एकत्र करने के तरीके से जुड़े कुछ दिशा-निर्देशों से बंधे होते हैं। वे ग्राहकों के साथ किसी भी प्रकार का दुर्व्यवहार या गलत व्यवहार नहीं कर सकते। जब ऋण वसूली एजेंटों को नियुक्त करने की बात आती है, तो ऋणदाताओं के पास एक तत्परतापूर्ण प्रक्रिया (diligence process) होनी चाहिए और यदि जांच से पता चले कि उत्पीड़न या दुर्व्यवहार से जुड़ी शिकायतें सही हैं, तो उनके खिलाफ दर्ज़ सभी शिकायतों के लिए वे जिम्मेदार होते हैं।

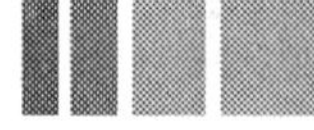

11.3 वसूली के महत्वपूर्ण पहलू

A. सही समय पर एवं पर्याप्त ऋण:

समयबद्धता बैंक ऋण का मूल गुण है। ऋण न केवल समय पर दिया जाना चाहिए, बल्कि ऋण की वसूली के लिए जरूरी प्रयास भी उचित समय पर ही आरंभ किए जाने चाहिए। ऋण देते समय ही, उधारकर्ताओं को यह समझाया जाना चाहिए कि ऋण को निर्धारित समय पर चुकाया जाना चाहिए। इससे कर्जदारों के मन में बैठी यह आशंका दूर हो जाएगी कि सरकारी ऋण की तरह बैंक का ऋण भी आसानी से चुकता किया जा सकता है। त्वरित ऋण अदायगी (prompt repayment) सुनिश्चित करने के लिए उधारकर्ताओं के साथ समय-समय पर संपर्क करने जैसे प्रेरक प्रयास (Persuasive efforts) करने चाहिए, ख़ासतौर से फ़सल की कटाई/विपणन (Marketing) के समय।

B. मंजूरी-पूर्व की औपचारिकताएं (Pre-sanction formalities):

जहां तक संभव हो, उधारकर्ता की ऋण की जरूरतों को एकीकृत आधार (integrated basis) पर पूरा करना चाहिए। इसका आकलन तर्कसंगत तरीके से किया जाना चाहिए, न कि मनमाने ढंग से, ताकि वित्तपोषण (financing) अधिक/कम न हो जाए। मंजूरी-पूर्व समुचित मूल्यांकन करना चाहिए और परामर्श देना चाहिए। पुनः भुगतान कार्यक्रम (Repayment Schedule) को यथार्थवादी तरीके से तय किया जाना चाहिए जिसमें वित्तपोषित कार्य से अपेक्षित आय के प्रवाह का उचित ध्यान रखा जाए और वास्तविक वसूली शुरू होने से पहले पर्याप्त 'उत्पादन पूर्व अवधि' (gestation period) की अनुमति दी जाए।

C. मंजूरी के बाद का फॉलो-अप :

1. ऋण के उचित प्रयोजन हेतु अंतिम उपयोग को सुनिश्चित करने के लिए, इनपुट आदि के विभिन्न मदों के संबंध में संवितरण, जहां तक संभव हो सीधे आपूर्तिकर्ताओं को किया जाना चाहिए, जहां व्यय कई चरणों में किया जाता है, इसलिए निधियों को भी चरणबद्ध तरीके से मुक्त किया जाना चाहिए।

2. सेवा क्षेत्र में आने वाले गांवों में सही एजेंसियों की मदद से सहायक सेवाओं के प्रावधान जैसे इनपुट की आपूर्ति, स्टोर, परिवहन, मार्केटिंग इत्यादि की व्यवस्था पर उचित ध्यान देना चाहिए।

3. जिस स्थिति में प्राकृतिक आपदाओं के कारण उधारकर्ता की फसलों और अन्य संपत्तियों को नुकसान होने से उधारकर्ताओं की ऋण चुकाने की क्षमता पर बुरा असर पड़ा हो, वहां शाखाओं को उन्हें कंवर्जन/रीशेड्यूलिंग सुविधाएं देने में हिचकिचाहट नहीं दिखानी चाहिए। सबसे अहम चरण मार्केटिंग के समय होगा और फील्ड स्टाफ को जितना संभव हो सके उधारकर्ताओं, ख़ासकर छोटे उत्पादकों का उनकी उपज के मार्केटिंग के सर्वोत्तम तरीकों के बारे में मार्गदर्शन करना चाहिए। इस संदर्भ में, उचित खरीद/प्रोरोसिंग एजेंसियों के साथ तालमेल स्थापित करने के लिए हरसंभव प्रयास किए जाने चाहिए।

D. वसूली का फ़ॉलो-अप:

1. यह ऋण वसूली को प्रभावित करने वाला सबसे अहम कारक है। जब उधारकर्ताओं से महीनों तक संपर्क नहीं किया जाता है, तो यह डिफ़ॉल्ट की संभावना को बढ़ा देता है। शाखाओं को उस क्षेत्र के मध्य में स्थित गांव में व्यापक प्रचार के लिए बैठकें आयोजित करनी चाहिए जो किसानों के साथ संपर्क करने और उन्हें बैंक के ऋणों को समय पर चुकाने को लेकर जागरुक बनाने का एक बढ़िया मंच हो सकता है। ऐसे मामलों में जहां उधारकर्ताओं की संख्या काफी ज्यादा हो, फील्ड स्टाफ के दौरे के दौरान अलग-अलग उधारकर्ताओं से संपर्क स्थापित करना संभव नहीं हो पाता है। ग्राहकों के साथ संपर्क बनाए रखने के लिहाज से, मेलों (fair) और अन्य कार्यक्रमों के दौरान गांवों का बार-बार दौरा करना और फसल कटाई/उपज की मार्केटिंग के वक्त कृषि उपज मंडियों का दौरा करना जरूरी होता है।

2. कर्जदारों को वसूली का नोटिस पहले ही भेज देना चाहिए। ऋण पास-बुक जारी करने का ध्यान रखना चाहिए क्योंकि उसमें पुनः भुगतान कार्यक्रम भी दिया जाता है।

3. सही गुणवत्ता ताले ऋण में ऋण का समय पर और नियमित रूप से वापस अदायगी होने का भरोसा होता है। केवल उचित प्रस्तावों को ही मंजूरी देनी चाहिए।

4. जहां तक संभव हो संस्थागत संबद्धता को प्राथमिकता दी जानी चाहिए। गन्ने के लिए फसल ऋण (Crop Locan) और डेयरी फार्मिंग व भेड़ पालन आदि के लिए मियादी ऋण (Term Loan) की प्रक्रिया को आगे बढ़ाते समय, उपज की खरीद में लगी एजेंसियों के साथ प्रभावी संबंध स्थापित किया जा सकता है।

5. सूखे/बाढ़ जैसी प्राकृतिक आपदाओं की स्थिति में, और उन वास्तविक (Genuine) मामलों में भी जहां उधारकर्ताओं की ऋण चुकाने की क्षमता प्राकृतिक आपदाओं के अलावा दूसरी आपदाओं से प्रभावित हो जाती है, इस तथ्य को ध्यान में रखते हुए ऋणों का तत्काल कंवर्जन/रीशेड्यूलिंग कर दिया जाना चाहिए ताकि ऋण की अवधि इस प्रकार तय की जाए जो बैंक की परिसंपत्ति की उपयोगी आयु (economic life) से अधिक न हो। इससे न केवल पुराना खाता नियमित हो जाएगा, बल्कि समय पर नए ऋण के प्रावधान का मार्ग भी खुल जाएगा, जिसके बिना उधारकर्ता और बैंक दुष्चक्र अर्थात एक मुश्किल स्थिति में फंस जाएंगे।

6. शाखाओं को चाहिए कि वे किसानों को उचित समय के भीतर बीमा कंपनियों के समक्ष उनके दावे प्रस्तुत करने और उनका निपटान करवाने में सहायता करें जिससे वसूली में भी बेहतरी आएगी। मवेशी ऋण के मामले में, इस बात का ध्यान रखना चाहिए कि उनका पर्याप्त बीमा किया गया हो और बीमा पॉलिसियों को नियत तिथियों पर अनिवार्य रूप से नवीनीकृत किया जाता हो।

7. गारंटरों को उधारकर्ता के खाते से जुड़ी प्रगति की सूचना दी जानी चाहिए और कठिन मामलों में, ऋण जारी करने/नवीनीकरण करने की प्रक्रिया को उधारकर्ता के खातों के उचित संचालन से जोड़ा जाना चाहिए।

8. ऋण को जीवित रखने और कानूनी रास्ता खुला रखने के लिए पुनः प्रवर्तन पत्र (Revival Letters) (ऋण की पावती) समय पर प्राप्त कर लेना चाहिए।

9. फील्ड स्टाफ को ज्यादा से ज्यादा दिन कार्यक्षेत्र में ही गुजारने चाहिए। गांवों में रात में ठहरने के लिए प्रोत्साहित करना चाहिए क्योंकि किसान ज्यादातर देर रात या सुबह जल्दी गांवों में मिलते हैं।

10. अच्छे पुनः भुगतान रिकॉर्ड वाले उधारकर्ताओं की तारीफ़ की जानी चाहिए। उन्हें ग्राम सभा में छोटे-मोटे उपहार देकर सम्मानित किया जा सकता है। शाखा परिसर में उनके नाम को प्रदर्शित भी किया जा सकता है। हाल ही में, भारत सरकार ने फसल ऋण (crop loans) में जहां समय पर ऋण चुकाया जाता है, वहां लागू ब्याज दर में रियायत देने का फ़ैसला किया है।

11. महत्वपूर्ण इलाकों में सरकारी अधिकारियों की मदद से वसूली शिविर आयोजित किए जाएं, जिससे ऋणों की वसूली के लिए सही माहौल बन पाएगा। इन शिविरों में शाखाओं के क्षेत्रीय प्रबंधकों/नियंत्रकों को भी हिस्सा लेना चाहिए।

11.4 सरफेसी (SARFAESI) अधिनियम के तहत ऋण की वसूली

वित्तीय परिसंपत्तियों का प्रतिभूतिकरण एवं पुनर्निर्माण व सुरक्षा हित का प्रवर्तन (SARFAESI) अधिनियम भारत सरकार ने वर्ष 2002 में लागू किया था। जमाकर्ताओं के प्रति दायित्वों का निर्वहन करने के लिए प्रतिभूति रखना पर्याप्त नहीं है। इस कार्य के लिए प्रतिभूतियों को तरलीकृत (Liquidate) किया जाना होता है। ऐसे में प्रतिभूतियों के प्रवर्तन (Enforcement) का महत्व ज्यादा हो जाता है। एक स्वस्थ बैंकिंग प्रणाली के लिए उचित वसूली कानूनों द्वारा समर्थित एक सुव्यवस्थित वसूली प्रणाली जरूरी होती है। बैंक अक्सर चल और अचल परिसंपत्तियों को प्रतिभूति के रूप में लेना पसंद करते हैं। चल परिसंपत्ति को बंधक/दृष्टि-बंधक आदि के जरिए प्रतिभूति के रूप में स्वीकार किया जाता है। अचल संपत्तियों पर प्रतिभूति बंधक (Mortgage) के जरिए रखी जाती हैं। जैसा कि संविदा अधिनियम के तहत प्रावधान किया गया है, गिरवी रखने वाले को नोटिस देकर गिरवी रखी गई चीजों का निपटान करना आसान है। जैसे कि सोने के आभूषण गिरवी रखना। प्रतिभूति के तौर पर ली गई अचल परिसंपत्तियों पर अधिकारों के प्रवर्तन (Enforcement) को लेकर बैंकों को बहुत सारी समस्याओं से निपटना पड़ता है। मुख्य रूप से, उनके सामने देश के मौजूदा नागरिक कानूनों की अड़चनें उठ खड़ी होती हैं। देश के दीवानी कानून इतने जटिल हैं, कि बकाया राशि की वसूली के लिए फ़ैसला पाने में वर्षों लग सकते हैं। जहां तक भारत की बात हैं, वर्ष 2002 से पहले, बैंकों के पास अदालत/ट्रिब्यूनल के अलावा प्रतिभूति का इस्तेमाल कर अपना बकाया वसूलने का कोई विकल्प नहीं था। इस अधिनियम के लागू होने से, बैंकों एवं वित्तीय संस्थानों को उधारकर्ता की प्रतिभूत परिसंपत्तियों पर कब्जा करने का अधिकार दिया गया, जिसमें अदालत/ट्रिब्युनल के हस्तक्षेप के बगैर प्रतिभूत परिसंपत्ति की प्राप्ति के लिए पट्टा (Lease), समनुदेशन (Assignment) या बिक्री के जरिए हस्तांतरण का अधिकार भी शामिल था।

यह अधिनियम किसी लेनदार (ऋणदाता) द्वारा अधिकारों को लागू करने के लिए चार शर्तें तय करता हे।

(a) ऋण सुरक्षित हो

(b) बैंकों द्वारा ऋण को एनपीए के रूप में वर्गीकृत किया गया हो।

(c) बकाया राशि एक लाख रुपए और उससे ज्यादा हो और अतिदेय (Overdue) ऋण की राशि मूलधन की राशि और उस पर अर्जित ब्याज के 20% से अधिक हो।

(d) प्रवर्तित (Enforce) की जाने वाली प्रतिभूति कृषि योग्य भूमि न हो।

11.4.1 अधिकारों के प्रवर्तन की प्रक्रिया (Procedure for Enforcement of Rights)

(i) धारा 13(2) के अंतर्गत, उधारकर्ता/सह-उधारकर्ताओं/गारंटरों/जमानतकर्ताओं को देनदारी निर्धारित करने के लिए 60 दिन का समय देते हुए एक नोटिस भेजा जाना चाहिए और साथ ही धारा 13(4) के तहत संपत्तियों पर कब्ज़ा हासिल करने की कार्रवाई संबंधी सुरक्षित लेनदार की मंशा की भी सूचना देनी चाहिए।

(ii) 60 दिन बीत जाने के बाद, यदि देय राशि का भुगतान नहीं किया जाता है, तो बैंक परिसंपत्ति पर कब्ज़ा कर सकता है और बकाया राशि की वसूली के लिए इसे बिक्री के लिए इस्तेमाल कर सकता है।

(iii) उधारकर्ता किसी भी स्पष्टीकरण की मांग कर सकता है और बैंक ऐसे अनुरोध का 15 दिनों के भीतर प्रश्नों का उत्तर देने के लिए कानूनी रूप से बाध्य होगा।

(iv) इस प्रकार यह अधिनियम देनदार को लेनदार से जो भी विवरण चाहिए उसे हासिल करने का मौका देता है, जिससे देय राशि, दावा किए गए ब्याज आदि के संबंध में लेनदारों द्वारा लिए जाने वाले किसी भी मनमाने निर्णय से बचा जा सकता है। यदि नोटिस में त्रुटियां या अनियमितता हों, तो लेनदार नया नोटिस जारी कर सकता है। हालांकि, बताए गए कारण या वजहों के बताने के चरण में सुरक्षित लेनदार की संभावित कार्रवाई, उधारकर्ता को डीआरटी के समक्ष आवेदन प्रस्तुत करने का कोई अधिकार प्रदान नहीं करेगी।

(v) इस अधिनियम के तहत नोटिस केवल बैंक के 'प्राधिकृत अधिकारी' द्वारा जारी किया जा सकता है, जो स्केल IV और उससे ऊपर के रैंक का अधिकारी होगा।

(vi) नोटिस की तिथि से साठ दिन पूरा होने के बाद, बैंक कब्जा लेने के लिए अधिनियम की धारा 13(4) के अनुरूप आगे बढ़ सकता है। कब्जा लेने से पहले इस बात का ध्यान रखना चाहिए कि नोटिस को सभी पक्षों (Parties) द्वारा स्वीकार कर लिया गया हो। यदि किसी पक्ष की ओर से नोटिस वापस आता है, तो नोटिस का कागजी प्रकाशन दो व्यापक प्रकाशन वाले समाचार पत्रों में किया जाएगा, जिनमें से एक स्थानीय भाषा में होना चाहिए।

(vii) कब्जा में ले लेने के बाद, बैंक को आम जनता को अवगत कराने के लिए दो अख़बारों में कब्जा नोटिस प्रकाशित करना होगा।

(viii) ऐसा प्रकाशन संपत्ति का कब्ज़ा लेने के 7 दिनों के भीतर किया जाना होता है। उधारकर्ता/बंधककर्ता बैंक द्वारा कब्जा लेने के 45 दिनों के अंदर, यदि कोई शिकायत हो, तो उसके निवारण के लिए कर्ज़ वसूली न्यायाधिकरण (DRT) से संपर्क कर सकता है। डीआरटी के

फ़ैसले से संतुष्ट न होने वाला कोई भी पक्ष 30 दिनों की निर्धारित अवधि के भीतर अपील दायर कर फिर से डीआरटी से संपर्क कर सकता है।

(ix) जिस संपत्ति को कब्जे में लिया जाता है, सरकार द्वारा अनुमोदित मूल्यांकनकर्ता के जरिए उसका मूल्यांकन करवाने और उसके बाद पक्षों को 30 दिनों का नोटिस जारी करने के बाद ही बेचा जा सकता है, जिसे दो समाचार पत्रों (एक स्थानीय भाषा में) में भी प्रकाशित किया जाएगा। इस प्रकार, संपत्ति को व्यापक प्रचार-प्रसार के साथ ज्यादा से ज्यादा कीमत पर बेचा जा सकता है। यदि प्राप्त होने वाली राशि बकाया राशि को कवर करने के लिए पर्याप्त नहीं है, तो सुरक्षित ऋणदाता शेष राशि की वसूली के लिए डीआरटी से संपर्क कर सकता है।

(x) सुरक्षित लेनदार के बकाया ऋण को अन्य सभी दावों पर प्राथमिकता मिलेगी - जिसमें अन्य ऋण और केंद्र और राज्य सरकारों और स्थानीय अधिकारियों को देय सभी राजस्व, कर, उपकर और बकाया भी शामिल हैं।

11.5 लोक अदालत के जरिए वसूली

लोक अदालतों का गठन कानूनी सेवा प्राधिकरण अधिनियम, 1987 के तहत किया जाता है। लोक अदालतें न्याय, समानता, निष्पक्ष कार्य और अन्य कानूनी सिद्धांतों द्वारा संचालित होंगी। लोक अदालतों का उद्देश्य किसी भी विवाद या होने वाले विवाद पर सुलह करवाना या समझौता कराना है। लोक अदालतें पक्षों की सहमति से या विवाद के किसी एक पक्ष द्वारा अदालत में किए गए आवेदन पर क्षेत्राधिकार का निर्णय करती हैं या अदालत इस बात से सहमत हो जाती हैं कि पक्षों के बीच उपजे विवाद का निपटारा लोक अदालत द्वारा किया जा सकता है। किसी संभावित विवाद के संबंध में, कोई भी पक्ष लोक अदालत का गठन करने वाले प्राधिकरण या समिति से विवाद के निर्धारण हेतु उसे अदालत के पास भेजने का अनुरोध कर सकता है।

20 लाख रुपए तक के ऋण के लिए लोक अदालतों के मंच का इस्तेमाल कर उधारकर्ता और ऋणदाता के बीच सौहार्दपूर्ण निपटारा किया जा सकता है। लोक अदालतें उन मामलों का संज्ञान ले सकती हैं जहां विवाद के दोनों पक्ष मंच की सेवाओं का इस्तेमाल करने के लिए सहमत होते हैं या उनमें से एक अदालत में आवेदन करता है (और अदालत प्रथम दृष्टया इस बात से संतुष्ट होती है कि समझौते की संभावना बन रही है)।

लोक अदालत के पास वही शक्तियां रहती हैं, जो किसी गवाह को बुलाने और उसकी उपस्थिति सुनिश्चित करने और शपथ लेने पर उसकी जांच करने के संबंध में मुकदमे की सुनवाई करते समय; किसी दस्तावेज़ की खोज और निर्माण करते समय; और किसी भी न्यायालय या कार्यालय से किसी सार्वजनिक रिकॉर्ड या दस्तावेज़ या ऐसे रिकॉर्ड या दस्तावेज़ की प्रतिलिपि की मांग

करते समय दीवानी कार्यवाही संहिता (Code of Civil Procedure) के तहत किसी दीवानी अदालत में निहित होती हैं।

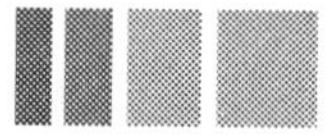

11.6 स्थानीय वसूली अधिनियमों के जरिए वसूली

कृषि अग्रिमों की वसूली के लिए, लगभग प्रत्येक राज्य सरकार ने तलवार समिति की सिफारिशों के अनुरूप अपने खुद के वसूली अधिनियम पारित किए हैं, फिर भी इनकी विषय-वस्तु (contents) में समानता होती है। सरकारी एजेंसियों के जरिए "वसूली के मॉडल बिल" में निम्नांकित प्रक्रिया अपनाए जाने की आवश्यकता होती है:

बैंक को निर्धारित प्रारूप में अतिदेय की वसूली के लिए अधिसूचित(notified)/नामित प्राधिकारी(designated authority) के समक्ष आवेदन करना जरूरी होता है। उपरोक्त अधिनियम के अंतर्गत अधिसूचित प्राधिकारी (Notified Authority), उधारकर्ताओं के साथ-साथ बैंक की बकाया राशि की वसूली के लिए गारंटरों के विरुद्ध भी कार्रवाई कर सकेगा। इसलिए, आवेदन में गारंटर का पूरा विवरण मौजूद होना चाहिए, जैसे नाम और पता के साथ-साथ स्वामित्व वाली संपत्ति/परिसंपत्तियों का विवरण आदि।

11.7 समझौता निपटान के जरिए अग्रिम की वसूली

समझौता द्वारा निपटान का अर्थ बातचीत के जरिए किया गया समझौता है, जहां एक कर्ज़दार भुगतान करने की पेशकश करता है और बैंक अपने बकाया के पूर्ण और अंतिम निपटान के लिए ऋण अनुबंध के अनुसार बैंक को देय कुल राशि से कम राशि लेने के लिए सहमत हो जाता है। इस प्रकार के निपटान में बैंक को निश्चित रूप से उधारकर्ताओं से मिलने वाली बकाया राशि के कुछ हिस्से का त्याग करना पड़ता है (बट्टे खाते में डाल दिया जाता है और/या छूट दे दी जाती है)।

हालांकि, ऐसे मामलों में समझौते को एक रणनीति का रूप माना जाता जा सकता है, जहां:

- सिक्योरिटी कवरेज बैकअप कम संदेहास्पद होता है और उधारकर्ता और गारंटर के खुद के साधनों से समूची वसूली की संभावनाएं बहुत कम रहती हैं।
- मुकदमा अदालत में लंबित होता है और सेट्लमेंट में लंबा समय लग सकता है, आखिरकार, जब तक राशि की वसूली हो पाएगी, तब तक मिले धन का मूल्य कम हो जाएगा।
- न्यायालय का निर्णय बैंक के पक्ष में दिया गया हो, मगर विभिन्न कारणों से प्रतिभूति के इस्तेमाल में व्यावहारिक परेशानियां होती हैं।
- दस्तावेजों के गलत निष्पादन के कारण मुकदमा चलाए जाने योग्य नहीं हो सकता है।

समझौता करके निपटान के जरिए अग्रिमों की वसूली, उन मामलों में बैंक के एक प्रभावी एवं कानून से परे उपाय के रूप में माना जाता है, जहां दूसरे समाधान की रणनीतियों की तुलना में इस विकल्प को अपनाना सबसे उपयुक्त माना जाता है।

समझौता से निपटान (compromise settlement) का मूल उद्देश्य बैंक को होने वाले नुकसान को कम करना या यथासंभव ज्यादा से ज्यादा (बगैर ब्याज के) की वसूली करना है। अंतिम बिंदु पर बातचीत के जरिए ही पहुंचा जा सकता है।

"वन टाईम सेटलमेंट " (ओटीएस) पर आरबीआई के दिशानिर्देश:

(1) हरेक बैंक के पास ओटीएस के जरिए ऋण वसूली की बोर्ड द्वारा अनुमोदित नीति होनी चाहिए। ओटीएस के प्रावधान अलग-अलग क्षेत्र में अलग-अलग हो सकते हैं।

(2) बैंक इस बात का ध्यान रखेंगे कि:

  (a) निपटान के प्रस्ताव को मंजूरी देने वाले प्राधिकारी ने अपनी व्यक्तिगत क्षमता में विचाराधीन अग्रिम की मंजूरी नहीं दी हो। हालांकि, मंजूरी देने वाली समिति का पदानुक्रम स्तर (hierarchy level) अनुमोदन प्राधिकारी के समकक्ष हो सकता है।

  (b) अग्रिम के मामले में मंजूरी देने वाले प्राधिकारी ने अपनी शक्तियों का विवेकपूर्ण तरीके से इस्तेमाल किया हो, और अग्रिम देने के मामले में बैंक द्वारा जारी दिशा-निर्देशों का पालन किया हो और सामान्य नियम व शर्तें निर्धारित की गईं हों।

  (c) अग्रिमों के निष्पादन और संवितरण के बाद पर्यवेक्षण में कोई कमी नहीं रही हो।

  (d) कर्मचारियों की ओर से कोई भूल-चूक नहीं हुई हो जिस कारण ऋण वसूली योग्य साबित नहीं हुआ।

  (e) बकाया राशि की वसूली हेतु सभी संभावित उचित कदम उठाए गए हों फिर भी ऋण की वसूली की कोई संभावना न बची हो और निपटारा करने का प्रस्ताव बैंक के व्यापक हित में हो।

(3) बैंक जान बूझकर डिफॉल्टर/धोखाधड़ी करने वाले उधारकर्ताओं के साथ, उनके खिलाफ आपराधिक मामले के पूर्वाग्रह के बिना समझौता करके निपटारा कर सकता है और ऐसे निपटान के मामलों की उपयुक्त अनुमोदन प्राधिकारी(approval authority) द्वारा जांच की जानी चाहिए।

(4) एनपीए खातों के संबंध में समझौता से निपटान करते समय, बैंक यह तय करेगा कि निपटान से प्राप्त राशि का नेट वर्तमान मूल्य (NPV) सामान्यतः प्रतिभूतियों के वसूली योग्य मूल्य के नेट वर्तमान मूल्य से कम नहीं होना चाहिए।

(5) खातों के अवमानक परिसंपत्तियों (Sub-standard Assets) के रूप में वर्गीकृत होने के मामलों में:

(a) उचित मामलों में, जहां प्रतिभूति के मूल्य में गिरावट होने की संभावना हो या उधारकर्ताओं को वाकई व्यावसायिक नुकसान हुआ हो, सक्षम प्राधिकारी उचित नुकसान सहन करते हुए समझौता के प्रस्तावों पर विचार/अनुमोदन कर सकते हैं। हालांकि, खाते को पिछली तिमाही के आखिर में अवमानक परिसंपत्तियों के रूप में वर्गीकृत किया जाना चाहिए था।

(b) हालांकि, ऐसे मामलों में जहां सरफेसी अधिनियम के प्रावधानों को लागू नहीं किया जा सकता है जैसे कि एनपीए खातों के मामले में, जहां 1.00 लाख रुपया और उससे कम का बकाया हो या जहां कोई प्रवर्तनीय प्रतिभूति नहीं है या प्रतिभूति की पेशकश कृषि भूमि के रूप में है, तो एनपीए के रूप में खाते के वर्गीकरण पर दिशा-निर्देशों के अनुसार तत्काल समझौता किया जा सकता है।

(c) इसके अलावा, जहां प्राकृतिक आपदाओं की स्थिति हो, जैसे कि बाढ़, भूकंप, दंगे, जन विद्रोह, हड़ताल, आग लगने की दुर्घटना इत्यादि के कारण बैंक को दी गई प्रतिभूति का नुकसान हो जाता है, सरकारी एजेंसियों द्वारा प्रतिभूतियों का अधिग्रहण किया जाता है और इसी तरह की अन्य घटनाएं होती हैं, तो ऐसी परिस्थितियों में जो उधारकर्ता के नियंत्रण से बाहर हों, सक्षम प्राधिकारी उचित नुकसान सहने के साथ समझौता के प्रस्तावों पर विचार कर सकता है/स्वीकृति दे सकता है।

(d) सरफेसी अधिनियम के तहत नोटिस जारी करने और प्रतिभूतियों को अपने कब्जे में लेने से यदि उधारकर्ता उचित मामलों में समझौता करके निपटान करने के लिए आगे आता है, तो ऐसे समझौते पर विचार किया जा सकता है।

(6) संदिग्ध और हानि वाली परिसंपत्तियों के मामलों में:

संदिग्ध और हानि वाली परिसंपत्तियां दोनों ही स्वभाव से पुरानी एनपीए होती हैं, क्योंकि इन खातों में सामान्य प्रक्रिया के जरिए या तो खाते को मानक श्रेणी में अपग्रेड कर या खाते को पूरी तरह से बंद कर वसूली की संभावना बहुत कम/क्षीण होती है। इन परिसंपत्तियों को जारी रखने के लिए पर्याप्त धनराशि की आवश्यकता होती है, जिसका बैंक की लाभप्रदता पर सीधा असर पड़ता है। इस श्रेणी की परिसंपत्तियों से बकाया वसूलने के उपाय के रूप में, समझौता करके निपटान करने को प्राथमिकता दी जाती है। ज्यादा से ज्यादा वसूली करने के लिए समझौता के अवसर पर कब विचार करना है, इसका फ़ैसला एक सक्षम प्राधिकारी (Competent Authority) द्वारा लिया जाएगा।

(7) तकनीकी तौर पर बट्टे खाते में डाले गए खाते (Technical Written Off Accounts):

(a) बट्टे खाते में डालना (write off) केवल तकनीकी प्रकृति का होता है और यह मुख्यतः केवल आंतरिक अकाउंटिंग उद्देश्य के लिए किया जाता है। बट्टे खाते में डालने के पीछे का उद्देश्य पारदर्शिता लाना है और बैंक की बैलेंस शीट को साफ-सुथरा रखने का प्रयास करके बैंक की स्थिति की सच्ची तस्वीर पेश करना है। बट्टे खाते में डालने से उधारकर्ता से बकाया वसूलने के बैंक के अधिकार पर कोई प्रतिकूल प्रभाव नहीं पड़ता है। इनमें से कुछ खाते पर्याप्त मूर्त प्रतिभूतियों (Tangible Securities) द्वारा समर्थित हो सकते हैं और बकाया राशि की वसूली के लिए बैंक ने मुकदमा दायर किया हो। चूंकि कानूनी प्रक्रिया के जरिए मागलों के निपटारे में समय लगता है, इसलिए बैंक इन दिशानिर्देशों के तहत बकाया राशि की जल्दी वसूली के लिए बातचीत के जरिए समाधान करने का विकल्प अपना सकता है।

(b) बैंक को दी गई प्रतिभूतियों का वसूली योग्य मूल्य और विपणन क्षमता

- अग्रिमों के लिए बैंक द्वारा रखी गई प्राथमिक (Primary) और संपार्श्विक(Collateral) प्रतिभूतियों के मौजूदा मूल्य का सावधानीपूर्वक अनुदार (conservative) रहते हुए मूल्यांकन किया जाना चाहिए। बैंक को अग्रिम की अनुमति देते समय केवल इंजीनियर के मूल्यांकन को आधार नहीं बनाना चाहिए।
- प्रतिभूतियों का मूल्य निर्धारित करते समय बैंक को प्रतिभूतियों का वसूली योग्य मूल्य सुनिश्चित करना चाहिए। इसका निपटारे की राशि पर असर पड़ेगा। अगर, लिमिट जारी करते समय लिए गए मूल्य और मौजूदा वसूली योग्य मूल्य के बीच व्यापक अंतर है, तो स्पष्टीकरण प्रदान किया जाना चाहिए और उसके कारणों पर विचार करना चाहिए।
- हालांकि बड़े गूल्य की संपत्तियों को बैंक के पास उचित रूप से बंधक रखा जाता है, मगर कई व्यावहारिक बाधाओं को देखते हुए, कई बार उन्हें कानून की प्रक्रिया से भी लागू करना कठिन हो जाता है। बैंक को इस बात पर विचार करना चाहिए और प्रस्ताव की सिफारिश/विचार करते समय प्रतिभूतियों की प्रवर्तनीयता में कठिनाई के कारणों को बाकायदा समझाया जाना चाहिए। प्रतिभूतियों के वसूली योग्य मूल्य के नेट वर्तमान मूल्य का इस्तेमाल समझौता से निपटान करने पर बातचीत के लिए बेंचमार्क के रूप में किया जाना चाहिए।

(8) हानि वाली परिसंपत्ति के निपटान प्रस्तावों से निपटने के दौरान, उधारकर्ता (उधारकर्ताओं) और गारंटर (गारंटरों) की बाजार में छानबीन के अनुसार सकल मूल्य और समझने योग्य साधन को ध्यान में रखकर विचार करना श्रेष्ठ होगा। इस बात को ध्यान में रखा जाना चाहिए कि हानि परिसंपत्ति के तहत कोई भी वसूली बैंक के लिए एक उचित लाभ है, क्योंकि संपूर्ण बकाए को ध्यान में रखा जाता है।

(9) गारंटरों की ओर से निपटान का प्रस्ताव:

ऐसे मामले होते हैं, जहां एनपीए खातों के गारंटर निपटान के प्रस्ताव लेकर आगे आते हैं, ताकि वे अपनी गारंटी/प्रतिभूतियां मुक्त करने की मांग कर सकें या उन्हें बैंक के बकाया का भुगतान करके छुड़ा सकें। गारंटरों और निदेशकों में से किसी एक के ऐसे प्रस्तावों को उधारकर्ताओं से मिले प्रस्तावों के समान माना जाना चाहिए।

(10) आपराधिक कार्यवाही/सीबीआई मामले:

ऐसे खातों जिनमें आपराधिक कार्रवाई की गई हो या केंद्रीय जांच ब्यूरो आदि जैसे किसी जांच प्राधिकारी द्वारा मामले की जांच की जा रही है, ऐसी कार्यवाही/कार्रवाई के संबंध में बगैर किसी पूर्वधारणा के, बैंक को ऐसे खातों में समझौता/निपटारा करने के लिए, मुख्यतः वाणिज्यिक विवेचना पर, बल्कि बैंक के मुख्य सतर्कता अधिकारी (Chief Vigilance Officer) के माध्यम से नियंत्रक अधिकारियों और जांच एजेंसी को सूचना देने के बाद ही, स्वतंत्र होना चाहिए। बैंक अगर आपराधिक मुकदमा आरंभ करता है, तो बैंक को हर मामले की परिस्थितियों के आधार पर मामले को आगे बढ़ाने या न चलाने की छूट होनी चाहिए। मगर, इस संबंध में निर्णय बैंक के मुख्य सतर्कता अधिकारी द्वारा लिया जाएगा।

उधारकर्ता ने जहां भी बैंक के खिलाफ कोई मामला दायर किया हो, या काउंटर क्लेम किया है, और ऐसे मामले में, समझौता/निपटारा करने की मांग की गई हो, तो समझौते की शर्त यह होनी चाहिए कि उधारकर्ता मुकदमा/मामला , काउंटर दावा वापस ले लेगा, और भविष्य में भी बैंक के विरुद्ध कोई दावा पेश नहीं किया जाएगा।

(11) समझौते की शर्तें:

एनपीए खातों और तकनीकी रूप से बट्टे खाते (written-off accounts) में डाले गए खातों में समझौता करके निपटान पर विचार करते समय, हर व्यक्तिगत मामले, बकाया अवधि को एनपीए/मुकदमा, वर्तमान वित्तीय स्थिति, मूर्त प्रतिभूति की उपलब्धता/अनुपलब्धता, उनका मूल्य, प्रवर्तनीयता और फंडों की अवसर लागत पर विचार करते हुए बैंक द्वारा नीचे बताई रियायतों को संभावित त्याग के रूप में माना जा सकता है:

- अतिरिक्त/दंडात्मक ब्याज से छूट एक आसान समाधान हो सकता है और इसे बैंक के दृष्टिकोण से उत्तम निपटारा माना जा सकता है।

- एनपीए की तिथि से या मुकदमा दायर करने की तिथि तक शाखाओं की बहियों के अनुसार संपूर्ण बकाया और उचित ब्याज की वसूली।
- अग्रिम की तिथि से वार्ता दर (negotiated rate) और अनुबंधित/डेबिट दर (contracted/debited rate) के बीच का अंतर होने पर ब्याज की छूट।
- एनपीए बनने की तिथि या मुकदमा दायर करने की तिथि के बाद लगाए गए ब्याज की छूट।
- अग्रिम की तिथि से ब्याज की पूरी छूट।
- केवल अपवाद स्वरूप मामलों में, मूल बकाया का कुछ भाग माफी/बट्टे खाते में डालना।
- समझौता और निपटारों के लिए आम व परिचालन (General and Operational) सिद्धांत
- वसूली कार्य के वर्तमान चरण तथा स्थिति (present stage and status) के बावजूद, बैंक समझौते से निपटारा/ओटीएस प्रस्ताव पर विचार कर सकता है। कोई ऐसा समझौता एक वार्ता समाधान (negotiated settlement) होगा जिसके तहत बैंक को कम से कम नुकसान के साथ, अधिकतम संभव सीमा तक अपना बकाया वसूल करने की कोशिश करनी चाहिए। हालांकि, यह माना जाता है कि सौहार्दपूर्ण समाधान केवल पूर्ण अनुकूल स्थिति में ही संभव है और नुकसान सहना समझौते का एक हिस्सा है।
- समझौता चाहने वाली उधार लेने वाले निकाय की गतिविधि की अंतिम स्थिति को बातचीत के पहले चरण में ही ध्यान में रखा जाएगा। बैंक के साथ समझौते को आगे बढ़ाने की मंशा से सबूत के रूप में उधारकर्ता से राशि का 10-20% शुरुआती जमा लिया जाना चाहिए। यदि यह संभव नहीं है, तो विचलन (deviation) के जरिए अनुमोदन नोट में विशेष रूप से छूट मांगी जानी चाहिए। उपभोक्ता बैंक खुदरा ऋणों (Consumer Bank Retail loans) के लिए, तत्काल जमा के बिना किस्त सेटलमेंट या मासिक ईएमआई से निपटारा स्वीकार्य हो सकता है।
- यदि उधारकर्ता के पास अन्य ग्रुप कंपनियां हैं, तो इन कंपनियों या मूल कंपनी के प्रभाव का इस्तेमाल बेहतर निपटारा और/या अतिरिक्त प्रतिभूति हासिल करने के लिए तबतक किया जा सकता है, जब तक कि समझौते की समूची राशि की वसूली नहीं हो जाती। बैंक की कोशिश यह होनी चाहिए कि निपटारा की तिथि से तीन महीने के भीतर समझौते की पूरी राशि की वसूली हो जाए। निपटारे की अवधि

जहां 3 महीने से अधिक हो और राशि किश्तों में वसूल करने पर सहमति बनी हो, वहां जहां तक संभव हो, राशि का एक निश्चित हिस्सा, जैसे कि 15% से 25%, बैलेंस राशि के साथ सर्वोत्तम प्रयास के आधार पर पुनर्भुगतान के स्रोत को ध्यान में रखते हुए उचित अवधि में किस्तों में तत्काल भुगतान योग्य बनाया जा सकता है।

- एकमुश्त निपटान निगोसिएशन के समय जब ओटीएस राशि का भुगतान किस्तों में करने का प्रस्ताव दिया जाता है तो ओटीएस प्रतिबद्धताओं को पूरा करने के लिए उधारकर्ता की गंभीरता और तैयारी को ध्यान में रखा जाना चाहिए।
- मुकदमा दायर किए गए खाते के मामले में यदि जरूरी और व्यावहारिक हो, तो निपटारा के नियमों व शर्तों को अंतिम रूप दिया जाना चाहिए और अदालत से कंसेंट डिक्री हासिल की जानी चाहिए।
- यह माना जाता है कि ओटीएस राशि प्रायः प्रतिभूतियों के वसूली योग्य मूल्य से कम नहीं होगी। वसूली योग्य मूल्य पर विचार करते समय विभिन्न कारकों जैसे जबरन बिक्री मूल्य, धन की शीघ्र वसूली, संपत्ति की बिक्री क्षमता, प्रकार, प्रयास और उसमें शामिल लागत और खाते में हुई प्राप्ति को ध्यान में रखा जाएगा।
- निपटारा की शर्तों के अनुसार प्रतिबद्ध समझौता राशि हासिल न होने की स्थिति में, निपटारा से पहले ही आरंभ की गई वसूली प्रक्रिया जारी रखी जाएगी।
- जिस प्राधिकरण ने पहले समझौता निपटारे को मंजूरी दे दी थी, वह समझौते की शर्तों में संशोधन करने पर विचार कर सकता है।
- समझौता निपटारा/बट्टे खाते में नुकसान उठाने की राशि 'निपटारा तिथि' के अनुसार बैलेंस/बकाया के संबंध में निर्धारित की जाएगी जिसे समझौता निपटारा/बट्टे खाते में डालने के प्रस्तावों में दिखाया जाएगा।

11.8 मुकदमा दायर कर ऋण की वसूली

अंतिम उपाय के रूप में मुकदमा दायर किया जाता है। कभी-कभी, मुकदमा दायर करना जरूरी हो जाता है, जब इसमें होने वाली देरी से खाता कालातीत हो सकते हैं या जब बैंक को यह लगे कि उधारकर्ता परिसंपत्ति को बर्बाद कर रहा है या प्रतिभूति को बैंक के दायरे से हटाने का प्रयास कर रहा है।

जैसा कि पहले बताया गया है, कभी-कभी, प्रतिभूति का इस्तेमाल करने के लिए मुकदमा दायर करना जरूरी हो जाता है या जब बैंक से कोई विशेष सिक्योरिटी चार्ज नहीं लिया जाता है और

बैंक चाहता है कि पक्षदार व्यक्तिगत संविदा पर भरोसा करे। मुकदमा दायर करने के लिए, बैंक के वकील द्वारा वादपत्र तैयार किया जाता है और मामले की सुनवाई के लिए आर्थिक और क्षेत्रीय न्यायाधिकार वाली अदालत में प्रस्तुत किया जाता है। वादपत्र सही तरीके से ड्राफ़्ट किया जाना चाहिए और इसमें मूलधन, ब्याज, लागत और अन्य राहत के अलावा मामले का पूरा विवरण मौजूद होना चाहिए। जैसे-जैसे मामला आगे बढ़ता है, बैंकर को वकील के साथ लगातार संपर्क में बना रहना चाहिए और जब भी जरूरत हो, उसे जरूरी जानकारी/सबूत आदि मुहैय्या कराना चाहिए। अदालत द्वारा फ़ैसला जारी कर दिए जाने पर उसे शीघ्र लागू करने के लिए कदम उठाया जाना चाहिए। अगर अदालत द्वारा जारी आदेश में कुछ कठिन उपबंध शामिल हैं, जो बैंक के हितों के लिए हानिकारक हैं, तो निर्धारित समय के भीतर फैसले के विरुद्ध अपील दायर करने के लिए कदम उठाना चाहिए। बंधक मुकदमों के मामले में, जहां प्रारंभिक फ़ैसला असंतुष्टियुक्त रहता है, अंतिम निर्णय पाने के लिए तुरंत अदालत का रुख किया जाना चाहिए।

कई बार दीवानी प्रक्रिया संहिता के आदेश 37 के तहत संक्षिप्त रूप में मुकदमा दायर करना संभव होता है। इसके तहत निम्नांकित बातों के संबंध में मुकदमा दायर किया जा सकता है:

(a) विनिमय पत्र, हुंडी और वचन पत्र (प्रॉमिसरी नोट्स) पर मुकदमा।

(b) ऐसे मुकदमे जिनमें वादी केवल प्रतिवादी द्वारा देय ऋण या तरलीकृत धन की मांग, ब्याज समेत या उसके बगैर वसूल करना चाहता हो:

   (i) एक लिखित अनुबंध पर

   (ii) एक अधिनियम पर, जहां वसूल की जाने वाली राशि एक निश्चित राशि हो या दंड के अलावा ऋण की प्रकृति में है, अथवा

   (iii) गारंटी पर, जहां मूलधन पर दावा केवल ऋण या तरलीकृत मांग से जुड़ा हो।

11.9 ऋण वसूली न्यायाधिकरण के जरिए वसूली

एनपीए की वसूली से जुड़े मामलों का शीघ्र निर्णय करके बैंकों की सहायता करने के लिए बैंकों व वित्तीय संस्थानों को देय ऋणों की वसूली अधिनियम, 1993 के अनुरूप ऋण वसूली न्यायाधिकरण (DRT) का गठन किया गया है। यह अधिनियम 24 जून, 1993 से लागू हुआ। यह उन मामलों पर लागू होता है, जहां इस अधिनियम के अधीन परिभाषित किसी बैंक या वित्तीय संस्था अथवा बैंकों या वित्तीय संस्थाओं के संघ से ली गई उधार राशि 20 लाख या अधिक हो। ऋण वसूली न्यायाधिकरण (DRT) अर्ध-न्यायिक संस्थाएं होती हैं, जिन्हें बैंकों द्वारा चूककर्ता (डिफ़ॉल्टर) उधारकर्ताओं के खिलाफ दायर कानूनी मुकदमों पर कार्रवाई करने के लिए गठित किया जाता

है। परिसीमा अधिनियम के तहत दी गई सीमाएं डीआरटी पर भी लागू होंगी। सरफेसी अधिनियम के तहत सुरक्षित लेनदारों द्वारा शुरू की गई कार्यवाही के विरुद्ध दायर की गई अपील को ऋण वसूली न्यायाधिकरण द्वारा भी देखा जा सकता है।

डीआरटी की कार्यवाही:

इस न्यायाधिकरण के लिए निम्नांकित कार्यवाहियां होती हैं:

1. साक्ष्यात्मक मूल्य के दस्तावेजों तथा आवश्यक शुल्क के साथ एक मूल आवेदन रजिस्ट्री के समक्ष पेश किया जाता है।
2. रजिस्ट्री आवेदन की समीक्षा करती है, किसी भी संभावित त्रुटि की जांच करती है, फिस आवेदन स्वीकार या अस्वीकार कर देती है।
3. इसके बाद आवेदन की आगे की जांच हेतु फाइल रजिस्ट्रार के पास जाती है।
4. यदि आवेदन रजिस्टर्ड है, तो रजिस्ट्रार द्वारा एक सम्मन जारी किया जाता है।
5. यदि प्रतिवादी हाजिर नहीं होता है तो मामला एक पक्षीय हो जाता है।
6. अन्यथा, प्रतिवादी को सम्मन जारी होने के 90 दिनों के भीतर एक लिखित बयान पेश करना होता है।
7. आवेदक को प्रमाण-शपथ पत्र दाखिल करना होता है।
8. पीठासीन अधिकारी के निर्देशों के अनुरूप रजिस्ट्रार द्वारा सुनवाई की तारीख निर्धारित की जाती है।
9. प्रतिवादी द्वारा स्थगन याचिका दायर की जा सकती है।
10. प्रतिवादी द्वारा काउंटर-प्रमाण शपथ पत्र दाखिल किया जाता है।
11. मामले पर अंतिम सुनवाई संपन्न की जाएगी।
12. अंतिम आदेश/फ़ैसला पीठासीन अधिकारी द्वारा जारी किया जाता है।
13. न्यायाधिकरण द्वारा तैयार एक वसूली प्रमाणपत्र (Recovery Certificate) ट्रिब्यूनल के वसूली अधिकारी को दिया जाएगा, जिस पर राशि की वसूली करके बैंक को सौंपने की जिम्मेदारी होगी।

संक्षेप में प्रक्रिया की जानकारी:

आवेदन मिल जाने पर, ट्रिब्यूनल सम्मन जारी करेगा, जिसमें प्रतिवादी को सम्मन देने के 30 दिनों के भीतर कारण बताना होगा कि जिस राहत के लिए अनुरोध किया गया है वह क्यों नहीं दी जानी चाहिए।

- आवेदक द्वारा साक्ष्यात्मक मूल्य के आवश्यक दस्तावेजों के साथ आवेदन और आवेदक के कृत्यों के खिलाफ एक लिखित बयान के जरिए एक काउंटर दावा दायर किया जा सकता है।
- ट्रिब्यूनल एक निषेधाज्ञा, स्थगन या कुर्की के रूप में एक अंतरिम आदेश पारित करेगा।
- ट्रिब्युनल एक रिसीवर की नियुक्ति कर सकता है।

ऋण वसूली अपीलीय न्यायाधिकरण (DRAT)

कोई भी व्यक्ति जो ट्रिब्यूनल द्वारा पारित आदेश या जिसे डीआरटी अधिनियम के तहत ट्रिब्यूनल द्वारा पारित माना जाता है, से क्षुब्ध हो, तो वह उस ऋण वसूली अपीलीय न्यायाधिकरण (DRAT) में अपील कर सकता है जिसके अधिकार क्षेत्र में वह मामला होता है। भारत में ऋणों की वसूली से जुड़े सभी मामले डीआरएटी के अपील का क्षेत्राधिकार में आते हैं। डीआरएटी में न्यायाधीश को अध्यक्ष के रूप में मान्य किया जाता है। आदेश जारी होने की तिथि से 45 दिनों के भीतर दावे का 50 प्रतिशत या डीआरटी द्वारा तय की गई कोई भी राशि जमा करके डीआरएटी के फैसले के विरुद्ध अपील की जा सकती है।

11.10 गारंटर से ऋण की वसूली

भारतीय अनुबंध अधिनियम, 1872 की धारा 128 के अनुसार, ज़मानतदार का दायित्व, मुख्य देनदार के साथ समव्यापी (co-extensive) है, बशर्ते कि यह अनुबंध द्वारा अन्यथा पेश न किया गया हो। इसलिए, जब प्रधान देनदार पुनः भुगतान करने में विफल रहता है, तो बैंकर प्रधान देनदार के विरुद्ध उपचार समाप्त किए बगैर भी गारंटर/ज़मानतकर्ता के विरुद्ध कार्यवाही आगे बढ़ाने के लिए सक्षम होगा। अतः जहां प्रधान देनदार ने पुनर्भुगतान करने में चूक की हो और बैंकर ने गारंटर पर दावा पेश किया हो, गारंटर की देनदारी तत्काल लागू हो जाएगी। यह समझना जरूरी है कि किसी भी प्रकार के ऋण के गारंटर के रूप में, ऋण की अदायगी को सुनिश्चित करने के लिए वह भी उतना ही जिम्मेदार होता है। गारंटर ऋण लेने वाले तीसरे पक्ष की ओर से ऋण चुकाने का वादा करता है। बैंक एक हस्ताक्षरित वचन पत्र (प्रॉमिसरी नोट) लेते हैं जिस पर प्रधान ऋणदाता और उसके गारंटर द्वारा संयुक्त रूप से हस्ताक्षर किया गया होता है। वचन पत्र के आधार पर, जिसमें हस्ताक्षरकर्ता व्यक्तिगत रूप से या अलग-अलग भुगतान करने के लिए जिम्मेदार होते हैं, ऋण देने वाला संगठन उस गारंटर के विरुद्ध एक आदेश हासिल कर सकता है।

11.11 ऋणशोधन क्षमता एवं दिवालियापन संहिता, 2016 के माध्यम से वसूली

ऋणशोधन क्षमता एवं दिवालियापन संहिता इस उद्देश्य से तैयार की गई थी कि एक ऐसा एकल ढांचा हो, जो न केवल फर्मों और कंपनियों के लिए बल्कि व्यक्तियों के लिए भी ऋण चुकाने की क्षमता एवं दिवालियापन की समस्या को हल करे। देनदार के डिफ़ॉल्ट करने की स्थिति में, उसके खिलाफ वसूली की प्रक्रिया शुरू की जा सकती है। वसूली की प्रक्रिया शुरू करने के लिए कोई भी राष्ट्रीय कंपनी कानून न्यायाधिकरण (NCLT) से संपर्क कर सकता है (यह कॉर्पोरेट व्यक्तियों पर लागू होता है) जो ऋणशोधन क्षमता एवं दिवालियापन संहिता के तहत मामलों को निपटाने के अधिकार का प्रयोग करता है।

डिफ़ॉल्ट का अर्थ उस स्थिति में ऋण का भुगतान न करना है, जब ऋण की राशि का पूरा या कुछ हिस्सा देय और भुगतान योग्य हो जाता है, पर देनदार द्वारा उसे चुकाया नहीं जाता है।

देनदार द्वारा डिफ़ॉल्ट स्वीकार करने पर वसूली की कार्यवाही कौन शुरू कर सकता है?

(1) वित्तीय ऋणदाता (फ़ाइनेंशियल केडिटर्स) वे होते हैं जिनका निकाय के साथ शुद्ध वित्तीय अनुबंध वाला संबंध होता है, जैसे लोन या ऋण प्रतिभूति

(2) ऑपरेशनल क्रेडिटर वे होते हैं, जिनका निकाय से दायित्व परिचालन से हुए लेनदेन से बनता है)

ऋणशोधन क्षमता एवं दिवालियापन संहिता से पूर्व, एक समाधान प्रक्रिया की शुरुआत देनदार पर निर्भर करती थी, और ऋणदाता प्रतिभूति प्रवर्तन (security enforcement), वसूली और ऋण पुनर्गठन (debt restructuring) के लिए अलग-अलग कार्रवाइयों का पालन कर सकता था। मगर ऋणशोधन क्षमता एवं दिवालियापन संहिता देनदार के खिलाफ दिवाला समाधान प्रक्रिया आरंभ करने के दायित्व को लेनदार पर स्थानांतरित कर मौजूदा समाधान व्यवस्था में एक उल्लेखनीय बदलाव करती है। आईबीसी के तहत, लेनदार और देनदार दोनों ही समाधान के लिए अपील कर सकते हैं। आवेदन के स्वीकार हो जाने के बाद, लेनदार देनदार की संपत्ति पर कब्जा कर लेते हैं। ऋणदाताओं की उक्त समिति (CoC), जिसमें डिफॉल्टर के ऋणदाता होते हैं, का निर्माण समाधान की देखरेख करने वाले अधिकारियों द्वारा किया जाता है।

दिवाला प्रक्रिया (insolvency procedure) के चरण क्या हैं?

1. सीआईआरपी शुरु करना।
2. अधिस्थगन (Moratorium) की घोषणा और सार्वजनिक घोषणा।

3. ऋणदाताओं की समिति।
4. समाधान पेशेवर (Resolution Professional) की नियुक्ति।
5. सूचना ज्ञापन तैयार करना।
6. समाधान योजना को स्वीकृति देना।

ऋणशोधन एवं दिवालियापन संहिता, 2016 के अनुसार, कॉर्पोरेट इंसॉल्वेंसी रिजॉल्यूशन प्रॉसीजर (CIRP) में शामिल प्रक्रिया 180 दिनों के भीतर या 90 दिनों की बढ़ाई हुई अवधि के भीतर पूरी की जानी चाहिए और कानूनी औपचारिकताओं में किसी भी विस्तार और लगने वाले समय समेत अनिवार्य रूप से **330 दिनों** के भीतर पूरी की जानी चाहिए।

केंद्र सरकार ने 24 मार्च, 2020 को गजट अधिसूचना के जरिए ऋणशोधन क्षमता और दिवालियापन संहिता, 2016 के तहत कार्यवाही करने के लिए डिफ़ॉल्ट की न्यूनतम राशि के रूप में एक करोड़ रुपए तय किया। समग्र रूप से, आईबीसी दिवालियापन का सामना कर रही सभी संस्थाओं के लिए एक वरदान साबित हुआ है। यह संहिता न केवल सबसे उत्तम संभव समाधान और निराकरण प्रदान करने में मदद करता है बल्कि ऐसा तीव्र व दक्ष तरीके से भी करता है। संहिता का मूल भाव यह सुनिश्चित करना है कि किसी भी संस्था या लेनदार को किसी भी नुकसान या क्षति का सामना न करना पड़े और साथ ही देनदार के सर्वोत्तम हित को भी ध्यान रखा जाना चाहिए।

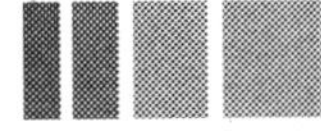

11.12 सारांश

किसी भी ऋण देने का सबसे अहम सिद्धांत सहज रूप से ऋण का स्वतः वापसी का चरित्र का होना है। समयबद्धता बैंक ऋण का मूल गुण है। ऋण न केवल समय पर दिया जाना चाहिए, बल्कि ऋण की वसूली के जरूरी प्रयास भी उचित समय पर ही आरंभ किए जाने चाहिए। बैंक अक्सर चल और अचल परिसंपत्तियों को प्रतिभूति के रूप में लेना पसंद करते हैं। चल परिसंपत्ति को बंधक/दृष्टि-बंधक आदि के जरिए प्रतिभूति के रूप में स्वीकार किया जाता है। अचल संपत्तियों पर प्रतिभूति बंधक (Mortgage) के जरिए रखी जाती हैं। 20 लाख रुपए तक के ऋण के लिए लोक अदालतों के मंच का इस्तेमाल कर उधारकर्ता और ऋणदाता के बीच सौहार्दपूर्ण निपटारा किया जा सकता है। भारतीय अनुबंध अधिनियम, 1872 की धारा 128 के अनुसार, ज़मानत का दायित्व, मुख्य देनदार के साथ सह-व्यापक है, बशर्ते कि यह अनुबंध द्वारा अन्यथा पेश न किया गया हो। 20 लाख एवं उससे ज्यादा की राशि के एनपीए की वसूली से जुड़े मामलों के तीव्र निर्णय करने में बैंकों की सहायता के लिए डीआरटी की स्थापना की गई है। वसूली की प्रक्रिया में नवीनतम विकास ऋणशोधन क्षमता एवं दिवालियापन संहिता, 2016 है।

11.13 अपनी प्रगति जाँचें

1. सरफेसी अधिनियम --------- रुपए तक के बकाया ऋण पर लागू नहीं होता है।
   (a) 10 लाख
   (b) 5 लाख
   (c) 2 लाख
   (d) 1 लाख
2. रु. _______ लाख तक के ऋण का निपटारा लोक अदालत के माध्यम से किया जा सकता है:
   (a) 2 लाख
   (b) 5 लाख
   (c) 10 लाख
   (d) 20 लाख
3. डीआरटी --------- रुपए की वसूली के मामलों पर विचार कर सकते हैं।
   (a) 20 लाख और उससे अधिक
   (b) केवल 30 लाख
   (c) केवल 50 लाख
   (d) केवल 100 लाख
4. ऋणशोधन क्षमता एवं दिवालियापन संहिता, 2016 के तहत ऋण की निम्नांकित राशि के लिए वसूली प्रक्रिया शुरू की जा सकती है:
   (a) न्यूनतम रु. 1 करोड़
   (b) न्यूनतम रु. 5 करोड़
   (c) न्यूनतम रु. 10 करोड़
   (d) न्यूनतम रु. 50 करोड़

11.14 अपनी प्रगति जाँचें का उत्तर

1.	(d)	2.	(d)	3.	(a)	4.	(a)

अध्याय

12 संग्रहण संचालन

12.1 उद्देश्य

12.2 ऋण वसूली की प्रक्रिया

12.3 ईएमआई के बारे में आम धारणा

12.4 ऋण का पुनर्भुगतान

12.5 ऋण वसूली एजेंट की तैयारी

12.6 ग्राहक से मुलाकात करने से पूर्व की तैयारी

12.7 ग्राहक के साथ मुलाकात होने पर

12.8 संवाद बनाए रखने और गुस्से को काबू में रखने की युक्तियां

12.9 सारांश

12.10 प्रमुख शब्द

12.11 अपनी प्रगति जाँचें

12.12 अपनी प्रगति जाँचें का उत्तर

अध्याय

12 संग्रहण संचालन

12.1 उद्देश्य

- ऋण वसूली की प्रक्रिया
- ईएमआई के बारे में आम धारणा
- ऋण का पुनर्भुगतान
- ऋण वसूली एजेंट की तैयारी
- ग्राहक से मिलने से पहले की तैयारी
- ग्राहक से मिलते समय ध्यान देने योग्य बातें
- गुस्से को काबू में रखने की युक्तियां

12.2 ऋण वसूली की प्रक्रिया

कर्ज़ वसूल करने की प्रक्रिया तब शुरू की जाती है, जब कोई देनदार कर्ज़ नहीं चुका पाता है। आरबीआई के दिशा-निर्देशों के अनुसार, ऋणदाता को इस बात का ध्यान रखना होगा कि ऋण वसूल करने की प्रक्रिया उसके लिए फायदेमंद है और साथ ही देनदार के कानूनी अधिकारों और दायित्वों का सम्मान भी करना चाहिए।

ऋण वसूली के दो मुख्य तरीके होते हैं:

(i) गैर-न्यायिक मार्ग के जरिए (सॉफ्ट रिकवरी)

(ii) न्यायिक मार्ग के जरिए (हार्ड रिकवरी)

ऋण का डिफ़ॉल्ट होना मुख्य मानदंड़ों में से एक है जिसके कारण ऋण वसूली प्रक्रिया का निर्धारण किया जाता है।

12.3 ईएमआई के बारे में आम धारणा

ऋण लेते समय या ईएमआई के तहत कोई वस्तु/वाहन खरीदते समय, ग्राहकों को ऋण चुकाने, ईएमआई, उसकी देय तिथि, ईएमआई की अवधि जैसी बातों के बारे में पूरी तरह से जानकारी नहीं होती है। जब इन बातों को समझाया जाता है, तो अक्सर वे इन बातों को समझ नहीं पाते हैं क्योंकि ईएमआई की सभी विशेष बातें बहुत स्पष्ट नहीं होती हैं। उनमें से कुछ लोग ऋण लेने से पहले यह भी नहीं सोचते होंगे कि उनके पास ईएमआई चुकाने के लिए पर्याप्त मासिक नकद प्रवाह (Cash Flow) है या नहीं। इस बात का ध्यान रखते हुए, ऋण के संवितरण के समय, ग्राहक से यह पुष्टि करने को कहा जाना चाहिए कि क्या उसने सभी शर्तें पढ़ ली हैं और उसे यह स्वीकार है। जब इन विवरणों की पुष्टि हो जाती है, तो इस बात पर सहमति जताई जा सकती है कि ग्राहक ने सोच-समझकर फ़ैसला किया है।

जब ऋण का संवितरण हो जाता है, तो वित्तीय संस्थान को उनके साथ संबंध शुरू करने के लिए ग्राहक को धन्यवाद देने की आदत डाल लेनी चाहिए और ऋण का पूरा विवरण, ऋण की अवधि, ईएमआई, देय तिथियां और भुगतान की उपलब्ध विधियों की जानकारी देनी चाहिए। बेहतर होगा कि यह कार्य ग्राहक की समझने योग्य भाषा (स्थानीय भाषा) में किया जाए।

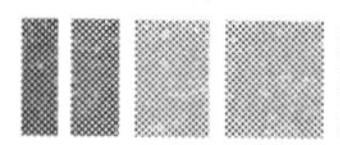

12.4 ऋण का पुनर्भुगतान

संग्रहण एजेंटों को सभी बकाया राशि, यानी राशि डिफ़ॉल्ट न हुई हो और/या डिफ़ॉल्ट हुई हो, दोनों की वसूली में शामिल कर सकते हैं। कुछ एनबीएफसी/बैंकों में, संग्रहण एजेंटों का इस्तेमाल केवल डिफ़ॉल्ट की हुई राशि को एकत्र करने के लिए किया जाता है। प्रायः डीआरए या संग्रहण एजेंटों का इस्तेमाल डिफ़ॉल्ट राशि के लिए किया जाता है क्योंकि नियमित रूप से भुगतान की जाने वाली राशि की वसूली करने की कोई जरूरत नहीं होती है।

कुछ उधार खाते डिफ़ॉल्ट में चले जाएंगे, अर्थात, कुछ ग्राहक ऐसे होते हैं जो समय पर अपनी किस्तों या ईएमआई का भुगतान नहीं करते हैं और इसलिए उन्हें चूककर्ता (डिफॉल्टर) कहा जाता है। इन राशियों की अदायगी सामान्य तरीके नहीं हो पाती है और संग्रहण में सहायता के लिए डीआरए को इस काम को देखना पड़ सकता है।

जब डीआरए की सहायता लेने का फ़ैसला ले लिया जाता है, तो उसके बाद संस्था को डीआरए को संग्रहण के कार्य, आचार संहिता, संग्रहण की प्रक्रिया और की जाने योग्य तथा न की जाने

योग्य बातों के बारे में जानकारी देनी होगी। एजेंटों को सूचित किया जाता है कि उनके किसी भी दुर्व्यवहार का संस्था के ऊपर गंभीर प्रभाव पड़ेगा और इसलिए नागरिक आचार संहिता बनाए रखना बहुत जरूरी है। एजेंट का नजरिया शांत, विनम्र और पेशेवराना (Professional) होना चाहिए और फिर भी जितना ज्यादा संभव हो उतने बकाए की वसूली में सक्षम होना चाहिए।

12.5 ऋण वसूली एजेंट की तैयारी

डीआरए ग्राहक से मुलाकात कर सके और चर्चा करके अदायगी की मांग कर सके, इसके लिए वित्तीय संस्था को नीचे बताई बातें डीआरए को बतानी होंगी:

(a) बैंक की ओर से देनदार के साथ लेन-देन करने के लिए प्राधिकार पत्र

(b) ग्राहक (डिफॉल्टर) का नाम

(c) पता और संपर्क के लिए विवरण

(d) ग्राहक यदि नौकरी कर रहा है तो कार्यालय का पता

(e) ऋण के नियम व शर्तें जिसमें ऋण का प्रकार, ऋण का उद्देश्य, किस्त की राशि, कुल देय राशि जैसे विवरण मौजूद हों।

यह जरूरी है कि डीआरए को ऋण की कुल राशि, ईएमआई, ऋण की अवधि और डिफ़ॉल्ट राशि के बारे में साफ-साफ जानकारी हो। यह जानकारी इसलिए जरूरी है, क्योंकि यदि ग्राहक कोई प्रश्न पूछे तो उसका उत्तर देने के लिए, या यदि उनकी धारणा या जानकारी गलत है तो उन्हें सही जानकारी देने के लिए इसकी जरूरत पड़ सकती है। यदि डीआरए को केवल देय ईएमआई के बारे में पता है, तो इससे कुछ नोक-झोंक हो सकती है और ऋण वसूल करने में कठिनाइयां पैदा हो सकती हैं।

डीआरए को यह सारी जानकारी गोपनीय रखनी चाहिए और जब तक ग्राहक विवरण साझा करने के लिए न कहे, ग्राहक के अलावा किसी अन्य को नहीं बतानी चाहिए। गोपनीयता का अर्थ यह नहीं है कि इसे डिफ़ॉल्ट करने वाले ग्राहक के साथ साझा नहीं किया जाना चाहिए क्योंकि उसे उपरोक्त विवरण पता है। साथ ही, इस जानकारी का इस्तेमाल किए बगैर डीआरए चुकौती करने के लिए नहीं कह सकता है। लेकिन यह जानकारी दूसरों को नहीं बताई जानी चाहिए।

संग्रहण के प्रति नजरिया एक जैसा या एक रूप नहीं हो सकता है, क्योंकि जिन ग्राहकों/असामियों ने डिफ़ॉल्ट की है वे निम्नांकित में से एक हो सकते हैं:

(i) ऋण चुकाने की अपनी क्षमता से ज्यादा राशि का उधार लिया हो।

(ii) अतीत में नियमित रूप से किस्तें चुकाई गई हों, मगर पहली बार निजी जरूरतों के कारण डिफ़ॉल्ट हुआ हो।

(iii) ऋण लेने के बाद पहली ही किस्त चुकाने में डिफ़ॉल्ट हुआ हो

(iv) कम क्रेडिट स्कोर के कारण बैंक/एनबीएफसी या दूसरे के साथ जब-तब डिफ़ॉल्ट करने का इतिहास स्पष्ट हो।

(v) अब तक दो किस्तों में ग्राहक ने डिफ़ॉल्ट किया हो और तीसरी किस्त का भी भुगतान न होने पर खाता एनपीए के रूप में बनने वाला हो।

(vi) ऋण का गलत इस्तेमाल किया हो

(vii) किसी दूसरे व्यक्ति के लिए ऋण लिया हो। ऐसा होते हुए तब दिखाई देता है, जब लोग परिवार के सदस्यों या मित्रों के लिए उपभोक्ता वस्तु ऋण (consumer article loan) लेते हैं। इसके बाद, परिवार का सदस्य या मित्र भुगतान करना बंद कर देता है और ग्राहक चूककर्ता (डिफॉल्टर) बन जाता है।

आम तौर पर, ग्राहक को पता होता है कि एक या दो किस्तें चूक गई हैं। इसके अलावा, उन्हें कॉल सेंटरों की ओर से इस चूक के बारे में व देय राशि के बारे में याद दिलाया गया हो, और भुगतान की मांग की गई हो। संभवतः उन्हें इसके नतीजों का भी अंदाज़ा हो। कुछ मामलों में हो सकता है, मीडिया या गुमराह व्यक्तियों ने उन्हें डिफॉल्ट करने के लिए उकसाया गया हो। इस बात को ध्यान में रखते हुए, ग्राहक की प्रवृत्ति भुगतान करने से बचने और कंपनी या डीआरए के ऊपर निम्न बातों का दोष मढ़ने की होगी:

(i) उत्पीड़न

(ii) क्लाइंट की बुरी दशा को भलीभांति जानते हुए भी वसूली करना

(iii) गलत बिक्री (mis-selling) (भले ही ऋण लेने के समय या कोई वस्तु खरीदते समय ग्राहक ने ऐसी कोई शिकायत न की हो)।

(iv) मगर डीआरए इस ओर इशारा नहीं कर सकता है)।

इसके अतिरिक्त, ऐसे मामले भी हो सकते हैं जहां वे बिना किसी इशारे के समय की मांग करते हों कि प्रतिबद्धता को पूरा करने के लिए उन्हें धन कहां से मिलेगा।

इस पृष्ठभूमि में, डीआरए को हर दिन या समय संग्रहण के बारे में न तो बहुत आशावादी होना चाहिए और न ही निराश होना चाहिए। निम्नांकित की तैयारी करने से मदद मिल सकती है:

डीआरए को समय पर कर्ज चुकाने के फायदों पर रोशनी डालते हुए चूककर्ता (डिफ़ॉल्टर) से अपनी बात कहने का आधार बनाना चाहिए। जैसे:

- क्रेडिट स्कोर में सुधार होने से भविष्य में ऋण लेने में आसानी होगी।
- यदि क्रेडिट स्कोर नीचे गिरता है, तो इससे प्रतिष्ठा को ठेस पहुंच सकती है
- चूककर्ता (डिफॉल्टर) के विरुद्ध बैंक कानूनी कार्रवाई कर सकता है
- बंधक के मामले में, बैंक संपत्ति जब्त कर लेगा और इसे नीलामी के जरिए बेच देगा।

12.6 ग्राहक से मुलाकात करने से पूर्व की तैयारी

i. कंपनी द्वारा जारी आईडी कार्ड अपने साथ रखें।

ii. अच्छे से सजें-संवरें।

iii. बकाया के बारे में स्पष्ट जानकारी रखें।

iv. स्वीकार किए जाने वाले तमाम भुगतान तरीकों की जानकारी रखें।

v. देख लें कि ग्राहक ने मिलने के समय का कोई विकल्प दिया है अथवा नहीं।

vi. निजी मोबाइल फ़ोन का इस्तेमाल न करें, इसलिए कंपनी द्वारा दिया गया फ़ोन ही साथ में रखें।

vii. ग्राहकों के तमाम विवरणों को अच्छी तरह से एकत्र करें और समझें। डीआरए को बकाया याद रखना चाहिए और डायरी या बही को देखे बगैर ग्राहक को बताना चाहिए। कभी-कभी, नोट्स का हवाला लेना और देय राशि की सूचना देना एक कारगर तरीका होगा।

12.7 ग्राहक के साथ मुलाकात होने पर

i. डीआरए को यात्रा में लगने वाले समय के अनुसार सावधानी के साथ योजना बनानी चाहिए ताकि वह नियत समय पर ग्राहक के स्थान पर पहुंच जाए।

ii. डीआरए को विनम्र होना चाहिए और असभ्य तथा/या अपमानजनक भाषा का इस्तेमाल नहीं करना चाहिए।

iii. ग्राहक को 'सर' या 'मैडम' कहकर संबोधित करना चाहिए। 'आप' के समकक्ष स्थानीय भाषा का इस्तेमाल करें, और 'तू' या इस जैसे अन्य शब्दों का इस्तेमाल न करें।

iv. देय राशि का जिक्र करते हुए ग्राहक से किस्त का भुगतान करने का अनुरोध करें और उसे बताएं कि देय तिथि बीत चुकी है।

v. यदि ग्राहक विवाद करता है, तो कहें, "मैं देखता हूं" और फिर यदि वह सही है, तो त्रुटि के लिए माफी मांगें और सही आंकड़ा बताएं। यदि ग्राहक सही न हो, तो कहें "सर, मैंने जांच कर ली है और देय राशि ... है"

vi. यदि ग्राहक भुगतान करना चाहता है, तो विभिन्न मौजूद विकल्पों के बारे में उसे बताएं और प्रक्रिया को सुविधाजनक बनाएं।

vii. ग्राहक यदि भुगतान नहीं करता है, तो विनम्रता से उसे बताएं कि उसने जो ऋण लिया है, उसकी ईएमआई का भुगतान नहीं हो पाया है। यदि उसने पूर्व में भुगतान किया है, तो उसे बताया जा सकता है कि मौजूदा (current) किस्त बाकी है।

viii. डीआरए को धैर्य रखना चाहिए और ग्राहक जो कहे उसे ध्यान से सुनना चाहिए। यदि ग्राहक ज्यादा समय मांगता हो, तो उसे विनम्रता के साथ बताया जाना चाहिए कि भुगतान (आपकी कंपनी की नीति के अनुसार) समय पर होना चाहिए और यदि जरूरत पड़ी, तो उससे फिर से संपर्क किया जाएगा।

ix. बातचीत जारी रखने के लिए और यदि ग्राहक जानने में दिलचस्पी दिखाए, तो उसे भुगतान के तमाम तरीकों के बारे में बताया जा सकता है।

x. कुछ ग्राहक नकद भुगतान करने की बात कह सकते हैं। यदि कंपनी की नीति नकद संग्रहण की अनुमति देती है, तो इसे माना जा सकता है। इसमें कुछ समस्याएं होती हैं, क्योंकि कुछ ग्राहक बाद में दावा कर सकते हैं कि उन्होंने अधिक राशि का भुगतान किया है, वगैरह, वगैरह। इसलिए ग्राहक को इलेक्ट्रॉनिक चैनल के जरिए भुगतान करने के लिए प्रोत्साहित करना चाहिए, ऐसा न करने पर, कैश प्राप्त करने संबंधी उसे एक आधिकारिक रसीद दी जानी चाहिए। कैश प्राप्त कर लेने की सूचना तुरंत कार्यालय को मोबाइल या अन्य माध्यम से दी जानी चाहिए। कार्यालय को कहा जा सकता है वे ग्राहक को पुष्टि एसएमएस तत्काल भेजें।

xi. डीआरए ग्राहक को कंपनी की नजदीकी शाखा में भी ले जा सकता है, जहां नकद स्वीकार किया जा सकता है।

xii. डीआरए को पैसे का लेन-देन खुद नहीं करना चाहिए। बल्कि ग्राहक को इसे खुद से करने में मदद करें। इस संबंध में, डीआरए को सीवीवी(CVV), ओटीपी(OTP) वगैरह नहीं मांगना चाहिए और न ही ऐसी जानकारी लेनी चाहिए। डिजिटल विप्रेषण (रेमिटेंस) के तरीके के बारे में ग्राहक को मदद करें।

xiii. यदि कार्यालय से दिए मोबाइल में कंपनी का क्यूआर (QR) है, तो ग्राहक को प्रक्रिया समझाई जा सकती है और उससे भुगतान करने के लिए कहा जा सकता है। ग्राहक के खाते से पैसा तुरंत कट जाएगा और उसके मोबाइल पर उसका संदेश आ जाएगा।

xiv. यदि ग्राहक देय राशि के कुछ अंश का भुगतान करता है, तो इसे स्वीकार किया जाना चाहिए। ग्राहक से बची हुई राशि का भुगतान करने की तिथि पूछी जानी चाहिए। तिथि

यानी (भुगतान करने का वादा) पीटीपी को सिस्टम में अपडेट किया जाना चाहिए, ताकि केवल उस ख़ास दिन पर ग्राहक से जुड़ा जा सके।

xv. ग्राहक डीआरए से शाम को या आधिकारिक तौर पर स्वीकृत (officially permitted) समय के बाद घर पर आने को कह सकता है। ऐसे अनुरोधों को तब तक विनम्रतापूर्वक अस्वीकार कर दिया जाना चाहिए, जब तक कि बैंक/एनबीएफसी की ओर से ऐसे वक्त के दौरान ग्राहक से मिलने के लिए ख़ास निर्देश न दिया गया हो।

xvi. कुछ स्थितियों में, वसूली एजेंट के पहुंचने पर ग्राहक के साथ कई लोग मौजूद हो सकते हैं। ऐसी परिस्थितियों में, ग्राहक को कुछ समय के लिए अलग बुलाकर वसूली के संबंध में बात करने के लिए कहा जा सकता है। ये बातचीत गोपनीय तरीके से और ग्राहक और एजेंट दोनों के सम्मान और अखंडता को ध्यान में रखते हुए की जाती है।

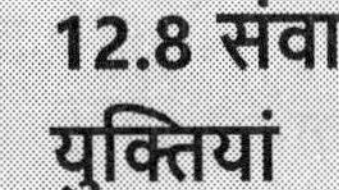

12.8 संवाद बनाए रखने और गुस्से को काबू में रखने की युक्तियां

i. डीआरए को ग्राहक के साथ कोई वाक्-युद्ध नहीं करना चाहिए।

ii. यदि ग्राहक जिक्र करता है कि वह भुगतान नहीं करना चाहता है, तो एजेंट देर से भुगतान करने के नतीजों, क्रेडिट स्कोर पर इसके असर और उसके बाद के कानूनी नतीजों के बारे में बताया जा सकता है।

iii. बेकार की बातचीत को बहस में बदलना ग्राहक को भुगतान करने के लिए मनाने का बढ़िया तरीका नहीं हो सकता है, क्योंकि दबाव बनाने की व्याख्या अलग-अलग तरह से की जा सकती है, जैसे कि जबरदस्ती करना या काफी दबाव बनाना।

iv. दूसरी स्थिति यह हो सकती है, जब कोई ग्राहक कहता है कि वह उस दिन भुगतान नहीं करना चाहता है, पर वह बाद में भुगतान कर देगा - तो ऐसी स्थिति में, एजेंट ग्राहक से अगले सही समय के बारे में पूछ सकता है जब वह भुगतान कर सकता/सकती है। इसे पीटीपी (प्रॉमिस टु पे) के रूप में लिया जा सकता है, और एजेंट उस दिन वापस आ सकता है।

v. कुछ आवासीय भवनों या परिसरों में ग्राहकों का एंट्री का सिस्टम हो सकता है, जहां सुरक्षाकर्मी कर्ज़ वसूली करने वाले एजेंट के प्रवेश पर प्रतिबंध लगा सकता है। ऐसी सूरत में, एजेंट को ग्राहक को कॉल करना चाहिए या एसएमएस भेजना चाहिए, जिसमें उसे भवन में प्रवेश की अनुमति देने के लिए कहा जाए और फिर ग्राहक के साथ तय मीटिंग पूरी की जाए।

vi. ऊपर के मामले में, ग्राहक जानबूझकर अस्पष्ट वजहों का हवाला देते हुए एंट्री से इनकार कर सकते हैं। ऐसे मामलों में, कार्यालय को ऐसी एंट्री की अस्वीकृति के बारे में एक आधिकारिक संदेश भेजना चाहिए।

vii. कुछ ग्राहक गलत व्यवहार कर सकते हैं और एजेंट के साथ भड़काऊ भाषा का इस्तेमाल कर सकते हैं, कह सकते हैं कि "आप जो चाहते हैं वह करें" या "आप जो करने जा रहे हैं, ठीक है"। ऐसी सूरतों में, एजेंटों के लिए बेहतर होगा कि वे शांत रहें और ग्राहक के साथ फ़िज़ूल की बहस में न पड़ें। डीआरए उस समय विनम्रता के साथ वहां से जा सकता है और बाद में ग्राहक से दोबारा मिल सकता है।

viii. ऐसे उदाहरण हो सकते हैं जब ग्राहक ऋण पर विवाद कर सकता है या कह सकता है कि उसने किसी और के लिए ऋण लिया है और डीआरए को दूसरे व्यक्ति से मिलने के लिए कह सकता है। ऐसे मामलों में, संबंधित डीआरए को अपने कार्यालय को इसकी सूचना देनी चाहिए। उसे दूसरे व्यक्ति से नहीं मिलना चाहिए, क्योंकि रिकॉर्ड पर ग्राहक ही वही व्यक्ति है जिसने ऋण लिया है। इसकी सूचना ग्राहक को भी दी जा सकती है।

ix. कई ग्राहक शिकायत करने की धमकी देते हैं पर वे आगे नहीं बढ़ते हैं, क्योंकि शिकायत दर्ज करने की प्रक्रिया आसान नहीं होती है। वे यह भी जानते हैं कि उन पर किसी का उधार बाकी है। चूंकि एजेंट को भी इसके बारे में पता है, इसलिए वह जोखिम लेने और आक्रामक होने के लिए प्रेरित हो सकता है। पर इससे बचा जाना चाहिए, क्योंकि विनियामक अधिकारी ग्राहक की एक भी शिकायत बर्दाश्त नहीं करते हैं और इस कारण कंपनी को भारी जुर्माना भरना पड़ सकता है।

x. मीडिया से न डरना या भयभीत न होना सबसे सही है। उनकी मंशा डीआरए से जानकारी हासिल करना होगी। ऐसे में डीआरए को मीडिया को कोई जानकारी नहीं देनी चाहिए। ग्राहक की जानकारी मीडिया को नहीं बताई जानी चाहिए।

xi. भले ही अपना आपा खोना आसान है, मगर इसका काम पर बहुत अधिक प्रभाव पड़ सकता है। गुस्सा करना आसान होता है। मगर गुस्सा आ जाने पर विनम्र और सही स्थिति में रहना मुश्किल हो जाता है। इस बात का ध्यान रखना चाहिए। डीआरए के लिए, गुस्सा करने से उनकी नौकरी के ऊपर प्रतिकूल असर पड़ता है।

xii. आम शिष्टाचार की हमेशा प्रशंसा की जाती है और यह कारगर साबित होता है। पैसे प्राप्त हों या न हों, पर विदा लेते समय ग्राहक को "धन्यवाद" कहना न भूलें। यह कुछ ऐसा हो सकता था:

1. भुगतान करने के लिए शुक्रिया

2. मुझसे मिलने के लिए शुक्रिया
3. समय देने के लिए आपका धन्यवाद

xiii. डीआरए के लिए संग्रहण अहम होता है। भले ही कितना भी कठिन क्यों न हो, ग्राहक के साथ सही व्यवहार बनाए रखने में उस बात को आड़े न आने दें।

आरबीआई (RBI) ने अपने परिपत्र संख्या आरबीआई/2022-23/108 डीओआर. ओआरजी.65/21.04.158/2022-23 दिनांक 12 अगस्त, 2022 के जरिए सभी को सुझाव दिया है कि सभी वसूली एजेंट ऋण वसूली के कार्यों में किसी भी व्यक्ति के खिलाफ मौखिक या शारीरिक किसी भी प्रकार की धमकी या उत्पीड़न का सहारा न लें, जिसमें बकाया ऋणों की वसूली के लिए, गलत और भ्रामक निरूपण करना, सार्वजनिक रूप से अपमानित करने या देनदार के परिवार के सदस्यों, नाम सुझाने वाले और दोस्तों की गोपनीयता में हस्तक्षेप करना, मोबाइल पर या सोशल मीडिया के माध्यम से अनुचित संदेश भेजना, धमकी देना और/या गुमनाम कॉल, उधारकर्ता को लगातार कॉल करना और/या उधारकर्ता को सुबह 8:00 बजे से पहले और शाम 7:00 बजे के बाद कॉल करना आदि शामिल हैं।

गुस्से को काबू में रखने के अहम सुझाव

क्लाइंट के साथ बातचीत करते समय डीआरए को अपने गुस्से पर काबू रखना होगा। डिफॉल्ट करने वाला व्यक्ति स्थिति को भड़काने की कोशिश कर सकता है, मगर डीआरए को शांत बने रहना चाहिए। गुस्से पर काबू पाने के कुछ कारगर सुझाव इस प्रकार हैं:

(a) बोलने से पहले ध्यान से सुनें
(b) बोलने से पहले विचार करें
(c) किसी भी स्थिति पर प्रतिक्रिया देने से पहले सोच-विचार कर लें।
(d) जब आप शांत हो जाएं, तभी अपनी चिंता जाहिर करें
(e) ब्रेक लें और आराम करें
(f) योग, व्यायाम करें और ध्यान का अभ्यास करें
(g) भेदभाव वाला दृष्टिकोण या द्वेष न पालें
(h) स्थिति को शांत करने के लिए हंसी-मजाक का सहारा लें
(i) संभावित समाधानों की पहचान करें
(j) बात करते समय सम्मान के साथ पेश आएं
(k) जरूरत पड़ने पर मदद मांगें

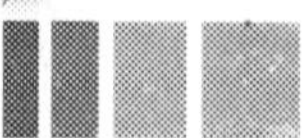

12.9 सारांश

संग्रहण ऐसे कार्य होते हैं, जो किसी भी ऋण देने वाले संगठन की ऋण संचालन सेवाओं का हिस्सा हैं। ज्यादातर लोगों को यह पता नहीं होता है कि उन्होंने कौन सी ईएमआई का विकल्प चुना है, उस पर कितना ब्याज लगेगा, वह ईएमआई उनकी सकल मासिक आय पर कैसा असर डालेगी, इत्यादि।

एक बार ऋण प्रदान कर दिए जाने के बाद, ऋण की वसूली की बात सामने आती है। कुछ खाते डिफ़ॉल्ट हो जाएंगे, यानी कुछ ग्राहक ऐसे होते हैं, जो समय पर अपनी ईएमआई का भुगतान नहीं करेंगे और इसलिए उन्हें डिफॉल्टर कहा जाएगा। इन्हें सामान्य तरीके से हासिल नहीं किया जा सकता है और इसके संग्रहण में सहायता के लिए डीआरए को इसे देखना पड़ सकता है।

ऋण वसूली एजेंट ग्राहक से मुलाकात करता है और बकाया राशि इकट्ठी करता है। डीआरए को ग्राहक से मुलाकात करने से पहले कई बातें ध्यान में रखनी होती हैं और ग्राहक के साथ मुलाकात के दौरान कुछ बातें ध्यान में रखनी होती हैं।

ऐसी स्थितियां पैदा हो जाती हैं, जब ग्राहक एजेंट को देखकर अपना आपा खो सकता है या एजेंट ग्राहक के साथ दुर्व्यवहार कर सकता है। एजेंट को शांत रहने और अपने गुस्से को नियंत्रण में रखने के लिए कुछ सुझाव दिए जाते हैं, जो उन्हें शांत बनाए रखने और मुलाकात को उपयोगी बनाने में मदद कर सकती हैं।

ग्राहक के साथ पेश आते समय सामान्य शिष्टाचार बनाए रखना चाहिए, साथ ही ग्राहक के नजरिए को समझना चाहिए और साथ ही उसे समय पर भुगतान के महत्व को बताना चाहिए।

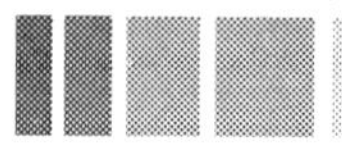

12.10 प्रमुख शब्द

ईएमआई, ऋण वसूली एजेंट, चूककर्ता (डिफॉल्टर), प्रॉमिस टु पे (पीटीपी)

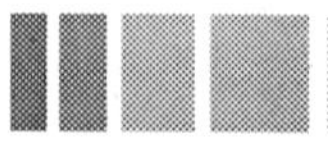

12.11 अपनी प्रगति जाँचें

1. डिफॉल्ट करने वाले ग्राहक के साथ पेश आते समय वसूली एजेंट को निम्नांकित में से किस व्यवहारगत लक्षण से बचना चाहिए?
   (a) शांत रहना
   (b) विनम्र रहना

(c) पेशेवर बनना

(d) आक्रामक बनना

2. .... के साथ ऋण विवरण के बारे में गोपनीय जानकारी साझा की जानी चाहिए:

(a) पड़ोसी

(b) उधार लेने वाले

(c) परिवार सदस्य

(d) माता-पिता

3. निम्नांकित में से ग्राहक द्वारा डिफ़ॉल्ट करने का संभावित कारण कौन सा हो सकता है?

(a) ऋण चुकाने की अपनी क्षमता से ज्यादा का उधार लिया हो।

(b) ऋण का गलत इस्तेमाल किया हो।

(c) पूर्व में नियमित रूप से किस्तें चुकाई गई हों, मगर पहली बार निजी जरूरतों के कारण डिफ़ॉल्ट हुआ हो।

(d) उपरोक्त में कोई नहीं

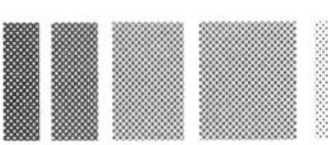

12.12 अपनी प्रगति जाँचें का उत्तर

1.	(d)	2.	(b)	3.	(d)

मॉड्यूल

C

ऋण वसूली में डीआरए (DRA) की भूमिका और व्यावहारिक कौशल

अध्याय

13 डीआरए-अर्थ, कानूनी एवं नियामक फ़्रेमवर्क

13.1 उद्देश्य

13.2 परिचय

13.3 ऋण वसूली एजेंसियों की जरूरत क्यों पड़ती है?

13.4 संग्रहण एजेंसियों को नियुक्त करने के फ़ायदे

13.5 परिभाषा - ऋण वसूली एजेंट

13.6 संग्रहण और वसूली (कलेक्शन और रिकवरी)

13.7 ऋण वसूली का कानूनी एवं नियामक फ़्रेमवर्क

13.8 ऋण वसूली व्यवस्था की ख़ासियत

13.9 आरबीआई के दिशानिर्देश

13.10 वसूली एजेंटों द्वारा धमकी मिलने की स्थिति में ऋण चूककर्ता (लोन डिफ़ॉल्टर) के अधिकार

13.11 एकीकृत लोकपाल योजना, 2021

13.12 संग्रहण प्रणाली (कलेक्शन सिस्टम) की प्रवृत्तियां

13.13 सारांश

13.14 प्रमुख शब्द

13.15 अपनी प्रगति जाँचें

13.16 अपनी प्रगति जाँचें का उत्तर

अध्याय

13 डीआरए-अर्थ, कानूनी एवं नियामक फ्रेमवर्क

13.1 उद्देश्य

- परिचय
- ऋण वसूली एजेंसियां क्यों अहम होती हैं?
- ऋण वसूली एजेंट के कार्य
- कानूनी एवं नियामक ढांचा: एजेंट के अनुबंध के कानूनी पहलू
- ऋण वसूली व्यवस्था की बातें
- ऋण वसूली के कानूनी एवं नियामक ढांचा
- संग्रहण प्रणाली (कलेक्शन सिस्टम) की प्रवृत्तियां

13.2 परिचय

ऋण वसूली व्यक्तियों या व्यवसायों द्वारा मुहैय्या कराए गए ऋणों के भुगतान को सुनिश्चित करने की प्रक्रिया है। कोई संगठन जो ऋण वसूली कार्य में विशेषज्ञ होता है, उसे संग्रहण (कलेक्शन) एजेंसी या ऋण राशि संग्रहकर्ता (debt collector) के रूप में जाना जाता है। ज्यादातर संग्रहण एजेंसियां लेनदारों के एजेंट के तौर पर काम करती हैं और कुल बकाया राशि के शुल्क या प्रतिशत पर ऋण की राशि एकत्र करती हैं।

13.3 ऋण वसूली एजेंसियों की जरूरत क्यों पड़ती है?

जो लोग वित्तीय संस्थाओं से धन उधार लेते हैं, वे किस्तों या ब्याज या दोनों (EMI) को चुकाने में डिफ़ॉल्ट कर सकते हैं। इस राशि की वसूली होनी चाहिए। इसके लिए उधार लेने वाले से मुलाकात करना और धनराशि की वसूली का प्रयास करना पड़ता है। खुदरा एवं एमएसएमई (MSME) ऋण प्रदायण में विशेषज्ञता रखने वाले वित्तीय संस्थाओं के कई उधारकर्ता होते हैं। सरकार तमाम विकास योजनाओं के तहत ऋण मुहैय्या कराने पर भी बल डालती है। कर्ज/ऋण खातों की बड़ी संख्या को देखते हुए इन उधारदाताओं को कलेक्शन का कार्य अपने कर्मचारियों को सौंपना कठिन हो सकता है क्योंकि संग्रहण का काम विभिन्न इलाकों में फैला होता है और संग्रहण होने योग्य राशि छोटी से मध्यम मूल्य की हो सकती है। इस संदर्भ में, कुछ उधारदाताओं के पास ऋण वसूली के लिए ख़ास इन-हाउस विभाग होते हैं, जबकि दूसरे अपनी ओर से वसूली कार्य को अंजाम देने के लिए तीसरे पक्ष को नियुक्त करते हैं।

संग्रहण एजेंट ऐसे व्यक्ति या एजेंसियां हो सकते हैं, जिन्हें ऋणदाताओं द्वारा संग्रहण का काम सौंपा गया हो। वे उस वित्तीय संस्थान की ओर से डिफ़ॉल्ट ऋण का संग्रहण करते हैं, जिसने कई उद्देश्यों के लिए व्यक्तियों या व्यावसायिक संस्थाओं को धन उधार दिया हो। अगर किसी एजेंसी को किसी व्यवस्था के तहत डिफ़ॉल्ट किए गए ऋण खरीदने होते हैं, तो वे ऋणदाता की भूमिका में आ जाते हैं और एजेंट नहीं रह जाते हैं। यद्यपि, संग्रहण की बारीकियां, नियम और करने या न करने वाली बातें उन पर भी लागू होते हैं।

13.4 संग्रहण एजेंसियों को नियुक्त करने के फ़ायदे

वित्तीय संस्था ऋण वसूली/संग्रहण एजेंसियों की सहायता लेते हैं, क्योंकि इससे उन्हें कुछ सहूलियत मिल जाती है, जैसे:

- ये एजेंसियां वसूली के काम में अनुभवी होती हैं और लोन देने वाली संस्थाओं के लिए ऋण वसूलने में अच्छा काम करती हैं
- एक विशेषज्ञतापूर्ण सेवाप्रदाता होने के कारण, ऋण वसूली एजेंसी संबद्ध कानूनों व प्रक्रियाओं से अच्छी तरह अवगत होता है और इस कार्य से जुड़ी अनुपालन शर्तों का अनुपालन कर सकती है।
- वैसे तो ऋण चुकाने की जिम्मेदारी उधारकर्ता की होती है, पर उनसे जबरन वसूली की अनुमति नहीं होती और ग्राहकों या क्लाइंटों को उन ऋण वसूली/रिकवरी एजेंटों से रक्षा

करने के लिए कई नियम-कानून मौजूद हैं, जो उधारकर्ताओं के साथ दुर्व्यवहार करते हैं या वसूली के अनुचित तरीके अपनाते हैं।

- ऋण प्रदाता कानूनी प्रक्रियाओं के जरिए छोटे ऋण वसूलने का प्रयास नहीं करते हैं और किसी व्यवसाय मालिक के पास ऋण वसूली करने के लिए कॉल करने और फ़ॉलो-अप लेने या कानूनी नोटिस भेजने का वक्त नहीं हो सकता है, मगर संबंधित एजेंसी इन जरूरतों को पूरा करने में उनका मदद कर सकती है।
- जब किसी ऋण वसूली एजेंसी को नियुक्त किया जाता है, तो वित्तीय संस्था का ध्यान अपने मुख्य व्यवसाय पर लगा रह सकता है, क्योंकि ऋण वसूली कार्य को इन एजेंसियों द्वारा पूरा किया जाता है।

वैसे, इसके कुछ नुकसान भी हैं:

- ऋण वसूली में खर्च लगता है।
- ऋण वसूली एजेंसी बैंक के ग्राहकों के साथ संबंध स्थापित करेगी, जिससे नुकसान होने की संभावना हो सकती है, क्योंकि वे ग्राहकों के साथ विनम्र तरीके से व्यवहार न करके उस रिश्ते को खराब कर सकते हैं।

13.5 परिभाषा - ऋण वसूली एजेंट

ऋण वसूली एजेंट बैंकों/एनबीएफसी के एजेंट के रूप में काम करते हैं। इसलिए, बैंक/एनबीएफसी अपने व्यवहार के लिए खुद जिम्मेदार होते हैं। ऋण-वसूली एजेंट को एक ऐसे व्यक्ति या निकाय के रूप में परिभाषित किया जा सकता है, जो किसी वित्तीय संस्था या किसी अन्य निकाय द्वारा विशिष्ट नियमों और शर्तों के अनुसार निर्धारित ऋणों को अर्थात, बकाया ऋण या डूबे हुए कर्ज़ और/या देनदारों से अन्य प्रकार के ऋणकर्ता (या ग्राहकों) से वसूली करने के उद्देश्य से लगाया जाता है।

ऋण वसूली एजेंट शब्द में तीन अलग-अलग शब्दों ऋण, वसूली और एजेंट शामिल हैं। ऋण का आशय किसी व्यक्ति या व्यावसायिक निकाय द्वारा ऋणदाता को दी गई धनराशि से है। ऋण के दो पक्ष होते हैं, यानी ऋण लेने वाला (उधारकर्ता) जो ऋण के जरिए धन प्राप्त करता है और लेनदार (बैंक/एनबीएफसी/अन्य) जो ऋण लेने वाले को धन उधार देता है। उदाहरण के लिए, यदि श्री ए एक बैंक से कार खरीदने के लिए 3 लाख रु. का ऋण लेते हैं, तो वह कर्ज़दार (या उधारकर्ता) बन जाता है और बैंक ऋणदाता (या ऋण प्रदाता) होता है और 3 लाख रु. का लोन उधार राशि (मूलधन) है। श्री ए को समान मासिक किस्त (ईएमआई) के रूप में उधार चुकाना

होगा, जिसमें मूलधन और ब्याज शामिल होगा, जो कि 3 साल (ऋण अवधि) की अदायगी अवधि में बंटा होगा।

वसूली शब्द का अर्थ है- देनदार और लेनदार दोनों द्वारा आरंभ में सहमत क्रेडिट की शर्तों के अनुसार भुगतान के लिए देय होने के बाद लेनदार द्वारा या उसकी ओर से देनदार से धन का संग्रहण या वसूली। ऋण की अदायगी देनदार द्वारा लेनदार को हर महीने भुगतान की जाने वाली किस्त के रूप में हो सकता है। ऊपर बताए उदाहरण में, अगर श्री ए (देनदार) नियत तिथि पर सहमत किस्त (EMI) का भुगतान नहीं कर पाता है, तो बैंक उसे निर्धारित अवधि के भीतर सहमत राशि चुकाने की याद दिलाने के लिए नोटिस भेज सकता है। यदि नोटिस मिलने के बाद भी वह किस्त का भुगतान नहीं करता है तो बैंक संग्रहण एजेंट का सहारा ले सकता है। यहां गौर करने वाली बात यह है कि देनदार द्वारा ऋण का भुगतान देय तिथि पर या उसके बाद ही किया जाता है, मगर उस तिथि से पहले नहीं किया जाता है। अगर नियत तिथि पर ऋण नहीं चुकाया जाता है, तो यह अतिदेय (ओवरड्यू) या पिछला बकाया (पास्ट ड्यू) हो जाता है।

भारतीय अनुबंध अधिनियम, 1872 में एजेंट की दी गई परिभाषा में वह व्यक्ति शामिल होता है, जिसे किसी दूसरे के लिए कोई काम करने या तीसरे व्यक्ति के साथ व्यवहार करने में दूसरे का प्रतिनिधित्व करने के लिए नियुक्त किया जाता है, जिस व्यक्ति के लिए ऐसे कार्य किए जाते हैं या जिसका प्रतिनिधित्व किया जाता है उसे प्रिंसिपल कहा जाता है और एजेंट के पास प्राधिकार की सीमा के अंतर्गत प्रिंसिपल की ओर से कार्य करने का प्राधिकारी और इस तरह तीसरे पक्ष के संदर्भ में ऐसे कार्यों के लिए प्रिंसिपल को बाध्य करता है। ऋणदाता के पास वसूली या कलेक्शन करने का अनुबंधात्मक अधिकार होता है और इसके तहत संस्था संग्रहण के लिए एक एजेंट को नियुक्त करती है। यदि किसी एजेंसी को संग्रहण में आना है, तो वह इस व्यवस्था के तहत संग्रहण करने के लिए अपने कर्मचारियों का इस्तेमाल कर सकती है। श्री ए को मुहैय्या कराए गए कार ऋण के उपरोक्त उदाहरण में, यदि बैंक (लेनदार) श्री ए (और अन्य देनदारों) से देय तिथियों पर भुगतान न किए जाने के बाद उनसे बकाया वसूलने के लिए XY को नियुक्त करता है, तो XY को बैंक का लोन रिकवरी एजेंट या ऋण वसूली एजेंट कहा जाएगा। बैंक अपने प्रधान बैंकिंग कार्यों जैसे जमा, ऋण प्रदायगी, विप्रेषण, विदेशी मुद्रा व्यवसाय के लिए कर्मचारियों, समय इत्यादि के संदर्भ में अपने संसाधनों का इस्तेमाल करना पसंद कर सकता है और उनकी सेवाओं के लिए शुल्क या कमीशन समेत कुछ शर्तों पर ऋण वसूली एजेंटों को नियुक्त कर ऋण वसूली कार्य को आउटसोर्स कर सकता है।

13.6 संग्रहण और वसूली (कलेक्शन और रिकवरी)

संग्रहण में ग्राहक द्वारा बगैर किसी अनुस्मारक के नियत समय में की गई अदायगी और रिमाइंडर इत्यादि की प्रारंभिक प्रक्रिया शामिल है।

जब ग्राहक ऋण चुकाने में डिफ़ॉल्ट करता है और राशि भुगतान के लिए अतिदेय (ओवरड्यू) हो जाती है तो वसूली शुरू हो जाती है। अतिदेय ऋणों को पिछला बकाया (पास्ट ड्यू) ऋण भी कहा जाता है और इसे पिछले देय दिनों की संख्या के आधार पर गिना जाता है। हालांकि, आधुनिक बैंकिंग के दौर में संग्रहण के कार्य में वसूली भी शामिल रहती है।

13.7 ऋण वसूली का कानूनी एवं नियामक फ़्रेमवर्क

भारतीय रिजर्व बैंक, बैंकों और एनबीएफसी कानियामक प्राधिकरण है। आरबीआई द्वारा समय-समय पर ऋण वसूली एजेंटों को जारी दिशा-निर्देशों का बैंकों/एनबीएफसी और उनके वसूली एजेंटों द्वारा अनुपालन करना होता है। आरबीआई के दिशा-निर्देशों या ऋणदाता द्वारा तय आंतरिक प्रक्रियाओं का पालन करने में विफलता के कारण आरबीआई की ओर से द्वारा जुर्माना लगाया जा सकता है। हाल के वर्षों में इस क्षेत्र में काफी मीडिया गतिविधि देखी गई है और नियमों के सही अनुपालन न करने पर संबंधित ऋणदाताओं के खिलाफ़ प्रचार होता है और उनकी प्रतिष्ठा को झटका लगता है।

भारतीय अनुबंध अधिनियम के संदर्भ में एजेंसी अनुबंध के कानूनी पहलू इस प्रकार हैं:

1. एजेंसी एक ऐसा रिलेशनशिप है, जो दो लोगों के बीच उत्पन्न होता है, जहां एक को प्रिंसिपल और दूसरे को एजेंट कहा जाता है। प्रिंसिपल, अर्थात वित्तीय संस्था इस बात पर सहमति जताती है कि एजेंट को उसका प्रतिनिधित्व करना चाहिए या उसे उसकी ओर से काम करना चाहिए। एजेंट प्रिंसिपल का प्रतिनिधित्व करने और उसकी ओर से काम करने की भी सहमति जताता है।
2. एजेंसी के अनुबंध में, अनुबंध के दोनों पक्ष यानी प्रिंसिपल और एजेंट की उम्र 18 वर्ष से अधिक होनी चाहिए और उनका मानसिक संतुलन सही होना चाहिए।
3. ज्यादातर एजेंसी कॉन्ट्रैक्टों में एक वेतन उपबंध होता है, जिसके अनुसार वसूली एजेंट को प्रिंसिपल को दी गई सेवाओं के लिए उचित शुल्क दिया जाएगा।
4. किसी एजेंट का अधिकार वहां व्यक्त किया जा सकता है, जहां यह शब्द के जरिए, मौखिक रूप से, या लिखित रूप से या निहित रूप से दिया गया हो, और यह मामले की परिस्थितियों के संगत हो।

5. उन कार्यों को लेकर जिन्हें पूरा करने के लिए प्रिंसिपल के पास स्पष्ट रूप से या परोक्ष रूप से शक्ति या अधिकार हो, वह उसके ऊपर कार्यवाही करेगा। यह प्राधिकरण तीसरे पक्ष के साथ प्रिंसिपल के कानूनी संबंधों को प्रभावित करने के अधिकार का निर्माण करता है।
6. किसी कार्य को करने का अधिकार रखने वाले एजेंट के पास वह सब कुछ करने का अधिकार निहित होता है, जो वैध हो और ऐसा करना आवश्यक हो। जैसा कि ऊपर बताया गया है, किसी बैंक/एनबीएफसी के एजेंट का कोई ऐसा काम जो नियामक दिशा-निर्देशों के संगत नहीं है, उसे गैर-कानूनी माना जाता है।

13.8 ऋण वसूली व्यवस्था की ख़ासियत

परिभाषा: किसी वित्तीय संस्था एवं ऋण वसूली एजेंट के बीच एक व्यवस्था या समझौता एजेंसी का एक कॉन्ट्रैक्ट है। ऊपर बताए अनुच्छेदों के आधार पर ऋण वसूली व्यवस्था की ख़ासियत का इस प्रकार वर्णन किया जा सकता है:

a. यह एक क्रेडिट संस्था तथा ऋण वसूली एजेंसी के बीच एक कॉन्ट्रैक्ट है। किसी एजेंसी वाली व्यवस्था में दोनों पक्षों को कॉन्ट्रैक्ट तैयार करने में समर्थ होना चाहिए। एजेंट कोई स्वाभाविक व्यक्ति, वयस्क और सही मानसिक स्थिति वाला व्यक्ति या कोई संस्था हो सकती है। किसी निकाय के मामले में जिसे DRA कामों के लिए अनुबंधित किया गया हो, बैंक/एनबीएफसी को ऐसे निकाय के कर्मचारियों की भूमिका का ख़ास तौर से संकेत करना चाहिए।

b. प्रिंसिपल और एजेंट के बीच ऋण वसूली व्यवस्था तीन तरीकों से तय की जा सकती है:

- लिखित रूप में एक स्पष्ट समझौते के द्वारा, जिसमें उस व्यवस्था के नियमों व शर्तों का जिक्र किया जाता है (समझौते के अधीन एजेंसी)
- ऐसे मामलों में जहां कोई स्पष्ट समझौता नहीं है, प्रिंसिपल और एजेंट के बीच का संबंध उस मामले के तथ्यों व परिस्थितियों (निहित एजेंसी) द्वारा तय किया जा सकता है।
- कुछ मामलों में, प्रिंसिपल की ओर से और प्रिंसिपल के पूरी तरह से अवगत रहते हुए किसी व्यक्ति द्वारा किया गया कार्य प्रिंसिपल द्वारा अधिकृत नहीं किया गया हो सकता है। अगर प्रिंसिपल बाद में कार्यों की पुष्टि करता है, तो ऐसा कार्य पश्चात अनुमोदन संबंधित पक्षों (अनुमोदन द्वारा एजेंसी) को बाध्य करेगा।

c. किसी भी दूसरे अनुबंध की तरह, ऋण वसूली समझौते को, प्रिंसिपल व एजेंट द्वारा स्वीकृति की आवश्यकता होती है। स्वीकृत समझौता दोनों पक्षों के लिए कानूनी रूप से बाध्यकारी होता है।

d. ऋण वसूली समझौते में वसूली एजेंटों की भूमिका और कार्यों का उल्लेख किया जाएगा। ये कानूनी होने चाहिए, यानी देश के कानूनों एवं उद्योग के नियमों के अनुसार होने चाहिए।

e. एजेंसी एग्रीमेंट द्वारा हासिल प्राधिकार के भीतर किए गए एजेंट के कार्य प्रिंसिपल और तीसरे पक्ष के बीच कानूनी रूप से बाध्यकारी होंगे। यद्यपि, प्रदत्त प्राधिकार के बाहर या प्राधिकार से अधिक होकर किए गए एजेंट के कार्य प्रिंसिपल को बाध्य नहीं करेंगे और नतीजों की जिम्मेदारी ख़ासतौर से एजेंट पर होगी।

ऋण वसूली के संदर्भ में एजेंसी समझौते में प्रिंसिपल और एजेंट द्वारा सहमत मुख्य नियम व शर्तें शामिल रहती हैं। ये ऋण वसूली व्यवस्था के मुख्य तत्व कहे जाते हैं और सामान्यतः इसमें ये शामिल होंगे:

- संपादित किए जाने वाले विशिष्ट कार्य, अर्थात् संस्था द्वारा दिए गए विवरण व निर्देश के अनुसार ऋण देने वाली संस्थाओं के संस्थानों से बकाया राशि का संग्रहण। इसमें अनुबंध के अनुरूप किए जाने वाले कार्यों की समय-सीमा भी शामिल होगी।
- बैंक/एनबीएफसी की ऋण वसूली नीति और प्रक्रिया का विवरण ताकि एजेंसी/एजेंट प्रक्रियाओं का उल्लंघन न करे।
- वसूली प्रक्रिया की आचार संहिता जिसमें ड्रेस कोड, ग्राहकों के साथ मौखिक और लिखित संचार में पालन किए जाने वाले नियम और अन्य नियम, जानकारी की गोपनीयता इत्यादि शामिल होंगे, जिनका एजेंसी द्वारा कलेक्शन के उद्देश्य से नियुक्त व्यक्तियों द्वारा पालन किया जाना होता है।
- एजेंट के कर्तव्य
- एजेंट के अधिकार, जिसमें ऋण सेवाओं की वसूली के लिए एजेंट को प्रिंसिपल द्वारा देय कमीशन या फीस मौजूद रहते हैं।

ऋण वसूली व्यवस्था में ऋण वसूली नीति एवं आचार संहिता समय-समय पर भारतीय रिजर्व बैंक द्वारा जारी निर्देशों एवं दिशा-निर्देशों के अनुरूप होगी।

एग्रीमेंट, क्रेडिट संस्था और ऋण वसूली एजेंट अथवा एजेंसी के बीच डिजिटल फॉर्मेट में हो सकती है और यह ऋण देने वाली संस्था और एजेंसी दोनों के लिए कानूनी रूप से बाध्यकारी होती है। हालांकि, सटीक व्यवस्थाएं अलग-अलग संस्था में भिन्न-भिन्न हो सकती हैं।

13.9 आरबीआई के दिशानिर्देश

आरबीआई ने बैंकों को वसूली एजेंटों को नियुक्त करते समय नीचे बताई ख़ास बातों को ध्यान में रखने का सुझाव दिया था:

(i) वसूली एजेंटों की नियुक्ति के लिए बैंकों के पास एक सम्यक तत्परता प्रक्रिया की व्यवस्था होनी चाहिए, जिसे इस तरह से तैयार करना चाहिए कि वसूली प्रक्रिया में शामिल अन्य लोगों के अलावा, बाकी व्यक्तियों को भी कवर किया जा सके। सम्यक तत्परता प्रायः 3 नवंबर 2006 के सर्कुलर DBOD.No.BP.40/21.04.158/2006-07 के तहत वित्तीय सेवाओं की आउटसोर्सिंग पर RBI द्वारा जारी दिशा-निर्देशों के अनुरूप संपन्न की जानी चाहिए। इसके अलावा, बैंकों को इस बात का ध्यान रखना चाहिए कि वसूली प्रक्रिया में उनके द्वारा नियुक्त एजेंट पर्याप्त सावधानी के तौर पर अपने कर्मचारियों के पूर्ववृत्त का सत्यापन करें, जिसमें नौकरी से पहले का पुलिस सत्यापन भी शामिल हो सकता है। बैंक यह तय कर सकते हैं कि कितने-कितने समय पर पूर्ववृत्त का फिर से सत्यापन किया जाना चाहिए।

(ii) उचित नोटिस एवं उचित प्राधिकरण सुनिश्चित करने हेतु, बैंकों को वसूली एजेंसी को डिफ़ॉल्ट मामले फॉरवर्ड करते समय उधारकर्ता को वसूली एजेंसी फर्मों/कंपनियों का विवरण प्रदान करना चाहिए। इसके अतिरिक्त, चूंकि कुछ मामलों में, उधारकर्ता को इनकार/अनुपलब्धता/वर्जन के कारण वसूली एजेंसी से जुड़ा विवरण नहीं मिला होगा और पहचान सुनिश्चित करने के लिए, बेहतर होगा कि एजेंट नोटिस की एक प्रति भी ले जाए और बैंक से प्राधिकार पत्र के साथ-साथ बैंक या एजेंसी फर्म/कंपनी द्वारा उसे जारी किया गया पहचान पत्र साथ ले जाना सही होगा। इसके अलावा, जहां वसूली प्रक्रिया के दौरान बैंक वसूली एजेंसी बदल देता है, वहां बैंक उधारकर्ता को बदलाव के बारे में सूचना देता ही है, साथ ही नए एजेंट को अपने साथ अपने पहचान पत्र के साथ नोटिस और प्राधिकार पत्र रखना चाहिए।

(iii) नोटिस और प्राधिकार पत्र में, अन्य विवरणों के अलावा, संबद्ध वसूली एजेंसी के टेलीफ़ोन नंबर भी रहने चाहिए। बैंकों को इस बात का ध्यान रखना चाहिए कि वसूली एजेंटों द्वारा ग्राहकों को और ग्राहकों द्वारा एजेंटों को की गई कॉल की बातें/टेक्स्ट की टेप रिकॉर्डिंग हो। इस कार्य में बैंक उचित सावधानी बरत सकते हैं जैसे ग्राहक को सूचित करना कि बातचीत रिकॉर्ड की जा रही है, इत्यादि।

(iv) बैंकों द्वारा नियुक्त वसूली एजेंसी फर्मों/कंपनियों का अपडेटेड विवरण भी बैंक की वेबसाइट पर पोस्ट किया जाएगा।

(v) जहां कोई परेशानी/शिकायत दर्ज की गई हो, वहां बैंकों को वसूली एजेंसियों तक तब तक मामले नहीं भेजना चाहिए, जब तक कि वे संबद्ध उधारकर्ता द्वारा दर्ज कराई किसी परेशानी/शिकायत का अंतिम निपटारा नहीं कर देते हों। यद्यपि, जहां बैंक को उचित प्रमाण के साथ भरोसा है कि उधारकर्ता लगातार दुर्भावनापूर्ण/परेशान करने वाली शिकायतें कर रहा है, तो वह रिकवरी एजेंटों के जरिए वसूली की प्रक्रिया जारी रख सकता है, भले ही उनके पास कोई परेशानी/शिकायत लंबित हो। ऐसे मामलों में जहां उधारकर्ता की बकाया राशि का विषय अदालत के अधीन हो सकता है, बैंकों को परिस्थितियों के आधार पर, वसूली एजेंसियों को मामले की जानकारी देने में, उचित सावधानी बरतनी चाहिए।

(vi) बैंक के पास एक ऐसी प्रणाली होनी चाहिए जिससे वसूली प्रक्रिया से जुड़ी उधारकर्ताओं की शिकायतों का समाधान किया जा सके। वसूली एजेंसी के विवरण की सलाह देते समय उधारकर्ता को उस प्रणाली का भी विवरण उपलब्ध किया जाना चाहिए।

वसूली एजेंटों को इंसेंटिव

(vii) कुछ बैंक/एनबीएफसी बेहद कड़े वसूली लक्ष्य निर्धारित करते हैं या वसूली एजेंटों को हाई इंसेंटिव प्रदान करते हैं। जिसके परिणामस्वरूप वसूली एजेंटों को बकाया राशि की वसूली के लिए डराने धमकाने वाले और संदिग्ध तरीकों का सहारा लेने का बढ़ावा मिलता है। बैंकों को इस बात का ध्यान रखना चाहिए कि वसूली एजेंटों के साथ किए अनुबंध में अभद्र, गैरकानूनी और संदिग्ध व्यवहार या वसूली प्रक्रिया अपनाने का प्रोत्साहन न हो। यह इंसेंटिव संदिग्ध तरीकों को अपनाए बगैर बेहतर प्रदर्शन तथा वसूली की अच्छी विधियों पर आधारित हो सकता है।

वसूली एजेंटों के लिए प्रशिक्षण

(viii) बैंकों/एनबीएफसी को इस बात का ध्यान रखने की सलाह दी गई है कि, अन्य बातों के अलावा, वसूली एजेंटों को विशेष पहलुओं जैसे कॉलिंग के घंटे, ग्राहक की जानकारी की गोपनीयता, अपनी जिम्मेदारियों इत्यादि को संवेदनशीलता के साथ संभालने के लिए उचित रूप से प्रशिक्षित किया जाता हो।

(ix) वित्तीय संस्थानों को इस बात का ध्यान रखना चाहिए कि उनके सभी वसूली एजेंट उचित प्रशिक्षण लें और भारतीय बैंकिंग एवं वित्त संस्थान (IIBF) से प्रमाण पत्र प्राप्त करें, जिसने आरबीआई की सलाह के अनुसार, वसूली एजेंटों के लिए गैर-स्नातकों के लिए कम से कम 100 घंटे के प्रशिक्षण तथा और स्नातकों के लिए 50 घंटे का प्रशिक्षण के साथ एक सर्टिफिकेट कोर्स बनाया है।

बैंकों के पास गिरवी/बंधक रखी गई संपत्ति पर कब्ज़ा करना

(x) माननीय सर्वोच्च न्यायालय के सामने आए एक हाल के मामले में, माननीय न्यायालय ने कहा कि हम देश में कानून के शासन से संचालित हैं और ऋणों की वसूली या वाहनों की जब्ती केवल कानूनी तरीकों से ही की जा सकती है। इस संबंध में यह जिक्र किया जा सकता है कि वित्तीय संपत्तियों का प्रतिभूतिकरण एवं पुनर्गठन व प्रतिभूति हित प्रवर्तन अधिनियम, 2002 (SARFAESI अधिनियम) और प्रतिभूति हित (प्रवर्तन) नियम, 2002 ने न केवल प्रतिभूति हित लागू करने के लिए अच्छी तरह से परिभाषित प्रक्रियाएं निर्धारित की हैं, बल्कि प्रतिभूति हित लागू करने के बाद चल व अचल संपत्ति की नीलामी के लिए भी सुपरिभाषित प्रक्रियाएं तय की हैं। इसलिए, बैंकों को चाहिए कि वे न्यायालयों के हस्तक्षेप के बगैर प्रतिभूति हित लागू करते समय केवल प्रासंगिक कानूनों के अधीन उपलब्ध कानूनी उपायों पर ही भरोसा करें।

(xi) ऐसी स्थिति में जहां बैंकों ने उधारकर्ता के साथ किए अनुबंध में पुनराधिकार खंड शामिल किया है और अपने अधिकारों को लागू करने के लिए ऐसे पुनराधिकार खंड पर भरोसा करते हैं, तो उन्हें इस बात का ध्यान रखना चाहिए कि पुनराधिकार खंड कानूनी रूप से वैध हो, भारतीय अनुबंध अधिनियम के प्रावधानों का अक्षरशः अनुपालन करता है तथा सुनिश्चित करता है कि अनुबंध के कार्यान्वयन के समय इस तरह के पुनराधिकार खंड को उधारकर्ता के ध्यान में स्पष्ट रूप से लाया जाए। अनुबंध की नियम व शर्तें पूरी तरह से रिकवरी नीति के अनुसार होनी चाहिए और इसमें (a) कब्ज़ा लेने से पूर्व की नोटिस की अवधि (b) परिस्थितियों के तहत नोटिस अवधि को माफ किया जा सकता है (c) प्रतिभूति के कब्ज़ा लेने की प्रक्रिया से जुड़े प्रावधान शामिल होने चाहिए (d) संपत्ति की बिक्री/नीलामी से पहले ऋण की अदायगी के लिए उधारकर्ता को दिए जाने वाले अंतिम अवसर के संबंध में प्रावधान (e) उधारकर्ता को पुनराधिकार देने की प्रक्रिया और (f) संपत्ति की बिक्री/नीलामी की प्रक्रिया के प्रावधान शामिल होने चाहिए।

लोक अदालत मंच का इस्तेमाल

(xii) माननीय सर्वोच्च न्यायालय ने यह भी देखा है कि 10 लाख रु. (अब 20 लाख रु.) से कम वाले ऋण, व्यक्तिगत ऋण, क्रेडिट कार्ड ऋण और आवास ऋण के मामले को लोक अदालतों में भेजा जा सकता है। इन निर्देशों के अनुरूप, आरबीआई द्वारा बैंकों को ऋण की वसूली के लिए सिविल न्यायालयों द्वारा आयोजित लोक अदालतों के मंच का इस्तेमाल करने की सलाह दी गई है। बैंकों को अब 10 लाख (अब रु. 20 लाख) रुपए से कम माननीय सर्वोच्च न्यायालय के सुझाव के अनुरूप, व्यक्तिगत ऋण, क्रेडिट कार्ड ऋण , आवास ऋण की वसूली के लिए लोक अदालतों के मंच का इस्तेमाल करने के लिए प्रेरित किया जाता है।

क्रेडिट परामर्शदाताओं का इस्तेमाल

(xiii) ऐसे मामलों में जहां यह पता चले कि किसी विशेष उधारकर्ता का मामला सहानुभूतिपूर्ण आयाम का है, वहां उधारकर्ताओं को सही परामर्श प्रदान करने के लिए क्रेडिट परामर्शदाताओं की सेवाओं का उपयोग करने हेतु बैंकों के पास एक उचित प्रणाली होनी चाहिए।

बैंक/उसके वसूली एजेंटों के खिलाफ शिकायतें

(xiv) बैंक, प्रिंसिपल के रूप में, अपने एजेंटों के कार्यों के लिए जिम्मेदार होते हैं। इसलिए, उन्हें यह इस बात को ध्यान में रखना चाहिए कि उनके बकाया की वसूली के लिए नियुक्त एजेंटों को बकाया वसूली की प्रक्रिया में निर्धारित दिशानिर्देशों और निर्देशों का कड़ाई से पालन करना चाहिए।

(xv) ऊपर के दिशा-निर्देशों के उल्लंघन होने और बैंकों के वसूली एजेंटों द्वारा अपनाई जाने वाली अपमानजनक आदतों को अपनाने को लेकर रिज़र्व बैंक को मिली शिकायतों को गंभीरता से लिया जाएगा। रिज़र्व बैंक किसी बैंक पर सीमित अवधि के लिए किसी विशेष क्षेत्र, अधिकार क्षेत्र या क्रियात्मक दायरे में वसूली एजेंटों को नियुक्त करने पर रोक लगाने पर विचार कर सकता है। ऊपर के दिशा-निर्देशों के लगातार उल्लंघन के मामले में, रिज़र्व बैंक इस रोक की अवधि या प्रतिबंध के क्षेत्र को बढ़ाने पर विचार कर सकता है। इसी प्रकार की अवलोकनात्मक कार्रवाई तब की जा सकती है, जब उच्च न्यायालय या सर्वोच्च न्यायालय वसूली प्रक्रिया से जुड़ी नीति, अभ्यास और प्रक्रिया के संबंध में किसी बैंक या उसके निदेशकों/अधिकारियों/एजेंटों के विरुद्ध सख्त कदम उठाते हैं या जुर्माना लगाते हैं।

13.10 वसूली एजेंटों द्वारा धमकी मिलने की स्थिति में ऋण चूककर्ता (लोन डिफ़ॉल्टर) के अधिकार

वसूली एजेंटों के मनमाने और अमान्य आचरण के ऐसे कई उदाहरण हैं, जो बैंकों की ओर से धनराशियों की वसूली करने की कोशिश कर रहे थे। एक उदाहरण में, एक 81 वर्षीय महिला को वसूली एजेंटों द्वारा गंभीर रूप से परेशान किया गया था - उसे अपने बेटे के अभुक्त बैंक बकाया को लेकर 375 धमकी भरे कॉल मिले। जब उन्होंने पुलिस से संपर्क साधा, तब जाकर इन एजेंटों के खिलाफ मामला दर्ज किया जा सका। एक दूसरे उदाहरण में, एक निजी बस को रोका गया और 42 यात्रियों को वसूली एजेंटों ने तीन घंटे तक बंधक बनाकर रखा, जो बस के स्वामित्व वाली ट्रैवल कंपनी से पैसा वसूलना चाहते थे।

वसूली एजेंट को धमकी मिलने या उत्पीड़न किए जाने पर उधारकर्ता द्वारा की जाने वाली संभावित कार्रवाई के बारे में पता होना चाहिए। यदि कर्जदार को बैंक या वसूली एजेंट की ओर से सताया जाता है, तो कर्जदार व्यक्ति पुलिस स्टेशन जा सकता है और शिकायत दर्ज करा सकता है। अधिक कठोर कार्रवाई करने से पूर्व यह एक शुरुआती कदम होना चाहिए। अगर पुलिस की ओर से कोई राहत नहीं मिलती है या वे शिकायत दर्ज नहीं करते हैं, तो क्लाइंट सिविल कोर्ट में भी जा सकता है और मदद की गुहार लगा सकता है। इस मामले में अदालत उधारकर्ता के पक्ष में फैसला दे सकती है और एजेंट को अनधिकृत एवं अमान्य आचरण का सहारा न लेने का आदेश जारी कर सकती है।

वसूली एजेंटों को उधारकर्ता के अधिकारों के बारे में भी अवगत होना चाहिए, जो इस प्रकार हैं:

- नोटिस भेजने का अधिकार
- उचित मूल्य का अधिकार
- सुने जाने का अधिकार
- बैलेंस राशि का दावा करने का अधिकार
- विनम्रता पूर्वक व्यवहार करने का अधिकार

(1) पुलिस स्टेशन में शिकायत दर्ज करना:

बैंक/एनबीएफसी और वसूली एजेंसी के विरुद्ध औपचारिक शिकायत दर्ज की जा सकती है। अगर पुलिस मामला दर्ज करने से मना कर देती है, तब मजिस्ट्रेट से संपर्क किया जा सकता है।

(2) बैंक और वसूली एजेंटों के खिलाफ निषेधाज्ञा मुकदमा (Injunction suit):

अंतरिम राहत के साथ सिविल निषेधाज्ञा का वाद बैंक और रिकवरी एजेंसी के विरुद्ध सिविल कोर्ट में दायर किया जा सकता है। ऐसा यह सुनिश्चित करने के लिए किया जा सकता है कि बैंक अधिकारी और वसूली एजेंट बकाया राशि की वसूली के लिए उधारकर्ता के घर न जाएं।

(3) भारतीय रिजर्व बैंक (आरबीआई) के समक्ष शिकायत दर्ज करना:

उधारकर्ता भारतीय रिजर्व बैंक (आरबीआई) के बैंकिंग लोकपाल में भी शिकायत दर्ज करा सकता है, जहां आरबीआई इस बात का ध्यान रखने के लिए कड़े कदम उठा सकता है कि ऋण वसूली एजेंट को अवैध आचरण नहीं करना चाहिए। आरबीआई के दिशा निर्देश कहते हैं कि वसूली एजेंटों द्वारा अपनाई जाने वाली अपमानजनक आदतों को अपनाने को लेकर रिज़र्व बैंक को मिली शिकायतों को गंभीरता से लिया जाएगा।

(4) मानहानि का मुकदमा:

यदि कर्ज़ की वसूली गलत जानकारी पर आधारित हो, जिसके कारण उधारकर्ता के सिबिल स्कोर खराब हो गया हो, तो वह बैंक व वसूली एजेंसी के खिलाफ मानहानि का मुकदमा दायर कर सकता है।

(5) हद पार करने की शिकायत:

अगर बैंक के वसूली एजेंट अधिकृत अनुमति के बगैर अवैध रूप से उधारकर्ता के घर में घुसते हैं, तो उनके अधिकारों का उल्लंघन करने के लिए उनके विरुद्ध अतिक्रमण की शिकायत की जा सकती है।

(6) जबरन वसूली की शिकायत:

यदि वसूली एजेंटों ने जबरदस्ती धनराशि की वसूली की तो उनके खिलाफ फिरौती का मामला दर्ज किया जा सकता है।

वसूली एजेंट को नियुक्त करते समय बैंकों द्वारा नीचे बताए मानदंडों/दिशा-निर्देशों का सावधानीपूर्वक पालन किया जाना चाहिए:

a. बकाया राशि के निपटारा के लिए पर्याप्त बैंक नोटिस/रिमाइंडर/फ़ोन कॉल

b. डीआरए विवरण जैसे डीआरए फर्म/कंपनियां, नाम, टेलीफ़ोन नंबर इत्यादि उधारकर्ता को बताया जाना चाहिए।

c. डीआरए के विवरण बैंक की वेबसाइट पर भी उपलब्ध कराए जाने चाहिए।

d. डीआरए को अपने पहचान पत्र के साथ नोटिस और प्राधिकार पत्र भी लाना होगा। जब उधारकर्ता वसूली के लिए उसके पास जाएगा तो डीआरए को उसे वह पत्र और आईडी दिखानी होगी।

e. विजिट करने का समय केवल सुबह 8:00 बजे से सायं 7:00 बजे तक है। उधारकर्ता की पसंद के स्थान पर और किसी तय स्थान के न होने पर, उसके निवास स्थान पर और यदि वह निवास पर उपलब्ध नहीं है, तो बिजनेस/व्यवसाय के स्थान पर संपर्क करें। दूसरे शब्दों में, डीआरए को ऐसी जगह के बारे में पूछना चाहिए जहां उधारकर्ता से मिलना हो और यदि नहीं, तो डीआरए उसके निवास पर जा सकता है और यदि वहां नहीं है, तो वह कार्यालय में जाकर मिल सकता है।

f. बकाया की वसूली के लिए विजिट करने के दौरान शालीनता एवं सभ्यता का ध्यान रखा जाए। बकाया राशि लेने के लिए गलत मौकों जैसे परिवार में शोक होने या अन्य विपत्तिपूर्ण अवसरों पर कॉल/विजिट करने से बचा जाएगा।

g. विनम्र व्यवहार आवश्यक है। यदि उधारकर्ता डीआरए से बात करने से इनकार करे, तो उसे उस बात के लिए मनाएं।

h. डीआरए को अपने ऋण वसूली प्रयासों में किसी भी व्यक्ति के खिलाफ मौखिक या शारीरिक रूप से किसी भी प्रकार की धमकी या उत्पीड़न का सहारा नहीं लेना चाहिए, जिसमें सार्वजनिक रूप से अपमानित करने या देनदार के परिवार सदस्यों, रेफर करने वालों और दोस्तों की गोपनीयता में हस्तक्षेप करने, धमकी देने वाले और गुमनाम कॉल करना या गलत और भ्रामक प्रतिनिधित्व करने की मंशा शामिल है। लोन वसूली के लिए एजेंटों द्वारा परेशान किया जाना वैसे तो एक छोटी सी समस्या प्रतीत हो सकती है, मगर ऐसे मामले भी आए हैं, जहां एजेंटों के गलत व्यवहार के कारण लोगों ने आत्महत्या कर ली है या उन्हें मानसिक सदमा झेलना पड़ा है। एजेंट अपनी गतिविधियों से क्लाइंटों को परेशान करते हैं। कुछ मुख्य कार्य जो एजेंटों द्वारा नियमित रूप से किए जाते हैं, जैसे क्लाइंटों को बार-बार कॉल करना या नियमित रूप से उनके आवास पर आ धमकना, मोबाइल पर या सोशल मीडिया के जरिए अश्लील मेसैज भेजना, पड़ोसियों को कॉल करना या उनसे संपर्क करना।

i. बैंकों को इस बात का ध्यान रखना चाहिए कि रिकवरी एजेंटों द्वारा ग्राहकों को और ग्राहकों द्वारा एजेंटों को की गई कॉल की बातें/टेक्स्ट की टेप रिकॉर्डिंग हो। इस कार्य में बैंक उचित सावधानी बरत सकते हैं जैसे ग्राहक को सूचित करना कि बातचीत रिकॉर्ड की जा रही है।

j. डीआरए को अदायगी राशि में कोई छूट नहीं देनी चाहिए क्योंकि डीआरए को ग्राहक से कोई भी मौखिक या लिखित वादा करने के लिए अधिकृत किया गया है, न कि वह उधारकर्ता को उनके बकाए का भुगतान न करने को लेकर याद दिलाए।

k. तय से कम राशि के किसी भी निपटारे के लिए, उधारकर्ता को सीधे बैंक भेजें। इससे कम राशि की रसीद न दी जाए।

l. कोई भी कैश स्वीकार न करें और यदि कैश की पेशकश की जाती है, तो केवल चेक स्वीकार करें, उसे बैंक जाने को कहें।

m. प्राधिकार पत्र को भली-भांति पढ़ें और उधारकर्ता को दिखाएं। बैंक द्वारा जारी प्राधिकार पत्र के अनुरूप ही कार्य करें।

n. यदि उधारकर्ता के साथ कोई विवाद है, तो बैंक को इसकी सूचना डीआरए को दी जानी चाहिए। डीआरए को ऐसे उधारकर्ताओं के पास वसूली के लिए नहीं जाना चाहिए। बैंक को इस बात का भी ध्यान रखना चाहिए कि ऐसे मामले डीआरए को न भेजे जाएं। केवल

एक बार जाएं, शिकायतों का समाधान और निपटारा किया जाता है और बैंक द्वारा इसकी सूचना डीआरए को दी जाती है।

o. मानदंडों/दिशानिर्देशों का अनुपालन न करने पर, आरबीआई बैंक को सीमित अवधि के लिए किसी विशेष क्षेत्र के अधिकार क्षेत्र या क्रियात्मक दायरे में वसूली एजेंटों को नियुक्त करने से रोक लगा सकता है।

मगर ऐसी सभी गतिविधियां यदि औपचारिक तरीके से की जाएं, तो उनसे उत्पीड़न की घटना नहीं होगी। एजेंट अगर कोई संदेश भेजता है, बार-बार नहीं बल्कि नियमित रूप से अपडेट देता है, जैसे रिमाइंडर देना, या यहां तक कि रिमाइंडर के लिए कॉल करना भी उत्पीड़न नहीं होगा। इसके अतिरिक्त, भारतीय अदालतें वसूली एजेंटों के अनौपचारिक रवैये पर सख्त रही हैं, जहां अदालतों ने देखा है कि पैसे की वसूली के लिए बलपूर्ण रणनीति अपना गैरकानूनी है और कानून सम्मत उचित व्यवहार को अपनाया जाना चाहिए।

वसूली एजेंट द्वारा उत्पीड़न क्या माना जाता है?

यदि वसूली एजेंट निम्नांकित में से कुछ भी करने का प्रयास करता है, तो इसे बकाया धनराशि की वसूली के लिए उत्पीड़न के रूप में देखा जा सकता है। इन कार्रवाइयों में शामिल हैं:

- रोजाना कई बार लोगों तक पहुंचना, या दिन के पहले हिस्से में या देर शाम को उनके पास पहुंचना;
- ट्विटर और फेसबुक जैसे सोशल मीडिया प्लेटफ़ॉर्मों पर लोगों से संपर्क करना;
- लोगों के ऊपर उनका घर बेचने का दबाव डालना;
- उधारकर्ता के रिश्तेदारों को धमकी देना या उनसे लगातार संपर्क साधना;
- लोगों के एक समूह को लेकर उधारकर्ता के पास जाना, और लोगों को किस्त चुकाने के लिए प्रेरित करना;
- ऐसे डेस्क वर्क या बिजनेस संकेत चिह्नों का इस्तेमाल करना, जो आधिकारिक होने का आभास देते हों जबकि वे आधिकारिक न हों, उदाहरण के लिए लोगों को पत्र भेजना जो ऐसा लगे मानो वे अदालत से जुड़े फ़ॉर्म हों;
- लोगों पर सारा पैसा चुकाने या बड़ी किस्तों में भुगतान करने के लिए दबाव डालना, जबकि वे इसे वहन नहीं कर पाएंगे;
- आम जनता के सामने लोगों को अपमानित करने का प्रयास करना;
- किसी दूसरे व्यक्ति को अपने ऋणों के बारे में बताना या संदेश भेजने के लिए किसी और का इस्तेमाल करना, जैसे कि किसी पड़ोसी या रिश्तेदार का इस्तेमाल करना।

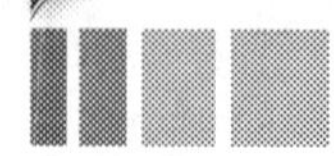

13.11 एकीकृत लोकपाल योजना, 2021

बैंकों और एनबीएफसी पर लागू होने वाली एकीकृत लोकपाल योजना, 2021 की शुरुआत माननीय प्रधान मंत्री द्वारा की गई थी। यह योजना आरबीआई की मौजूदा तीन लोकपाल योजनाओं को एकीकृत करती है, ये योजनाएं इस प्रकार हैं,

- **बैंकिंग लोकपाल योजना, 2006;**
- **नन-बैंकिंग वित्तीय कंपनियों के लिए लोकपाल योजना, 2018; और**
- **डिजिटल लेनदेन के लिए लोकपाल योजना, 2019।**

यदि ग्राहकों की संतुष्टि के अनुरूप समाधान नहीं किया जाता है या नियंत्रित निकाय द्वारा 30 दिनों की अवधि के भीतर जवाब नहीं दिया जाता है, तो यह योजना आरबीआई द्वारा नियंत्रित संस्थाओं द्वारा मुहैय्या करानी जाने वाली सेवाओं में कमी को लेकर ग्राहकों की शिकायतों का निःशुल्क निवारण प्रदान करेगी।

इन तीन मौजूदा योजनाओं को एकीकृत करने के अलावा, इस योजना के दायरे में 50 करोड़ रुपए और उससे ज्यादा की जमा राशि वाले गैर-अनुसूचित प्राथमिक सहकारी बैंक भी आते हैं। यह योजना आरबीआई लोकपाल कार्यप्रणाली के अधिकार क्षेत्र को तटस्थ बनाकर 'एक राष्ट्र एक लोकपाल' दृष्टिकोण को अंगीकृत करती है।

इस योजना की कुछ मुख्य विशेषताएं इस प्रकार हैं:

i. शिकायतकर्ता के लिए अब इस बात की पहचान करना आवश्यक नहीं होगा कि उसे किस योजना के तहत लोकपाल के पास शिकायत दर्ज करनी चाहिए।

ii. यह योजना अपवर्जनों की एक निर्दिष्ट सूची के साथ शिकायत दर्ज करने के आधार के रूप में 'सेवा में कमी' को परिभाषित करती है। इसलिए, शिकायतों को अब केवल "योजना में सूचीबद्ध आधारों के अंतर्गत शामिल न होने" के आधार पर अस्वीकृत नहीं किया जाएगा।

iii. इस योजना ने प्रत्येक लोकपाल कार्यालय के अधिकार क्षेत्र को समाप्त कर दिया है।

iv. किसी भी भाषा में डाक/कूरियर और ईमेल के जरिए मिली शिकायतों और उनकी प्रारंभिक प्रोसेसिंग के लिए आरबीआई, चंडीगढ़ में एक केंद्रीकृत प्राप्ति एवं प्रसंस्करण केंद्र स्थापित किया गया है।

v. विनियमित इकाई का प्रतिनिधित्व करने और विनियमित इकाई के विरुद्ध ग्राहकों द्वारा दर्ज की गई शिकायतों बारे में जानकारी पेश करने की जिम्मेदारी सार्वजनिक क्षेत्र के बैंक में महाप्रबंधक या समतुल्य रैंक के प्रधान नोडल अधिकारी की होगी।

vi. विनियमित इकाई के पास उन मामलों में अपील करने का अधिकार नहीं होगा जिनमें संतोषजनक और समय पर जानकारी/दस्तावेज प्रस्तुत न करने के लिए लोकपाल द्वारा उसके विरुद्ध आदेश जारी किया जाता हो।

vii. आरबीआई के उपभोक्ता शिक्षा एवं संरक्षण विभाग के उत्तरदायी कार्यकारी निदेशक इस योजना के तहत अपील प्राधिकारी होंगे।

शिकायतें https://cms.rbi.org.in पर ऑनलाइन दर्ज की जा सकती हैं। शिकायतें तय प्रारूप में निर्धारित ई-मेल के माध्यम से भी दर्ज की जा सकती हैं या भारतीय रिज़र्व बैंक, चौथी मंजिल, सेक्टर 17, चंडीगढ़ - 160017 में स्थापित 'केंद्रीकृत प्राप्ति एवं प्रसंस्करण केंद्र' (Centralized Receipt and Processing Centre) को वास्तविक रूप में भेजी जा सकती हैं। इसके अलावा, टोल-फ्री नंबर - 14448 (प्रातः 9:30 से सायं 5:15) के साथ एक कॉन्टैक्ट सेंटर काम कर रहा है, जहां हिंदी, अंग्रेजी व अन्य क्षेत्रीय भाषाओं में शिकायतें दर्ज की जा सकती हैं। यह कॉन्टैक्ट सेंटर आरबीआई के वैकल्पिक शिकायत निवारण तंत्र के बारे में सूचना/स्पष्टीकरण प्रदान करेगा और शिकायत दर्ज करने में शिकायतकर्ताओं को गाइड करेगा।

13.12 संग्रहण प्रणाली (कलेक्शन सिस्टम) की प्रवृत्तियां

परंपरागत रूप से संग्रहण का कार्य नकद और चेक व ड्राफ्ट जैसे चेक प्रतिरूपों में होता था। हालांकि हाल के वर्षों में भुगतान के कई नए इलेक्ट्रॉनिक विकल्प आ गए हैं। इनके ऊपर पिछले अध्यायों में चर्चा की गई है। हालांकि, यहां यह गौर किया जाना चाहिए कि भुगतान विधि और विकल्प बदल रहे हैं, और यह उम्मीद की जाती है कि डीआरए ऐसे बदलावों से पूरी तरह अवगत हो और इनका इस्तेमाल करता हो।

ऑनलाइन भुगतान विकल्प

पारंपरिक वसूली विकल्पों के अलावा, वित्तीय संस्थाएं बकाया राशि की वसूली के लिए कई अन्य विकल्प भी प्रदान करती हैं:

(i) नेट-बैंकिंग या मोबाइल बैंकिंग के जरिए भुगतान

(ii) एटीएम या हैंड हेल्ड डिवाइस पर डेबिट कार्ड के जरिए भुगतान

(iii) BHIM UPI, PayTM, GPay इत्यादि जैसे ऑनलाइन प्लेटफॉर्म के जरिए यूपीआई भुगतान।

(iv) ग्राहक के लिए विशिष्ट QR कोड के जरिए स्कैन कर भुगतान का इस्तेमाल करना

(v) BBPS के जरिए बिल भुगतान विकल्प

(vi) ग्राहक सुविधा के लिए निर्धारित तृतीय पक्ष केंद्रों पर नकद भुगतान

भुगतान संग्रह करने के अतिरिक्त तरीके प्रदान कर, ऋणदाता अधिक दक्षता के साथ ऋण वसूलने की संभावना बढ़ा सकता है।

ऑटोमेटेड कम्प्लायंस सॉफ्टवेयर

मशीन लर्निंग और आर्टिफ़िशियल इंटेलिजेंस ऋण वसूली में एक और प्रगति है। कंपनियां विशेष रूप से प्राप्य राशियों के प्रबंधन के लिए मशीन लर्निंग और आर्टिफ़िशियल इंटेलिजेंस का इस्तेमाल कर सकती हैं। ये सेवाएं हर कंपनी की ख़ास जरूरतों के आधार पर एक अनुपालन मंच और अनुकूलन मॉडल का एक समूह प्रदान करती हैं। इससे एजेंटों की टीम को उन खातों पर ध्यान केंद्रित करने में मदद मिलेगी जिनमें सफलता की ज्यादा संभावना है। साथ ही, ऑटोमेटेड कम्प्लायंस सॉफ़्टवेयर को आंतरिक और बाह्य गैर-अनुपालन से होने वाली गलतियों को कम करने में सक्षम देखा गया है।

सेल्फ़-सर्विस विकल्पों को बढ़ावा देना

वित्तीय संस्था यह भी चिह्नित कर सकते हैं कि उसके ग्राहक किस प्रकार संपर्क करना पसंद करते हैं। ग्राहकों की प्राथमिकता SMS, ईमेल या फोन हो सकती है। इसे समझ लेने से व्यक्ति-से-व्यक्ति के संपर्क को घटाने में मदद मिलती है। वित्तीय संस्था अपनी वेबसाइट या ऐप पर ऐसे विकल्प दे सकते हैं, जो ग्राहकों को "भुगतान करें," "मेरा खाता जांचें," "विवाद दर्ज करें," जैसे बुनियादी कार्यों को पूरा करने की अनुमति दें, ताकि ग्राहक छोटी-मोटी अदायगी समस्याओं को तुरंत निपटा सकें। और सर्वोत्तम पद्धति के रूप में, उपभोक्ताओं से ऑटोमेशन प्रक्रिया के साथ उनके अनुभव के बारे में प्रतिक्रिया लेने की सलाह दी जाती है ताकि इस बात का ध्यान रखा जा सके कि प्रणाली दोष (सिस्टम बग) को पहचाना और ठीक किया जाए।

13.13 सारांश

ऋण वसूली एजेंट शब्द में तीन अलग-अलग शब्द- ऋण, वसूली और एजेंट शामिल हैं। ऋण वसूली/संग्रहण एजेंटों को डाइरेक्ट सेलिंग/विपणन एजेंसियों या ऋण संग्रहण एजेंसियों द्वारा नियुक्त किया जाता है जो कुछ नियमों व शर्तों के अधीन बैंकों के लिए काम करते हैं।

एजेंसी का कानून ऋण वसूली एजेंट और वित्तीय संस्थान/बैंक के बीच संबंधों का कानूनी आधार निर्मित करता है। बैंकिंग लोकपाल योजना का उद्देश्य बैंक व पीड़ित पक्षों के बीच समझौते और मध्यस्थता के जरिए या एक आदेश पारित कर बैंकिंग सेवाओं से संबंधित शिकायतों के समाधान की सुविधा मुहैय्या करना है। लोकपाल किसी उस शिकायत को अस्वीकार कर सकता है यदि वह बिना किसी उद्देश्य के हो, और लोकपाल के अधिकार क्षेत्र से बाहर का हो। कस्टमर उस

अस्वीकृति के संबंध में संचार मिलने के 30 दिनों के भीतर अपील प्राधिकारी के समक्ष अस्वीकृति के आधार पर अपील कर सकता है।

ऋण वसूली व्यवस्था किसी वित्तीय संस्था एवं कवरिंग एजेंट के बीच एक व्यवस्था या समझौता है, जो एजेंसी का एक कॉन्टैक्ट है जिसके लिए प्रिंसिपल और क्रेडिट संस्थान की अंतिम मंजूरी की आवश्यकता होती है।

संग्रहण प्रणालियों में कुछ हाल की प्रवृत्तियां शामिल होती हैं - यानी ऑनलाइन भुगतान सेवाएं और बकाया राशि की अदायगी का ऑटोमेशन।

13.14 प्रमुख शब्द

ऋण वसूली एजेंट, क्रियाविधि, प्रक्रिया, चरण, व्यवस्था, अदायगी का ऑटोमेशन, भुगतान करने में आत्मनिर्भर

13.15 अपनी प्रगति जाँचें

1. खुदरा ऋण (रिटेल लोन) में शामिल होते हैं:
   (a) आवास ऋण, वाहन ऋण , कॉरपोरेट ऋण
   (b) आवास ऋण, वाहन ऋण , ब्रिज लोन
   (c) वाहन ऋण, कॉर्पोरेट ऋण, क्रेडिट कार्ड बकाया
   (d) आवास ऋण, वाहन ऋण , व्यक्तिगत ऋण
2. खुदरा ऋण (रिटेल लोन) आमतौर पर होते हैं:
   (a) बड़ी मात्रा में
   (b) मध्यम मात्रा में
   (c) छोटी मात्रा में
   (d) मध्यम और छोटी मात्रा में
3. खुदरा ऋण (रिटेल लोन) आमतौर पर इन्हें दिए जाते हैं:
   (a) पेशेवर, व्यक्तियों, कंपनियों को
   (b) व्यक्तियों, संस्थाओं, कंपनियों को

(c) पेशेवर, वेतनभोगी कर्मचारी, निगमों को

(d) पेशेवर, वेतनभोगी कर्मचारियों, व्यक्तियों को

4. भारत में खुदरा ऋण (रिटेल लोन) का सबसे बड़ा प्रतिशत कौन निर्मित करता है?

(a) वाहन ऋण

(b) आवास ऋण

(c) व्यक्तिगत ऋण

(d) व्यक्तिगत ओवरड्राफ्ट

5. 'देनदार' शब्द का अर्थ है:

(a) एक व्यक्ति जिस पर कुछ कर्ज बकाया हो

(b) उस व्यक्ति को जिस पर कुछ धन बकाया हो

(c) ऋणदाता

(d) उपरोक्त में कोई नहीं

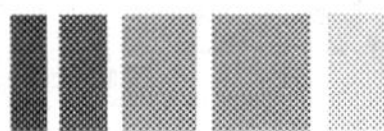

13.16 अपनी प्रगति जाँचें का उत्तर

1.	(d)	2.	(d)	3.	(d)	4.	(b)	5.	(a)

अध्याय

14 ऋण वसूली एजेंट के कार्य

अध्याय

14 ऋण वसूली एजेंट के कार्य

14.1 उद्देश्य

इस अध्याय के अंत तक, आप ऋण वसूली एजेंटों के विभिन्न कार्यों के बारे में जान जाएंगे जिनमें शामिल हैं:

- प्राप्य बकाया राशि एकत्रित करना
- एकत्रित धन भेजना
- कानूनी कार्रवाई शुरू करना
- कर्जदारों का पता लगाना
- राय (opinion) रिपोर्ट संकलित करना

14.2 परिचय

ऋण वसूली एजेंट का सबसे महत्वपूर्ण कार्य संबंधित वित्तीय संस्थान के साथ किए गए एजेंसी समझौते के अनुसार बैंक या अन्य वित्तीय कंपनियों के निर्दिष्ट कर्जदारों से बकाया/प्राप्तियां (dues/receivables) एकत्र करना है। एजेंट को एकत्रित धनराशि मालिक (प्रिंसिपल) को भी भेजनी होगी और एकत्र की गई प्राप्तियों और उस समय तक एकत्र की जाने वाली बकाया राशि का हिसाब रखना होगा।

ऋण वसूली एजेंट का एक अन्य महत्वपूर्ण कार्य, ग्राहक की स्थिति और उसके संबंध में प्रगति, यदि कोई हो, समय-समय पर मालिक (प्रिंसिपल) को रिपोर्ट करना है।

आसानी से संग्रहण योग्य प्राप्य के अलावा, अधिकांश बैंकों के बही-खातों में ऐसे कर्जदारों की अतिदेय प्राप्य (overdue receivables) राशि होती है जिन कर्जदारों का पता नहीं चल पाता है, या जो भुगतान करने में अनिच्छा दिखाते हैं या जो ली गई प्रतिभूति को अभ्यर्पित (सरेंडर) करने का विरोध करते हैं। ऐसे मामलों में, वसूली की प्रक्रिया कठिन हो जाती है और ऐसे प्रकरणों को निपटाने के लिए विशेष संग्रह एजेंसियों की आवश्यकता पड़ती है जिनके पास आवश्यक विशेषज्ञता होती है। प्रतिभूति को कब्जे में करने, कानूनी कार्रवाई शुरू करने और गायब देनदारों का पता लगाने के कार्यों को ऋण संग्रहण एजेंसियों के विशेष कार्य कहे जा सकते हैं।

बैंक (मालिक/प्रिंसिपल) और नियामक द्वारा निर्धारित वसूली नीति व प्रक्रिया तथा कानूनी आवश्यकताओं के अनुसार सामान्य और विशेष संग्रह, दोनों कार्यों को निष्पादित करने की आवश्यकता होगी। एजेंटों के कार्य कानून द्वारा निर्धारित उनके कर्तव्यों के अनुरूप होंगे।

14.3 कर्जदारों से धन एकत्रित करना

जैसा कि ऊपर उल्लेख किया गया है, बकाया/प्राप्य राशियां (receivables) एकत्र करना ऋण वसूली एजेंट का मुख्य कार्य है। प्राप्य राशि से तात्पर्य उन धनराशियों से होता है जो ऋण/अग्रिम खातों में देय हो गई हैं और ऋणदाताओं और कर्जदारों के बीच हुए ऋण/अग्रिम समझौतों के अनुसार कर्जदारों द्वारा ऋणदाताओं को देय तिथियों पर देय हैं। वसूली एजेंट को उन प्राप्यों की वसूली/संग्रहण का काम सौंपा जाता है जिनका भुगतान देय हो चुका है लेकिन उधार लेने वाले ने भुगतान नहीं किया है। इस प्रकार, ऋण/अग्रिम खाते में प्राप्य राशियां निम्नलिखित आवश्यक विशेषताएं दर्शाती हैं:

- ऋणदाता (बैंक) और कर्जदार के बीच ऋण या अग्रिम समझौते की मौजूदगी
- ऋण/अग्रिम समझौते के अनुसार कर्जदार का ऋणदाता को ऋण/अग्रिम, आंशिक या पूर्ण रूप से चुकाने का दायित्व।
- देय तिथि जिस पर या उसके बाद कर्जदार को ऋणदाता के पक्ष में दायित्व का निर्वहन करना आवश्यक है।

ऋणदाता बैंक (मालिक/प्रिंसिपल) और ऋण वसूली एजेंसी (एजेंट) के बीच व्यवस्था के अनुसार, ऋणदाता बैंक एजेंट को निर्दिष्ट देय तिथियों पर या उसके बाद नामित कर्जदारों से निर्दिष्ट प्राप्य राशियां एकत्र करने के लिए अधिकृत करता है। बैंक कर्जदारों और उनसे वसूल की जाने वाली प्राप्य राशि के आवश्यक विवरण, एजेंट को संबंधित ऋण समझौतों की प्रतियों के साथ प्रदान करते हैं।

इस प्रकार, ऋण वसूली एजेंट कानूनी तौर पर मालिक/प्रिंसिपल (ऋणदाता बैंक) की ओर से कर्जदारों से निर्दिष्ट प्राप्तियां एकत्र करने के लिए निम्न के अनुसार अधिकृत है:

- ऋण समझौता, और
- ऋण वसूली एजेंसी का समझौता.

मालिक/प्रिंसिपल और एजेंट दोनों को ऋण वसूली की पद्धति व प्रक्रियाएं, वसूली प्रक्रिया में आचार संहिता और अन्य नियामक आवश्यकताओं का अनुपालन करना चाहिए।

14.4 एकत्रित धनराशि भेजना

कर्जदार से चेक, ड्राफ्ट या नकदी के माध्यम से एकत्र की गई धनराशि एजेंट द्वारा ऋण देने वाली संस्था को तुरंत या स्वीकृत आवधिकता के अनुसार और एजेंसी समझौते के अनुसार भेजी/जमा की जानी चाहिए। एकत्र की गई राशि को ग्राहक के ऋण खाते में यदि उसी दिन नहीं तो तुरंत जमा करना सुनिश्चित किया जाना चाहिए। एकत्र की गई राशि का विवरण, राशि के साथ अधिमानतः (preferably) दो प्रतियों में वित्तीय संस्थान को भेजा जाना चाहिए। ऋणदाता से प्राप्त स्वीकृत प्रति को एजेंट को भविष्य में संदर्भ के लिए कालानु क्रम (chronological) में रिकॉर्ड में रखना चाहिए।

14.5 बहीखाता रखना

प्रत्येक ऋण वसूली एजेंट अपने स्वयं के लेखांकन और बहीखाता के रखरखाव की पद्धतियां तैयार कर सकता है, तथापि किसी भी वसूली एजेंट के लिए बहीखाता पद्धति की निम्नलिखित न्यूनतम आवश्यकताएं होंगीं:

- **मालिक/प्रिंसिपल से प्राप्त कर्जदारों की सूची:** प्राप्य राशियों (receivables) का संग्रहण वसूली एजेंट की निरंतर चलने वाली गतिविधि है। एजेंट मालिक/प्रिंसिपल (बैंक) से समय-समय पर कर्जदारों की सूची प्राप्त कर सकता है। कर्जदारों की सूचियाँ और आवश्यक बही-खाता एजेंट की गतिविधियों का आधार बनती हैं। इसलिए इन्हें सावधानीपूर्वक कालानु क्रम में रिकॉर्ड में रखा जाना चाहिए।
- **मालिक/प्रिंसिपल को भेजे गए धन की सूची:** "एजेंट कर्जदारों से की गई वसूली और मालिक/प्रिंसिपल (बैंक) को भेजी गई आय (proceeds) की एक सूची कालानु क्रम में तैयार करेगा और प्रतिदिन या निर्धारित आवधिकता के अनुसार मालिक/प्रिंसिपल को भेजेगा।"

- **प्रत्येक देनदार का खाता बही:** प्राप्य देय (receivable due) राशि, एकत्र की गई राशि और एकत्र की जाने वाली शेष राशि को कालानु क्रम में दिखाया जाना चाहिए। इसका रखरखाव कंप्यूटर में भी किया जा सकता है। संग्रह में से मालिक/प्रिंसिपल को भेजी गई राशि को भी कर्जदार-वार रखा जाना चाहिए, जिसमें प्रेषण तिथि और सूची संख्या का संदर्भ दिखाया जाना चाहिए। इस बात पर ध्यान दिया जाना चाहिए कि सभी संग्रह/वसूलियाँ बैंक/एनबीएफसी को प्रेषित की जाएं। आम तौर पर बैंक की ओर से की गई वसूली पर मिलने वाले शुल्क की बकाया राशि को एजेंट समायोजित नहीं कर सकता है।
- **कर्जदारों और बैंक के बीच ऋण/अग्रिम के समझौतों की प्रतियां:** कोई भी बैंक अपने ग्राहकों के खातों और रिकॉर्ड की गोपनीयता बनाए रखने के लिए बाध्य होता है और इन्हें ग्राहक की सहमति के बिना तीसरे पक्ष को नहीं बताया जाना चाहिए। इसी तरह, ऋण वसूली एजेंट को भी बैंक/एनबीएफसी (मालिक/प्रिंसिपल) से प्राप्त प्रत्येक कर्जदार के रिकॉर्ड के संबंध में और उसके द्वारा किए गए संग्रह व मालिक/प्रिंसिपल को भेजे गए संग्रह के संबंध में आवश्यक निजता और गोपनीयता बनाए रखने के लिए पूरी सावधानी बरतनी चाहिए।

14.6 दस्तावेज़ीकरण और रिपोर्टिंग

किसी भी ऋण वसूली एजेंट को चाहिए कि संग्रह प्रक्रिया से संबंधित महत्वपूर्ण प्रगति और घटनाओं का दस्तावेजीकरण करे और विशेष रूप से विवादित व कठिन मामलों में, एजेंसी के समझौते के अनुसार मालिक/प्रिंसिपल को समय-समय पर रिपोर्ट भेजे। कुछ बैंकों/एनबीएफसी को वसूली प्रक्रिया के दौरान एजेंटों की ग्राहकों के साथ हुई बातचीत के रिकॉर्ड की आवश्यकता हो सकती है।

इसके अलावा, लेखांकन के दृष्टिकोण से, एजेंटों द्वारा प्राप्य संग्रह की सूचना समय-समय पर मालिक/प्रिंसिपल को देनी आवश्यक होगी। लेखा विवरण में आम तौर पर कर्जदारों के अनुसार प्राप्य राशि, एकत्र की गई और भेजी गई राशि और एकत्र की जाने वाली शेष राशि को दिखाया जाएगा।

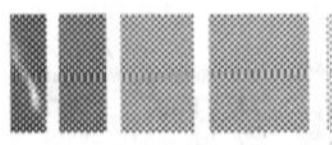

14.7 प्रतिभूति पर कब्जा करना

जब कर्जदार अतिदेय ऋण या अग्रिम चुकाने से इंकार कर देता है, तो बैंक/एनबीएफसी (ऋणदाता), ऋण समझौते के अनुसार, कर्जदार से प्राप्त प्रतिभूति को चल संपत्तियों को दृष्टिबंधन (hypothecation) या गिरवी (pledge) के माध्यम से अपने कब्जे में ले सकता है, और अदालत

के हस्तक्षेप के बिना उस संपत्ति को बेच सकता है। बेशक, बैंक को इस संबंध में कानूनी प्रावधानों का पालन करना होगा, जिसमें कर्जदार (सुरक्षित संपत्ति के मालिक) को उचित नोटिस देना भी शामिल है। ऐसे मामलों में जहां लेनदार को प्रतिभूति अचल संपत्ति के बंधक (mortgage) के माध्यम से होती है, बकाया ऋण को समायोजित करने के लिए प्रतिभूति पर कब्जा लेने और बेचने के लिए अदालत के हस्तक्षेप की आवश्यकता होती है। सरफेसी (SARFAESI) अधिनियम के तहत, बैंक अदालत के हस्तक्षेप के बिना बंधक (mortgage) को लागू कर सकता है। कब्जा के दोनों मामलों में (अर्थात, अदालत के हस्तक्षेप के साथ या उसके बिना), ऋणदाता एक संग्रह एजेंसी को अधिकार दे सकता है, जिसके पास इस क्षेत्र में विशेषज्ञता है।

14.8 कानूनी कार्रवाई शुरू करना

यदि देनदार के पास साधन और संपत्ति है लेकिन वह ऋण चुकाने को तैयार नहीं है तो ऋण वसूली एजेंट कानूनी कार्रवाई की सिफारिश कर सकता है। बैंक या ऋणदाता की सहमति और निर्देश प्राप्त करने के बाद, वसूली एजेंट, सहमत शर्तों के अनुसार, ऋणदाता की ओर से कानूनी कार्यवाही की शुरुआत कर सकता है और आगे बढ़ा (pursue) सकता है।

14.9 कर्जदारों का पता लगाना

ऋण संग्रहण एजेंसियों की राष्ट्रव्यापी मौजूदगी और उनके पास बड़े संसाधनों व कम्प्यूटरीकृत डेटाबेस की उपलब्धता के कारण वे उन चूककर्ताओं (डिफॉल्टरों)/कर्जदारों का पता लगाने वाले एजेंट के रूप में भी कार्य करती हैं जो मिल नहीं रहे हैं और वित्तीय संस्थान उनका पता नहीं लगा पाते हैं। ऐसी सेवाएँ क्रेडिट संस्थान का काफी समय और पैसा बचाती हैं, जो लापता कर्जदारों को ट्रैक करने की कोशिश में खर्च हो जाता है।

14.10 राय (OPINION) रिपोर्ट संकलित करना

चूककर्ताओं (defaulters) से मिलने वाली जानकारी के अभाव में, लंबी अवधि से बकाया का भुगतान न करने वाले मुख्य कर्जदारों/गारंटरों के साधन और निवल मूल्य (net worth) की जानकारी से ऋणदाता अनजान रहते हैं। ऋण वसूली एजेंट ऐसे कर्जदारों/गारंटरों, उनकी आय और संपत्तियों के बारे में जानकारी एकत्र करने के लिए संबंधित स्रोतों तक पहुंच सकते हैं, जो ऋणदाता के लिए बहुत मुश्किल और बोझिल हो सकता है। ऐसी जानकारी ऋणदाता को चूककर्ताओं (डिफॉल्टरों) के खिलाफ वसूली के लिए कानूनी कार्रवाई करने की व्यवहार्यता (feasibility) के बारे में निर्णय लेने में मदद कर सकती है। चूककर्ताओं (डिफॉल्टरों) के साधनों और संपत्तियों

के बारे में राय संबंधी रिपोर्ट तैयार करने के लिए जानकारी को चतुराई से (discreetly) यहां से प्राप्त किया जा सकता है:

- व्यावसायिक संदर्भ
- बैंक का संदर्भ
- क्रेडिट सूचना एजेंसियां
- चैंबर ऑफ कॉमर्स
- नियोक्ता
- बकाएदारों के लेनदारों को प्रस्तुत किए गए ऋण आवेदन पत्र ।

14.11 सारांश

एजेंटों का सबसे महत्वपूर्ण कार्य कर्जदारों से धन एकत्र करना/भेजना है। एजेंटों के अन्य कर्तव्य हैं:

(a) कर्जदार से धन एकत्र करना - ऋण वसूली एजेंट ऋण समझौते और ऋण वसूली एजेंसी के समझौते से संबद्ध ग्राहकों से धन एकत्र करता है।

(b) एकत्रित धन भेजना - कर्जदार से चेक, ड्राफ्ट, नकद या विभिन्न ऑनलाइन चैनलों के माध्यम से एकत्र किए गए धन को एजेंसी के समझौते के अनुसार एजेंट को समय-समय पर ऋणदाता के पास भेजना/जमा करना चाहिए।

(c) बही-खाता रखना- एकत्रित जमाओं के लिए खातों का रखरखाव करना आवश्यक है, प्रत्येक कर्जदार का बही-खाता, जमा की गई धनराशि, देनदारों के ऋण/अग्रिम की प्रतियां बना कर रखी जाती हैं।

(d) दस्तावेज़ीकरण और रिपोर्टिंग - ऋण वसूली एजेंटों को संग्रह प्रक्रिया की महत्वपूर्ण प्रगति और प्रक्रिया के दौरान घटित घटनाओं का दस्तावेज़ीकरण करना आवश्यक होता है।

(e) प्रतिभूति पर कब्ज़ा करना - जब कर्जदार अतिदेय (overdue) ऋण या अग्रिम चुकाने से इंकार कर देता है, तो ऋणदाता कर्जदार से प्राप्त प्रतिभूति को अपने कब्जे में ले सकता है।

(f) कानूनी कार्रवाई शुरू करना - यदि कर्जदार के पास साधन और संपत्ति है लेकिन वह बकाया चुकाने को तैयार नहीं है, तो डीआरए कानूनी कार्रवाई की शुरुआत कर सकता है

(g) कर्जदारों का पता लगाना- ऋण संग्रहण एजेंसियां कर्जदारों का पता लगाने के लिए ट्रेसिंग एजेंट के रूप में भी काम करती हैं

(h) मत रिपोर्ट संकलित करना - व्यवसाय, बैंक संदर्भ, क्रेडिट कार्ड आदि पर निर्भर रहना।

ऋण वसूली एजेंटों के विशिष्ट कार्यों में शामिल हैं – प्रतिभूति का कब्जा, कानूनी कार्रवाई शुरू करना, गायब हुए आदेशों का पता लगाना आदि।

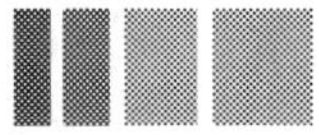

14.12 प्रमुख शब्द

संग्रहण, प्राप्य, प्रेषण, पुन: कब्ज़ा करना, पता लगाना, बही-खाता रखना, राय (opinion) रिपोर्ट, दस्तावेज़ीकरण और रिपोर्टिंग।

14.13 अपनी प्रगति जाँचें

1. वसूली एजेंट निम्नलिखित शर्तों के अनुसार मालिक/प्रिंसिपल की ओर से कर्जदारों से निर्दिष्ट बकाया वसूलने का हकदार है:
   (a) कर्जदार और लेनदार के बीच ऋण समझौता
   (b) एजेंट को ऋणदाता का प्राधिकार पत्र
   (c) उपरोक्त (a) और (b) दोनों
   (d) उपरोक्त में से कोई भी नहीं
2. एजेंसी समझौते के तहत वसूली एजेंटों के कार्यों में शामिल होते हैं:
   (a) ग्राहकों से केवल निर्दिष्ट देय राशि की वसूली
   (b) केवल संग्रह/प्रगति का दस्तावेजीकरण करना और मालिक/प्रिंसिपल को रिपोर्ट करना
   (c) केवल बकाया में से वसूल की गई राशि मालिक/प्रिंसिपल को प्रेषित करना
   (d) उपरोक्त सभी
3. गृह ऋण वसूली के मामले में, ऋण के लिए बंधक रखी गई संपत्ति (यानी प्रतिभूति) का विवरण यहां से पाया जा सकता है:
   (a) कर्जदार और ऋणदाता के बीच ऋण समझौता और उसकी अनुसूची (शेड्यूल)
   (b) कर्जदार का ऋणदाता को प्रस्तुत किया गया ऋण आवेदन पत्र
   (c) ऊपरोक्त दोनों
   (d) ऊपरोक्त मे से कोई नहीं

4. बैंक के वसूली एजेंटों को निम्नलिखित का पालन करना चाहिए:
   (a) केवल बैंक (मालिक/प्रिंसिपल) की ऋण वसूली की नीति एवं प्रक्रिया
   (b) बैंकों द्वारा नियुक्त वसूली एजेंटों पर केवल आरबीआई के निर्देश
   (c) केवल आईबीए द्वारा बकाया आदि की वसूली के संबंध में बनाई गई मॉडल नीति
   (d) ऊपरोक्त सभी
5. बैंक ऋण की बकाया राशि की वसूली को नियंत्रित करने वाले कानून और नियम लागू होते हैं:
   (a) वसूली की प्रक्रिया में लगे बैंक के कर्मचारियों पर
   (b) बैंक द्वारा नियुक्त वसूली एजेंटों पर
   (c) बैंक के कर्मचारियों और उसके वसूली एजेंटों पर
   (d) केवल उधार लेने वालों पर

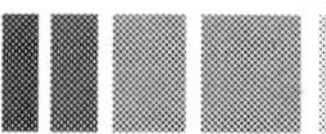

14.14 अपनी प्रगति जाँचें के उत्तर

1.	(c)	2.	(d)	3.	(a)	4.	(d)	5.	(c)

अध्याय

15 ऋण वसूली की नीति, प्रक्रिया एवं पद्धति

अध्याय

15 ऋण वसूली की नीति, प्रक्रिया एवं पद्धति

15.1 उद्देश्य

इस अध्याय के अंत में आप निम्न बातें जानने में सक्षम होंगे:

- ऋण वसूली की नीति
- ऋण वसूली की प्रक्रियाएँ
- ऋण वसूली की पद्धति

15.2 परिचय

वित्तीय संस्थान कानूनी और नियामक रूपरेखा के अनुरूप पिछले बकाया ऋणों की वसूली के लिए अपनी नीति और पद्धति निर्धारित करते हैं। संस्थान/बैंक इनका पालन करेंगे:

1. आरबीआई के ऋण की वसूली के संबंध में निर्देश, जो बैंक द्वारा नियुक्त वसूली एजेंटों के लिए भी हैं।
2. मॉडल नीति जिसे भारतीय बैंक संघ (आईबीए) ने बकाया राशि की वसूली एवं प्रतिभूति पर कब्ज़ा करने के संबंध में तैयार किया है।

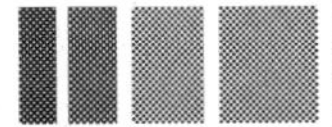

15.3 ऋण वसूली के लिए नीति

किसी वित्तीय संस्थान/बैंक की ऋण वसूली की नीति कर्मचारियों या अधिकृत एजेंटों को अपने वसूली के प्रयास करने के लिए और कर्जदारों के साथ बातचीत करने के लिए मार्गदर्शक सिद्धांत

प्रदान करती है। वसूली के लिए निर्धारित पद्धतियाँ इन दिशानिर्देशों के अनुरूप होनी चाहिए और संदेह की स्थिति में तदनुसार व्याख्या की जानी चाहिए। वित्तीय संस्थानों की ऋण वसूली की नीति आम तौर पर निम्नलिखित सिद्धांतों पर आधारित होती है:

1. ग्राहकों के प्रति गरिमा और सम्मान: ग्राहक के साथ पूरी तरह निष्पक्ष और उचित सम्मान के साथ व्यवहार किया जाना चाहिए। यह वसूली नीति की आधारशिला है, जो वित्तीय संस्थान की ग्राहकों के प्रति प्रतिबद्धता पर आधारित है और अधिकांश वित्तीय संस्थान जिसका पालन करते हैं।

2. ग्राहकों के साथ बातचीत में शिष्टाचार, निष्पक्ष व्यवहार और विनम्रतापूर्वक समझाना-बुझाना: अधिकांश वित्तीय संस्थानों की वसूली नीति को भी ये सिद्धांत नियंत्रित करते हैं। यह केवल सही काम ही नहीं है बल्कि ग्राहकों से बकाया वसूली का सबसे प्रभावी तरीका भी है।

3. उचित प्राधिकरण: वसूली एजेंटों के वसूली व्यवस्था में प्रवेश करने के बाद, वित्तीय संस्थान/बैंक उन्हें निर्दिष्ट देनदारों से बकाया वसूल करने के लिए प्राधिकरण पत्र प्रदान करेगा। यह प्राधिकार वसूली एजेंट को साथ रखना चाहिए और ग्राहकों के मांगने पर उन्हें दिखाना चाहिए।

4. ग्राहकों को उचित सूचना: सामान्य कानून के तहत यह जरूरी है। वित्तीय संस्थान या बैंक को अपनी वेबसाइट पर वसूली के लिए नियुक्त किए गए वसूली एजेंटों के विवरण की जानकारी देनी चाहिए। विवरण में उनके नाम और टेलीफोन नंबर आदि शामिल होने चाहिए। वसूली एजेंट को केवल वित्तीय संस्थान द्वारा ग्राहक को सूचित टेलीफोन नंबरों से ही ग्राहकों को कॉल करना चाहिए।

5. वसूली के प्रयासों में ग्राहकों के विवादों/प्रतिरोध/धमकी का दस्तावेजीकरण करें: विवादों के सौहार्दपूर्ण ढंग से निपटने पर इसे एजेंट द्वारा उचित रूप से दर्ज किया जाना चाहिए। वसूली एजेंट को संबंधित विवरण दर्ज करना चाहिए और ग्राहकों के साथ आदान-प्रदान की गई संचार की प्रतियां रिकॉर्ड में रखनी चाहिए। इसे वसूली की आगे की कार्रवाई के लिए उपयुक्त रूप से बैंक को दिया जा सकता है।

6. ग्राहक के साथ सभी मौखिक या लिखित संचार में सरल व्यावसायिक भाषा का प्रयोग करें: ऋण वसूली का मुख्य उद्देश्य सरल संदेश साझा करने में सक्षम होना है कि ग्राहक के खाते में अतिदेय कब होगा और उसे एकत्र करने की जिम्मेदारी किस एजेंट को सौंपी जाएगी। ग्राहक से किया गया कोई भी संचार सरल लेकिन व्यावसायिक भाषा में होना चाहिए जो ग्राहक के साथ-साथ वसूली एजेंट के लिए भी उपयुक्त हो।

7. ग्राहक की बकाया राशि और अन्य रिकॉर्ड की गोपनीयता बनाए रखें: यह आवश्यक है क्योंकि यह किसी संस्थान/बैंक की ग्राहक के प्रति प्रतिबद्धता का हिस्सा है। हालाँकि, ऐसी असाधारण स्थितियाँ भी होती हैं जब ग्राहक के खाते पर तीसरे पक्ष के साथ चर्चा की जा सकती है। उदाहरण के लिए, ग्राहकों की लिखित अनुमति या अन्य प्रकार से जानकारी को क्रमशः कर प्राधिकरण या विधिक अदालतों के साथ साझा किया जा सकता है।
8. ग्राहकों को कोई भ्रामक या मिथ्या बयान नहीं दिए जाने चाहिए: कानून के तहत गलत बयानी की अनुमति नहीं है। यदि ऐसा होता है तो ग्राहक एजेंट के खिलाफ कार्रवाई कर सकता है और इस तरह की गलत बयानी पर कार्रवाई होने पर कुछ नुकसान या क्षति उठानी पड़ सकती है।
9. नीति दिशानिर्देशों को पढ़ें, समझें और उनका पालन करें: ग्राहकों को दिए गए ऋणों की वसूली शुरू करने से पहले, एक एजेंट को प्राधिकरण द्वारा निर्धारित नीति दिशानिर्देशों को पढ़ना, समझना और उनका पालन करना अनिवार्य होगा। अनुपालन में विफलता के परिणामस्वरूप रोजगार समाप्त किया जा सकता है।

15.4 ऋण वसूली की प्रक्रियाएँ

ऋण वसूली की प्रक्रियाएँ आम तौर पर निम्नलिखित प्रकार की हो सकती हैं, जिनमें से प्रत्येक की एक अलग पद्धति होती है:

1. वसूली की सामान्य प्रक्रिया: यह वह स्थिति है जहां देनदार बिना किसी विरोध के आसानी से बकाया चुकाने को तैयार रहते हैं।
2. वसूली की कठिन प्रक्रिया: यह वह स्थिति है जिसमें देनदार भुगतान करने को तैयार नहीं होते हैं और जानबूझकर वसूली के प्रयासों का विरोध करते हैं या उनसे बचते हैं। ऐसे मामलों में, वसूली एजेंट को इन अनिच्छुक चूककर्ताओं (डिफॉल्टरों) के खिलाफ वसूली की विशेष प्रक्रिया अपनानी होगी।
3. संपत्ति पर कब्ज़ा करने की प्रक्रिया: यदि देनदार अंततः बकाया राशि का भुगतान नहीं करता है, तो वित्तीय संस्थान/बैंक को दृष्टिबंधक (hypothecation) या गिरवी (pledge) के माध्यम से प्रभार में ली गई चल संपत्ति पर संस्थान/बैंक या वसूली एजेंट का कब्ज़ा लिया जा सकता है। बकाया वसूलने के लिए ऐसी संपत्तियों की नीलामी की जा सकती है या अन्य प्रकार से बेचा जा सकता है।
4. वसूली की कानूनी प्रक्रिया: वित्तीय संस्थान या बैंक और/या उनके रिकवरी एजेंट को गिरवी रखी गई (mortgaged) अचल संपत्ति का कब्जा हासिल करने के लिए अदालत

के हस्तक्षेप की आवश्यकता होती है। इसके अलावा, यदि प्रभारित (charged) संपत्ति मौजूद नहीं है, या ऋण असुरक्षित है, तो कर्जदार पर बकाया की वसूली के लिए मुकदमा दायर करना होगा।

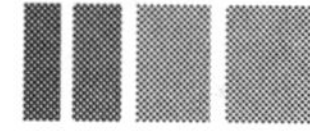

15.5 ऋण वसूली की पद्धति

शुरुआती चरण: सामान्य वसूली प्रक्रिया तब शुरू होती है जब वित्तीय संस्थान वसूली एजेंट को विवरण के साथ-साथ ग्राहक का नाम, टेलीफोन नंबर और पता सूचित करता है। ऋण वसूली प्रक्रिया की शुरुआत ऐसे दो चरणों से हो सकती है:

1. वित्तीय संस्थान ग्राहक से पिछला बकाया कर्ज वसूल करने के लिए वसूली एजेंट को अधिकृत करता है।
2. वित्तीय संस्थान ग्राहक को पिछले बकाया ऋण की वसूली के लिए नियुक्त वसूली एजेंट के विवरण (नाम, टेलीफोन नंबर, आदि) के बारे में सूचित करता है।

चरण 1: ग्राहक को कॉल करना: यह वसूली की पद्धति का पहला चरण है और सभी वसूली एजेंटों को आमतौर पर निम्नलिखित नियमों का पालन करना चाहिए:

(a) कॉल उन्हीं नंबरों से की जानी चाहिए जो ऋणदाता/बैंक ने ग्राहक को बताए हैं।

(b) कॉल करने वाला सबसे पहले अपनी पहचान और प्राधिकार का खुलासा करता है।

(c) एजेंट को **सुबह 8:00 बजे से शाम 7:00 बजे** के बीच कर्जदार से संपर्क करना चाहिए, जब तक कि उसके व्यवसाय या व्यवसाय की विशेष परिस्थितियों में ऋणदाता/बैंक किसी अन्य समय पर संपर्क करने का अनुरोध न करे।

(d) एजेंट को, जहां तक संभव हो, किसी विशेष समय या किसी विशेष स्थान पर कॉल न करने के ग्राहक के अनुरोध का सम्मान करना चाहिए। परिवार में शोक या बीमारी जैसे अनुचित अवसरों पर बकाया राशि लेने के लिए कॉल करने या मुलाकात करने से बचना चाहिए।

(e) सभी कॉल जिनमें ग्राहक दुर्व्यवहार करता है या धमकी देता है, उनका उचित रूप से प्रलेखित किया जाना चाहिए।

(f) ग्राहकों के प्रश्नों का पूर्ण उत्तर दिया जाना चाहिए, और उन्हें मांगी गई जानकारी प्रदान की जानी चाहिए और भुगतान करने में सहायता दी जानी चाहिए।

(g) ग्राहक को कितनी बार कॉल की जानी चाहिए? संग्रहण के लक्ष्य का उद्देश्य ग्राहक को दायित्व का ध्यान दिलाना और एक निर्दिष्ट तिथि पर भुगतान करने की प्रतिबद्धता प्राप्त

करना है। जब ग्राहक वादा कर देता है, तो भुगतान की पुष्टि के लिए वांछित तारीख पर कॉल करना चाहिए।

(h) ग्राहक की ओर से प्रतिबद्धता पूरी न होने या उसके टूट जाने की स्थिति में, बकाया राशि, उत्पाद, ऋण की अवधि और इतिहास के आधार पर उचित आवृत्ति पर कॉल की जा सकती है। एक ही दिन में अत्यधिक संख्या में कॉल या एक साथ लगातार कॉल को उत्पीड़न माना जा सकता है और इससे बचना चाहिए।

(i) यदि एजेंट के कुछ कॉल पर ग्राहक उपलब्ध नहीं होता है, तो परिवार के किसी वयस्क सदस्य के पास एक संदेश छोड़ा जा सकता है। संदेश में केवल उस एजेंट का नाम बताना चाहिए जिसने कॉल करके नामनिर्दिष्ट ग्राहक को दिए हुए फ़ोन नंबर पर वापस कॉल करने के लिए अनुरोध किया था। एजेंट को उन्हें यह नहीं बताना चाहिए कि ग्राहक को कोई अतिदेय राशि का भुगतान करना है, या कॉल किसी वसूली एजेंसी से आया है।

(j) यदि वरिष्ठ नागरिकों को कॉल की जानी हो तो बातचीत सम्मानजनक ढंग से की जानी चाहिए। बातचीत शुरू करने से पहले स्वास्थ्य के बारे में पूछें और यदि उधार लेने वाला स्वस्थ महसूस नहीं कर रहा है तो बातचीत से बचें।

(k) यदि पर्दानशीन महिला को कॉल किया जाना हो तो स्थानीय भाषा से परिचित महिला वसूली एजेंट को बातचीत करने की सलाह दी जाती है।

(l) यदि उधार लेने वाली महिला को कॉल की जा रही है, तो विषय की संवेदनशीलता को ध्यान में रख कर सम्मानपूर्वक कॉल करनी चाहिए। भविष्य में किसी भी प्रकार की समस्या से बचने के लिए कॉल को रिकॉर्ड करने की आवश्यकता होती है। कॉल करने वाले को स्वर नरम रखना चाहिए और उचित व सौम्य शब्दों का प्रयोग करना चाहिए।

चरण 2: ग्राहक या कर्जदार से मिलना

यह वसूली प्रक्रिया का दूसरा चरण होगा। आम तौर पर निम्नलिखित पद्धति का पालन किया जाना चाहिए:

1. किसी ग्राहक से ऋण वसूली के लिए संपर्क करने से पहले निम्नलिखित शर्तों को पूरा कर लेना चाहिए:
    - कर्जदार ने रियायत के दिनों के अंदर देय राशि का भुगतान नहीं किया है और उसके खिलाफ बकाया अभी भी देय है।
    - कर्जदार को देय राशि और वसूली एजेंट के नाम के बारे में सूचित कर दिया गया है।

- संग्रहण एजेंट ने कर्जदार से संपर्क के लिए अपॉइंटमेंट ले लिया है (एक विशेष स्थान पर और एक विशेष तिथि और समय पर)

2. संपर्क के लिए जाने के समय एजेंट को मालिक/प्रिंसिपल द्वारा निर्धारित उचित कपड़े पहनने चाहिए और निर्देशों के अनुसार या कर्जदार की स्पष्ट सहमति के अनुसार संपर्क के समय और स्थान का पालन करना चाहिए।
3. एजेंट गुड मॉर्निंग, गुड इवनिंग आदि जैसे अभिवादन के साथ ग्राहक के साथ मुलाकात की शुरूआत कर सकता है, इसके बाद एजेंट को मालिक/प्रिंसिपल द्वारा दिया गया अपना आईडी कार्ड और कर्जदार से बकाया की वसूली के लिए प्राधिकार दिखाना चाहिए। इन शुरुआती औपचारिकताओं के बाद ही कर्ज की वसूली के संबंध में बातचीत शुरू करनी चाहिए।
4. ग्राहक से मिलने का समय आम तौर पर सुबह 8:00 बजे से शाम 7:00 बजे के बीच होना चाहिए। केवल निम्नलिखित शर्तों के तहत निर्धारित समय से पहले या बाद में संपर्क किया जा सकता है:
    - जब ग्राहक ने उस समय के लिए स्पष्ट सहमति दे दी हो।
    - जब ग्राहक से संपर्क करने के प्रयास पर जानकारी मिले कि ग्राहक आम तौर पर इन घंटों में बाहर ही रहता है और उससे संपर्क करने के लिए कोई वैकल्पिक टेलीफोन नंबर उपलब्ध नहीं है।
    - ग्राहकों के रोजगार की प्रकृति के अनुसार अर्थात जो नौकरियों में शिफ्ट में काम करते हैं, वे आमतौर पर इन घंटों में बाहर रहते हैं।
5. एजेंट को कर्जदार की गोपनीयता का सम्मान करना चाहिए। कॉल के संबंध में ऊपर चर्चा की गई गोपनीयता की नीति व्यक्तिगत संपर्क के लिए भी लागू होगी।
6. मुलाक़ात के दौरान ग्राहक के प्रति उचित सम्मान और शिष्टाचार दिखाना चाहिए और ऋणदाताओं की नीति के अनुसार बातचीत सभ्य और विनम्र होनी चाहिए।
7. कर्जदार के साथ बातचीत के दौरान, एजेंट को मौखिक या शारीरिक भाषा द्वारा धमकी या डराने वाली बातों का उपयोग नहीं करना चाहिए। किसी भी परिस्थिति में, ऋण वसूली की प्रक्रिया में किसी भी शारीरिक हिंसा का प्रयोग नहीं किया जा सकता है।
8. दस्तावेज़ीकरण के लिए वित्तीय संस्थानों की नीति के अनुसार कर्जदार के साथ की जाने वाली बातचीत की ऑडियो या वीडियो रिकॉर्डिंग की जा सकती है, खासकर कर्जदार के बकाया पर विवाद करने या उचित आचरण न दिखाने पर। इससे एजेंट को कर्जदार द्वारा झूठे आरोप लगाने से सुरक्षा मिलेगी।

9. वरिष्ठ नागरिकों के साथ सावधानीपूर्वक व्यवहार करने की जरूरत होती है। वे अतिसंवेदनशील, शारीरिक रूप से कमजोर हो सकते हैं और उनकी वित्तीय स्थिति अच्छी नहीं हो सकती है। ग्राहकों के साथ सम्मान और सहानुभूतिपूर्ण व्यवहार किया जाना चाहिए। विश्वसनीय वित्तीय संकटों के मामलों में डीआरए को बैंक/वित्तीय संस्थान के साथ समन्वय करके ऋण के निपटान की सुविधा प्रदान करवाने की आवश्यकता होती है।

10. यदि उधार लेने वाला ग्राहक एक महिला या पर्दानशीन महिला है, तो अधिमानतः (preferably) एक महिला डीआरए एजेंट को मुलाकात करनी चाहिए और उसे सीधे उधार लेने वाली के साथ बातचीत करनी चाहिए। यदि उधार लेने वाली अपने परिवार के निकटतम सदस्य को चर्चा में शामिल करना चाहती है, तो इसकी अनुमति दी जानी चाहिए। लेकिन सहमति या अंतिम फीडबैक हमेशा पर्दानशीं महिला से ही लेना चाहिए।

15.6 ऋण की वसूली के लिए महत्वपूर्ण बिंदु

वसूली की सामान्य पद्धति के लिए पहले अपनाई गईं पद्धतियों के आधार पर, हम ऋण की वसूली के लिए कुछ 'क्या न करें' की सूची नीचे दे सकते हैं, जो इस प्रकार हैं:

i. मालिक/प्रिंसिपल ने जो वसूली की नीति, पद्धति आदि निर्धारित की हों उनका अतिक्रमण या उल्लंघन न करें।

ii. वसूली की व्यवस्था में दिए गए प्राधिकार की सीमा न लांघें।

iii. कर्जदार को सुबह 8:00 बजे से पहले या शाम 7:00 बजे के बाद कॉल न करें।

iv. कर्जदार को गुमनाम कॉल या बंच कॉल न करें, जिसे उत्पीड़न माना जा सकता है।

v. कर्जदार को कॉल करने या उससे मुलाक़ात या अन्य बातचीत के दौरान एजेंट अपनी पहचान न छिपाएं और न गलत तरीके से पेश करें।

vi. कर्जदार से मुलाकात करने के या कॉल के दौरान असभ्य/अशोभनीय/गंदा (भद्दा) व्यवहार न करें या ऐसी भाषा का प्रयोग न करें।

vii. कर्जदार को मौखिक या शारीरिक रूप से न तो परेशान/अपमानित करें न ही डराएँ/धमकी दें।

viii. कर्जदार के परिवार के सदस्यों, दोस्तों/सहकर्मियों की गोपनीयता में हस्तक्षेप न करें।

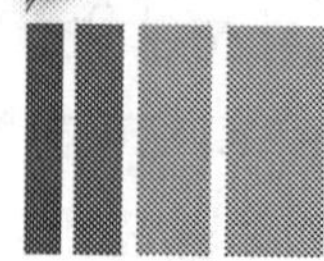

15.7 ऋण वसूली एजेंटों के लिए आचार संहिता (सीओसी) दिशानिर्देश

एजेंटों के लिए सीओसी दिशानिर्देश पहले से ही निर्धारित हैं और इनका उल्लेख नीचे किया गया है:-

ऋण वसूली एजेंटों के लिएः क्या करें और क्या न करें

क्र.सं.	विवरण
1.	आम तौर पर ग्राहक से उसकी पसंद के पते पर संपर्क किया जाना चाहिए, यदि वह अपने निवास पर उपलब्ध नहीं रहता है या मिलने में असमर्थ है तो व्यवसाय/नौकरी के स्थान पर।
2.	ग्राहक की निजता का सम्मान करना चाहिए।
3.	ग्राहक और किसी तीसरे पक्ष के साथ बातचीत हमेशा विनम्र, सभ्य और पेशेवर तरीके से करनी चाहिए और उनके साथ हर समय गरिमामय व्यवहार किया जाना चाहिए।
4.	महिला एवं बुजुर्ग ग्राहकों से व्यवहार करते समय विशेष ध्यान एवं सावधानी रखी जाए।
5.	किसी भी अनधिकृत व्यक्ति को अपने साथ नहीं रखना चाहिए।
6.	जहां तक हो सके, किसी विशेष समय या विशेष स्थान पर कॉल से बचने के ग्राहक के अनुरोध का सम्मान किया जाना चाहिए।
7.	एजेंट को एसएमएस, ईमेल, व्हाट्सएप या अन्य किसी सोशल मीडिया नेटवर्क के माध्यम से ग्राहक को कोई भी संवाद भेजने की अनुमति नहीं है। यदि ग्राहकों को ई-मेल/पत्र/इलेक्ट्रॉनिक संदेशों के माध्यम से सूचित करने की आवश्यकता पड़ती है, तो अधिकृत संचार डेस्क के माध्यम से ऐसा करना सुनिश्चित किया जाना चाहिए।
8.	ग्राहक को उसके बकाया और ऋण के विवरण के बारे में सटीक जानकारी दी जानी चाहिए।
9.	एजेंट को केवल अधिकृत भुगतान चैनलों के माध्यम से ग्राहक से भुगतान एकत्र करना चाहिए।
10.	ग्राहक को अधिकृत भुगतान पावती प्रदान की जानी चाहिए और भुगतान प्राप्त होने के 24 घंटे के भीतर एकत्रित राशि वित्तीय संस्थान को भेज दी जानी चाहिए।
11.	प्रतिभूति पर कब्जा लेने और उसकी बिक्री करके वसूली करने से पहले उचित नोटिस दिया जाएगा।
12.	विवादों या मतभेदों को आपस में स्वीकार्य तरीके से हल करने के लिए पूरी सहायता दी जानी चाहिए

क्र.सं.	विवरण
13.	बकाया राशि की वसूली के लिए ग्राहक से मिलने के दौरान शिष्ट आचरण व शालीनता बनाए रखी जानी चाहिए।
14.	ग्राहकों/तीसरे पक्षों (परिवार के सदस्यों/रिश्तेदारों/दोस्तों) के साथ बातचीत करते समय किसी भी लिखित या मौखिक धमकी, दुर्व्यवहार या अशिष्टता करने की अनुमति नहीं है।
15.	बकाया राशि लेने के लिए अनुचित अवसरों जैसे परिवार में शोक या ऐसे अन्य विपत्तिपूर्ण अवसरों पर कॉल/मुलाकात करने से बचना चाहिए।
16.	ऐसे किसी भी प्रदर्शन व कार्रवाई से बचें जिसे किसी आपराधिक धमकी या डराने या हिंसक व्यवहार के रूप में लिया जा सकता है।
17.	एजेंट को ग्राहकों व तीसरे पक्ष से बातचीत करते समय किसी भी गलत, भ्रामक या गुमराह करने वाले निरूपण (representation) का सहारा नहीं लेना चाहिए, जिससे यह लगे कि वह किसी भी सरकारी या न्यायिक प्राधिकरण जैसे पुलिस, वकील आदि से जुड़ा हुआ है।
18.	एजेंटों को उपयुक्त कपड़े पहनने चाहिए और अच्छी तरह तैयार होना चाहिए।
19.	एजेंटों को उस भाषा में बातचीत करने का प्रयास करना चाहिए जिसे ग्राहक समझता हो और उसमें सहज हो।
20.	एजेंटों को वित्तीय संस्थान को उस ग्राहक का नाम बताना आवश्यक है जो दुर्व्यवहार करता है या धमकी देता है। ऐसी सभी घटनाओं का उचित दस्तावेजीकरण किया जाना चाहिए।
21.	एजेंटों को मालिक/प्रिंसिपल की पूर्व अनुमति के बिना उसकी ओर से किसी भी प्रकार का लिखित वादा या वचन नहीं देना चाहिए।
22.	एजेंट को अपने वास्तविक व्यवसाय या संगठन के नाम के बारे में ग्राहक को गुमराह नहीं करना चाहिए
23.	एजेंट को प्रस्तावित कार्रवाई और उसके परिणामों के संबंध में ग्राहक को गुमराह नहीं करना चाहिए।
24.	एजेंट को अपना सामान जैसे दैनिक कलेक्शन शीट, रसीद बुक, न्यूनतम स्टेशनरी और आचार संहिता साथ ले जाना चाहिए।
25.	लिखित या मौखिक अनधिकृत जानकारी किसी भी ग्राहक/प्रतियोगी/किसी अन्य व्यक्ति को नहीं दी जा सकती है।
26.	एजेंटों को प्रक्रिया नोट्स व उत्पाद के आधार पर संग्रहण कार्य की विशिष्टताओं के अनुसार जारी निर्देशों की रूपरेखा (framework) के भीतर अपनी भूमिका निभानी चाहिए।

क्र.सं.	विवरण
27.	वसूली एजेंटों को बेहतर परिणाम पाने के लिए मुलाकात से पहले की तैयारी और परिणाम अभिविन्यास (orientation) द्वारा मुलाकात को अधिकतम प्रभावी बनाने का प्रयास करना चाहिए। वे दौरे/की गई कार्रवाई के परिणाम का दस्तावेजीकरण भी करेंगे।
28.	ग्राहक से उचित दूरी बनाए रखें और ग्राहक/तीसरे पक्ष के साथ कोई शारीरिक संपर्क न करें और किसी भी स्थिति में उनके आवागमन में बाधा न डालें।
29.	उपरोक्त दिशानिर्देशों का पालन न करने पर पार्टनर के खिलाफ कड़ी कार्रवाई की जाएगी और जुर्माना लगाया जा सकता है व सेवाएं समाप्त की जा सकती हैं।

15.8 केस स्टडी

वसूली एजेंट के अवांछनीय आचरण से कर्जदार, वसूली एजेंट और बैंक को किस हद तक नुकसान हो सकता है, हम यह दर्शाने के लिए प्रेस रिपोर्टों के आधार पर तैयार एक केस स्टडी (बैंक, देनदार और वसूली एजेंट का नाम छुपाया गया) दे रहे हैं।

केस स्टडी:

एबीसी बैंक ने एक मध्यम-वर्ग के व्यक्ति एक्सवाई को उपभोग की जरूरतों के लिए रु. 60,000 का व्यक्तिगत ऋण दिया था। एक्सवाई को यह ऋण किश्तों में चुकाना था। इस ऋण के लिए भौतिक प्रतिभूति नहीं ली गई थी और किसी तीसरे पक्ष की गारंटी भी नहीं थी। उधार लेने वाला एक्सवाई कुछ किश्तें समय पर नहीं चुका सका और इसलिए ऋण अतिदेय हो गया।

एबीसी बैंक ने अन्य अतिदेय ऋणों की वसूली के साथ-साथ एक्सवाई का मामला वसूली एजेंट ज़ेड को दे दिया। वसूली एजेंट ज़ेड ने एक्सवाई को कई बार फोन किया और उसके आवास पर भी मिलने गया। चूंकि एक्सवाई चूक की (default) राशि चुकाने में सक्षम नहीं था, ज़ेड ने वसूली के लिए एक्सवाई की पत्नी और बेटियों के सामने अपमानजनक और कठोर भाषा का इस्तेमाल किया। एक्सवाई के घर संपर्क के दौरान, ज़ेड और उसके सहयोगियों ने एक्सवाई के घर में उपलब्ध कुछ सामान को उसकी पत्नी व बेटियों के सामने जबरन छीन लिया और बकाया राशि का भुगतान करने के लिए धमकाने वाली भाषा का भी प्रयोग किया। एक्सवाई ने स्वयं को बहुत अपमानित महसूस किया और वह अवसादग्रस्त हो गया। बकाया राशि न चुका पाने के कारण एक दिन एक्सवाई ने आत्महत्या कर ली। उसने अपने सुसाइड नोट में ज़ेड पर लगातार परेशान करने का आरोप लगाया। उसने अपनी पत्नी और बेटियों के सामने ज़ेड के हाथों अपने साथ हुए दुर्व्यवहार का उल्लेख किया। उसने ज़ेड द्वारा दी गई उस धमकी का भी उल्लेख किया जिसमे ज़ेड ने कहा था यदि वह अतिदेय राशि चुकाने में विफल रहा तो उसे गंभीर परिणाम भुगतने होंगे।

एक्सवाई की आत्महत्या के बाद, स्थानीय पुलिस ने ज़ेड और उसके सहयोगियों (जो एक्सवाई के घर मुलाकात करने के दौरान ज़ेड के साथ गए थे) को आत्महत्या के लिए उकसाने के आरोप में गिरफ्तार कर लिया। एबीसी बैंक के खिलाफ भी मामला दर्ज किया गया था, जिसे मृतक के परिवार को 20 लाख रुपये की अनुग्रह राशि का भुगतान देना पड़ा। यह घटना प्रेस में भी प्रकाशित हुई और लोगों की नजरों में बैंक की प्रतिष्ठा को नुकसान पहुंचा।

प्रश्न:

केस स्टडी पर गौर करने के बाद, कृपया निम्नलिखित बिंदुओं का उत्तर दें:

(i) वसूली की प्रक्रिया में ज़ेड (वसूली एजेंट) द्वारा किए गए आरबीआई और आईबीए के नियमों (परिशिष्ट 1 और 2 के माध्यम से) से प्रमुख विचलन (deviations) की पहचान करें।

(ii) एक ऋण वसूली एजेंट के रूप में, आपने एक्सवाई (कर्जदार) के खिलाफ वसूली के लिए क्या कदम उठाएंगे?

(iii) क्या वसूली एजेंट को दूसरों या परिवार के सदस्यों के सामने कर्जदार के बकाया के बारे में बात करना उचित है??

(iv) क्या वसूली एजेंट को वसूली की प्रक्रिया में अपने दोस्तों को शामिल करना उचित है?

(v) कर्जदार की वस्तुओं पर कब्जा लेने की अनुमोदित पद्धति (approved procedure) क्या है? क्या उन चीजों पर कब्ज़ा करना उचित है जो ऋण से वित्त पोषित नहीं हैं?

(vi) जैसा कि केस स्टडी में बताया गया है, वसूली की प्रक्रिया से संबंधित सभी तीन पक्षों को अंततः होने वाले नुकसान से बचने के लिए एबीसी बैंक (ऋणदाता) को यदि कोई उपाय हो तो क्या करना चाहिए?

15.9 सारांश

वित्तीय संस्थान कानूनी और नियामक रूपरेखा के अनुरूप पिछले बकाया ऋणों की वसूली के लिए अपनी नीति और पद्धति तैयार करते हैं। किसी वित्तीय संस्थान की ऋण वसूली की नीति कर्मचारियों या अधिकृत एजेंटों को उनके वसूली प्रयासों और देनदारों के साथ बातचीत में मार्गदर्शक सिद्धांत प्रदान करती है। वसूली के लिए निर्धारित पद्धतियां इन दिशानिर्देशों के अनुरूप होंगी और संदेह की स्थिति में तदनुसार व्याख्या की जानी चाहिए।

किसी बैंक की ऋण वसूली की नीति बैंक कर्मचारियों या अधिकृत एजेंटों को उनके वसूली प्रयासों और कर्जदारों के साथ बातचीत में मार्गदर्शक सिद्धांत प्रदान करती है। वसूली के लिए

निर्धारित पद्धतियां इन दिशानिर्देशों के अनुरूप होंगी और संदेह की स्थिति में तदनुसार व्याख्या की जानी चाहिए।

ऋण वसूली प्रक्रिया को विभाजित किया जा सकता है- सामान्य वसूली, जिद्दी देनदारों से वसूली, संपत्ति पर कब्ज़ा करने की प्रक्रिया और कानून के अनुसार वसूली में।

वसूली की सामान्य पद्धति तब शुरू होती है जब वसूली एजेंट को ग्राहक के बैंक विवरण के साथ-साथ ग्राहक का नाम, टेलीफोन नंबर और पते के बारे में सूचित किया जाता है। डीआरए पहले कदम के रूप में ग्राहक को कॉल करके शुरुआत कर सकता है और दूसरे कदम के रूप में, वसूली के लिए नकदी इकट्ठा करने के लिए ग्राहक से मिलने जा सकता है।

सभी बैंकों/एनबीएफसी ने भी आचार संहिता दिशानिर्देश निर्धारित किए हैं जिनका सभी ऋण वसूली एजेंटों को पालन करना चाहिए।

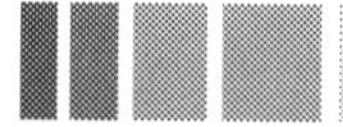

15.10 प्रमुख शब्द

वसूली नीति, वसूली पद्धति, देयता नोटिस, भ्रामक या मिथ्या प्रस्तुति, कानूनी वसूली प्रक्रिया

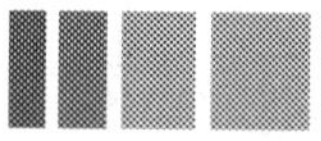

15.11 अपनी प्रगति जाँचें

1. वसूली एजेंट का कर्जदार को टेलीफोन कॉल करना होता है:
   (a) वसूली प्रक्रिया का पहला कदम
   (b) वसूली प्रक्रिया का अंतिम कदम
   (c) वसूली प्रक्रिया का एक विकल्प
   (d) वसूली प्रक्रिया में बिलकुल आवश्यक नहीं है
2. किसी ग्राहक को टेलीफोन कॉल करने से पहले वसूली एजेंट को सुनिश्चित कर लेना चाहिए कि:
   (a) बैंक ने ग्राहक से बकाया ऋण वसूलने के लिए उसे अधिकृत किया है।
   (b) बैंक ने ग्राहक को देय ऋण की वसूली के लिए वसूली एजेंट का विवरण (नाम, टेलीफोन नंबर, आदि) के बारे में जानकारी दे दी है।
   (c) उपरोक्त दोनों आवश्यकताओं का पालन किया गया है।
   (d) उपरोक्त में से कोई भी आवश्यक नहीं है।

3. बकाया राशि की वसूली के लिए ग्राहक को पहली बार टेलीफोन कॉल करते समय, वसूली एजेंट को यह करना चाहिए:
   (a) केवल अपनी पहचान का खुलासा करे
   (b) अपनी पहचान का खुलासा और देय राशि को एकत्र करने के प्राधिकार का भी
   (c) ग्राहक से देय राशि के भुगतान के बारे में चर्चा करे
   (d) उपरोक्त (b) और (c) दोनो करे
4. बकाया की वसूली के संबंध में आईबीए की मॉडल नीति के अनुसार, बकाया की वसूली के लिए ग्राहक को कॉल आम तौर पर इनके बीच की जानी चाहिए:
   (a) 0800 और 1700 बजे
   (b) 0700 और 1900 बजे
   (c) 0800 और 1900 बजे
   (d) 0700 और 1800 बजे
5. बकाया की वसूली के संबंध में आईबीए की मॉडल नीति के अनुसार, किसी विशेष समय या स्थान पर कॉल से बचने के लिए उधारकर्ता का अनुरोध:
   (a) सिरे से खारिज कर दिया जाएगा
   (b) विनम्रतापूर्वक अस्वीकार कर दिया जाएगा
   (c) नजरअंदाज किया जाएगा और जवाब नहीं दिया जाएगा
   (d) यथासंभव सम्मान किया जाएगा

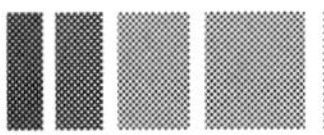

15.12 अपनी प्रगति जाँचें के उत्तर

1.	(a)	2.	(c)	3.	(d)	4.	(c)	5.	(d)

अध्याय

16 ऋण वसूली के लिए व्यावहारिक कौशल और रणनीतियाँ

16.1 उद्देश्य
16.2 परिचय
16.3 संवाद कौशल
16.4 सुनने का कौशल
16.5 बातचीत का कौशल
16.6 प्रेरण कौशल
16.7 अंतर-वैयक्तिक संबंध/कौशल
16.8 भावप्रधान बुद्धिमत्ता
16.9 वसूली के लिए टेलीफोन कॉल करते समय शिष्टाचार
16.10 जिद्दी देनदारों से निपटना
16.11 वसूली के लिए रणनीति
16.12 वसूली के प्रति सकारात्मक दृष्टिकोण
16.13 क्रेडिट परामर्श
16.14 सारांश
16.15 प्रमुख शब्द
16.16 अपनी प्रगति जाँचें
16.17 अपनी प्रगति जाँचें के उत्तर

अध्याय

ऋण वसूली के लिए व्यावहारिक कौशल और रणनीतियाँ

16.1 उद्देश्य

इस अध्याय के अंत तक, आप ऋण वसूली के लिए उपयोगी व्यावहारिक कौशल से भलीभांति परिचित हो जाएंगे:

- संवाद कौशल
- सुनने का कौशल
- अंतर-वैयक्तिक कौशल
- प्रेरण कौशल
- बातचीत करने का कौशल
- हठी देनदारों से कैसे निपटें
- वसूली के लिए रणनीति
- वसूली के लिए टेलीफोन कॉल करते समय शिष्टाचार

16.2 परिचय

वसूली में सफलता नियामक मानदंडों के अनुपालन के साथ-साथ व्यवहार कुशलता और अच्छी रणनीति पर निर्भर करती है। दोनों एक-दूसरे के पूरक हैं। हो सकता है, व्यावहारिक कुशलता और रणनीति के बिना मात्र नियामक अनुपालन से वसूली में सफलता न मिले। इसी तरह, बिना नियामक अनुपालन के वसूली कौशल और रणनीति दीर्घावधि में वसूली का वातावरण खराब कर सकती है।

व्यवहार कुशलता व्यक्ति की अंतःवैयक्तिक तथा पारस्परिक व्यवहार की कुशलताएँ है जो व्यक्ति को श्रेष्ठ बननें या कम-से-कम विशेष सामाजिक संरचना में घुलमिल जाने की क्षमता निर्धारित करती हैं। इन दक्षताओं में भावनात्मक बुद्धिमत्ता, संवाद, नेतृत्व क्षमता, शिष्टाचार, मतभिन्नता का समाधान, निर्णय लेना, आत्म-प्रेरणा, आत्म-अनुशासन, अनुनय आदि जैसे क्षेत्रों में दक्षताएं शामिल हैं।

16.3 संवाद कौशल

संवाद की प्रक्रिया दो तरफ से होती है जिसमें कम से कम दो व्यक्तियों के बीच सूचना और विचारों का आदान-प्रदान करके आम राय बनाई जाती है। वसूली के दौरान ग्राहक व एजेंट के बीच लिखित रूप से या शारीरिक भाव-भंगिमा के माध्यम से संवाद किया जाता है।

संवाद के दो प्रकार होते हैं:

1. **मौखिक संवाद** - मौखिक संवाद का अर्थ बोले गए शब्दों के माध्यम से संवाद करना होता है। इसमें बोलने वाला अपनी भावनाओं, विचारों, और राय को भाषण, चर्चा, प्रदर्शन और बातचीत के रूप में शब्दों से व्यक्त करता है। वक्ता के लहजे, बोलने की स्पष्टता, परिमाण, वेग, शारीरिक भाषा और बातचीत में उपयोग किए जाने वाले शब्दों के माध्यम से मौखिक संचार को अधिक प्रभावी बनाया जा सकता है। इसमें फीडबैक तुरंत मिल जाती है क्योंकि बोलने वाले और सुनने वाले के बीच में संदेश का पहुँचना व मिलना एक-साथ होता है।
2. **गैर-मौखिक संवाद** जैसे चेहरे की भाषा (चेहरे की भाव-भंगिमा, आँखों का संपर्क), ध्वनिक भाषा (आवाज का लहजा (टोन), आवाज का स्वरमान (पिच) और शारीरिक भाषा (शरीर की स्थिति, शरीर की गति)। गैर-मौखिक भाषा के ये सभी या इनमें से कोई भी तत्व (संवाद करने वाला चाहे या न चाहे) प्राप्तकर्ता तक कुछ-न-कुछ संदेश पहुँचाते हैं। वसूली एजेंट को देनदार के साथ संवाद करते समय प्रभावी संचार के मुख्य सिद्धांतों का पालन करना चाहिए।
    - वित्तीय संस्थान द्वारा दिए संकेत के अनुसार भाषा, मौखिक व शारीरिक भाषा, सभ्य और विनम्र होनी चाहिए।
    - उपयोग में लाई जाने वाली भाषा देनदार (ग्राहक) को आसानी से समझ में आनी चाहिए।
    - एजेंट को ग्राहक की प्रतिक्रियाओं के प्रति सतर्क और संवेदनशील होना चाहिए।

एजेंट को पूरी तरह निश्चय कर लेना चाहिए कि अनजाने में हुआ गैर-मौखिक संवाद (या शारीरिक भाषा) भी देनदार के लिए प्रतिकूल न हो । एजेंट को यह भी सुनिश्चित करना चाहिए कि उसके संदेश को देनदार ने अच्छी तरह समझ लिया है; अन्यथा, उसे छूटे हुए बिंदुओं को दोहराकर और स्पष्ट करना चाहिए।

16.4 सुनने का कौशल

एजेंट को बढ़िया संवाद करने वाला और अच्छा श्रोता होना चाहिए। सुनने से मतलब उन सभी तरीकों से है जिनके द्वारा दूसरे पक्ष से संवाद प्राप्त किया जा रहा है, और इसमें न केवल सुनना बल्कि चेहरे और शरीर की भावभंगिमा, एकाग्रचित्तता या इसकी कमी भी शामिल हैं।

अच्छी तरह सुनने का महत्व इसलिए है क्योंकि इससे दोनों पक्षों के बीच की मनोवैज्ञानिक दूरियां समाप्त हो जाती है और संवाद का प्रवाह बेहतर हो जाता है। अच्छा संवाद करने और सुनने के उत्तम कौशल से वसूली एजेंट और देनदार के बीच बेहतर संबंध बन जाते हैं, जो इन दोनो अनिवार्य कौशलों के बिना या उनकी कमी से संभव नहीं हो पाते हैं।

प्रभावकारी श्रवण के मुख्य सिद्धांत:

बोलना रोकें: यदि कोई व्यक्ति बोलता ही रहता है तो सुनने का काम अच्छी तरह नहीं कर सकता। यदि वार्तालाप बंद करना संभव नहीं हो तो हमेशा अधिक-से-अधिक वार्तालाप दूसरे लोगों को करने दें। ये बहुत सामान्य सी बात है। एजेंट को भी वार्तालाप कम से कम करना चाहिए और ग्राहक की बात अधिक सुननी चाहिए। दूसरों की बात सुनना सबसे शक्तिशाली हथियार है। अवसर मिलने पर, देनदार (ग्राहक) एजेंट को वह सब कुछ बताएगा जिस जानकारी की आवश्यकता एजेंट को है।

एजेंट को संवेदनशील होकर सुनना चाहिए। संवेदना इस बात की सम्मानजनक समझ होती है कि दूसरे क्या अनुभव कर रहे हैं। अच्छी तरह सुनने की आवश्यकताएं निम्नलिखित हैं, जो संवाद को बेहतर और प्रभावी बनाने में मदद करती हैं:

- देनदार के बात करने के समय एजेंट को धैर्य रखना चाहिए।
- एजेंट को चाहिए कि ध्यान भटकने से बचाए और सुनने के लिए वातावरण बनाए। सुनने में सक्रियता देनदार को यह बताने की कला है कि एजेंट हर शब्द सुन रहा है।
- एजेंट को ज्यादा से ज्यादा प्रश्न पूछने का प्रयास करना चाहिए.
- एजेंट को गैर-मौखिक संदेशों - शारीरिक भाषा को 'सुनने-समझने' की आदत डालनी चाहिए ।

- एजेंट को अपना संयम बनाए रखना चाहिए।
- एजेंट को तर्क और आलोचना पर सहजता से काम लेना चाहिए क्योंकि तर्क और आलोचना देनदार (ग्राहक) को रक्षात्मक स्थिति में डाल देती है और संवाद में रुकावट आ जाती है।
- आम तौर पर, दूसरे पक्ष के बोलने या अपनी बात कहने के बाद ही बोलना शुरू करें। सामान्यतः बातचीत के बीच में न टोकें। दूसरे शब्दों में, केवल तभी टोकें जब बहुत आवश्यक हो, उदाहरण के लिए, जब बोले जा रहे मुद्दे अप्रासंगिक हों या अनावश्यक रूप से लंबे या विवादास्पद हों और समय सीमित हो या अधिक हो रहा हो। ऐसी स्थिति में भी "माफ़ करें" जैसे शब्द कहकर धीरे से टोकें।

प्रभावी संवादकर्ता बनने के लिए प्रभावी श्रवण कौशल के अलावा कुछ अन्य महत्वपूर्ण कौशलों की भी आवश्यकता होगी जो इस प्रकार हैं:

(a) गैर-मौखिक संवाद को समझें: लोकप्रिय वाक्यांश को याद करें- "कथनी से करनी अधिक प्रभाव डालती हैं"। अधिकांश संदेश गैर-मौखिक रूप से पहुँचाए जाते हैं। इसमें कई पहलू शामिल होते हैं जैसे शारीरिक भाषा, आवाज की टोन और पिच, शरीर की हरकत, आंखों का संपर्क, शरीर की मुद्रा, चेहरे की अभिव्यक्ति और यहां तक कि पसीना जैसे शारीरिक परिवर्तन भी शामिल हैं। कोई भी व्यक्ति दूसरे लोगों के गैर-मौखिक संवाद पर ध्यान देकर उन्हें बेहतर ढंग से समझ सकता है। अपने शब्द और शारीरिक भाषा की सुसंगतता को सुनिश्चित करके संदेश को अधिक स्पष्ट रूप से संप्रेषित किया जा सकता है।

(b) भावनात्मक जागरूकता और प्रबंधन: स्पष्ट संवाद और अपने भले के लिए भावनाओं का प्रबंधन करना और उन्हें संदर्भ के अनुसार उचित तरीके से व्यक्त करना महत्वपूर्ण होता है। पेशेवर (प्रोफेशनल) व्यवस्था में अनावश्यक रूप से तीव्र भावनाओं को आने देने से संवाद खराब हो सकता है और मतभेद हो सकता है।

(c) प्रश्न पूछने का कौशल: किसी के संदेश को सही ढंग से समझने के लिए प्रश्न पूछना एक महत्वपूर्ण कौशल है। यह बातचीत शुरू करने और उसे जारी रखने का अथवा किसी विशेष विषय के बारे में अधिक जानकारी प्राप्त करने का एक उपयुक्त तरीका होता है। जिनके पास प्रश्न पूछने का अच्छा कौशल है उन्हें अक्सर बहुत अच्छे श्रोता के रूप में भी देखा जाता है, क्योंकि वे अपनी राय व्यक्त करने की तुलना में दूसरों से जानकारी प्राप्त करने में अधिक समय लगाते हैं।

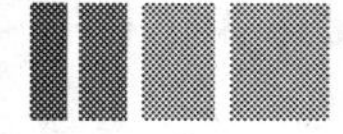

16.5 बातचीत का कौशल

ऋण वसूली में बातचीत के कौशल की महत्वपूर्ण भूमिका होती है। ऋण संग्रहकर्ताओं को देनदार की भुगतान करने की क्षमता की पहचान करने और उपयुक्त पुनर्भुगतान योजनाओं के बारे में बातचीत करने में निपुण होना चाहिए। देनदार की वित्तीय मजबूरियों को समझकर, ऋण संग्रहकर्ता देनदार की परिस्थितियों के अनुरूप भुगतान के वास्तविक विकल्पों का प्रस्ताव दे सकते हैं। उन्हें भुगतान या निपटान के लिए बातचीत करने के लिए सही समय, स्थान, देनदार की सुविधा और दोनों पक्षों के लिए लाभकारी उपयुक्त भुगतान शर्तों का चयन करना चाहिए। उन्हें लचीला दृष्टिकोण अपनाना चाहिए और ऋण वसूली को अधिकतम करने और देनदारों के साथ सकारात्मक व्यावसायिक संबंध बनाए रखने के बीच संतुलन बनाने का प्रयास करना चाहिए।

पारस्परिक कौशल के कुछ उदाहरण हैं (i) उचित और स्पष्ट संवाद (ii) सहानुभूतिपूर्ण व्यवहार (iii) सक्रिय होकर सुनना (iv) सकारात्मक प्रतिक्रिया देना (v) सकारात्मक होना (vi) संबंध बनाना (vii) मतभेद प्रबंधन (viii) सहयोग (ix) नेतृत्व (x) निर्भरता।

आम तौर पर, वित्तीय संस्थान ऋण वसूली एजेंटों को वसूली करते समय ग्राहकों के साथ सौदेबाजी करने और समझौता करने की अनुमति नहीं देते हैं। इस प्रकार, सौदेबाजी की आवश्यकता तभी पैदा होगी जब एजेंट को एजेंसी के समझौते की शर्तों में देनदार के साथ सौदेबाजी करने के लिए ऋणदाता/बैंक द्वारा विशिष्ट शक्तियां प्रदान की गई हों। इसके अलावा, वित्तीय संस्थान केवल उन वसूली एजेंटों को समझौते की शक्तियां सौंपते हैं जिनके पास संदिग्ध श्रेणी में वर्गीकृत किए ऋणों पर बातचीत करने और उन्हें वसूलने में सिद्ध विशेषज्ञता है, जो निम्नानुसार हैं:

(i) जहां सुरक्षा दस्तावेज़ गुम हो गए हैं या ख़राब हो गए हैं और उन्हें क़ानूनी अदालत में दायर नहीं किया जा सकता है, उदाहरण के लिए, अनुचित निष्पादन या परिसीमा विधि द्वारा वर्जित।

(ii) जहां बैंक को दी गई संपत्ति की मात्रा और गुणवत्ता खराब हो गई है और देनदार के खाते की बकाया राशि को पूरी तरह से कवर नहीं करती है।

(iii) जहां बकाया किसी भी प्रतिभूति के न होने से पूरी तरह असुरक्षित है।

संदिग्ध और पुराने मामलों में वसूली करना एजेंट के लिए किसी भी तरह से आसान काम नहीं है और जिद्दी ग्राहक का सामना करते समय उसे अपने बातचीत के पूरे कौशल को सामने लाने की आवश्यकता पड़ सकती है।

ऋण वसूली एजेंट (डीआरए) को एक अच्छे वार्ताकार की सभी विशेषताओं को अपनाना चाहिए, जो निम्न प्रकार हैं:

- एक अच्छे वार्ताकार को अच्छा श्रोता होना चाहिए।
- उसे आत्मविश्वासी होना चाहिए लेकिन अहंकारी नहीं।
- उसे एकाग्रचित्त होना चाहिए लेकिन जिद्दी नहीं।
- उसे सरल नियम "आप वह नहीं दे सकते जो आपके पास नहीं है" का पालन करना चाहिए।
- एक अच्छे वार्ताकार के रूप में, आत्म-नियंत्रण महत्वपूर्ण है।
- बातचीत करने से पहले उसे इलाके का अध्ययन करना चाहिए।
- उसे उच्चतर हाव भाव दिखाकर ग्राहक को नीचा नहीं दिखाना चाहिए।
- उसे अहंकार त्याग देना चाहिए।
- उसे प्रक्रिया समाप्त करने में अनावश्यक देरी नहीं करनी चाहिए।

बातचीत के अंतिम चरण में पहुंचने से पहले, वसूली एजेंट को 'प्रकरण-वार ' आधार पर मालिक/प्रिंसिपल के औपचारिक अनुमोदन की आवश्यकता हो सकती है। उसके बाद बातचीत करके किए गए समझौते पर हस्ताक्षर किए जा सकते हैं और एजेंट द्वारा वसूली की जा सकती है। समझौते के अनुसार एजेंट को एकत्रित राशि से एक निश्चित प्रतिशत शुल्क दिया जाता है। ऐसे मामलों में अधिक काम/समय और बातचीत के विशेष कौशल की आवश्यकता को देखते हुए सामान्य वसूली मामलों की तुलना में शुल्क अधिक होगा।

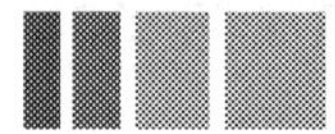

16.6 प्रेरण कौशल

अधिकांश कुशल वार्ताकार मान मनौव्वल की शक्ति का उपयोग करते हैं। समझाना बुझाना प्रतिष्ठा का ही एक रूप है। यह एक समस्या-समाधान करने वाली वार्ता रणनीति है, और यह बल या छल पर निर्भर नहीं करती है।

जिद्दी ग्राहक का सामना करते समय डीआरए को अपने समझाने-बुझाने के पूरे कौशल को काम में लाना चाहिए। उसे एक अच्छे प्रेरक वार्ताकार की सभी विशेषताएं अपनानी होंगी, जो इस प्रकार हैं:

- **विश्वसनीयता स्थापित करें:** विश्वसनीयता की कमी से अधिक कुछ भी ऐसा नहीं है जो समझाने-बुझाने के प्रयासों को कमजोर करता हो। लोग उस व्यक्ति की बात नहीं सुनना चाहते जिस पर वे भरोसा नहीं करते और सम्मान नहीं करते।

- **सकारात्मक, व्यवहारकुशल स्वर (टोन) का प्रयोग करें:** मान लें कि जिस ग्राहक को वह समझाने की कोशिश कर रहा है वह बुद्धिमान और परिपक्व है, डीआरए को ग्राहक से बात करते समय सम्मानजनक, सीधी बात करने वाला, ईमानदार और व्यवहारकुशल होना चाहिए।
- **अपनी स्थिति के सपोर्ट में मजबूत साक्ष्य प्रस्तुत करें:** डीआरए को यह समझाने की जरूरत है कि वह जो चाहता है वह महत्वपूर्ण क्यों है। उसे मजबूत सहायक साक्ष्यों का प्रदर्शन करना चाहिए। मामले के निर्माण की जिम्मेदारी डीआरए की होती है।
- **ग्राहक के स्वयं के फायदे की अपील करें:** ग्राहक को प्रभावी ढंग से मनाने के लिए, एजेंट को यह समझने की आवश्यकता है कि ग्राहक को कौन सी चीज़ आकर्षित करती है। उसके बाद वह स्वयं को ग्राहक की स्थिति में रख सकता है। किसी भी व्यक्ति के व्यवहार की दिशा अपने स्वार्थों की संतुष्टि की ओर होती है। एजेंट को कोई भी मांग करने से पहले यह अनुमान लगाकर अपने स्वार्थ के लिए अपील करनी होगी कि ग्राहक पूछेगा, "इसमें मेरा लाभ क्या है?"
- **अपील:** स्पष्ट, तर्कसंगत और वस्तुनिष्ठ साक्ष्य प्रस्तुत करना अक्सर पर्याप्त नहीं होता है और डीआरए को ग्राहक की भावनाओं के अनुरूप होने की आवश्यकता होती है।
- **तर्कशक्ति का प्रयोग करें:** यद्यपि एक तार्किक और तर्कसंगत चर्चा ग्राहक को मनाने की गारंटी नहीं हो सकता है, लेकिन आपके तर्क को सपोर्ट करने वाले भौतिक तथ्यों और कारणों की कमी से निश्चित रूप से आपका समझाना कमजोर पड़ जाएगा।

16.7 अंतर-वैयक्तिक संबंध/कौशल

अंतर-वैयक्तिक कौशल से तात्पर्य 'संवाद प्लस कौशल' से है जो दो या दो से अधिक व्यक्तियों के बीच संबंध और समझ में वृद्धि करता है। इस प्रकार इसमें संवाद और सुनने का कौशल (ऊपर बताया गया है), साथ ही 'कुछ और' भी शामिल होता है।

समाजीकरण संस्कृति का संचार करता है। वसूली एजेंट को किसी भी प्रकार की हठधर्मिता से बचना चाहिए और ग्राहक के साथ प्रोफेशनल संबंध विकसित करना चाहिए। दो या दो से अधिक व्यक्तियों के बीच पारस्परिक रूप से संतोषजनक और पारस्परिक बातचीत को अक्सरं पारस्परिक संबंध कहा जाता है।

एजेंट और ग्राहक के बीच विश्वास होना बहुत जरूरी है। इससे स्थायी रिश्ते बन सकते हैं। विश्वास के अभाव में कोई भी रिश्ता नाजुक होता है और हल्के से तनाव या उकसावे पर भी रिश्ता टूट सकता है।

दूसरों की भावनाओं को पहचानना बहुत आवश्यक है और उन्हें परिस्थितियों के अनुकूल तरीके से व्यक्त करना पारस्परिक संबंधों को बड़े पैमाने पर मजबूत करने और बढ़ावा देने में मदद करता है। मतभेद तभी उत्पन्न होता है जब दूसरे लोगों के इनपुट या विचारों को उचित महत्व नहीं दिया जाता है। जब दूसरे व्यक्ति से समझ, सहानुभूति से साथ संपर्क किया जाता है और उसकी भावनाओं को पहचान और महत्व दिया जाता है, तो रिश्ते बढ़ते हैं।

पारस्परिक कौशल के कुछ उदाहरण हैं (i) उचित और स्पष्ट संवाद (ii) सहानुभूतिपूर्ण व्यवहार (iii) सक्रिय होकर सुनना (iv) सकारात्मक प्रतिक्रिया देना (v) सकारात्मक होना (vi) संबंध बनाना (vii) मतभेद प्रबंधन (viii) सहयोग (ix) नेतृत्व (x) निर्भरता

एक वसूली एजेंट के लिए अंतर-वैयक्तिक कौशल के कुछ तत्व निम्नलिखित हैं:

संवेदना: संवेदना के लिए सहानुभूतिपूर्ण, सुनने की योग्यता या सलाह की आवश्यकता होती है, जो एजेंट के सकारात्मक दृष्टिकोण को दर्शाता है, जो आगे चलकर अंतर-वैयक्तिक संबंधों को बेहतर बनाने में काफी मदद करता है। एक एजेंट जो ग्राहक के हित में मदद कर सकता है और उसकी कठिनाइयों से निपट सकता है, वह ग्राहक की शिकायतों के कारण को दूर करके प्रक्रिया को वसूली को सम्पन्न कर सकता है।

शारीरिक भाषा: शारीरिक भाषा वह अनकहा या गैर-मौखिक संवाद है जो किसी अन्य व्यक्ति के साथ आमना-सामना करने पर होता है। बॉडी लैंग्वेज एक शब्द है जिसका उपयोग ध्वनियों, मौखिक भाषा आदि के बजाय शारीरिक हावभाव या इशारों के माध्यम से संवाद के लिए किया जाता है।

चेहरे की अभिव्यक्ति: गैर-मौखिक संवाद के लिए चेहरा संभवतः सबसे स्पष्ट माध्यम है। चेहरे के भाव अधिकतर भावनाओं और दृष्टिकोण को व्यक्त करते हैं। लगातार आंखों का संपर्क यह संकेत दे सकता है कि वक्ता जो कह रहा है सुनने वाला उसके बारे में सकारात्मक ढंग से सोच रहा है। आंखों का संपर्क दो लोगों के बीच एक मजबूत संबंध बनाता है और ईमानदारी और भरोसे की छाप पैदा करता है। आंखों के संपर्क में कमी नकारात्मकता का संकेत दे सकती है।

डीआरए को बोलते समय आंखों का संपर्क बनाए रखना चाहिए। ग्राहक के साथ आँख का संपर्क बनाए रखने से उसमें डीआरए की रुचि का पता चलेगा। अविश्वास का संकेत आमतौर पर टकटकी लगाकर किया जाता है। ऐसा ही आंखों का तनाव भी है। यदि ग्राहक डीआरए की बातों से आश्वस्त नहीं हो रहा है, तो ध्यान हमेशा भटकता रहता है और लंबे समय तक आंखें डरी रहती हैं।

हाथ मिलाना: हाथ मिलाने से डीआरए को दोस्ताना और पेशेवर छवि बनाने में मदद मिलती है। डीआरए को यह सुनिश्चित करना चाहिए कि उसका हाथ मिलाना त्वरित और दृढ़ हो। भावनाओं

को व्यक्त करने के लिए बॉडी लैंग्वेज का विशेष रूप से उपयोग किया जाता है। उदाहरण के लिए, यदि ग्राहक को वसूली के लिए उससे संपर्क करने वाला डीआरए पसंद नहीं है, तो उसे सीधे डीआरए से यह बताना मुश्किल हो सकता है। हालाँकि, वह शारीरिक भाषा के माध्यम से जानबूझकर या अनजाने में इस बात को स्पष्ट कर सकता है। इसका विपरीत कथन भी सत्य है। डीआरए को दूसरों की शारीरिक भाषा को समझना और उसकी व्याख्या करना सीखना चाहिए।

16.8 भावप्रधान बुद्धिमत्ता

भावप्रधान बुद्धिमत्ता (ईक्यू) ऐसा महत्वपूर्ण कौशल है जिसे डीआरए को उधारकर्ताओं के सामने आने वाली कठिन परिस्थितियों का प्रबंधन करने के लिए विकसित करने की आवश्यकता होती है। यह आत्म-संयम बनाए रखने, मनोदशाओं को नियंत्रित करने, दूसरों के साथ सहानुभूति रखने और असफलताओं का सामना करने या प्रतिकूल परिस्थितियों को संभालने के लिए आत्म-प्रेरणा विकसित करने की उनकी क्षमता को संदर्भित करता है। मानव व्यवहार पर कई शोध रिपोर्टों के अनुसार, यह पता चला है कि बुद्धि लब्धि/बौद्धिक स्तर (आईक्यू) का जीवन में मिलने वाली सफलता में 20% हिस्सा ही है, जबकि शेष 80% गैर-आईक्यू कारकों जैसे सामाजिक कौशल, भावनात्मक बुद्धिमत्ता आदि से आता है। व्यक्तिगत या व्यावसायिक जीवन में उत्कृष्टता प्राप्त करने के लिए, भावनात्मक आवेगों को प्रबंधित करना महत्वपूर्ण होता है।

कार्यस्थल पर तनाव अपरिहार्य है। दबाव में, कर्मचारी अक्सर अपना आपा खो देते हैं, भावुक हो जाते हैं, अपना गुस्सा व्यक्त करते हैं, असामान्य व्यवहार करते हैं और दूसरों को ठेस पहुँचाते हैं और लोगों से रिश्ता तोड़ (मनमुटाव) देते हैं। हालाँकि, कुछ लोग ऐसे भी होते हैं जो अपनी भावनाओं या गुस्से पर काबू पाने में सक्षम होते हैं और विपरीत परिस्थितियों को भी नियंत्रित करने में सक्षम होते हैं। वे कठिन परिस्थितियों को अपने निर्णय या व्यवहार पर प्रभाव नहीं डालने देते। वे किसी समस्या का सहजता से प्रबंधन करने और समाधान खोजने में सक्षम होते हैं। वे ईमानदारी से अपना मूल्यांकन करने, आलोचना को सकारात्मक रूप से लेने और अपने प्रदर्शन को बेहतर बनाने के लिए इसका उपयोग करने में सक्षम होते हैं। ऐसे लोगों को मजबूत ईक्यू वाला माना जाता है और उनमें क्रोध प्रबंधन के साथ-साथ सामाजिक कौशल भी अच्छा होता है।

भावप्रधान बुद्धिमत्ता के लक्षण

भावप्रधान बुद्धिमत्ता/इमोशनल इंटेलिजेंस (ईक्यू) की अवधारणा पहली बार 1990 में शोधकर्ताओं, जॉन मेयर और पीटर सलोवी द्वारा गढ़ी गई थी और बाद में एक अमेरिकी मनोवैज्ञानिक डैनियल गोलेमैन ने अपनी पुस्तक "इमोशनल इंटेलिजेंस" में इसे लोकप्रिय बनाया।

ईक्यू की अवधारणा को नीचे दिए गए विवरण के अनुसार पाँच तत्वों की एक रूपरेखा के रूप में समझा जा सकता है:

1. **आत्म-जागरूकता:** आत्म-जागरूकता उच्च भावनात्मक बुद्धिमत्ता वाले लोगों का सबसे महत्वपूर्ण गुण है। वे अपनी भावनाओं/क्रोध को नियंत्रित करने में सक्षम होते हैं और अपनी भावनाओं को अपने ऊपर हावी नहीं होने देते हैं। वे स्वयं का आलोचनात्मक मूल्यांकन करने में सक्षम होते हैं और अपने प्रदर्शन में वृद्धि करने के लिए अपनी ताकत और कमजोरियों पर काम करने के लिए तैयार रहते हैं।

   एक डीआरए को अपने व्यक्तित्व के गुणों के बारे में पता होना चाहिए और अपनी भावनाओं के बारे में जागरूक होना चाहिए, खासकर यदि वह जल्द निराश हो जाता है और सार्वजनिक रूप से क्रोध व्यक्त करता है। उसे अपने करीबी लोगों से फीडबैक लेना चाहिए जो उसे व्यक्तिगत रूप से जानते हैं और उनकी प्रतिक्रिया को स्वीकार करना चाहिए और तनावपूर्ण क्षण में भावनाओं और क्रोध को नियंत्रित करने के लिए उस पर काम करना चाहिए।

2. **स्व-नियमन**: भावनात्मक आवेग और क्रोध की नियंत्रण क्षमता को स्व-नियमन के रूप में जाना जाता है। जो व्यक्ति स्व-नियमन करने में सक्षम हैं वे आम तौर पर क्रोध या ईर्ष्या व्यक्त नहीं करते हैं, और वे आवेगपूर्ण या असावधानी वाले निर्णय लेने से बचते हैं। स्व-नियमन की कुछ विशेषताएं हैं- क्रोध प्रबंधन, विचारशील निर्णय लेना, बदलने के लिए तैयार रहना, उच्च सत्यनिष्ठा रखना और जरूरत पड़ने पर 'नहीं' कहने की क्षमता रखना।

   एक डीआरए को ऐसी स्थिति में आत्म-नियंत्रण की क्षमता विकसित करनी होती है जिसमें दलीलें नियंत्रण से बाहर हो जाती हैं। डीआरए को केवल बैंक के विचार प्रस्तुत करने चाहिए और किसी उधारकर्ता के भुगतान से इनकार करने पर आपा नहीं खोना चाहिए। कर्ज़दार को कर्ज़ न चुकाने के दुष्परिणामों के बारे में शालीनतापूर्वक सभ्य शब्दों में समझाना चाहिए। डीआरए को क्रोध पर नियंत्रण रखना चाहिए और कभी भी जिद्दी उधारकर्ताओं के उकसावे के जाल में नहीं फंसना चाहिए।

3. **स्व-प्रेरणा**: उच्च स्तर की भावनात्मक बुद्धिमत्ता वाले लोगों का तीसरा महत्वपूर्ण तत्व स्व-प्रेरणा है। इन लोगों को काम के लिए प्रेरित करने के लिए बाहरी प्रभावों की आवश्यकता नहीं होती है। वे तत्काल संतुष्टि की तलाश नहीं करते हैं और दीर्घकालिक सफलता के लिए तत्काल परिणामों को टालने को तैयार रहते हैं। उनका झुकाव उच्च प्रदर्शन की ओर होता है, वे चुनौतियों को पसंद करते हैं और अपने काम में प्रभावी होते हैं।

   वसूली न तो आसान काम है और न ही असंभव काम है। डीआरए जो स्व-प्रेरित हैं और आत्म-विश्वास रखते हैं, वे उधारकर्ताओं से मिलकर, उन्हें मनाने में ईमानदारी से और

निरंतर प्रयास करते हैं और अंततः सफलता प्राप्त करते हैं। एक डीआरए को वसूली के प्रयास के लिए दूसरों से प्रेरित होने का इंतजार नहीं करना चाहिए बल्कि कार्य को पूरा करने के लिए खुद को प्रेरित करना चाहिए।

4. **समानुभूति:** यह भावनात्मक बुद्धिमत्ता का एक और महत्वपूर्ण तत्व है। समानुभूति आपके आस-पास के लोगों की इच्छाओं, जरूरतों और दृष्टिकोणों को पहचानने और समझने की क्षमता है। समानुभूति रखने वाले लोग उन स्थितियों में भी दूसरों की भावनाओं को पहचानने में सक्षम होते हैं जब वे भावनाएँ स्पष्ट न हों। इस वजह से, समानुभूति रखने वाले लोग भावनाओं से बेहतर तरीके से जुड़ पाते हैं और रिश्तों को प्रभावी ढंग से प्रबंधित करने में सक्षम होते हैं। वे जजमेंटल नहीं होते हैं और अपना जीवन बहुत खुले और ईमानदार तरीके से जीते हैं।

   सभी उधारकर्ता जानबूझकर कर्ज न चुकाने वाले नहीं होते हैं। ऐसे कई लोग होते हैं जो भुगतान करना चाहते हैं, लेकिन स्थितियाँ उनके नियंत्रण से बाहर होती हैं। कोविड जैसी स्थितियों, प्राकृतिक आपदाओं, मंदी आदि के कारण, कुछ उधारकर्ता अपना व्यवसाय बंद कर देते हैं या उनकी नौकरी छूट जाती हैं जिसके कारण वे भुगतान करने में असमर्थ होते हैं। डीआरए को समानुभूति के साथ व्यक्ति को समझने का प्रयास करना चाहिए (उसकी स्थिति के पास जाकर समझने की कोशिश करनी चाहिए) और बैंक की सम्मति से ऐसे उधारकर्ताओं को उनकी स्थिति में सुधार करने और धीरे-धीरे पैसा चुकाने में मदद करनी चाहिए।

5. **सामाजिक कौशल:** भावनात्मक बुद्धिमत्ता का एक अन्य महत्वपूर्ण तत्व सामाजिक कौशल है जो उन्हें दूसरों के लिए आसानी से संपर्क करने योग्य और पसंद करने योग्य बनाता है। ये लोग आम तौर पर टीम के खिलाड़ी होते हैं और अपनी सफलताओं पर ध्यान केंद्रित करने के बजाय दूसरों को विकसित होने और चमकने में मदद करते हैं। वे विवादों का प्रबंधन कर सकते हैं, उत्कृष्ट संवाद करने वाले होते हैं, और रिश्ते बनाने और बनाए रखने में माहिर होते हैं।

   व्यक्ति को यह अहसास होना चाहिए कि समाज अन्योन्याश्रित (इंटरडिपेंडेंट) है और कोई डीआरए के रूप में तभी सफल हो सकता है जब उसका ध्यान उधारकर्ता, गारंटर, सरकारी अधिकारियों और खराब ऋणों की वसूली में मदद करने वालों के साथ उत्कृष्ट संबंध बनाने में हो। साथ ही, यह याद रखना चाहिए कि कर्ज लेने वाला दुश्मन नहीं होता है। टकराव और अशिष्ट व्यवहार की तुलना में उधारकर्ता के साथ सहानुभूतिपूर्ण व्यवहार करने से बेहतर परिणाम मिल सकते हैं। ऋण वसूली का इतिहास ऐसे उदाहरणों से भरा

पड़ा है, जहां खराब ऋणों की वसूली में मदद करने वाले अन्य लोगों के साथ मैत्रीपूर्ण संबंध विकसित करने से डीआरए को अत्यधिक लाभ हुआ है।

ऋण वसूली एजेंटों को भावनात्मक रूप से बुद्धिमान होने के लिए उपरोक्त कौशलों में महारत हासिल करनी चाहिए। उन्हें अपने गुस्से पर नियंत्रण रखना चाहिए और उकसावे वाली स्थितियों में शांत रहने का अभ्यास करना चाहिए। अपने आईक्यू के साथ-साथ, उन्हें उन जिद्दी ग्राहकों से निपटने के लिए अपना ईक्यू भी विकसित करना होगा जो किसी न किसी बहाने से भुगतान करने से इनकार करके तनाव और टकराव का माहौल बनाने की कोशिश करते हैं। उधारकर्ता का इस तरह का व्यवहार डीआरए में हताशा और गुस्सा पैदा करता है जिसके कारण तेज बहस और शारीरिक विद्रोह हो सकता है जो पुलिस स्टेशन और अदालती मामलों में समाप्त होता है। इससे वसूली के वास्तविक उद्देश्य से ध्यान भटक जाता है। आवश्यकता स्वयं जागरूक होने, भावनाओं/क्रोध पर नियंत्रण रखने और स्थिति को चतुराई से प्रबंधित करने की है।

16.9 वसूली के लिए टेलीफोन कॉल करते समय शिष्टाचार

फ़ोन शिष्टाचार: चाहे काम से हो या व्यक्तिगत कारणों से, टेलीफोन पर बातचीत नियमित रूप से होती रहती है। वसूली एजेंट ग्राहकों से फोन पर नियमित रूप से बात करते रहते हैं। निम्नलिखित बुनियादी शिष्टाचार की युक्तियाँ यह सुनिश्चित करेंगी कि वसूली एजेंट द्वारा पंक्ति के दूसरे छोर का कोई (ग्राहक) अपमानित न हो! फ़ोन के उपयोग में क्या करें और क्या न करें, कॉल का उत्तर देने या रखने, कॉल समाप्त करने, कॉल प्रतीक्षा जैसी विशेष सुविधाओं, उत्तर देने वाली मशीनों, ध्वनि मेल आदि से लेकर सभी बोर्ड पर लागू होते हैं।

फोन का जवाब देना:

1. किसी कॉल का उत्तर देते समय डीआरए को चिल्लाना या रूखे स्वर का प्रयोग नहीं करना चाहिए। उसे धीरे से "हैलो" कह कर बात शुरू करनी चाहिए और अपना परिचय देना चाहिए।
2. यदि फोन में कॉलर आईडी है, तो डीआरए कॉल करने वाले के 'हैलो' कह कर अपनी पहचान बताने से पहले ही उसके नाम का उपयोग करके उसका अभिवादन करने से बच सकता है।
3. यदि कॉल करने वाले ने अपनी पहचान नहीं बताई है, तो विनम्रतापूर्वक पूछना कि "क्या मैं जान सकता हूं कि कौन कॉल कर रहा है" कॉल का उत्तर देने का एक विनम्र तरीका है।

4. यदि कॉल किसी असुविधाजनक समय में आती है जब डीआरए अपने काम में व्यस्त हो, तो बजाय इसके कि कॉल करने वाले को इंतजार कराए यह कहना उचित है, "मैं आपको कुछ मिनटों में वापस कॉल करूंगा" (डीआरए को कॉल बैक करने के अपने शब्द पर कायम रहना चाहिए)।
5. गलत नंबर मिलने पर सरल और विनम्र जवाब होगा "मुझे क्षमा करें, आपने गलत नंबर डायल कर दिया है"।

कॉल करना:

1. कॉल करते समय, डीआरए को कम से कम 5 से 6 बार घंटी बजने से पहले हैंग नहीं करना चाहिए।
2. जब डीआरए का ग्राहक से संपर्क हो जाए, और यदि वह चाहे तो उसे पूछना चाहिए (यदि उसे लगता है कि वह व्यवधान डाल रहा है) "क्या आप किसी काम में व्यस्त तो नहीं हैं? मैं दोबारा कॉल कर सकता हूं।"
3. डीआरए जिस ग्राहक से संपर्क करना चाहता है, यदि वह उपलब्ध नहीं है और वह एक संदेश छोड़ना चाहता है - तो वह संदेश छोटा रखे लेकिन अपना नाम और नंबर अवश्य बताएं। यदि डीआरए फोन पर वॉयस मेल संदेश छोड़ना चाहता है, तो उसे अपना नाम और टेलीफोन नंबर स्पष्ट रूप से दो बार बोलना चाहिए।
4. डीआरए को सुबह 8 बजे से शाम 7 बजे के बीच अपनी कॉल करने का नियम बनाना चाहिए

कॉल शुरू हो जाने पर:

जब कॉल शुरू हो जाए, तो डीआरए को संक्षेप में अपनी बात रखने का प्रयास करना चाहिए। और जैसे ही वह सुनने लगता है, ग्राहक को "हां", "बेशक", "मैं समझता हूं", "मैं देखता हूं" आदि जैसी मौखिक प्रतिक्रियाओं के साथ जताए कि डीआरए सुन रहा है।

कॉल समाप्त करना:

पारंपरिक टेलीफोन शिष्टाचार कहता है कि जो व्यक्ति कॉल शुरू करता है वही समाप्त करने वाला होता है। यदि डीआरए को कॉल समाप्त करने में कठिनाई हो रही है, तो उसे विनम्र और दृढ़ होना चाहिए। बातचीत में पहले विराम पर, उसे बस इतना कहना चाहिए, "मुझे क्षमा करें, लेकिन मुझे अब जाना चाहिए"।

फ़ोन पर होने के समय क्या न करें:

- जब आपका फ़ोन पर हों तो आस-पास के किसी व्यक्ति से बातचीत करना।
- खुद को अन्य चीजों में व्यस्त रखना यह दर्शाता है कि आपका ध्यान कहीं और है।
- खाते हुए फोन पर बात कर ना न केवल अशोभनीय है, बल्कि असभ्य भी है।
- रिसीवर में छींकना, खांसना। यदि आपको ऐसा करना ही है, तो या तो अपना सिर दूसरी ओर कर लें या ऐसी किसी हरकत के लिए माफी मांग लें और फोन रख दें।
- रिसीवर को कभी भी जोर से न रखें। रिसीवर को धीरे से सेट करें ताकि फ़ोन पर दूसरी ओर मौजूद व्यक्ति न चौंके ।

16.10 जिद्दी देनदारों से निपटना

कुछ देनदार ऐसे होते हैं जिन्हें 'जिद्दी देनदार' कहा जा सकता है यानी ऐसे देनदार जो 'भुगतान कर सकते हैं' लेकिन 'भुगतान नहीं करना चाहते'। ऐसे देनदारों को 'जानबूझकर कर्ज न चुकाने वाला' भी कहा जा सकता है।

जानबूझकर कर्ज न चुकाने वालों में ये विशेषताएं दिखती हैं:

i. वे किसी न किसी बहाने से वसूली एजेंटों की कॉल का जवाब देने से बचते हैं।

ii. वे आखिरी समय में अपॉइंटमेंट रद्द करके वसूली एजेंट से मिलने से बचते हैं और इस टालमटोल को दोहराते हैं।

जिद्दी देनदार, जो भुगतान नहीं करना चाहते हैं, उनकी प्रतिक्रियाओं में टालने का पैटर्न साफ दिखाई देता है। ऋण वसूली एजेंट को वसूली प्रयासों के प्रति देनदार की नकारात्मक प्रतिक्रियाओं को साबित करने के लिए दस्तावेजी साक्ष्य एकत्र और संरक्षित करना चाहिए। उसे निम्नलिखित कार्य करना आवश्यक है:

i. संपर्क करने के लिए किए गए हर प्रयास का दस्तावेज तैयार करना।

ii. कॉल और व्यक्तिगत मुलाक़ातों के दौरान देनदार की सभी प्रतिक्रियाओं की ऑडियो रिकॉर्डिंग करना। यह देनदार की पूरी जानकारी में किया जाना चाहिए।

iii. पंजीकृत डाक से भुगतान करने के लिए पत्र भेजना अन्यथा बकाया की वसूली के लिए मुकदमा दायर किया जाएगा। पत्र में बकाया राशि का पूरा विवरण और वसूली एजेंट द्वारा फोन कॉल और मुलाक़ातों द्वारा देनदार से संपर्क करने के लिए किए गए प्रयासों का विवरण, जिनका कोई फायदा नहीं हुआ शामिल हो।

यदि उपरोक्त प्रयासों के बाद भी देनदार से कोई सकारात्मक उत्तर नहीं मिलता है, तो एजेंट को उचित समय के भीतर बकाया चुकाने के लिए देनदार को वकील का नोटिस देने की व्यवस्था करनी चाहिए।

यदि देनदार उसके बाद भी बकाया राशि का भुगतान नहीं करता है, तो सौंपी गई संपत्ति, यदि कोई हो, को वापस लेने या बकाया की वसूली के लिए मुकदमा दायर करने के लिए कदम उठाए जाने चाहिए।

मामले का अध्ययन (केस स्टडी):

श्री पी को शाम 7:00 बजे एक ऐसे व्यक्ति का फोन आता है जो विनम्रता से उसका स्वागत करता है और खुद को एबीसी बैंक का वसूली एजेंट बताता है। "मुझे आपका पता लगाने में कठिनाई हो रही है, मिस्टर पी", वह कहता है, "मैं आपको एबीसी बैंक के आपके बकाया पैसे के बारे में कॉल कर रहा हूं। आपको भुगतान करना होगा अन्यथा हम आपके खिलाफ कड़ी कार्रवाई करने के लिए मजबूर होंगे।"

श्री पी ने आपत्ति जताते हुए कहा कि उन्होंने कभी भी क्रेडिट कार्ड के माध्यम से कुछ भी नहीं खरीदा है।

प्रश्न:

स्थिति का विश्लेषण करें और सुझाव दें कि इस बिंदु पर ऋण वसूली एजेंट को क्या करना चाहिए?

16.11 वसूली के लिए रणनीति

रणनीति तैयार करने से निर्धारित लक्ष्य या उद्देश्य को प्राप्त करने में मदद मिलती है। इसलिए वसूली एजेंटों को ऋण वसूली के लिए एक रणनीति तैयार करनी चाहिए। निम्नलिखित दिशानिर्देश ऋण वसूली के लिए उचित रणनीति तैयार करने में मदद करेंगे:

- संग्रहण प्रक्रिया वित्तीय संस्थान/बैंक-विशिष्ट वसूली मानदंडों और नियामक दिशानिर्देशों के अनुरूप होनी चाहिए।
- वसूली का समय देनदारों के नकदी प्रवाह के पैटर्न के समकालीन होना चाहिए। उदाहरण के लिए, वेतनभोगी कर्मचारियों से वसूली उस समय की जानी चाहिए जब वेतन देनदार के खाते में प्राप्त या जमा किया जाता है, आम तौर पर महीने के अंत में (जहां वेतन मासिक भुगतान किया जाता है)।
- एमएसएमई ग्राहकों के मामले में, आपका प्रयास बिक्री के अनुसार नकदी प्रवाह से मेल खाना चाहिए।

इसके लिए एजेंटों को ऋणदाताओं/बैंकों के उत्पादों के बारे में जानकारी की आवश्यकता होगी। एजेंट का यह प्रयास होना चाहिए कि नकदी प्रवाह को देनदार द्वारा अन्य खर्चों को पूरा करने के लिए खर्च करने से पहले ही वसूली कर ली जाए। विभिन्न प्रकारों के देनदारों के लिए अलग-अलग वसूली रणनीति अपनाएं। यह इस सिद्धांत पर आधारित है कि एक आकार सभी पर फिट नहीं बैठता।

पिछले पैराग्राफों में, तीन प्रकार के देनदारों का वर्णन किया गया है जिनसे वसूली की सफलता के लिए विभिन्न रणनीतियों की आवश्यकता होती है:

- सामान्य देनदार, यानी, जो भुगतान कर सकते हैं और यदि याद दिलाया जाए या/और भुगतान करने के लिए मनाया जाए तो भुगतान करेंगे।
- जिद्दी देनदार, यानी, जो भुगतान कर सकते हैं, लेकिन भुगतान नहीं करेंगे।
- संदिग्ध देनदार, यानी, जो उनके साथ बातचीत के अनुसार कम राशि का भुगतान कर सकते हैं।

विभिन्न प्रकार के देनदारों के लिए अलग-अलग रणनीतियों की आवश्यकता होती है, सभी प्रकार की वसूली रणनीतियों में पालन किए जाने वाले सामान्य बिंदु निम्नलिखित हैं:

- वसूली का प्रयास देनदार के साथ अच्छे संबंध स्थापित करने से शुरू होना चाहिए।
- अच्छे पारस्परिक संबंध बनाने में संवाद, सुनने और समझाने के कौशल को लागू किया जाना चाहिए।
- बैंक द्वारा प्रस्तुत 'अपने ग्राहक को जानें' (केवाईसी) कागजात देखें और ग्राहक की पहचान और व्यक्तिगत प्रोफ़ाइल जानें (देनदार से मिलने के दौरान प्रतिलिपि ले जाएं)।
- ऋणदाता/बैंक द्वारा प्रस्तुत देनदार के ऋण समझौते की प्रति देखें और ऋणदाता/बैंक से ली गई वित्तीय स्थिति, नकदी प्रवाह पैटर्न और परिसंपत्तियों को नोट करें (वसूली प्रक्रिया के दौरान संदर्भ के लिए इस नोट को अपने साथ रखें)।
- प्रत्येक देनदार के लिए कालानुक्रम (क्रोनोलॉजिकल) में वसूली के प्रयासों को नोटबुक में रिकॉर्ड करें।

इससे मदद मिलेगी:

(a) उन मामलों में अदालत में सबूत के रूप में जिनमें मुकदमा दायर किया गया है

(b) आवधिक रिपोर्ट भेजने में

16.12 वसूली के प्रति सकारात्मक दृष्टिकोण

एक ऋण वसूली एजेंट (डीआरए) के रूप में आपको चूक करने वाले उधारकर्ताओं से खराब ऋण की वसूली करने की आवश्यकता होती है। यह एक चुनौतीपूर्ण कार्य है और इसके लिए निम्न के बारे में बहुत अधिक विशेषज्ञता की आवश्यकता होती है:

- सामान्य बैंकिंग और ऋण/अग्रिम के बारे में ज्ञान;
- संवाद कौशल, अंतर-वैयक्तिक कौशल, प्रेरण और बातचीत का कौशल;
- इस प्रकार के कार्यों के प्रति सकारात्मक दृष्टिकोण।

जिद्दी ग्राहकों से निपटना अक्सर निराशाजनक होता है। यह देखा गया है कि, जो डीआरए ऐसे कठिन कार्यों में सफल होते हैं वे ही ऐसे चुनौतीपूर्ण काम करना पसंद करते हैं और काम का आनंद भी लेते हैं क्योंकि उनमें ऋण वसूली के लिए सकारात्मक दृष्टिकोण विकसित होता है।

काम के प्रति सकारात्मक दृष्टिकोण का विकास कैसे करें?

(1) स्वयं का विकास करना:

जब आपने डीआरए के रूप में असाइनमेंट लेने का निर्णय ले ही लिया है, तो चुनौतियों को स्वीकार करें और संभावित चुनौतियों से निपटने के लिए खुद को तैयार करें।

सबसे पहले, बैंक के अधिकारियों से काम के बारे में और ऐसे कार्यों को करने के लिए आवश्यक शिष्टाचार/गुण की जानकारी लें। ऋण वसूली के संबंध में अपने एसडब्ल्यूओटी (ताकत/कमजोरी/अवसर और खतरा) का विश्लेषण करें। सुधार के प्रमुख क्षेत्र इस प्रकार हैं:

i. शारीरिक रूप से फिट रहना:

डीआरए को आवश्यकता पड़ने पर उधारकर्ताओं, बैंक अधिकारियों, गारंटरों और कई अन्य लोगों से मिलना पड़ता है। इसलिए, यह जरूरी है कि वह शारीरिक रूप से फिट रहने के लिए:

- संतुलित आहार ले
- नियमित व्यायाम करे
- तनावपूर्ण स्थितियों में तनावमुक्त रहना सीखे और
- प्रस्तुत होने योग्य बनें (अच्छी तरह से सजे-संवरे)

ii. पर्याप्त जानकारी रखना: एक डीआरए को ऋण और अग्रिम, एनपीए (गैर-निष्पादित संपत्ति) अवधारणाओं, ऋण खातों पर ब्याज की गणना, वसूली की प्रक्रिया पर आरबीआई और आईबीए के दिशानिर्देश, डीआरए के कर्तव्य और अधिकार, उचित व्यवहार संहिता

आदि के बारे में पर्याप्त ज्ञान होना चाहिए। उधारकर्ताओं द्वारा प्रश्न उठाए जाने पर उन्हें समझाने के लिए पर्याप्त ज्ञान से सुसज्जित होना चाहिए।

iii. व्यावहारिक कौशल में प्रवीणता: कठिन कौशल (हार्ड स्किल) के साथ व्यावहारिक कौशल वसूली की प्रक्रिया में डीआरए की सफलता की पहचान हैं। मौखिक और गैर-मौखिक दोनों तरह से संवाद कौशल को तेज़ करना, उधारकर्ता को चुकाने के लिए मनाने की क्षमता रखना, ज़रूरत के मामले में बातचीत करना, तनावपूर्ण स्थितियों में शांत रहने में सक्षम होना, कठिन ग्राहकों से निपटना ये सभी कौशल हैं जिनमें एक डीआरए को महारत प्राप्त करने की आवश्यकता होती है।

iv. भावनात्मक रूप से बुद्धिमान होना: आईक्यू आवश्यक है लेकिन लोगों से निपटने के लिए पर्याप्त नहीं होता है। एक डीआरए को अपने आवेगों और भावनाओं के बारे में पता होना चाहिए जो उसे भावनात्मक विस्फोट के लिए प्रेरित करता है जब उधारकर्ता उसके दृष्टिकोण से सहमत नहीं होता है। तनावपूर्ण स्थिति में डीआरए को खुद को शांत रखना चाहिए और उधारकर्ता की तरह उसी नकारात्मक आवेग के साथ प्रतिक्रिया नहीं देनी चाहिए। सभी कर्जदार जानबूझकर कर्ज न चुकाने वाले नहीं होते हैं। कुछ को वास्तविक समस्याएँ होती हैं। डीआरए को ऐसे लोगों पर जीत हासिल करने और वसूली में उनकी मदद करने के लिए उनके प्रति सहानुभूति रखनी चाहिए।

v. चरित्र निर्माण: एक डीआरए को अपने पेशे से, जैसा वह है उसी रूप में पसंद करना चाहिए। याद रखें, इस दुनिया में सभी कार्यों की अपनी अंतर्निहित चुनौतियाँ होती हैं, न कि केवल आपके कार्यों की। यदि आपने अपने पेशे के रूप में स्वीकार कर लिया है, तो चुनौतियों से प्यार करें। आपकी नौकरी के प्रति यह सकारात्मक रवैया आपको वसूली की तकनीक सीखने के लिए प्रेरित करेगा। कभी भी अपनी जिम्मेदारी निभाने में आनाकानी न करें। आपका बैंक या एजेंसी ऐसी वसूली के लिए आप पर निर्भर है और आपको ईमानदारी से अपना सर्वश्रेष्ठ देना होगा और अंततः सफलता मिलेगी।)

(2) दूसरों को समझना: एक डीआरए को अपनी नौकरी की भूमिका में प्रभावी होने के लिए दूसरों के दृष्टिकोण को समझने की आवश्यकता है। इस अहम तत्व के कुछ महत्वपूर्ण पहलू इस प्रकार हैं:

i. अपने मालिक/प्रिंसिपल, बैंक को समझने की कोशिश करें, जिसने आपको वसूली के लिए नियुक्त किया है। आप संबंधित बैंक प्राधिकारी के दृष्टिकोण और रणनीति से सहमत नहीं हो सकते हैं। ऐसे मामलों में, आप कुछ स्पष्टीकरण के लिए अनुरोध सकते हैं या विनम्रतापूर्वक अपनी चिंता और राय व्यक्त कर सकते हैं। एक बैंकर के पास ऋण वितरण

और वसूली का गहरा अनुभव होता है। उनकी बात सुनना, मार्गदर्शन लेना और अपनी योजना को क्रियान्वित करना हमेशा मददगार होता है।

ii. उधारकर्ताओं के साथ बातचीत करते समय भी ऐसा ही हो सकता है। कुछ उधारकर्ता जिनके पास पैसा है और भुगतान नहीं करते हैं उन्हें जिद्दी उधारकर्ता के रूप में चिह्नित किया जाता है। वे ऋण न चुकाने के सभी बहाने अपनाते हैं। इससे आप स्वाभाविक रूप से निराश होंगे क्योंकि आप इतना प्रयास कर रहे हैं। लेकिन ऐसी चुनौतीपूर्ण स्थितियों में सकारात्मक और शांत रहें। ऐसे कर्जदार का अपमान कभी न करें। आक्रामकता का कोई भी कार्य - मौखिक या गैर-मौखिक, निश्चित रूप से पुलिस स्टेशन में समाप्त होता है। यह अवांछनीय, अवैध है और किसी भी कीमत पर इससे बचना चाहिए। आप अपने लक्ष्य से भटक जाएंगे और ऐसे कार्यों के लिए आपको दोषी भी ठहराया जाएगा। ऐसे लोगों को जनता का पैसा चुकाने के लिए प्रेरित करें। विनम्रतापूर्वक लेकिन दृढ़तापूर्वक बैंक ऋण का भुगतान न करने के परिणामों को बताएं।

फिर भी, ऐसे कई उधारकर्ता हैं जो इच्छुक हैं लेकिन वापस भुगतान करने में असमर्थ हैं। कारण है, अलग-अलग उधारकर्ता भिन्न-प्रकार के हो सकते हैं - असफल व्यावसायिक उद्यम, कम राजस्व की प्राप्ति, प्राकृतिक आपदा, पारिवारिक समस्याएं आदि। समानुभूति के साथ, उनकी स्थिति को समझें और अपने बैंक अधिकारियों के परामर्श से उपाय सुझाएं।

iii. एक डीआरए को ऋणों के गारंटरों के संपर्क में रहना चाहिए और उसे वसूली प्रक्रिया का हिस्सा बनने के लिए सहमत करना चाहिए। कभी-कभी, गाँव के सरपंच, सहकारी समितियाँ और कस्बों/शहरों के स्थानीय नेता और अन्य स्थानीय कार्यकर्ता वसूली की प्रक्रिया में आपके बचाव में आ सकते हैं। उनके साथ संबंध बनाएं. सफलता आपके कदम चूमेगी।

16.13 क्रेडिट परामर्श

(a) **क्रेडिट काउंसलिंग** उधारकर्ताओं को इस बारे में शिक्षित करने की प्रक्रिया है कि उन ऋणों से कैसे बचा जाए जिन्हें चुकाया नहीं जा सकता है और साथ ही कई ऋणों के संबंध में ऋण के बोझ और पुनर्भुगतान प्रतिबद्धताओं का प्रबंधन कैसे किया जाए। यह प्रक्रिया वास्तव में ऋण शिक्षा के कार्य से अधिक ऋण परामर्श के बारे में है।

क्रेडिट परामर्श में अक्सर ग्राहक के लिए **ऋण प्रबंधन योजना (डीएमपी)** स्थापित करने के लिए बैंकों के साथ बातचीत की जाती है। एक डीएमपी बैंक के साथ पुनर्भुगतान योजना बनाकर देनदार को अपना कर्ज चुकाने में मदद कर सकता है। डीएमपी, आमतौर पर

उधारकर्ता को घटा हुआ भुगतान, शुल्क और ब्याज दर का ऑफर करते हैं। वसूली एजेंट ऋण प्रबंधन योजना में ग्राहकों को दिए जाने वाले भुगतान या ब्याज में कटौती का निर्धारण करने के लिए बैंक द्वारा निर्धारित शर्तों का उल्लेख करते हैं।

(b) **ऋण प्रबंधन कार्यक्रम**: जब कोई ग्राहक डीएमपी के अंतर्गत आ जाता है, तो बैंक ग्राहक के विभिन्न खातों को बंद/विलय कर देगा और खातों पर लगने वाले भविष्य के किसी भी शुल्क को प्रतिबंधित कर देगा। डीएमपी का सबसे आम लाभ कई मासिक भुगतानों को एक मासिक भुगतान में समेकित करना है, जो आमतौर पर ग्राहक द्वारा पहले भुगतान किए जाने वाले अलग-अलग भुगतानों के योग से कम होता है। ऐसा इसलिए है क्योंकि क्रेडिट कार्ड बैंक आमतौर पर डीएमपी में किसी ग्राहक से कम मासिक भुगतान स्वीकार करते हैं, अगर ग्राहक अपने खाते से भुगतान कर रहा हो। कुछ डीएमपी विज्ञापित करते हैं कि भुगतान में 50% की कटौती की जा सकती है, हालाँकि 10-20% की कटौती अधिक आम है।

(c) **पुनर्स्थापन (रिफेजमेंट):** डीएमपी की दूसरी विशेषता ऋणदाता द्वारा ली जाने वाली ब्याज दरों में कमी है। डिफॉल्ट क्रेडिट कार्ड खाते वाला ग्राहक अक्सर 30% से 42.5% तक ब्याज दर का भुगतान करेगा। डीएमपी में शामिल होने पर, क्रेडिट कार्ड बैंक कभी-कभी वार्षिक प्रतिशत दरों को घटाकर 15-20% कर देते हैं, और कुछ ब्याज को पूरी तरह खत्म कर देते हैं।

उदाहरण:

एक ग्राहक पर 15,000/- रुपये का मासिक भुगतान बकाया है जो दो महीने से भुगतान नहीं किया गया है। इसे लेनदार द्वारा देय तिथि से 60 दिन पहले माना जाएगा। डीएमपी में शामिल होने और लगातार तीन मासिक भुगतान करने के बाद, ऋणदाता वर्तमान स्थिति को दर्शाने के लिए खाते की समीक्षा कर सकता है। इसके बाद, स्टेटमेंट पर देय मासिक भुगतान डीएमपी द्वारा तय किया गया मासिक भुगतान होगा जो ग्राहक को एक नई शुरुआत और सकारात्मक क्रेडिट इतिहास बनाने का अवसर देता है।

मामले का अध्ययन (केस स्टडी):

एक ग्राहक पर बहुत अधिक कर्ज हो गया है। वसूली एजेंट उसे अपने कर्ज का प्रबंधन करने के लिए कैसे सलाह दे सकता है?

1. उधारकर्ता को अपने ऋणों को प्राथमिकता देनी होगी:

उसके सभी कर्ज़ों की सूची बनाएं और उन्हें ब्याज दर के अनुसार क्रमबद्ध करें। पहले उच्च ब्याज वाले ऋणों का भुगतान करने पर ध्यान दें। जब उच्चतम दर वाले ऋण का भुगतान हो जाए, तो

वह इस ऋण पर जो कुल भुगतान कर रहा था उसे उसकी सूची के अगले ऋण में जोड़ें। इस तरह, उसकी सूची के प्रत्येक ऋण का भुगतान करने के लिए उसके पास अधिक राशि होगी, इस लाभ के साथ कि ये भुगतान पहले से ही उसके बजट में शामिल हैं। उसके शेष ऋणों पर बकाया न्यूनतम राशि का भुगतान करना जारी रखना सुनिश्चित करें।

2. बैंक से बात करें:

अधिकांश बैंक उधारकर्ता के लिए एक उपयुक्त पुनर्भुगतान योजना ढूंढना पसंद करेंगे, बजाय इसके कि उसका भुगतान अतिदेय हो या इससे भी बदतर स्थिति हो कर कर्ज पूरी तरह से डूब जाए। यदि कोई देनदार अपना भुगतान नहीं कर पाता है या समय पर भुगतान करने के लिए संघर्ष कर रहा है, तो यह महत्वपूर्ण है कि वह बैंक से संपर्क करे।

बैंक को समझाएं कि वह पूरा भुगतान करना चाहता है, लेकिन भुगतान के लिए उसे और समय चाहिए। उसकी स्थिति का पूरा विवरण प्रदान करें और सकारात्मकताओं पर जोर दें। बताएं कि वह अपने खर्च को कम करने के लिए कदम उठा रहा है, और अपना बजट व सुझाई गई पुनर्भुगतान योजना दिखाएं जिसमें प्रत्येक बैंक को भुगतान करने के लिए आवंटित एक विशिष्ट राशि दिखाई जाएगी।

यह संभावना होती है कि बैंक उसके पुनर्भुगतान को संशोधित करेगा और/या भुगतान करने के उसके समय को बढ़ा देगा।

3. ऋणों को समेकित करें:

सभी ऋणों को मिलाकर एक ऋण बनाने की प्रक्रिया ऋण समेकन होती है। इसके कई फायदे हो सकते हैं जिनमें न्यूनतम मासिक पुनर्भुगतान को कम करना, एक भुगतान संरचना स्थापित करना जिसमें ऋण का भुगतान एक संरचित तरीके से किया जाएगा, एक निश्चित मासिक भुगतान निर्धारित करना जो बजट बनाने में मदद करता है।

16.14 सारांश

वसूली में सफलता नियामक मानदंडों के अनुपालन के साथ-साथ व्यवहार कुशलता और अच्छी रणनीति पर निर्भर करती है। दोनों एक-दूसरे के पूरक हैं। वसूली की प्रक्रिया में, देनदार और एजेंट के बीच शब्दों, लिखित रूप में, आंखों के संपर्क या शारीरिक भाषा (व्यक्तिगत बैठकों के दौरान) के माध्यम से संवाद होता है।

सुनना एक और कौशल है जो वसूली की प्रक्रिया के लिए अनिवार्य है। एक अच्छे वसूली एजेंट को एक अच्छा संवादकर्ता और अच्छा श्रोता होना चाहिए। किसी व्यक्ति के साथ अच्छे अंतर-वैयक्तिक संबंध स्थापित करने का अर्थ है 'उस व्यक्ति के साथ तालमेल स्थापित करना'।

प्रेरण कौशल अच्छा तालमेल स्थापित करने और देनदार का विश्वास जीतने पर आधारित है। वसूली एजेंट के लिए बातचीत की आवश्यकता तभी उत्पन्न होगी जब एजेंट को एजेंसी के समझौते में देनदार के साथ बातचीत करने की विशिष्ट शक्ति प्रदान की गई हो। ऐसे मामलों में, एजेंट द्वारा अधिकार की सीमा और समझौते के मापदंडों (उदाहरण के लिए, ब्याज या मूलधन या दोनों में कमी और कुल बकाया में इसका प्रतिशत) का पालन किया जाएगा।

एजेंटों के लिए अंतर-वैयक्तिक कौशल बहुत महत्वपूर्ण हैं। वसूली एजेंट को किसी भी प्रकार की कठोरता से दूर रहना चाहिए और ग्राहक के साथ संबंध विकसित करना चाहिए। दो या दो से अधिक व्यक्तियों के बीच पारस्परिक रूप से संतोषजनक और पारस्परिक बातचीत को अक्सर अंतर-वैयक्तिक संबंध कहा जाता है। उसके पास टेलीफोन शिष्टाचार भी होना चाहिए और कॉल पर ग्राहक के साथ बातचीत करते समय उसे प्रदर्शित करना चाहिए।

क्रेडिट परामर्श एक और कौशल है जो डीआरए में मौजूद होना चाहिए। यह उपभोक्ताओं को उपभोक्ता ऋण, धन प्रबंधन, ऋण प्रबंधन और बजट के संबंद में मार्गदर्शन प्रदान करता है। अधिकांश क्रेडिट परामर्श का लक्ष्य देनदार को दिवालियापन से बचने में मदद करना है यदि वे खुद को ऋण चुकौती के साथ संघर्ष करते हुए पाते हैं।

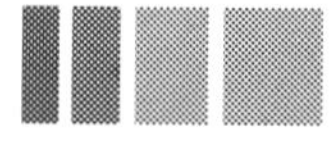

16.15 प्रमुख शब्द

संवाद कौशल, सुनने का कौशल, अंतर-वैयक्तिक कौशल, प्रेरण कौशल, बातचीत का कौशल, हठी देनदार से वसूली के लिए रणनीति, वसूली के लिए टेलीफोन कॉल करते समय शिष्टाचार

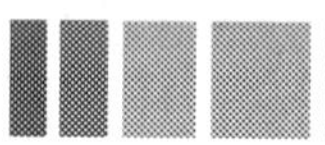

16.16 अपनी प्रगति जाँचें

1. प्रेरण कौशल का अर्थ है-------:
   - (a) व्यक्ति को एक अच्छा श्रोता होना चाहिए
   - (b) अंतर-वैयक्तिक संबंध
   - (c) बातचीत करना
   - (d) अच्छा "तालमेल" स्थापित करना और दूसरे व्यक्ति का विश्वास जीतना

2. ऋण वसूली एजेंट------:
   (a) प्रदत्त प्राधिकार की हद से परे जा सकता है
   (b) को प्रदत्त प्राधिकार की हद से परे नहीं जाना चाहिए
   (c) प्रदत्त प्राधिकार से कुछ हद तक परे जा सकता है
   (d) को समझौते का कोई अधिकार नहीं दिया गया है
3. डीएमपी का अर्थ है:
   (a) ऋण प्रबंधन योजना (Debt Management Plan)
   (b) प्रदत्त मौद्रिक शक्तियाँ (Delegated Monetary powers)
   (c) व्युत्पन्न मौद्रिक शक्तियां (Derived Monetary Powers)
   (d) समुचित संपत्ति प्रबंधन (Diligent Management of Property)

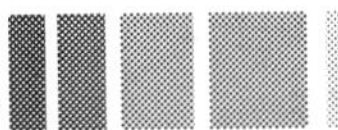

16.17 अपनी प्रगति जाँचें के उत्तर

1.	(d)	2.	(b)	3.	(a)

अध्याय

17 वसूली एजेंट के अधिकार एवं कर्तव्य

17.1 उद्देश्य
17.2 परिचय
17.3 पारिश्रमिक का अधिकार
17.4 मुआवजे का अधिकार
17.5 क्षतिपूर्ति का अधिकार
17.6 प्रतिधारण (धन को अपने पास रखने) का अधिकार
17.7 एजेंट के कर्तव्य
17.8 नैतिकता और कॉर्पोरेट प्रशासन
17.9 सारांश
17.10 प्रमुख शब्द
17.11 अपनी प्रगति जांचें
17.12 अपनी प्रगति जाँचें के उत्तर

अध्याय

वसूली एजेंट के अधिकार एवं कर्तव्य

17.1 उद्देश्य

इस अध्याय के अंत में, आप निम्न के बारे में जानेंगे:

- एजेंटों के लिए उपलब्ध अधिकार एवं कर्तव्य
- पारिश्रमिक का अधिकार
- प्रतिधारण (धन अपने पास रखने) का अधिकार
- मुआवज़े का अधिकार
- क्षतिपूर्ति का अधिकार
- निर्देशों का पालन करने का कर्तव्य
- सावधानी और कौशल का प्रयोग करने का कर्तव्य
- संवाद करने का कर्तव्य
- लेखा प्रस्तुत करने का कर्तव्य
- धन भेजने का कर्तव्य
- प्रत्यायोजित (डेलीगेट) न करने का कर्तव्य

17.2 परिचय

एजेंटों के अधिकार और कर्तव्य संविदा अधिनियम के नियंत्रण में होते हैं। अधिनियम में 'एजेंट' और एजेंटों से संबंधित मामलों की व्याख्या की गई है। वसूली एजेंट, मालिक/प्रिंसिपल (बैंक या

अन्य संस्था) के लिए और उसके प्राधिकार पर 'एजेंट' के रूप में कार्य करते हैं। इसलिए वसूली एजेंटों के अधिकार और कर्तव्य अनिवार्य रूप से एक 'एजेंट' के अधिकारों और कर्तव्यों के समान होंगे और संविदा अधिनियम के प्रावधानों और आरबीआई व आईबीए के नियामक दिशानिर्देशों के नियंत्रण में होंगे। इसे देखते हुए, यहां बताए गए अधिकार एवं कर्तव्य कानून के सामान्य प्रावधानों के अनुरूप हैं। हालाँकि, इन्हें मालिक/प्रिंसिपल और वसूली एजेंट के बीच एक विशिष्ट समझौता करके, विधि द्वारा अनुमत सीमा तक संशोधित किया जा सकता है। इसका कारण यह है कि यदि दो वयस्क व्यक्ति/संस्थाएं कुछ बातों पर सहमत होते हैं और कानून के प्रावधानों के अनुसार एक औपचारिक संविदा में प्रवेश करते हैं, तो समझौते के विशिष्ट प्रावधान प्रभावी होंगे और उनके बीच लागू होंगे। संविदा अधिनियम में कानून के सामान्य प्रावधान होते हैं, जो वहां लागू होंगे जहां समझौता मौन है (यानी, विशिष्ट नहीं), या संदिग्ध है।

संविदा अधिनियम के संदर्भ में, एक एजेंट के पास नीचे दिए गए कुछ अधिकार होते हैं:

17.3 पारिश्रमिक का अधिकार

संविदा अधिनियम के तहत एजेंसी का अनुबंध मालिक/प्रिंसिपल की ओर से किए गए कार्य के लिए एजेंट को पारिश्रमिक देने के लिए मालिक/प्रिंसिपल का अनिवार्य कर्तव्य नहीं बताता है और यह विशेष रूप से एजेंट के पारिश्रमिक के अधिकार के लिए नहीं कहता है। एजेंट को कोई भी पारिश्रमिक प्राप्त करने के लिए, एजेंसी के समझौते में स्पष्ट रूप से या परोक्ष रूप से इसका प्रावधान करना चाहिए।

चूंकि समझौते के विशिष्ट प्रावधान लागू होंगे और प्रभावी रहेंगे, इसलिए वित्तीय संस्थान और एजेंसी विभिन्न प्रकार की ऋण वसूली के लिए शुल्क का पैमाना और संस्थान/बैंक से शुल्क कब देय होगा, इस संबंध में सहमति बना सकते हैं। यदि समझौते में किसी शुल्क या अन्य पारिश्रमिक का प्रावधान नहीं है, तो उद्योग की प्रथागत परंपराओं के अनुसार मालिक/प्रिंसिपल एजेंट को शुल्क का भुगतान करने के लिए उत्तरदायी होगा।

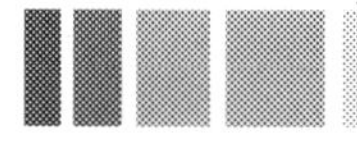

17.4 मुआवजे का अधिकार

संविदा अधिनियम की धारा 225 के अनुसार, मालिक/प्रिंसिपल की लापरवाही या कौशल की कमी के कारण एजेंट को हुई किसी भी चोट के संबंध में मालिक/प्रिंसिपल क्षतिपूर्ति करने के लिए उत्तरदायी है।

17.5 क्षतिपूर्ति का अधिकार

संविदा अधिनियम की धारा 222 में कहा गया है कि एक एजेंट का नियोक्ता उसे प्रदत्त प्राधिकार के प्रयोग में ऐसे एजेंट द्वारा किए गए सभी वैध कार्यों के परिणामों के लिए एजेंट को क्षतिपूर्ति देने के लिए बाध्य है। प्रावधानों को ध्यान में रखते हुए, मालिक/प्रिंसिपल से क्षतिपूर्ति का दावा करने के लिए एजेंट को दो आवश्यक शर्तें पूरी करनी होती हैं:

i. चोट लगने के समय एजेंट ने कानूनी तौर पर काम किया होगा।

ii. यह कृत्य एजेंसी के कारोबार के दौरान किया जाना चाहिए।

हालाँकि, अधिनियम की धारा 224 में कहा गया है कि "जहां एक व्यक्ति दूसरे व्यक्ति को ऐसा कार्य करने के लिए नियुक्त करता है जो आपराधिक है, नियोक्ता उस कार्य के परिणामों के खिलाफ क्षतिपूर्ति करने के लिए, व्यक्त या निहित वादे पर, एजेंट के प्रति उत्तरदायी नहीं है। "

17.6 प्रतिधारण (धन को अपने पास रखने) का अधिकार

प्रतिधारण के अधिकार का मतलब है कि एक एजेंट निम्नलिखित प्रकार के खर्चों को पूरा करने के लिए मालिक/प्रिंसिपल के धन को अपने पास रख सकता है, और उसके बाद शेष राशि मालिक/प्रिंसिपल को भेज सकता है:

- एजेंसी की कार्यवाही के दौरान किए गए खर्च,
- पारिश्रमिक के रूप में एजेंट को देय कोई भी राशि।

यह अधिकार संविदा अधिनियम की धारा 217 के तहत दिया गया है। एक एजेंट केवल लेन-देन के दौरान किए गए खर्चों के लिए पैसा रख सकता है, न कि प्रदान की गई सेवाओं के पिछले बकाया के लिए।

हालाँकि, यह अधिकार व्यावहारिक रूप से बहुत कम मायने रखता है जिसमें ऋण वसूली एजेंसी समझौता एजेंट के पारिश्रमिक और मालिक/प्रिंसिपल के भुगतान के दायित्व का तरीका व समय का प्रावधान करता हैं। समझौते में एजेंट का यह कर्तव्य भी हो सकता है कि वह अपने पारिश्रमिक और अन्य खर्चों की कोई कटौती किए बिना, निर्धारित समय अंतराल पर ऋण वसूली का धन भेजे। चूँकि एकत्र किया गया धन, ग्राहक द्वारा बैंक को देय राशि के भुगतान का प्रतीक होता है, इसलिए आदर्श बात यह होगी कि धन पूरा भेज दिया जाए और बैंक को जो राशि एजेंट को देना है, उसे इससे समायोजित न किया जाए।

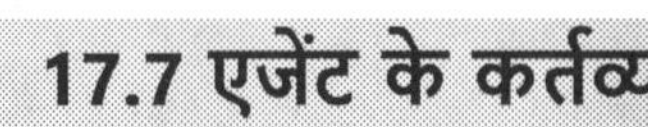

17.7 एजेंट के कर्तव्य

एजेंटों के विभिन्न कर्तव्य हैं जिनका उल्लेख नीचे किया गया है:

(1) निर्देशों का पालन करने का कर्तव्य

वसूली एजेंट का सबसे महत्वपूर्ण कर्तव्य मालिक/प्रिंसिपल के निर्देशों का पालन करना है जिसने उसे निर्धारित कार्यों के लिए नियुक्त किया है और ऐसा करने के लिए पारिश्रमिक का भुगतान करता है। इस संबंध में निम्नलिखित बातों पर ध्यान दिया जाना चाहिए:

1. मालिक/प्रिंसिपल के निर्देश स्पष्ट, सुस्पष्ट और वैध होने चाहिए
2. केवल वैध निर्देशों का पालन करना एजेंट का कर्तव्य है। यदि एजेंट ने जिस कार्य को करने का बीड़ा उठाया है, वह गैरकानूनी या कानून की दृष्टि से अमान्य है, तो मालिक/प्रिंसिपल एजेंट को ऐसा कार्य करने के लिए मजबूर नहीं कर सकता है, और मालिक/प्रिंसिपल ऐसे कार्यों की विफलता के लिए एजेंट के खिलाफ नुकसान का दावा भी नहीं कर सकता है।
3. यदि कोई एजेंट मालिक/प्रिंसिपल के अनुदेशों/निर्देशों के विपरीत कार्य करता है, तो उसे ऐसी चूक के कारण मालिक/प्रिंसिपल को होने वाले नुकसान के लिए मालिक/प्रिंसिपल के प्रति उत्तरदायी ठहराया जा सकता है।

इस संबंध में ग्राहकों के प्रति वित्तीय संस्थान की नीति और बैंक/आईबीए द्वारा निर्धारित एजेंटों की आचार संहिता को ध्यान में रखना चाहिए और डीआरए को उसका पालन करना चाहिए।

(2) व्यापार परंपराओं का पालन करने का कर्तव्य

वसूली एजेंट को मालिक/प्रिंसिपल के साथ एजेंसी समझौते की शर्तों के अनुसार अपने कर्तव्यों का पालन करना होगा। जहां निर्देश विस्तार से नहीं दिए गए हैं, वहां एजेंट को वाणिज्यिक रीति-रिवाजों और उद्योग परंपराओं का पालन करना होगा। उदाहरण के लिए, बैंकों के लिए ऋण वसूली के लिए आरबीआई और आईबीए ने कुछ दिशानिर्देश निर्धारित किए हैं जिनका वसूली प्रक्रिया में पालन करना होगा। यदि एजेंसी समझौता में संग्रह प्रक्रिया के लिए कोई व्यवहार संहिता प्रदान नहीं की गई है, तो देनदारों से बकाया वसूल करते समय वसूली एजेंट को आरबीआई/आईबीए कोड या दिशानिर्देशों का पालन करना होगा। इनमें से अधिकांश दिशानिर्देश एनबीएफसी पर भी लागू होते हैं।

(3) सावधानी और कौशल का प्रयोग करने का कर्तव्य

एक वसूली एजेंट का कर्तव्य है कि वह अपने कर्तव्यों के निर्वहन में सावधानी और कौशल बनाए रखे, जैसे कि वह अपने मामलों का प्रबंधन कर रहा है। उचित तत्परता के साथ कार्य करने

और अपने कौशल का उपयोग करने के लिए एजेंट बाध्य होता है। अन्यथा वह अपने कृत्य के प्रत्यक्ष परिणामों के संबंध में मालिक/प्रिंसिपल की क्षतिपूर्ति करने के लिए उत्तरदायी होता है।

वसूली एजेंट बनने के लिए किस श्रेणी की सावधानी और कौशल की आवश्यकता होती है, इस के संबंध में कोई कठोर नियम नहीं बनाया जा सकता है। यह हर मामले के तथ्यों के अनुसार अलग-अलग होता है। किसी के अपने व्यवसाय के लिए तर्कसंगतता और कार्य करने के परीक्षण, कौशल और सावधानी की श्रेणी निर्धारित करने में लागू होते हैं।

(4) संवाद करने का कर्तव्य

एजेंट का यह कर्तव्य है कि "किसी कठिनाई की स्थिति में अपने मालिक/प्रिंसिपल के साथ संवाद करने और उसके निर्देश प्राप्त करने में उचित तत्परता दिखाए" (संविदा अधिनियम की धारा 214 के अनुसार)। जब भी कोई संदेह या कठिनाई हो, तो एजेंट को मालिक/प्रिंसिपल की इच्छा के अनुसार कार्य करना चाहिए, न कि जो वह महसूस करता है वह करना चाहिए। इस प्रकार, एक वसूली एजेंट को अपने मालिक/प्रिंसिपल से उन सभी बिंदुओं पर निर्देश लेना चाहिए जहां एजेंसी की व्यवस्था मौन है।

(5) लेखा प्रस्तुत करने का कर्तव्य

एक एजेंट अपने मालिक/प्रिंसिपल के मांग करने पर उसे उचित लेखा-जोखा देने के लिए बाध्य है (संविदा अधिनियम की धारा 213 के तहत)। उसे अपने मालिक/प्रिंसिपल के खातों को अद्यतन रखना चाहिए, ताकि मालिक/प्रिंसिपल के मांगने पर उन्हें प्रस्तुत किया जा सके। इसके अलावा, एक एजेंट को अपने मालिक/प्रिंसिपल के धन को अपने धन से अलग रखना आवश्यक है। आम तौर पर, लेखांकन पद्धति, प्रारूप और अन्य आवश्यकताएं ऋणदाता/बैंक (मालिक/प्रिंसिपल) द्वारा निर्धारित की जाएंगी ताकि उन्हें अपनी लेखांकन प्रणाली के साथ सामंजस्य बनाया जा सके।

(6) पैसे भेजने का कर्तव्य

संविदा अधिनियम की धारा 218 में प्रावधान है कि एक एजेंट मालिक/प्रिंसिपल के लिए कार्य करने से प्राप्त पूरी राशि का भुगतान करने के लिए बाध्य है। इसे मालिक/प्रिंसिपल को धन भेजना एजेंट का कर्तव्य कहा जाता है। वसूली एजेंट को एजेंसी समझौते के अनुसार एकत्रित धन समय-समय पर मालिक/प्रिंसिपल को भेजना होता है।

(7) प्रत्यायोजित (डेलिगेट) न करने का कर्तव्य

एक एजेंट अपने अधिकार को आगे किसी और को तब तक नहीं सौंप सकता जब तक कि उसे मालिक/प्रिंसिपल के साथ विशिष्ट अनुबंध, या स्थापित व्यापार परंपरा से अनुमति प्राप्त न हुई हो। यह 'डेलीगेटस नॉन प्रोटेस्ट डेलिगेयर' यानी प्रतिनिधि किसी और को प्रतिनिधि नहीं नियुक्त कर सकता के सामान्य कानून सिद्धांत पर आधारित है, जिसका अर्थ है कि जो कुछ सौंपा गया

(डेलिगेटेड) है उसे और आगे सौंपा (डेलिगेट) नहीं जा सकता है। आम तौर पर वसूली एजेंसी समझौते में इस तरह का क्लॉज दिया जाएगा। यदि डीआरए एक एजेंसी है और वह वसूली करने के लिए लोगों को नियुक्त करती है तो एजेंसी की प्रकृति डेलीगेशन की नहीं है। एक एजेंसी वसूली के कर्तव्य के लिए अपने कर्मचारियों का उपयोग कर सकती है, लेकिन समझौते में विशेष रूप से इसका उल्लेख किया जाना चाहिए।

(8) गोपनीयता का कर्तव्य

वसूली एजेंट का यह कर्तव्य संविदा अधिनियम के प्रावधानों पर नहीं, बल्कि ऋण वसूली के लिए आईबीए कोड और बैंकिंग उद्योग में प्रथागत परंपराओं पर आधारित है। इसके अनुसार, वित्तीय संस्थान ग्राहकों के खातों के मामलों की गोपनीयता बनाए रखने के लिए बाध्य हैं और उनके वसूली एजेंटों को भी वसूली प्रक्रिया में अपने मालिक/प्रिंसिपल के कर्तव्य का पालन करना होता है।

17.8 नैतिकता और कॉर्पोरेट प्रशासन

बैंक और वित्तीय संस्थान किसी देश की अर्थव्यवस्था में महत्वपूर्ण भूमिका निभाते हैं, और यह न्यायपूर्ण और सत्यप्रिय होने पर आधारित है। वित्तीय व्यवसाय विभिन्न नैतिक संहिताओं जैसे सच्चाई, ईमानदारी, सत्यनिष्ठा, पारदर्शिता आदि पर निर्भर करता है जो उधार देने के लिए जमा स्वीकार करने के व्यवसाय की प्रकृति को देखते हुए महत्वपूर्ण हैं।

नैतिकता की आवश्यकता एवं महत्व

नैतिक निर्भरता, दायित्वों को पूरा करने की समयबद्धता और अनुबंध की शर्तों का सम्मान करना ही नैतिकता है। यह बैंकों को विश्वसनीय बनाता है। उन्हें उच्च नैतिक मानकों द्वारा संचालित उच्च गुणवत्ता वाली सेवाएं प्रदान करने और अपनी कार्य संस्कृति, प्रबंधन और अपने कर्मचारियों की गुणवत्ता में इसे बनाए रखने की आवश्यकता होती है। बैंक तभी अच्छा काम कर सकते हैं जब जनता उन पर भरोसा करे। बैंकिंग गतिविधियों की सुरक्षा सुनिश्चित करना निश्चित रूप से एक चुनौतीपूर्ण कार्य होता है।

वैश्विक एकीकरण के साथ: साथ, चल रहे वित्तीय नवाचारों ने बैंकिंग परिचालन पर सरकारों और नियामकों के न्यूनतम प्रत्यक्ष हस्तक्षेप की संभावनाएं ला दी हैं। इसलिए, बैंकिंग गतिविधियों की सुरक्षा काफी हद तक बाजार के खिलाड़ियों के रवैये और विश्वास पर निर्भर होती है।

नैतिकता दुविधाओं से निपटने में मदद करती है: बैंक को, कभी-कभी, व्यवसाय के दौरान नैतिक दुविधाओं का सामना करना पड़ सकता है। बैंकों को सही बनाम कम सही के बीच चुनने जैसी जटिल दुविधाओं से निपटना पड़ता है। इसलिए कर्मचारियों को जटिल नैतिक विकल्पों के

माध्यम से राह बनाने में सक्षम करने के लिए मजबूत नैतिक सिद्धांतों के एक सेट की आवश्यकता होती है।

प्रतिष्ठा/सद्भावना की रक्षा: बैंकों का नैतिक आचरण जमाकर्ताओं के हितों की रक्षा करने में सहायता करता है, इस प्रकार, प्रणाली की स्थिरता बनाए रखता है और बैंक की प्रतिष्ठा को संरक्षित करता है। नैतिक आचरण कानूनी उल्लंघनों और भ्रष्ट गतिविधियों को रोकता है, अन्य हितधारकों के हितों की रक्षा करता है और ब्रांड छवि को बढ़ाता है।

जोखिम से बचने में मदद: वरिष्ठों द्वारा पालन की जाने वाली एक सुपरिभाषित नैतिक संहिता उच्च नैतिक मानकों और कर्मचारियों के अनैतिक आचरण के खिलाफ निवारक और सुधारात्मक उपायों को सुनिश्चित करती है। इससे स्टाफ के सदस्यों को कुछ संतुष्टि के प्रलोभन के कारण अपराध करने से रोका जा सकेगा, जैसे अयोग्य ऋण आवेदन को मंजूरी देना, अनुचित शर्तों पर ऋण देना और जानबूझकर ऋण आवेदन की प्रक्रिया में देरी करना आदि।

चूंकि डीआरए ऋण की वसूली सुनिश्चित करने वाले बैंकों की विस्तारित भुजाएँ हैं, इसलिए नैतिक सिद्धांतों का पालन करना उनके लिए महत्वपूर्ण है।

कॉर्पोरेट प्रशासन

फर्म के निदेशक संगठन के सभी हितधारकों के लिए धन और खुशी जुटाने और कॉर्पोरेट प्रशासन का उपयोग करके सुधार करने के लिए जिम्मेदार होते हैं। निदेशकों का यह कर्तव्य है कि वे अपनी निदेशक की भूमिका में नैतिक कदाचार से बचें और संगठन में नैतिक कदाचार को रोकने के लिए निर्णयों में नेतृत्व प्रदान करें। कर्मचारियों के लिए अनैतिक निर्णय लेने के अवसर को दूर करने के लिए, अधिकांश कंपनियों ने जवाबदेही, निरीक्षण और नियंत्रण की औपचारिक प्रणालियाँ विकसित की हैं - जिन्हें कॉर्पोरेट प्रशासन के रूप में जाना जाता है।

सुदृढ़ कॉर्पोरेट प्रशासन परंपराओं से प्राप्त होने वाले कुछ लाभ इस प्रकार हैं:

अनुकूल वातावरण तैयार करता है जो व्यवसाय संवाददाताओं सहित मालिकों, विभिन्न हितधारकों को उन उद्देश्यों को प्राप्त करने के लिए प्रोत्साहन देता है जो संगठन के हित में हैं।

भ्रष्टाचार, देरी, जोखिम और कुप्रबंधन को कम करता है।

अच्छा कॉर्पोरेट प्रशासन बैंकों और उनके ग्राहकों के बीच विश्वास का निर्माण और रखरखाव सुनिश्चित करता है। बैंकों के एजेंट होने के नाते, व्यवसाय संवाददाताओं की यह सुनिश्चित करने में महत्वपूर्ण भूमिका होती है कि उनके ग्राहकों का विश्वास हमेशा बना रहे।

17.9 सारांश

- संविदा अधिनियम की विभिन्न धाराएं, जिनमें 'एजेंट' के अधिकारों और कर्तव्यों से संबंधित प्रावधान शामिल हैं। एजेंट के पारिश्रमिक के अधिकार, प्रतिधारण का अधिकार, मुआवजे का अधिकार और ऐसे अन्य अधिकारों को जानना महत्वपूर्ण है क्योंकि वे एजेंट के अधिकारों और कर्तव्यों के कानूनी पहलुओं को समझने में मदद करते हैं।
- एजेंटों के अधिकार और कर्तव्य संविदा अधिनियम के नियंत्रण में होते हैं। अधिनियम में 'एजेंट और एजेंटों से संबंधित मामलों' की व्याख्या की गई है। वसूली एजेंट मालिक/प्रिंसिपल (बैंक या अन्य संस्था) के लिए और उसके प्राधिकार पर 'एजेंट' के रूप में कार्य करते हैं।
- वसूली एजेंटों के अधिकारों और कर्तव्यों को विधि द्वारा अनुमत सीमा तक मालिक/प्रिंसिपल और वसूली एजेंट के बीच एक विशिष्ट समझौते द्वारा संशोधित किया जा सकता है। इसका कारण यह है कि यदि दो वयस्क व्यक्ति/संस्थाएं कुछ बातों पर सहमत होते हैं और कानून के प्रावधानों के अनुसार एक औपचारिक संविदा में प्रवेश करते हैं, तो समझौते के विशिष्ट प्रावधान प्रभावी होंगे और उनके बीच लागू होंगे।
- जहां एक एजेंसी अनुबंध किसी शुल्क या अन्य पारिश्रमिक का प्रावधान नहीं करता है, मालिक/प्रिंसिपल उद्योग की प्रथागत प्रथाओं के अनुसार एजेंट को केवल शुल्क का भुगतान करने के लिए उत्तरदायी हो सकता है।
- एक एजेंट के कर्तव्यों में निर्देशों का पालन करने का कर्तव्य, सावधानी और कौशल का प्रयोग करने का कर्तव्य, संवाद करने का कर्तव्य, लेखा-जोखा देने का कर्तव्य, धन भेजने का कर्तव्य और धन भेजना शामिल है।

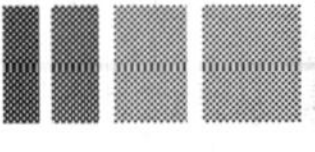

17.10 प्रमुख शब्द

अधिकार, कर्तव्य, गोपनीय, पारिश्रमिक, क्षतिपूर्ति, हिसाब देना, धन भेजना

17.11 अपनी प्रगति जांचें

1. एजेंटों के अधिकारों और कर्तव्यों के सामान्य प्रावधान इसमें शामिल हैं:
   (a) भारत का संविधान
   (b) संविदा अधिनियम

(c) कंपनी अधिनियम

(d) उपरोक्त में से कोई नहीं

2. प्रासंगिक अधिनियम में निहित एजेंटों के सामान्य अधिकार और कर्तव्य को:

(a) एजेंटों और बैंक के बीच विशिष्ट समझौते द्वारा संशोधित नहीं किया जा सकता है

(b) केवल एजेंटों और बैंक के बीच समझौते द्वारा संशोधित किया जा सकता है

(c) एजेंटों और बैंक के बीच विशिष्ट समझौते द्वारा संशोधित, परिवर्तित और हटाया जा सकता है

(d) उपरोक्त में से कोई भी सही नहीं है

3. प्रासंगिक अधिनियम में निहित एजेंटों के सामान्य कर्तव्यों में शामिल हैं:

(a) मालिक/प्रिंसिपल के कानूनी निर्देशों का पालन करने का कर्तव्य

(b) मालिक/प्रिंसिपल के वैध और अवैध निर्देशों का पालन करने का कर्तव्य

(c) व्यापार/उद्योग के रीति-रिवाजों का पालन करने का कर्तव्य, जहां मालिक/प्रिंसिपल के निर्देश चुप हैं।

(d) उपरोक्त (a) और (c) दोनों

4. वसूली एजेंटों का कर्तव्य है कि वे वसूली कार्यों में उचित देखभाल और कौशल का प्रयोग करें:

(a) संविदा अधिनियम

(b) बकाया वसूली पर आईबीए की मॉडल नीति

(c) बैंकों द्वारा नियुक्त वसूली एजेंटों पर आरबीआई के दिशानिर्देश

(d) उपरोक्त सभी

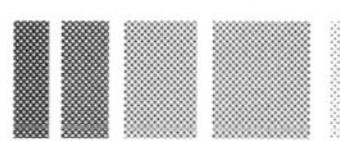

17.12 अपनी प्रगति जाँचें के उत्तर

1.	(b)	2.	(c)	3.	(d)	4.	(d)

अध्याय

18 ऋणदाताओं के लिए उचित व्यवहार संहिता

18.1 उद्देश्य

18.2 परिचय

18.3 ऋण के लिए आवेदन और उनका प्रसंस्करण (प्रोसेसिंग)

14.4 ऋण मूल्यांकन और नियम/शर्तें

18.5 नियम एवं शर्तों में परिवर्तन सहित ऋण का संवितरण

18.6 संवितरण पश्चात पर्यवेक्षण

18.7 सामान्य

18.8 सारांश

18.9 प्रमुख शब्द

18.10 अपनी प्रगति जांचें

18.11 अपनी प्रगति जांचें के उत्तर

अध्याय

ऋणदाताओं के लिए उचित व्यवहार संहिता

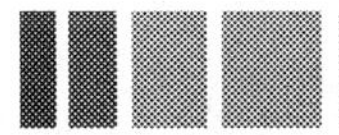

18.1 उद्देश्य

इस अध्याय के अंत तक आप निम्न के बारे में जानेंगे:

- ऋण मूल्यांकन – नियम व शर्तें
- संवितरण
- पर्यवेक्षण

18.2 परिचय

भारतीय रिज़र्व बैंक ने भारत सरकार और कुछ बैंकों के परामर्श से संहिता के एक सेट को अंतिम रूप दिया, जिसे 'ऋणदाताओं के लिए उचित व्यवहार संहिता' कहा जाता है और वित्तीय संस्थानों को व्यक्तिगत रूप से दिशानिर्देशों को अपनाने की सलाह दी जाती है।

18.3 ऋण के लिए आवेदन और उनका प्रसंस्करण (प्रोसेसिंग)

(a) जिन क्षेत्रों को प्राथमिकता दी गई है उनके लिए रु. 2 लाख तक के अग्रिमों के ऋण आवेदन पत्र का दायरा व्यापक होना चाहिए। आवेदन पत्र में प्रसंस्करण के लिए देय फीस/शुल्क, यदि कोई हो, और आवेदन स्वीकार न होने की स्थिति में वापसी योग्य फीस की राशि, पूर्व-भुगतान विकल्प और कोई दूसरी बातें जो उधार लेने वाले के हितों को प्रभावित करती है, के बारे में जानकारी शामिल होनी चाहिए।

(b) बैंकों और वित्तीय संस्थानों को सभी ऋण आवेदनों के प्राप्त होने के आशय की पावती देनी चाहिए।

(c) वित्तीय संस्थानों/वित्तीय मध्यस्थों को उचित समय-सीमा के अंदर ऋण आवेदनों का सत्यापन करना चाहिए। यदि अतिरिक्त विवरण/दस्तावेजों की आवश्यकता पड़ती है, तो उन्हें मंगाने के लिए उधार लेने वालों को तुरंत सूचित करना चाहिए।

(d) रुपये 2 लाख तक का ऋण चाहने वाले छोटे उधारकर्ताओं के मामले में, ऋणदाताओं को निर्धारित समय के भीतर मुख्य कारण/कारणों को लिखित रूप में बताना चाहिए, जिसके/जिनके परिणामस्वरूप, उचित विचार करने के बाद, ऋण आवेदनों को अस्वीकार कर दिया गया है।

18.4 ऋण मूल्यांकन और नियम/शर्तें

(a) ऋणदाताओं को सुनिश्चित करना चाहिए कि उधारकर्ताओं के ऋण के आवेदन का उचित मूल्यांकन किया जाए। उन्हें उधारकर्ता की ऋण पात्रता के मूल्यांकन में उचित सावधानी के नाम पर मार्जिन और प्रतिभूति शर्तों का उपयोग नहीं करना चाहिए।

(b) ऋणदाता को उधारकर्ता को पूरी जानकारी में, दिए गए नियमों और शर्तों के साथ क्रेडिट सीमा के बारे में बताने का रिकार्ड रखना चाहिए।

(c) वित्तीय संस्थानों द्वारा दी जाने वाली ऋण सुविधाओं को नियंत्रित करने वाले नियम और शर्तें तथा अन्य चेतावनियां, ऋण देने वाली संस्था और उधारकर्ता के बीच बातचीत करने के बाद तय की जानी चाहिए और इसे लिखित रूप देकर प्राधिकृत अधिकारी द्वारा विधिवत प्रमाणित किया जाना चाहिए। ऋण समझौते की एक प्रति के साथ-साथ ऋण समझौते में वर्णित सभी अनुलग्नकों की एक प्रति उधारकर्ता को प्रदान की जानी चाहिए।

(d) ऋण समझौते में ऋण सुविधाओं का उल्लेख स्पष्ट रूप से होना चाहिए जो पूरी तरह से ऋणदाताओं के विवेक पर निर्भर करतीं हैं। इनमें सुविधाओं की मंजूरी या अस्वीकृति शामिल हो सकती है, जैसे मंजूर की गई सीमा से अधिक आहरण, क्रेडिट मंजूरी में विशेष रूप से सहमत होने के अलावा, अन्य उद्देश्य के लिए जारी किए गए चेक का भुगतान करना, और मंजूरी की शर्तों का अनुपालन न करने पर उधारकर्ता को खाते से आहरण की अनुमति न देना। यह भी विशेष रूप से कहा जा सकता है कि ऋण की सीमा की उचित समीक्षा किये बिना व्यवसाय में वृद्धि आदि करने का कारण बता कर उधार लेने वालों की आगे की आवश्यकताओं को पूरा करने का दायित्व ऋणदाता का नहीं है।

(e) कंसोर्टियम व्यवस्था के तहत ऋण देने के मामले में, भाग लेने वाले ऋणदाताओं को प्रस्तावों के मूल्यांकन को यथासंभव समयबद्ध तरीके से पूरा करने के लिए प्रक्रियाएं विकसित करनी चाहिए और उचित समय के भीतर वित्तीय सहायता देने या अन्यथा पर अपने निर्णयों को सूचित करना चाहिए।

18.5 नियम एवं शर्तों में परिवर्तन सहित ऋण का संवितरण

ऋणदाताओं को मंजूरी को नियंत्रित करने वाले नियमों और शर्तों के अनुरूप मंजूर किए ऋणों का समय पर वितरण सुनिश्चित करना चाहिए। ऋणदाताओं को ब्याज दरों, सेवा शुल्कों आदि सहित नियमों और शर्तों में किसी भी बदलाव की सूचना देनी चाहिए। ऋणदाताओं को यह भी सुनिश्चित करना चाहिए कि ब्याज दरों और शुल्कों में बदलाव केवल भविष्य की तारीख से (प्रोस्पेक्टिवली) प्रभावी हों।

18.6 संवितरण पश्चात पर्यवेक्षण

ऋणदाताओं द्वारा संवितरण के बाद पर्यवेक्षण, विशेष रूप से रुपये 2 लाख की राशि तक के ऋण के संबंध में, 'ऋणदाता से संबंधित' वास्तविक कठिनाई जिसका सामना उधार लेने वाले को करना पड़ सकता है, का ध्यान रखने की दृष्टि से रचनात्मक होनी चाहिए।

समझौते के तहत भुगतान या कार्य-निष्पादन को वापस लेने/तेज करने अथवा अतिरिक्त प्रतिभूतियों की मांग करने का निर्णय लेने से पहले, ऋणदाताओं को चाहिए कि उधारकर्ताओं को नोटिस दें, जैसा कि ऋण समझौते में निर्दिष्ट है।

ऋणदाताओं को ऋण का भुगतान प्राप्त होने या ऋण की वसूली पूरी हो जाने पर, किसी भी वैध अधिकार या किसी अन्य दावे के लिए ग्रहणाधिकार के अधीन, जो ऋणदाताओं के पास उधारकर्ताओं के खिलाफ हो सकते हैं, सभी प्रतिभूतियों को वापस कर देना चाहिए। यदि समंजन (सेट ऑफ) करने के अधिकार का प्रयोग किया जाना है, तो उधारकर्ताओं को शेष दावों और दस्तावेजों के बारे में पूर्ण विवरण के साथ इसके बारे में नोटिस दिया जाएगा, जिसके तहत ऋणदाता संबंधित दावे के निपटान/भुगतान होने तक प्रतिभूतियों अपने पास रखने का हकदार हैं।

18.7 सामान्य

1. ऋणदाताओं को ऋण मंजूरी के दस्तावेजों में उल्लिखित नियमों और शर्तों में दी गई बातों को छोड़कर उधारकर्ताओं के मामलों में हस्तक्षेप करने से बचना चाहिए।

2. ऋण देने के मामले में ऋणदाताओं को लिंग, जाति, क्षेत्र, भाषा और धर्म के आधार पर भेदभाव नहीं करना चाहिए।
3. ऋण की वसूली करने के मामले में, ऋणदाताओं को अनुचित ढंग से परेशान करने वाले तरीकों का सहारा नहीं लेना चाहिए, जैसे कि असुविधाजनक समय में लगातार परेशान करना, या ऋण की वसूली के लिए शारीरिक शक्ति का उपयोग करना आदि।
4. उधारकर्ता से, या खाते को टेक ओवर करने का प्रस्ताव करने वाले बैंक/वित्तीय संस्थान से, ऋण खाते के स्थानांतरण का अनुरोध प्राप्त होने पर सहमति या असहमति, अर्थात, ऋणदाता की आपत्ति, यदि कोई हो तो, अनुरोध प्राप्त होने की तारीख से 21 दिनों के भीतर सूचित की जानी चाहिए।
5. उचित व्यवहार संहिता के अलावा, प्रत्येक ऋणदाता/बैंक ने इस संबंध में पैदा होने वाले विवादों को हल करने के लिए संगठन के अंदर उचित शिकायत निवारण तंत्र स्थापित किया है। यह तंत्र सुनिश्चित करता है कि ऋण देने वाली संस्थाओं के पदाधिकारियों के निर्णय से पैदा होने वाले सभी विवादों को कम से कम अगले उच्च स्तर द्वारा सुना और निपटाया जाए।

18.8 सारांश

भारतीय रिज़र्व बैंक ने भारत सरकार और कुछ बैंकों और वित्तीय संस्थानों के परामर्श से "ऋणदाताओं के लिए उचित व्यवहार संहिता" नामक कोड के एक सेट को अंतिम रूप दिया और बैंकों को व्यक्तिगत रूप से दिशानिर्देशों को अपनाने की सलाह दी।

ऋणदाताओं को इन उचित व्यवहारों का प्रयोग ऋण आवेदन, उसके प्रसंस्करण और ऋण के मूल्यांकन के लिए करना होता हैं। ये ऐसे दिशानिर्देश हैं जिनका पालन सभी ऋण देने वाली कंपनियां, नियामक बोर्ड के अनुपालन में रहने के लिए करती हैं। ऋणदाताओं को ऐसी मंजूरी को नियंत्रित करने वाले नियमों और शर्तों के अनुरूप स्वीकृत ऋणों का समय पर वितरण सुनिश्चित करना चाहिए।

ऋणदाताओं को ऋण मंजूरी के दस्तावेजों में उल्लिखित नियमों और शर्तों में दी गई बातों को छोड़कर उधारकर्ताओं के मामलों में हस्तक्षेप करने से बचना चाहिए।

ऋणदाताओं को ऋण का भुगतान प्राप्त होने या ऋण की वसूली पूरी हो जाने पर, किसी भी वैध अधिकार या किसी अन्य दावे के लिए ग्रहणाधिकार के अधीन, जो उधारदाताओं के पास उधारकर्ताओं के खिलाफ हो सकते हैं, सभी प्रतिभूतियों को वापस कर देना चाहिए।

ऋण की वसूली के मामले में, ऋणदाताओं को अनुचित ढंग से परेशान करने वाले तरीकों का सहारा नहीं लेना चाहिए, जैसे कि असुविधाजनक समय में लगातार परेशान करना, या ऋण की वसूली के लिए शारीरिक शक्ति का उपयोग करना आदि।

उपरोक्त के अलावा, ऋणदाताओं को (a) मंजूर ऋणों का समय पर वितरण सुनिश्चित करना चाहिए; (b) ब्याज दरों, सेवा शुल्क इत्यादि सहित नियमों और शर्तों में किसी भी बदलाव की सूचना देनी चाहिए, (c) यह भी सुनिश्चित करना चाहिए कि ब्याज दरों और शुल्कों में बदलाव केवल भविष्य की तारीख से (प्रोस्पेक्टिवली) प्रभावी हों।

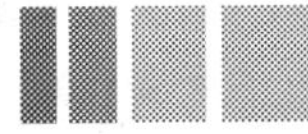

18.9 प्रमुख शब्द

ऋण मूल्यांकन, प्रतिभूतियाँ जारी करना, चेक का भुगतान करना, ऋण संवितरण, ऋण का मूल्यांकन

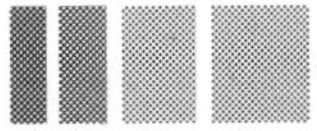

18.10 अपनी प्रगति जांचें

1. 'इरादतन चूककर्ता ' के मामले में, वसूली एजेंट को यह करना चाहिए:
   (a) अपने वसूली प्रयासों के प्रति देनदार की नकारात्मक प्रतिक्रियाओं को साबित करने के लिए दस्तावेजी साक्ष्य एकत्र करना
   (b) दस्तावेजी साक्ष्य सुरक्षित रखना
   (c) दस्तावेजी साक्ष्य एकत्र करना और मालिक/प्रिंसिपल को भेजना
   (d) आगे की कार्रवाई के लिए दस्तावेजी साक्ष्य की प्रतियां एकत्र करना, संरक्षित करना और मालिक/प्रिंसिपल को भेजना।

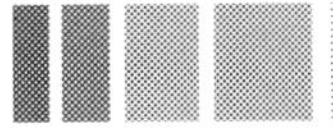

18.11 अपनी प्रगति जांचें के उत्तर

1.	(d)

D

एनबीएफसी पर अतिरिक्त अध्ययन

अध्याय

19 गैर-बैंकिंग वित्तीय कंपनियाँ (एनबीएफसी)

अध्याय

19 गैर-बैंकिंग वित्तीय कंपनियाँ (एनबीएफसी)

19.1 शिक्षण उद्देश्य

- एनबीएफसी के बारे में
- एनबीएफसी के प्रकार
- ऋण कंपनियाँ
- ब्रोकिंग कंपनियाँ
- आवास वित्त कंपनियां
- ऋण कंपनी के कार्य

19.2 परिचय: एनबीएफसी क्या है?

ऐसी कंपनी जो वित्तीय संस्थान का कारोबार करती है लेकिन बैंक नहीं है, उसे गैर-बैंकिंग वित्तीय कंपनी या एनबीएफसी कहा जाता है। गैर-बैंकिंग वित्त कंपनियां (एनबीएफसी) सरकारी/सार्वजनिक/निजी लिमिटेड कंपनियों के रूप में हो सकती हैं। भारत में सरकारी कंपनियों को अखिल भारतीय वित्तीय संस्थान और राज्य स्तरीय वित्तीय संस्थान के रूप में जाना जाता है। एनबीएफसी, बुनियादी ढांचे से लेकर अर्थव्यवस्था की वित्तीय रूप से बहिष्कृत आबादी तक कई क्षेत्रों को ऋण और अग्रिम या निवेश के रूप में ऋण प्रदान करने में लगे हुए हैं। गैर-बैंकिंग वित्तीय कंपनियां, कंपनी अधिनियम, 2013 के तहत कंपनियों के रूप में पंजीकृत हैं।

नियामक के साथ पंजीकरण और वित्तीय फोकस के आधार पर विभिन्न प्रकार की एनबीएफसी हैं। लेकिन मुख्य रूप से एनबीएफसी को निम्न के कारोबार में संलग्न किया जा सकता है

i. ऋण और अग्रिम,

ii. निवेश अर्थात, सरकार अथवा स्थानीय प्राधिकरण द्वारा जारी किए गए शेयर/स्टॉक/बॉन्ड/डिबेंचर/प्रतिभूतियों या उसी प्रकृति की दूसरी विपणन योग्य प्रतिभूतियों का अधिग्रहण,

iii. पट्टे पर देना, किराए पर लेना-खरीदना,

iv. बीमा का व्यवसाय,

v. चिट-फंड का व्यवसाय

ऐतिहासिक रूप से, एनबीएफसी की शुरुआत 60 के दशक की शुरुआत में उन बचतकर्ताओं और निवेशकों के लिए एक वैकल्पिक संस्थान के रूप में हुई थी जिनकी वित्तीय ज़रूरतें बैंक पूरी नहीं करते थे या पूर्णतया पूरी नहीं कर पाते थे। बैंकों के रूढ़िवादी होने के कारण उन तक पहुंचना भी कठिन था।

एनबीएफसी ने शुरू में सीमित पैमाने पर काम किया और वित्तीय उद्योग पर अधिक प्रभाव नहीं डाला। उन्होंने निवेशकों से सावधि जमा स्वीकार किए, ऋण जारी किए और बड़ी औद्योगिक कंपनियों के लिए पट्टे के सौदे किए। शुरुआती दौर में कोई औपचारिक विनियमन नहीं था। हाल के वर्षों में कई एनबीएफसी का गठन हुआ है। नई एनबीएफसी की बाढ़ और दूसरी जटिलताओं के कारण, हालाँकि, एनबीएफसी को आरबीआई और अन्य नियामकों के अधीन लाना पड़ा। शुरुआत में आरबीआई ने जमा के रूप में धन स्वीकार करने वाली एनबीएफसी को विनियमित करना शुरू किया, और बाद में पूरे एनबीएफसी क्षेत्र को विनियमित करने के लिए उपाय शुरू कर दिए। इस बीच, महत्वाकांक्षी मार्केटिंग और पहुंच में आसानी के कारण एनबीएफसी ने बड़ी संख्या में निवेशकों को आकर्षित किया।

जनवरी 1997 में आरबीआई अधिनियम, 1934 में बहुत से बदलाव किए गए, विशेष रूप से अधिनियम के अध्याय III-B, III-C और V में एक पूर्ण नियामक और पर्यवेक्षी संरचना स्थापित करने की मांग की गई, जो हितों की रक्षा करेगी और एनबीएफसी का सुचारू कामकाज सुनिश्चित करेगी।90 के दशक के मध्य तक एनबीएफसी ने परिचालन, उत्पादों और उपकरणों की रेंज के मामले में काफी विकास कर लिया था और उन्होंने अपने परिचालन में तकनीकी समाधानों का उपयोग करना भी शुरू कर दिया था। वर्तमान में कई प्रकार की एनबीएफसी हैं, नवीनतम फिनटेक-एनबीएफसी हैं जो सूक्ष्म, लघु और मध्यम आकार के उद्यमों और दूसरी गतिविधियों को वित्तपोषित करने के लिए तकनीकी समाधान और नवीन क्रेडिट मूल्यांकन विधियों को प्रयोग में ला रही हैं।

एनबीएफसी की वृद्धि और विकास के कारण एनबीएफसी को विभिन्न क्षेत्रों या वर्गों के आधार पर वर्गीकृत किया जाने लगा है। वर्गीकरण का आधार हैः

(I) दायित्वों पर आधारित

(II) गतिविधियों पर आधारित

दायित्वों के आधार पर उन्हें निम्न में वर्गीकृत किया जा सकता हैः

- **जमा लेने वाली गैर-बैंकिंग वित्तीय कंपनियाँ (एनबीएफसी-डी)**
- **जमा न लेने वाली गैर-बैंकिंग वित्तीय कंपनियाँ (एनबीएफसी-एनडी)**

इसके अतिरिक्त, जमा न लेने वाली गैर-बैंकिंग वित्तीय कंपनियों (एनबीएफसी-एनडी) को निम्नानुसार उप-वर्गीकृत किया जा सकता है-

- **व्यवस्थित रूप से महत्वपूर्ण एनबीएफसी-एनडी**
- **अन्य एनबीएफसी-एनडी**

व्यावसायिक गतिविधियों के आधार पर, एनबीएफसी को निम्नानुसार वर्गीकृत किया जा सकता है:

i. **निवेश और क्रेडिट कंपनी (एनबीएफसी-आईसीसी)** जिसका मुख्य व्यवसाय उधार देना और निवेश करना होगा। इस श्रेणी के तहत, आरबीआई ने एनबीएफसी की तीन अलग-अलग श्रेणियों - परिसंपत्ति वित्त, ऋण कंपनियों और निवेश कंपनियों को "एनबीएफसी - निवेश और क्रेडिट कंपनी (एनबीएफसी-आईसीसी)" के नाम से विलय कर दिया है। एसेट फाइनेंस कंपनी एक ऐसी वित्तीय संस्था है जो उत्पादक/आर्थिक गतिविधियों को सपोर्ट करने वाली भौतिक संपत्तियों जैसे ऑटोमोबाइल, ट्रैक्टर, खराद मशीन, जनरेटर सेट, अर्थमूविंग, सामग्री हैंडलिंग उपकरण और औद्योगिक मशीनों के लिए वित्तीय सहायता उपलब्ध कराती है। निवेश कंपनी एक ऐसी कंपनी है जिसका अपना मुख्य व्यवसाय प्रतिभूतियों का अधिग्रहण है। ऋण कंपनी एक ऐसी वित्तीय संस्था है जो अपने स्वयं के अलावा ऋण या अग्रिम के रूप में वित्त प्रदान करने का मुख्य व्यवसाय करती है। उपरोक्त सभी तीन प्रकार की कंपनियों को एनबीएफसी - निवेश और क्रेडिट कंपनी (एनबीएफसी-आईसीसी) के रूप में वर्गीकृत किया गया है।

ii. **इन्फ्रास्ट्रक्चर फाइनेंस कंपनी (एनबीएफसी-आईएफसी)** का मुख्य व्यवसाय बुनियादी ढांचा परियोजनाओं/क्षेत्र को वित्त उपलब्ध कराने का है। परिवहन, ऊर्जा, जल व स्वच्छता, संचार, और सामाजिक व वाणिज्यिक बुनियादी ढांचे जैसी बुनियादी ढांचा के संवर्गों में निवेश के लिए उधार लेने वालों को बुनियादी ढांचा ऋण दिया जाता है, जिन्हें आगे उप-श्रेणियों में विभाजित किया जाता है।

iii. **निवेश कंपनी (कोर इन्वेस्टमेंट) (एनबीएफसी-सीआईसी)** जिसकी गतिविधियाँ शेयरों में निवेश, ऋण या समूह कंपनियों को उधार देना होंगी। ये व्यवसाय मुख्य रूप से

हिस्सेदारी के लिए अपने समूह की कंपनियों के शेयरों में निवेश करते हैं। हालाँकि, उन्हें इन इंस्ट्रूमेंट्स का व्यापार करने या किसी अन्य प्रकार की वित्तीय गतिविधि में संलग्न होने की अनुमति नहीं है।

iv. **इन्फ्रास्ट्रक्चर डेट फंड (एनबीएफसी-आईडीएफ)** चालू बुनियादी ढांचा परियोजनाओं के लिए दीर्घकालिक ऋण की व्यवस्था करते है। आईडीएफ बुनियादी ढांचा क्षेत्र में निवेश को प्रसारित (चैनलाइज) करने के लिए निवेश का माध्यम हैं। वे वाणिज्यिक बैंकों द्वारा प्रायोजित हैं जिनमें घरेलू/ऑफशोर संस्थागत निवेशक, विशेष रूप से बीमा और पेंशन फंड, आईडीएफ द्वारा जारी इकाइयों और बांडों के माध्यम से निवेश कर सकते हैं।

v. **सूक्ष्म वित्त (माइक्रोफाइनेंस) कंपनियां (एनबीएफसी-एमएफआई)** माइक्रो-फाइनेंस पद्धति के तहत समूहों को (साप्ताहिक, पाक्षिक या मासिक किस्तों पर चुकाने योग्य) छोटे आकार के ऋण के वित्तपोषण के लिए होती हैं। माइक्रो-फाइनेंस ऋण को ₹3,00,000 तक की वार्षिक घरेलू आय वाले परिवार को दिए गए संपार्श्विक-मुक्त ऋण के रूप में परिभाषित किया गया है। इस प्रयोजन के लिए, परिवार का अर्थ एक अकेली परिवार इकाई, यानी, पति, पत्नी और उनके अविवाहित बच्चे होंगे।

vi. **नॉन-ऑपरेटिव फाइनेंशियल होल्डिंग कंपनियां (एनबीएफसी-एनओएफएचसी)** ऐसी कंपनियां हैं जो नए बैंक स्थापित करने में प्रमोटरों/प्रमोटर समूहों को सुविधा प्रदान करती हैं। यह एक जमा स्वीकार न करने वाली एनबीएफसी है जिसे चाहे रिज़र्व बैंक विनियमित करता हो या कोई अन्य वित्तीय नियामक, लागू नियामक आदेश के तहत अनुमति प्राप्त सीमा तक, बैंकिंग कंपनी और अपने समूह की अन्य सभी वित्तीय सेवा कंपनियों के शेयरों को अपने पास रखती है।

vii. **फैक्टरिंग कंपनियाँ (एनबीएफसी फैक्टर)** किसी नियोजक की प्राप्तियों के अधिग्रहण में लगी हुई हैं या प्राप्तियों की सुरक्षा ब्याज के ऊपर छूट पर ऋण दे रही हैं। फैक्टरिंग विनियमन अधिनियम, 2011 में दी गई 'फैक्टरिंग कारोबार' की परिभाषा के अनुसार "समनुदेशक के प्राप्तव्यों का, ऐसे प्राप्तव्यों या वित्त-पोषण के समनुदेशन की स्वीकृति द्वारा, चाहे किन्हीं प्राप्तव्यों पर प्रतिभूति हित के प्रति उधार या अग्रिम देने के रूप में या अन्यथा, अर्जन का कारोबार "अभिप्रेत है। वे एनबीएफसी जिनकी फैक्टरिंग व्यवसाय में वित्तीय संपत्ति उनकी कुल संपत्ति का कम से कम 75 प्रतिशत है, उन्हें एनबीएफसी फैक्टर के रूप में वर्गीकृत किया जाएगा।

viii. **मॉर्गेज गारंटी कंपनियां (एनबीएफसी-एमजीसी)** बंधक गारंटी का व्यवसाय करती हैं। ये कंपनियां किसी ट्रिगर घटना के घटित होने पर ऋणदाता संस्था को आवास ऋण का बकाया और उस पर अर्जित ब्याज की गारंटीकृत राशि तक का पुनर्भुगतान करने का

व्यवसाय करती हैं। ट्रिगर इवेंट का अर्थ है ऋणदाता संस्थान की बहियों में उधारकर्ता के खाते को गैर-निष्पादित परिसंपत्ति के रूप में वर्गीकृत करना।

ix. **अकाउंट एग्रीगेटर कंपनियां (एनबीएफसी-एए)** ग्राहक की वित्तीय संपत्तियों के बारे में समेकित, संगठित और पुनर्प्राप्ति योग्य (रिट्रीवेबल) तरीके से एकत्र करने और ग्राहक या ग्राहक द्वारा निर्दिष्ट अन्य लोगों को जानकारी प्रदान करने का कार्य करती हैं। एक अकाउंट एग्रीगेटर (एए) किसी व्यक्ति को सुरक्षित ढंग से और डिजिटल रूप से उस वित्तीय संस्थान की जानकारी तक पहुंचने और साझा करने में मदद करता है, जिसमें उनका खाता है और एए नेटवर्क के किसी अन्य विनियमित वित्तीय संस्थान के साथ जानकारी साझा करता है। व्यक्ति की सहमति के बिना डेटा साझा नहीं किया जा सकता। ऐसे कई अकाउंट एग्रीगेटर हैं जिनमें से व्यक्ति चुनाव कर सकता है।

x. **आवास वित्त कंपनियां (एनबीएफसी-एचएफसी)** किफायती आवास वित्त सहित गृह ऋण प्रदान कर रही हैं। मुख्य रूप से, एचएफसी प्रत्यक्ष या अप्रत्यक्ष माध्यम से आवास प्रयोजनों के लिए ऋण या वित्त प्रदान करने की व्यावसायिक गतिविधि में लगे हुए हैं। पहले एचएफसी का विनियमन राष्ट्रीय आवास बैंक (एनएचबी) करता था, जिसे सरकार ने 2019 में क़ानून में संशोधन करके भारतीय रिज़र्व बैंक (आरबीआई) को स्थानांतरित कर दिया गया था। हालाँकि, उनकी कुछ नियामक शक्तियाँ अभी भी एनएचबी के पास हैं।

xi. **एनबीएफसी-पीयर टू पीयर लेंडिंग प्लेटफॉर्म (एनबीएफसी-पी2पी)** जो धन जुटाने में मदद करने के लिए ऋणदाताओं और उधारकर्ताओं को एक साथ लाने के लिए ऑनलाइन मंच प्रदान करता है। पीयर टू पीयर लेंडिंग (पी2पी लेंडिंग), व्यवसाय के लिए वित्त प्राप्त करने का एक तरीका है। पी2पी एक ऑनलाइन प्लेटफ़ॉर्म के रूप में कार्य करता है जो उधार देने वालों और उधार लेने वालों के लिए ऋण देने और उधार लेने की पहुंच, लचीलेपन और विकल्प को आसान बनाता है। पी2पी मॉडल उधार देने वालों और उधार लेने वालों को एक जगह इकट्ठा करता है, उधार देने वालों का उधार लेने वालों के साथ मिलान करने की सुविधा प्रदान करता है। ऋणदाता बैंक बचत पर मिलने वाले ब्याज से अधिक ब्याज अर्जित कर सकते हैं, जबकि उधार लेने वाले प्रतिस्पर्धी और आसान शर्तों पर धन प्राप्त कर सकते हैं।

xii. **अवशिष्ट गैर-बैंकिंग कंपनी (आरबीएनसी):** अवशिष्ट गैर-बैंकिंग कंपनी एक एनबीएफसी है जिसका मुख्य व्यवसाय जमा प्राप्त करना है। यह किसी भी योजना के तहत हो सकता है। आरएनबीसी को आरबीआई के निर्देशों के अनुसार चलनिधि संपत्ति और निवेश बनाए रखना चाहिए। इन कंपनियों पर विवेकपूर्ण मानदंड लागू होते हैं। जमा राशि एकमुश्त

या किश्तों में, योगदान या सदस्यता के माध्यम से या इकाइयों या प्रमाणपत्रों या अन्य लिखतों (इन्सट्रूमेंट्स) की बिक्री या किसी अन्य तरीके से प्राप्त की जा सकती है। जमा राशि जुटाने की विधि और निर्देशों के अनुसार जमाकर्ताओं के धन के परिनियोजन की आवश्यकता के संदर्भ में आरबीएनसी की कार्यप्रणाली एनबीएफसी से भिन्न है।

इसके अलावा कुछ एनबीएफसी ऐसे भी हो सकते हैं जो मर्चेंट बैंकिंग, वेंचर कैपिटल फंडिंग, स्टॉक ब्रोकिंग में शामिल हों और सामूहिक निवेश योजनाओं में शामिल हों। इनका विनियमन सेबी करती है। बीमा कंपनियों का विनियमन आईआरडीएआई करती है; चिट फंड कंपनियों को संबंधित राज्य सरकारें और निधि कंपनियों को कंपनी मामलों के मंत्रालय विनियमित करते हैं। आरबीआई द्वारा विनियमित पीडी, सरकारी प्रतिभूति (जी-सेक) बाजार में बाजार निर्माताओं के रूप में कार्य करने के अलावा, सरकारी प्रतिभूतियों (जी-सेक) के प्राथमिक निर्गम के लिए सबस्क्रिप्शन सुनिश्चित करते हैं।

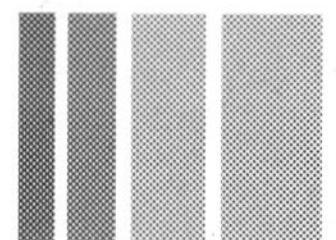

19.3 गैर-बैंकिंग वित्तीय कंपनियों के लिए स्केल आधारित विनियमन के लिए ढांचा

आरबीआई ने परिपत्र संख्या आरबीआई/2021-22/112 डीओआर.सीआईई.आरईसी क्रमांक 60/03.10.001/2021-22 दिनांक 22 अक्टूबर 2021 के माध्यम से एनबीएफसी के लिए स्केल आधारित विनियमन (एसबीआर) - एक संशोधित नियामक ढांचा जारी किया है। वित्तीय क्षेत्र के भीतर आकार, जटिलता और अंतर्संबंध के मामले में एनबीएफसी के क्षेत्र में अत्यधिक वृद्धि हुई है, जिसके कारण उनके बदलते जोखिम प्रोफाइल को ध्यान में रखते हुए, एनबीएफसी के लिए नियामक ढांचे को संरेखित करने की आवश्यकता महसूस की गई।

एनबीएफसी के आकार, गतिविधि और संभावित जोखिम के आधार पर नियामक संरचना में उनके लिए चार परतें होंगी:

1. **एनबीएफसी - बेस लेयर (एनबीएफसी-बीएल):** एनबीएफसी - बेस लेयर (एनबीएफसी-बीएल) के रूप में जानी जाने वाली सबसे निचली परत की एनबीएफसी में शामिल होंगीं:
   - (a) जमा न लेने वाली एनबीएफसी जिनकी परिसंपत्ति का आकार रु.1,000 करोड़ से कम है, और
   - (b) एनबीएफसी जो निम्नलिखित गतिविधियाँ कर रही हैं-
     - (i) एनबीएफसी-पीयर टू पीयर लेंडिंग प्लेटफॉर्म (एनबीएफसी-पी2पी),
     - (ii) एनबीएफसी-अकाउंट एग्रीगेटर (एनबीएफसी-एए),

(iii) नॉन-ऑपरेटिव फाइनेंशियल होल्डिंग कंपनी (एनओएफएचसी) और

(iv) एनबीएफसी जो सार्वजनिक धन का लाभ नहीं उठा रही हैं और उनका कोई ग्राहक इंटरफ़ेस नहीं है

2. **एनबीएफसी - मध्य परत (एनबीएफसी-एमएल):** मध्य परत में स्थित एनबीएफसी को एनबीएफसी - मध्य परत (एनबीएफसी-एमएल) के रूप में जाना जाता है, इसमें शामिल होंगे:

   (a) संपत्ति के आकार पर ध्यान दिए बिना सभी जमा स्वीकार करने वाली एनबीएफसी (एनबीएफसी-डीएस),

   (b) 1,000 करोड़ और उससे अधिक रुपये की संपत्ति के आकार वाली किन्तु जमा न लेने वाली एनबीएफसी, और

   (c) एनबीएफसी जो निम्नलिखित गतिविधियाँ कर रही हैं:

      (i) स्टैंडअलोन प्राथमिक डीलर (एसपीडी),

      (ii) इंफ्रास्ट्रक्चर डेट फंड - गैर-बैंकिंग वित्तीय कंपनियां (आईडीएफ-एनबीएफसी),

      (iii) कोर निवेश कंपनियाँ (सीआईसी),

      (iv) आवास वित्त कंपनियां (एचएफसी) और

      (v) इंफ्रास्ट्रक्चर फाइनेंस कंपनियां (एनबीएफसी-आईएफसी)।

   एक समूह की एनबीएफसी की संपत्तियों के समेकन पर मौजूदा नीति के अनुरूप, मध्य स्तर में उनके वर्गीकरण की सीमा निर्धारित करने के लिए उस समूह की सभी एनबीएफसी की कुल संपत्तियों को समेकित किया जाएगा। यदि समूह की समेकित संपति का आकार रु. 1,000 करोड़ और उससे अधिक होता है, तो समूह की प्रत्येक निवेश और क्रेडिट कंपनी (एनबीएफसी-आईसीसी), माइक्रो फाइनेंस इंस्टीट्यूशन (एनबीएफसी-एमएफआई), एनबीएफसी-फैक्टर और बंधक गारंटी कंपनी (एनबीएफसी-एमजीसी) को मध्य परत की एनबीएफसी के रूप में वर्गीकृत किया जाएगा और परिणामस्वरूप, मध्य परत पर लागू होने वाले नियम उन पर लागू होंगे।

3. **एनबीएफसी - ऊपरी परत (एनबीएफसी-यूएल):** ऊपरी परत की एनबीएफसी जिन्हें एनबीएफसी - ऊपरी परत (एनबीएफसी-यूएल) के रूप में जाना जाता है, में वे एनबीएफसी शामिल होंगी जो रिज़र्व बैंक के मापदंडों और स्कोरिंग पद्धति के आधार पर बढ़ी हुई नियामक आवश्यकता के रूप में विशेष रूप से पहचानी जाती हैं। अपनी संपत्ति के आकार के अनुसार शीर्ष दस पात्र एनबीएफसी किसी भी अन्य कारक के बावजूद हमेशा ऊपरी परत में रहेंगी।

4. **एनबीएफसी – शीर्ष परत/टॉप लेयर (एनबीएफसी-टीएल):** शीर्ष परत आदर्श रूप से खाली रहेगी। यदि रिज़र्व बैंक की राय बनती है कि ऊपरी परत की किसी विशेष एनबीएफसी से संभावित प्रणालीगत जोखिम में पर्याप्त वृद्धि हुई है तो इस परत को भरा जा सकता है। ऐसी एनबीएफसी ऊपरी परत से शीर्ष परत में चली जाएंगी।

   चूंकि नियामक संरचना में स्केल आधारित और साथ ही गतिविधि-आधारित विनियमन की परिकल्पना की गई है, एनबीएफसी के संबंध में निम्नलिखित आदेश लागू होंगे:

   (a) सार्वजनिक निधि और ग्राहक इंटरफ़ेस के बिना एनबीएफसी-पी2पी, एनबीएफसी-एए, एनओएफएचसी और एनबीएफसी हमेशा नियामक संरचना के बेस लेयर में बने रहेंगे।

   (b) एनबीएफसी-डी, सीआईसी, आईएफसी और एचएफसी को मध्य परत या ऊपरी परत (आधार परत में नहीं) में शामिल किया जाएगा, जैसा भी मामला हो। एसपीडी और आईडीएफ-एनबीएफसी हमेशा मध्य परत में रहेंगे।

   (c) बाकी के एनबीएफसी, अर्थात्, निवेश और क्रेडिट कंपनियां (एनबीएफसी-आईसीसी), माइक्रो फाइनेंस इंस्टीट्यूशन (एनबीएफसी-एमएफआई), एनबीएफसी-फैक्टर्स और बंधक गारंटी कंपनियां (एनबीएफसी-एमजीसी) पैमाने आधारित नियामक ढांचे के मापदंडों पर नियामक संरचना की किसी भी परत में हो सकती हैं ।

   (d) सरकार के स्वामित्व वाली एनबीएफसी को, जैसा भी मामला हो, आधार परत या मध्य परत में रखा जाएगा। अगले नोटिस तक उन्हें ऊपरी परत में नहीं रखा जाएगा।

19.4 एनबीएफसी की आवश्यकता क्यों है?

इतने सारे बैंकों के होने के बावजूद, जिनके पास बड़ी मात्रा में धनराशि है, एक सवाल उठता है कि हमें एनबीएफसी की आवश्यकता क्यों है। जाहिर है, बैंकों के ऊपर बड़ी जिम्मेदारियां हैं और उनका नियमन भी बारीकी से किया जाता है। बैंकों को कई छोटे ऋण अव्यवहार्य लग सकते हैं और संभव है उनकी पहुंच भी नहीं हो। जनसंख्या के ऐसे क्षेत्र और स्थान हैं जहां ऋण प्रवाह की तत्काल आवश्यकता है और इसलिए एनबीएफसी वित्तीय क्षेत्र में प्रभावी हो सकते हैं। एनबीएफसी बैंकों के साथ साझेदारी भी कर सकते हैं और अब तक बहिष्कृत क्षेत्रों तक ऋण का विस्तार सकते हैं। निम्नलिखित बातें ध्यान देने योग्य हैं:

- एनबीएफसी बुनियादी ढांचे और परिवहन जैसे क्षेत्रों के विकास में योगदान दे सकते हैं।
- ये संस्थान पूरे भारत में रोजगार क्षमता बढ़ाने में मदद कर सकते हैं।

- गैर-बैंकिंग वित्तीय संस्थान समाज के आर्थिक रूप से कमजोर वर्गों को आसान वित्तीय ऋण प्रदान कर सकते हैं।
- एनबीएफसी अपने ग्राहकों की जरूरतों के आधार पर अपने उत्पादों को नया बनाने और अनुकूलित करने की सुविधा के कारण बढ़ रहे हैं।
- गैर-एनबीएफसी संभवतः ग्राहक के स्थान के करीब हैं और उन्हें ग्राहकों की प्रोफाइल की विस्तृत समझ है, इसलिए वे ग्राहकों के लिए उपयुक्त उत्पाद पेश करने में सक्षम हैं।
- हालाँकि ऋण पर ब्याज दर और शुल्क बैंकों द्वारा लिए जाने वाले शुल्क से अधिक है, गैर-बैंकिंग वित्तीय कंपनियाँ लचीली पुनर्भुगतान योजनाएँ, विस्तारित ऋण अवधि और बेहतर सेवा प्रदान करती हैं।
- एनबीएफसी से ऋण चाहने वालों को बैंकों की आवश्यक व्यापक कागजी कार्रवाई की तुलना में एनबीएफसी के पास न्यूनतम दस्तावेज जमा करने पड़ते हैं। आवेदकों के पास लचीले पात्रता मानदंड भी होते हैं जबकि बैंकों से ऋण चाहने वालों को कड़े और समान पात्रता मानदंडों को पूरा करना आवश्यक होता है।

इसलिए एनबीएफसी ने वित्त क्षेत्र में अपनी जगह बना ली है। ये वैकल्पिक ऋणदाता भारतीय अर्थव्यवस्था की रीढ़ समझे जाने वाले सूक्ष्म लघु और मध्यम उद्यम (एमएसएमई) को त्वरित और कुशल सेवाएं भी प्रदान करते हैं। चूंकि गैर-बैंकिंग वित्तीय कंपनियों ने भारतीय अर्थव्यवस्था के विकास को प्रोत्साहित करने में लगातार महत्वपूर्ण भूमिका निभाई है, इसलिए आने वाले वर्षों में इस क्षेत्र के बढ़ने की उम्मीद है।

एनबीएफसी द्वारा जमाराशियां स्वीकार करना

केवल आरबीआई का अनुमोदन प्राप्त एनबीएफसी जमा स्वीकार कर सकते हैं।

अवशिष्ट एनबीएफसी (आरएनबीएफसी) सहित किसी भी एनबीएफसी को भारतीय रिजर्व बैंक (आरबीआई) से पंजीकृत होना चाहिए और जनता से जमा स्वीकार करने के लिए विशेष रूप से अधिकृत होना चाहिए। इन एनबीएफसी के मामले में पंजीकरण प्रमाणपत्र या प्रमाणित प्रति पंजीकृत कार्यालय और अन्य कार्यालयों/शाखाओं में प्रदर्शित की जानी चाहिए।

आरबीआई से एनबीएफसी का पंजीकरण एनबीएफसी के व्यवसाय का संचालन करने का एक प्राधिकरण मात्र है और एनबीएफसी द्वारा स्वीकार की गई जमा राशि के पुनर्भुगतान की गारंटी नहीं है। एनबीएफसी अपना व्यवसाय संचालित करते समय किसी भी तरह से आरबीआई के नाम का उपयोग नहीं कर सकते हैं।

जमा स्वीकार करने वाली एनबीएफसी के पास, अनुमोदित क्रेडिट रेटिंग एजेंसी द्वारा दी गई न्यूनतम निवेश ग्रेड क्रेडिट रेटिंग (बीबीबी या उससे ऊपर) होनी चाहिए।

जमा के संबंध में, अवशिष्ट गैर-बैंक कंपनी (आरएनबीसी) को छोड़कर एनबीएफसी:-

i. जमाराशियों पर आरबीआई द्वारा समय-समय पर स्वीकृत ब्याज दर से अधिक ब्याज दर ऑफर नहीं कर सकतीं।

ii. 12 महीने से कम और 60 महीने से अधिक की अवधि के लिए जमा स्वीकार नहीं कर सकतीं।

iii. जनता से जमा राशि मांगने के लिए कोई उपहार/प्रोत्साहन नहीं दे सकतीं।

आरएनबीसी को सावधि जमा पर प्रति वर्ष 5% और दैनिक जमा पर 3.5% से कम की ब्याज दर ऑफर नहीं करनी चाहिए, दोनों वार्षिक रूप से चक्रवृद्धि होते हैं।

आरएनबीसी 12 महीने से कम और 84 महीने से अधिक की अवधि के लिए जमा स्वीकार नहीं कर सकते हैं।

आरएनबीसी जनता से जमा राशि मांगने के लिए कोई उपहार/प्रोत्साहन नहीं दे सकते।

आरएनबीसी सहित एनबीएफसी:-

- उचित रसीद जारी करके ही जमा स्वीकार कर सकते हैं।
- रसीद पर कंपनी का नाम होना चाहिए और कंपनी के अधिकृत अधिकारी के हस्ताक्षर होने चाहिए।
- रसीद में जमाकर्ता का नाम, शब्दों और अंकों में राशि, जमा राशि पर देय ब्याज दर और परिपक्वता राशि के साथ परिपक्व जमा की चुकौती की तारीख का उल्लेख होना चाहिए।

एनबीएफसी की ओर से सार्वजनिक जमा एकत्र करने वाले दलालों/एजेंटों आदि के मामले में ऐसा सत्यापन योग्य तंत्र होना चाहिए जिससे सुनिश्चित हो कि दलाल/एजेंट एनबीएफसी द्वारा विधिवत अधिकृत हैं।

यदि जमा स्वीकार करने वाली एनबीएफसी, जमा की स्वीकृति के नियमों और शर्तों के अनुसार जमा राशि या उस पर अर्जित ब्याज को चुकाने में विफल रहती है, तो शिकायत का निवारण कंपनी लॉ बोर्ड की चेन्नई/दिल्ली/कोलकाता/मुंबई स्थित क्षेत्रीय पीठ के माध्यम से किया जा सकता है।

आरबीआई ने जमा की स्वीकृति के संबंध में एनबीएफसी को विस्तृत नियम जारी किए हैं। यह इंगित करता है कि एकत्र की जा सकने वाली जमा राशि की मात्रा कितनी होनी चाहिए, कि एनबीएफसी को क्रेडिट रेटिंग दी जानी चाहिए, कि मानदंडों के अनुसार चल निधि संपत्ति बनाए रखनी चाहिए, आदि। एनबीएफसी को अपने जमा खातों/बही को बनाए रखने के तरीके के बारे में भी सलाह दी गई है। पर्याप्त पूंजी के रखरखाव, एक्सपोज़र की सीमाएं जैसे विवेकपूर्ण नियम जारी किए गए हैं। आरबीआई एनबीएफसी का निरीक्षण भी कर सकता है। निरीक्षण का फोकस यह जांच करने पर होता है कि एनबीएफसी आरबीआई दिशानिर्देशों का अनुपालन कर रहा है या नहीं।

आरबीआई बाजार की खुफिया रिपोर्टों, शिकायतों, कंपनियों के वैधानिक लेखा परीक्षकों की अपवाद रिपोर्टों, एसएलसीसी बैठकों के माध्यम से प्राप्त जानकारी आदि के आधार पर उन कंपनियों के खिलाफ जुर्माना लगाने और कानूनी कार्रवाई करने सहित त्वरित कार्रवाई शुरू करेगा, जो उसके निर्देशों/मानदंडों का उल्लंघन करते पाए जाएंगे।

अपनी निधि/धन का निवेश करते समय सावधानी बरतने की आवश्यकता के बारे में जनता के बीच जागरूकता पैदा करने के लिए, आरबीआई प्रिंट मीडिया में सचेत करने वाला नोटिस जारी करता है। यह एनबीएफसी के बारे में जानकारीपूर्ण और शिक्षाप्रद ब्रोशर/पैम्फलेट भी प्रकाशित करता है।

19.5 एनबीएफसी को भिन्न बनाने वाली विशेषताएं

एनबीएफसी बनने के लिए, एक वित्तीय कंपनी को निम्नलिखित मानदंडों को पूरा करना होगा:

(a) कंपनियों की वित्तीय संपत्ति, कुल संपत्ति की 50 प्रतिशत से अधिक होनी चाहिए (अमूर्त संपत्ति से समायोजित) और

(b) वित्तीय परिसंपत्तियों से प्राप्त आय सकल आय की 50 प्रतिशत से अधिक होनी चाहिए।

हालाँकि एनबीएफसी ऋण जारी करते हैं और धन निवेश करते हैं लेकिन वे बैंक नहीं हैं। वे बैंकों से भिन्न हैं क्योंकि:

a. वे मांग जमा स्वीकार नहीं कर सकते.

b. वे भुगतान और निपटान प्रणाली का हिस्सा नहीं हैं और स्वयं द्वारा आहरित चेक जारी नहीं कर सकते हैं।

c. वे डेबिट कार्ड जारी नहीं कर सकते.

d. एनबीएफसी के जमाकर्ताओं के लिए निक्षेप बीमा और प्रत्यय गारंटी निगम का जमा बीमा कवर उपलब्ध नहीं है

19.6 ऋण कंपनी के कार्य

ऋण एक समझौता है जिसमें ऋणदाता उधार लेने वाले को इस शर्त पर धन देता है कि उधार लेने वाला इसे समझौते के नियमों और शर्तों के अनुसार ब्याज सहित वापस कर देगा। एनबीएफसी सावधि ऋण, जमानती ऋण, बेजमानती ऋण, औद्योगिक ऋण, वाणिज्यिक ऋण, आदि जैसे कई प्रकार के ऋण प्रदान करते हैं। एनबीएफसी को संभवतः कृषि के लिए ऋण देने की अनुमति इसलिए नहीं है क्योंकि ब्याज दर अधिक है और कृषि ऋण के मामले में डीआरए के माध्यम

से वसूली की अनुमति नहीं है। एनबीएफसी ईएमआई के आधार पर चुकाए जाने वाले सावधि ऋण के अलावा कार्यशील पूंजी के लिए ऋण नहीं दे सकते हैं।

एनबीएफसी एक वित्त कंपनी है - बैंक नहीं - जो व्यक्तियों और व्यवसायों को पैसा उधार देती है। इन कंपनियों के लिए राजस्व का स्रोत, ऋण राशि पर ब्याज और ऋण प्रसंस्करण, मूल्यांकन आदि के लिए अन्य प्रभार (शुल्क) हैं। आम तौर पर ऋण व्यक्तियों को दिए जाते हैं लेकिन कुछ एनबीएफसी, व्यवसायों के लिए भी ऋण देते हैं। कंपनियाँ बैंकों और अन्य स्रोतों से पैसा उधार लेती हैं और अपने ग्राहकों को उधार देती हैं।

जिस ब्याज दर पर वे उधार लेते हैं वह उस दर से कम होती है जिस पर वे उधार देते हैं। यही कारण है कि वित्त कंपनियों द्वारा ली जाने वाली ब्याज दरें बैंकों की तुलना में अधिक होती हैं। आम तौर पर, प्रस्तावक और व्यक्ति वित्त कंपनियों से धन की मांग तभी करते हैं जब वे बैंक ऋण के लिए योग्य नहीं होते हैं। साथ ही, एनबीएफसी ऋण संबंधी निर्णय लेने में तेज होते हैं। वित्त कंपनियाँ व्यक्तियों और कंपनियों को असुरक्षित और सुरक्षित दोनों प्रकार के ऋण प्रदान करती हैं।

19.7 ऋण के प्रकार

बेजमानती ऋण

बेजमानती ऋण, घर के नवीकरण, शादी, चिकित्सीय आपातकाल या छुट्टी जैसे व्यक्तिगत उद्देश्यों के लिए उधारकर्ता की तत्काल वित्तीय जरूरतों को पूरा करने के लिए दिया जाने वाला ऋण हो सकता है। व्यक्तिगत ऋण आम तौर पर बेजमानती ऋण होते हैं यानी बिना किसी संपार्श्विक वाले ऋण। इस संबंध में यह देखा जाना चाहिए कि जहां बैंक ऐसे ऋण केवल उन्हीं व्यक्तियों को देते हैं जिनका क्रेडिट स्कोर या इतिहास अच्छा है और अन्य पात्रता मानदंड पूरे करते हैं, वित्त कंपनियां खराब क्रेडिट इतिहास वाले लोगों को उच्च ब्याज दर पर व्यक्तिगत ऋण दे सकती हैं। अतिरिक्त ब्याज दर से उम्मीद रहती है कि संभावित चूकों (डिफॉल्ट्स) की भरपाई कर देगी। तथापि, डिफ़ॉल्ट शून्य नहीं तो न्यूनतम रखना सुनिश्चित करने के लिए, एनबीएफसी सुव्यवस्थित संग्रह प्रणाली तैयार करते हैं और वसूली एजेंटों को नियुक्त करते हैं।

जमानती ऋण

जिस ऋण के लिए संपार्श्विक मांगा जाता है वह जमानती ऋण होता है। यदि ऐसा ऋण चुकाया नहीं जाता है, तो कंपनी संपार्श्विक बेच सकती है और अपना बकाया वसूल सकती है। संपार्श्विक, प्राथमिक प्रतिभूति के अतिरिक्त होता है।

प्राथमिक प्रतिभूति उधार लेने वाले को दी गई ऋण सुविधा से बनाई गई संपत्ति है और/या जो सीधे उधार लेने वाले के व्यवसाय/परियोजना से जुड़ी होती है जिसके लिए ऋण सुविधा दी गई

है। संपार्श्विक प्रतिभूति उक्त क्रेडिट सुविधा के लिए दी जाने वाली एक दूसरी जमानत है। वाहन ऋण के मामले में, ऋण सुरक्षित है क्योंकि वाहन ऋणदाता के पास दृष्टिबंधक रखा जाता है। इस मामले में वाहन एक प्राथमिक प्रतिभूति है, हालांकि आम बोलचाल में इसे संपार्श्विक कहा जाता है। यदि उधार लेने वाला ऋण नहीं चुकाता है, तो ऋणदाता वाहन को अपने कब्जे में ले लेता है। एनबीएफसी लोगों को जमानती ऋण देना पसंद करते हैं क्योंकि बेजमानती व्यक्तिगत ऋण की तुलना में उनका जोखिम बहुत कम रहता है। यदि उधार लेने वाला सहमत शर्तों के अनुसार पैसा नहीं चुकाता है, तो वित्त कंपनी संपार्श्विक जब्त कर सकती है और इसे खुले बाजार में बेच सकती है।

एनबीएफसी बेजमानती और जमानती दोनों प्रकार के ऋण देते समय क्रेडिट स्कोर को भी देखते हैं। यदि क्रेडिट स्कोर सीमा से कम है तो ब्याज़ दर अधिक हो सकती है या स्वीकार्य क्रेडिट स्कोर की सीमा के अनुसार भिन्न हो सकती है।

व्यवसाय ऋण

एनबीएफसी व्यवसायों में धन की कमी को पूरा करने के लिए ऋण देते हैं। यह ऋण कार्यशील पूंजी की आवश्यकता पूरी करने के लिए (सावधि ऋण के आधार पर) या व्यवसाय के लिए संपत्ति की खरीद या कुछ आपातकालीन आवश्यकताओं जैसे मशीनरी की मरम्मत आदि को पूरा करने के लिए हो सकता है। ये ऋण बैंकों द्वारा दिए जाने वाले सावधि ऋण के समान होते हैं। एनबीएफसी नकद ऋण मंजूर नहीं कर सकते, भले ही उधार ली जाने वाली धनराशि का उपयोग कार्यशील पूंजी के लिए किया जाना हो। एनबीएफसी एमएसएमई इकाइयों को व्यवसाय ऋण भी प्रदान करते हैं।

क़ुछ ऐसे विशेष एनबीएफसी होते हैं जो व्यवसायों को फैक्टरिंग सेवाएं प्रदान करते हैं।

एनबीएफसी द्वारा दिए जाने वाले अन्य ऋण और जमानत के प्रकार हैं:-

i. रेफ्रिजरेटर, टीवी, लैपटॉप आदि जैसी उपभोक्ता वस्तुएं खरीदने के लिए ग्राहकों को खुदरा ऋण दिया जाता है, जिसे **उपभोक्ता ऋण** या **उपभोक्ता टिकाऊ ऋण** भी कहते हैं। इन ऋणों की व्यवस्था आम तौर पर इन उत्पादों को बेचने वाली कंपनियों के सहयोग से की जाती है। वस्तुओं को एनबीएफसी के पास दृष्टिबंधक रखा जाता है।

ii. वाहन ऋण, ग्राहक के स्वयं के उपयोग के लिए (जब वेतन या अन्य आय पुनर्भुगतान की आवश्यकता को पूरा करने के लिए पर्याप्त है) और किराया-पट्टा या परिवहन व्यवसाय के लिए उपयोग किए जाने के लिए दोपहिया वाहनों और कारों और ट्रैक्टर आदि की खरीद के लिए दिया जाता है। ये ऋण वाहन निर्माता कंपनियों के साथ गठबंधन के साथ या उसके बिना दिए जाते हैं। एनबीएफसी वाहन को दृष्टिबंधक रखने और आरटीओ में प्रभार को पंजीकृत करने के लिए कहते हैं।

iii. आभूषण या स्वर्ण ऋण नियामक के बताए गए एलटीवी मानदंडों के अधीन हैं। ये ऋण व्यक्तिगत उपयोग या व्यावसायिक उपयोग के लिए हो सकते हैं। सोने के आभूषण एनबीएफसी के पास गिरवी रखे जाते हैं।

iv. संपत्ति, बीमा पॉलिसियों, सावधि जमा, शेयर आदि के बदले ऋण। ये ऋण क्रमशः संपत्ति के मूल्य के किसी प्रतिशत या बीमा पॉलिसी के समर्पण मूल्य के प्रतिशत या जमा के अंकित मूल्य या संचयी परिपक्वता मूल्य के किसी प्रतिशत या शेयर के बाजार मूल्य के किसी प्रतिशत के आधार पर मंजूर किए जाते हैं। इन मामलों में, प्रतिभूतियाँ एनबीएफसी के पास गिरवी रखी जाती हैं। शेयरों के मामले में, एनबीएफसी इन्हें अपने नाम पर स्थानांतरित करवा लेगी। ऋण पूरी तरह चुकाने के बाद सभी प्रतिभूतियाँ वापस कर दी जाएंगी।

v. एनबीएफसी जमीन या घर खरीदने, घर का निर्माण या नवीकरण, घर की मरम्मत आदि के लिए आवास ऋण (होम लोन) मंजूर करती हैं। कुछ एनबीएफसी दूसरे फाइनेंसरों/बैंकों के साथ मिलकर मौजूदा ऋण का भार उठाने का ऑफर देते हैं। कुछ एनबीएफसी विशेष तरह की आवास वित्त कंपनियाँ होती हैं और किफायती आवास के लिए वित्तीय सहायता प्रदान करती हैं। इनका विनियमन राष्ट्रीय आवास बैंक और आरबीआई द्वारा किया जाता है।

vi. विशेष एनबीएफसी शिक्षा ऋण भी मंजूर करते हैं।

ये ऋण व्यक्तियों या एकमात्र मालिकों और अन्य व्यावसायिक संस्थाओं जैसे कंपनियों, साझेदारी, एलएलपी इत्यादि को दिए जा सकते हैं। आम तौर पर, एनबीएफसी शीघ्रता से मूल्यांकन करते हैं और राशि का संवितरण भी तेजी से करते हैं। एनबीएफसी बड़े ऋणों का मूल्यांकन पारंपरिक तरीके से, यानी लेखापरीक्षित वित्तीय विवरणों और लेनदेन के रिकॉर्ड व परिमाण के माध्यम से करते हैं। ऋणों का मूल्यांकन शीघ्रता से करने के लिए एनबीएफसी प्रौद्योगिकी का उपयोग करते हैं और उन्हें आवेदक के व्यवसाय स्थल पर बार-बार जाने की आवश्यकता नहीं होती है। आवेदन ऑनलाइन स्वीकार किए जाते हैं और उधार लेने की सीमा तुरंत बता दी जाती है। शर्तें स्वीकार हो जाने के बाद ही दस्तावेज़ तैयार किये जाते हैं।

एनबीएफसी द्वारा ऋण पर लिया जाने वाला ब्याज कुछ अधिक हो सकता है। चूंकि खुदरा ऋण, निर्माताओं के साथ टाई-अप करके दिए जाते हैं, एनबीएफसी ब्याज दर के प्रभाव को कम करने के लिए कैशबैक ऑफर करते हैं।

अधिकांश ऋणों के मामलों में एनबीएफसी ऋण चुकाने के लिए समान मासिक किस्त (ईएमआई) योजना का अनुबंध करते हैं। ऐसा इसलिए किया जाता है, क्योंकि खुदरा ऋण के ग्राहक ज्यादातर वेतनभोगी वर्ग के होते हैं। व्यवसायों (एमएसएमई आदि) में नकदी का प्रवाह नियमित रूप से

होता रहता है और ईएमआई का भुगतान करना मुश्किल नहीं होना चाहिए जब तक कि ईएमआई की राशि, उधार लेने वालों की आय का बहुत अधिक प्रतिशत न हो। उचित ईएमआई का निर्धारण करने के लिए, एनबीएफसी वेतन पर्ची, बैंक खाता विवरण, जीएसटी विवरण, पीओएस लेनदेन का विवरण (खुदरा दुकानें) आदि के आधार पर ऋण सीमा का मूल्यांकन करते हैं। यह मूल्यांकन तेज़ है और उपलब्ध व प्रासंगिक डेटा का उपयोग करता है। ग्राहक अपनी मासिक आय और उपलब्ध डिस्पोजेबल आय के आधार पर ईएमआई की उचित योजना चुन सकते हैं।

एनबीएफसी शेयरों और स्टॉक में निवेश करने वाले व्यक्तियों को ऋण दे सकते हैं। वे आईपीओ में निवेश करने में रुचि रखने वाले और लिस्टिंग मूल्य बनाम आईपीओ मूल्य का लाभ उठाने वाले व्यक्तियों को भी वित्तीय सहायता प्रदान करते हैं।

ऋण पर ब्याज की दर ऋण के उद्देश्य, ऋण की राशि, क्रेडिट स्कोर और अन्य विवरणों के आधार पर अलग-अलग हो सकती है।

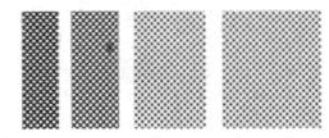

19.8 सारांश

एनबीएफसी एक वित्तीय संस्थान का व्यवसाय करते हैं और बैंक नहीं हैं। एनबीएफसी सरकारी/सार्वजनिक/प्राइवेट लिमिटेड कंपनियों के रूप में हो सकती है। एनबीएफसी अलग-अलग प्रकार के व्यवसायों में लगे हुए हैं।

गैर-बैंकिंग वित्तीय कंपनियों (एनबीएफसी) को दो मुख्य श्रेणियों में वर्गीकृत किया जा सकता है - सार्वजनिक जमाराशि स्वीकार करने वाली एनबीएफसी (एनबीएफसी-डी) और सार्वजनिक जमाराशि स्वीकार नहीं करने वाली एनबीएफसी (एनबीएफसी-एनडी)। व्यवसाय के आकार और विस्तार क्षेत्र के आधार पर, एनबीएफसी को भी व्यवस्थित रूप से महत्वपूर्ण घोषित किया जाता है। रु. 500 करोड़ या उससे अधिक संपत्ति वाली एनबीएफसी को व्यवस्थित रूप से महत्वपूर्ण एनबीएफसी माना जाता है।

एनबीएफसी बुनियादी ढांचे और परिवहन जैसे क्षेत्रों के विकास में योगदान करते हैं, समाज के आर्थिक रूप से कमजोर वर्गों को आसान वित्तीय ऋण प्रदान कर सकते हैं, और ग्राहकों की जरूरतों के अनुसार ऋण प्रदान करते हैं तथा ऋण की स्वीकृति के लिए न्यूनतम दस्तावेज तैयार करते हैं। एक एनबीएफसी बनने के लिए कंपनी की वित्तीय संपत्ति, कुल संपत्ति की 50 प्रतिशत से अधिक होनी चाहिए और वित्तीय संपत्ति से प्राप्त होने वाली आय, सकल आय की 50 प्रतिशत से अधिक होनी चाहिए।

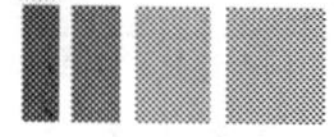

19.9 प्रमुख शब्द

एनबीएफसी – पट्टे पर देना, किराए पर लेना, चिट व्यवसाय, व्यवस्थित ढंग से महत्वपूर्ण, वित्तीय परिसंपत्ति, छाप, जमानती ऋण, बेजमानती ऋण, व्यवसाय ऋण

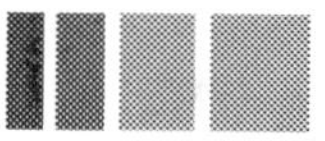

19.10 अपनी प्रगति जाँचें

1. एनबीएफसी को निम्नलिखित श्रेणियों में विभाजित किया जा सकता है:
   (a) सार्वजनिक जमा स्वीकार करने वाली एनबीएफसी (एनबीएफसी-डी) और
   (b) सार्वजनिक जमा स्वीकार/धारण न करने वाली एनबीएफसी (एनबीएफसी-एनडी)
   (c) दोनों (a) और (b)
   (d) उपरोक्त में से कोई नहीं
2. एनबीएफसी को इस प्रकार विभाजित किया जा सकता है:
   (a) ऋण कंपनी
   (b) निवेश कंपनी
   (c) आस्ति वित्त (एसेट फाइनेंस) कंपनी
   (d) उपरोक्त सभी
3. एनबीएफसी निम्नलिखित कार्यों की पेशकश करता है:
   (a) ऋण और अग्रिम को अस्वीकार करना
   (b) अनुकूलित उत्पादों में नवीनता न लाना
   (c) सूक्ष्म, लघु और मध्यम उद्यमों को ऋण देना
   (d) उपरोक्त में से कोई नहीं
4. एनबीएफसी पर बैंकों की ओर से कुछ प्रतिबंध हैं, वे:
   (a) जमा स्वीकार नहीं कर सकते
   (b) वे भुगतान और निपटान प्रणाली का हिस्सा नहीं हैं
   (c) उनका कोई केंद्रीय नियामक प्राधिकरण नहीं है
   (d) उपरोक्त सभी

5. निवेश कंपनी (आईसी): आईसी एक वित्तीय संस्थान है जो अपने प्रमुख व्यवसाय के रूप में प्रतिभूतियों में निवेश या उनका अधिग्रहण करती है:
   (a) सही
   (b) गलत
6. बेजमानती ऋण से किस तरह की जरूरतें पूरी हो सकती हैं?
   (a) संपार्श्विक सुरक्षा के लिए ऋण
   (b) ग्राहक की तत्काल व्यक्तिगत आवश्यकताएँ
   (c) वाहन खरीदना
   (d) उपरोक्त में से कोई नहीं
7. किस उद्देश्य के लिए व्यवसाय ऋण (बिजनेस लोन) की आवश्यकता होती है?
   (a) धन की कमी को पूरा करना
   (b) कार्यशील पूंजी की आवश्यकता
   (c) संपत्ति की खरीद
   (d) उपरोक्त सभी
8. एनबीएफसी ग्राहकों को कौन से अन्य ऋण प्रदान करते हैं?
   (a) रेफ्रिजिरेटर
   (b) टीवी
   (c) लैपटॉप
   (d) उपरोक्त सभी
9. एनबीएफसी बनने के लिए मापदंड क्या हैं?
   (a) कंपनी की वित्तीय संपत्ति कुल संपत्ति की 50 प्रतिशत से अधिक होनी चाहिए
   (b) वित्तीय परिसंपत्तियों से आय सकल आय की 50 प्रतिशत से अधिक होनी चाहिए
   (c) दोनों (a) और (b)
   (d) उपरोक्त में से कोई नहीं

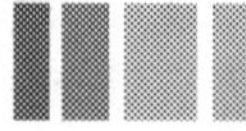

19.11 अपनी प्रगति जाँचें के उत्तर

1.	(c)	2.	(d)	3.	(c)	4.	(b)	5.	(a)	6.	(b)	7.	(d)
8.	(d)	9.	(c)										

अध्याय

20 एनबीएफसी के लिए उचित व्यवहार संहिता (एफपीसी)

20.1 शिक्षण उद्देश्य/सामग्री

20.2 परिचय

20.3 ऋण के लिए आवेदन और उनका प्रसंस्करण (प्रोसेसिंग)

20.4 ऋण स्वीकृति के नियम/शर्तें

20.5 नियम एवं शर्तों में परिवर्तन सहित ऋण का संवितरण

20.6 एनबीएफसी-सूक्ष्म वित्त (माइक्रो फाइनेंस) संस्थान

20.7 सोने के आभूषणों की जमानत पर ऋण देना

20.8 अनुपालन

20.9 सारांश

20.10 प्रमुख शब्द

20.11 अपनी प्रगति जांचें

20.12 अपनी प्रगति जाँचें के उत्तर

अध्याय

एनबीएफसी के लिए उचित व्यवहार संहिता (एफपीसी)

20.1 शिक्षण उद्देश्य/सामग्री

- एनबीएफसी की उचित व्यवहार संहिता (एफपीसी)
- एफपीसी पर दिशानिर्देशों का अनुपालन
- विवरण जिन्हें विभिन्न ऋणों के प्रकरणों में प्रस्तावक/उधारकर्ता के साथ साझा किया जाना चाहिए
- संग्रहण कार्यविधि एवं एफपीसी

इस पाठ के अंत में एजेंट को उचित व्यवहार संहिता, इसके पीछे की नीतियों और इसे कार्यान्वित और निगरानी करने के तरीकों और संहिता का पालन करने की आवश्यकता की स्पष्ट समझ हो जाएगी।

20.2 परिचय

विनियमित संस्थानों की ग्राहक सेवा की बारीकी से निगरानी को नियामक करता है। ग्राहकों की शिकायतों पर कार्रवाई करके यह पता लगाया जाता है कि कहीं एनबीएफसी ने अनुचित व्यवहार तो नहीं किया है और उसने ग्राहक के आकार, प्रयोजन और प्रकार की परवाह किए बिना सही सेवा प्रदान की है या नहीं। ग्राहक कीमत, उत्पाद आदि के बारे में शिकायत करते हैं। वसूली के समय दबाव डालना या उत्पीड़न करना शिकायत का एक महत्वपूर्ण क्षेत्र है। उचित व्यवहार संहिता का उद्देश्य पारदर्शी और निष्पक्ष ग्राहक सेवा प्रदान करना है और प्रक्रिया में, ग्राहकों की शिकायतों से बचना है।

उचित व्यवहार संहिता क्या है और उसका उद्देश्य क्या है??

उचित व्यवहार संहिता ग्राहकों से लेनदेन करते समय कंपनियों में प्रयोग की जाने वाली प्रथाओं के संबंध में विनियामक और बोर्ड के दिशानिर्देश हैं।

उचित व्यवहार संहिता का उपयोग करने का मुख्य उद्देश्य, ऋणदाता/एनबीएफसी का ग्राहक के साथ लेनदेन करते समय उचित व्यवहार सुनिश्चित करना है। इसका उद्देश्य अच्छे मानक स्थापित करना और उन्हें हासिल करके ग्राहकों की संतुष्टि सुनिश्चित करना है। इस प्रयोजन के लिए, कंपनियां संचालन के ऐसे तरीके अपनाती हैं जो पारदर्शी, निष्पक्ष, नैतिक, कानूनी और उचित हों। व्यवसाय से संबंधित ग्राहकों के हित की जानकारी को जनता से साझा करना भी महत्वपूर्ण है। आगे दी गई उचित व्यवहार संहिता का पालन करने से एक दूसरे के लिए लाभकारी और दीर्घकालिक संबंधों को प्रोत्साहित करने में मदद मिलेगी। यह कहने की आवश्यकता नहीं है कि कंपनियों को अनुचित व्यवहार अपनाने से बचना चाहिए।

उचित व्यवहार संहिता:

उचित व्यवहार संहिता को आगे दी गई प्रक्रियाओं को ध्यान में रखकर तैयार किया गया है:

1. आवेदन प्राप्त करना और उसकी परख करना,
2. ऋण प्रस्ताव और आवेदक का मूल्यांकन और प्रस्तावित प्रतिभूति का भी मूल्यांकन, यदि कोई हो,
3. ऋण के नियम एवं शर्तों पर सहमति बनाना
4. ऋण की मंजूरी, दस्तावेजों का निष्पादन और संवितरण
5. उधार की अवधि के दौरान ऋण की निगरानी
6. ऋण का वापस भुगतान पाना और या उनका संग्रहण व समापन।

वसूली एजेंटों के उत्तरदायित्व

एनबीएफसी को यह सुनिश्चित करना होगा कि डीएसए/डीएमए/वसूली एजेंटों को सावधानी व संवेदनशीलता के साथ अपनी जिम्मेदारियां निभाने के लिए उचित रूप से प्रशिक्षित किया गया है, विशेष रूप से ग्राहकों से अनुरोध करने, कॉल करने का समय, ग्राहक जानकारी की गोपनीयता और प्रस्तावित उत्पादों वगैरह के सही नियम और शर्तों को बताने जैसे पहलुओं के बारे में।

एनबीएफसी डीएसए/डीएमए/वसूली एजेंटों के लिए एक आचार संहिता तैयार करनी होगी और उनसे संहिता का पालन करने का वचन लेना होगा। एनबीएफसी का बोर्ड इस आचार संहिता को अनुमोदित करेगा। इसके अलावा, वसूली एजेंट एनबीएफसी के लिए उचित व्यवहार संहिता के प्रचलित निर्देशों का पालन करेंगे और साथ ही बकाया राशि की वसूली और जमानत की

वापसी के लिए अपने स्वयं के कोड का भी पालन करेंगे। वसूली एजेंटों को ऐसी कार्रवाई से बचने की आवश्यकता है जो एनबीएफसी की अखंडता और प्रतिष्ठा को नुकसान पहुंचा सकती है और उन्हें ग्राहकों की गोपनीयता का भी कड़ाई से पालन करना होगा।

एनबीएफसी और उनके एजेंट अपने ऋण वसूली का प्रयास करते समय किसी भी व्यक्ति को किसी भी प्रकार से मौखिक धमकी देने या शारीरिक रूप से उत्पीड़न करने का सहारा नहीं लेंगे, जिसमें सार्वजनिक रूप से अपमानित करने या देनदार के परिवार के सदस्यों, मध्यस्थ और दोस्तों की गोपनीयता में हस्तक्षेप करने का इरादा, धमकी भरी और गुमनाम कॉल करना या गलत और भ्रामक वर्णन करना शामिल है।

20.3 ऋण के लिए आवेदन और उनका प्रसंस्करण (प्रोसेसिंग)

उपरोक्त सभी प्रक्रियाओं में ग्राहक के साथ ऋणदाता/कंपनी का लेनदेन पारदर्शी और स्पष्ट होना चाहिए। ग्राहकों के साथ सभी संवाद स्थानीय भाषा में या ग्राहक द्वारा समझी जाने वाली भाषा में होना चाहिए।

ग्राहक को जो जरूरी दस्तावेज प्रस्तुत करने हैं उन्हें आवेदन पत्र में सूचीबद्ध करना चाहिए या उनका ब्यौरेवार उल्लेख करना चाहिए। सभी दस्तावेज़ आवेदन के समय मांगे जाने चाहिए। यदि प्रस्तुत की गई किसी जानकारी के कारण कोई आवश्यकता पैदा होती है तो बाद में मांग की जा सकती है।

एनबीएफसी को आवेदन प्राप्त होने की सूचना देनी चाहिए। उचित होगा कि आवेदन स्वीकार करते समय आवेदन की स्वीकृति/निपटान में लगने वाला समय दर्शाया जाए। आवेदक को प्रक्रिया और सही और विस्तृत जानकारी जमा करने की आवश्यकता के बारे में सूचित किया जाना चाहिए जिससे बैंक को समय-सारणी का पालन करने में मदद मिलेगी।

ग्राहक के आवेदन करने से पहले उसे ऋण के सामान्य नियमों और शर्तों के साथ-साथ उसके हित को प्रभावित करने वाली सभी प्रासंगिक जानकारी से अवगत कराया जाना चाहिए। ग्राहक को ऋण के बारे में सारी जानकारी दी जानी चाहिए ताकि वह इसे समझ सके और अन्य एनबीएफसी के नियमों और शर्तों के साथ सार्थक तुलना कर सके। ऋण संबंधी सूचना विवरणिका में विवरण ऐसा होना चाहिए कि ग्राहक सोच-समझकर निर्णय ले सके।

मूल्यांकन के उद्देश्य से आवेदक के कार्यालय या निवास का दौरा करने के बारे में आवेदक को पहले से सूचित करना चाहिए और दौरा पेशेवर ढंग से किया जाना चाहिए। यदि एनबीएफसी

को संदर्भ की आवश्यकता है, तो ग्राहक की जानकारी के बिना पूछताछ करने के बजाय, ग्राहक से संदर्भ देने के लिए कहा जाना चाहिए।

20.4 ऋण स्वीकृति के नियम/शर्तें

एनबीएफसी को मंजूरी की सभी शर्तें लिखित रूप में बतानी चाहिए, जिसमें (i) स्वीकृत ऋण की राशि (ii) ब्याज की वार्षिक दर और इसकी गणना और लागू करने का तरीका शामिल है। बेहतर है कि यह संवाद उस स्थानीय भाषा में किया जाए जिसे ग्राहक अच्छी तरह समझता है। प्रस्तावक को शर्तें पूरी तरह से पढ़ने और समझने के लिए कहना चाहिए और फिर मंजूरी की शर्तों को स्वीकार करने के रूप में मंजूरी पत्र की डुप्लिकेट प्रति पर हस्ताक्षर करने के लिए कहना चाहिए और इसे एनबीएफसी को अपने रिकॉर्ड पर रखना चाहिए। दंडात्मक ब्याज, देय तिथि बाद ऋण बाकी रहने जैसे अन्य मुद्दों को मंजूरी पत्र में शामिल किया जा सकता है या प्रस्तावक को विशेष रूप से बताया जा सकता है। इस बात का रिकॉर्ड है कि एनबीएफसी के खिलाफ, विशेष रूप से ब्याज की उच्च दर/दंडात्मक ब्याज वसूलने की कई शिकायतें हैं इसलिए एनबीएफसी को ऋण समझौते में देर से भुगतान के लिए लगाए गए दंडात्मक ब्याज का उल्लेख मोटे अक्षरों में करना होगा।

बेहतर है कि एनबीएफसी ऋण समझौते की एक प्रति स्थानीय भाषा में प्रस्तुत करे जिसे ग्राहक अच्छी तरह समझता है। एनबीएफसी को ऋण की मंजूरी/संवितरण के समय ऋण समझौते में उल्लिखित पूरी प्रासंगिक जानकारी संलग्नक के रूप में साझा करनी चाहिए।

एनबीएफसी द्वारा ली जाने वाली ब्याज दरें

अधिसूचना संख्या डीएनबीएस 204/सीजीएम (एएसआर)-2009 दिनांक 2 जनवरी 2009 के अनुसार आरबीआई ने उधार लेने वालों से ली जाने वाली ब्याज दर के संबंध में एनबीएफसी को निर्देश जारी किए हैं। मुख्य बिंदु इस प्रकार हैं:

(a) प्रत्येक एनबीएफसी का बोर्ड प्रासंगिक कारकों जैसे कि फंड की लागत, मार्जिन और जोखिम प्रीमियम आदि को ध्यान में रखते हुए ब्याज दर का एक मॉडल अपनाएगा और ऋण व अग्रिमों के लिए लगाए जाने वाले ब्याज की दर निर्धारित करेगा। उधार लेने वाले या ग्राहक से आवेदन पत्र में ही ब्याज की दर एवं जोखिम की श्रेणी को निर्धारित करने वाला दृष्टिकोण और उधार लेने वालों की विभिन्न श्रेणियों के लिए अलग-अलग ब्याज दर वसूलने के औचित्य का खुलासा किया जाएगा और मंजूरी पत्र के माध्यम से स्पष्ट तौर पर सूचित किया जाएगा।

(b) ब्याज दरें और जोखिमों के वर्गीकरण का दृष्टिकोण भी कंपनियों की वेबसाइट पर उपलब्ध कराया जाएगा या संबंधित समाचार पत्रों में प्रकाशित किया जाएगा। जब भी ब्याज दरों में कोई बदलाव हो तो वेबसाइट पर या अन्य प्रकार से प्रकाशित जानकारी को अद्यतन (अपडेट) किया जाना चाहिए।

(c) ब्याज की दर वार्षिक होनी चाहिए ताकि उधार लेने वाले को खाते से ली जाने वाली सटीक दरों के बारे में पता चल सके।

एनबीएफसी द्वारा ली जाने वाली ब्याज दरें एक निश्चित स्तर से आगे बहुत अधिक हो सकती हैं, जो न तो टिकाऊ हो सकती हैं और न ही सामान्य वित्तीय व्यवहार के अनुरूप हो सकती हैं। एनबीएफसी के बोर्डों को ब्याज दरों और प्रसंस्करण और अन्य शुल्कों के निर्धारण में उचित आंतरिक सिद्धांत और प्रक्रियाएं बनाने की सलाह दी गई है।

20.5 नियम एवं शर्तों में परिवर्तन सहित ऋण का संवितरण

संवितरण को मंजूरी के अनुसार और समय पर करना चाहिए। ऋण स्वीकृत करने और दस्तावेज़ पूरे करने के बाद भुगतान में देरी करना उचित व्यवहार नहीं है। सिवाय इसके कि जहां ऋण का संवितरण किश्तों में करने का विचार है, ऋण एक बार में ही संवितरित किया जाना चाहिए। जहां भी खरीदी जाने वाली मशीनरी के विक्रेता को भुगतान किया जाना हो, इसकी सूचना ग्राहक को दी जानी चाहिए।

एनबीएफसी को विशेष रूप से ब्याज दरों, संवितरण कार्यक्रम, सेवा शुल्क, पूर्व भुगतान शुल्क आदि की मंजूरी के संदर्भ में बदलाव किए जाने पर ग्राहक को पर्याप्त सूचना देनी चाहिए।

यह सुनिश्चित किया जाना चाहिए कि ब्याज दरों और अन्य शुल्कों में यदि कोई बदलाव होता है तो उसे भविष्य की तारीख से लागू किया जाए और कभी भी पूर्वव्यापी प्रभाव से लागू न किया जाए। इस संबंध में उपयुक्त शर्तों को ऋण समझौते में शामिल किया जाना महत्वपूर्ण है। पुनर्भुगतान अवधि या किस्त या त्वरित पुनर्भुगतान या समय से पहले अथवा डिफ़ॉल्ट होने पर अग्रिम की वापसी पर कोई भी निर्णय या परिवर्तन ऋण के समझौते के अनुरूप होना चाहिए।

जब ऋण पूरा चुका दिया जाता है या जब बकाया राशि का भुगतान कर दिया जाता है, तो एनबीएफसी को सभी प्रतिभूतियां वापस कर देना चाहिए, बशर्ते उसे ग्राहक के विरूद्ध कोई कानूनी अधिकार या किसी अन्य दावे के लिए ग्रहणाधिकार न हो। यदि एनबीएफसी समंजन (सेट-ऑफ) के अधिकार का प्रयोग करना चाहता है, तो उसे ग्राहक को शेष रह गए दावे के बारे में पूर्ण विवरण और उन शर्तों के साथ एक नोटिस देना होगा जिनके तहत एनबीएफसी प्रासंगिक दावे के निपटारे तक प्रतिभूतियों को बनाए रखने का हकदार है।

एनबीएफसी को मंजूरी की शर्तों में शामिल मामलों को छोड़कर ग्राहक के मामलों में हस्तक्षेप से बचना चाहिए।

इसके अलावा, यदि ग्राहक अपने खाते को अन्य ऋणदाताओं (एनबीएफसी या बैंकों) को स्थानांतरित करने का अनुरोध करता है, तो उसकी सहमति या इनकार, अनुरोध प्राप्त होने की तारीख से 21 दिनों के भीतर सूचित किया जाना चाहिए।

संग्रहण या वसूली आम प्रथाओं का पालन करते हुए की जानी चाहिए और एनबीएफसी को ऋण आदि की वसूली के लिए किसी भी अनुचित उत्पीड़न या बाहुबल का सहारा नहीं लेना चाहिए। एनबीएफसी और डीआरए के स्टाफ सदस्यों को इस प्रयोजन के लिए पर्याप्त ढंग से प्रशिक्षित किया जाना चाहिए और विषम समय में यानी, एनबीएफसी की आचार संहिता के अनुसार अनुमत घंटों के अलावा, ग्राहक को परेशान नहीं करना चाहिए। डीआरए और कर्मचारियों को ग्राहकों के साथ अभद्र व्यवहार नहीं करना चाहिए।

एनबीएफसी के निदेशक मंडल को ग्राहकों/चूककर्ताओं (डिफॉल्टरों) के साथ व्यवहार के संबंध में पैदा होने वाले विवादों को हल करने के लिए संगठन के भीतर उचित शिकायत निवारण तंत्र बनाना चाहिए। एनबीएफसी को यह सुनिश्चित करना चाहिए कि सभी विवादों को उस स्तर से कम से कम एक स्तर ऊपर सुना और निपटाया जाए जिस स्तर पर विवाद हुआ है। निदेशक मंडल को इन मुद्दों, यानी शिकायत प्रक्रिया और उन पर आगे की कार्यवाही, के निवारण की समय-समय पर समीक्षा करना सुनिश्चित करना चाहिए और कंपनी द्वारा उचित व्यवहार संहिता का पालन भी सुनिश्चित करना चाहिए। एनबीएफसी को यह भी सुनिश्चित करना होगा कि प्रबंधन के विभिन्न स्तरों पर शिकायत निवारण तंत्र कुशलतापूर्वक कार्य कर रहा है और सही परिणाम प्राप्त हो रहे है।

एनबीएफसी को उचित व्यवहार संहिता (स्थानीय भाषा और अंग्रेजी में) प्रदर्शित करनी चाहिए या अपने कार्यालय में रखनी चाहिए। कंपनियां अपने अनुभव और आवश्यकता के आधार पर अन्य उचित व्यवहार जोड़ सकती हैं।

एनबीएफसी के ग्राहकों से उनके द्वारा अत्यधिक ब्याज और अन्य शुल्क और प्रभार वसूलने की शिकायतों पर विचार करते हुए, आरबीआई ने एनबीएफसी के बोर्डों को ब्याज दरों के निर्धारण और प्रोसेसिंग शुल्क और अन्य शुल्क लगाने के लिए उचित आंतरिक सिद्धांतों और प्रक्रियाओं को तैयार करने की सलाह दी है। एनबीएफसी को फंड की लागत, मार्जिन, जोखिम प्रीमियम आदि को ध्यान में रखते हुए विभिन्न उत्पादों और शर्तों के लिए ब्याज निर्धारित करना होगा। ब्याज की दरें और जोखिमों की श्रेणी निर्धारण के दृष्टिकोण को एनबीएफसी की वेबसाइट पर पारदर्शी रूप से साझा किया जाना चाहिए। ब्याज की दरें वार्षिक आधार पर ली जानी चाहिए ताकि ग्राहक को खाते पर लगाए गए ब्याज की सटीक दर के बारे में पता रहे।

यह भी हो सकता है कि एनबीएफसी को अपने द्वारा वित्तपोषित वाहनों जैसी कुछ संपत्तियों को वापस लेना पड़ सकता है। इसे देखते हुए, ग्राहक के साथ किए जाने वाले अनुबंध/ऋण समझौते में पुनः कब्जा (रिपॉजेशन) खंड शामिल होना चाहिए। इस विषय पर मौजूदा कानून पर विचार करते हुए क़ानूनी रूप से लागू करने योग्य पुनः कब्जा खंड को तैयार करना चाहिए। एनबीएफसी को पारदर्शी ढंग से विवरण साझा करना चाहिए जैसे, किन परिस्थितियों में कब्ज़ा लिया जाएगा, कब्ज़ा लेने से पहले नोटिस अवधि की सीमा, नोटिस अवधि को माफ किये जा सकने वाली परिस्थितियाँ, और प्रतिभूति पर कब्ज़ा लेने की प्रक्रिया। एनबीएफसी ग्राहक को प्रतिभूति की बिक्री/नीलामी से पहले ऋण का वापस भुगतान करने के लिए अंतिम मौका देने की विधि के साथ-साथ ग्राहक को पुनर्भुगतान करने की प्रक्रिया भी बता सकता है। प्रतिभूति की बिक्री/नीलामी की प्रक्रिया ग्राहक को उपलब्ध करायी जानी चाहिए।

20.6 एनबीएफसी-सूक्ष्म वित्त (माइक्रो फाइनेंस) संस्थान

उपरोक्त सामान्य सिद्धांतों के अलावा, एनबीएफसी- सूक्ष्म वित्त संस्थान (एमएफआई) निम्नलिखित उचित व्यवहार को अपनाएंगे जो उनके ऋण व्यवसाय और नियामक ढांचे के लिए खास हैं।

20.6.1 सामान्य उचित व्यवहार - एनबीएफसी-एमएफआई

(a) एनबीएफसी-एमएफआई औपचारिक रूप से एफपीसी के प्रति अपनी प्रतिबद्धता की घोषणा करेगा जिसे एमएफआई के सभी परिसरों में स्थानीय भाषा में प्रदर्शित किया जाएगा।

(b) एनबीएफसी-एमएफआई ऋण गरीबों और जरूरतमंदों को दिया जाता है। ऐसा हो सकता है कि एनबीएफसी-एमएफआई के ग्राहकों ने अन्य एनबीएफसी-एमएफआई या अनौपचारिक स्रोतों से ऋण लिया हो। फील्ड स्टाफ को ग्राहकों के मौजूदा ऋण के बारे में आवश्यक पूछताछ करनी चाहिए और कंपनी के नियमों के अनुसार क्रेडिट के निर्णय पर पहुँचना चाहिए। एनबीएफसी-एमएफआई को इस उद्देश्य के लिए कर्मचारियों को प्रशिक्षित करना चाहिए।

(c) एनबीएफसी-एमएफआई के ग्राहकों को क्रेडिट और अन्य वित्तीय सेवाओं के उपयोग में ज्ञान और कौशल की आवश्यकता हो सकती है। एमएफआई अपने ग्राहकों के लिए वित्तीय साक्षरता और संबंधित प्रशिक्षण की व्यवस्था करेगा। प्रशिक्षण निःशुल्क होना चाहिए।

(d) एनबीएफसी-एमएफआई द्वारा लगाए जाने वाले ब्याज की प्रभावी दर और शिकायत निवारण प्रणाली का विवरण इसके कार्यालयों और वेबसाइट में स्थानीय भाषा में प्रमुखता

से प्रदर्शित किया जाना चाहिए। वेबसाइट सभी भाषा-भाषियों की आवश्यकता को पूरा कर सकती है।

(e) ऋण समझौते में एक खंड (क्लॉज) शामिल होगा कि एमएफआई कर्मचारियों के अनुचित व्यवहार को रोकेगा और शिकायतों का समय पर निवारण करेगा। एमएफआई इस संबंध में ऋण समझौते और कार्यालय या शाखा परिसर में प्रदर्शित एफपीसी में होने वाली किसी भी चूक के लिए उत्तरदायी है।

(f) एनबीएफसी-एमएफआई को अपने ग्राहकों की पहचान के लिए केवाईसी दिशानिर्देशों का पालन करना चाहिए। यह ग्राहक की पुनर्भुगतान क्षमता सुनिश्चित करने के लिए उचित सावधानी से प्रयास करेगा।

(g) आवेदन पत्र एवं आवेदन की प्रक्रिया का बोझिल न होना सुनिश्चित किया जाना चाहिए।

(h) ऋण की मंजूरी और वितरण की पूरी प्रक्रिया को ग्राहकों के लिए सुविधाजनक केंद्रीय स्थान पर किया जाना चाहिए। आम तौर पर, ऐसे केंद्रों पर कई लोग इकट्ठे होंगे। फिर यह भी सुनिश्चित किया जाना चाहिए कि प्रक्रिया में एक से अधिक व्यक्ति शामिल हों। एनबीएफसी-एमएफआई के पास संवितरण कार्यों की निगरानी के लिए उचित प्रणाली होनी चाहिए।

20.6.2 एनबीएफसी-एमएफआई के ऋण समझौते/ऋण कार्ड में प्रकटीकरण

एनबीएफसी के पास स्थानीय भाषा में ऋण समझौते का एक मानक रूप होना चाहिए। ऋण समझौते में निम्नलिखित का खुलासा किया जाएगा:

- ऋण के सभी नियम एवं शर्तें,
- मूल्य निर्धारण के घटकों में केवल तीन घटक शामिल होंगे, ब्याज शुल्क, प्रसंस्करण शुल्क और बीमा प्रीमियम।
- विलंबित भुगतान पर कोई जुर्माना नहीं लगेगा,
- ग्राहक से कोई सुरक्षा जमा/मार्जिन नहीं लिया जा रहा है,
- ग्राहक एक से अधिक एसएचजी/आईएलजी का सदस्य नहीं हो सकता
- ऋण प्रदान करने और पहली किस्त की चुकौती की नियत तारीख के बीच का विलम्बकाल निर्दिष्ट किया जाएगा। यह विलम्ब काल आरबीआई दिशानिर्देशों के अनुसार होगा।
- आश्वासन देना होगा कि ग्राहक के डेटा की गोपनीयता का सम्मान किया जाएगा।

ऋण कार्ड में निम्नलिखित विवरण प्रतिबिंबित होने चाहिए:

- ब्याज की प्रभावी दर
- ऋण के नियम एवं शर्तों का विवरण
- वह जानकारी जो ग्राहक की पर्याप्त रूप से पहचान करती है
- प्राप्त किस्तों और अंतिम भुगतान सहित सभी पुनर्भुगतानों की एनबीएफसी-एमएफआई द्वारा पावतियां।
- नॉन-क्रेडिट उत्पाद ग्राहकों की पूर्ण सहमति से जारी किए जाएंगे और शुल्क संरचना की जानकारी ऋण कार्ड में ही दी जाएगी।
- ऋण कार्ड में सभी प्रविष्टियाँ स्थानीय भाषा में होनी चाहिए

ऋण कार्ड में एमएफआई द्वारा स्थापित शिकायत निवारण प्रणाली और नोडल अधिकारी का नाम व संपर्क हेतु नंबर प्रमुखता से अंकित होना चाहिए।

20.6.3 बिना जबरदस्ती किए वसूली के तरीके

एमएफआई के मामले में वसूली आम तौर पर केवल एक केंद्रीय निर्दिष्ट स्थान पर ही की जानी चाहिए। फील्ड स्टाफ को ग्राहक के निवास स्थान या कार्यस्थल पर वसूली करने तभी जाना चाहिए जब ग्राहक लगातार 2 या अधिक अवसरों पर केंद्रीय निर्दिष्ट स्थान पर उपस्थित होने में विफल रहता है।

एनबीएफसी-एमएफआई को बोर्ड द्वारा अनुमोदित आचार संहिता अपनानी होगी। इसमें फील्ड स्टाफ की भर्ती, प्रशिक्षण और पर्यवेक्षण के बारे में एक नीति होगी। एमएफआई के मामले में कर्मचारी वसूली करें न कि आउटसोर्स एजेंट।

20.6.4 आंतरिक नियंत्रण प्रणाली

एनबीएफसी-एमएफआई को कंपनी के भीतर के नामित व्यक्तियों को विभिन्न नियमों और दिशानिर्देशों के अनुपालन की जिम्मेदारी सौंपनी चाहिए। अनुपालन अधिकारी ऑडिट और आवधिक निरीक्षण और उसके बाद में किए जाने वाले अनुपालन सहित आंतरिक नियंत्रण प्रणाली स्थापित करने के लिए भी जिम्मेदार होगा।

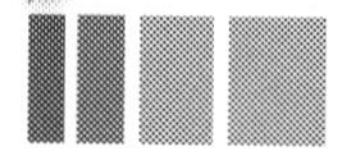

20.7 सोने के आभूषणों की जमानत पर ऋण देना

स्वर्ण ऋण के मामले में, एनबीएफसी को ऊपर बताए गए सामान्य दिशानिर्देशों के साथ-साथ निम्नलिखित बातें अपनानी होंगी:

- ऋण के लिए जमानत के रूप में गिरवी रखे गए आभूषणों के मूल्यांकन की उचित प्रक्रिया।
- ग्राहक को इस बात के लिए संतुष्ट करने वाली आंतरिक प्रणालियाँ कि सोने के आभूषणों का स्वामित्व उसके पास ही है।
- एनबीएफसी के पास आभूषणों की सुरक्षा के लिए उचित और पर्याप्त भंडारण स्थान (तिजोरियां/सुरक्षित अभिरक्षा) और भंडारण प्रणाली होनी चाहिए। उस शाखा को सोने के आभूषणों के बदले ऋण नहीं देना चाहिए जिसके पास पर्याप्त सुरक्षित भंडारण की सुविधा नहीं है। इस प्रणाली की समय-समय पर समीक्षा की जानी चाहिए।
- स्वर्ण/आभूषण ऋण प्रक्रियाओं का कड़ाई से पालन सुनिश्चित करने के लिए एनबीएफसी को आंतरिक लेखा परीक्षकों से समय-समय पर निरीक्षण करवाना चाहिए।
- संपार्श्विक के रूप में स्वीकार किए गए आभूषणों का उचित बीमा कराया जाना चाहिए।
- अगर लोन डिफॉल्ट हो गया और वापस नहीं मिल सका तो एनबीएफसी को आभूषणों की नीलामी करनी पड़ सकती है। ऐसे मामलों के लिए एनबीएफसी के पास होना चाहिए:
  - आभूषणों की नीलामी के लिए एक सुविचारित नीति। नीति पारदर्शी होनी चाहिए। साथ ही, नीलामी से पहले ग्राहक को पर्याप्त पूर्व सूचना दी जानी चाहिए।
  - एनबीएफसी को यह सुनिश्चित करना होगा कि हितों का कोई टकराव न हो और नीलामी की प्रक्रिया सुचारू हो।
  - यह सुनिश्चित किया जाना चाहिए कि नीलामी के दौरान पूरे लेनदेन में सभी एक-दूसरे से दूरी बनाए रखें जिसमें समूह की कंपनियां और संबंधित संस्थाएँ शामिल हैं।
  - नीलामी की घोषणा कम से कम दो समाचार पत्रों में विज्ञापन जारी करके जनता की सूचना के लिए की जानी चाहिए, एक स्थानीय भाषा में और दूसरी राष्ट्रीय दैनिक समाचार पत्र में।
  - यह नियम है कि एनबीएफसी या उसके कर्मचारी आयोजित नीलामी में भाग नहीं लेंगे।
  - गिरवी रखे गए सोने की नीलामी बोर्ड द्वारा अनुमोदित नीलामीकर्ताओं के माध्यम से ही की जानी चाहिए।

- ऋण समझौते में नीलामी की प्रक्रिया का भी पूरा विवरण बताया जाएगा।

20.8 अनुपालन

नियामक ने एनबीएफसी को आंतरिक अनुपालन अधिकारी रखने की सलाह दी है ताकि सभी नियमों का अनुपालन सुनिश्चित किया जा सके और बोर्ड नियमित काल-चक्र में अनुपालन की समीक्षा करे। उचित व्यवहार संहिता का पालन करना, ग्राहकों की शिकायतों की समीक्षा और अनुवर्ती कार्रवाई करना आदि अनुपालन अधिकारियों के कर्तव्य हैं। शिकायत निवारण के परिणाम इस बात का संकेत देते हैं कि एनबीएफसी उचित व्यवहार संहिता को लेकर कितनी गंभीर है। यदि शिकायतें सही पाई जाती हैं तो उचित व्यवहार संहिता के पालन और कार्यान्वयन की समीक्षा करना आवश्यक है।

20.9 सारांश

वित्तीय संस्थानों की उचित व्यवहार संहिता से पता चलता है कि उस उद्योग के कामकाज में भारतीय रिज़र्व बैंक के दिशानिर्देशों का अनुपालन किया जा रहा है और यह भी जानकारी मिलती है कि वे ऐसी कोई भी गतिविधि नहीं कर रहे हैं जो आरबीआई द्वारा निषिद्ध/वर्जित है।

एनबीएफसी के लिए उचित व्यवहार संहिता का संबंध ऋण प्रसंस्करण के विभिन्न चरणों जैसे आवेदन, मंजूरी, अनुवर्ती कार्रवाई, निगरानी, संग्रह और समापन में पारदर्शिता, निष्पक्ष व्यवहार और अच्छी ग्राहक सेवा से है। संहिता एनबीएफसी को उधारकर्ताओं के साथ सभी प्रासंगिक जानकारी साझा करने के लिए प्रोत्साहित करती है और साथ ही उधार लेने वालों को परेशान न करने या कठिनाइयों में न डालने के लिए भी प्रोत्साहित करती है। सभी महत्वपूर्ण विवरणों के बारे में उधार लेने वालों को पारदर्शिता अपनाते हुए सूचित करने की आवश्यकता को चिह्नांकित किया गया है। एफपीसी में ग्राहक सेवा पर ध्यान दिया गया है।

स्वर्ण ऋण (गोल्ड लोन) से संबंधित उचित व्यवहार संहिता:

- एनबीएफसी को उचित सावधानी सहित प्रयास करके ग्राहक की पर्याप्त केवाईसी प्रक्रिया पूरी करनी चाहिए।
- उधारकर्ता की सोने पर मालिकाना अधिकार बने रहने की संतुष्टि के लिए एनबीएफसी आंतरिक प्रक्रियाएं संचालित करेगा।
- एनबीएफसी सोने के भंडारण के लिए पर्याप्त व्यवस्था सुनिश्चित करेगी।
- सोने का बीमा और अन्य सत्यापन की जांच की जानी चाहिए।

एनबीएफसी-एमएफआई को भी अपनी प्रक्रियाओं के लिए समान उचित व्यवहार संहिता का पालन करना चाहिए और ऋण प्रसंस्करण के चरण में प्रकटीकरण करना चाहिए। उनकी वसूली एक निर्दिष्ट स्थान पर होनी चाहिए और फील्ड स्टाफ को उनके निवास या कार्यस्थल पर तभी जाना चाहिए जब ग्राहक उनसे नियत निर्धारित स्थान पर नहीं मिलता है।

एनबीएफसी-एमएफआईएस को कंपनी के भीतर के नामित व्यक्तियों को विभिन्न नियमों और दिशानिर्देशों के अनुपालन की जिम्मेदारी सौंपनी चाहिए। बोर्ड द्वारा एफपीसी के अनुपालन की समीक्षा की जानी चाहिए।

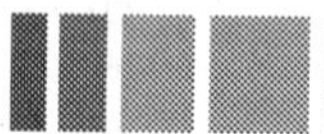

20.10 प्रमुख शब्द

उचित व्यवहार संहिता, एनबीएफसी, ऋण प्रसंस्करण, ऋण मूल्यांकन, मूल्य निर्धारण, एनबीएफसी-एमएफआई, बिना जबरदस्ती किए वसूली, स्वर्ण ऋण (गोल्ड लोन), विनियम और अनुपालन

20.11 अपनी प्रगति जांचें

1. उचित व्यवहार संहिता का क्या अर्थ है?
   - (a) आरबीआई द्वारा जारी नियामक दिशानिर्देश
   - (b) लेनदेन करते समय ग्राहकों के साथ कंपनियों के व्यवहार के संबंध में विनियामक दिशानिर्देश।
   - (c) एजेंट के लिए दिशानिर्देश
   - (d) उपरोक्त सभी
2. ऋण के लिए सभी आवेदनों को _______ भाषा में तैयार किया जाना चाहिए।
   - (a) एक
   - (b) अनेक
   - (c) स्थानीय
   - (d) उपरोक्त में से कोई नहीं

3. ग्राहक से अपेक्षित ________ को आवेदन पत्र में सूचीबद्ध किया जाना चाहिए:
   (a) प्रतिभूति
   (b) दस्तावेज
   (c) नीति
   (d) उपरोक्त में से कोई नहीं
4. एनबीएफसी को किस चरण में वार्षिक ब्याज दर का पूरा विवरण घोषित करना चाहिए?
   (a) ऋण के लिए आवेदन
   (b) ऋण का संवितरण
   (c) ऋण और नियम व शर्तों का मूल्यांकन
   (d) ऋण की मंजूरी
5. ऋण का पूरा भुगतान हो जाने पर एनबीएफसी को सभी _______ वापस कर देना चाहिए:
   (a) दस्तावेज
   (b) प्रतिभूतियाँ
   (c) अग्रिम
   (d) उपरोक्त सभी
6. कौन सा तंत्र विवादों को सुलझाने में मदद करता है?
   (a) शिकायत निवारण तंत्र
   (b) अनुरोध करना
   (c) सहायता व सहयोग
   (d) उपरोक्त में से कोई नहीं
7. सोने के आभूषणों के बदले ऋण देने में उचित रूप से _____ होना चाहिए?
   (a) परख
   (b) परीक्षण
   (c) विश्लेषण
   (d) उपरोक्त में से कोई नहीं

8. किस प्रकार के ऋण के भंडारण के लिए पर्याप्त बुनियादी ढांचे की आवश्यकता होती है?
   (a) वाहन
   (b) स्वर्ण आभूषण
   (c) रजत आभूषण
   (d) उपरोक्त में से कोई नहीं
9. एनबीएफसी-एमएफआई के लिए अनुपालन की जिम्मेदारी का प्रबंधन कौन करता है??
   (a) बाह्य टीम
   (b) आंतरिक टीम
   (c) आरबीआई
   (d) उपरोक्त में से कोई नहीं

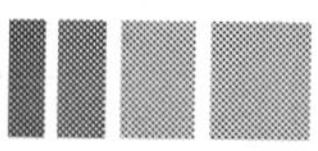

20.12 अपनी प्रगति जाँचें के उत्तर

1.	(d)	2.	(c)	3.	(b)	4.	(d)	5.	(b)	6.	(a)	7.	(a)
8.	(b)	9.	(b)										

परिशिष्ट

परिशिष्ट

बैंकों द्वारा नियुक्त वसूली एजेंटों के संबंध में आरबीआई का परिपत्र

वर्ष 2007-08 की वार्षिक नीति की मध्यावधि समीक्षा –बैंकों द्वारा नियुक्त वसूली एजेंट

कृपया वर्ष 2007-08 की वार्षिक नीति की मध्यावधि समीक्षा के पैराग्राफ 172 और 173 का संदर्भ लें (प्रति संलग्न)। पिछले कुछ समय से वसूली एजेंटों की नियुक्ति के संबंध में बैंकों के विरुद्ध विवादों और मुकदमों की बढ़ती हुई संख्या को देखते हुए, यह महसूस किया गया कि इस संबंध में प्रतिकूल प्रचार से समग्र बैंकिंग क्षेत्र की प्रतिष्ठा को गंभीर खतरा पैदा हो सकता है। इसलिए भारत में बैंकों द्वारा वसूली एजेंटों की नियुक्ति से संबंधित नीति, परिपाटी और प्रक्रियाओं की समीक्षा करने की की आवश्यकता पैदा हुई है। इस पृष्ठभूमि में, भारतीय रिज़र्व बैंक ने प्रारूप दिशानिर्देश जारी किए थे जो सभी संबंधितों के अभिमतों/टिप्पणियों के लिए वेबसाइट पर रखे गए थे । बैंकों/व्यक्तियों/संगठनों के व्यापक क्षेत्र से प्राप्त फीडबैक के आधार पर प्रारूप दिशानिर्देशों को समुचित रूप से संशोधित किया गया है और निम्नानुसार अंतिम दिशानिर्देश जारी किए गए हैं :

वसूली एजेंटों की नियुक्ति

बैंकों को यह सूचित किया जाता है कि वे वसूली एजेंट नियुक्त करते समय निम्नलिखित विशेष पहलुओं को ध्यान में रखें :

(i) इन दिशानिर्देशों में 'एजेंट' के अंतर्गत बैंक द्वारा नियुक्त एजेंसियां और उन एजेंसियों के एजेंट/कर्मचारी शामिल होंगे।

(ii) बैंकों को चाहिए कि वे वसूली एजेंटों की नियुक्ति के लिए सावधानी युक्त प्रक्रिया अपनाएं जिसमें अन्य बातों के साथ-साथ वसूली की प्रक्रिया में शामिल लोगों के संबंध में सावधानी रखने का प्रावधान हो । उचित सावधानी युक्त प्रक्रिया आम तौर पर वित्तीय सेवाओं की आउटसोर्सिंग के संबंध में आरबीआई के 3 नवंबर 2006 के परिपत्र डीबीओडी.

सं.बीपी.40/21.04.158/2006-07 के तहत जारी दिशानिर्देशों के अनुरूप होनी चाहिए। इसके अलावा, बैंकों को सुनिश्चित करना चाहिए कि वसूली प्रक्रिया में उनके द्वारा नियुक्त एजेंट, अपने कर्मचारियों के पूर्ववृत्त का सत्यापन करते हैं, जिसमें पूरी सावधानी के रूप में रोजगार पूर्व पुलिस सत्यापन भी शामिल हो । बैंक पूर्ववृत्त के पुनः सत्यापन करने की आवधिकता तय कर सकते हैं।

(iii) बैंकों द्वारा विधिवत सूचना और उपयुक्त प्राधिकार सुनिश्चित करने की दृष्टि से उन्हें चाहिए कि वे वसूली एजेंसी को चूक के मामले भेजते समय उधार लेने वाले व्यक्तियों को भी वसूली एजेंसी फर्मों/कंपनियों के विवरण सूचित करें' । साथ ही, कुछ मामलों में ऐसा हो सकता है कि इनकार किए जाने/अनुपलब्धता/टालमटोल के कारण वसूली एजेंसी से संबंधित विवरण उधार लेने वाले को प्राप्त नहीं हुए हों । इसलिए यह उचित होगा कि एजेंट भी संबंधित नोटिस तथा संबंधित बैंक से प्राप्त प्राधिकार पत्र की प्रति के साथ-साथ बैंक या एजेंसी फर्म/कंपनी द्वारा उन्हें जारी किया गया पहचान पत्र भी अपने साथ ले जाएं । इसके अलावा, जहां वसूली प्रक्रिया के दौरान संबंधित बैंक वसूली एजेंसी में परिवर्तन करता है तो ऐसे परिवर्तन की सूचना बैंक द्वारा उधार लेने वालों को दिए जाने के साथ-साथ , नए एजेंट को भी उक्त नोटिस तथा प्राधिकार पत्र एवं अपना पहचान पत्र साथ ले जाना चाहिए।

(iv) नोटिस और प्राधिकार पत्र में अन्य विवरण के साथ-साथ संबंधित वसूली एजेंसी के टेलीफोन नंबर भी होने चाहिए। बैंकों को सुनिश्चित करना चाहिए कि वसूली एजेंटों द्वारा ग्राहकों और ग्राहकों द्वारा वसूली एजेंटों को किए गए फोन कॉल की बातचीत की टेप रिकॉर्डिंग की जाती है । बैंकों को उचित सावधानी बरतनी चाहिए जैसे कि ग्राहक को सूचित किया जाना चाहिए कि बातचीत रिकॉर्ड की जा रही है, आदि।

(v) बैंकों द्वारा नियुक्त वसूली एजेंसी फर्मों/कंपनियों का अद्यतन विवरण बैंक की वेबसाइट पर भी देने चाहिए।

(vi) जहां कोई शिकायत दर्ज की जाती है, वहाँ बैंकों को चाहिए कि वे वसूली एजेंसी को मामले तब तक न भेजें जब तक संबंधित उधारकर्ता द्वारा दर्ज की गई शिकायत का अंतिम रूप से निपटान नहीं हो जाता । हालाँकि, उचित सबूतों के साथ बैंक को यह पक्का विश्वास हो कि उधारकर्ता लगातार मामूली/परेशान करने वाली शिकायतें करता है, तो ऐसे मामले में शिकायत उनके पास विचाराधीन होते हुए भी बैंक वसूली एजेंटों के माध्यम से वसूली प्रक्रिया/कार्यवाही जारी रख सकता है। जिन मामलों में उधारकर्ता की बकाया राशि का मामला न्यायालय में विचाराधीन हो सकता है, वहाँ बैंकों को परिस्थितियों के आधार पर, वसूली एजेंसियों को मामला भेजने के संबंध में उचित सावधानी बरतनी चाहिए।

(vii) प्रत्येक बैंक को एक ऐसी प्रणाली स्थापित करनी चाहिए जिससे वसूली प्रक्रिया से संबंधित उधारकर्ताओं की शिकायतों का समाधान किया जा सके। ऐसी प्रणाली के ब्योरे उपरोक्त मद (iii) के अनुसार वसूली एजेंसी का विवरण देते समय उधारकर्ता को बताया जाना चाहिए।

वसूली एजेंटों के लिए प्रोत्साहन (इंसेंटिव)

(viii) यह पता चला है कि कुछ बैंक वसूली एजेंटों के लिए काफी बड़े वसूली लक्ष्य निर्धारित करते हैं या अत्यधिक प्रोत्साहन प्रदान करते हैं। इनसे बकाया राशि की वसूली के लिए वसूली एजेंट डराने-धमकाने और संदेहास्पद तरीकों का उपयोग करने के लिए प्रेरित होते हैं। इसलिए, बैंकों को यह सुनिश्चित करना चाहिए कि वसूली एजेंटों के साथ किए गए अनुबंध उन्हें वसूली प्रक्रिया में असभ्य, गैर-कानूनी और संदेहास्पद व्यवहार अपनाने के लिए प्रेरित न करें।

वसूली एजेंटों द्वारा अपनाई जाने वाली विधियाँ

(ix) (a) उधारदाताओं के लिए उचित व्यवहार संहिता पर दिशानिर्देशों से संबंधित परिपत्र डीबीओडी.एलईजी.सं.बीसी.104/09.07.007/2002-03 दिनांक 5 मई 2003, (b) वित्तीय सेवाओं की आउटसोर्सिंग से संबंधित परिपत्र डीबीओडी.सं.बीपी. 40/21.04.158/2006-07 दिनांक 3 नवंबर 2006 और (c) क्रेडिट कार्ड परिचालन पर मास्टर परिपत्र डीबीओडी. एफएसडी.बीसी.17/24.01.011/2007-08 दिनांक 2 जुलाई 2007 की ओर ध्यान आकृष्ट किया जाता है। इसके अलावा, "ग्राहकों के प्रति बैंक की प्रतिबद्धता की संहिता" (बीसीएसबीआई कोड) के पैराग्राफ 6 की ओर भी ध्यान आकृष्ट किया जाता है जो बकाया राशि की वसूली से संबंधित है। बैंकों को सलाह दी जाती है कि वे ऋण वसूली प्रक्रिया के दौरान ऊपर उल्लिखित दिशानिर्देशों/संहिता का सख्ती से पालन करें।

वसूली एजेंटों के लिए प्रशिक्षण

(x) बैंकों द्वारा वित्तीय सेवाओं की आउटसोर्सिंग में जोखिम प्रबंधन और आचार संहिता के संबंध में जारी दिशानिर्देशों पर हमारे परिपत्र डीबीओडी.सं.बीपी 40/21.04.158/2006-07 दिनांक 3 नवंबर, 2006 के पैरा 5.7.1 में बैंकों को यह सलाह दी गई थी कि वे यह सुनिश्चित करें कि अन्य बातों के साथ-साथ वसूली एजेंट को समुचित प्रशिक्षण दिया जाता है ताकि वे अपनी जिम्मेदारियाँ सावधानीपूर्वक तथा संवेदनशील ढंग से निभा सकें जिसमें विशेष रूप से, ग्राहक से संपर्क करने का समय , ग्राहक से संबंधित जानकारी की गोपनीयता आदि का ध्यान रखा जाए ।

(xi) रिज़र्व बैंक ने भारतीय बैंक संघ से यह अनुरोध किया है कि वह भारतीय बैंकिंग और वित्त संस्थान (आईआईबीएफ) के परामर्श से प्रत्यक्ष वसूली एजेंटों के लिए न्यूनतम 100 घंटे के प्रशिक्षण का एक प्रमाणपत्र पाठ्यक्रम तैयार करे । आईआईबीएफ द्वारा उपरोक्त पाठ्यक्रम शुरू करने पर बैंक सुनिश्चित करें कि एक वर्ष की अवधि में उनके सभी वसूली एजेंट उक्त प्रशिक्षण प्राप्त करते हैं तथा उक्त संस्थान से इस संबंध में प्रमाणपत्र प्राप्त करते हैं। इसके अलावा, बैंकों द्वारा नियुक्त सेवा प्रदाता भी केवल उन्हीं कर्मियों को नियुक्त करें जिन्होंने उपरोक्त प्रशिक्षण प्राप्त किया हो और आईआईबीएफ से प्रमाण पत्र प्राप्त किया हो। इस तथ्य को ध्यान में रखते हुए कि देश भर में बड़ी संख्या में एजेंटों को प्रशिक्षित करना होगा, अन्य संस्थान/बैंक के अपने प्रशिक्षण महाविद्यालय भी भारतीय बैंकिंग और वित्त संस्थान के साथ टाई-अप करके वसूली एजेंटों को प्रशिक्षण प्रदान कर सकते हैं जिससे प्रशिक्षण के स्तर में एकरूपता रहे । हालाँकि, प्रत्येक एजेंट को भारत भर में आईआईबीएफ द्वारा आयोजित परीक्षा उत्तीर्ण करनी होगी।

बैंकों को बंधक (मॉर्गेज)/दृष्टिबंधक रखी गई संपत्ति को कब्जे में लेना

(xii) हाल ही में माननीय सर्वोच्च न्यायालय के समक्ष एक मामला आया था जिसमें माननीय न्यायालय ने यह टिप्पणी की थी कि कि हमारे देश में कानून का शासन है और ऋणों की वसूली या वाहनों की जब्ती केवल कानूनी तरीकों से ही की जा सकती है। इस संबंध में यह उल्लेखनीय है कि वित्तीय आस्तियों का प्रतिभूतिकरण एवं पुनर्संरचना तथा प्रतिभूति हित प्रवर्तन अधिनियम, 2002 (सरफेसी अधिनियम) तथा उसके अंतर्गत बनाए गए प्रतिभूति हित (प्रवर्तन) नियम, 2002 में न केवल प्रतिभूति हित लागू करने से संबंधित क्रियाविधियों को अच्छी तरह से परिभाषित किया गया है बल्कि प्रतिभूति हित लागू करने के बाद चल और अचल संपत्ति की नीलामी के लिए भी क्रियाविधियाँ सुनिश्चित की गई हैं। इसलिए यह वांछनीय है कि बैंक ऐसे प्रासंगिक कानूनों के तहत उपलब्ध कानूनी उपायों का ही सहारा लें, जिनके अनुसार न्यायालयों के हस्तक्षेप के बिना प्रतिभूति हित लागू करने की बैंकों को अनुमति डी गई हो ।

(xiii) जहां बैंकों ने उधार लेने वालों के साथ की गई संविदा में पुनः कब्जा संबंधी खंड शामिल किया हो और अपने अधिकारों को लागू करने के लिए ऐसे पुनः कब्ज़ा खंड पर भरोसा किया हो , वहाँ उन्हें सुनिश्चित करना चाहिए कि ऐसा पुनः कब्जा खंड कानूनी रूप से वैध है तथा भारतीय संविदा अधिनियम के उपबंधों का अक्षरशः पालन करता है। यह भी सुनिश्चित करना चाहिए कि संविदा करते समय इस पुनः कब्जा खंड के बारे में स्पष्ट रूप से उधारकर्ता को अवगत कराया गया है । साथ ही, संविदा के नियम और शर्तें पूरी तरह से वसूली नीति के अनुसार होनी चाहिए और उनमें निम्नलिखित के संबंध में उपबंध

शामिल किए नजाने चाहिए: (a) कब्ज़ा लेने से पहले (ग्राहकों को दी जाने वाली) नोटिस की अवधि (b) किन परिस्थितियों में नोटिस अवधि में छूट दी जा सकती है (c) प्रतिभूति को कब्जे में लेने के लिए अपनाई जाने वाली प्रक्रिया (d) संपत्ति की बिक्री/नीलामी से पहले ऋण के पुनर्भुगतान के लिए उधारकर्ता को दिए जाने वाले अंतिम अवसर के संबंध में प्रावधान (e) उधारकर्ता को पुनः कब्जा देने की प्रक्रिया और (f) संपत्ति की बिक्री/नीलामी की प्रक्रिया।

लोक अदालतों के मंच का उपयोग

(xiv) माननीय सर्वोच्च न्यायालय ने यह भी कहा है कि 10 लाख रुपये से कम वाले ऋण, व्यक्तिगत ऋण, क्रेडिट कार्ड ऋण और आवास ऋण के मामले लोक अदालतों को भेजे जा सकते हैं। इस संबंध में, बैंकों का ध्यान 3 अगस्त 2004 के परिपत्र डीबीओडी संख्या एलईजी.बीसी.21/09.06.002/2004-05 की ओर आकर्षित किया जाता है, जिसमें उन्हें ऋण की वसूली के लिए सिविल न्यायालयों द्वारा गठित लोक अदालतों के मंच का उपयोग करने की सलाह दी गई थी। बैंकों को प्रोत्साहित किया जाता है कि वे माननीय सर्वोच्च न्यायालय द्वारा दिए गए सुझाव के अनुसार 10 लाख रुपये से कम के व्यक्तिगत ऋण, क्रेडिट कार्ड ऋण या आवास ऋण की वसूली के लिए लोक अदालतों के मंच का उपयोग करें।

ऋण परामर्शदाताओं की सेवाओं का उपयोग

(xv) जहां किसी विशिष्ट उधारकर्ता के मामले पर सहानुभूतिपूर्ण विचार किया जाना उचित प्रतीत होता हो, वहाँ उधारकर्ताओं को उपयुक्त परामर्श प्रदान करने के लिए ऋण परामर्शदाताओं की सेवाओं का उपयोग करने के लिए एक उपयुक्त तंत्र स्थापित करने के लिए बैंकों को प्रोत्साहित किया जाए ।

बैंक/उनके वसूली एजेंटों के खिलाफ शिकायतें

बैंक, मूल स्वामी के रूप में, अपने एजेंटों द्वारा किए गए कार्यों/कार्रवाइयों के लिए जिम्मेदार हैं। इसलिए, उन्हें यह सुनिश्चित करना चाहिए कि उनके बकाया राशि की वसूली के लिए नियुक्त उनके एजेंट बकाया राशि की वसूली की प्रक्रिया अपनाते समय बीसीएसबीआई संहिता सहित उपरोक्त दिशानिर्देशों और अनुदेशों का पूर्णतः पालन करते हैं।

उपरोक्त दिशानिर्देशों के उल्लंघन और बैंकों के वसूली एजेंटों द्वारा अपनाई जाने वाली गलत परिपाटियों के संबंध में रिज़र्व बैंक को मिलने वाली शिकायतों को गंभीरता से लिया जाएगा। रिज़र्व बैंक संबंधित बैंक पर यह प्रतिबंध लगाने पर विचार कर सकता है कि वह सीमित अवधि के लिए संबंधित क्षेत्र में आधिकारिक या कार्यात्मक वसूली एजेंट नियुक्त न करे । उपरोक्त दिशानिर्देशों के लगातार उल्लंघन किए जाने के मामले में, रिज़र्व बैंक प्रतिबंध की अवधि या प्रतिबंध के क्षेत्र

को बढ़ाने पर विचार कर सकता है। इसी तरह की पर्यवेक्षी कार्रवाई तब की जा सकती है जब उच्च न्यायालय या सर्वोच्च न्यायालय द्वारा वसूली प्रक्रिया से संबंधित नीति, परिपाटी और प्रक्रिया के संबंध में किसी बैंक या उसके निदेशकों/अधिकारियों/एजेंटों के खिलाफ कोई टिप्पणी की जाती है या दंड लगाया जाता है ।

यह अपेक्षा की जाती है कि बैंक सामान्य तौर पर यह सुनिश्चित करेंगे कि ऋण वसूली प्रक्रिया के दौरान उनके कर्मचारी भी उपरोक्त दिशानिर्देशों का अनुपालन करते हैं।

आवधिक समीक्षा

वसूली एजेंटों को नियुक्त करने वाले बैंकों को यह सूचित किया जाता है कि वे अनुभव से सीखने, सुधार लाने और दिशानिर्देशों को बेहतर बनाने के लिए भारतीय रिजर्व बैंक को सुझाव देने हेतु उक्त व्यवस्था की आवधिक समीक्षा करें ।

भवदीय

(प्रशांत शरण)

प्रभारी मुख्य महाप्रबंधक

वर्ष 2007-08 की वार्षिक नीति की मध्यावधि समीक्षा के

पैराग्राफ 172 और 173 के उद्धरण

बैंकों द्वारा नियुक्त वसूली एजेंट

बीते समय में वसूली एजेंटों को नियुक्त करने के संबंध में बैंकों के विरुद्ध विवादों और मुकदमों की बढ़ती हुई संख्या को देखते हुए, यह महसूस किया गया है कि प्रतिकूल प्रचार के परिणामस्वरूप समग्र बैंकिंग क्षेत्र की प्रतिष्ठा के लिए गंभीर जोखिम पैदा हो जाएगा। इसलिए भारत में बैंकों द्वारा वसूली एजेंटों की नियुक्ति में शामिल नीति, अमल और प्रक्रिया की समीक्षा करने की आवश्यकता पैदा हो गई है। तदनुसार, बैंकों से आग्रह किया जाता है कि वे वसूली एजेंटों को नियुक्त करते समय निर्धारित विशिष्ट विचारणीय बातों का पालन करें।

बैंक के वसूली एजेंटों द्वारा अपनाई जाने वाली गलत परिपाटियों के संबंध में रिज़र्व बैंक को प्राप्त शिकायतें गंभीर पर्यवेक्षी अस्वीकृति को आकृष्ट करेंगी। रिज़र्व बैंक उन बैंकों पर वसूली एजेंटों को नियुक्त करने के लिए अस्थायी प्रतिबंध (या यहां तक कि लगातार गलत परिपाटियों के मामले में स्थायी प्रतिबंध) लगाने पर विचार कर सकता है, जहां उच्च न्यायालय/सर्वोच्च न्यायालय द्वारा संबंधित बैंक या उसके निदेशकों/अधिकारियों के खिलाफ उनके वसूली एजेंटों द्वारा अपनाई जाने वाली गलत परिपाटियों के संबंध में सख्त आदेश पारित किए गए हैं/दंड लगाया गया है। इस संबंध में एक परिचालन परिपत्र 15 नवंबर 2007 तक जारी किया जाएगा।

परिशिष्ट

आईबीए - बकाया राशि के संग्रहण पर मॉडल नीति और प्रतिभूति के पुनः कब्ज़ा

1. परिचय

बैंक की ऋण वसूली नीति ग्राहकों की गरिमा और सम्मान के आधार पर बनाई गई है। बैंक बकाया राशि की वसूली में अनावश्यक रूप से दबाव डालने वाली नीतियों को नहीं अपनाएगा। यह नीति शिष्टाचार, निष्पक्ष व्यवहार और अनुनय-विनय को अहमियत देने के साथ बनाई गई है। बैंक बकाया राशि की वसूली और प्रतिभूति पर कब्जे के संबंध में उचित परिपाटियों का पालन करने में विश्वास करता है और इस तरह ग्राहकों के विश्वास और उनके साथ दीर्घकालिक संबंधों को प्रोत्साहित करता है।

बैंक द्वारा स्वीकृत किसी भी ऋण के लिए पुनर्भुगतान कार्यक्रम उधारकर्ता की भुगतान क्षमता और नकदी प्रवाह के पैटर्न को ध्यान में रखते हुए तय किया जाएगा। बैंक ग्राहक को ब्याज गणना की विधि और समान मासिक किश्तों (ईएमआई) या पुनर्भुगतान के किसी अन्य तरीके के माध्यम से भुगतान को ग्राहकों से देय ब्याज और मूलधन के विरुद्ध विनियोजित किए जाने को पहले ही समझा देगा। बैंक की ग्राहकों से अपेक्षा रहेगी कि वे सहमत पुनर्भुगतान अनुसूची का पालन करें और पुनर्भुगतान दायित्वों को पूरा करने में वास्तविक कठिनाई अआने की स्थिति में सहायता और मार्गदर्शन के लिए बैंक से संपर्क करें।

बैंक की प्रतिभूति पर पुनः कब्जे की नीति का उद्देश्य चूक की स्थिति में बकाया राशि की वसूली करना है, न कि संपत्ति से वंचित करना यह नीति प्रतिभूति पर पुनः कब्जे, मूल्यांकन और उगाही (रियलाइजेशन) में निष्पक्षता व पारदर्शिता को मान्यता देती है। बकाया राशि की अनुवर्ती कार्रवाई और वसूली तथा प्रतिभूति पर पुनः कब्ज़ा करने के लिए बैंक द्वारा अपनाई गई सभी परिपाटियाँ कानून के अनुरूप होंगी।

2. सामान्य दिशानिर्देश

सभी स्टाफ सदस्य अथवा संग्रहण या/और प्रतिभूति पर पुनः कब्जा की प्रक्रिया में बैंक का प्रतिनिधित्व करने के लिए अधिकृत कोई भी व्यक्ति नीचे दिए गए दिशानिर्देशों का पालन करेगा:

1. ग्राहक से सामान्यतः उसकी पसंद के स्थान पर और किसी निर्दिष्ट स्थान के अभाव में, उसके निवास स्थान पर और यदि उसके निवास पर संभव नहीं है, तो व्यवसाय/नौकरी के स्थान पर संपर्क किया जाएगा।
2. बकाया राशि की अनुवर्ती कार्रवाई और वसूली के लिए बैंक का प्रतिनिधित्व करने के लिए अधिकृत व्यक्तियों की पहचान और प्राधिकार की जानकारी उधार लेने वालों को सबसे पहले दी जाएगी। बैंक कर्मचारी या बकाया राशि की वसूली या/और प्रतिभूति पर पुनः कब्जे के लिए बैंक का प्रतिनिधित्व करने के लिए अधिकृत कोई भी व्यक्ति स्वयं की पहचान बताएगा और अनुरोध करने पर बैंक द्वारा जारी प्राधिकार पत्र दिखाएगा।
3. बैंक अपने कर्जदारों की गोपनीयता का सम्मान करेगा।
4. बैंक यह सुनिश्चित करने के लिए प्रतिबद्ध है कि उसके उधारकर्ताओं के साथ सभी लिखित और मौखिक संचार सरल व्यावसायिक भाषा में होंगे और बैंक कर्जदारों के साथ बातचीत में सामान्य शिष्टाचार का पालन करेगा।
5. आम तौर पर बैंक के प्रतिनिधि 0700 बजे और 1900 बजे के बीच उधार लेने वालों से संपर्क करेंगे। जब तक कि उसके व्यवसाय या पेशे की विशेष परिस्थिति के लिए बैंक को किसी भिन्न समय पर संपर्क करने की आवश्यकता न हो।
6. किसी विशेष समय या किसी विशेष स्थान पर कॉल से बचने के संबंध में उधारकर्ता के अनुरोध का यथासंभव पालन किया जाएगा।
7. बैंक बकाया राशि की वसूली के लिए किए गए प्रयासों का दस्तावेजीकरण करेगा और ग्राहकों को भेजे गए संचार की प्रतियां, यदि कोई हो, रिकॉर्ड में रखी जाएंगी।
8. बकाया राशि के संबंध में विवादों या मतभेदों को पारस्परिक रूप से स्वीकार्य और व्यवस्थित तरीके से हल करने के लिए सभी सहायता प्रदान की जाएगी।
9. अनुचित अवसरों जैसे परिवार में शोक या ऐसे अन्य विपत्तिपूर्ण अवसरों पर बकाया राशि लेने के लिए कॉल/मुलाकात करने से बचा जाएगा।

3. उधार लेने वालों को नोटिस देना

हालांकि ऋण वसूली के अनुवर्ती उपायों के रूप में लिखित संचार, दूरभाषिक अनुस्मारक भेजा जा सकता है या बैंक के प्रतिनिधियों द्वारा उधारकर्ता के स्थान या निवास पर मुलाकात की जा

सकती है , लेकिन बैंक लिखित रूप में विधिवत सूचना दिए बिना प्रतिभूति के पुनः कब्जे सहित कोई कानूनी या अन्य वसूली उपाय शुरू नहीं करेगा। बैंक वसूली/प्रतिभूति के पुनः कब्जे के लिए कानून के तहत आवश्यक सभी प्रक्रियाओं का पालन करेगा।

4. प्रतिभूति का पुनः कब्ज़ा

प्रतिभूति को पुनः कब्जे में लेने का उद्देश्य बकाया राशि की वसूली करना है, न कि उधार लेने वाले को संपत्ति से वंचित करना। प्रतिभूति पर पुनः कब्जे के माध्यम से वसूली की प्रक्रिया में पुनः कब्जा, प्रतिभूति का मूल्यांकन और उचित माध्यमों से प्रतिभूति की उगाही करना शामिल होगी। यह सब निष्पक्ष एवं पारदर्शी तरीके से किया जाएगा। उपरोक्त विवरण के अनुसार नोटिस जारी करने के बाद ही अपने अधिकार में लिया जाएगा। संपत्ति को अपने अधिकार में लेते समय उचित कानूनी प्रक्रिया का पालन किया जाएगा। व्यवसाय की सामान्य गतिविधि के रूप में बैंक संपत्ति को अभिरक्षा में लेने के बाद समुचित सावधानी से उसकी सुरक्षा व संरक्षा सुनिश्चित करेगा।

5. संपत्ति का मूल्यांकन और बिक्री

बैंक द्वारा पुनः कब्जे में ली गई संपत्ति का मूल्यांकन और बिक्री कानून के अनुसार तथा निष्पक्ष और पारदर्शी तरीके से की जाएगी। बैंक को संपत्ति की बिक्री के बाद यदि कोई राशि बकाया हो तो उधार लेने वाले से वसूलने का अधिकार होगा। संपत्ति की बिक्री से प्राप्त राशि यदि बकाया राशि से अतिरिक्त हो तो सभी संबंधित खर्चों को पूरा करने के बाद उधारकर्ता को वापस कर दी जाएगी, बशर्ते बैंक के पास ग्राहक के खिलाफ कोई अन्य दावा न हो।

6. उधार लेने वाले के लिए प्रतिभूति वापस लेने का अवसर

जैसा कि नीति दस्तावेज़ में पहले बताया गया है, बैंक केवल अंतिम उपाय के रूप में अपनी बकाया राशि की वसूली के उद्देश्य से प्रतिभूति पर पुनः कब्ज़ा करने का सहारा लेगा, न कि उधारकर्ता को संपत्ति से वंचित करने के इरादे से। तदनुसार, बैंक पुनः कब्ज़े के बाद और संपत्ति की बिक्री के लेनदेन समाप्त होने से पहले किसी भी समय उधार लेने वाले को संपत्ति का कब्ज़ा सौंपने पर विचार करने को तैयार होगा, बशर्ते कि बैंक की बकाया राशि पूरी चुका दी जाए। यदि बैंक अनुसूची के अनुसार ऋण किस्तों का भुगतान करने में उधार लेने वाले की असमर्थता की वास्तविकता से संतुष्ट है, जिसके परिणामस्वरूप प्रतिभूति कब्जे में ले ली गई है, तो बैंक बकाया किश्तें प्राप्त होने के बाद संपत्ति वापस सौंपने पर विचार कर सकता है। हालाँकि, यह बैंक पर निर्भर करेगा कि वह भविष्य में शेष किश्तों का समय पर भुगतान सुनिश्चित करने के लिए उधारकर्ता द्वारा की गई व्यवस्था से आश्वस्त हो।

परिशिष्ट

चेक के भुगतान और भुगतानकर्ता बैंकर की देनदारियों के संबंध में पूर्व प्रकरणों के निर्णयों से स्थापित कानून

1. चेक पर ग्राहक के हस्ताक्षर जाली होने पर भुगतान करने वाले बैंकर का दायित्व।

   जब चेक पर ग्राहक के हस्ताक्षर जाली होते हैं तो बैंक को भुगतान करने का कोई अधिकार नहीं होता है। ऐसे में कोई भी बैंकर ऐसे जाली चेक पर ग्राहक के खाते से डेबिट करने का हकदार नहीं है। केनरा बैंक बनाम केनरा सेल्स कॉर्पोरेशन [(1987) 2 सुप्रीम कोर्ट केस 666] में कंपनी का बैंक में एक चालू खाता था जिसे कंपनी का प्रबंध निदेशक संचालित करता था। कंपनी के जिस अकाउंटेंट के पास चेक बुक थी, उसने कुछ अवधि के दौरान कुल 3,26,047.92 रुपये के 42 चेक में प्रबंध निदेशक के जाली हस्ताक्षर किए। दूसरे अकाउंटेंट को इस बात का पता चल गया। धोखाधड़ी का पता चलते ही कंपनी ने तुरंत बैंक से रकम की मांग कर दी। बैंक ने भुगतान से इनकार कर दिया और इसलिए कंपनी ने बैंक के खिलाफ मुकदमा दायर कर दिया। बैंक मुकदमा हार गया और मामले को सुप्रीम कोर्ट तक ले गया। सुप्रीम कोर्ट ने बैंक की अपील खारिज कर दी और कहा:

   चूँकि ग्राहक और बैंक के बीच का रिश्ता लेनदार और देनदार का होता है, इसलिए बैंक के पास जाली हस्ताक्षर वाले चेक का भुगतान करने का कोई अधिकार नहीं था। बैंक ने जाली चेक की राशि को ग्राहक के खाते से डेबिट करके कानून के खिलाफ काम किया है क्योंकि बैंक के पास भुगतान करने का कोई अधिकार नहीं था। सुप्रीम कोर्ट ने इंगित

किया कि चेक के रूप में वह दस्तावेज़ जिस पर आहर्ता के रूप में ग्राहक का नाम अंकित था वह जाली होने के कारण निरर्थक था। बैंक तभी सफल होगा जब वह (इस तरह के मामलों को) पहचानने या रोक लगाने में सक्षम हो ।

2. संयुक्त खाते में यदि कोई एक हस्ताक्षर जाली है तो बैंकर को भुगतान करने का कोई अधिकार नहीं होता है।

   बिहटा को-ऑपरेटिव डेवलपमेंट एंड केन मार्केटिंग यूनियन लिमिटेड बनाम बैंक ऑफ बिहार (एआईआर 1967 सुप्रीम कोर्ट 389) के मामले में, सहकारी विपणन संघ का बैंक में एक खाता था जिसे संयुक्त सचिव और सहकारी विपणन संघ के कोषाध्यक्ष को संचालित करने के लिए अधिकृत किया गया था। 16 अप्रैल, 1948 को बैंक ने 11,000 रुपये का भुगतान सोसायटी को जारी चेकबुक के चेक से नहीं, बल्कि एक लूज लीफ चेक से किया। हालांकि चेक पर दो हस्ताक्षर थे, लेकिन उनमें से एक, संयुक्त सचिव का हस्ताक्षर फर्जी था। बैंक ने भुगतान कर दिया, जिसके बाद सहकारी विपणन संघ ने पैसे की वसूली के लिए बैंक पर मुकदमा दायर किया। हालाँकि बैंक ने अपनी लापरवाही स्वीकार की, लेकिन तर्क दिया कि सहकारी विपणन संघ के कर्मचारी अपने कर्तव्यों के निर्वहन में बेईमान थे और इस तरह यह सफल (सक्सीड) नहीं हो सकता। मामला सुप्रीम कोर्ट तक गया और सुप्रीम कोर्ट ने सहकारी विपणन संघ के मामले को अनुमति देते हुए कहा कि "एक हस्ताक्षर जाली था इसलिए ग्राहक की ओर से बैंकर को कभी भी कोई अधिकार नहीं दिया गया था और हस्ताक्षर और चेक प्रस्तुत करने के बीच ग्राहक की लापरवाही का सवाल ही नहीं उठता।"

3. सुरक्षा प्राप्त करने के लिए बैंक को उचित समय पर भुगतान करना होगा

   बैंक ऑफ बिहार बनाम महावीर लाल (एआईआर 1964 सुप्रीम कोर्ट 397) में सुप्रीम कोर्ट ने कहा कि एक बैंकर केवल धारा 85 के तहत सुरक्षा की मांग कर सकता है, जहां धारक, उसके नौकर या एजेंट को भुगतान किया गया है, यानी भुगतान उचित समय पर किया जाना चाहिए।

   इस मामले में बैंक कुछ शर्तों को पूरा करने पर कपड़े की गांठें गिरवी रख कर फर्म को नकद ऋण की सुविधा देने पर सहमत हुआ था। शर्तों में से एक शर्त यह थी कि कपड़ा खरीदने के लिए पैसा सीधे फर्म को नहीं दिया जाएगा, बल्कि इसके बदले बैंक आपूर्तिकर्ता को राशि का भुगतान करेगा और ऋण के लिए कपड़े की गांठें गिरवी के रूप में बैंक के पास रखी जाएंगी। इसके बाद फर्म को स्वयं का एक चेक बनाना होता था जिसे बैंक को सौंप दिया जाता था। बैंक ने थोक विक्रेताओं को भुगतान करने के लिए फर्म के साझेदार को नकदी सौंपने के बजाय, साझेदार के साथ थोक विक्रेताओं के पास जाने वाले बैंक के

एक कर्मचारी (पोतदार) को सौंप दिया। थोक विक्रेताओं को पैसे का भुगतान करने से पहले ही पोतदार फरार हो गया। बैंक ने पैसे के पुनर्भुगतान की मांग की जिसे फर्म ने अस्वीकार कर दिया। इसलिए बैंक ने परक्राम्य लिखत अधिनियम , 1881 की धारा 85 और 118 के आधार पर पैसे के लिए फर्म पर मुकदमा दायर किया। मामला सुप्रीम कोर्ट तक पहुंच गया और यह माना गया कि धारा 85 के प्रावधानों से बैंक को सहायता मिलने से पहले यह स्थापित करना होगा कि भुगतान वास्तव में फर्म को या फर्म की ओर से नामित किसी व्यक्ति को किया गया था। ऐसे व्यक्ति को भुगतान जिसका फर्म से कोई लेना-देना नहीं है या बैंक के किसी एजेंट को भुगतान फर्म को भुगतान नहीं होगा।

4. बिना लापरवाही नेक नीयत से किसी ऐसे लिखत से भुगतान करना जिस पर फेरबदल (आल्टरेशन) स्पष्ट नहीं है।

धारा 10 और 89 और धारा 31 के आलोक में सुप्रीम कोर्ट ने *बैंक ऑफ महाराष्ट्र बनाम मेसर्स ऑटोमोटिव इंजीनियरिंग कंपनी* (1993) 2 एससीसी 97 मामले में विचार किया था।

इस अपील में विचार के लिए जो प्रश्न उठा वह यह था कि क्या भुगतान करने वाला बैंक एक पराबैंगनी किरण लैंप रखने और उक्त लैंप के नीचे चेक की जांच करने के लिए बाध्य है, भले ही प्रत्यक्ष जांच में उक्त चेक में कोई गड़बड़ी नहीं पाई गई हो।

यह मानने के लिए कोई सबूत नहीं था कि भुगतान नेक नीयत से नहीं किया गया था। शाखा में पराबैंगनी किरण लैंप का न होना और उक्त चेक की ऐसे लैंप के नीचे जांच न करना, अपीलकर्ता बैंक को लापरवाही का दोषी ठहराने के लिए पर्याप्त नहीं होगा, जब तक यह साक्ष्य पर स्थापित नहीं किया जाता है कि अपीलकर्ता बैंक की अन्य शाखाएँ या अन्य वाणिज्यिक बैंक अतिरिक्त सावधानी के तौर पर ऐसे लैंप के तहत प्रत्येक चेक या एक विशेष राशि वाले चेक की जांच करने की प्रथा का पालन कर रहे थे।

ऐसी परिस्थितियों में, यह सही कानूनी प्रस्ताव नहीं है कि बैंक, लापरवाही के दायित्व से मुक्त होने के लिए, उन्नत तकनीक के तहत या उस मामले के लिए दृश्य के अलावा पराबैंगनी किरण लैंप के तहत आगे की जांच के लिए चेक को सत्यापित करने के लिए बाध्य था हालाँकि ऐसी जाँच की लागत केवल नाममात्र थी और उपयुक्त मामले में सहायता लेने के लिए शाखा में ऐसा लैंप रखना वांछनीय हो सकता है।

निचली अदालतों का यह मानना उचित नहीं था कि बैंक चेक को पराबैंगनी किरण लैंप से आगे की जांच किए बिना भुगतान के लिए पारित करने में उचित सावधानी बरतने में विफल रहा था क्योंकि शाखा औद्योगिक क्षेत्र में थी जहां इस तरह की जालसाजी बड़े पैमाने पर थी और अपीलकर्ता बैंक की अन्य शाखाओं को ऐसा लैंप प्रदान किया गया।

इसलिए, अपील की अनुमति दी गई और अपीलकर्ता बैंक के मुकदमे को केवल मूल राशि के लिए बिना किसी ब्याज के डिक्री किया गया।

5. *बरेली बैंक लिमिटेड बनाम नवल किशोर* (एआईआर 1964 सभी 78) मामले में एन ने 19,900 रुपये नकद जमा करके बैंक में एक खाता खोला। एन को एक चेक बुक जारी की गई जिसमें 25 चेक थे। खाता खोलने के 17 महीने बाद एन ने पहली बार 5,900 रुपये का चेक काटा जो बैंक द्वारा बाउंस हो गया। पूछताछ करने पर बैंक ने एन को बताया कि 11 महीने पहले कुल 19,500 रुपये के तीन चेक का भुगतान किया गया था और खाते में वर्तमान शेष राशि मात्र 437 रुपये थी। एन ने चेक जारी करने से इनकार कर दिया और बैंक पर मुकदमा दायर किया। साक्ष्य में यह सामने आया कि रकम निकालने के लिए इस्तेमाल किए गए 3 चेक एन को जारी हुई चेक बुक से नहीं थे और एक अलग चेक बुक से थे। हालाँकि बैंक इस चूक की व्याख्या करने की स्थिति में नहीं था, उन्होंने एन के हस्ताक्षर का नमूना पेश करके उसकी दलीलों का खंडन करने का प्रयास किया जो चेक पर मौजूद हस्ताक्षरों के समान प्रतीत होता था। हालांकि एन ने इस बात से इनकार किया कि नमूना हस्ताक्षर उसका था। अदालत ने निष्कर्ष निकाला कि कथित नमूना हस्ताक्षर एन के नियमित हस्ताक्षर से बिल्कुल अलग था। सबूत से यह दिखाई दिया कि बैंक के अपने कर्मचारी जालसाजी में शामिल थे क्योंकि एन के खाते के बहीखाता पृष्ठ से पता चला कि कुछ मिटाया और स्कोर किया गया था और चेक बुक जारी रजिस्टर में एन के हस्ताक्षर गायब थे। इसलिए कोर्ट ने बैंक की दलील मानने से इनकार कर दिया।

6. *तंजौर परमानेंट बैंक बनाम एस.आर. रंगाचारी* (एआईआर 1959 मद्रास 119) के मामले में उच्च न्यायालय के समक्ष फैसले के लिए एक मामला आया जिसमें चेक में तथ्यगत बदलाव किया गया था और बैंक ने धारा 89 के तहत सुरक्षा की मांग की थी। इस मामले में आर का बैंक में एक ओवरड्राफ्ट खाता था और उसने मैनेजर से अनुरोध किया कि वह उसके खाते से 16,000 रुपये अग्रिम रूप से डेबिट कर दे। प्रबंधक ने आर से हस्ताक्षरित तीन खाली चेक भेजने के लिए कहा।

   तदनुसार आर ने वैसा ही किया। हालाँकि, तीन चेक में से केवल एक का उपयोग 16,000 रुपये के भुगतान के लिए किया गया था। आरोप है कि अन्य दो चेक बैंक के अकाउंटेंट द्वारा 7,600 रुपये और 4,200 रुपये के भरे गए थे और प्राप्तकर्ता (Payees) के रूप में दो क्लर्कों के नाम लिखे गए थे। दोनों चेकों में फेरबदल स्पष्ट और दृष्टिगोचर था लेकिन बैंक ने इन चेकों का भुगतान कर दिया। आर द्वारा अपने ओवरड्राफ्ट खाते के कारण डेबिट का भुगतान नहीं करने पर बैंक ने उन पर मुकदमा दायर किया। आर ने तर्क दिया कि 7,600 और 4,200 रुपये की दो डेबिट प्रविष्टियाँ बैंक द्वारा गलत तरीके से की गईं और इस तरह उन्हें उत्तरदायी नहीं ठहराया जा सकता है।

उपरोक्त निष्कर्ष पर पहुंचने में न्यायालय ने भाष्यम और अडिगा के परक्राम्य लिखत अधिनियम के निम्नलिखित पैराग्राफ पर भरोसा किया:

बैंक को यह भी देखना होगा कि चेक में कोई फेरबदल तो नहीं है और क्या उन्हें ठीक से प्रमाणित किया गया है। इसलिए, जहां किसी चेक में फेरबदल आ पर सभी आहरणकर्ताओं द्वारा हस्ताक्षर नहीं किए जाते हैं, बल्कि उनमें से केवल कुछ ही हस्ताक्षर करते हैं, तो बैंक उक्त चेक पर राशि का भुगतान अपने जोखिम पर करेगा। इस संबंध में यह ध्यान रखना आवश्यक है कि धारा 89 के तहत बैंक को चेक का भुगतान करने पर सुरक्षा प्रदान की जाती है जहां फेरबदल स्पष्ट नहीं होता है।

ध्यान दिया जाना चाहिए कि धारा 89 के अनुसार बैंक केवल तभी सुरक्षा की मांग कर सकता है जब चेक में कोई महत्वपूर्ण फेरबदल हो और ऐसा प्रतीत न हो कि कोई फेरबदल किया गया है। हालाँकि, ग्राहक के हस्ताक्षर जाली होने की स्थिति में यह बैंकर की सुरक्षा नहीं करता है। जैसा कि पहले कहा गया है कि जाली चेक ग्राहक का अधिदेश नहीं है और इस प्रकार बैंक ऐसे चेक पर भुगतान नहीं कर सकता है जहां ग्राहक के हस्ताक्षर जाली हैं। यह प्रश्न कि कोई हस्ताक्षर जाली है या नहीं, साक्ष्य पर निर्भर करता है और अदालत इस निष्कर्ष पर पहुंचती है कि हस्ताक्षर जाली है, उन तथ्यों और परिस्थितियों पर गौर करेगी जिनके कारण चेक का भुगतान हुआ।

7. बैंक द्वारा गलती से किया गया भुगतान क्या वसूली योग्य (रिकवरेबल) है

इस सवाल पर कि क्या जाली चेक का भुगतान करने वाला बैंक भुगतान पाने वाले से उसकी वसूली कर सकता है, कलकत्ता उच्च न्यायालय ने *यूनाइटेड बैंक ऑफ इंडिया बनाम एटी अली हुसैन एंड कंपनी* (एआईआर 1978 कलकत्ता 169) मामले में विचार किया था।

इस मामले में कथित तौर पर एक कंपनी द्वारा जारी किया गया 5,000 रुपये का चेक संग्रहणकर्ता बैंक द्वारा भुगतानकर्ता बैंक को प्रस्तुत किया गया था और भुगतान कर दिया गया था। हस्ताक्षर, साथ ही चेक पर अन्य सभी लेख जाली थे। जालसाजी इतनी सटीक (परफेक्ट) थी कि अनुभवी नजरों के लिए भी इसका पता लगाना संभव नहीं था। बाद में भुगतानकर्ता बैंक को जालसाजी का पता चलने पर, उसने गलतीवश भुगतान के आधार पर, भुगतान की गई राशि की वसूली के लिए संग्रहणकर्ता बैंक और चेक प्राप्तकर्ता के खिलाफ मुकदमा दायर किया। मुकदमे का बचाव करते हुए, संग्रहणकर्ता बैंक ने तर्क दिया कि उसे अपने व्यवसाय के सामान्य क्रम में चेक प्राप्त हुआ था, और उसे नेक नीयती के साथ भुनाने के लिए प्रस्तुत किया था। प्राप्तकर्ता ने तर्क दिया कि उसे व्यवसाय के सामान्य क्रम में, उसके द्वारा आपूर्ति की जाने वाली वस्तुओं की कीमत के भुगतान के

लिए एक कंपनी के प्रतिनिधि होने का दावा करने वाले कुछ व्यक्तियों से चेक प्राप्त हुआ, उसने चेक जाली होने के संदेह का कोई कारण न होने पर नेक नीयती से काम किया, और संग्रहणकर्ता बैंक से यह सूचना मिलने पर ही कि चेक भुनाया गया है, उसने माल छोड़ा।

ट्रायल कोर्ट ने इस आधार पर मुकदमा खारिज कर दिया कि भुगतान करने वाले बैंक के पास कार्रवाई का कोई कारण नहीं था, उच्च न्यायालय में अपील दायर की गई थी।

निर्णय: उच्च न्यायालय ने अपील को खारिज कर दिया और माना कि न्यायसंगत सिद्धांतों और रोक के सिद्धांत दोनों के दृष्टिकोण से, भुगतान करने वाला बैंक संग्रहणकर्ता बैंक या भुगतान प्राप्तकर्ता से धन वसूल करने का हकदार नहीं है।

एन.आई. अधिनियम, 1881 की धारा 138 के तहत "चेक के अनादरण" के विभिन्न पहलुओं और इसके निहितार्थों से संबंधित कानूनी मामले नीचे दिए गए हैं:

I. दंड प्रावधानों के घटक और आवश्यकताएँ:

'हरमन इलेक्ट्रॉनिक्स (पी) लिमिटेड बनाम नेशनल पैनासोनिक इंडिया लिमिटेड (2008) 16 स्केल 317 में, न्यायालय की राय थी कि अधिनियम की धारा 138 के तहत किया अपराध केवल कई कृत्यों के संयोजन (कॉनकैन्टेनेशन) के साथ पूरा किया जा सकता है, अर्थात्:

1. चेक को जारी करना;
2. चेक की बैंक में प्रस्तुति;
3. अदाकर्ता बैंक द्वारा भुगतान न किए गए चेक को वापस करना;
4. चेक जारीकर्ता को चेक राशि के भुगतान की मांग करते हुए लिखित रूप में नोटिस देना;
5. चेक प्राप्त होने के 15 दिनों के भीतर चेक जारीकर्ता द्वारा भुगतान करने में विफलता।

यह आवश्यक नहीं है कि उपरोक्त सभी पांच कृत्य एक ही इलाके में किये गये (परपेट्रेटेड) हों। यह संभव है कि उन पांच कृत्यों में से प्रत्येक को पांच अलग-अलग इलाकों में किया जा सकता है। लेकिन संहिता की धारा 138 के तहत अपराध को पूरा करने के लिए उपरोक्त सभी पांचों का संयोजन (कॉन्केंटेनेशन) एक अनिवार्य शर्त है... (जोर दिया गया)

हालाँकि, अधिनियम की धारा 142 में यह प्रावधान किया गया है कि यदि ऐसी शिकायत कार्य घटित होने के एक महीने के भीतर की जाती है (*'शिवकुमार बनाम नटराजन'* में - (2009) 27 सीएलए -बीएल सप्लिमेंट 62 (एससी)) यानी, चेक जारीकर्ता द्वारा प्राप्तकर्ता को उक्त राशि का भुगतान करने में विफलता या उक्त नोटिस की प्राप्ति के 15 दिनों के भीतर चेक धारक को भुगतान करने में विफलता, जैसा भी मामला हो।

जहां शिकायत में धारा 138 के तहत अपराध के आवश्यक घटकों का अभाव है: *जुगेश सहगल बनाम शमशेर सिंह गोगी* 2009 (3) सीसी मामले (एससी) 2004 में माननीय सर्वोच्च न्यायालय। माननीय उच्चतम न्यायालय ने नोट किया कि याचिकाकर्ताओं ने शिकायतकर्ता को कथित तौर पर जारी किया गया चेक किसी अन्य व्यक्ति से संबंधित खाते से जारी किया गया था। माननीय न्यायालय ने यह भी नोट किया कि परक्राम्य लिखत अधिनियम की धारा 138 के तहत दंडनीय अपराध के आवश्यक घटकों में से एक यह है कि चेक आरोपी के खाते से निकाला गया होना चाहिए। चूंकि माननीय सर्वोच्च न्यायालय के समक्ष मामले में चेक याचिकाकर्ता के खाते से जारी नहीं किया गया था, इसलिए यह माना गया कि यह पर परक्राम्य लिखत अधिनियम की धारा 138 के तहत अपराध का एक आवश्यक घटक नहीं था।

II. विचार:

मल्लावरपु काशीविश्वेश्वर राव बनाम थडिकोंडा रामुलु फर्म, 2008 (8) स्केल 680, जिसमें यह देखा गया:

a. "परक्राम्य लिखत अधिनियम की धारा 118 (ए) के तहत, अदालत यह मानने के लिए बाध्य है, जब तक कि विपरीत साबित न हो जाए, कि वचन पत्र विचारण (कंसीडरेशन) के लिए बनाया गया था। यह भी एक स्थापित स्थिति है कि इस संबंध में प्रारंभिक बोझ प्रतिवादी पर है कि वह ऐसे तथ्यों और परिस्थितियों को रिकॉर्ड पर लाकर विचार (कंसीडरेशन) की गैर-मौजूदगी को साबित करे, जिससे न्यायालय प्रत्यक्ष प्रमाण से या विचार (कंसीडरेशन) की मौजूदगी असंभव, संदिग्ध या अवैध दर्शाने वाली संभावनाओं की प्रबलता (प्रीपोंडेरेंस) से विचार (कंसीडरेशन) की गैर-मौजूदगी पर विश्वास कर सके।"

इसके बाद *भारत बैरल एंड ड्रम मैन्युफैक्चरिंग कंपनी बनाम अमीन चंद प्यारेलाल*, (1993) 3 एससीसी 35 (पैरा 12) में पहले के फैसले के उद्धरण का हवाला देते हुए यह निर्णय आगे बढ़ा:

b. "जैसा कि ऊपर उल्लेख किया गया है, विभिन्न निर्णयों पर विचार करने पर, कानून की स्थिति जो उभरती है वह यह है कि एक बार जब वचन पत्र के निष्पादन को स्वीकार कर लिया जाता है, तो धारा 118 (ए) के तहत अनुमान लगाया जाएगा कि यह एक कंसीडरेशन द्वारा समर्थित है।" ऐसी धारणा का खंडन किया जा सकता है। प्रतिवादी संभावित बचाव (डिफेंस) पेश करके किसी प्रतिफल(कंसीडरेशन) की गैर-मौजूदगी को साबित कर सकता है। यदि यह साबित हो जाता है कि प्रतिवादी ने सबूत के प्रारंभिक दायित्व का निर्वहन कर दिया है, जिससे पता चलता है कि प्रतिफल का अस्तित्व असंभव या संदिग्ध था या वह अवैध था, तो जिम्मेदारी वादी पर स्थानांतरित हो जाएगी जो इसे तथ्य के रूप में साबित करने के लिए बाध्य होगा। इसे साबित करने में विफलता उसे परक्राम्य लिखत के आधार पर राहत देने से वंचित कर देगी। प्रतिवादी पर कंसीडरेशन की गैर-मौजूदगी

को साबित करने का बोझ या तो प्रत्यक्ष हो सकता है या उन परिस्थितियों के संदर्भ में संभावनाओं की प्रबलता को रिकॉर्ड पर लाकर हो सकता है जिन पर वह भरोसा करता है। ऐसी स्थिति में, कानून के तहत वादी को स्वयं उसके साक्ष्यों सहित प्रकरण में दिए गए सभी साक्ष्यों पर भरोसा करने का हकदार है। ऐसे मामले में, जहां प्रतिवादी कंसीडरेशन की गैर-मौजूदगी दिखाकर सबूत के प्रारंभिक दायित्व का निर्वहन करने में विफल रहता है, तो वादी को धारा 118 (ए) के तहत उसके पक्ष में उत्पन्न होने वाले अनुमान के लाभ का हकदार माना जाएगा।

अदालत प्रतिवादी पर प्रत्यक्ष साक्ष्य प्रस्तुत करके कंसीडरेशन की मौजूदगी को गलत साबित करने के लिए जोर नहीं दे सकती है क्योंकि नकारात्मक साक्ष्य का अस्तित्व न तो संभव है और न ही उस पर विचार किया जा सकता है और यदि किया भी जाता है, तो उसे संदेह की नजर से देखा जाता है। कंसीडरेशन को पारित करने से इनकार करना स्पष्ट रूप से कोई बचाव प्रतीत नहीं होता है। जो कुछ संभावित है उसे, वादी पर साबित करने का दायित्व स्थानांतरित करने का लाभ प्राप्त करने के लिए रिकॉर्ड पर लाया जाना चाहिए।

अनुमान का खंडन करने के लिए, प्रतिवादी को ऐसे तथ्यों और परिस्थितियों को रिकॉर्ड पर लाना होगा, जिन पर विचार करने पर अदालत या तो यह मान सकती है कि कंसीडरेशन मौजूद नहीं था या इसकी गैर-मौजूदगी इतनी संभावित थी कि एक विवेकशील व्यक्ति, प्रकरण की परिस्थितियों में इस दलील पर कार्रवाई करें कि इसका अस्तित्व ही नहीं था।''

III. कार्रवाई का कारण:

A. कितनी भी बार चेक प्रस्तुत करना:

वैधता अवधि के दौरान एक चेक कितनी भी बार प्रस्तुत किया जा सकता है। हालाँकि, कार्य का कारण केवल एक बार उत्पन्न होता है। वैधानिक नोटिस जारी होने और मांग का अनुपालन न होने के बाद कार्रवाई का कारण उत्पन्न होता है। (*सदानंदन भद्रन बनाम माधवन सुनील कुमार*, जेटी 1998 (6) एससी 48) में माननीय सर्वोच्च न्यायालय ने यह भी माना था कि भुगतानकर्ता अपनी वैधता अवधि के भीतर बार-बार चेक प्रस्तुत करने के लिए स्वतंत्र था, एक बार नोटिस जारी होने के बाद और नोटिस प्राप्त होने के 15 दिनों के भीतर भुगतान प्राप्त नहीं होता है, तो प्राप्तकर्ता को कार्रवाई के मूल कारण का लाभ उठाना होगा और शिकायत दर्ज करनी होगी। प्रत्येक अभ्यावेदन पर चेक का अनादरण होने पर कार्रवाई का कोई नया कारण उत्पन्न नहीं होता है। *प्रेम चंद विजय कुमार बनाम यशपाल सिंह* [(2005) 4 एससीसी 417] में यह दृष्टिकोण दोहराया गया था। *सेंट्रल बैंक ऑफ इंडिया बनाम मैसर्स सैक्सन फार्म्स* 1999 सीआरएल.एल.जे. 4571 भी देखें।

B. सूचना:

(a) नोटिस – बिना दावे का लौटाया गया - 15 दिनों के बाद फिर से दूसरे पते पर भेजा गया - वैध - शिकायतकर्ता ने 29-5-1999 को नोटिस भेजा - 9-6-1999 को बिना दावे के रूप में लौटाया - शिकायतकर्ता को जब पता चला कि आरोपी कहीं और उपलब्ध है तो उसने 24-6-1999 को उसी नोटिस की प्रति भेजी - सीमाओं की अवधि दूसरे नोटिस से 15 दिनों के बाद शुरू होती है। 2002 (4) सीटीसी 335।

(b) संचार: नोटिस जारी करना अपने आप में कार्रवाई का कारण नहीं बनेगा, लेकिन संचार बनेगा (*हरमन इलेक्ट्रॉनिक्स प्राइवेट लिमिटेड और अन्य बनाम नेशनल पैनासोनिक इंडिया लिमिटेड* का पैरा 14, (2009) 1 SCC (Cri) 610)/[2011] 3 taxmann.com 67 (SC) में रिपोर्ट किया गया) जबकि परक्राम्य लिखत (निगोशिएबल इंस्ट्रूमेंट) के धारक द्वारा नोटिस जारी करना आवश्यक है, उसका तामील होना भी अनिवार्य है। केवल इस तरह के नोटिस की तामील और उसके बाद 15 दिनों की अवधि के भीतर आरोपी की ओर से मांगी गई राशि का भुगतान करने में विफलता पर ही अपराध का कमीशन पूरा होता है।

(c) कंपनी के एमडी को नोटिस: *रजनीश अग्रवाल बनाम अमित जे भल्ला* (2001 एआईआर एससीडब्ल्यू 124) में सुप्रीम कोर्ट ने माना है कि चेक पर हस्ताक्षर करने वाले निदेशक को परक्राम्य लिखत अधिनियम (अधिनियम) की धारा 138 के तहत भुगतान के लिए नोटिस चेक जारी करने वाली कंपनी को नोटिस है और नोटिस को संकीर्ण तकनीकी तरीके से नहीं समझाया जा सकता।

(d) नोटिस की तामील: *मध्य प्रदेश राज्य बनाम हीरालाल,* जेटी 1996 (1) एस.सी. 669 में सर्वोच्च न्यायालय, जहां, "घर में उपलब्ध नहीं", "घर पर ताला लगा हुआ" और "दुकान बंद" प्रभाव वाली डाक टिप्पणियों को प्रतिवादी को नोटिस की तामील माना गया था। *सुबोध एस.सालस्कर बनाम जयप्रकाश एम. शाह,* एआईआर 2008 एससी 3086 में, माननीय सर्वोच्च न्यायालय ने माना कि साक्ष्य अधिनियम की धारा 114 के तहत तामील की धारणा भी उत्पन्न होगी यदि नोटिस इस पृष्ठांकन के साथ वापस प्राप्त होता है कि पार्टी ने इसे स्वीकार करने से इनकार कर दिया। वर्तमान मामले में, शिकायत के पैराग्राफ 5 में यह याचिकाकर्ता का अपना मामला है कि उसने प्रतिवादी को डाक रसीद संख्या 8288 के माध्यम से पंजीकृत नोटिस भेजा था। इस प्रकार, याचिकाकर्ता/शिकायतकर्ता स्वयं पंजीकृत कवर पर डाक विभाग के पृष्ठांकन के आधार पर प्रतिवादी पर तामील का दावा करता है।

सी.सी. *अलवी हाजी बनाम पालापेट्टी मुहम्मद* [जेटी 2007(7) एससी 498] में इस न्यायालय के हालिया फैसले के मद्देनजर नोटिस की तामील की जो आवश्यकताएं हैं वे अब अनिर्णीत विषय नहीं हैं।

नोटिस - बकाया बिलों के आंशिक भुगतान के लिए जारी किया गया चेक - चेक का नकदीकरण नहीं हुआ - नोटिस जारी कर लंबित बिलों के भुगतान की मांग की गई, चेक राशि की नहीं - माना गया, नोटिस वैध नहीं है। (*मैसर्स राहुल बिल्डर्स बनाम मैसर्स अरिहंत फर्टिलाइजर्स एंड केमिकल*।) 2007(3) शीर्ष न्यायालय के फैसले 554 (एस.सी.): 2007(4) आपराधिक न्यायालय मामले 990 (एस.सी.)

IV. प्रतिनिधि/प्राधिकृत प्रतिनिधि:

एआईआर 2002 एससी 182 में, माननीय सर्वोच्च न्यायालय ने निम्नलिखित टिप्पणियाँ कीं, "परक्राम्य लिखत अधिनियम की धारा 142 में प्रावधान है कि धारा 138 के तहत शिकायत उक्त चेक के भुगतान पाने वाले या धारक द्वारा की जा सकती है। विचाराधीन दोनों शिकायतें अपीलकर्ता कंपनी की ओर से हैं, जो दोनों चेकों की भुगतान पाने वाली है। इस न्यायालय ने (1983) 4 एससीसी 701 में रिपोर्ट किए गए *विश्व मित्तर बनाम ओ.पी. पोद्दार* के मामले में कहा है कि यह स्पष्ट है कि संज्ञान लेने के हकदार मजिस्ट्रेट के समक्ष कोई भी अपराध का गठन करने वाले तथ्यों की शिकायत दर्ज करके आपराधिक कानून को गति दे सकता है।

V. पॉवर ऑफ़ अटॉर्नी (मुख्तारनामा):

जानकी वशदेव भोजवानी बनाम इंडसइंड बैंक लिमिटेड। (2005) बीसी 399 (एससी) के मामले में सुप्रीम कोर्ट का फैसला पारित हुआ : 2004 एआईआर एससीजब्ल्यू 7064, में बताया है कि सामान्य या विशेष पावर ऑफ अटॉर्नी धारक उपस्थित हो सकता है, पक्ष की ओर से पैरवी कर सकता है और कार्य कर सकता है लेकिन वह पक्ष की ओर से गवाह नहीं बन सकता है।

'शंकर फाइनेंस इन्वेस्टमेंट्स बनाम आंध्र प्रदेश राज्य' (2008) 24 सीएलए-बीएल सप्लिमेंट 62 (एससी) के मामले में आंध्र प्रदेश उच्च न्यायालय द्वारा एक आपराधिक याचिका के संबंध में पारित आदेश के खिलाफ अपील दायर की गई थी, जिसमें कहा गया था कि पावर ऑफ अटॉर्नी धारक द्वारा हस्ताक्षर की गई शिकायत मौजूदा स्थिति में रखने योग्य (मेंटेनेबल) नहीं थी। चेक का प्राप्तकर्ता 'शंकर फाइनेंस एंड इन्वेस्टमेंट्स' है, जो श्री आत्मकुमारी शंकर राव की स्वामित्व वाली कंपनी है, जिसका प्रतिनिधित्व इसके पावर ऑफ अटॉर्नी धारक श्री थमाडा सत्यनारायण द्वारा किया जाता है। सुप्रीम कोर्ट ने कहा कि अधिनियम की धारा 142 की आवश्यकताएं यह हैं कि शिकायत लिखित रूप में होनी चाहिए और शिकायत प्राप्तकर्ता या धारक द्वारा उचित समयावधि में की जानी चाहिए। इस मामले में भुगतान पाने वाला शंकर एंड फाइनेंस इन्वेस्टमेंट्स है। जब शिकायत 'पेयी' के नाम पर हो और लिखित हो, तो धारा 142 की आवश्यकताएं पूर्ण हो गईं हैं।

जिमी जहांगीर मदन बनाम बॉली करियप्पा हिंडले - 2004(12) एससीसी 509 में सुप्रीम कोर्ट ने फैसला सुनाया कि अभियोजन जारी रखने के लिए सीआरपीसी की धारा 302 के तहत आवेदन एनआई अधिनियम की धारा 138 के तहत अभियोजन में मृतक शिकायतकर्ता के वारिसों के पावर-

ऑफ-अटॉर्नी धारक द्वारा दायर नहीं किया जा सकता है। यह माना गया कि मृत शिकायतकर्ता के उत्तराधिकारियों द्वारा उस संबंध में अनुमति मांगी जानी चाहिए।

VI. शिकायतकर्ता की मृत्युः

एस. रेडप्पा बनाम एम. विजया (कर्नाटक उच्च न्यायालय- 1996)। रेडप्पा के मामले में यह माना जाता है कि अधिनियम की धारा 138 के तहत कार्यवाही में, शिकायतकर्ता की मृत्यु वास्तव में आपराधिक कार्यवाही को समाप्त नहीं करती है।

यह आवश्यक नहीं है कि कानूनी उत्तराधिकारी या कानूनी प्रतिनिधि ही कार्यवाही जारी रख सकते हैं - एक योग्य और उचित व्यक्ति को याचिका पर मुकदमा चलाने की अनुमति दी जा सकती है।

अश्विन नानूभाई व्यास बनाम महाराष्ट्र राज्य इस मामले में न्यायालय दंड प्रक्रिया संहिता, 1898 की धारा 495 के तहत एक मामले पर विचार कर रहा था, जो संहिता की धारा 302 के अनुरूप है। उस मामले में, यह निर्धारित किया गया था कि शिकायतकर्ता की मृत्यु पर, उक्त संहिता की धारा 495 के प्रावधानों के तहत, शिकायतकर्ता की मां को अभियोजन जारी रखने की अनुमति दी जा सकती है। आगे यह निर्धारित किया गया कि वह स्वयं या वकील के माध्यम से आवेदन कर सकती है।

VII. आरोपी की मृत्युः

कानूनी उत्तराधिकारियों पर एनआई अधिनियम की धारा 138 के तहत मुकदमा नहीं चलाया जा सकता है। यदि शिकायतकर्ता द्वारा उनके खिलाफ कोई दावा किया गया है, तो उसे कानूनी उत्तराधिकारियों के हाथों में संपत्तियों के खिलाफ राशि की वसूली के लिए केवल नागरिक कानून के तहत आगे बढ़ना होगा।

VIII. कंपनी/साझेदारी फर्मः

प्राधिकार नए सिरे से वैध - प्राधिकार - कंपनी का प्रतिनिधित्व करने के लिए प्रतिस्थापन (सब्सटीट्यूशन) की आवश्यकता - शिकायत दर्ज करना - कंपनी से अधिकृत इस्तीफा देना - कंपनी का प्रतिनिधित्व नए सिरे से अधिकृत व्यक्ति द्वारा किया जा सकता है। 1997 (2) सीटीसी 675।

कंपनी द्वारा अपराध –अभिव्यक्ति, 'कंपनी के प्रभारी थे, और कंपनी के कारोबार के लिए जिम्मेदार थे - *के. के. आहूजा बनाम वी.के. वोरा* [भारत का सर्वोच्च न्यायालय, [2009] 94 SCL 140 (S.C.)] क्या डीजीएम अभिव्यक्ति के अंतर्गत आता है? – माना गया, नहीं - कंपनी के अलावा दो प्रकार के व्यक्तियों को अपराध का दोषी माना जाएगा और उनके खिलाफ कार्यवाही की जाएगी और दंडित किया जाएगा, वे हैं, एक, जो कंपनी के व्यवसाय के संचालन के लिए कंपनी का प्रभारी था और उसके प्रति जिम्मेदार था, दो, कंपनी का कोई निदेशक, प्रबंधक, सचिव या अन्य अधिकारी जिसकी सहमति और मिलीभगत से, धारा 138 के तहत अपराध किया गया है,

या किसकी लापरवाही के परिणामस्वरूप कंपनी द्वारा ऐसा अपराध किया गया है - प्रथम श्रेणी का व्यक्ति केवल धारा 141 की उपधारा (1) की आवश्यकताओं को पूरा करने के कारण परोक्ष रूप से उत्तरदायी है - कोर्ट ने कहा कि यदि कंपनी के कारोबार के संचालन के लिए जिम्मेदार व्यक्ति कंपनी के कारोबार के संचालन का प्रभारी नहीं है, तो उसे तभी उत्तरदायी बनाया जा सकता है, जब अपराध उसकी सहमति या मिलीभगत से किया गया हो या उसकी लापरवाही का नतीजा हो - दूसरी श्रेणी के व्यक्ति, जैसा कि धारा 141 की उपधारा (2) में उल्लिखित है, किसी कानूनी कल्पना के कारण नहीं बल्कि निभाई गई विशिष्ट भूमिका यानी सहमति और मिलीभगत या लापरवाही के कारण उत्तरदायी हैं। - कोर्ट ने बताया कि यदि किसी व्यक्ति को धारा 141 की उपधारा (2) के तहत उत्तरदायी बनाया जाना है, तो उसकी सहमति और मिलीभगत या लापरवाही को सिद्ध करना आवश्यक है। - (ii) वे कौन व्यक्ति हैं जो कंपनी के व्यवसाय के संचालन के लिए कंपनी के प्रति जिम्मेदार हैं, और जिनके बारे में कहा जा सकता है कि वे कंपनी के व्यवसाय के संचालन के लिए प्रभारी थे और कंपनी के प्रति जिम्मेदार थे?- स्थापित पद, एक एमडी प्रथम दृष्टया कंपनी के व्यवसाय और मामलों का प्रभारी और जिम्मेदार होता है और कंपनी द्वारा किए गए अपराधों के लिए उस पर मुकदमा चलाया जा सकता है; लेकिन जहां तक अन्य निदेशकों का सवाल है, उन पर केवल तभी मुकदमा चलाया जा सकता है जब वे कंपनी के व्यवसाय के संचालन के प्रभारी और जिम्मेदार हों।

स्वामित्व वाली कंपनी - स्वामित्व वाली कंपनी के किसी कर्मचारी पर अधिनियम (रघु लक्ष्मीनारायणन बनाम फाइन ट्यूब्स) 2007(2) सर्वोच्च न्यायालय के निर्णय 001 (S.C.) [2007] 76 SCL 25 (S.C.) : 2007(2) सिविल कोर्ट मामले 641 (S.C.): 2007(2) आपराधिक न्यायालय मामले 709 (S.C.) की धारा 138 के तहत कार्रवाई नहीं की जा सकती।

IX. शिकायत ख़ारिज करना:

(a) डिफ़ॉल्ट और बहाली के लिए: शिकायतकर्ता की अनुपस्थिति के कारण आपराधिक अदालत द्वारा शिकायत को खारिज करने का आदेश एक उचित आदेश है (एआईआर 1986 एससी 1440)। दूसरी शिकायत कानून में स्वीकार्य है यदि इसे एआईआर 1962 एससी 876 में रिपोर्ट किए गए मामले में सुप्रीम कोर्ट द्वारा लगाई गई सीमा के भीतर लाया जा सकता है।

(b) शिकायत और उसकी अपील को खारिज करना: शिकायतकर्ता के उपस्थित न होने के कारण शिकायत को खारिज करना जिसके परिणामस्वरूप आरोपी को बरी कर दिया गया। पुनरीक्षण स्वीकार्य (मेंटेनेबल) नहीं है और सीआरपीसी की धारा 378(4) के तहत केवल उच्च न्यायालय में अपील की जा सकती है। (II 2003 सीसीआर 387 एचपी)।

एसोसिएटेड सीमेंट कंपनी लिमिटेड बनाम केशवानंद (1998) 1 एससीसी 687 में। न्यायमूर्ति के.टी. थॉमस (जैसे कि वे तब थे) ने अदालत के लिए बोलते हुए कहा कि सीआरपीसी की धारा 256 के तहत मजिस्ट्रेट को शक्ति प्रदान करने का उद्देश्य, जब शिकायतकर्ता शिकायत दर्ज करके आपराधिक कार्यवाही शुरू कर देता है तो उसकी ओर से टालमटोल की रणनीति को रोकना है। सीआरपीसी की धारा 256 के तहत मजिस्ट्रेट को शक्ति प्रदान करने का उद्देश्य शिकायतकर्ता द्वारा शिकायत दर्ज कराने के बाद आपराधिक कार्यवाही शुरू करने के बाद उसकी ओर से टालमटोल की रणनीति को रोकना है। इसका उद्देश्य यह है कि अभियुक्त को अदालत द्वारा निर्धारित तारीखों पर अदालती कार्यवाही में उपस्थित होने के लिए बाध्य किया जाता है और इस प्रकार, यदि शिकायतकर्ता उन तारीखों पर अदालत में उपस्थित नहीं होता है जब उसकी उपस्थिति आवश्यक होती है, तो उसे परेशान किया जाता है। यह प्रावधान शिकायतकर्ता द्वारा अपनाई जाने वाली ऐसी टालने वाली रणनीति के खिलाफ आरोपी को सुरक्षा प्रदान करता है। हालाँकि, इसका मतलब यह नहीं है कि यदि शिकायतकर्ता अनुपस्थित है तो अदालत आरोपी को बरी करने के लिए बाध्य है। यदि स्थिति अनिवार्य हो तो मजिस्ट्रेट के पास सुनवाई स्थगित करने की शक्ति है। दूसरी ओर, यदि मजिस्ट्रेट महसूस करता है कि शिकायतकर्ता की व्यक्तिगत उपस्थिति आवश्यक नहीं है तो उसे शिकायतकर्ता को उपस्थिति से छूट देने और मामले को आगे बढ़ाने की शक्ति है। यह अदालत को विचार करना है कि जिस दिन शिकायतकर्ता अनुपस्थित है उस दिन प्रकरण की प्रगति के लिए शिकायतकर्ता की उपस्थिति आवश्यक है या स्थिति ऐसी है कि मामले को किसी अन्य तारीख के लिए स्थगित कर दिया जाए। यदि स्थिति यह कहती है (मेन्डेट्स) कि मामले को स्थगित करने का कोई कारण नहीं है, तो मजिस्ट्रेट शिकायत को खारिज करने और आरोपी को बरी करने के लिए स्वतंत्र है। एसोसिएटेड सीमेंट (*सुप्रा*) के सिद्धांत का पालन *एस. आनंद बनाम वसुमथी चन्द्रशेखर* (2008) 4 एससीसी 67 नामक मामले में सुप्रीम कोर्ट के बाद के फैसले में किया गया है।

X. दीवानी एवं आपराधिक दायित्व:

क्षेत्राधिकार:

प्रादेशिक क्षेत्राधिकार: *मुसरफ हुसैन खान बनाम भागीरथ इंजीनियरिंग। लिमिटेड* (एससी) *श्रीमती शमशाद बेगम बनाम बी मोहम्मद*, एआईआर 2009 एससी 1355 में रिपोर्ट किया गया, (न्यायालय ने *के. भास्करन बनाम शंकरन वैध्यन बालन* के मामले में माननीय सर्वोच्च न्यायालय के पहले के दृष्टिकोण का पालन किया)। *के. भास्करन बनाम शंकरन वैध्यन बालन (सुप्रा)* के मामले में, पैराग्राफ 14 में शीर्ष न्यायालय की एक खंडपीठ ने निम्नलिखित कृत्यों को स्वीकार किया जो परक्राम्य लिखत अधिनियम (निगोशिएबल इंस्ट्रूमेंट एक्ट) की धारा 138 के तहत दंडनीय अपराध के घटक हैं:

(a) चेक का आहरण करना

(b) बैंक को चेक प्रस्तुत करना

(c) अदाकर्ता बैंक द्वारा भुगतान न किए गए चेक को वापस करना।

(d) चेक जारीकर्ता को लिखित में नोटिस देकर चेक की राशि के भुगतान की मांग करना।

(e) नोटिस प्राप्त होने के 15 दिनों के भीतर भुगतान करने में भुगतानकर्ता द्वारा विफलता।

हरमन इलेक्ट्रॉनिक्स प्राइवेट लिमिटेड बनाम नेशनल पैनासोनिक इंडिया (पी) लिमिटेड में (2009) 1 एससीसी (सीआरआई) 610 (*पंजाब राज्य बनाम अमर सिंह हरिका* एआईआर (1996) एससी 1313 का अनुसरण किया) में बताया गया कि किसी विशेष स्थान से नोटिस भेजना कार्रवाई का कारण नहीं बनेगा, बल्कि नोटिस का संप्रेषण कारण बनेगा। इसलिए, किसी भी न्यायालय के पास परक्राम्य लिखत अधिनियम की धारा 138 के तहत दंडनीय अपराध की सुनवाई करने का क्षेत्रीय क्षेत्राधिकार केवल इसलिए नहीं बन जाता कि नोटिस उसकी क्षेत्रीय सीमा के भीतर स्थित स्थान से भेजा गया था।

विलंबित शिकायत:

नटराज @ टी. नटराजन बनाम पी. वेंकटचलम (2008) 1 सीटीसी 503- प्रथा एवं प्रक्रिया –चेक के भुगतान न होने का प्रकरण –विलंबित शिकायत के मामले में शपथ पत्र के साथ विलंब क्षमा आवेदन दाखिल करने की आवश्यकता –उचित प्रक्रिया का पालन किया जाना चाहिए –यदि शिकायत दर्ज करने में कोई देरी हो तो शिकायतकर्ता को देरी को माफ करने वाली याचिका दायर करनी चाहिए, कि ऐसी शिकायत दर्ज करने पर मजिस्ट्रेट को आरोपी को नोटिस जारी करना चाहिए –आरोपी को सुनवाई का अवसर देने के बाद देरी के लिए बताए गए कारण पर विचार किया जाएगा मजिस्ट्रेट को पहले खुद को संतुष्ट करना चाहिए और क्षमा विलंब याचिका को स्वीकार या अस्वीकार करके उचित आदेश पारित करना चाहिए –ऐसी प्रक्रिया का पालन करने में विफलता अभियुक्त के मूल्यवान अधिकार को प्रभावित करती है।

XI. उपस्थिति/पेशी

या तो निजी मुचलके अथवा इतनी ही राशि की जमानत प्रस्तुत करने पर जमानत स्वीकार कर ली जाए। या व्यक्तिगत उपस्थिति से छूट के लिए आवेदन दायर करें

XII. अपराध को समझौते से समाप्त करना:

दामोदर एस. प्रभु बनाम सैयद बाबालाल एच. एससी 2010 (2010 की सीआरएल अपील संख्या 963) [2010] 101 SCL 27 (SC): एनआई एक्ट की धारा 147 के तहत अपराध को समझौते से समाप्त करना संभव है। जनवरी 2010 में सुप्रीम कोर्ट ने माना कि चेक जारी करने का अपराध, जो धन की कमी के कारण बाउंस हो जाता है, के संबंध में पार्टियों के बीच समझौता किया जा

सकता है। सुप्रीम कोर्ट ने कहा कि परक्राम्य लिखत अधिनियम की धारा 147 के तहत, पक्ष समझौता कर सकते हैं क्योंकि अपराध को 'समझौता योग्य' के रूप में सूचीबद्ध किया गया है।

XIII. खाता बंद:

जब किसी बैंक द्वारा चेक को 'खाता बंद' पृष्ठांकन के साथ लौटाया जाता है, तो यह चेक को बिना भुगतान किए लौटाने के समान होगा क्योंकि "उस खाते में जमा धनराशि चेक का भुगतान करने के लिए अपर्याप्त है" जैसा कि अधिनियम की धारा 138 में उल्लिखित है। (*एनईपीसी माइक्रोन लिमिटेड बनाम मैग्मा लीजिंग लिमिटेड*) 1999(2) सिविल कोर्ट केस 471 (एस.सी.)।

चेक तब जारी किया गया जब खाता पहले ही बंद किया जा चुका था

धारा 138 का प्रावधान लागू होगा. (*एन.ए.इस्साक बनाम जीमोन पी.अब्राहम*) 2005(1) सिविल कोर्ट केस 690 (एस.सी.) : 2005(1) आपराधिक अदालत प्रकरण 119 (एस.सी.)

XIV. भुगतान रोकना: कई बार भुगतानकर्ता ने अपने कर्ज या देनदारी से बचने के लिए इसे (स्टॉप पेमेंट) धोखे के साधन के रूप में इस्तेमाल किया है। "ऐसी चतुराई भरी कार्रवाई से प्रावधान के उद्देश्य को विफल नहीं होने दिया जा सकता"। *कलकत्ता सेनेटरी वेयर्स बनाम सी.टी. जैकब* प्रकरण में केरल उच्च न्यायालय ने बताया।

एम.एम.टी.सी. लिमिटेड बनाम मेडचल केमिकल्स एंड फार्मा (पी) लिमिटेड, (2002) 1 SCC 234 [2002] 39 SCL 270 (S.C.) (पैरा. 19):

> "...प्राधिकार दर्शाता है कि जब चेक भुगतान रोकने के निर्देश के कारण अनादृत (डिसऑनर) हो जाता है, तब भी धारा 139 के आधार पर न्यायालय को यह मानना होगा कि चेक धारक द्वारा किसी ऋण या देनदारी के पूर्ण या आंशिक रूप से भुगतान के लिए प्राप्त किया गया था। निःसंदेह यह एक खण्डनयोग्य अनुमान है। आरोपी इस प्रकार दिखा सकता है कि 'भुगतान रोकने' के निर्देश धन की अपर्याप्तता या कमी के कारण जारी नहीं किए गए थे। यदि आरोपी यह दर्शाता है कि भुगतानकर्ता बैंक में नकदीकरण के लिए चेक की प्रस्तुति के समय उसके खाते में चेक की राशि चुकाने के लिए पर्याप्त धनराशि थी और अन्य वैध कारणों से भुगतान रोकने का नोटिस जारी किया गया था। वैध कारणों में भुनाने के लिए चेक प्रस्तुत करते समय कोई मौजूदा ऋण या देनदारी न होना शामिल हो सकता है, तो धारा 138 के तहत अपराध नहीं बनाया जाएगा। अहम बात यह है कि ऐसा साबित करने का भार आरोपी पर होगा। ..."

'मोदी सीमेंट्स' मामले में सुप्रीम कोर्ट ने कही ये बात.

> "यहां तक कि जब चेक 'स्टॉप पेमेंट' निर्देशों के कारण अनादृत (डिसऑनर) हो जाता है, तो अधिनियम की धारा 139 के आधार पर, अदालत को यह मानना होगा कि चेक

'धारक' द्वारा किसी भी ऋण या देनदारी का पूर्ण या आंशिक रूप से भुगतान के लिए प्राप्त किया गया था, "एक पीठ ने कहा।

बेशक, यह एक खंडन योग्य अनुमान है और आरोपी (आहरणकर्ता) इस प्रकार दिखा सकता है कि 'भुगतान रोकने' के निर्देश अपर्याप्तता या धन की कमी के कारण जारी नहीं किए गए थे,'' पीठ ने आगे कहा।

"यदि अभियुक्त यह दर्शाता है कि नकदीकरण के लिए प्रस्तुत करते समय चेक की राशि चुकाने के लिए उसके खाते में पर्याप्त धनराशि थी और स्टॉप पेमेंट नोटिस अन्य वैध कारणों से जारी किया गया था, जिसमें कोई मौजूदा ऋण या देनदारी नहीं थी, तो धारा 138 के तहत अपराध नहीं बनाया जाएगा, "बेंच ने 'मोदी सीमेंट्स केस' (1998) में शीर्ष अदालत के पूर्व के फैसले का हवाला देते हुए कहा।

मैसर्स इलेक्ट्रॉनिक्स ट्रेड एंड टेक्नोलॉजी डेवलपमेंट लिमिटेड, सिकंदराबाद बनाम मैसर्स इंडियन टेक्नोलॉजिस्ट एंड इंजीनियर्स (इलेक्ट्रॉनिक्स) प्रा. लिमिटेड में माननीय सर्वोच्च न्यायालय ने कहा कि:

"इस प्रकार यह स्पष्ट हो जाएगा कि जब किसी व्यक्ति द्वारा बैंकर के साथ रखे गए अपने खाते पर किसी अन्य व्यक्ति को ऋण की संपूर्ण या आंशिक या अन्य देयता के निर्वहन की राशि में से किसी भी राशि का भुगतान करने के लिए जारी चेक को पृष्ठांकन के साथ बैंक द्वारा वापस कर दिया जाता है, जैसे (1) इस मामले में, "मैं चेक लिखने वाले को रेफर करता हूं" (2) "भुगतान रोकने के निर्देश" और (3) "स्टाम्प व्यवस्था से अधिक है", यह अधिनियम की धारा 138 के अर्थ में अनादरण (डिसऑनर) की श्रेणी में आता है। भुगतान प्राप्त न होने के बाद प्राप्तकर्ता या धारक द्वारा नियत समय में नोटिस जारी करने पर, ऐसे नोटिस की प्राप्ति की तारीख से 15 दिनों के भीतर भुगतान की मांग करने वाले को, यदि वह भुगतान नहीं करता है, तो बेईमान इरादे का वैधानिक अनुमान लगाया जाएगा, किसी भी अन्य दायित्व के अधीन, संतुष्ट है"।

जुगेश सहगल बनाम शमशेर सिंह गोगी 2009(3) सीसी प्रकरण (एससी) 2004 में माननीय सर्वोच्च न्यायालय - माननीय उच्चतम न्यायालय ने कहा कि याचिकाकर्ताओं द्वारा शिकायतकर्ता को कथित तौर पर जारी किया गया चेक किसी अन्य व्यक्ति से संबंधित खाते से जारी किया गया था। माननीय न्यायालय ने यह भी कहा कि परक्राम्य लिखत अधिनियम की धारा 138 के तहत दंडनीय अपराध के आवश्यक तत्वों में से एक यह है कि चेक आरोपी के बनाए गए खाते पर निकाला गया हो। चूंकि माननीय सर्वोच्च न्यायालय के समक्ष मामले में चेक याचिकाकर्ता द्वारा बनाए गए खाते से जारी नहीं किया गया था, इसलिए यह माना गया कि परक्राम्य लिखत अधिनियम की धारा 138 के तहत अपराध का एक आवश्यक घटक संतुष्ट नहीं था।

XV. प्रतिभूति जांच:

माननीय बॉम्बे उच्च न्यायालय ने *रामकृष्ण अर्बन कोऑपरेटिव क्रेडिट सोसाइटी (आरयूसीसीएस) बनाम राजेंद्र वर्मा* (2000) मामले में कहने से कि यदि उनके (उधारकर्ताओं) द्वारा संपार्श्विक प्रतिभूति के रूप में जारी किया गया खाली पोस्ट-डेटेड चेक बाउंस हो जाता है, तो बैंक उधारकर्ताओं पर मुकदमा नहीं चला सकते, वाणिज्यिक और व्यापार मंडल में निराशा का भाव फैल गया।

चेक एक समझौता की सहमति के तहत जारी किया गया था: सुप्रीम कोर्ट ने फैसला सुनाया है कि खाते में पर्याप्त शेष राशि के बिना चेक जारी करने के लिए आपराधिक कार्यवाही केवल तभी वैध होगी जब यह ऋण या देनदारी के निर्वहन के लिए निकाला गया हो। यदि इसे किसी समझौते या समझौते की शर्तों को पूरा करने के लिए जारी किया जाता है, तो चेक जारी करने वाले के खिलाफ आगे बढ़ने के लिए परक्राम्य लिखत अधिनियम की धारा 138 का उपयोग नहीं किया जा सकता है।

ऋण - एक बड़ा ऋण देने के बावजूद कोई दस्तावेज निष्पादित नहीं किया गया - यहां तक कि उस पर कोई ब्याज भी नहीं लिया गया - पहले आरोपियों ने चिट्टी की इनामी राशि के संबंध में किश्तों का भुगतान नहीं किया - इस तथ्य के बावजूद ऋण दिया गया कि आरोपियों के खिलाफ धन की वसूली के लिए दायर किए गए तीन सिविल मुकदमे लंबित थे - शिकायतकर्ता बेदाग हाथों के साथ अदालत में नहीं आ रहा है और उसका आचरण विवेकपूर्ण व्यक्ति जैसा नहीं है - माना गया, आरोपी ने अधिनियम की धारा 139 के तहत उपलब्ध अनुमान का खंडन करने के अपने दायित्व का निर्वहन किया है - बरी करने का आदेश बरकरार रखा गया है। (*जॉन के.जॉन बनाम टॉम वर्गीस*) 2007(3) शीर्ष न्यायालय का निर्णय 655 (एस.सी.): 2007(4) सिविल न्यायालय प्रकरण 690 (एस.सी.): 2007(4) आपराधिक न्यायालय प्रकरण 974 (एस.सी.)

XVI. विशेषज्ञों की राय:

विवादित चेक, तुलना के लिए भेजा जाना है सुश्री कल्याणी भास्कर, (2007) 1 एमएलजे (सीआरएल) 1020 (एससी),

जाली चेक: परक्राम्य लिखत अधिनियम , 1881 - धारा 138 - आपराधिक प्रक्रिया संहिता, 1973 - धारा 195 - धारा 195(1)(बी)(ii) - चेक का भुगतान न हो पाना - शिकायत दर्ज करने से पहले चेक के जाली होने का आरोप – माना गया, यदि दस्तावेज़ को न्यायालय में प्रस्तुत करने से पहले उससे संबंधित अपराध किया गया हो और जब यह अदालत की अभिरक्षा में नहीं था तो सीआरपीसी की धारा 195 (1) (बी) (ii) के तहत रोक का सवाल नहीं उठता है और शिकायतकर्ता शिकायत दर्ज करने और कानून के अनुसार कार्रवाई करने के लिए स्वतंत्र है।

परक्राम्य लिखत अधिनियम , 1881 - धारा 138 - चेक का भुगतान न हो पाना - अधिनियम की धारा 138 के तहत शिकायत - शिकायत दर्ज करने से पहले चेक के जाली होने का आरोप -

आरोपी ने आईपीसी की धारा 511 के साथ पठनीय धारा 464, 468, 389, 420 के तहत शिकायत दर्ज की - धारा 195(1)(बी)(ii) के तहत रोक लागू नहीं है - न्याय के हित में दोनों मामलों को एक ही न्यायालय द्वारा एक साथ और एक ही समय पर सुनने और निपटाने का आदेश दिया गया है (बॉम्बे एचसी कोर्ट रामानंद बनाम कैलाशनाथ)

परिशिष्ट

4 बैंकों द्वारा वित्तीय सेवाओं की आउटसोर्सिंग में जोखिम प्रबंधन और आचार संहिता संबंधी आरबीआई के दिशानिर्देश

आरबीआई/2006/167

डीबीओडी.सं.बीपी.40/21.04.158/2006-07

नवम्बर 3, 2006

1. परिचय

1.1 दुनिया भर के बैंक अपनी लागत कम करने और संस्था में आंतरिक रूप से न मिल पाने वाली विशेषज्ञ निपुणता पाने और रणनीतिक लक्ष्य प्राप्त करने के लिए आउटसोर्सिंग का तेजी से उपयोग कर रहे हैं। 'आउटसोर्सिंग' को इस प्रकार परिभाषित किया जा सकता है – बैंक द्वारा निरन्तरता के आधार पर *किसी तीसरे पक्ष (जो किसी कॉर्पोरेट समूह के भीतर एक संबद्ध संस्था हो या उस कॉर्पोरेट समूह से बाहर की संस्था हो) के माध्यम से उन गतिविधियों को, वर्तमान या भविष्य में कराना जिन्हें सामान्यतः बैंक स्वयं करते हैं।*

'निरंतरता के आधार' में सीमित अवधि के करार भी शामिल होंगे।

इस अंतर्राष्ट्रीय प्रवृत्ति को ध्यान में रखते हुए देखा गया है कि भारत में भी बैंक बड़े पैमाने पर विभिन्न गतिविधियों को आउटसोर्स कर रहे हैं। कहने की जरूरत नहीं है कि इस तरह की आउटसोर्सिंग के परिणामस्वरूप बैंकों को विभिन्न जोखिमों का सामना करना पड़ता है जिनका

ब्योरा पैरा 1.3 में दिया गया है। इसके अलावा, आउटसोर्सिंग गतिविधियों को नियामक दायरे में लाया जाना चाहिए और ग्राहकों के हितों की रक्षा की जानी चाहिए।

इस पृष्ठभूमि में भारतीय रिज़र्व बैंक ने यह उचित समझा है कि आउटसोर्सिंग गतिविधि के बढ़ते दौर में बैंक के सामने आने वाले जोखिमों का निराकरण करने और सेवा प्रदाता की सभी बहियों, अभिलेखों और उपलब्ध सूचनाओं तक संबंधित बैंक और भारतीय रिज़र्व बैंक की पहुँच सुनिश्चित करने के लिए दिशानिर्देशों का एक सेट जारी किया जाए । इन दिशानिर्देशों में ग्राहक हितों की सुरक्षा से संबंधित मुद्दे भी शामिल किए गए हैं।

आमतौर पर आउटसोर्स की गई वित्तीय सेवाओं में आवेदनों की प्रोसेसिंग (ऋण का आरंभ, क्रेडिट कार्ड), दस्तावेज़ों की प्रोसेसिंग, विपणन और अनुसंधान, ऋणों का पर्यवेक्षण, डेटा प्रोसेसिंग और आंतरिक परिचालन (बैक ऑफिस) से संबंधित गतिविधियां आदि शामिल होती हैं।

1.2 बैंकिंग पर्यवेक्षण से संबंधित बासेल समिति, प्रतिभूति आयोग (सिक्योरिटीज कमीशन) के अंतर्राष्ट्रीय संगठन और बीमा पर्यवेक्षकों के अंतर्राष्ट्रीय संघ से बने त्रिपक्षीय संयुक्त मंच ने फरवरी 2005 में वित्तीय सेवाओं की आउटसोर्सिंग के संबंध में दिशानिर्देश जारी किए थे। संयुक्त मंच ने मार्गदर्शक सिद्धांतों का एक सेट तैयार किया है। इन मार्गदर्शक सिद्धांतों को आरबीआई द्वारा अभी जारी किए जा रहे दिशानिर्देशों में उपयुक्त ढंग से शामिल किया गया है। अंतरराष्ट्रीय स्तर पर, कई देशों ने भी वित्तीय सेवाओं की आउटसोर्सिंग के संबंध में दिशानिर्देश निर्धारित किए हैं। इन देशों में अमेरिका, यूके, जर्मनी, हांगकांग, ऑस्ट्रेलिया और सिंगापुर शामिल हैं। आरबीआई के दिशानिर्देश सर्वोत्तम अंतरराष्ट्रीय पद्धतियों पर आधारित हैं।

1.3 आउटसोर्सिंग अपने साथ कई जोखिम लेकर आती है। आउटसोर्सिंग में कुछ प्रमुख जोखिम हैं - रणनीतिक जोखिम, प्रतिष्ठा का जोखिम, अनुपालन का जोखिम, परिचालन का जोखिम, विधिक जोखिम, निर्गमन रणनीति जोखिम, प्रतिपक्षी जोखिम, देश का जोखिम, संविदात्मक जोखिम, प्रवेश (एक्सेस) का जोखिम, संकेन्द्रण और प्रणालीगत जोखिम । यदि सेवा प्रदाता वि निर्दिष्ट सेवा प्रदान करने में चूक करे, सुरक्षा/गोपनीयता का उल्लंघन करे अथवा सेवा प्रदाता या आउटसोर्सिंग करने वाले बैंक द्वारा विधिक और नियामक आवश्यकताओं का अनुपालन न हो तो बैंक को वित्तीय नुकसान या प्रतिष्ठा की हानि हो सकती है और इससे देश की संपूर्ण बैंकिंग प्रणाली के भीतर प्रणालीगत जोखिम भी पैदा हो सकते हैं। इसलिए अपनी गतिविधियां आउटसोर्स करने वाले बैंक के लिए यह आवश्यक है कि वे प्रभावी जोखिम प्रबंधन करे ।

1.4 आउटसोर्सिंग में जोखिम प्रबंधन पर इन दिशानिर्देशों का उद्देश्य उन बैंकों को दिशा और मार्गदर्शन प्रदान करना है जो वित्तीय सेवाओं की आउटसोर्सिंग का निर्णय लेते हैं ताकि वे ऐसी गतिविधियों की आउटसोर्सिंग से उत्पन्न होने वाले जोखिमों के संबंध में प्रभावी पर्यवेक्षण, सावधानी बरतने और जोखिम प्रबंधन करने के लिए उत्कृष्ट और सम्यक जोखिम प्रबंधन पद्धतियाँ अपना

सकें। ये दिशानिर्देश भारत या अन्यत्र स्थित सेवा प्रदाता के साथ बैंक द्वारा की गई आउटसोर्सिंग व्यवस्था पर लागू होंगे । बैंक जिस समूह/महासमूह का सदस्य हो, सेवा प्रदाता उसका सदस्य हो सकता है अथवा समूह से असंबद्ध पक्ष हो सकता है ।

1.5 इन दिशानिर्देशों का अंतर्निहित सिद्धांत यह है कि विनियमित संस्था यह सुनिश्चित करे कि आउटसोर्सिंग व्यवस्था के कारण ग्राहकों और आरबीआई के प्रति दायित्वों को पूरा करने की उसकी क्षमता में कमी नहीं होगी, और न ही आरबीआई द्वारा प्रभावी पर्यवेक्षण में कोई बाधा पहुंचेगी । इसलिए, बैंकों को यह सुनिश्चित करने के लिए कदम उठाने होंगे कि सेवाओं को निष्पादित करने में सेवा प्रदाता उसी उच्च स्तर की सावधानी बरतता है, जितनी बैंक बरतता यदि उक्त गतिविधियां बैंक के भीतर ही रहती और उनकी आउटसोर्सिंग नहीं होती। अतः बैंकों को ऐसी आउटसोर्सिंग नहीं करनी चाहिए जिनसे उनका आंतरिक नियंत्रण, व्यावसायिक आचरण या प्रतिष्ठा प्रभावित हो या क्षीण हो ।

1.6 (*i*) वित्तीय सेवाओं की आउटसोर्सिंग के इच्छुक बैंकों को आरबीआई से पूर्व अनुमोदन लेने की आवश्यकता नहीं है, चाहे सेवा प्रदाता भारत में स्थित हो या भारत के बाहर स्थित हो।

(*ii*) क्रेडिट कार्ड से संबंधित सेवाओं की आउटसोर्सिंग के संबंध में आरबीआई के दिनांक 21 नवम्बर 2005 के परिपत्र डीबीओडी.एफएसडी.बीसी.49/24.01.011/2005-06 में निहित क्रेडिट कार्ड गतिविधियों संबंधी विस्तृत निर्देश लागू होंगे।

2. ऐसी गतिविधियाँ जिन्हें आउटसोर्स नहीं किया जाना चाहिए

जो बैंक वित्तीय सेवाओं को आउटसोर्स करने का निर्णय लेते हैं, उन्हें आंतरिक लेखा परीक्षा, अनुपालन कार्य और निर्णय लेने संबंधी कार्यों जैसे कि जमा खाते खोलने के लिए केवाईसी मानदंडों का अनुपालन सुनिश्चित करना , ऋण (खुदरा ऋण सहित) की मंजूरी देना और निवेश पोर्टफोलियो के प्रबंधन सहित मुख्य प्रबंधन कार्यों को आउटसोर्स नहीं करना चाहिए।

3. महत्वपूर्ण आउटसोर्सिंग

वार्षिक वित्तीय निरीक्षण के दौरान, आरबीआई संबंधित जोखिम प्रबंधन प्रणालियों, विशेष रूप से महत्वपूर्ण आउटसोर्सिंग से सम्बद्ध जोखिम प्रबंधन प्रणालियों की गुणवत्ता का आकलन करने के लिए इन दिशानिर्देशों के कार्यान्वयन की समीक्षा करेगा। महत्वपूर्ण आउटसोर्सिंग व्यवस्था ऐसी व्यवस्था हैं, जिनके बाधित होने पर व्यवसाय संचालन, प्रतिष्ठा या लाभप्रदता पर महत्वपूर्ण प्रभाव पड़ सकता है । आउटसोर्सिंग की महत्ता निम्न पर आधारित होगी:

- आउटसोर्स की जा रही गतिविधि का बैंक के लिए महत्व का स्तर
- आउटसोर्सिंग का बैंक के विभिन्न मापदंडों यथा बैंक की आय, सॉल्वेंसी, तरलता, निधीयन पूंजी (फंडिंग कैपिटल) और जोखिम के स्वरूप पर प्रभाव;

- यदि सेवा प्रदाता सेवा निष्पादित करने में विफल हो जाता है, तो बैंक की प्रतिष्ठा व ब्रांड मूल्य, और उसके व्यावसायिक उद्देश्यों, रणनीति और योजनाओं को क्रियान्वित करने की बैंक की क्षमता पर पड़ने वाला संभावित प्रभाव;
- बैंक की कुल परिचालन लागत के अनुपात के रूप में आउटसोर्सिंग की लागत;
- उस विशेष सेवा प्रदाता के प्रति समग्र एक्सपोज़र, ऐसे मामलों में जहां बैंक उसी सेवा प्रदाता को विभिन्न कार्यों की आउटसोर्सिंग करता है।

4. बैंक की भूमिका तथा विनियामक और पर्यवेक्षी आवश्यकताएँ

4.1 बैंक द्वारा अपनी किसी भी गतिविधि की आउटसोर्सिंग करने से बैंक का, उसके बोर्ड व वरिष्ठ प्रबंधन के दायित्व कम नहीं होते, क्योंकि आउटसोर्स की गई गतिविधि की अंतिम जिम्मेदारी उन्हीं पर है। इसलिए बैंक प्रत्यक्ष बिक्री एजेंट/प्रत्यक्ष विपणन एजेंट और वसूली एजेंटों सहित अपने सेवा प्रदाता के कार्यों और सेवा प्रदाता के पास ग्राहकों से संबंधित उपलब्ध जानकारी की गोपनीयता के संबंध में जिम्मेदार होगा। बैंकों के पास आउटसोर्स की गई गतिविधि के संबंध में पूर्ण नियंत्रण रहना चाहिए।

4.2 बैंक के लिए यह आवश्यक है कि आउटसोर्सिंग के संबंध में उचित सावधानी बरतते/समुचित छानबीन करते समय सभी प्रासंगिक कानूनों, विनियमों, दिशानिर्देशों और अनुमोदन, लाइसेंसिंग या पंजीकरण की शर्तों पर विचार करे ।

4.3 आउटसोर्सिंग व्यवस्था से बैंक के प्रति ग्राहक के अधिकारों पर कोई प्रभाव नहीं पड़ना चाहिए, जिसमें प्रासंगिक कानूनों के तहत उचित निवारण प्राप्त करने की ग्राहक की क्षमता भी शामिल है। चूंकि ग्राहकों को बैंक के साथ लेनदेन की प्रक्रिया में सेवा प्रदाताओं के साथ लेनदेन करना पड़ता है, इसलिए बैंकों को अपने उत्पाद साहित्य/विवरणिका (ब्रोशर) आदि में इस प्रावधान को शामिल करना चाहिए कि बैंक अपने उत्पादों की बिक्री/विपणन आदि के लिए एजेंटों की सेवा लेगा । एजेंटों की भूमिका मोटे तौर पर बताई जानी चाहिए ।

4.4 चाहे सेवा प्रदाता भारत में स्थित हो या विदेश में, इससे आउटसोर्सिंग गतिविधियों का प्रभावी ढंग से पर्यवेक्षण और प्रबंधन करने की बैंक की क्षमता प्रभावित नहीं होनी चाहिए, और न ही भारतीय रिजर्व बैंक के पर्यवेक्षी कार्यों और उद्देश्यों को पूरा करने में कोई बाधा उत्पन्न होनी चाहिए।

4.5 बैंकों के पास शिकायत निवारण की सुदृढ़ प्रणाली होनी चाहिए, जिसमें आउटसोर्सिंग के कारण कोई ढील नहीं दी जानी चाहिए ।

4.6 यदि सेवा प्रदाता बैंक की कोई सहायक कंपनी नहीं है, तो वह बैंक के किसी निदेशक या अधिकारी/कर्मचारी या कंपनी अधिनियम, 1956 की धारा 6 के तहत दिए गए अर्थ के अनुसार उनके संबंधियों द्वारा स्वाधिकृत या नियंत्रित नहीं होना चाहिए ।

5. आउटसोर्स की गई वित्तीय सेवाओं के संबंध में जोखिम प्रबंधन की पद्धतियाँ

5.1 आउटसोर्सिंग नीति

यदि कोई बैंक अपनी किसी वित्तीय गतिविधि की आउटसोर्सिंग करना चाहता है तो उसे एक समग्र आउटसोर्सिंग नीति बनानी चाहिए, जिसका अनुमोदन बैंक के बोर्ड ने किया हो तथा जिसमें अन्य बातों के साथ-साथ ऐसी गतिविधियों और सेवा प्रदाता के चयन की कसौटी, पैरा 3 में वर्णित व्यापक मानदंडों के आधार पर महत्वपूर्ण आउटसोर्सिंग को परिभाषित करने के पैमाने, जोखिम और महत्ता के आधार पर प्राधिकार का प्रत्यायोजन तथा इन गतिविधियों के परिचालन की समीक्षा और निगरानी की प्रणाली शामिल होनी चाहिए।

5.2 बोर्ड और वरिष्ठ प्रबंधन की भूमिका

5.2.1 बैंक का बोर्ड, या बोर्ड की ऐसी समिति जिसे शक्तियां प्रत्यायोजित की गई हैं, अन्य बातों के साथ-साथ निम्न लिए जिम्मेदार होगी : -

- वर्तमान और भावी सभी आउटसोर्सिंग के जोखिमों और महत्ता के मूल्यांकन तथा ऐसी व्यवस्थाओं पर लागू नीतियों के मूल्यांकन की एक प्रणाली का अनुमोदन करना ;
- जोखिमों और महत्ता के आधार पर आउटसोर्सिंग के लिए उचित अनुमोदन करने वाले प्राधिकारियों का निर्धारण करना ।
- आउटसोर्सिंग रणनीतियों और व्यवस्थाओं की प्रासंगिकता, सुरक्षा और सुदृढ़ता बनाए रखने के लिए नियमित समीक्षा करना
- आउटसोर्स की जाने वाली महत्वपूर्ण स्वरूप की कारोबारी गतिविधि के संबंध में निर्णय लेना और ऐसी व्यवस्थाओं का अनुमोदन करना ।

5.2.2 वरिष्ठ प्रबंधन निम्न के लिए जिम्मेदार होगा

- बोर्ड द्वारा अनुमोदित प्रणाली के आधार पर सभी वर्तमान और भावी आउटसोर्सिंग के जोखिमों और महत्ता का मूल्यांकन करना ;
- आउटसोर्सिंग की प्रकृति, संभावना और जटिलता के अनुरूप सुदृढ़ और विवेकपूर्ण आउटसोर्सिंग नीतियों और प्रक्रियाओं का विकास और कार्यान्वयन करना;
- समय-समय पर नीतियों और प्रक्रियाओं की प्रभावशीलता की समीक्षा करना;
- समयबद्ध ढंग से महत्वपूर्ण आउटसोर्सिंग जोखिमों से संबंधित जानकारी बोर्ड को संप्रेषित करना;
- यथार्थ और संभावित विघटनकारी परिदृश्यों के आधार पर आकस्मिक योजनाओं को लागू करना और उनके परीक्षण को सुनिश्चित करना;

- यह सुनिश्चित करना कि निर्धारित नीतियों के अनुपालन के लिए स्वतंत्र समीक्षा और लेखा परीक्षा (ऑडिट) की जाती है ।
- आउटसोर्सिंग व्यवस्था की समय-समय पर समीक्षा करना ताकि उभरने वाले नए महत्वपूर्ण आउटसोर्सिंग जोखिमों का पता लगाया जा सके।

5.3 जोखिमों का मूल्यांकन

बैंकों द्वारा आउटसोर्सिंग के जिन मुख्य जोखिमों का मूल्यांकन करने की जरूरत है वे निम्नानुसार है : -

(a) रणनीतिक जोखिम - सेवा प्रदाता अपनी ओर से ऐसा व्यवसाय संचालित कर सकता है जो बैंक के समग्र रणनीतिक लक्ष्यों के अनुरूप नहीं है ।

(b) प्रतिष्ठा का जोखिम - सेवा प्रदाता की खराब सेवा, उसका ग्राहक से संपर्क बैंक के समग्र मानकों के अनुरूप न होना।

(c) अनुपालन जोखिम - गोपनीयता, उपभोक्ता और विवेकपूर्ण कानूनों का पर्याप्त रूप से अनुपालन न किया जाना।

(d) परिचालन जोखिम - प्रौद्योगिकी विफलता, धोखाधड़ी, त्रुटि, दायित्वों को पूरा करने और/ या निवारण करने के लिए अपर्याप्त वित्तीय क्षमता के कारण उत्पन्न होने वाले जोखिम ।

(e) विधिक/कानूनी जोखिम - इसमें सेवा प्रदाता की गलती के कारण पर्यवेक्षी कार्रवाई तथा निजी निपटानों के फलस्वरूप लगने वाला जुर्माना, अर्थदंड या दंडात्मक क्षति शामिल है, लेकिन यह इन्हीं तक सीमित नहीं है।

(f) निर्गमन रणनीति जोखिम - यह जोखिम एक ही फर्म पर अत्यधिक निर्भरता तथा बैंक में संबंधित कौशल की हानि से हो सकता है जिससे उस गतिविधि को वापस आंतरिक रूप में बैंक में नहीं लाया जा सकता। यह जोखिम तब भी उत्पन्न होता है जब ऐसी संविदाएं की गई हों जिनसे जल्दी बाहर निकलना अत्यधिक खर्चीला सिद्ध हो।

(g) प्रतिपक्षी जोखिम - अनुपयुक्त हामीदारी या साख मूल्यांकन के कारण होने वाला जोखिम।

(h) देश संबंधी जोखिम - राजनीतिक, सामाजिक या कानूनी माहौल के कारण निर्मित होने वाला अतिरिक्त जोखिम ।

(i) संविदात्मक जोखिम - यह इस बात से उत्पन्न होता है कि बैंक के पास अनुबंध को लागू करने की क्षमता है या नहीं।

(j) संकेंद्रण और प्रणालीगत जोखिम - किसी सेवा प्रदाता पर बैंक के नियंत्रण की कमी के कारण जोखिम, खास तौर से जब समग्र बैंकिंग तंत्र एक सेवा प्रदाता पर अत्यधिक रूप से निर्भर हो।

5.4 सेवा प्रदाता की क्षमता का मूल्यांकन

5.4.1 आउटसोर्सिंग व्यवस्था पर विचार या समीक्षा करते समय आउटसोर्सिंग व्यवस्था में निहित दायित्वों की सेवा प्रदाता द्वारा अनुपालन करने की क्षमता का मूल्यांकन करने के लिए उचित सतर्कता बरती जानी चाहिए। उचित सतर्कता में गुणात्मक व मात्रात्मक, वित्तीय, परिचालन और प्रतिष्ठा संबंधी तत्वों को ध्यान में रखा जाना चाहिए। बैंकों को इस बात पर विचार करना चाहिए कि क्या सेवा प्रदाताओं की प्रणालियाँ उनकी अपनी प्रणाली के अनुरूप हैं और ग्राहक सेवा क्षेत्र सहित क्या उनके कार्य निष्पादन का स्तर उन्हें स्वीकार्य है। सेवा प्रदाता की क्षमता का मूल्यांकन करते समय बैंकों को एक ही सेवा प्रदाता के साथ आउटसोर्सिंग व्यवस्था के अनुचित संकेंद्रण से संबंधित मुद्दों पर भी विचार करना चाहिए। जहां कहीं संभव हो, वहाँ बैंक को अपने निष्कर्षों के समर्थन में सेवा प्रदाता के संबंध में स्वतंत्र समीक्षा और बाजार का फीडबैक प्राप्त करना चाहिए।

5.4.2 उचित सतर्कता के अंतर्गत सेवा प्रदाता के बारे में उपलब्ध संपूर्ण जानकारी का मूल्यांकन शामिल होना चाहिए, जिसमें ये शामिल हैं, लेकिन यहीं तक सीमित नहीं हैं: -

- अनुबंधित अवधि में प्रस्तावित गतिविधि के क्रियान्वयन और समर्थन के लिए पिछला अनुभव और क्षमता;
- प्रतिकूल परिस्थितियों में भी सेवा की प्रतिबद्धताएं पूरी करने की वित्तीय सुदृढ़ता और क्षमता;
- व्यावसायिक प्रतिष्ठा और संस्कृति, अनुपालन, शिकायतें और वर्तमान या संभावित मुकदमे;
- सुरक्षा और आंतरिक नियंत्रण, लेखा परीक्षा व्याप्ति (ऑडिट कवरेज), रिपोर्टिंग और निगरानी तंत्र, व्यवसाय निरंतरता का प्रबंधन;
- बाहरी कारक जैसे जैसे जिस अधिकार क्षेत्र में सेवा प्रदाता कार्य करता है उसका राजनैतिक, आर्थिक, सामाजिक और कानूनी वातावरण तथा ऐसी अन्य घटनाएं जो सेवा के निष्पादन को प्रभावित कर सकती हैं;
- अपने कर्मचारियों के संबंध में सेवा प्रदाता द्वारा उचित सतर्कता सुनिश्चित करना ।

5.5 आउटसोर्सिंग करार

5.5.1 बैंक और सेवा प्रदाता के बीच अनुबंध को नियंत्रित करने वाले नियम और शर्तों को लिखित करार में सावधानीपूर्वक परिभाषित किया जाना चाहिए तथा बैंक के विधि परमर्शदाता द्वारा उनके

कानूनी प्रभाव और प्रवर्तनीयता की जांच की जानी चाहिए। ऐसे प्रत्येक करार में जोखिमों और उन्हें कम करने की रणनीतियों पर ध्यान दिया जाना चाहिए । करार पर्याप्त रूप से लचीला हो ताकि बैंक आउटसोर्सिंग पर उचित स्तर का नियंत्रण बनाए रख सके और कानूनी व नियामक दायित्वों को पूरा करने के लिए उचित उपायों के साथ उसे हस्तक्षेप करने का अधिकार हो । करार में पक्षों के बीच कानूनी संबंधों की प्रकृति भी स्पष्ट करनी चाहिए - यानी यह संबंध एजेंट, प्रधान या अन्य प्रकार का है। अनुबंध के कुछ प्रमुख प्रावधान निम्न होंगे:

- अनुबंध में स्पष्ट रूप से परिभाषित होना चाहिए कि कौन सी गतिविधियां आउटसोर्स की जाने वाली हैं तथा उनके उपयुक्त सेवा और कार्य निष्पादन मानक क्या होंगे ।
- बैंक को यह अवश्य सुनिश्चित करना चाहिए कि आउटसोर्स की जाने वाली गतिविधि के लिए प्रासंगिक सेवा प्रदाता के पास उपलब्ध सभी बहियाँ, रिकॉर्ड और जानकारी तक पहुंचने की क्षमता उसके पास है।
- अनुबंध में बैंक द्वारा सेवा प्रदाता की निरंतर निगरानी और मूल्यांकन का प्रावधान होना चाहिए ताकि कोई भी आवश्यक सुधारात्मक उपाय तुरंत किया जा सके।
- समापन शर्त और समापन प्रावधान निष्पादित करने की न्यूनतम अवधि, यदि आवश्यक समझा जाए तो, शामिल की जानी चाहिए ।
- ऐसे नियंत्रण जिनसे ग्राहक संबंधी आँकड़ों की गोपनीयता तथा सुरक्षा भंग करने और ग्राहक से संबंधित गोपनीय सूचना लीक होने के मामले में सेवा प्रदाताओं की देयता सुनिश्चित हो।
- व्यवसाय की निरंतरता सुनिश्चित करने के लिए आकस्मिक योजनाएँ।
- सेवा प्रदाता द्वारा आउटसोर्स की जाने वाली सभी गतिविधि या उसके किसी भाग के लिए उप-ठेकेदार का उपयोग करने के लिए अनुबंध में बैंक द्वारा पूर्व अनुमोदन/सहमति का प्रावधान होना चाहिए।
- बैंक द्वारा उसके आंतरिक या बाहरी लेखा परीक्षकों द्वारा अथवा उसकी ओर से कार्य करने के लिए नियुक्त एजेंटों द्वारा लेखा परीक्षा करने के तथा बैंक के लिए दी गई सेवा के साथ सेवा प्रदाता के संबंध में की गई लेखा परीक्षा या समीक्षा रिपोर्टों तथा निष्कर्षों की प्रतियां प्राप्त करने के अधिकार का प्रावधान हो।
- आउटसोर्सिंग समझौतों में ऐसे खंड शामिल होने चाहिए जिनसे भारतीय रिजर्व बैंक या उसके द्वारा अधिकृत व्यक्तियों को सेवा प्रदाता को दी गई या उसके पास रखी गई या उसके द्वारा संसाधित किए गए बैंक के दस्तावेज, लेनदेनों के रिकॉर्ड तथा अन्य आवश्यक सूचना उचित समय के भीतर प्राप्त की जा सके।

- आउटसोर्सिंग समझौते में ऐसा खंड भी शामिल होना चाहिए जिसमें रिजर्व बैंक के किसी एक या अधिक अधिकारियों या कर्मचारियों या अन्य व्यक्तियों द्वारा बैंक के सेवा प्रदाता और उसकी बहियों तथा खाते का निरीक्षण करने के अधिकार को स्वीकार किया गया हो।
- ऐसे मामलों में जहां भारत में कार्यरत विदेशी बैंकों के नियंत्रक/प्रधान कार्यालय भारतीय परिचालनों से संबंधित गतिविधियों को आउटसोर्स करते हैं, उक्त समझौते में आरबीआई या उसके द्वारा अधिकृत व्यक्तियों को बैंक के दस्तावेजों, लेनदेन के रिकॉर्ड और अन्य आवश्यक जानकारी जो सेवा प्रदाता द्वारा दी जानी है या संग्रहीत या संसाधित की जानी है, उचित समय के भीतर प्रदान करने के लिए अनुमति हो। साथ ही , करार में ऐसा खंड शामिल होना चाहिए, जिसमें किसी एक या अधिक अधिकारियों या कर्मचारियों या अन्य व्यक्तियों द्वारा बैंक के सेवा प्रदाता और उसकी बहियों और खातों का निरीक्षण करने के आरबीआई के अधिकार को स्वीकार किया गया हो ।
- आउटसोर्सिंग समझौते में यह भी प्रावधान होना चाहिए कि अनुबंध समाप्त होने या समाप्त किए जाने के बाद भी ग्राहक की जानकारी की गोपनीयता बनाए रखी जाएगी ।
- आउटसोर्सिंग समझौते में सेवा प्रदाता द्वारा दस्तावेज और डेटा संरक्षण के लिए इस संबंध में बैंक के कानूनी/विनियामक दावित्व के अनुरूप प्रावधान होना चाहिए ।

5.6 गोपनीयता और सुरक्षा

5.6.1 बैंक की स्थिरता और प्रतिष्ठा के लिए बैंक पर आम जनता का विश्वास और ग्राहक का भरोसा होना एक शर्त है। इसलिए बैंक को चाहिए कि वह अपनी अभिरक्षा या कब्जे में अथवा सेवा प्रदाता के पास जो भी ग्राहक संबंधी जानकारी है उसकी सुरक्षा और गोपनीयता को सुनिश्चित करने के लिए प्रयास करे।

5.6.2 सेवा प्रदाता के कर्मचारियों द्वारा ग्राहक की जानकारी तक पहुंच 'जानने की आवश्यकता' के आधार पर होनी चाहिए, यानी पहुंच उन क्षेत्रों तक सीमित होनी चाहिए जहां आउटसोर्स किए गए कार्य के निष्पादन के लिए वह जानकारी आवश्यक है।

5.6.3 बैंक को यह सुनिश्चित करना चाहिए कि बैंक के ग्राहक से संबंधित जानकारी, दस्तावेज, अभिलेख तथा परिसंपत्ति को सेवा प्रदाता अलग तथा स्पष्ट रूप से पहचान सकता है ताकि जानकारी की गोपनीयता सुरक्षित रह सके। ऐसे मामलों में, जहां सेवा प्रदाता कई बैंकों के लिए आउटसोर्सिंग एजेंट के रूप में कार्य करता है, वहां प्रभावशाली सुरक्षा उपाय बनाने का ध्यान रखा जाना चाहिए ताकि सूचना/दस्तावेजों, रिकॉर्ड और संपत्तियों का आपस में सम्मिश्रण न हो।

5.6.4 बैंक को नियमित आधार पर सेवा प्रदाता की सुरक्षा प्रथाओं और नियंत्रण प्रक्रियाओं की समीक्षा और निगरानी करनी चाहिए और सेवा प्रदाता से सुरक्षा उल्लंघनों की जानकारी अवश्य प्राप्त करनी चाहिए।

5.6.5 सुरक्षा के किसी भी उल्लंघन और ग्राहक से संबंधित गोपनीय जानकारी के लीक होने की स्थिति में बैंक को तुरंत आरबीआई को सूचित करना चाहिए। इन परिस्थितियों में, बैंक किसी भी क्षति के लिए अपने ग्राहकों के प्रति उत्तरदायी होगा।

5.7 प्रत्यक्ष बिक्री एजेंट (डीएसए)/प्रत्यक्ष विपणन एजेंट (डीएमए)/वसूली एजेंटों की जिम्मेदारियां

5.7.1 भारतीय बैंक संघ (आईबीए) द्वारा प्रत्यक्ष बिक्री एजेंट के लिए तैयार की गई आचार संहिता का उपयोग प्रत्यक्ष बिक्री एजेंट/प्रत्यक्ष विपणन एजेंट/वसूली एजेंट से संबंधित संहिता बनाने के लिए किया जा सकता है। बैंकों को यह सुनिश्चित करना चाहिए कि प्रत्यक्ष बिक्री एजेंट/प्रत्यक्ष विपणन एजेंट/वसूली एजेंट को उनकी जिम्मेदारियों को, विशेषतः नए ग्राहक बनाना, फोन करने का समय, ग्राहक संबंधी जानकारी की गोपनीयता तथा प्रस्तावित उत्पादों की सही शर्तें बताने आदि से संबंधित पहलुओं को सावधानी तथा संवेदनशीलता से पूरा करने के लिए समुचित रीति से प्रशिक्षित किया गया है।

5.7.2 वसूली एजेंटों को ऋण संबंधी उचित व्यवहार संहिता पर मौजूदा निर्देशों (परिपत्र डीबीओडी. लेग. संख्या बीसी.104/09.07.007/2002-03 दिनांक 5 मई, 2003) का पालन करना चाहिए और बकाया वसूली के लिए उनको अपनी संहिता का भी पालन करना चाहिए। यदि बैंकों की अपनी संहिता नहीं है, तो उन्हें कम से कम बकाया राशि की वसूली और प्रतिभूति पर पुनः कब्ज़ा के संबंध में भारतीय बैंक संघ की संहिता को अपनाना चाहिए। यह आवश्यक है कि वसूली एजेंट ऐसी कार्रवाई से बचें जो बैंक की अखंडता और प्रतिष्ठा को नुकसान पहुंचा सकती है और उन्हें ग्राहकों की गोपनीयता का सख्ती से पालन करना चाहिए।

5.7.3 बैंक और उनके एजेंटों को अपने ऋण वसूली के प्रयासों में किसी भी व्यक्ति के खिलाफ किसी भी प्रकार की मौखिक डांट –डपट या शारीरिक उत्पीड़न का सहारा नहीं लेना चाहिए। इनमें ऋणकर्ता के परिवार के सदस्यों, मध्यस्थ (रेफरी) तथा उनके दोस्तों को सार्वजनिक रूप से अपमानित करना अथवा उनकी निजी जिन्दगी में हस्तक्षेप करना, धमकी देने वाले तथा बेनामी फोन करना अथवा झूठे तथा भ्रामक दुष्प्रचार करना भी शामिल है।

5.8 व्यवसाय निरंतरता और आपात्कालीन बहाली (डिजास्टर रिकवरी) योजना का प्रबंधन

5.8.1 बैंक को अपने सेवा प्रदाता से व्यवसाय की निरंतरता के परीक्षण और बहाली प्रक्रियाओं के दस्तावेजीकरण, उन्हें बनाए रखने तथा जांच के लिए एक संतुलित ढांचा विकसित तथा स्थापित

करने की अपेक्षा करनी चाहिए। बैंकों को यह सुनिश्चित करने की आवश्यकता है कि सेवा प्रदाता समय-समय पर व्यवसाय निरंतरता और बहाली योजना की जांच करता है तथा बैंक अपने सेवा प्रदाता के साथ समय-समय पर संयुक्त जांच तथा बहाली अभ्यास करने पर भी विचार करे।

5.8.2 आउटसोर्सिंग समझौते की अप्रत्याशित समाप्ति या सेवा प्रदाता के परिसमापन (लिक्विडेशन) से उत्पन्न जोखिम को कम करने के लिए बैंकों को को चाहिए कि वे अपने आउटसोर्सिंग पर उचित स्तर का नियंत्रण रखें और ऐसे मामलों में अत्यधिक व्यय किए बिना तथा बैंक के परिचालनों तथा उसके ग्राहकों को दी जाने वाली सेवाओं में किसी भी प्रकार की रुकावट के बिना अपने कारोबार परिचालनों को जारी रखने के लिए उचित उपायों के साथ हस्तक्षेप करने का अधिकार रखे।

5.8.3 एक व्यवहार्य आकस्मिक योजना स्थापित करने के लिए, बैंकों को वैकल्पिक सेवा प्रदाताओं की उपलब्धता या आपातकालीन स्थिति में आउटसोर्स की गई गतिविधि को फिर से बैंक में करने के लिए वापस लाने की संभावना तथा ऐसा करने में जो लागत, समय व संसाधन खर्च होंगे उस पर विचार करना चाहिए।

5.8.4 आउटसोर्सिंग में अक्सर सेवा प्रदाता द्वारा संचालित सुविधाओं का उपयोग किया जाता है। बैंक को यह सुनिश्चित करना चाहिए कि सेवा प्रदाता बैंक की जानकारी, दस्तावेज़ और रिकॉर्ड और अन्य परिसंपतियों को अलग करने की क्षमता रखते हैं। इससे यह सुनिश्चित होगा कि प्रतिकूल परिस्थितियों में सेवा प्रदाता को दिए गए सभी दस्तावेज़, लेनदेन के रिकॉर्ड और जानकारी तथा बैंक की परिसंपतियों को बैंक के व्यवसाय संचालन को जारी रखने के लिए सेवा प्रदाता के कब्जे से निकाला जा सकता है अथवा मिटाया, नष्ट अथवा अप्रयोज्य बनाया जा सकता है।

5.9 आउटसोर्स की गई गतिविधियों की निगरानी और नियंत्रण

5.9.1 बैंक के पास अपनी आउटसोर्सिंग गतिविधियों की निगरानी और नियंत्रण के लिए एक प्रबंधन संरचना होनी चाहिए। उसे यह सुनिश्चित करना चाहिए कि सेवा प्रदाता के साथ आउटसोर्सिंग करारों में आउटसोर्स की गई गतिविधियों की उनके द्वारा निगरानी और नियंत्रण के प्रावधान होने चाहिए।

5.9.2 सभी महत्वपूर्ण आउटसोर्सिंग का एक केंद्रीय अभिलेख रखा जाना चाहिए जो बैंक के बोर्ड और वरिष्ठ प्रबंधन द्वारा समीक्षा के लिए आसानी से उपलब्ध हो। अभिलेखों को तुरंत अद्यतन किया जाना चाहिए और अर्धवार्षिक समीक्षा बोर्ड के समक्ष रखे जाने चाहिए।

5.9.3 बैंक के आंतरिक लेखा परीक्षकों या बाहरी लेखा परीक्षकों द्वारा नियमित लेखा परीक्षा (ऑडिट) से आउटसोर्सिंग व्यवस्था के निरीक्षण और प्रबंधन में अपनाई गई जोखिम प्रबंधन प्रथाओं की पर्याप्तता, अपने जोखिम प्रबंधन ढांचे और इन दिशानिर्देशों की आवश्यकताओं का बैंक द्वारा अनुपालन का मूल्यांकन किया जाए।

5.9.4 बैंकों को कम-से-कम वार्षिक आधार पर सेवा प्रदाता की वित्तीय तथा परिचालन स्थिति की समीक्षा करनी चाहिए जिससे उसकी अपने आउटसोर्सिंग दायित्वों को पूरा करते रहने की क्षमता का मूल्यांकन होगा। ऐसी उचित सावधानी समीक्षाओं में जो सेवा प्रदाता से संबंधित समस्त उपलब्ध जानकारी पर आधारित होंगी, कार्य-निष्पादन मानकों, गोपनीयता और सुरक्षा तथा व्यवसाय की निरंतरता को बनाए रखने की तत्परता में किसी प्रकार की गिरावट अथवा उल्लंघन को विशिष्ट रूप से दर्शाया जाए।

5.9.5 किसी भी कारण से अनुबंध समाप्त करने की स्थिति में, इसे प्रचारित किया जाना चाहिए ताकि ग्राहक सेवा प्रदाता से सेवा लेना जारी नहीं रखे।

5.10 आउटसोर्स की गई सेवाओं से संबंधित शिकायतों का निवारण

(a) बैंकों को बैंक के भीतर शिकायत निवारण तंत्र स्थापित करना चाहिए और इलेक्ट्रॉनिक और प्रिंट मीडिया के माध्यम से उसका व्यापक प्रचार करना चाहिए। बैंक के पद नामित शिकायत निवारण अधिकारी का नाम और संपर्क नंबर प्रकाशित करना चाहिए तथा उसका व्यापक प्रचार होना चाहिए। पद नामित अधिकारी को यह सुनिश्चित करना चाहिए कि ग्राहकों की वास्तविक/प्रामाणिक शिकायतों का बिना किसी देरी के तुरंत समाधान होता है । यह स्पष्ट रूप से दर्शाया जाना चाहिए कि बैंकों का शिकायत निवारण तंत्र आउटसोर्स की गई एजेंसी द्वारा प्रदान की जाने वाली सेवाओं से संबंधित मामलों पर भी कार्रवाई करेगा।

(b) आम तौर पर, ग्राहकों को अपनी शिकायतों/परिवेदनाओं को प्रस्तुत करने के लिए 30 दिनों की समय सीमा दी जाए । बैंक की शिकायत निवारण प्रक्रिया और शिकायतों का जवाब देने के लिए निर्धारित समय सीमा को बैंक की वेबसाइट पर रखा जाना चाहिए।

(c) यदि शिकायत दर्ज कराने की तारीख से 60 दिनों के भीतर शिकायतकर्ता को बैंक से संतोषजनक जवाब नहीं मिलता है, तो उसके पास अपनी शिकायत के निवारण के लिए संबंधित बैंकिंग लोकपाल के कार्यालय से संपर्क करने का विकल्प होगा।

5.11 वित्तीय आसूचना एकक (एफआईयू) या अन्य सक्षम प्राधिकारियों को लेनदेन की रिपोर्टिंग

सेवा प्रदाताओं द्वारा की जाने वाली बैंकों की ग्राहक संबंधी गतिविधियों के संबंध में एफआईयू या किसी अन्य सक्षम प्राधिकारी को मुद्रा लेनदेन रिपोर्ट और संदिग्ध लेनदेन रिपोर्ट बनाकर भेजने के लिए बैंक जिम्मेदार होंगे।

6. आउटसोर्स किए गए एजेंटों की केंद्रीकृत सूची

यदि कोई बैंक किसी सेवा प्रदाता की सेवाएँ समाप्त करता है , तो सेवा समाप्ति के कारणों सहित आईबीए को सूचित करना होगा। आईबीए संपूर्ण बैंकिग उद्योग के लिए ऐसे सेवा प्रदाताओं की एक सावधानी सूची रखेगा जिसका सभी बैंक आपस में उपयोग कर सकेंगे।

7. वित्तीय सेवाओं की विदेशी (ऑफ-शोर) आउटसोर्सिंग

7.1 विदेश में सेवा प्रदाताओं की नियुक्त करने से बैंक को देश संबंधी जोखिम हो सकता है , जिसके अंतर्गत विदेश में आर्थिक, सामाजिक और राजनीतिक स्थितियाँ और घटनाओं का बैंक पर प्रतिकूल प्रभाव पड़ सकता है। ऐसी स्थितियाँ और घटनाएँ सेवा प्रदाता को बैंक के साथ किए गए समझौते की शर्तों को पूरा करने से रोक सकती हैं। ऐसी आउटसोर्सिंग गतिविधियों में होने वाले देश संबंधी जोखिमों का प्रबंधन करने के लिए बैंक को चाहिए कि वह जोखिम मूल्यांकन प्रक्रिया के दौरान और निरंतर आधार पर भी जिन देशों में सेवा प्रदाता स्थित है उन देशों की सरकारी नीतियों और राजनीतिक, सामाजिक, आर्थिक और कानूनी स्थितियों को ध्यान में ले तथा कड़ी निगरानी रखे और देश संबंधी जोखिम की समस्याओं से निपटने के लिए सुदृढ़ प्रक्रियाएं स्थापित करे । इसमें संकटकालीन तथा बहिर्गमन संबंधी उचित रणनीतियाँ शामिल हैं। सिद्धांत रूप में, ऐसी व्यवस्थाएं केवल उन पक्षों के साथ ही की जानी चाहिए जो ऐसे क्षेत्राधिकार में कार्य करती हो जहाँ आम तौर पर गोपनीयता संबंधी शर्तों तथा करारों का पालन किया जाता है। व्यवस्था को लागू करने वाले कानून का भी स्पष्ट रूप से उल्लेख होना चाहिए।

7.2 भारत के बाहर आउटसोर्स की गई गतिविधियों को इस तरह से संचालित किया जा ए कि बैंक के भारत में किए जाने वाले कार्यों के समय पर पर्यवेक्षण करने अथवा पुनर्निर्माण करने के प्रयासों में रुकावट न आए।

7.3 भारतीय बैंकों के विदेशी परिचालन से संबंधित आउटसोर्सिंग इन दिशानिर्देशों और मेजबान देश के दिशानिर्देशों, दोनों द्वारा शासित होगी। जहां दोनों में अंतर होगा, वहां दोनों में से जो अधिक सख्त है, वह लागू होगा । हालाँकि परंतु जहां दिशानिर्देश परस्पर विरोधी हैं, वहां मेजबान देश के दिशानिर्देश लागू होंगे।

8. किसी समूह/महासमूह के भीतर आउटसोर्सिंग

संबंधित पार्टी (अर्थात समूह/महासमूह के भीतर के पक्ष) को आउटसोर्सिंग करते समय बैंक द्वारा जिन जोखिम प्रबंधन पद्धतियों को अपनाना अपेक्षित है वे इनके पैरा 5 में निर्दिष्ट पद्धतियों के समान होंगी।

9. मौजूदा/प्रस्तावित आउटसोर्सिंग व्यवस्थाओं का स्व-मूल्यांकन

बैंक समयबद्ध योजना बनाकर अपने मौजूदा आउटसोर्सिंग समझौतों का स्व-मूल्यांकन करें और उन्हें शीघ्र ही उपरोक्त दिशानिर्देशों के अनुरूप बनाएं।

परिशिष्ट

5 प्रतिभूतियों के कब्जे व प्रवर्तन के संबंध में पूर्व प्रकरणों के निर्णयों से स्थापित कानून

1. शिकायतकर्ता ने ट्रैक्टर खरीदने के लिए ऋण लिया था और ट्रैक्टर बैंक के पास दृष्टिबंधक (हाइपोथिकेटेड) रखा हुआ था। जब शिकायतकर्ता ने किस्त के भुगतान में चूक की, तो बैंक ने उन नियमों और शर्तों के अनुसार ट्रैक्टर जब्त कर लिया, जिनके अधीन ऋण दिया गया था। यह निर्णय दिया गया कि सेवा में कोई कमी नहीं थी। *एम.वी. कृष्णा रेड्डी बनाम आंध्रा बैंक गुडेर* 1992 (1) सीपीआर 456 (एससीआरडीसी - हैदराबाद)
2. बैंक के खिलाफ शिकायतकर्ता का मामला यह था कि बैंक ने उस परिसर के दो कमरों को बंद कर दिया था और सील कर दिया था जहां स्टॉक जमा किया गया था। बैंक का तर्क था कि अपने हितों की रक्षा के लिए उचित कार्रवाई करना और यह विचार करना उसके विवेक के अंतर्गत है कि स्टॉक उधारकर्ताओं के दायित्वों को पूरा करने के लिए पर्याप्त है या नहीं। बैंकिंग अधिकारियों का निर्णय उपभोक्ता संरक्षण अधिनियम के तहत गठित मंचों (फोरम) द्वारा समीक्षा के अधीन नहीं होता है। राज्य आयोग ने माना कि जब बैंक ऋण मुख्य रूप से माल के स्टॉक पर दिया गया है, तो यह विचार करने का काम बैंक का है कि स्टॉक उधारकर्ताओं के दायित्वों को पूरा करने के लिए पर्याप्त है या नहीं। *बाबू रंगनाथन बनाम मैनेजर, स्टेट बैंक ऑफ सौराष्ट्र* 1994 (3) सीपीआर 149 (एससीडीआरसी - तमिलनाडु)
3. उधारकर्ता द्वारा बैंक के पास गिरवी रखे गए स्वामित्व विलेखों (टाइटल डीड्स) को वापस न करना बैंक की ओर से सेवा में कमी माना गया और शिकायतकर्ता को हुए नुकसान के लिए बैंक को रु.1,00,000 का मुआवजा देने का निर्देश दिया गया था और लागत रु.25,000 आंकी गई। *सी.एल. खन्ना बनाम देना बैंक* - राष्ट्रीय उपभोक्ता विवाद निवारण आयोग का 2 सितंबर 2005 का निर्णय।

4. भले ही विषय वस्तु के संबंध में सिविल मुकदमा लंबित हो, बैंक प्रतिभूतिकरण अधिनियम, 2002 के उक्त प्रावधानों को लागू कर सकता है।

तथ्य:

अपीलकर्ता, रिट याचिकाकर्ता को पंजाब नेशनल बैंक ने प्रतिभूतिकरण अधिनियम की धारा 13(4) के तहत दिनांक 10.2.2004 का नोटिस दिया था। नोटिस में कहा गया था कि मेसर्स एम.एस. ऑयल्स के खाते में उनके द्वारा लिए गए ऋण के तहत बकाया राशि रु.6,17,058/ और मेसर्स एस.बी. ब्रिक्स के खाते में उनके द्वारा लिए गए ऋण के तहत बकाया राशि रु.7.11,708 का भुगतान नोटिस की प्राप्ति की तारीख से 60 दिनों की अवधि के भीतर कर दिया जाए। नोटिस में यह भी सूचित किया गया था कि भुगतान करने में विफल होने पर सुरक्षित परिसंपत्तियों से बैंक को देय राशि की वसूली के लिए कार्रवाई की जाएगी। अपीलकर्ता का तर्क यह था कि मेसर्स एस बी ब्रिक्स के खाते के संबंध में और मेसर्स एम एस ऑयल्स के खाते के संबंध में, जिसका वह मालिक है, खातों के निपटान के लिए बैंक के खिलाफ सिविल अदालतों में उसके द्वारा दायर मुकदमे और मेसर्स एम.एस. ब्रिक्स और मेसर्स ऑयल्स के खाते के संबंध में सिविल कोर्ट में अपीलकर्ता के खिलाफ ब्याज सहित पैसे की वसूली के लिए बैंक द्वारा दायर मुकदमा अभी भी लंबित है। बैंक ने उन मुकदमों में कुर्की का आदेश भी प्राप्त कर लिया था और इसलिए इस समय प्रतिभूतिकरण अधिनियम की धारा 13(4) के प्रावधानों को लागू नहीं किया जा सकता है।

निर्णय:

अपील को खारिज करते हुए, माननीय न्यायालय ने माना कि अधिनियम की धारा 13(1) अदालत या न्यायाधिकरण के हस्तक्षेप के बिना प्रतिभूति हित को लागू करने के लिए ऋणदाता को शक्ति प्रदान करती है। क़ानून में कहीं भी यह नहीं कहा गया है कि सिविल कोर्ट का क्षेत्राधिकार लागू हो जाने के बाद प्रतिभूतिकरण अधिनियम के प्रावधान लागू नहीं होंगे। प्रतिभूतिकरण अधिनियम के लागू होने से पहले, जैसा भी मामला हो, बैंक के पास सिविल कोर्ट या ऋण वसूली न्यायाधिकरण से संपर्क करने का उपाय था। "अदालत या ट्रिब्यूनल के हस्तक्षेप के बिना" अभिव्यक्ति का उपयोग यह दिखाने के लिए किया गया था कि अधिनियम के तहत बैंक के पास सिविल कोर्ट या ट्रिब्यूनल में जाने का विकल्प है, लेकिन क़ानून के तहत ऐसी कोई रोक नहीं है कि सिविल कोर्ट से संपर्क करने पर अधिनियम की धारा 13(1) को लागू नहीं किया जा सके। अधिनियम के प्रावधान या उसके तहत बनाए गए नियम अन्य कानूनों के अतिरिक्त होंगे, न कि उनके निरादर में, जब तक कानून उपचार पर रोक न लगाए, उसे किसी भी समय लागू किया जा सकता है।

(*अब्दुल अज़ीज़ बनाम पंजाब नेशनल बैंक* 2005 (1) केएलटी 243)/[2005] 64 SCL 44 (Ker.).

5. बैंक के पास अपीलकर्ता के खिलाफ डिक्री है और निष्पादन याचिका लंबित है, क्या प्रतिभूति अधिनियम के प्रवर्तन के तहत बैंक का नोटिस स्वीकार्य है – निर्णय - हाँ।

तथ्य:

पंजाब नेशनल बैंक ने एक डिक्री हासिल की और याचिकाकर्ता की देय राशि के लिए उसके खिलाफ निष्पादन याचिका दायर की। याचिकाकर्ता ने बाद में प्रतिवादी बैंक के साथ एकमुश्त निपटान करने की प्रार्थना की। लेकिन बैंक ने **वित्तीय** आस्तियों का **प्रतिभूतिकरण** एवं **पुनर्निर्माण** तथा प्रतिभूति **हित प्रवर्तन अधिनियम** , 2002 की धारा 13(2) के तहत एक नोटिस जारी किया, जिसमें बैंक ने कहा कि, यदि याचिकाकर्ता नोटिस की आवश्यकताओं का पालन करने में विफल रहा तो वह संपत्ति पर कब्ज़ा करने की कार्रवाई करेगा। नोटिस प्राप्त होने पर, याचिकाकर्ता ने केरल उच्च न्यायालय के समक्ष एक रिट याचिका दायर की और कहा कि बैंक के पास अधिनियम के तहत कार्रवाई करने की कोई शक्ति नहीं है, क्योंकि उसने पहले ही एक डिक्री प्राप्त कर ली थी और याचिकाकर्ता के खिलाफ एक निष्पादन याचिका दायर की थी।

निर्णय :

माननीय उच्च न्यायालय ने माना कि सरफेसी अधिनियम की धारा 14 बैंक को कब्ज़ा प्राप्त करने में सहायता लेने में सक्षम बनाती है और इसे यह सुनिश्चित करने के लिए अधिनियमित किया गया था कि वित्तीय संस्थान किसी कब्ज़े वाले व्यक्ति का जबरन निपटान न करे। माननीय न्यायालय ने यह मानते हुए कि बैंक द्वारा जारी किया गया नोटिस वैध है, रिट याचिका खारिज कर दी। हालाँकि, अदालत ने यह भी कहा कि रिट याचिका खारिज होने से याचिकाकर्ता को बकाया राशि के निपटान के लिए बैंक से संपर्क करने में कोई बाधा नहीं आएगी।

(ए. अबूबकर बनाम पंजाब नेशनल बैंक (2005) 127 कॉम्प. प्रकरण 519/64 SCL 42 (केरल उच्च न्यायालय)।

6. जब पाने वाला डाक सेवा से नोटिस स्वीकार करने से इनकार कर देता है, तो नोटिस की सामग्री का ज्ञान उसे दिया जाना चाहिए।

तथ्य:

प्रतिवादी उस परिसर के मकान मालिक थे जिसमें अपीलकर्ता किरायेदार था। उन्होंने किरायेदार को एक नोटिस भेजकर बकाया भुगतान की मांग की और किरायेदारी की समाप्ति पर बेदखली की मांग की, जिसे किरायेदार ने अस्वीकार कर दिया। नोटिस में निहित मांगों का पालन करने में विफल रहने पर, प्रतिवादियों ने किरायेदार के खिलाफ

बेदखली के साथ-साथ किराए और मेस्ने मुनाफे की वसूली के लिए मुकदमा दायर किया। किरायेदार ने अन्य बातों के साथ-साथ इस आधार पर मुकदमे का विरोध किया कि कोई चूक नहीं हुई थी और उसे मांग और बेदखली का कोई नोटिस नहीं दिया था और परिणामस्वरूप बर्खास्तगी के लिए प्रार्थना की थी। ट्रायल कोर्ट ने बकाया राशि के मुकदमे में फैसला सुनाया, लेकिन जहां तक बेदखली की राहत का सवाल था, यह पता चलने के बाद कि किरायेदार को बेदखली के लिए कोई नोटिस नहीं दिया गया था, उसे खारिज कर दिया। जिला न्यायालय में अपील करने पर, यह पाया गया कि इनकार करके नोटिस की सेवा की गई थी, लेकिन नोटिस की सामग्री के बारे में उसे कोई जानकारी नहीं दी जा सकती थी, और परिणामस्वरूप किराए के भुगतान में कोई जानबूझकर चूक नहीं हुई थी। इसलिए न्यायालय ने अपील खारिज कर दी। आगे उच्च न्यायालय में अपील करने पर, यह माना गया कि जब किरायेदार को नोटिस दिया गया था और जब उसने इसे स्वीकार करने से इनकार कर दिया, तो नोटिस की सामग्री का ज्ञान उसे दिया जाना चाहिए। तदनुसार, उच्च न्यायालय ने अपील स्वीकार कर ली और किरायेदार को बेदखल करने का आदेश दिया। उक्त निर्णय से व्यथित होकर, किरायेदार ने विशेष अनुमति के माध्यम से मामले को सर्वोच्च न्यायालय में उठाया और जोरदार ढंग से तर्क दिया कि उच्च न्यायालय द्वारा निकाली गई कोई भी धारणा नहीं बनाई जा सकती, खासकर जब लिफाफा नहीं खोला गया था और डाकिया को वापस लौटाए जाने से पहले सामग्री को किरायेदार द्वारा नहीं पढ़ा गया था।

निर्णय:

सर्वोच्च न्यायालय के विद्वान न्यायाधीशों ने बहुमत के फैसले से, दोनों पक्षों द्वारा उनके समक्ष उद्त मामले-कानून पर चर्चा करने के बाद, अपीलकर्ता-किरायेदार के विवाद को खारिज कर दिया था, और ऐसा करते समय निम्नानुसार माना गया था:

> सामान्य धारा अधिनियम, 1897 की धारा 27 इस विषय से संबंधित है- 'डाक द्वारा सेवा का अर्थ' और कहती है कि जहां कोई भी केंद्रीय अधिनियम या विनियमन किसी दस्तावेज़ को डाक द्वारा सेवा प्रदान करने के लिए अधिकृत करता है या इसकी आवश्यकता होती है, तो जब तक कोई अलग इरादा प्रकट न हो, सेवा को उचित रूप से संबोधित करने, पूर्व-भुगतान करने और इसे पंजीकृत डाक से दस्तावेज़ युक्त एक पत्र पोस्ट करने, डाक के सामान्य रूप से वितरित करने पर प्रभावी माना जाएगा जब तक कि इसके विपरीत प्रावधान न किया गया हो। इस प्रकार यह अनुभाग उचित सेवा या उपयुक्त सेवा का अनुमान लगाता है यदि सर्व किए जाने वाले दस्तावेज़ को उचित पते पर, पूर्व भुगतान करके और पंजीकृत डाक

द्वारा पते वाले को पोस्ट करके भेजा जाता है और इस तरह के अनुमान को इस बात पर ध्यान दिए बिना उठाया जाता है कि प्राप्तकर्ता से कोई पावती प्राप्त हुई है या नहीं या नहीं।"

टिप्पणियाँ:

भारतीय साक्ष्य अधिनियम की धारा 114 के तहत ज्ञान की धारणा उत्पन्न होगी कि इनकार पंजीकृत लिफाफे की सामग्री की जानकारी के साथ किया गया था।

भारतीय साक्ष्य अधिनियम, 1872.

न्यायालय कुछ तथ्यों के अस्तित्व को मान सकता है - न्यायालय किसी भी तथ्य के अस्तित्व को मान सकता है जिसके घटित होने की उसे संभावना है, प्राकृतिक घटनाओं, मानव आचरण और सार्वजनिक और निजी व्यवहार की सामान्य प्रक्रिया के संबंध में, उनके संबंध में विशेष मामले के तथ्यों के लिए. (आसान संदर्भ के लिए मामले का उद्धरण दिया जा सकता है)

7. घाटे की स्टांप ड्यूटी का भुगतान.

तथ्य:

वादी बैंक ने प्रतिवादी फर्म को रु.30 करोड़ की क्रेडिट सुविधा और रु.10 करोड़ की नकद क्रेडिट (हाइपोथेकेशन) सुविधा, कुल रु.40 करोड़ की सुविधा प्रदान की। उक्त क्रेडिट सुविधाओं को प्राप्त करने के लिए, प्रतिवादी नंबर 2 फर्म ने अपने साझेदारों, प्रतिवादी नंबर 4 से 7 के माध्यम से बॉम्बे में स्वामित्व विलेख (टाइटल डीड) जमा करने के ज्ञापन को निष्पादित (एक्जीक्यूट) करके अपनी अचल संपत्तियों का साम्यिक बंधक (इक्विटेबल मॉर्टगेज) तैयार किया। प्रतिवादी राशि चुकाने में विफल रहा और इसलिए, वादी बैंक ने गुजरात राज्य में डीआरटी, अहमदाबाद के समक्ष आवेदन दायर किया और रु.9,10,46,271 की वसूली की प्रार्थना की और साथ ही गिरवी रखी गई संपत्ति की बिक्री से उस राशि की वसूली की प्रार्थना की। प्रतिवादी राशि चुकाने में विफल रहा और इसलिए, आवेदक बैंक ने गुजरात राज्य में डीआरटी, अहमदाबाद के समक्ष आवेदन दायर किया और रुपये की वसूली की मांग की। प्रतिवादियों/मूल बचाव पक्ष ने तर्क दिया कि वादी बैंक द्वारा जिन दस्तावेजों पर भरोसा किया गया था, उन पर अपर्याप्त स्टाम्प लगाई गई थी और इसलिए, वे साक्ष्य में स्वीकार्य नहीं थे, जब तक कि वादी बैंक ने बॉम्बे स्टाम्प अधिनियम, 1958 के अनुसार स्टाम्प शुल्क का भुगतान नहीं किया हो और उन्होंने यह भी प्रार्थना की कि विभिन्न आवेदन में वादी बैंक द्वारा जिन दस्तावेजों पर भरोसा किया गया है, उन्हें अपर्याप्त स्टाम्प्ड होने के कारण जब्त भी किया जा सकता है। पीठासीन अधिकारी

डीआरटी, अहमदाबाद ने अन्य दस्तावेजों के संबंध में उत्तरदाताओं/प्रतिवादियों के तर्क को खारिज कर दिया, लेकिन आंशिक रूप से यह देखते हुए आवेदन की अनुमति दी कि स्वामित्व विलेख के जमा करने वाले ज्ञापन पर पर्याप्त मुहर नहीं लगाई गई थी और इस प्रकार बैंक के गुजरात राज्य में लागू बॉम्बे स्टाम्प अधिनियम के प्रावधानों के अनुसार डेफिसिट स्टाम्प ड्यूटी भुगतान न करने तक यह साक्ष्य के रूप में स्वीकार्य नहीं था। ऋण वसूली न्यायाधिकरण के उक्त आदेश से व्यथित वादी बैंक ने ऋण वसूली अपीलीय न्यायाधिकरण, मुंबई के समक्ष अपील दायर की।

निर्णय :

अपील को खारिज करते हुए, अपीलीय न्यायाधिकरण ने माना कि मुंबई में बचाव पक्ष/प्रतिवादियों द्वारा निष्पादित स्वामित्व विलेख जमा करने के लिए ज्ञापन पर रु.50,000 के चिपकने वाले स्टैम्प लगाए गए थे। उक्त दस्तावेज़ की प्रति गुजरात राज्य के अहमदाबाद में लाई गई थी और बॉम्बे स्टाम्प अधिनियम की अनुसूची के अनुच्छेद 6 के अनुसार, देय स्टाम्प शुल्क रु.1 लाख थी और इस प्रकार शेष राशि की कमी थी और है। इसलिए, जब वादी बैंक स्वामित्व विलेखों के जमा ज्ञापन पर भरोसा कर रहे हैं, तो उन्हें डेफिसिट स्टांप शुल्क का भुगतान करना होगा, जैसा कि गुजरात राज्य में लागू है और आवश्यक स्टांप शुल्क के भुगतान पर, उन्हें ऐसे भुगतान के प्रमाण के साथ हलफनामा दाखिल करना चाहिए, तभी उक्त दस्तावेज़ साक्ष्य में स्वीकार्य होगा अन्यथा यह बॉम्बे स्टाम्प अधिनियम की धारा 34 के प्रावधान से प्रभावित होगा।

(*स्टेट बैंक ऑफ सौराष्ट्र बनाम एन.सी.के. संस एक्सपोर्ट* 2004 (2) 1एसजे (बैंकिंग) 13 डीआरएटी, मुंबई)।

8. हस्ताक्षर या आद्यक्षर लिखकर रद्द करना स्टाम्प को रद्द करने का एकमात्र तरीका नहीं है। ऐसे अन्य प्रभावी तरीके भी हो सकते हैं जिनसे स्टाम्प रद्द किए जा सकते हैं। टिकटों पर दो रेखाएँ खींचना रद्दीकरण का एक ऐसा प्रभावी तरीका है। रद्द करने का उद्देश्य यह देखना है कि स्टांप का दोबारा उपयोग न किया जाए।

तथ्य:

तीसरे प्रतिवादी, पहले प्रतिवादी फर्म के प्रबंध भागीदार, फर्म के लिए और उसकी ओर से निष्पादित 3 वचन पत्रों के तहत देय धन की वसूली के लिए दो मुकदमे दायर किए गए हैं, दूसरा प्रतिवादी अन्य भागीदार है। मांग और नोटिस के बावजूद राशि का भुगतान नहीं किया गया है। मुक़दमे का प्रतिवादियों ने अन्य बातों के साथ-साथ इस आधार पर विरोध किया कि तीसरे प्रतिवादी के पास धन उधार लेने का कोई अधिकार नहीं था जिसके लिए

फर्म बाध्य होती, कि मुक़दमे के प्रोनोट्स केवल पत्र थे, लेकिन वचन पत्र नहीं थे कि उन पर समुचित रूप से स्टाम्प नहीं लगाए गएथे और वे विचार (कंसीडरेशन) द्वारा समर्थित नहीं थे। दूसरे मुकदमे में, एक अतिरिक्त दलील दी गई कि वादी के पक्ष में चौथे प्रतिवादी द्वारा किया गया पृष्ठांकन वैध नहीं था क्योंकि नोट पर 'या आदेश' शब्दों के अभाव के कारण उक्त प्रोनोट परक्राम्य (निगोशिएबल) नहीं था। ट्रायल कोर्ट ने दोनों पक्षों द्वारा पेश किए गए पूरे सबूतों पर विचार करने के बाद कहा कि वचन-पत्र (प्रॉमिसरी नोट) महज पत्र नहीं थे, बल्कि प्रॉमिसरी नोट ही थे, कि बाद में स्टाम्प लगाने और रद्द करने से उनमें भौतिक रूप से बदलाव किया गया है, कि उन्हें तीसरे प्रतिवादी द्वारा फर्म के लिए और उसकी ओर से निष्पादित किया गया है और उसके पास फर्म को बाध्य करने के लिए ऋणों का अनुबंध करने की कोई शक्ति नहीं थी और वे मिलीभगत से और बिना विचार (कंसीडरेशन) के थे। तदनुसार, न्यायालय ने मुकदमों को खारिज कर दिया। उक्त निर्णय से व्यथित होकर वादीगण द्वारा मामले की अपील उच्च न्यायालय में की गयी।

निर्णय:

मुकदमों के बचाव में प्रतिवादियों द्वारा उठाए गए प्रत्येक तर्क को खारिज करते हुए, उच्च न्यायालय के विद्वान न्यायाधीशों ने निम्नानुसार कहा:

> "यह सच है कि दस्तावेज़ यह नहीं कहते हैं कि भुगतान दस्तावेज़ों के मुख्य भाग या उसके आदेश में उल्लिखित किसी भी वादे के लिए किया जाएगा। परक्राम्य लिखत अधिनियम की धारा 4 की परिभाषा के अनुसार, यह आवश्यक नहीं है कि वादा किसी निश्चित व्यक्ति के "आदेश" पर पैसे का भुगतान करने का हो। ऐसे किसी उपबंध के बिना भी कोई दस्तावेज़ एक वचन पत्र हो सकता है। परक्राम्य लिखत अधिनियम की धारा 13 एक परक्राम्य लिखत को एक वचन पत्र, विनिमय बिल या ऑर्डर या वाहक को देय चेक के रूप में परिभाषित करती है। व्याख्या. 1 में कहा गया है कि ऐसा दस्तावेज़ ऑर्डर के प्रति देय है यदि यह किसी विशेष व्यक्ति को देय होने के रूप में व्यक्त किया गया है और इसमें ऐसे शब्द नहीं हैं जो स्थानांतरण को प्रतिबंधित करते हैं या इस आशय का संकेत देते हैं कि यह हस्तांतरणीय नहीं होगा। परक्राम्य लिखत अधिनियम की धारा 4 और 13 को पढ़ने से यह स्पष्ट हो जाता है कि एक दस्तावेज़, यदि यह अन्यथा वचन पत्र की परिभाषा को पूरा करता है, केवल इसलिए समाप्त नहीं होगा क्योंकि दस्तावेज़ में "ऑर्डर के लिए" शब्द अनुपस्थित हैं। ऐसी अभिव्यक्ति के बिना भी, दस्तावेज़ एक वचन पत्र हो सकता है। यदि दस्तावेज़ में निगोशिएशन को प्रतिबंधित करने वाले शब्द या अभिव्यक्ति नहीं हैं तो यह भी निगोशिएबल है।

"दूसरे आधार पर आग्रह किया गया कि दस्तावेजों में भुगतान प्राप्तकर्ता का नाम नहीं दिखाया गया है और इसलिए इसे वचन-पत्र (प्रॉमिसरी नोट) के रूप में नहीं माना जा सकता है जो सही प्रतीत नहीं होता है परक्राम्य लिखत अधिनियम की धारा 4 में केवल यह आवश्यक है कि दस्तावेज़ में यह दर्शाया जाए कि राशि का भुगतान "एक निश्चित व्यक्ति" को या उसके आदेश पर किया जाना है। यदि कोई दस्तावेज़ स्पष्ट रूप से बताता है कि यह दस्तावेज़ के मुख्य भाग में विशेष रूप से वर्णित एक निश्चित व्यक्ति को देय है, तो मामला स्पष्ट रूप से विवाद से परे है। व्याख्या का प्रश्न केवल वहीं उठता है जहां कोई दस्तावेज़ इतना स्पष्ट रूप से व्यक्त नहीं किया गया है।"

"इनमें से प्रत्येक दस्तावेज़ में हस्ताक्षर के बगल में दस्तावेज़ के तथ्य पर स्टाम्प लगी हुई दिखाई देती है। प्रथम दृष्टया इन दस्तावेजों में कोई संदेहास्पद परिस्थिति नजर नहीं आ रही है। परक्राम्य लिखत के मामले में, अदालत को प्रारंभिक अनुमान लगाने का अधिकार है कि इस पर ठीक से स्टाम्प लगाई गई है, हालांकि जहां लिखत स्वयं संदिग्ध प्रतीत होता है या इसमें फेरबदल (आल्टरेशन) के निशान दिखाई देते हैं, तो वादी को यह बताना होगा इसके निष्पादन के बाद कोई परिवर्तन नहीं हुआ।"

9. वैध होने के लिए समय-बाधित ऋण का भुगतान करने का वादा एक स्पष्ट वादा होना चाहिए और यह दिखाने के लिए लेखन में कुछ संकेत होना चाहिए कि लेखक ऋण का भुगतान करने के लिए सहमत हुआ है, हालांकि यह समय-बाधित है।

तथ्य:

अपीलकर्ता द्वारा 5 जनवरी, 1963 को प्रतिवादी के पक्ष में रु.1,300 का एक वादा निष्पादित किया गया था और मांग पर 1% प्रति माह ब्याज के साथ राशि का भुगतान करने का वादा किया गया था। राशि का भुगतान नहीं किया गया. 10 जुलाई, 1966 को अपीलकर्ता ने हिंदी में एक पृष्ठांकर किया, जिसका अंग्रेजी अनुवाद इस प्रकार है कि 'मैं इस प्रस्ताव (प्रोनोट) को स्वीकार करता हूं और यह अगले तीन वर्षों के लिए वैध है।' बाद में प्रतिवादी द्वारा 2 मार्च, 1968 को मुकदमा दायर किया गया और तर्क दिया गया कि यह समय के भीतर किया गया था क्योंकि प्रोनोट पर किया गया पृष्ठांकन केवल पावती नहीं था बल्कि अनुबंध अधिनियम की धारा 25 के खंड (3) के अर्थ के भीतर लिखित रूप में भुगतान करने का वादा था और इसलिए वह उक्त पृष्ठांकन के आधार पर इसे वसूल करने का हकदार था। ट्रायल कोर्ट ने उक्त तर्क को स्वीकार कर लिया और मुकदमे पर फैसला सुनाया। अपील पर प्रथम अपीलीय न्यायालय द्वारा उक्त डिक्री की पुष्टि की गई। उक्त निर्णयों से व्यथित होकर, प्रतिवादी (अपीलकर्ता) ने दूसरी अपील के माध्यम से उच्च

न्यायालय का मामला उठाया और अन्य बातों के साथ-साथ तर्क दिया कि भुगतान करने का कोई स्पष्ट वादा नहीं किया गया था। हालाँकि, प्रतिवादी द्वारा यह तर्क दिया गया था कि यदि इस तरह के लेखन से केवल पावती और भुगतान करने के वादे से अधिक कुछ भी बताया जा सकता है, तो मुकदमा धारा 25 के खंड (3) के तहत कवर किया जाएगा।

निर्णय:

दोनों पक्षों द्वारा दी गई दलीलों पर विचार करते हुए, विद्वान न्यायाधीश ने, उनके सामने उद्‌त मौजूदा मामले के कानून की समीक्षा के बाद, निम्न बातों को माना:

(1) संविदा अधिनियम की धारा 25 के खंड (2) के लिए आवश्यक है कि लिखित रूप में वादा किया जाना चाहिए, यह देनदार या उसके एजेंट द्वारा हस्ताक्षरित होना चाहिए और यह वादा कालातीत ऋण को पूरी तरह या आंशिक रूप से भुगतान करने के लिए होना चाहिए। यदि ये शर्तें पूरी हो जाती हैं, तो बिना प्रतिफल के किया गया समझौता एक अनुबंध के बराबर होता है।

(2) जो अनुबंध शब्दों में किए जाते हैं उन्हें व्यक्त अनुबंध के रूप में जाना जाता है और यदि वे शब्दों के अलावा अन्यथा किए जाते हैं तो ऐसे अनुबंध निहितार्थ वाले अनुबंध के रूप में जाने जाते हैं। अधिनियम की धारा 25 के खंड (3) में "भुगतान करने के लिए लिखित रूप में किया गया वादा" शब्दों का उपयोग किया गया है। इस प्रकार, एक अनुबंध बनाने के लिए वर्जित ऋण का भुगतान करने का स्पष्ट वादा होना चाहिए जो मुकदमे का आधार हो सकता है।

(3) अधिनियम की धारा 9 और धारा 25 के खंड (3) को पढ़ने से यह स्पष्ट हो जाता है कि यद्यपि धारा 25 के खंड (3) में "एक्सप्रेस" शब्द का उपयोग नहीं किया गया है, लेकिन यह आवश्यक है कि भुगतान करने का वादा स्पष्ट और अभिव्यक्त होना चाहिए। दूसरे शब्दों में, अधिनियम की धारा 25 के खंड (3) की शर्त को पूरा करने के लिए एक निहित वादा पर्याप्त नहीं है।

(4) प्रोनोट के पीछे का पृष्ठलेख केवल प्रोनोट की स्वीकृति के बराबर है और यह अगले 3 वर्षों के लिए वैध है। प्रतिवादी द्वारा वादी को भुगतान करने के किसी वादे को व्यक्त करने वाले कोई शब्द नहीं हैं। पृष्ठलेख निरर्थक है. अधिक से अधिक इसका मतलब यह हो सकता है कि प्रतिवादी ने उद्देश्य के अस्तित्व को स्वीकार कर लिया है। दूसरे शब्दों में, यह लिमिटेशन के प्रयोजन के लिए एक पावती के समान हो सकता है लेकिन माना जाता है कि यह पृष्ठांकर लिमिटेशन की अवधि के भीतर नहीं किया गया था। इसलिए यह पृष्ठांकन अधिनियम की धारा 25 के अर्थ के अंतर्गत भुगतान करने का वादा नहीं है।

तदनुसार, निचली अदालतों की डिक्री को रद्द कर दिया गया और वादी-प्रतिवादी का मुकदमा खारिज कर दिया गया।

सुप्रीम कोर्ट ने कहा, बैंक ऋण की वसूली किसी जोर-जबरदस्ती से नहीं, कानूनी तरीकों से ही होगी

आईसीआईसीआई बैंक बनाम शांति देवी शर्मा के मामले में *सुप्रीम कोर्ट की दलवीर भंडारी, जे. और तरूण चटर्जी, जे. की खंडपीठ* ने आईसीआईसीआई को (15 मई, 2008 को) ऋण वसूली के लिए बाहुबलियों के इस्तेमाल के खिलाफ *चेतावनी दी थी*।

सुप्रीम कोर्ट ने वित्तीय संस्थानों को याद दिलाया कि वे कानून से बंधे हैं। ऋण की वसूली या वाहनों की जब्ती केवल कानूनी तरीकों से ही की जा सकती है; हम एक सभ्य देश में रहते हैं और कानून के शासन द्वारा शासित होते हैं।

सुप्रीम कोर्ट ने इस बात पर जोर देते हुए कि बैंक और अन्य वित्तीय संस्थान अपने ऋणों की वसूली के लिए बाहुबल का सहारा नहीं ले सकते, इस प्रथा को "समाप्त करने" के अपने इरादे को दृढ़ता से व्यक्त किया।

पीठ आईसीआईसीआई बैंक द्वारा इलाहाबाद उच्च न्यायालय के आदेश के खिलाफ दायर अपील पर सुनवाई कर रही थी, जिसमें एक ऋण चूककर्ता के खिलाफ कथित तौर पर आपराधिक बल का उपयोग करने के लिए प्रबंध निदेशक और अन्य शीर्ष अधिकारियों के खिलाफ उत्तर प्रदेश सरकार द्वारा दर्ज आपराधिक मामलों को रद्द करने की उसकी याचिका को खारिज कर दिया गया था। यह मामला वहां के उच्च न्यायालय के आदेश पर एक मालिक की शिकायत पर दर्ज किया गया था कि बैंक ने ऋण की किश्तों का भुगतान न करने पर वाहन को जब्त करने के लिए बाहुबलियों को भेजा था।

परिशिष्ट

6 बैंकिंग शब्दावली

तत्काल अदायगी संबंधी खंड (एक्सेलेरेशन क्लॉज): ऋण समझौते का एक प्रावधान जिसके अंतर्गत ऋण लेने वाले से एक भी किस्त के भुगतान में चूक होने पर ऋणदाता ऋण की पूरी राशि को वापस लेने में सक्षम हो जाता है।

खाता: किसी परिसंपत्ति या व्यक्ति के बही खाते में वित्तीय लेनदेन का रिकॉर्ड, जैसे कि बैंक में। उदाहरण के लिए, बचत खाता एक निश्चित अवधि में खाताधारक द्वारा की गई सभी जमा और निकासी को दिखाएगा।

उपचित ब्याज (एक्रूड इंटरेस्ट): वह ब्याज जो किसी बांड या अन्य निश्चित आय प्रतिभूति पर ब्याज के पिछले भुगतान के बाद से देय होती है। यह अर्जित आय का एक उदाहरण है.

शपथ पत्र (एफीडेविट): शपथ दिलाने के लिए अधिकृत किसी व्यक्ति, जैसे नोटरी पब्लिक की उपस्थिति में लिखा और शपथ लिया गया बयान। कानूनी उद्देश्यों के लिए इस दस्तावेज़ की आवश्यकता हो सकती है।

एपीआर: वार्षिक प्रतिशत दर। प्रतिशत के रूप में व्यक्त की जाने वाली ब्याज, बीमा आदि सहित ऋण की वार्षिक लागत।

परिसंपत्ति (एसेट): किसी व्यक्ति या निगम के स्वामित्व वाली आर्थिक मूल्य की कोई भी ऐसी वस्तु जिसे विशेष रूप में नकदी में बदला जा सकता है। उदाहरण हैं नकदी, प्रतिभूतियाँ, प्राप्य खाते, सूची, उपकरण, अचल संपत्ति, एक कार और अन्य संपत्ति।

एटीएम: स्वचालित टेलर मशीन का संक्षिप्त रूप, बैंक शाखा या अन्य स्थान पर ऐसी मशीन जो ग्राहक को बैंक बंद होने पर भी बुनियादी बैंकिंग गतिविधियां (शेष राशि की जांच करना, धन निकालना या स्थानांतरित करना) करने में सक्षम बनाती है।

कुर्की (अटेचमेंट): देनदार की संपत्ति को जब्त करने और उसे अदालत के नियंत्रण में रखने का कार्य। यह कर्ज चुकाने में चूक की स्थिति में होता है.

बैंक समाधान (बैंक रेकंसीलिएशन): रिपोर्टिंग तिथि के बाद से हुए लेनदेन को प्रतिबिंबित करने के लिए बैंक द्वारा रिपोर्ट किए गए खाते में शेष राशि को समायोजित करने की प्रक्रिया। उदाहरण के लिए, खाताधारक द्वारा जारी किया गया चेक अभी तक बैंक की बहियों में प्रतिबिंबित नहीं हो, लेकिन जारीकर्ता द्वारा इसका हिसाब-किताब किया जाता है। इसलिए संभावित शेष को जानने की जरूरत।

बैंकिंग: आम भाषा में, अन्य व्यक्तियों और संस्थाओं के स्वामित्व वाले धन को स्वीकार करने और सुरक्षित रखने की व्यावसायिक गतिविधि, और फिर लाभ कमाने के लिए इस धन को उधार देना।

दिवालिया: एक व्यक्ति, फर्म या निगम जिसे अदालती कार्यवाही के माध्यम से दिवालिया घोषित कर दिया गया है और अदालत द्वारा नियुक्त ट्रस्टी को सभी संपत्तियां सौंपने के बाद ऋण के भुगतान से राहत मिल गई है (या ऐसा करने की अनुमति दी गई है)।

धारक (बियरर) : परक्राम्य लिखत का धारक। अर्थात्, एक व्यक्ति जो लिखत पर भुगतान प्राप्त करने का हकदार है।

नकारा गया चेक (बाउंस्ड चेक): वह चेक जिसे बैंक इसलिए लौटा देता है क्योंकि चेक जारी करने वाले के खाते में पर्याप्त धनराशि न होने के कारण इसका भुगतान नहीं किया जा सकता।

नकदी ऋण: कार्यशील पूंजी की आवश्यकताएँ पूरी करने के लिए किसी कंपनी को दिया जाने वाला अल्पकालिक ऋण।

चेकबुक: खाली चेक की एक पुस्तिका जो बैंक खाताधारक को अपने जमा खाते से पैसे निकालने में सक्षम बनाती है।

संपार्श्विक (कोलेटरल): किसी ऋण या अन्य क्रेडिट को प्राप्त करने के लिए उधारकर्ता द्वारा गिरवी/बंधक रखी गई संपत्ति, और चूक (डिफ़ॉल्ट) की स्थिति में जब्ती के अधीन होती है। इसे प्रतिभूति या जमानत भी कहा जाता है.

संग्रहकर्ता बैंकर: वह बैंक जो अपने ग्राहक की ओर से परक्राम्य लिखत एकत्र करता है।

प्रतिबद्धता शुल्क (कमिटमेंट फी): उधार लेने वाले के लिए ऋण उपलब्ध रखने के लिए ऋणदाता द्वारा लिया जाने वाला शुल्क।

चक्रवृद्धि ब्याज: ब्याज जिसकी गणना न केवल प्रारंभिक मूलधन पर बल्कि पिछली अवधि के संचित ब्याज पर भी की जाती है। चक्रवृद्धि ब्याज साधारण ब्याज से भिन्न होता है क्योंकि साधारण ब्याज की गणना केवल मूल राशि के प्रतिशत के रूप में की जाती है।

ऋण (क्रेडिट) एजेंसी: एक ऐसी कंपनी होती है जो व्यक्तियों और निगमों की साख के बारे में जानकारी एकत्र करती है और इच्छुक पार्टियों को शुल्क लेकर प्रदान करती है।

क्रेडिट विश्लेषण: यह संभावना निर्धारित करने के लिए कि उधारकर्ता अपने दायित्वों को पूरा करेगा, आवेदक के ऋण अनुरोध या निगम के ऋण मुद्दे का मूल्यांकन करने के लिए उधार लेने वाले की अपने दायित्वों को पूरा करने की संभावना निर्धारित करने की प्रक्रिया।

क्रेडिट कार्ड : एक कार्ड जिसका उपयोग पैसे उधार लेने या क्रेडिट पर उत्पाद और सेवाएँ खरीदने के लिए बार-बार किया जा सकता है। अधिकतर बैंकों द्वारा जारी किये जाते हैं।

क्रेडिट सीमा: क्रेडिट की वह अधिकतम राशि जो कोई बैंक या अन्य ऋणदाता किसी ग्राहक को देगा, या वह अधिकतम राशि जो एक क्रेडिट कार्ड कंपनी किसी कार्डधारक को एक ही कार्ड पर उधार लेने की अनुमति देगी।

क्रेडिट रेटिंग: किसी के वित्तीय इतिहास की क्रेडिट ब्यूरो के विस्तृत वित्तीय विश्लेषण पर आधारित एक प्रकाशित रैंकिंग, विशेष रूप से यह ऋण दायित्वों को पूरा करने की क्षमता से संबंधित है।

क्रेडिट जोखिम: समय पर मूलधन और ब्याज चुकाने में असफल होने पर बांड जारीकर्ता/उधारकर्ता के डिफ़ॉल्टर हो जाने की संभावना।

रेखांकित चेक (क्रॉस्ड चेक): चेक का एक रूप जिसमें चेहरे पर दो समानांतर या अनुप्रस्थ रेखाएं होती हैं ताकि जिस बैंक पर इसे आहरित किया जाता है वह उस बैंक के अलावा किसी अन्य पार्टी को भुगतान न कर सके जहां भुगतान पाने वाले का खाता है।

चालू खाता: किसी बैंक में जमा खाता जो ब्याज नहीं देता, लेकिन कितनी बार भी लेनदेन किया जा सकता है। यह मूल रूप से व्यवसाय चलाने के लिए है।

डेबिट कार्ड: एक कार्ड जो ग्राहकों को इलेक्ट्रॉनिक रूप से तुरंत अपने धन तक पहुंचने की अनुमति देता है।

ऋण: किसी व्यक्ति या संगठन द्वारा उधार ली गई धनराशि की चुकौती हेतु बकाया राशि।

चूक (डिफ़ॉल्ट): समय पर आवश्यक ऋण का भुगतान करने या किसी दायित्व या समझौते की अन्य शर्तों का पालन करने में विफलता।

मांग जमा: एक खाता शेष जिसे मांग पर, यानी बिना किसी पूर्व सूचना के निकाला जा सकता है। बचत जमा इसका एक उदाहरण है.

प्रकटीकरण : प्रासंगिक जानकारी जारी करना।

अदाकर्ता (Drawee): वह पार्टी जिसे ड्राफ्ट या चेक या विनिमय बिल की राशि का भुगतान करना होता है ।

आहर्ता (Drawer): वह पक्ष जो भुगतान के लिए किसी अन्य पक्ष से ड्राफ्ट, चेक या विनिमय बिल प्राप्त करता है।

देय तिथि : वह तिथि जिस पर दायित्व का भुगतान किया जाना चाहिए।

पृष्ठांकन : किसी परक्राम्य लिखत को कानूनी रूप से हस्तांतरित करने के लिए उपयोग किया जाने वाला हस्ताक्षर।

समान मासिक किस्त (ईएमआई) : ऋण या ऋण की अवधि के दौरान ब्याज और मूलधन सहित आवधिक रूप से चुकाई जाने वाली एक समान राशि।

अस्थिर दर (फ्लोटिंग रेट) : कोई भी ब्याज दर जो समय-समय पर बदलती रहती है। परिवर्तन आम तौर पर किसी बाहरी संकेतक की गति से जुड़ा होता है, जैसे कि मुख्य ब्याज दर।

गारनिशी आदेश : तीसरे पक्ष (गारनिशी) को प्रतिवादी (निर्णीत देनदार) को देय धन, वादी (निर्णीत लेनदार) को भुगतान करने का आदेश देकर प्रतिवादी के खिलाफ अदालत द्वारा मौद्रिक निर्णय। ऐसा तब होता है जब कर्ज चुकाने में चूक होती है.

गारंटी: किसी दायित्व के लिए जिम्मेदारी स्वीकार करना यदि दायित्व के लिए प्राथमिक जिम्मेदारी वाली संस्था इसे पूरा नहीं करती है। यानी गारंटर तब भुगतान करता है जब देनदार ऐसा करने में विफल रहता है।

गारंटर : वह व्यक्ति जो किसी दायित्व की गारंटी देता है और उसे पूरा करना उसका कानूनी कर्तव्य है।

सम्यक अनुक्रम में धारक : वह व्यक्ति है जिसके पास एक ऐसा लिखत है जिसके लिए प्रतिफल (कंसीडरेशन) का भुगतान किया जा चुका है और जो मानता है कि स्वामित्व में कोई दोष नहीं है।

परिचय : किसी खाताधारक, कर्मचारी या किसी प्रसिद्ध व्यक्ति द्वारा बैंक में संभावित ग्राहक का परिचय। एनआई अधिनियम की धारा 131 के तहत सुरक्षा चाहने वाले बैंक के लिए खाते खोलने के लिए यह औपचारिकता आवश्यक है।

संयुक्त और कई दायित्व : एक दायित्व जिसके लिए कई व्यक्ति भुगतान के लिए उत्तरदायी होते हैं, जैसा कि साझेदारी फर्मों के दायित्वों के मामले में होता है।

परिसीमन विधि : वह कानून जो एक अवधि निर्धारित करता है जिसके बाद एक कानूनी दस्तावेज़ को तब तक लागू नहीं किया जा सकता जब तक कि उक्त तिथि से पहले उसे दोबारा वैध न कर दिया जाए।

ग्रहणाधिकार: ऋण प्राप्त करने के लिए उपयोग की गई परिसंपत्ति के खिलाफ कानूनी दावा और जिसका भुगतान परिसंपत्ति बेचे जाने पर किया जाना चाहिए।

अधिदेश (मेंडेट) : कुछ कार्यों/गतिविधियों/दायित्वों को पूरा करने के लिए किसी व्यक्ति या व्यक्तियों के समूह को दी गई शक्ति।

मार्जिन : मार्जिन से तात्पर्य उधारकर्ता द्वारा व्यवसाय में अपने स्वयं के योगदान (इक्विटी) के रूप में लाई जाने वाली आवश्यक राशि से है।

विपणन योग्य प्रतिभूति : ऐसी प्रतिभूति जिसे जल्दी और आसानी से नकदी में बदला जा सके।

महत्वपूर्ण परिवर्तन : वह परिवर्तन जो किसी लिखत की प्रकृति को बदल देता है। किसी परिवर्तन को मान्य करने के लिए आहर्ता (ड्रॉअर) को प्रमाणित (ऑथेंटिकेट) करना होगा।

परिपक्वता तिथि : वह तिथि जिस पर ऋण का भुगतान देय हो जाता है।

अधिस्थगन (मोरेटोरियम) : वह समयावधि जिसके दौरान किसी निश्चित गतिविधि की अनुमति या आवश्यकता नहीं होती है। उदाहरण के लिए, जब किसी ऋण का पुनर्भुगतान उसके संवितरण के बाद एक निश्चित अवधि बीत जाने के बाद ही शुरू होता है, तो उस अवधि को ऋण पर अधिस्थगन कहा जाता है।

लापरवाही : व्यवसाय के सामान्य क्रियाकलापों के दौरान आम स्वीकार्य तरीके से कार्य करने में विफलता।

परक्राम्य लिखत (निगोशिएबल इंस्ट्रूमेंट) : एक हस्तांतरणीय, हस्ताक्षरित दस्तावेज़ जो धारक को भविष्य की तारीख में या मांग पर धनराशि का भुगतान करने का वादा करता है। उदाहरणों में चेक, विनिमय बिल और वचन पत्र शामिल हैं।

गैर-निष्पादित परिसंपत्ति : एक ऋण जो अपने निर्धारित मूलधन और ब्याज के भुगतान को पूरा नहीं कर रहा है। सामान्यतः, वह परिसंपत्ति जो आय उत्पन्न नहीं कर रही है।

नोटरी पब्लिक : कुछ दस्तावेजों को नोटरीकृत करने के लिए राज्य द्वारा अधिकृत व्यक्ति।

ऑनलाइन बैंकिंग : एक ऐसी प्रणाली जो व्यक्तियों को इंटरनेट के माध्यम से घर बैठे बैंकिंग गतिविधियाँ करने की अनुमति देती है

आदेश निसी : देनदारों के खाते में सभी लेन-देन पर रोक लगाने और निर्णीत ऋण का भुगतान करने हेतु राशि का उपयोग करने के लिए।

पासबुक : जमा खाते में जमा, निकासी और अर्जित ब्याज को रिकॉर्ड करने के लिए बैंक द्वारा जारी की गई पुस्तक।

आदाता (पेयी) : वह व्यक्ति जो नकद, चेक, मनीऑर्डर, विनिमय बिल आदि जैसे माध्यमों से भुगतान प्राप्त करता है।

भुगतानकर्ता बैंकर: वह बैंक जिस पर परक्राम्य लिखत आहरित किया जाता है और जिसे संग्रहण के लिए भेजा जाता है।

व्यक्तिगत गारंटी: एक उद्यमी का वादा जो उसे उसके निगम द्वारा चूक किए ऋणों को व्यक्तिगत रूप से चुकाने के लिए बाध्य करता है।

व्यक्तिगत पहचान संख्या: किसी व्यक्ति द्वारा उपयोग किया जाने वाला पिन कोड ताकि वह एटीएम मशीन पर अपने बैंक खाते तक पहुंच सके।

आगे की तारीख (पोस्ट-डेट): किसी दस्तावेज़ या चेक पर भविष्य की तारीख डालना, प्रभावी या परक्राम्य तारीख को स्थगित करना।

मुख्तारनामा (पावर ऑफ अटॉर्नी): एक कानूनी दस्तावेज जिससे कोई व्यक्ति किसी अन्य व्यक्ति को, जिसे वकील कहा जाता है, उसकी ओर से कार्य करने के लिए नामित करने में सक्षम होता है, जब तक कि नामित व्यक्ति अयोग्य या अक्षम न हो जाए।

सुरक्षित ऋण: एक ऋण जिसे ऋणदाता के जोखिम को कम करने के लिए उधार लेने वाले की संपत्ति से सपोर्ट किया जाता है। यदि उधार लेने वाला आवश्यक भुगतान करने में विफल हो जाता है तो ऋणदाता उधार लेने वाले की संपत्ति जब्त कर सकता है।

समंजन (सेटऑफ़): उधार लेने वाले के एक खाते के डेबिट को दूसरे खाते के क्रेडिट के साथ समायोजित करना।

साधारण ब्याज: मूल राशि पर गणना किया जाने वाला ब्याज, अर्जित ब्याज पर चक्रवृद्धि नहीं होता।

भुगतान रोकना (स्टॉप पेमेंट): चेक की डिलीवरी के बाद लेकिन उसके भुनाए जाने से पहले बैंक को भुगतान न करने का आदेश देना।

सावधि जमा (टाइम डिपॉजिट): किसी बैंक में एक निश्चित अवधि के लिए या इस समझ के साथ जमा के रूप में रखा गया धन कि ग्राहक केवल अग्रिम सूचना देकर ही निकाल सकता है।

अंतरण : एक खाते से दूसरे खाते में धनराशि की आवाजाही

प्रतिनिधिक देयता (वाइकेरियस लायबिलिटी): वह दायित्व जो किसी वरिष्ठ की उसके अधीनस्थ के कृत्यों के प्रति जिम्मेदारी से उत्पन्न होता है। जैसे कि एक बैंक के मामले में जो कर्तव्यों के स्वाभाविक निर्वहन में अपने कर्मचारियों के कृत्यों के लिए उत्तरदायी होता है।

छूट (वेवर): किसी अधिकार या वाचा (कोवेनेन्ट) को स्वेच्छा से त्यागने की क्रिया। वाचाएँ एक समझौते में कुछ क्लॉज होते हैं।

वायर अंतरण (ट्रांसफर): धन का इलेक्ट्रॉनिक अंतरण।

बट्टे खाते में डालना (राइट ऑफ) : किसी परिसंपत्ति के मूल्य और किसी की कमाई को कम करने के लिए व्यय या हानि की राशि वसूलना। एक उदाहरण, उन प्राप्तियों का है जो पुनर्प्राप्त करने योग्य नहीं हैं, उन्हें उस आय की भरपाई करने के लिए लाभ और हानि खाते में चार्ज किया जा रहा है जो पहले से ही खाते में जमा हो चुकी है।

परिशिष्ट

बैंकिंग लोकपाल कार्यालयों द्वारा निपटाए जाने वाले कुछ महत्वपूर्ण मामले

प्रकरण 1: अप्रतिभूत व्यक्तिगत ऋणों पर अत्यधिक और अस्थिर ब्याज दरें वसूलना

दो शिकायतकर्ताओं ने एक बैंक द्वारा बिना पारदर्शिता के, अप्रतिभूत लघु राशि के व्यक्तिगत ऋणों पर अत्यधिक ब्याज दरें वसूलने के खिलाफ दो अलग-अलग शिकायतें दर्ज कराईं। पहले शिकायतकर्ता ने कहा कि बैंक ने 30,000 रुपये के व्यक्तिगत ऋण के लिए 48% प्रति वर्ष की दर से शुल्क लिया था, जबकि शुरुआती सूचना 18% प्रति वर्ष ब्याज की थी और बैंक ने पूरी ऋण राशि भी वितरित नहीं की थी। दूसरे शिकायतकर्ता ने 35,000 रुपये का व्यक्तिगत ऋण लिया था। बार-बार पूछताछ के बावजूद बैंक ने ब्याज दर निर्दिष्ट नहीं की थी और केवल यह बताया था कि यह थोड़ी अधिक होगी। बाद में, यह देखा गया कि बैंक 52% प्रति वर्ष की दर से ब्याज ले रहा था, और लगाए गए विभिन्न अन्य शुल्कों के साथ, यह वितरित राशि पर लगभग 60% प्रति वर्ष हो गया। मामले के संबंध में बैंक के साथ बात करने पर, बैंक ने उधारकर्ताओं द्वारा विधिवत स्वीकृत ऋण के नियमों और शर्तों की एक प्रति प्रदान की, जिससे दरों के निर्धारण में पारदर्शिता के संबंध में संदेह की गुंजाइश बनी रही। बैंक ने बताया कि उन्होंने अपने मानदंडों के अनुसार प्रसंस्करण शुल्क लिया था और प्रसंस्करण शुल्क में कटौती के बाद ऋण राशि का वितरण किया था और इसलिए शिकायतकर्ताओं को वितरित की गई ऋण की राशि में अंतर था। बैंक ने इस बात पर जोर दिया कि उसने बैंक के नियमों और शर्तों के अनुसार क्रमशः 48% प्रति वर्ष और 52% प्रति वर्ष की दर से ब्याज लिया, जिसे शिकायतकर्ताओं ने विधिवत स्वीकार किया। बैंक ने मौजूदा आरबीआई दिशानिर्देशों का सहारा लिया, जिसके अनुसार प्रत्येक खंड से जुड़े जोखिम प्रोफाइल, उनकी परिचालन लागत और बैंक द्वारा निर्धारित अन्य शुल्कों के आधार पर जैसा उचित समझा जाएगा बैंक ब्याज दर ले सकते हैं। बैंकिंग लोकपाल ने पाया कि प्रसंस्करण शुल्क को अग्रिम रूप से वसूलने और वितरित की गई वास्तविक राशि के प्रभाव को ध्यान में रखते हुए

ऋण की प्रभावी लागत 60% प्रति वर्ष थी। बैंकिंग लोकपाल द्वारा विस्तृत पूछताछ और हस्तक्षेप पर, बैंक ने शिकायतकर्ताओं से संपर्क किया और ब्याज दर को घटाकर 18% प्रति वर्ष करने पर सहमति व्यक्त की, जिस पर पहले शिकायतकर्ता ने शिकायत वापस ले ली और उसे बंद कर दिया गया। दूसरी शिकायत के मामले में, चूंकि शिकायतकर्ता ने ऋण खाते में कोई राशि का भुगतान नहीं किया था, बैंक ने शिकायतकर्ता को सूचित किया कि पुनर्निर्धारण 18% प्रति वर्ष की दर से अतिदेय ब्याज के अग्रिम भुगतान पर प्रभावी होगा, जो ऋण की तारीख से निपटान की तारीख तक कम हो जाएगा। शिकायतकर्ता ने, ब्याज दर में कमी को स्वीकार करते हुए, अग्रिम रूप से मांगे गए अतिदेय ब्याज का भुगतान करने से इनकार कर दिया और बैंकिंग लोकपाल के आगे हस्तक्षेप की मांग की, जिसे अस्वीकार कर दिया गया और मामला बंद कर दिया गया।

प्रकरण 2: कार्डधारक की सहमति के बिना बीमा प्रीमियम को क्रेडिट कार्ड खाते से डेबिट किया गया

शिकायतकर्ता ने बैंकिंग लोकपाल को अभ्यावेदन प्रस्तुत किया कि उसने कार्ड का बकाया चुकाने के बाद मई 2006 में एक्सवाईज़ेड बैंक का क्रेडिट कार्ड सरेंडर कर दिया था, लेकिन बैंक बकाया भुगतान की मांग करके उसे परेशान कर रहा है। हालाँकि, बैंक ने उससे मांगे जाने वाले भुगतान का विवरण उसे उपलब्ध नहीं कराया था। लंबे पत्राचार के बाद, बैंक ने उन्हें सूचित किया कि उन्होंने एक अच्छी सेवा के रूप में क्रेडिट कार्ड खाते पर लगाए गए कुल 4,676 रुपये के वित्तीय शुल्क और विलंब शुल्क को वापस ले लिया है और उलटफेर के बाद 6,236 रुपये की बकाया राशि को आगे के शुल्क लगाने से बचने के लिए भुगतान करने के लिए कहा गया था।

शिकायत का सौहार्दपूर्ण समाधान करने के लिए बैंकिंग लोकपाल कार्यालय ने सुलह बैठक का आयोजन किया। बैठक में बैंक ने बताया कि कार्ड खाते में बकाया राशि बीमा प्रीमियम के कारण थी और क्रेडिट कार्ड के लिए आवेदन जमा करते समय कार्डधारक से बीमा पॉलिसी के लिए सहमति प्राप्त कर ली गई थी। बैंक ने आगे बताया कि जिस बीमा उत्पाद के लिए प्रीमियम लगाया गया था, वह कार्ड की कोई ऐड-ऑन सुविधा नहीं थी, बल्कि एक 'बेचा गया उत्पाद' था, जो ग्राहक को ऑफर किया गया था। बैंक इस बात को साबित करने के लिए एक सप्ताह के भीतर दस्तावेजी सबूत पेश करने पर सहमत हुआ कि बीमा उत्पाद के लिए कार्डधारक की सहमति प्राप्त की गई थी। हालाँकि, बैंक बैठक में सहमत समय सीमा के भीतर दस्तावेजी साक्ष्य प्रस्तुत नहीं कर सका और उसने ग्राहक से वसूला प्रीमियम वापस कर दिया।

प्रकरण 3: किसी कार्ड धारक को गलत तरीके से चूककर्ता (डिफॉल्टर) के रूप में वर्गीकृत करना

विवरणों के अनुसार, शिकायतकर्ता जो क्रेडिट कार्ड धारक है, नियमित रूप से बकाया का भुगतान कर रहा था। उसे कार्ड जारीकर्ताओं से एक पत्र मिला जिसमें बताया गया कि वह

चूककर्ता (डिफॉल्टर) है और यदि अतिदेय राशि का भुगतान नहीं किया गया तो कानूनी कार्रवाई की जाएगी। एक सप्ताह के बाद, कार्ड जारीकर्ता ने बताया कि पिछला पत्र उसे अनजाने में भेजा गया था और गलती के लिए माफ़ी भी मांगी थी। इस बीच, सिबिल को रिपोर्ट किए गए आंकड़ों के अनुसार, शिकायतकर्ता को चूककर्ता (डिफॉल्टर) के रूप में इम्प्लीकेट किया गया। हालाँकि इसके तुरंत बाद एक माफी पत्र जारी किया गया, लेकिन रिपोर्ट की गई गलत जानकारी को सुधारने के लिए कोई कदम नहीं उठाया। जब शिकायतकर्ता ने ऋण सुविधा के लिए दूसरे बैंक से संपर्क किया, तो उन्होंने उपरोक्त कारण बताते हुए ऋण देने से इनकार कर दिया। शिकायतकर्ता के लिखित अभ्यावेदन देने के बावजूद, कार्ड जारीकर्ता ने आवश्यक सुधार करने के लिए कदम नहीं उठाए। कार्ड जारीकर्ताओं के पास शिकायत करने पर, उन्होंने कहा कि सभी कार्ड धारकों का डेटा सिबिल को रिपोर्ट किया जाता है और कार्ड धारक का नाम मानक श्रेणी के तहत रिपोर्ट किया गया है। बैंकिंग लोकपाल की विस्तृत पूछताछ के जवाब में, उन्होंने स्वीकार किया कि उनके सेवा प्रदाताओं ने किसी एक फ़ील्ड में ग़लती से डेटा दर्ज किया होगा। बाद में बैंकिंग लोकपाल के निर्देशानुसार इसे ठीक कर दिया गया। शिकायत को निपटाने के लिए बैंकिंग लोकपाल के सुलह प्रयासों के बावजूद कार्ड जारीकर्ताओं से वांछित प्रतिक्रिया नहीं मिली। कार्ड जारीकर्ता द्वारा प्रस्तुत विवरण से पता चला कि कार्ड जारीकर्ता द्वारा प्रस्तुत सिबिल डेटाशीट में अनिवार्य फ़ील्ड की सूची में अन्य बातों के साथ-साथ अतिदेय राशि, परिसंपत्ति वर्गीकरण और मुकदमा दायर जानबूझकर डिफ़ॉल्ट स्थिति को शामिल किया गया था। जैसा कि सिबिल ने बताया है, सदस्य क्रेडिट निर्णयों के लिए सिबिल डेटा का उपयोग करते हैं और किसी भी क्षेत्र में गलत रिपोर्टिंग, जैसे कि अतिदेय राशि या मुकदमा दायर जानबूझकर डिफ़ॉल्ट स्थिति के तहत, का क्रेडिट निर्णय पर सीधा असर पड़ सकता है और ग्राहक की कोई गलती न होने पर भी बिलकुल प्रतिकूल परिणाम निकल सकता है।

यह देखा गया कि शिकायतकर्ता का नाम चूककर्ता (डिफॉल्टर) के रूप में रिपोर्ट नहीं किया गया था और उसे मानक श्रेणी के तहत दिखाया गया था। साथ ही साथ, कार्ड के तहत उनकी देनदारी को 'अतिदेय' बताया गया था। देय और अतिदेय शब्दों के अलग-अलग अर्थ थे। पहला पद केवल उस बकाया देनदारी को दर्शाता है जो देय है, जबकि दूसरा पद डिफ़ॉल्ट राशि को दर्शाता है। हालाँकि, कार्डधारक को चूककर्ता (डिफॉल्टर) के रूप में रिपोर्ट नहीं किया गया था, तथ्य यह है कि सिबिल डेटाबेस के किसी एक फ़ील्ड में गलत रिपोर्टिंग के परिणामस्वरूप उसे चूककर्ता (डिफॉल्टर) माना गया, जिससे उसे संस्थागत स्रोतों के ऋण प्राप्त करने से वंचित कर दिया गया। यह स्पष्ट रूप से स्थापित किया गया था कि कार्ड के तहत शिकायतकर्ता की देनदारी को अतिदेय के रूप में वर्गीकृत करने में कार्ड जारीकर्ता की ओर से कमियां थीं और डेटा को सही ढंग से पुनर्व्यवस्थित करने में देरी से उपाय किए गए थे। शिकायतकर्ता ने जिस

मानसिक पीड़ा अनुभव की और उसकी प्रतिष्ठा में हानि हुई उसे धन के रूप में निर्धारित नहीं किया जा सकता है।

मामले के सभी तथ्यों को ध्यान में रखने के बाद, बैंकिंग लोकपाल ने क्रेडिट कार्ड जारीकर्ता को रिपोर्टिंग में उनकी त्रुटि के कारण हुई असुविधा, मानसिक पीड़ा और प्रतिष्ठा की हानि के लिए मुआवजे के रूप में 25,000 रुपये का भुगतान करने का निर्देश देते हुए निर्णय जारी किया।

प्रकरण 4: प्री-क्लोजर शुल्क लगाने के लिए ऋण समझौते में अस्पष्ट क्लॉज

शिकायतकर्ता प्रतिवादी बैंक में अपना ऋण खाता समय से पहले बंद करना चाहता था। पूछताछ करने पर बैंक ने उसे सूचित किया कि उसके द्वारा देय राशि में प्री-क्लोजर शुल्क शामिल होंगे। शिकायतकर्ता ने राशि का भुगतान कर दिया और खाता बंद कर दिया गया। बैंक ने शिकायतकर्ता को खाता बंद करने का विवरण प्रदान किया जिसमें उल्लिखित प्री-क्लोजर शुल्क उसके द्वारा भुगतान की गई वास्तविक राशि से कम था। शिकायतकर्ता ने प्री-क्लोजर शुल्क के रूप में उससे वसूल की गई अतिरिक्त राशि वापस लौटाने के लिए दावा किया।

जवाब में, बैंक ने दावा किया कि ऋण समझौते की शर्तों के अनुसार, वह प्री-क्लोजर शुल्क की वसूली उस दर पर कर सकता है जो ऋण की बकाया राशि के 0 से 5% के बीच हो सकती है। शिकायतकर्ता को बताई गई उपरोक्त शुल्क की अधिक राशि के संबंध में, बैंक ने सहमति व्यक्त की कि उसने प्री-टर्म कोटेशन के रूप में केवल अनुमानित राशि की बताई थी। चूंकि बैंक 0 से 5% की सीमा में शुल्क वसूल सकता है, इसलिए बैंक द्वारा उस राशि को वसूलने का कार्य, जो पहले बताई गई राशि से भिन्न है, उचित है।

बैंकिंग लोकपाल ने सुलह के प्रयास किए जिनका कोई परिणाम नहीं निकला। मामले से संबंधित रिकॉर्ड के अवलोकन से पता चला कि बैंक ने अपने विभिन्न पत्राचारों में प्री-क्लोजर शुल्क के लिए अलग-अलग राशि की बताई थी। शिकायतकर्ता ने बैंक से प्राप्त जानकारी पर भरोसा किया और उसके अनुसार भुगतान किया। शिकायतकर्ता से अधिक राशि वसूलने और प्री-क्लोजर शुल्क के लिए कम राशि विनियोजित करने की बैंक की कार्रवाई, जिसे बाद में बढ़ा दिया गया, को उचित नहीं माना जा सकता है। इसके अलावा, हालांकि बैंकों को विभिन्न सेवाओं के लिए शुल्क तय करने की स्वतंत्रता है, लेकिन उन्हें ग्राहकों को शुल्क के बारे में पहले से ही स्पष्ट तरीके से सूचित करना आवश्यक है। बैंक द्वारा संदर्भित अनुबंध का क्लॉज 0 से 5% की सीमा में शुल्क का प्रावधान करता है। उपरोक्त खंड को अस्पष्ट माना जा सकता है क्योंकि यह ऋण खाते को समय से पहले बंद करने की स्थिति में वसूले जाने वाले सटीक शुल्क की जानकारी नहीं देता है।

उपरोक्त कंसीडरेशन के आधार पर बैंक को ऋण खाता बंद करने के लिए मूल रूप से सूचित राशि से अधिक वसूल की गई राशि शिकायतकर्ता को वापस करने का निर्देश दिया था। बैंक ने आदेश का क्रियान्वयन कर दिया है।

प्रकरण 5: क्रेडिट कार्ड पर शुल्क

शिकायतकर्ता ने यह आरोप लगाते हुए शिकायत दर्ज कराई कि क्रेडिट कार्ड जारी करने वाले बैंक ने अक्टूबर 2005 में किए गए 5,600 रुपये के भुगतान को शिकायतकर्ता के बैंक खाते से डेबिट किए जाने के बावजूद क्रेडिट नहीं किया है। बैंक ने इस राशि को खाते में न लिये जाने के कारण, ओवर लिमिट शुल्क सहित कई शुल्क लगाए। शिकायतकर्ता ने बैंक को फोन पर कई बार सूचित किया और विवादित चेक की राशि का डेबिट दर्शाती अपनी बैंक पास बुक में प्रविष्टि के दस्तावेजी साक्ष्य प्रदान करके उपरोक्त त्रुटि के सुधार के लिए तीन अनुस्मारक सहित लिखित अभ्यावेदन प्रस्तुत किया। लेकिन प्रतिवादी बैंक से कोई उत्तर नहीं मिला। शिकायतकर्ता ने बैंकिंग लोकपाल से संपर्क किया और, भुगतान जमा न होने के कारण क्रेडिट सीमा पार होने पर लगाए गए सीमा से अधिक (ओवर लिमिट) शुल्क की वापसी और उसका बहुमूल्य समय बर्बाद करने व उसके उत्पीड़न के लिए 10,000 रुपये के मुआवजे के साथ-साथ विलंबित अवधि के लिए 2% की दर से ब्याज सहित 5,600 रुपये की राहत की मांग की। बैंक ने केवल रुपये 5,600 और उस पर लगाए गए अन्य शुल्क जमा किये। बैंक ने पर्याप्त अवसर देने के बावजूद इस मुद्दे का पूरी तरह और संतोषजनक समाधान नहीं किया। इसलिए, बैंकिंग लोकपाल योजना, 2006 के खंड 11 के दिए गए प्रावधानों के अनुसार सुलह और निपटान के लिए 14-6-2007 को बैंक और शिकायतकर्ता के साथ शिकायत की सुनवाई आयोजित की गई थी। सुलह बैठक में सौहार्दपूर्ण समझौता हो गया। बैंक 330/60 रुपये की सीमा शुल्क को उलटने, 1,232 रुपये का ब्याज देने और समय की हानि और उत्पीड़न के मुआवजे के रूप में 7,500 रुपये देने पर सहमत हुआ।

स्रोत: आरबीआई वेबसाइट

"अस्वीकरण: भारतीय रिज़र्व बैंक बैंकिंग लोकपाल द्वारा पारित आदेशों और निर्णयों की शुद्धता, औचित्य या वैधता की पुष्टि नहीं करता है। इस सार-संग्रह का उद्देश्य केवल बैंकिंग लोकपाल योजना के कामकाज के संबंध में जानकारी का प्रसार करना है और इसे बैंकिंग लोकपाल द्वारा पारित आदेशों और निर्णयों की आधिकारिक रिपोर्ट के रूप में नहीं माना जाएगा और भारतीय रिज़र्व बैंक इसे तैयार करने में हुई किसी भी त्रुटि के लिए किसी भी व्यक्ति के प्रति जिम्मेदार या उत्तरदायी नहीं होगा।"

परिशिष्ट

वित्तीय सेवाओं की आउटसोर्सिंग - वसूली एजेंटों को नियुक्त करने वाली विनियमित संस्थाओं की जिम्मेदारियां

आरबीआई/2022-23/108

डीओआर.ओआरजी.आरईसी.65/21.04.158/2022-23

12 अगस्त 2022

वित्तीय सेवाओं की आउटसोर्सिंग - वसूली एजेंटों को नियुक्त करने वाली विनियमित संस्थाओं की जिम्मेदारियां

भारतीय रिज़र्व बैंक ने समय-समय पर विनियमित संस्थाओं (आरई) को सूचित किया है कि आउटसोर्स गतिविधियों की अंतिम ज़िम्मेदारी उनकी ही है और इसलिए वे वसूली एजेंटों (इसके बाद से 'एजेंट कहा जाएगा') सहित अपने सेवा प्रदाताओं के कार्यों के लिए ज़िम्मेदार हैं।

2. यह देखा गया है कि विनियमित संस्थाओं (आरई) द्वारा नियोजित एजेंट वित्तीय सेवाओं की आउटसोर्सिंग को नियंत्रित करने वाले मौजूदा निर्देशों से भटक रहे हैं। इन एजेंटों की गतिविधियों से पैदा होने वाली चिंताओं को ध्यान में रखते हुए सलाह दी जाती है कि विनियमित संस्थाएं (आरई) सख्ती से सुनिश्चित करें कि वे या उनके एजेंट अपने ऋण वसूली के प्रयासों में किसी भी व्यक्ति के खिलाफ मौखिक या शारीरिक, किसी भी प्रकार की धमकी या उत्पीड़न का सहारा न लें। उत्पीड़न में सार्वजनिक रूप से अपमानित करने या देनदार के परिवार के सदस्यों, रेफर करने

वालों और दोस्तों की गोपनीयता भंग करने करने, मोबाइल पर या सोशल मीडिया के माध्यम से अनुचित संदेश भेजने, धमकी देने और/या गुमनाम कॉल करने, उधारकर्ता को लगातार कॉल करने और/या अतिदेय ऋणों की वसूली के उद्देश्य से उधारकर्ता को सुबह 8:00 बजे से पहले और शाम 7:00 बजे के बाद कॉल करना, झूठे और भ्रामक अभ्यावेदन करना, आदि शामिल है।

3. उपरोक्त पैरा 2 में दिए गए निर्देश भारतीय रिज़र्व बैंक द्वारा समय-समय पर संशोधित, अनुबंध में सारणीकृत सहित मौजूदा दिशानिर्देशों/निर्देशों के साथ पूरक होंगे और पढ़े जाएंगे ।

4. इस संबंध में विनियमित संस्थाओं द्वारा किसी भी उल्लंघन को गंभीरता से लिया जाएगा।

प्रयोज्यता (एप्लीकेबिलिटी)

5. यह परिपत्र निम्नलिखित विनियमित संस्थाओं (आरई) पर लागू होगा:

(a) भुगतान बैंकों को छोड़कर सभी वाणिज्यिक बैंक (स्थानीय क्षेत्र बैंक, क्षेत्रीय ग्रामीण बैंक और लघु वित्त बैंक सहित);

(b) सभी अखिल भारतीय वित्तीय संस्थान (जैसे एक्ज़िम बैंक, नाबार्ड, एनएचबी, सिडबी और एनएबीएफआईडी);

(c) आवास वित्त (हाउसिंग फाइनेंस) कंपनियों सहित सभी गैर-बैंकिंग वित्तीय कंपनियां;

(d) सभी प्राथमिक (शहरी) सहकारी बैंक, राज्य सहकारी बैंक और जिला केंद्रीय सहकारी बैंक; और

(e) परिसंपत्ति पुनर्निर्माण वाली सभी कंपनियां।

6. यह परिपत्र 14 मार्च 2022 के 'मास्टर निदेश-भारतीय रिज़र्व बैंक (सूक्ष्मवित्त ऋणों के लिए विनियामक ढांचा) निदेश, 2022' के तहत कवर किए गए सूक्ष्मवित्त ऋणों पर लागू नहीं होगा।

अनुलग्नक

'वित्तीय सेवाओं की आउटसोर्सिंग' और 'वसूली एजेंटों' को संबोधित/शासित करने के संबंध में भारतीय रिज़र्व बैंक द्वारा जारी मौजूदा दिशानिर्देश/निर्देश

क्र. सं.	परिपत्र संख्या	दिनांक	विषय
1.	डीबीओडी. एलईजी. सं.बीसी.104/09.07.007/2002-03	मई 5, 2003	ऋणदाताओं के लिए उचित व्यवहार संहिता पर दिशानिर्देश

क्र. सं.	परिपत्र संख्या	दिनांक	विषय
2.	डीबीओडी. सं.बीपी.40/21.04.158/2006-07	नवम्बर 3, 2006	बैंकों द्वारा वित्तीय सेवाओं की आउटसोर्सिंग में जोखिम प्रबंधन और आचार संहिता पर दिशानिर्देश
3.	डीबीओडी.सं.बीएल. बीसी.59/22.01.010/2006-2007	फरवरी 21, 2007	बैंकिंग विनियमन अधिनियम, 1949 की धारा 23 - द्वारस्थ बैंकिंग
4.	डीबीओडी. सं.बीपी.64/21.04.158/2007-08	मार्च 03, 2008	बैंकों द्वारा वित्तीय सेवाओं की आउटसोर्सिंग में जोखिम प्रबंधन और आचार संहिता पर दिशानिर्देश
5.	डीबीओडी.सं. एलईजी. बीसी.75/09.07.005/2007-08	अप्रैल 24, 2008	वर्ष 2007-08 के लिए वार्षिक नीति की मध्यावधि समीक्षा - बैंकों द्वारा नियुक्त वसूली एजेंट
6.	डीबीओडी. सं.बीपी.97/21.04.158/2008-09	दिसम्बर 11, 2008	बैंकों द्वारा वित्तीय सेवाओं की आउटसोर्सिंग में जोखिम प्रबंधन और आचार संहिता पर दिशानिर्देश
7.	डीबीएस.सीओ.पीपीडी.बीसी. 5/11.01.005/2008-09	अप्रैल 22, 2009	बैंकों द्वारा वित्तीय सेवाओं की आउटसोर्सिंग में जोखिम प्रबंधन और आचार संहिता पर दिशानिर्देश-अनुपालन प्रमाणपत्र
8.	डीबीओडी.सं.बीएपीडी. बीसी.7/22.01.001/2014-15	जुलाई 1, 2014	बैंकिंग विनियमन अधिनियम, 1949 की धारा 23 - शाखा प्राधिकरण पर मास्टर परिपत्र
9.	डीबीआर. सं.बीपी. बीसी.76/21.04.158/2014-15	मार्च 11, 2015	बैंकों द्वारा वित्तीय सेवाओं की आउटसोर्सिंग में जोखिम प्रबंधन और आचार संहिता पर दिशानिर्देश
10.	डीबीआर. सं.डीआईआर. बीसी.10/13.03.00/2015-16	जुलाई 1, 2015,	मास्टर परिपत्र - ऋण और अग्रिम - सांविधिक और अन्य प्रतिबंध
11.	डीबीआर.सीओ.आरआरबी.बीएल. बीसी.सं.17/31.01.002/2015-16	जुलाई 1, 2015	शाखा लाइसेंसिंग पर मास्टर परिपत्र

क्र. सं.	परिपत्र संख्या	दिनांक	विषय
12.	डीएनबीआर. पीडी.004/03.10.119/2016-17	अगस्त 23, 2016	मास्टर निर्देश - स्टैंडअलोन प्राथमिक डीलर (रिज़र्व बैंक) निर्देश, 2016
13.	डीओआर (एनबीएफसी). पीडी.003/03.10.119/2016-17	अगस्त 25, 2016	मास्टर निर्देश - मूल निवेश कंपनी (रिज़र्व बैंक) निर्देश, 2016
14.	डीएनबीआर. पीडी.007/03.10.119/2016-17	सितम्बर 1, 2016	मास्टर निर्देश - गैर-बैंकिंग वित्तीय कंपनी - गैर-प्रणालीगत रूप से महत्वपूर्ण जमा स्वीकार न करने वाली कंपनी (रिज़र्व बैंक) निर्देश, 2016
15.	डीएनबीआर. पीडी.008/03.10.119/2016-17	सितम्बर 1, 2016	मास्टर निर्देश - गैर-बैंकिंग वित्तीय कंपनी - प्रणालीगत रूप से महत्वपूर्ण जमा स्वीकार न करने वाली कंपनी और जमा स्वीकार करने वाली कंपनी (रिज़र्व बैंक) निर्देश, 2016
16.	डीएनबीआर. पीडी.009/03.10.119/2016-17	सितम्बर 2, 2016	मास्टर निर्देश - गैर-बैंकिंग वित्तीय कंपनी - खाता संकलनकर्ता (रिज़र्व बैंक) निर्देश, 2016
17.	डीएनबीआर. (पीडी).090/03.10.124/2017-18	अक्टूबर 4, 2017	मास्टर निर्देश - गैर-बैंकिंग वित्तीय कंपनी - पीयर टू पीयर लेंडिंग प्लेटफॉर्म (रिज़र्व बैंक) निर्देश, 2017
18.	डीएनबीआर.पीडी.सीसी. नं.090/03.10.001/2017-18	नवम्बर 9, 2017	एनबीएफसी द्वारा वित्तीय सेवाओं की आउटसोर्सिंग में जोखिम प्रबंधन और आचार संहिता पर निर्देश
19.	डीओआर(एनबीएफसी)(पीडी) CC.No.112/03.10.001/2019-20	जून 24, 2020	डिजिटल लेंडिंग प्लेटफार्मों पर बैंकों और एनबीएफसी द्वारा लिए गए ऋण: उचित व्यवहार संहिता और आउटसोर्सिंग दिशानिर्देशों का पालन
20.	सीईपीडी.सीओ.पीआरडी.परि. सं.01/13.01.013/2020-21	जनवरी 27, 2021	बैंकों में शिकायत निवारण तंत्र को सुदृढ़ बनाना

क्र. सं.	परिपत्र संख्या	दिनांक	विषय
21.	डीओआर. एफआईएन.एचएफसी. सीसी.नंबर. 120/03.10.136/2020-21	फरवरी 17, 2021	मास्टर निदेश - गैर-बैंकिंग वित्तीय कंपनी - आवास वित्त कंपनी (रिज़र्व बैंक) निर्देश, 2021
22.	डीओआर.ओआरजी. आरईसी.27/21.04.158/2021-22	जून 28, 2021	सहकारी बैंकों द्वारा वित्तीय सेवाओं की आउटसोर्सिंग में जोखिम प्रबंधन के लिए दिशानिर्देश
23.	डीओआर.एसआईजी.फिन.आरईसी 1/26.03.001/2022-23	अप्रैल 1, 2022	मास्टर परिपत्र - परिसंपत्ति पुनर्निर्माण कंपनियां
24.	डीओआर.एसीसी.आरईसी.नं. 20/21.04.018/2022-23	अप्रैल 19, 2022	वित्तीय विवरणों में प्रकटीकरण - गैर-बैंकिंग वित्तीय कंपनी के खातों पर टिप्पणियाँ
25.	डीओआर.एयूटी.आरईसी. नंबर.27/24.01.041/2022-23	अप्रैल 21, 2022	मास्टर निर्देश - क्रेडिट कार्ड और डेबिट कार्ड - जारी करने और आचरण संबंधी निर्देश, 2022
26.	डीओआर.आरईजी. नंबर.45/19.51.052/2022-23	जून 8, 2022	बैंकिंग विनियमन अधिनियम, 1949 की धारा 23 - द्वारस्थ बैंकिंग

1. For example-calling repeatedly